本丛书为

国家出版基金资助项目

全国教育科学规划教育部重点课题研究成果

国家重点图书出版规划项目

《日本侵华殖民教育史料》

编辑出版委员会

日本侵华殖民教育史料

第一卷

曲铁华　主编

人民教育出版社
·北京·

图书在版编目（CIP）数据

日本侵华殖民教育史料．第一卷/曲铁华主编．—北京：人民教育出版社,2016.5
ISBN 978-7-107-24393-6

Ⅰ.①日…　Ⅱ.①曲…　Ⅲ.①侵华事件—殖民统治—教育—教育史—史料—日本　Ⅳ.①G529.6②K265.606

中国版本图书馆 CIP 数据核字(2016)第 095292 号

人民教育出版社出版发行
网址：http://www.pep.com.cn
山东临沂新华印刷物流集团有限责任公司印装　全国新华书店经销
2016 年 5 月第 1 版　2016 年 6 月第 1 次印刷
开本：787 毫米×1 092 毫米　1/16　印张：51
字数：1035 千字　印数：0 001～1 000 册
定价：156.00 元

联系地址：北京市海淀区中关村南大街 17 号院 1 号楼　邮编：100081
电话：010－58759215　电子邮箱：yzzlfk@pep.com.cn

出版说明

众所周知，日本帝国主义在中国进行的殖民教育和奴化教育是伴随着军事侵略、政治统治而产生和进行的，是其整个侵略政策的重要组成部分。这种教育侵略与军事占领、民族压迫、经济掠夺相比，更狡猾，更毒辣，更隐蔽，后果也更严重。对日本侵华教育历史的认识，决不仅仅是学术问题，更是一个重大的政治原则问题。

我社长期以来对国内外日本侵华教育史的研究极为关切。为了纪念中国人民抗日战争和世界反法西斯战争胜利60周年，弘扬不忘国耻、振兴中华的爱国主义精神，推动在全面、系统地搜集、整理日本侵华教育史料的基础上，对日本侵华殖民教育和奴化教育进行全方位的考察和深层次的理性思考，我社在2005年资助出版了由宋恩荣、余子侠主编的四卷本《日本侵华教育全史》（以下简称《全史》)。作为新中国第一套全面系统论述日本侵华教育历史的大型学术专著，《全史》在海内外产生了很大反响。《全史》相继荣获中国大学出版社图书奖首届优秀学术著作奖、教育部人文社会科学优秀成果奖和全国教育科学优秀成果奖等奖项，并先后入选新闻出版总署“经典中国国际出版工程”及国务院新闻办公室“中国图书对外推广计划”，获得相应项目资助。同时，我社还与日本明石书店签订了日文版版权输出协议。

在撰著《全史》之前和过程中，《全史》的作者广泛搜集了大量弥足珍贵的史料。为进一步推动日本侵华教育史研究，我社特约请《全史》作者将这些史料整理成册，汇编成四卷本《日本侵华殖民教育史料》（以下简称《史料》）。经由我社申报，《史料》被评定为“十一五”国家重点图书出版规划项目，后又被评为2014年度国家出版基金资助项目。《史料》分为四卷：第一卷为“东北卷”，第二卷为“华北卷”，第三卷为“华东、华中、华南卷”，第四卷为“台湾卷”。完成这项史料编辑出版工程，不仅仅是在学术方面作出一种历史的探究，让人们了解日本帝国主义对华进行教育侵略的事实，更重要的是通过编辑出版《史料》，立此存照，有利于中日两国人民以史为鉴，正视过去，面向未来，登高望远，有利于中日友好关系的发展建立在对历史正确反思的基础之上，阻止某些势力肆无忌惮地篡改历史。

《史料》的编辑出版工作或有不当，敬请广大读者不吝赐教。

谨以此书纪念中国人民抗日战争暨世界反法西斯战争胜利70周年。

人民教育出版社文化教育编辑室

2015年8月

总　序

在人类历史长河中，一衣带水的中日两大民族，很早就在文化教育领域发生了一定的交往活动。仅从信史记载就可得知，东汉光武帝时期，在今日日本土地上的“倭奴国”即遣使前来中华“奉贡朝贺”。到西晋太康时期，日本的应神帝即让其皇太子接受儒学教育。自是而后，以儒家学说为主体的中华文化通过教育等途径传输到日本，并逐渐由宫廷扩延到民间，成为日本的重要教育内容。尤其到了隋唐时期，随着中日两国间的频繁交往，两大民族友好的教育交流形成了历史上第一个高潮。隋唐两朝约三百年的中日教育交流活动，让中华文化得到了广泛的传扬播衍。尽管唐末之后高潮不再，但教育领域的中日交往从未断流，即使进入近代社会门槛之前后，中日两大民族间教育交往活动仍然相当频繁。不仅“锁国”的江户时代，日本不少人物对由中国输往的种种书籍“热心阅读”，而且“开放”的明治初期，中国新版书籍何时被商船带归日本，仍为日本学者“急切盼待”。

站在较近的历史时段上看，中日两大民族几乎同时跨入近代社会的门槛，而且跨入的动因和方式也是共态同形——在西方殖民势力的欺逼下被迫进入新的世界体系的运行轨道。面对“数千年来未有之变局”，中日两国的社会转型力度和速度却出现了不同的变化：由于过沉的历史负重，中国在进入近代社会的行程中步履蹒跚，成为备受欺凌者；日本却因善于借石攻玉的传统迅即变革成功，而跻身资本世界的强国之林。于是风水轮回，昔日的“天朝上国”不得不转而“以日为师”，在中日之间教育交往的第二个高潮时期，大潮的走向反由日本涌往中国。在清末短短十余年间，中国在教育领域的变革竟形成一种全方位学习日本的态势。仅就其时两国之间教育交往的几条主要路径或渠道来看，显现的时代景观可谓旷古空前：为求新知而留学日本，中华学子有如过江之鲫；为兴新学而借材异域，日籍教师络绎来华；考察日本教育，中华衣冠不绝航路；译印日本书籍，中华书肆汗牛充栋。至于学制的设计、学堂的建置、教材的选编、教法的施为……率皆取法日本或通过日本来学习欧美各国。因此，详察历史实情，近代中国在新式教育的初步发展阶段，“同文比邻”的日本无疑起了导引先路的示范作用。

然而，令中日两大民族后世子孙遗憾的是，就在进入近代社会门槛之际，日本社会中某些非良性因素，在弱肉强食的国际环境中，产生了一种“失之东隅收之桑榆”的民族心理。这就是在幕府时代末期提出的“蓄养国力，割取易取的朝鲜和中国东北”，“收琉球”，

“取台湾”，“把失于美俄者取偿于中国和朝鲜”的立国应变之策。于是侵略扩张就成了日本进入资本主义世界运行轨道后的强国之路和发展之资。尤其中日甲午战争以降，日本的霸气愈足，野心愈大，而侵略扩张愈甚。由于东方世界的教育从来都以服务于国家政治为目标，因此举凡教育领域的立德立言只能以“国家利益”或“民族事业”为原则或标准，立功立业都离不开现时国家方针政策的规范或制约。基于这种教育服务并俯从于政治的恒定法则，日本在用武海外的同时，即开始谋划从教育上如何对邻国实行“先事而制其权”。因此，当中国“以日为师”借鉴日本经验来改革自己的教育时，日本通过向中国派遣教师和接收中国留学生，以便成为中国“智识上之母国”，以利获得中国“将来万种主权”。同时，考虑到如何真正做到“可无限量地扩张势力于大陆”，觉得还有必要直接在中国开办学校，以为“智”取中国之长策。于是有如绘制几何图案，自甲午战争以降，日本即由点而线而面地“绘制”在中国实行殖民奴化教育的发展蓝图。而这种教育实践蓝图的“绘制”，又是紧随着日本军事势力侵略扩张的战旗而逐步实现的！

自走上“耀皇威于海外”的侵略扩张道路后，在“兴亚”的幌子下，日本政府在进行“物质”灭亡中国的同时，一直在实行着以对华的教育作为其主要措施或手段的“精神”灭亡中国的策略。随着战旗所向，通过甲午战争迫使中国签下屈辱的《马关条约》，日本先是割占中国的领土台湾，很快即将台湾地区的学校教育纳入其殖民奴化教育范围之中。就在1895年6月占领台湾后，日本侵略者为统治和奴役我台湾地区人民，迅即建立军政最高机构“台湾总督府”，并设立教育行政机关学务部，开始了对台湾地区的殖民奴化教育体系的建构。自是而后的五十年间，日本据台的教育行政机构几经变更，最终成为“军事后援会”性质的组织；对其地的殖民奴化教育政策，也由最初的“渐进主义”而实行“内地延长主义”到“皇民化教育”；各级各类学校机构，无不成为迫使台湾地区人民成为日本帝国二等“皇民”而灌输“皇民意识”的奴化场所。因此，日本占据台湾的五十年，也即是日本全面殖民奴化台湾地区人民的五十年，日本于其时其地经营的“教育事业”，实质上无非是日本帝国实行“教育敕语”教育体制的一块海外“飞地”。

继甲午战争之后对台湾地区开始全面殖民奴化教育的经营，在“以教育为扶植势力之源”，“以支那为可取也则速取之，以支那为可教化也则速教化之”的殖民教育理念下，日本又借助日俄战争和第一次世界大战，先后在中国大陆的辽东半岛和山东半岛开始了设置学校、经营教育的行动。先是借助日俄战争，日本攫取到东北地区的一些权益。自1905年，即其侵占旅（顺）大（连）的第二年，日本在辽东半岛的殖民机构“关东州”民政署正式颁布《关东州公学堂规则》起，日本的侵略势力通过撤并或改建其地原有的中国人自己开办的学校，实现对该地区城乡教育阵地的全面控制。到1914年第一次世界大战爆发之际，通过十年经营所开办的以大连为“龙头”、沿南满铁路一线的殖民教育，已经成为日本人“攫得教育权之根据地”，从而打下后来尤其伪满时期在整个东北地区全面推行殖民奴化教育的历史基础。第一次世界大战的爆发，让日本再次获得在中国大陆侵占教育主权、扩充教育基地的机会。1914 年 11 月，日军占领我山东，对德国人原在山东攫取的权益，包括德人开办的学校，实行一揽子取替。以 1915 年 4 月在青岛创办第一青岛寻常高等小学校等教育机构为起点，日本又开始了在胶济路沿线地区的殖民奴化教育活动，并且在数年间就形成了以青岛为“龙头”的胶济铁路沿线的殖民奴化教育带。

除上述一面（整个台湾地区）两线（沿南满铁路一线和胶济铁路一线）殖民奴化教育的经营，近代以来日本人在中国其他地区也零星地开设学校教育机构，尤其在中国土地上日本居留民生活区内的点状设学，表明日本对借助教育来“建立侵略据点的重视”。这种点线面的结合，到“九一八”事变爆发，日本在中国的殖民奴化教育迅即蔓延至整个东北沦陷区——日本对华的殖民奴化教育覆盖着整个中国山海关以外的国土。及至伪满政权在日本军事侵略势力的扶植下粉墨登场，日本在我国东北地区的殖民奴化教育体制和秩序已经完全确立，形成了一个包括各级各类教育机构的庞大教育体系。为实现其“王道主义”的教育方针，贯彻其“民族协和”的“建国精神”，直至最终使东北成为“天照大神”子孙的“王道乐土”，日本开始了对广大中国东北地区人民长达十余年精神摧残和思想奴化的教育行动。

随其铁蹄踏关而进，日寇在东北地区施行的殖民奴化教育的种种伎俩，先是在冀东地区的二十二县，接着借发动“七七”事变挑起全面的侵华战争，相继上演于中国的华北、华东、华中、华南的广大地区。为了完整实现“全面亡华”的既定国策，日本军事侵略势力对中国实行“分而治之”的政策，先后在华北、华东、蒙疆等地区扶植出多个伪政权，并且利用这些伪政权来全面推行其殖民奴化教育政策。在日寇铁蹄所到之处，中国既有的教育事业在日本军事势力的烧、杀、抢、掠之下几至毁坏殆尽，随着各伪政权沐猴而冠，日本将铁蹄践踏到的地区相继纳入其实施殖民奴化教育的范围，建立起全面亡华的奴化教育体系。于是，既往日本人在中国大陆推行殖民奴化教育的布点、划线，在中日民族战争期间借助军事侵略而强行连缀起来。直到中国人民全面抗日战争胜利，包括台湾地区、东北地区在内的东部大半个中国，先后不同程度地受到了日本殖民奴化教育的侵略和污染。

鉴于近代以来日本对华的军事侵略和教育侵略，中国各相关地区受其殖民奴化教育的毒害程序有先有后、时间有长有短、创面轻重不一、程度深浅有别，是故我们在组织研究和编撰日本侵华殖民奴化教育的历史时，根据不同地区各自的特殊情形，并以该地区伪政权的登台表演作为各区域的地标，将日本侵华教育史分作四卷来进行研究：以伪满政权统治区域的殖民奴化教育为第一卷；以伪华北政权管领地区的殖民奴化教育为第二卷，其中附以同样位于今日地理概念上的华北地区的伪蒙疆政权的相关活动；以伪维新及后来汪伪政权所统治的华东、华中、华南地区的殖民奴化教育为第三卷；而将日本占据时间最长且其殖民奴化教育体系最具“日本特色”的台湾地区单列为第四卷。于 2005 年，正式出版了四卷本《日本侵华教育全史》（以下简称《全史》）。

在撰著《全史》之前和撰著过程中，我们广泛搜集了大量史料。这些史料若不整理成册公之于世，殊为可惜。在人民教育出版社的积极鼓励和大力支持下，我们又花费很多时日将相关史料整理成册，以供中日双方更多的研究者用作学研参考，并为中日两大民族后来者真切地了解历史真相保存资料。这套史料集经由人民教育出版社申报，被评定为“十一五”国家重点图书规划出版项目，后又入选国家出版基金资助项目。完成这项工程，不仅仅在于学术方面作出一种历史的交代，让人们“知道”历史上的中国曾有过这种外侵势力扶植经营的亡华教育，更重要的主旨在于立此存照，让中日两大民族后世子孙在企求世代友好的良愿下“记取”这种惨痛的历史教训——立下“前车之鉴”，这正是历史研究的功能或作用之一！

这种吃力并非就能讨好的工作，只能说是我们这个研究群体为时人和后人的深入研究尽己绵薄而已。能够将这四集史料辑印成册以献于方家，自然应当感谢人民教育出版社有关领导和编审人员的大力支持。同时要感谢中国第二历史档案馆及海内外其他档案、图书部门对有关史料的无私献助，没有他们的大力支持，这套史料集也难以成书。在史料的搜集过程中，编者们直接和间接地得到了很多单位和个人的帮助，同时也借取了诸多前人和今人的研究成果，限于篇幅难以一一罗列，我们在此谨以“学术为公”之心，一并表示真挚的谢忱，并求大家的宽谅！

余子侠

2015 年 8 月

凡　　例

一、本史料集所选资料，为保持历史档案文件原貌，凡原文中一些冠冕堂皇的话，诬蔑不实、谬误甚至反动之词，编者均全文照录，未加改动；但对少数文件中因内容重复及与主题无关者则酌予删节，并加注说明。资料出处，于文末注明。

二、所选史料一般以首次行文或发表的时间为序；凡原件已注明写作或发布时间者，则以写作或发布时间为序。

三、所选史料一般用原标题；原件无标题者，由编者根据文意另拟，并加注说明；有的篇目需加题解者，以 * 注明，置于页脚。

四、本史料集采用横排，凡竖排原件中涉及版式上的方位词上、下、左、右者，一仍其旧。

五、本史料集所选资料，原则上用简体字，但遇有可能引起歧义者，酌用繁体字、异体字。采用现行标点符号。

六、为了保持不同历史时期的语言文字风格，本史料集对以下文字均保留原貌："的""地""得"不分者，"他""它"不分者，"给予"写作"给与"者，"授予"写作"授与"者，"修炼"写作"修练"者，"磨炼"写作"磨练"者，"训诫"写作"训戒"者，"厉行"写作"励行"者，"联系"写作"连系"者，"联络"写作"连络"者，"身份"写作"身分"者，等等。

七、翻译名称，包括人名、地名、著作名、报刊名、组织机构名等，均保持原貌。若有必要改动时，则加注说明。

八、所选史料原注用［1］［2］等表示，置于原件篇末；编者所加注释用①②等表示，置于页脚，予以说明。

九、原件错、别字词加［］改正，多、衍字词加〖〗删除，失、缺字词加【】填补；原件如因破损漏缺或字迹不清者，用□代替，一□代替一字。

本卷前言

本书系《日本侵华殖民教育史料》之第一卷——东北卷，主要收录了日本侵略者统治下的东北沦陷区的教育宗旨与方针政策、教育行政制度、初等教育、中等教育、高等教育、社会教育、留学教育、教育团体及其活动、教育统计等教育领域的史料。

本卷的编选目的，在于尽全力真实而全面地反映日本侵略者控制下的东北地区的教育情况，为教育科学工作者和历史科学工作者提供分析研究日本对华实行教育侵略的参考资料，也为广大读者提供认清日本在东北施行殖民奴化教育这一侵略实质的历史资料。

本卷资料的选录遵循下述原则：

一是以原始文献资料为主，适当选录当时以及后来权威的报刊资料和打印或出版的时评、社论或讲话等成形文件，力图最为真实、客观、全面地反映其时的教育实况。

二是注意详略得当，突出重点，兼顾一般，以期全面映现史实。除重点选录伪满洲国政府的教育法令、规程和统治者的“诏书”训示外，也辑录了部分“关东州”和南满铁路沿线地区的教育法令；不仅选录了教育宗旨、教育行政、教育制度、各级各类学校的课程设置、教师及学生政策等规定性文本史料，也注重选录了能够反映上述规定实施情况的事实性材料，如各项教育事业的相关统计，《盛京时报》的一些评论、报道，等等。

三是以专题为纲，以年代为目，分篇分点，依年代先后编排。

本卷所选录的资料从篇名到内容都最大限度地保留了原文表述，但因篇幅所限，对一些资料只好进行删节，择要而录。所有资料均在文末注明出处。

本卷选录过程中，承吉林省图书馆、辽宁省图书馆、黑龙江省图书馆、长春市图书馆、沈阳市图书馆、哈尔滨市图书馆、大连市图书馆、东北师范大学图书馆东北文献中心、吉林大学、沈阳师范大学等单位同仁提供了许多宝贵的资料，在此谨致谢忱！

除主编为本卷的选录做了大量的工作外，马艳芬、袁媛、朱永坤、罗银科、王莹莹、樊涛、慈玲玲、霍东娇、王美、崔红洁、王晓璇、王凌玉、郝秀秀等人参与了资料的搜集、整理、录入和校核等工作，为保证本卷选录任务的完成作出了不可忽视的贡献，特在此表示感谢！

本套丛书主编宋恩荣研究员、余子侠教授为本卷的编辑倾注了很多的心血，多次悉心指导，认真审阅；人民教育出版社刘立德、胡兰江、曾红梅、刘捷等有关编审人员为本卷的编辑出版不辞辛劳，做了大量的工作和努力。谨在此表示诚挚的敬意和由衷的感谢！

由于种种条件的限制，本卷在所难免地存在着一些缺憾。一方面，可能仍然存在一些重要的史料，遗失在我们所能搜寻到的范围之外；另一方面，对现有资料的整理也可能有欠妥之处。恳请专家和广大读者不吝批评指正。

曲铁华

2015 年 8 月

目录

contents

第一编 教育宗旨与方针政策

一、“诏书”与伪满洲国成立

二、教育方针与政策

三、议　论

第二编　教育行政制度

一、教育组织机构

二、官　制

三、教育制度

四、教育经费

五、教育会议

六、视　学

第三编　初等教育

一、法规章程

二、课程设置及教材

三、教　　师

四、实　　施

第四编　中等教育

一、中等普通教育

二、中等师范教育

三、中等职业教育

第五编　高等教育

一、法规章程

二、招　生

三、实　施

第六编 社会教育

一、法规章程

二、教　材

三、设　施

四、实　施

第七编　留学教育

一、法规章程

二、实　施

第八编　教育团体及其活动

一、“满洲帝国协和会”

二、"奉天省教育会"

三、"满洲帝国教育会"

四、"南满洲铁道株式会社"

五、"满洲国体育协会"

六、"满洲国童子团"

第九编　教育统计报告

一、初等教育统计

二、中等教育统计

三、高等教育统计

四、留学教育统计

五、“关东州”和满铁沿线中国人教育统计

第一编

日本侵华殖民教育史料（第一卷）

教育宗旨与方针政策

一、“诏书”与伪满洲国成立

（一）“诏书”

回銮训民诏书

（1935 年）

朕自登极以来，亟思躬访日本皇室，修睦联欢，以伸积慕。今次东渡，宿愿克遂。日本皇室恳切相待，备极优隆。其臣民热诚迎送，亦无不殚竭礼敬。衷怀铭刻，殊不能忘。深维我国建立以逮今兹，皆赖友邦之仗义尽力，以奠丕基。兹幸亲致诚悃，复加意观察，知其政本所立在乎仁爱，教本所重在乎忠孝；民心之尊君亲上，如天如地，莫不忠勇奉公，诚意为国。故能安内攘外，讲信恤邻，以维持万世一系之皇统。朕今躬接其上下，咸以至诚相结，气同道合，依赖不渝。朕与日本天皇陛下精神如一体，尔众庶等更当仰体此意，与友邦一德一心，以奠定两国永久之基础，发扬东方道德之真义。则大局和平，人类福祉，必可致也。凡我臣民务遵朕旨，以垂万祀。钦此。

御名御玺

康德二年五月二日

（伪）满洲帝国教育会编：《满洲帝国文教关系法规辑览》（上），1938 年。

时局诏书

（1937 年）

奉天承运大满洲帝国皇帝诏曰：兹为发扬与盟邦大日本帝国一德一心之真义，贯彻共同防卫之精神，以期东亚全局之安定，告尔三千万民众。惟我满洲帝国之奠定国基，以仁爱为政本，以忠孝为教本，赖盟邦仗义援助，国是以定，庶绩咸熙，彝伦攸叙，民俗日厚。朕不敢暇豫，夙夜惕厉。惟愿益修德业，以盟邦之心为心，尽力东亚之和平。乃中华民国政府自迁移南京以来，蔑弃东方固有之文化，以抗拒、排斥为其宣传号召，自坏长城而启容共之门，屡构事端，偏执不悛，竟与我盟邦挑衅。盟邦夙闵其情，推诚十年，宽厚待之。事既至此，势不得已，出膺惩之师，挞其暴戾。固非敌其民，乃欲除其误国殃民、扰乱东亚者也。名正事顺，神人所与；山川震荡，坚锐皆摧。公报翔实，记载可征。尔众庶宜体盟邦膺惩之大义，念我国当务之重任，上下相助，各奋职事，协和亲睦，众志成城，振张国维。以发扬一德一心之真义，举其全力，以贯彻共同防卫之精神。任何艰阻，当与盟邦相共，庶几奠定东亚，同臻郅治。凡尔民众永矢弗渝。钦此。

御名御玺

康德四年九月十八日

国务总理大臣附署

（伪）满洲帝国教育会编：《满洲帝国文教关系法规辑览》（上），1938 年。

国本奠定诏书

（1940 年）

朕兹为敬立建国神庙，以奠国本于悠久，张国纲于无疆，诏尔众庶曰：我国自建国以来，邦基益固，邦运益兴，蒸蒸日跻隆治。仰厥渊源，念斯丕绩，莫不皆赖天照大神之神庥、天皇陛下之保佑。是以，朕向躬访日本皇室，诚悃致谢，感戴弥重。诏尔众庶，训以一德一心之义，其旨深矣！今兹东渡，恭祝纪元二千六百年庆典，亲拜皇大神宫。回銮之吉，敬立建国神庙，奉祀天照大神，尽厥崇敬，以身祷国民福祉，式为永典。令朕子孙万世祇承，有孚无穷。庶几国本奠于惟神之道，国纲张于忠孝之教，仁爱所安，协和所化，四海清明，笃保神庥。尔众庶其克体朕意，培本振纲，力行弗懈，自强勿息。钦此。

御名御玺

康德七年七月十五日

国务总理大臣、宫内府大臣副署

（伪）满洲帝国教育会编：《大满洲帝国年鉴》，1944 年创刊号。

（二）伪满洲国成立

满洲国建国宣言

（1932 年）

想我满蒙各地，属在边陲，开国绵远，征诸往籍，分并可稽。地质膏腴，民风朴茂，迨经开放，生聚日繁，物产丰饶，实为奥府。乃自辛亥革命，共和民国成立以来，东省军阀乘中原变乱之机，攫取政权，据三省为己有，貔貅相继，竟将二十年。狼厉贪婪，骄奢淫佚，罔顾民生之休戚，一惟私利之是图。内则暴敛横征，恣意挥霍，以致币制紊乱，百业凋零，且复时逞野心，进兵关内，扰害地方，伤残民命，一再败衄，犹不悛悔；外则蔑弃信义，开衅邻邦，夙昧亲仁之规，专取排外为事，加以警政不修，盗匪横行，遍于四境，所至掳掠焚杀，村里一空，老弱沟壑，饿殍载途。以我满蒙三千万之民众，托命于此残暴无法区域之内，待死而已，何能自脱？今者何幸，假手邻师，驱兹丑类，举积年军阀盘踞秕政萃聚之地，一旦廓而清之。此天予我满蒙之民苏息之良机，吾人所当奋然兴起，迈往无前，以图更始者耳。惟是内顾中原，自改革以还，初则群雄角逐，争战频年；近则一党专横，把持国政。何曰民生？实置于死；何曰民权？惟利是专；何曰民族？但欺有党；既曰天下为公，又曰以党治国，矛盾乖谬，自曰欺人，种种诈伪，不胜究诘。比来内讧迭起，疆土分崩，党且不能自存，国何能顾？于是赤匪横行，灾祲荐告，毒痡海内，民怨沸腾，无不痛心疾首于政体之不良，而追思曩昔政治清明之会，直如唐虞三代之远，不可几及。此我各友邦共所目睹，而同深感叹者也。夫以二十年试验所得，其结果一至于此，亦可废然返矣。乃犹讳疾忌医，怙其旧恶，借词民意从违，未可遏抑。然则纵其所之，非浸至于共产以自陷于亡国灭种之地而不已。

今我满蒙民众以天赋之机缘，而不力求振拔，以自脱于政治万恶国家范围之外，势必载胥及溺，同归于尽而已。数月来几经集合奉天、吉林、黑龙江、热河、东省特别区、蒙古各盟旗官绅士民详加究讨，意志已趋一致，以为为政不取多言，只视实行如何；政体不分何等，只以安集为主。满蒙旧时本另为一国，今以时局之必要，不能不自谋树立。应即以三千万民众之意向，即日宣告与中华民国脱离关系，创立满洲国。兹特将建设纲要昭布中外，咸使闻知。窃维政本于道，道本于天，新国家建设之旨，一以顺天安民为主，施政必徇真正之民意，不容私见之或存。凡在新国家领土之内居住者，皆无种族之歧视、尊卑之分别。除原有之汉族、满族、蒙族及日本、朝鲜各族外，即其他国人，愿长久居留者，亦得享平等之待遇，保障其应得之权利，不使其有丝毫之侵损。并竭力铲除往日黑暗之政治，求法律之改良，励行地方自治，广收人才，登用贤俊，奖励实业，统一金融，开辟富源，维持生计，调练警兵，肃清匪祸。更进而言教育之普及，则当惟礼教之是崇，实行王道主义，必使境内一切民族熙熙皞皞，如登春台，保东亚永久之光荣，为世界政治之模型。其对外政策，则尊重信义，力求亲睦。凡国际间旧有之通例，无不敬谨遵守。其中华民国以前与各国所定条约、债务之属于满蒙新国领土以内者，皆照国际惯例，继续承认。其有自愿投资于我新国境内，创兴商业，开始利源，无论何国，一律欢迎，以达门户开放、机会均等之实际。以上宣布各节，为新国家立国主要大纲。自新国家成立之日起，即当由新组之政府负其责任，以极诚恳之表示，向三千万民众之前，宣誓实行。

天地昭鉴，无渝此言。

（伪）满洲帝国教育会编：《满洲帝国文教关系法规辑览》（上），1938年。

满洲国建设之历史的使命

（1933年）

本庄繁

向国内瞧瞧！向国外放眼看一看！并且想想皇国日本所应进行的大道！我们除却先在东洋进这第一步外，果何处有吾人生存之道？况邻邦中国是我们唯一无二同种同文的友爱国，提携之，保守之，而善邻友交相共进行，不宁亚洲一隅，即从世界人类言之，也是无上的幸福，世界的和平，当从亚洲而来！

但是日本这个希望，不幸未为中国当局所谅解，排日的恶风日益深刻，尤其是在孙文革命后，似已被利用作政治的术策，为亚洲和世界着想，实属遗憾之至。

以上是中国本土的情势，我接壤地的满洲则如何？此处自经济上看来，自国际上看来，真是帝国的生命线。其文化的开发，不仅为日本一国的问题，即在满洲自身，亦不失为一大福音。这不灭的大原则，可以信为在满三千万人所公认。但革命外交的美酒，夺去了当局的聪明，排日在某点上带有中国本土以上的深刻性，遂一变而为侮日，帝国之权益日益蹂躏，如日俄战后诸协约等，几化成一张破烂的废纸。

日本国民虽说温良冷静，但亦认识自己及先辈曾经费过庞大的血汗之牺牲，怎能坐视这革命外交的横暴？我在拜奉大命后往当地赴任时，看见两者感情之尖锐化出于预想以上，为之吃了一惊，已经示着大冲突之机已到，只须投一块石，便可成风云卷地的形势。万宝山事件日本国民是忍耐了，中村少佐的枪毙事件日本国民还是自制着，但是九月十八日晚上，我们满洲经营之大干线满铁线路发生炸破，于是万难再忍了，皇军遂疾风迅雷似的活跃着，国民义愤达诸绝顶之际，这一事件不过是个导火线罢了。

在决行一国的大事时，上下一致国家一团的进行着，在此有帝国的强点和正义，事件一起，言论诸机关社论一致，奋斗力战的忠良将士之魂与支持声援的国民之魂，浑然成为一体，化为火，化为热，而向皇道之本义迈进着。

走着正义人道之人，为上苍所佑，棱威所及之处，无其蹉跎，幸我们的大道虽被蹂躏，而未入歧途之满洲三千万民众则共鸣而进，此等民众之指导者的满洲诸豪，毫不踌躇地借此机会而奋进于新兴满洲国的建设，这才真是内外拼命之势。

苛敛诛求几十年，苦恼着的他们民众，于此始逃自军阀之魔手，似乎已经期待到安住的天地、平和的乐土。当然日本是并不抱有丝毫的野心，仅欲以经济的开发和国防的确保而解决近年来的国策，以希求着共存共荣。实在因为没有满洲便无日本，没有日本便无满洲之故。

我深信着正正堂堂的日本的主张和立场，对于任何国家都用不着顾虑。日本国民今后应格外尽力以维护日满共存共荣之实。即以男子之意气而论，亦有使满洲为人类安居之乐土的义务，并且非贯彻亚洲的平和及世界的平和都从满洲起的大理想不可。

于是，才能使本着和平理想的基础而创造满洲国的许多可贵的牺牲者，可以安眠于地下啊！

陈彬龢编：《满洲伪国》，日本研究社，1933 年。

新国家要努力普及教育部门
前滨江省教育厅长魏绍周放送词（节选）

（1938 年）

……我们满洲新国家，承盟邦日本援助成立以来，是以王道为主义。注重在是使人民安居乐业的王道主义，就是要本着五帝三王治国之大道以治理我们满洲的人民……我们满洲国施行王道，以仁爱忠孝为教育的根本方针，与主皆俾一般国民养成忠诚奉公。体认建国大义和精神，并又仿照盟邦日本，对于职业教育尤为特别注重。是不但教人民明白道理，还要令人民学些技能，以养身养家。政府爱护人民，真无微不至矣。皇帝陛下之《回銮训民诏书》亦谆谆以仁爱政本忠孝教本昭示人民。这都是我们人民所应当知道而奉戴勿忘的。人民要能明白上项教育主旨，自然不为流言蜚语所惑，自然不为共产党及反满抗日之徒所使用，而安居乐业、优游于化日光天之下，享受王道政治之恩施啦。至于普及二字，就是说凡我人民，无论老少男女均应当本此主旨，父以诏子，兄以诏弟，母以诏女，姊以诏妹，均要努力起来。现在政府晰夕焦劳篆书，新京及各省各市各县各镇各乡各级学校林立，其略为僻远地方，复准遵章设立国民义塾，这都是为人民谋得求学的方便，是普及二字。政府已经筹措办到了，最时的话，就是希望我们大家在政府的大方针领导之下，一齐努力罢。

《盛京时报》，1938 年 1 月 9 日 2 版，号外，9986 号。

满洲建国及其理想（节选）

（1940 年）

（一）独立与建国宣言

满洲事变，发端于中国之排日运动。当时因发生旧东北军阀之挑战行为，以至皇军不得不出动而自卫。其结果天佑人力，不期而暗合，化为日满一致之协同运动，促成满洲之建国，无端在东亚之局面上生出一大变化。

因皇军之出动，旧东北军阀土崩瓦解，使满洲布行王道政治，要望东亚理想之乐土，高呼在三千万民众之间。奉天商民与文治派提携，以袁金铠为委员长结成地方自治委员会，事距柳条湖事件仅有六日，实在昭和六年九月二十四日也。

以奉天为中心之独立运动，其后急速扩大，至以自卫自治为目的之地方维持会自治委员会渐次成立。为指导此等地方自治团体，且为有机的统制，在奉天以于冲汉为部长，设立自治指导部，其次乃组织奉天省政府，满洲独立机运，于兹完全成熟。满洲脱离旧东北军阀之羁绊，已到临新帝国建设之黎明期矣。

昭和七年二月十七日，结成东北行政委员会，发表独立宣言，为新国家建设之理想，高唱左列三大使命：

一、根本铲除军阀，以苏民生。

二、门户开放，机会均等，与世界民族共存共荣。

三、安内和外，以厚民生，绝灭阶级斗争。

其次决定国家之组织大纲，向中外发表。其要旨如左：

一、新国家称满洲国。

二、满洲国之元首称执政。

三、满洲国国旗为新五色旗。

四、年号称“大同”。

五、新国家政治为民本主义。

六、首都奠于长春。

于是东北行政委员会委员长张景惠（现任国务总理）于大同元年三月一日，以满洲国名义，公布如左要旨之建国宣言：

“新国家建设之旨，一以顺天安民为主，施政必循真正之民意，不容或存私见。凡在新国家领土之内居住者，皆无种族之歧视、尊卑之分别。（中略）实行王道主义，必使境内一切民族熙熙皞皞，如登春台，保东亚永久之光荣，为世界政治之模型。”① 满洲国如上所述明示其以王道政治为理想焉。

（二）执政宣言与帝制实现

吾人论及满洲建国之由来，应特笔大书者，当建设新国家时，以王道政治之实行为理想，乃其一。推戴前宣统皇帝，乃其二。排除共和政治，乃其三。虽云如此，然推戴前宣统皇帝，毫无清朝复辟之意味，满洲国政府亦曾声明也。

满洲帝国乃受我八纮一宇之皇谟而发祥者，乃负有兴亚大业使命之新帝国也。皇帝为此理想新国家之皇帝，与旧清朝在国法上固不待言，即在思想上亦全然无涉。如卷头所载《回銮训民诏书》所载，满洲国皇帝与天皇陛下御精神全为一体。此即满洲国皇帝本质的所在，满洲国国体之根本意亦严［俨］然在此也。

---

① 此处引文与《满洲国建国宣言》的相应表述略有不同，原文如此。

即皇帝为前宣统皇帝，又纯系满洲人，固为满洲国皇帝之最好条件，然决非清朝之复辟也。

大同元年三月九日，执政推戴式，于万众欢呼中隆重举行。并由左记之执政宣言，阐明王道政治之根本主义。

人类必重道德。然有种族之见，则抑人扬己，而道德薄矣。人类必重仁爱。然有国际之争，则损人利己，而仁爱薄矣。今吾立国以道德仁爱为主，除去种族之见、国际之争，王道乐土当可见诸实事。凡我国人，望共勉之。

建国以来，于兹二年。民众讴歌执政之御德，恳望早即帝位。于是满洲政府于大同三年一月二十日，以国务总理郑孝胥之名，发表帝制实施之大旨，声明“帝制之实施为国运发展之归结，更充分发扬建国之理想与使命，使国基愈益巩固，以永远维持东亚之和平，所以遵由天命也”。

并附记“如以帝制之实施误认为清朝之复辟，忠于建国理想与使命之政府断乎不取”之意。

于是，大同三年三月一日执政于国都新京，以满洲帝国第一代皇帝举行即位大典。同时改元康德。

（三）《日满议定书》之缔结

满洲于地理上或历史上，均为与日本有唇齿相依之关系，或不可分离之利害之特殊地域。因此，日本帝国认为尊重满洲之独立，促其健全发达，乃维持东亚永远之和平，或贡献世界和平与文化之正路，故于九月十五日，率先列国，正式承认满洲国。

日本承认满洲国，同时驻满特命全权大使陆军大将武藤信义与满洲国国务总理郑孝胥于新京签字《日满议定书》。

日满两国于政治上、经济上、思想上、教育上、文化上，均有不可分之关系，固不待言，而于国防之关系尤然。由于《日满议定书》之成立，两国一体之事实愈见具体化矣。

《日满议定书》当然为日满两国之军事同盟，但此同盟，如与欧洲列国间，因一时利害之关系结成之同盟条约或不可侵条约全异其趣。实立脚于崇高深远之理想而规定之新国际关系，以皇道精神为基本精神之新外交关系，此不可不知者也。

…………

（五）王道精神之完成

满洲建国之初，宣言施行王道政治。此系借以八纮一宇为大理想之日本皇道为其基干者，日满一体不可离之关系即在此。

施行王道政治，乃满洲建国之精神。然满洲国王道政治之施行，果取如何方法乎？王道政治终极之目的，在建设道义之世界。满洲国为达成此理想，就从来各国施行之一切政治组织检讨审判之。结果认为以前之旧政治皆与满洲国精神不相适合，乃大胆排斥之，完全采用新政治组织。此政治组织既非专制政治，又非民主主义之议会政治，乃建设道义世界为终极理想之民族协和之实际政治，即为协和政治也。

政治之实际，不必要有系统的政治形式或法治形式，乃在于民族协和，宣德达情之实际政治。不以法治完成国家，实以德治完成国家。此民族协和之原动力则为日满一德一心之关系也。

日满一德一心，亦可谓日满一德一心一体。我天皇陛下与满洲国皇帝陛下之御精神既成一体，两帝国亦成为一体自不待言。日满之不可分离即由于此。其关系非基于浅薄的权利义务观念，而在于崇高之道义融合之观念。所有国防、经济、文化等，皆出乎此精神的一体。

满洲新秩序建设以来，既已八年，一切政治依此向完成建国精神方面继续迈进。忆自建国之初以至今日之进展，实有非人力所能为者之感。

基于天地之大道，为东洋和平，为世界和平，卜地于满洲，创造具现王道之一国家，依人和而实现之，齐来光明之现况，实可云为世界之伟观。满洲国之建国精神不能仅依建国宣言、执政宣言、即位诏书等文献，更须洞察天意之所存，体认满洲国之永久生命，方能理会。

满洲国系独立国，且此独立国乃一以从来之国家观念，不能衡量之国家。满洲国系东洋国家团体之一员之国家，以日本为中心之高级国家团体之部分国家也。

满洲国之特殊性，在于其自身为独立国，为完全之经营体，同时处于全体中之部分之立场。日满不可分之关系，日满一德一心、民族协和等，凡可称为建国精神之一切国是，悉出发于此特殊性。

…………

（七）皇道　王道　霸道

皇道政治与上述之诸政治，在根本上全然相异。皇道政治者为天皇所行之家长政治。为一君万民之政治，非个人观念之政治，乃全体观念之政治。非以强权侵略征服之霸道，乃如太阳之光照六合，被覆八纮，以无限之力，生成万物，本乎绝对的爱之政治也。

王道者乃承天意以行政治者。皇道则不然，天皇之大权，系自天照大神之诏敕以来，确乎未动，由此发挥八纮一宇之大精神。皇道政治之发展，必须推奉天皇为协和万邦之中心。皇道无依政治学等可下定义之性质，又不得以解释之。盖据神武天皇肇国以来之史实，造成信念，同时又系国民之间以热如烈日之爱国精神形成之信念。

王道政治者为何？以德行仁之政治也，其德由天所受。敬顺天命，即王道政治受天命而为天子，代天以统民众之思想是也。故天子能慎行清心以治民众时，天命即在天子身上，一旦天子行霸道，以力假仁，则天命不在天子身上，此易姓革命之所由起也。

敬顺天命，为王道之最大要件。天意之所在，亦即民意之所在；民意之所在，亦为天意之所在。此即“民之所欲而与之”之古语所由来耳。

满洲国皇帝之王道政治之御理想，因皇帝御访日而见完成。盖已为日满一德一心，千古不磨之大精神也，即满洲国立国之王道政治，因此获得确乎不拔之定义。

日满一德一心，使王道复活。我国之皇道，渗透于满洲国皇帝之王道，而融合一致且大之根，满洲国国体，因而愈见明征矣。

满洲国之王道政治，虽由于敬顺天命，渐行移变而仰我皇道政治，以之为基调之政治。故已不能将满洲之王道政治视同中国古时之王道政治。

反乎王道政治以权力治天下者，是谓霸道。在东亚之历史上，此为战争不绝之一原因。中国四千年之历史，乃民族斗争之历史。汉民族与北方民族之斗争，实占其历史之大部分也。

霸道之民主政治，民国革命以来二十余年，自袁世凯为大总统以至蒋介石为主脑之国民党政治时代，征诸历史，可称为反乎东方道义之政治。

中国虽常以施行王道政治为理想，然易姓革命之事相踵而起，王道政治，徒作彼等之理想，几乎未能实现。然今日满洲国保持与日本一德一心之协同关系，由新的王道精神，以行于政治，亘政治、经济、产业、教育、思想、文化、社会各方面，建设立于道义上之东亚新秩序，正在进行，将仅成为中国古来圣贤之理想而未能实现之王道政治，已明征实现矣。由日本言之，则为以肇国精神为神体之皇道的宣布，以八纮一宇为理想之皇猷的显现。

…………

德富正敬著：《满洲建国读本》，（伪）满洲国通信社，1940 年。

王道政治之我见

（1941 年 ）

李振荣

夫王道政治者乃古圣先王所行之道也，即所谓天地一贯之道。有新民明德止于至善之三纲领，格物致知诚意正心修身齐家治国平天下之八条目，法至良，意至湛也。故世界各国有王道政治则治，无王道政治则乱。此自然之理也。其道又可谓至远至大弥高弥深矣。试观民国成立王道不修，以党治国，竞尚私见，不顾民生之休戚，不识潮流之趋向，外则蔑弃信义，内则暴敛横征，卒至黔首凄惨，失所流，为饿莩，民生脂膏窘迫，金融紊乱。由此观之，王道政治能容一日弗存乎。彼友邦日本先觉先知。既以王道兴本国，复以王道苏近邻，慈航普渡，化雨同沾，冒群疑而不避，犯众咎而弗辞，打倒军阀，驱除丑类，则堂堂正正之世界上立灿烂光华之满洲国。王道中兴岂不懿欤休哉。自满洲国成立以来，十载于兹。一切行政无不以王道为急务，果然政通人和，国泰民安。若产业开拓，振兴富源。日就月将，教育普及，礼教是崇。巷讴衢歌，设团员地面肃清，修道路交通便利，泯种族之见，除国际之争，对外政策尊重信义，力求亲睦，人民皞皞熙熙如登春台，乐何如之，此皆为目观之事实耳。然则吾满洲国王道无边，既能善始，当可克终，将来之发展，定蒸蒸日上，能不为世界万世所馨香敬佩者欤，愿我国人其各勉旃。

《盛京时报》，1941 年 6 月 15 日晚刊 4 版，11184 号。

满洲国现势的介绍（节选）

（1943 年）

大东亚战争勃发的时候，满洲帝国皇帝陛下，当日涣发了《时局诏书》，谕示举国人，尽国力，完遂大东亚战争，以辅东亚戡定之功，满洲国民恭谨奉戴帝旨，为图大东亚战争之完胜，庶政亦皆集中于此一点，同时为培养国力，军官民一体努力，迈进战时体制。

关于大东亚之兴废，及大东亚民族之盛衰，确以此次圣战胜败为转移，所以应集结国家之总力，而求圣战之必胜，这种事情本是各地各国同样情形。并且，满洲国是负有镇护北边的重大责任，无论何时，发生如何事态，也得整备对处于这种事态的情形，使南方、北方、东方的东亚各国各地域，安然遂行战争，更泰然迈进确立新秩序，奠定此巩固的基础，以之对应北方不时之事态，本着日满共同防卫之本义，日满军警终日修炼武道，精军强悍大势已成。我敢断言的说，不论北方有如何事态，是绝对没有什么可忧虑的。

在政治上与亲邦打成一片

满洲国于去年欣迎了建国十周年的佳年，回顾过去十年间政治的遗迹，为完遂这个大战争，集结了国家的总力。为期各界各方面之一致协力、毫不动摇起见，遂宣示满洲国基本国策大纲。根据这点，则可明白十年间的施政与政府施政之重心，若是直言的话，我以为满洲国和大日本帝国一体不可分的关系，越发巩固，造成真正民族协和，各得其所，来建设道义国家，更振兴产业，整备国防。本着日满共同防卫之大义，以尽巩固大东亚共荣圈与北边镇护之责任。兹将以下各项，分别向大家加以说明：

国防与治安愈益稳固

…………

更关心于国民的生活和教育

其次，关于民生关系来向大家说一说，在满洲国基本国策大纲之根本方针中，其一项明示着“振兴文教，谋产业之开发，同时作兴勤劳兴国之民风，以期民生向上，培养国力充实”，但是，处于现在的时态下，或者想象，文教不是迂阔吗？我相信不能没有这样想的。在满洲国，为使一般国民炼成，振兴文教，先使一般国民的知识向上，然后才能有国力的发展，首先采取了这个见解，而从来往往厌恶劳动，或蔑视勤劳，相信不能期有这种倾向。此系希望作兴勤劳兴国之民风，与将来生产开发相辅，而使民生向上，借期国力培养充实。

关于重要部面的教育关系来说，建国以来虽经十年光景，引为遗憾的是一般人民的程度还有低下之感。于是，关于教化炼成，更有要求进一步的必要，借学校教育，以涵养国家观念为要谛，而且谋保健卫生和国民体位向上，以泼剌的精神和肉体，一心一意，努力于国民奉公的炼成，并且鉴于该事项的重要性，去年改革行政机构，遂新设文教部，专任担当办理文教。文教部既已设置，对将来文教之发展，相信能有一番绝大的努力。

从国家的实情上来说，首先当然是置重点于初等教育。现在初等学校数目，约有二万一千多，比较建国当时的实数，增加约有二倍之多。学生的数目，大约有三百一十万的程度。这个数目比较建国当时，增加三倍。关于中等教育，现在也有三百三十二校，学生九万人，与建国当时比较，也增加二倍。高等教育，把大学及其他合计起来，现在有十八个学校，比较建国当时，增加六倍，有六千五百名学生都就读高等教育。并且，关于师道教育等也期其刷新和充实，不当以现在之状态便为满足，今后得为更须要有整备的充实方称完善。

在心身两方面都加以洗炼

其次，关于国民之炼成，尤其将重点置于青少年之炼成。从来以协和会为中心，全国实施青少年训练，更于近年确立勤劳奉公制度，本年度动员约有八万人，到来年度的时候，考虑最少限度也要比本年的动员增加到三四倍的数目。随同这勤劳奉公制度的创设，关于勤奉报国的民风，更借勤劳奉仕锻炼青少年的精神，现在虽然处于过渡时期，但是将来一定有可观之处。国家因为这种关系，才编入很多的预算。不是为劳动而编入巨额预算，而是为贯彻锻炼青少年起见，才有这种预算。

关于保健、卫生、生活改善、体力之增强等，也讲求各种施设。整备医疗机关，尤其是以公立医院作中心，全国医疗阵营，大半已有整备。再有传染病的预防，扑灭鸦片等，正讲求各种施策。尤其对传染病的预防，更竭尽了所有的努力。不幸我国是世界有数百斯毒地带中之一个。每年发生鼠疫，感受相当威胁，但是从昨年以来，所有的人，虽然像是都持着非常的恐怖，知道得了鼠疫必定死亡，但是，由于我国防疫阵的绝大努力，像前年度的鼠疫，治愈了早期发现者之十分之八。现在国民全体都有鼠疫能够治好的确信。我们对这种可怕的鼠疫病，大体已经得到结论，在不久的将来，可把这种恶疫扑灭到某种程度。

交通已达完整之境

…………

我满洲于世界上亦为最完善的国家

回顾满洲建国后第一期五年计划，我们以治安作为中心讲求了凡有的施策，到第二期五年计划，满洲国各般的状态，可说是成为近代化，又可说是成为准战时代。关于产业方面，物质、资金、劳动的统制，其他物价、劳银之安定等，从来我国虽是没有施行过的制度，现在也迈进实施体制。在这期间，近代的国家建设和原来粗笨的行政，或与政治间摩擦相克，到处皆是，而且是不可避免的。在新满洲和旧满洲之间，有种种的嫉视也是事实。基于这十年间的体验，我们把这十年来凡有的弊害或冲突，或其他之恶影响等完全扫除，今后满洲国一致协力，造成民族协和的政治，所以才草创基本国策大纲。

满洲国，从建国的当时揭起民族协和的大旗，政府和协和会成为一体，向实现途上迈进。就满洲国之国势，确信可以实现民族协和。若是拿我们政府方面的问题来看，现在政府职员总数为二十万人左右，其中日系职员仅占一成五分。现在的政治和行政之运营，我想谁也不能认为仅以一成五分的日系职员，来行使行政的运营为满足。

不但是谁也不能这样想，而且事实也不可能，勿宁说满系职员和日系职员打成一团，现在拿着罕见的快速度，来完成国家的发达和进展，这是我们确信的。

总而言之，以各民族各自的特性，相互一致协力，才能得相当成果。关于此点，将来大东亚新秩序的形态，纵然说凝集成一国，也不为过言。尤其是十年以来的施政，充分明了各民族的特性。现在我们在各方面考察，在某部面是大和民族适当，在某部面是满洲民族适当，在某部面还是朝鲜民族适当，关于此点都有充分观察，定能发挥适材适所的机能。今后的施策是使各民族各得其所，打成一团，得向大东亚战争之完遂途上迈进。以上国情介绍完了。

《大东亚宣言与满洲国》，（伪满）建国印书馆，1943 年。

大东亚共同宣言

（1943 年）

夫世界各国各得其所，相倚相扶，以同享万邦共荣之幸福，此乃确立世界和平之根本要谛。惟英美两国唯己国之繁荣是图，压迫其他国家、其他民族，尤以对于大东亚横加侵略，恣意榨取，并肆行其奴化大东亚之野心，致大东亚之安定根本推翻。此次大东亚战争发生之原因，即在于此。

故大东亚各国应互相提携，力求完成大东亚战争，使大东亚解脱英美之桎梏，保障其自存自卫，根据左列纲领，建设大东亚，俾有助于世界和平之确立。

一、大东亚各国共同确保大东亚之安定，以道义为基础，建设共存共荣之秩序。

二、大东亚各国互相尊重其自主独立，力求互助敦睦，以确立大东亚之亲和。

三、大东亚各国互相尊重其传统，发展各民族之创造性，以阐扬大东亚之文化。

四、大东亚各国本于互惠紧密提携，以促进其经济发展，增进大东亚之繁荣。

五、大东亚各国增进与万邦之友谊，撤废人种的差别，普行沟通文化，进而开放资源，以期贡献于世界之进展。

《大东亚宣言与满洲国》，（伪满）建国印书馆，1943 年。

兴亚先驱的满洲国夙已迈入共荣的途径（节选）

（1943 年）

满洲国代表张景惠总理演说

…………

满洲建国为共荣圈建设之第一步

满洲国于十年前，即以国民的自觉而建国，其间困苦艰难，至今思之不胜感慨。敝人以爱乡心切，曾参加建国运动，当此满洲地方最缺乏的是道义政治，军阀横行，国土荒废，苛敛诛求，无所不至，三千万民众亦无自主性，简直形成了一个暴虐的局面。而张学良又乘美英搅乱东亚的机会，显然反日的态度。日本对此毅然而起，逐出张学良，树立自主的道义国家，而救三千万民众，这是当然的结果。满洲以永受世界势力的干涉，屡起纠纷，常使不安，要想转变满洲旧有的空气，非造成新东亚建设正义的国家则不能使东亚全体安定。以我所信，使东亚立起光辉的道统，恢复本来的面目，贡献于世界的文运，即如欧洲诸民族生存于欧洲，美洲诸民族自存自立，各国相同。所以，东亚民族，本大义的所存，不能不求自觉地生存。然而美英不愿东亚民族自觉，嗾使傀儡机关的国际联盟和当时南京的蒋介石政权，加以所有无理妨害。其间使我国最不能忘者，是日本帝国非但仗义援助，并用国力与战争驱逐张学良，并没有丝毫领土野心，以正大光明态度来援助我国独立和自主的发展，又高倡东亚新秩序的建设，不惜脱退国际联盟，以促成东亚十亿民族的自觉，而迈进于东亚共荣圈第一步的建设。由此情形，而满洲建国在过去十年间，在如何的政策之下得到如何的成果，均为全世界所注目，借此机会提出二三基本问题加以说明。

镇护北边为我国最大的责任

第一是民族协和问题。我满洲国有日、满、蒙及其他多数民族存在。虽有这许多的民族，但从来就没有支配与被支配之分、榨取与被榨取之别，像异民族那样关系，大家都互相发挥其特长，协力达成国家的目的。这一点，和英美帝国主义的民族支配，根本不同。使万邦各得其所，兆民各安其业，实与日本肇国精神相同，是造成大东亚各国共存共荣的基础。

…………

第三是国民生活的安定和国民的炼成问题。政府于建国后，即将极为纷乱难以收拾的货币制度急速统一。因此物价得以安定，而今日国民生活的稳固，亦因此而成功，又与并行治安的确立，建国当时横行于国内三十万匪贼，现在已经完全灭迹。

去年又确定国兵制度，创设有近代兵器装备的精强国军与完备的警察制度，互相为功，即到穷乡僻壤之地，国民亦无不安居乐业。一方面政府实行勤劳奉公制度，文教振兴，用种种政策方法，尽力于国民炼成，培养国家观念，促成爱劳精神，使身心两方面都成为精强壮勇之民，似此育成，现已具有飞跃的发展。这种第二代国民的出现，不但于战争完遂能以协力，即于将来的国运昌隆亦颇堪期待。

…………

要坚持我们的信条——大战必胜，建设必成

再看看战局，自顽敌英美在绪战由东亚全面败退以来，全东亚民族澎湃觉醒，努力于大东亚的建设，节节进展。敌等甚焦虑，遂竭力向我挑战，所以战争前途凄怆尤甚。这一次的战争是彼等屡次侵略东亚最后的反击，所以规模也最大。

达成大东亚共荣圈的建设，有此天予的良机。我们应当以热烈的希望和深刻的认识，努力前进，且惟有此前进之一途，方能决定东亚民族永远的兴亡。当此时期，我们大东亚的同盟诸国，尤须将所有的物心两方面使其战力化集结总力，打成一片，击灭美英，以达圣战的完遂。我们十亿东亚民族当以不屈不挠的精神，排除万难，以冠绝世界的大东亚资源，实行总动员，不患英美的不灭。一方面战争，一方面建设；一方面建设，一方面战争；互相推进，贯彻到底。其光荣的最后胜利，必归我方，毫无疑义。

我四千三百万官民，奉戴大东亚战争勃发当时所宣示的与日本帝国死生存亡断弗分携的帝旨。举国人协力遂行大东亚战争，担负北边镇护的重任，敝人与满洲国民已坚其决意，誓必与大东亚各国相呼应，相团结，以必成的信念，竭全力以完遂大东亚建设的圣业。

《大东亚宣言与满洲国》，（伪满）建国印书馆，1943 年。

国本奠定

（1944 年）

释 义

回顾康德七年七月十五日，我皇帝陛下于第二次御访日回銮之吉，敬立建国神庙，涣发国本奠定大诏，奠定国本于惟神之道，明昭煌煌，有如天日。因之建国精神之基础愈形明确，而注入新灵光与不灭之生命。于斯，渊源有本，根干无穷，万流同趋，式为永典。而国家所定迈进之理想与国民所应遵行之大道，亦悉因之以确立焉。恭按建国神庙自建创以来，已三阅星霜于兹。此三年中，上邀神威孚佑，德化覃敷，不惟国基益固，国运愈隆，凡我四千三百万臣民，于深致崇敬、祗承高厚之中，对建国精神体认愈见确切，实践更形彻底。际此大东亚战争决战之秋，举国家总力协助亲邦日本遂行圣战，克尽兵站基地责任，以全力守护北边，从事兴劳增产。凡此殊绩莫不由于神德默化，神威显现，有以使然也。

虽然，惟就国家全体检讨之，则以建国历史为日尚浅，国民种类复杂，信仰既不相同，思想亦甚悬殊。以新兴复合民族国家如我国者，欲期实现国家深远之大理想，遍及宇内，渗透无遗，使全体国民一一体得而实践之于生活之道，似非一朝一夕所能奏效，自必有待于长久岁月之育成者。是以，吾人痛感今后尚须倾注最大之努力以贯彻之也。且欲培国本于悠久，张国纲于无疆，用图翼赞圣业，恢宏皇图，势必导源于此，向前迈进以求其实现不为功也。夫国家肇建之基础，一在建国之精神，而国家之兴隆发展与否，亦胥视此精神之如何。故建国精神必须深远广大，基础深固，合乎宇宙之真理，以奠万世之根柢。否则欲期国势之发展，国运之兴隆，得以共进久远，殆亦事之至难者矣。

考诸史乘，于世界万国盛衰兴亡无常之记载中，惟有亲邦日本渊源于皇祖天照大神之神敕，自神代以来，神胤连绵，皇基安如泰山磐石之固。神裔万世一系之天皇，君临万民，以惟神之道治世。其臣民则祇承现人神天皇之敕命，具现之于生活之上，而翼赞皇祖天照大神之神业。君民一致，上下相和，努力赤诚奉公，以建设至善至美之国家，俾进展于无穷。于斯可知日本帝国之所以国势兴隆、突飞猛进者，乃源于其万邦无比神国日本肇国之大精神是也。

返顾我满洲帝国之建设，则端赖亲邦日本道义之援助所致；亲邦日本道义之援助，乃由于天皇陛下御棱威之发动；天皇陛下御棱威之根源，乃依大御祖神天照大神生成化育之神德是也。是以饮水思源，基于崇德报本之至诚，故奉祀日本天神之天照大神为我国建国元神，崇敬日本最高之神为我满洲国之最高神，用示日满一体之至圣精神。而应奠为国本者，亦即以照彻六合之神德生成化育万物，使各得其所之义耳。

夫宇宙之真理，即惟神之道也。奉体天照大神之神虑，仰之为人生之规范与生活之原理，实践不息，自觉之，体得之，显现之，而万方一致，举国同趋，使具现于政治、道德、产业、经济、文化等诸部门，就生活之全体浸透而实践之。诚如是，则我满洲前途无限之发展，洵堪期待者也。

是则，凡为我满洲国民者，诚不可不谨知奉祀建国元神、创建建国神庙之由来，与国本奠定惟神之道之要旨，以奉副奠国本于悠久，确立政教渊源之睿虑焉。

第一，天照大神

于兹惟神之道之所谓神者，乃宇宙间灵妙幽玄、伟大活动之本元，其至尊至贵，超于万有形质之上，而无以复加者也。

神者，超越一切人力，秉至高威灵之本元，既超乎万有生命之上，且亦纳于万有生命之中，实即万物生成之源，而为生命之本源是也。

是故，所谓神者，亦可云为无上之崇拜与景仰之对象。惟于斯信念中，实融合信仰之态度、道德之观念、哲学之理论，三者为一体修养且实践之，同时又经长久历史之过程，终乃育成人间绝对之崇神信念。

就其所体验之信仰情操而论，则超越以天作对象之宗教思想。世间宗教多主张人神悬殊之说，人神之界限极为分明。然惟神之道之所谓神者，则与是根本不同。没有人焉，其德品懿行之达极致者，亦即与神格同化，并可崇之以为神焉。

是则于兹之所谓神，虽以汉字当之，然殊未能概括其真意。他方，更大异于吾人从来观念中之所谓鬼神，且亦非历来各宗教或哲学之思想的归宿所能解释其真意之极致者也。

由来学者间曾区分宇宙间之神为自然神、理想神、人格神之三者。斯神也，盖神而具有人格，尊之为人格神而致崇敬者也。

此等神分为天神地祇，即天神国神，总称八百万神或八十万群神，用示神位之众。然神之大元，则奉宇宙之生命，无限之中心灵体，亦即皇室御祖神天照大神为中心，于宏广之大御棱威下统一群神，而各安其位。

对神意之显现者，天照大神之神裔，万世一系之天皇，称为现人神，亦即现御神，奉为君临日本至上之中心。且君臣同祖，万姓同归，酿成浑然之人和，形成一大家族，其臣民亦即翼赞皇祖天照大神神业八百万神等之子孙，如斯显示神人一体极为密切之神人关系。

总之，惟神之道，神之观念之中心，在于天照大神。其奉翼天照大神之神业，为君为国建树不世之伟绩者，莫不尊之为神焉。

天照大神之神业宏广无极，乃光被宇宙惟一之大神也，于诸神及就人类生活以言，占最高之位置。如《古语拾遗》中："天照大神者，惟祖惟宗，其尊无二。其余诸神，乃子乃臣，孰能敢抗?"

由此可知，天照大神盖神之大元，诸神悉统于君臣父子名分之下，于洪大无边之大御棱威下各占其位。

故天照大神以皇祖而为日本皇室之祖神，亦即日本肇国之大元神，乃神中之最高神，宇宙间之统一神是也。

关于神德，古书日本书纪中有"光华明彩，照彻于六合之内"之语，大神威德，光被宇宙，故亦尊之曰日神。

天照大神照彻六合，洪广无边，其生成化育之神德，乃宇宙间万物之根本，亦可云为仁爱慈悲之本源。先哲有言曰："所有辅相天照大神化育之神功者，则谓之神。"（大国隆正著：《直毗灵补注》）

故天照大神之威德，盖普遍照彻六合，生成万物。无古今东西之别，无尊卑贫富之分，亦不论其善恶美丑，均使发挥其本质，而各得其所。

惟神德之显现于地上者，首为神国日本。据神典所记，大神当使皇孙琼琼杵尊降临地上，曾降神敕曰："丰苇原千五百秋之瑞穗国，是吾子孙可王之地也。宜尔皇孙就而治焉，行矣，宝祚之隆，当与天壤无穷者矣。"是即天壤无穷之神敕。大御棱威照彻于六合之内，天照大神直系之子孙统治地上，其神圣之皇位与天地以无穷，其天业共日月而永明。于此宣言确立其根本，日本国依此神敕，大神子孙一系之神裔遵神意以统治，由此展开隆盛之国运。

大神更降神镜奉斋之神敕与斋庭之穗之神敕，以示祭政之要道。又亲授八咫镜、天丛云剑、八坂琼曲玉于皇孙。此皇祖大神神灵所凭之神圣宝器，历代天皇必奉此神器以即位。

日本建武中兴忠臣北昌亲房于其所著《神皇正统记》中："此乃照临天下，应如此镜之明；委曲治天下，应如此八坂琼之柔善；应提神剑以平不顺。"此外更进论："关于此三种神器之神敕，正保国之要道。镜中不贮一物，盖示无私心以照万象，是非善恶无不彰，顺应之德，正直之本源也。至示柔和善顺之德，兹悲之本源也。剑示刚毅决断之德，智慧之本源也。不能翕受此三德者，欲天下之治，宁非难事？神敕辞约而旨广，将以神器悉彰之也。"

如六大神所降之神敕与神器，自神代以来，连绵传承，而成为神国日本一贯之根本生命，显现于现实者也。

自神国日本之显现以及其辉煌进展之过程，尽皆为神意之天业。至奉此神意以恢宏天业者，则为现人神历代天皇之仁政；其翼赞天业而遂行之者，则国民至诚奉公之努力也。

尤以人皇第一代神武天皇，奉天照大神之神威，平定大和地方。对于不顺者，首先谆谆谕之以大义；不听，然后始以武力临之。凡归顺皇命者，则无敌我种族之区分，莫不一视同仁，因材登用，俾万民各安其所。此乃化天下为一家，于蔼然之人和中向前发展，使万邦各得其所，四海同胞民族协和，雄浑高迈仁爱之精神也。

奉读神武天皇橿原奠都之诏，而知八纮一宇之精神，即奉戴生成化育之神德，以正义之精神，教化国民，渐次以及于所有国土之大御心也。

正义云者，对于神，清明、正直而不怍，惟神之心也。

以俯仰天地无愧怍之诚心，贯通全世界，四海协和，相扶相助，则世界之新秩序始能真正建设，人类之和平幸福方可期也。

按我国肇建实渊源于八纮一宇皇谟之光被，更进推其极，则实赖天照大神照彻六合，生成化育之神德以立国者也。而肇造日本帝国育成而发展之原动力，由神代迄今，亦一贯为天照大神之神威。因时制宜，因事制宜，因地制宜，首拯救满洲于水深火热之暴政之下，打开几多之国际难局，而实现新国肇建之圣业。故应奉仰天照大神为我国之建国之神。

是以，我皇帝陛下鉴我建国之本义及国势之发展，皆赖天照大神之神庥及神裔天皇陛下之保佑，于是敬立建国神庙，奉斋天照大神为建国之神而祭之。同时且奠定国本于神德所显现之惟神之道，于我建国之精神更注以新灵光之新生命，而国家国民所应迈进之大道，亦因之确立焉。

第二，惟神之道

道者导也，即人生全体之规范，人格的生活之原理，人生所应遵循之正路也。

惟神之道者，盖即神之道，亦即神所启示之道，乃奉体神意以为生活之原则者也。实为神之本质所表现之道，并非神异不可思议，且为万人所共仰而能行之道也。

惟神之道，古时亦称为神道或皇道，日本书纪孝德天皇纪之细注中有："惟神者，惟随神道，亦自有神道也。"此处所谓神道，即指天照大神所显现之道而言。皇道云者，乃神（天照大神）皇（天皇）一体之思想，亦即表示神皇一体之根本信念者，实则皆同于惟神之道也。

由来西方之治学者，对政治、宗教、道德、信仰均本唯物的观念分析而观之。至惟神之道则不仅不属于其中之一，且为其诸项之全体，故神道、皇道、惟神之道乃三位一体，浑然一元者也。是以，吾人必须体得人生根本原理惟神之道之真髓，斯为愈也。

先哲有言曰："神道以天地为书籍，以日月为证明。"（卜部兼俱著：《唯一神道名法要集》）

故惟神之道，其自体乃基于信念实践之道，非若其他宗教之有经典也。故为明了其真相，必须将神敕历代天皇之诏敕，与以其历史为背景之政治发展形态，总观其全体，否则不得备悉其神髓也。

是以，基于天照大神生成化育之神德之正道者，不设经典教理等，而俨存由开辟之初，修身齐家，君臣之义，治国平天下之大道，以逮今日。

又敬神崇祖为惟神之道之根本理念。基此，而实践明、净、正、直之生活，示人生以规范。且此理念之根柢成于清明心。日本神典作清明心，读若赤清心，亦即神心所显现之日本民族之真心也，故亦可云为惟神之心。

是故，惟神之道系以通天地神明之清明诚心为根柢，本敬神崇祖之理念而展示者。上则日本皇室基此惟神信念，以皇祖大神之御心为心，崇敬神祇，厚抚国民之敬神爱民统治，并祀祖宗神灵，奉体神虑，恢宏天业，显现祭政一致之道。又此理念，下则织入全体日本国民之生活中，成为敬神尊皇之奉仕，以启迪敬神爱国之活动而展开。

如斯依敬神爱民之统治所行之天业恢宏，与依敬神尊皇之奉仕所为之皇谟翼赞，实成为惟神之道之真髓，而上下一致和气融融，以建优秀之国家，俾进展于无穷。此其不断之努力，并一贯历史之忠君爱国、忠孝一本之精神，同深置根基于敬神崇祖信念之中矣。

惟敬神之观念决非排斥他人之信念，设不背于惟神之道之观念，对外来文化悉包容而同化之。俾各得其所，以发挥其本质焉。

此含宇宙真理，照彻六合天照大神神威之惟神之道，实为天空海阔、古今万世不易之坦坦大道，施之中外而决不悖之天地公道也。

是故，惟神之道者，乃基于神人一体之原理与信念。故一翻日本神典，即知神代与人代相连续，今日即神代之延长，神道与人道相贯通。且可体得人乃神子，而受有神性者。是以，不论何地，惟当体得神性而发挥之，以进于神道。

惟欲进于神道，其最要者曰祭祀。中国自古虽亦重视天地祖先之祭祀，对报本反始、慎终追远之观念，自昔即力言之，然术诸史实，乃无百世之君与千年之国。此无他，亦惟以未得在政治上体得祭祀之精神而实践之所致也。

日本先哲有言曰："礼莫大于祀，万物本于天（神），人本于祖，报其本，反其始，人道之大者。"（会泽安著：《下学迩言》）此所谓谕者，祭祀实根于人情之自然，而为人道之根源也。

惟神国日本祭祀神祇之要道则基于皇祖天照大神神镜奉斋之神敕，与国体之精华结密接之关系，而为国家发展极重要之基础。

神武天皇既东迁于橿原宫，行即位大礼后，首宣示曰："郊祀天神，用申大孝者也。"

故于鸟见山中设祭场，厚祀皇祖天神，以致报本反始之礼，同时体得皇祖之神虑，而继承其神业焉。

若斯因祭祀而具现皇祖天神之神意神德于实生活上而发挥之，以统治国家国民之道，是为政事。嗣于大化革新之际，亦以"应先祭神祇而安之，而后议政事"之精神，作成革新国政之指导原理，且日本之国本即神而祭之，感谢敬慕其神德，体得其神训，具现之于日常生活上而实践之，用以翼赞天皇之政治。就此意义观之，即可知祭政之一致也。

明治天皇有谕曰："崇神祇、重祭祀乃皇国之大典，政教之基本也。"

于此可以拜察所宣示之政治、道德与民情悉本于神代以来祭祀之所以然也。

故惟神之道，实为基于敬神信念之祭政一致之道，而又为一贯祭政教之实践道。斯道也，不仅为观念的理念，而为既经几千年来历史之试练与育成以实现化者也。

是以，今日应注意之重点，不可不谓在于随应时局之如何，而具现此道于政治、教育、经济、产业及其他所有实生活之上，而实践之耳。

且空言无济于实行，是以不能与实践相应之理念，及与实生活游离之教，于今均属毫无价值之可言。世之为政者，宜深留意于斯，不可不将施于中外而不悖之惟神之道具现且实践之于人生之全局。

且夫道者，乃人生全体之规范。使就此义言之，则惟神之道与王道均有其共通性。盖真正之王道，自应与皇道相一致也。

然而于其发生与进展之过程中，不同者何在欤？曰，此乃由于地理的环境与民族性使然，其根柢则在于两国体之相异也。

中国古来有"大德者必受命"之思想。此主义自成其政治理念之根柢，以培养其国家观念，所谓禅让伐放、易姓革命者，皆基于此。盖中国之所谓革命者，谓不德之君不应临于民上，则天更降命于有德者，立以为君。而"民之所欲，天必从之"云者，则天之意志，即民之意志也。夫依德之有无以定君主之资格，理念上虽似可认为合理，然实际上则转起种种之危险。盖德之有无，究不能以标准定之。设使今有强者，对于现在之君主，主张予有优王之德，应将王位让予；如不能即行，则两者舍力斗外，似无法解决。倘王师不利，则亡之以放伐之名而已。是以，此种动机多属不纯。夫以如斯之国体，不能行真正之王道，而只以权力争天下，成为霸道政治者，实属当然。

中国古代王道不行，实基于此。

若在日本，则既如前述，基于皇祖天照大神天壤无穷之神敕，定继承皇位必以皇胤，上则皇祖天神所显现历代之天皇，成为现人神，以继承其神意，养正树德，临于万民；下则万民深明敬神尊皇之大义，确立万邦无比之国体。盖中国之所谓天，在日本即为天照大神神胤现人神之天皇，天皇绝对神圣不可侵犯。

如上将两国体比较之，则国家主权之根基共天地、俱永久不动之日本国体，与以敬顺天命、有德做王之中国国体，迥乎相异。在中国，则王道之理想虽有可贵者，然当其实行时，则为现实与环境所歪曲。

基于惟神信念之皇道政治，与中国从来王道政治经过之不同，实在兹。而两者祸福之所歧，亦在此也。

至我国之王道政治，乃天照大神神威所光被之王道政治，乃基于惟神之道之皇道所延长之王道也。

第三，建国神庙之创建

夷考我满洲帝国之肇建，固由当日旧政权苛政下三千万民意之所要求，与诸日满先觉者之努力，及亲邦日本之援助，奠斯丕基者。然克服当时内外难局，建设民族协和之新国家，由理想达成实现，其根本之原动力，吾人必须确认实由于亲邦日本立足于道义之力及八纮一宇皇谟之光辉所被，有以致之。试再进求其渊源，更不能不感得其由于天照大神照彻六合、生成化育之神德之显现也。我皇帝陛下念满洲之建国与国势之隆昌，端赖日本皇室之御棱威，故翠华东幸，躬访日本皇室，诚悃致谢。于斯旷古盛仪中，皇帝陛下深感皇室之优情与仁德，与至上之日本皇道之精神，故于《回銮训民诏书》中，宣示与天皇陛下精神如一体之睿旨，奠定日满不可分之基础。

迨康德七年，皇帝陛下为庆祝日本纪元二千六百年之盛典，再度东渡，与皇室交欢，亲拜皇大神宫，深体日本肇国伟大之精神。回銮后，创建建国神庙于帝宫，奉安天照大神为建国元神而祭之，同时并涣发国本奠定之大诏。

当康德二年第一次访日回銮后，涣发诏书中宣示与天皇陛下精神如一体；于第二次访日，更以天皇陛下之心为心。夫既与日本天皇陛下之精神如一体，是以，两帝国无论政治、经济、军事、外交、产业、文化，亦无往而非一体，不可分离。所云日满一德一心，亦即日满一体之义，固无待多言也。且与天照大神神裔、神意体现者天皇陛下之心为心，则与日本皇祖皇宗历代天皇之大御心亦为一体，而归一于日本建国之大精神。又鉴于我国建国之本义与国势之骎隆进展，皆赖天照大神之神庥与天皇陛下之保佑，故创建建国神庙，奉祀天照大神，定为式典，以垂万祀。

诏书中“国本奠于惟神之道，国纲张于忠孝之教，仁爱所安，协和所化，四海清明，笃保神庥”所昭示者，即依天照大神照彻六合之神德与宇宙之真理为一体，举八纮一宇普照，以生成化育惟神之大道，用是国本以奠，国纲以张，仁爱协和，四海清明，而笃保神庥也。

又如诏书中“敬立建国神庙，奉祀天照大神，尽厥崇敬，以身祷国民福祉，式为永典。令朕子孙万世祗承，有孚无穷”之御旨，可知奉祀天照大神于建国神庙之祭祀，盖昭示皇帝陛下以身祷国民福祉也。

且组织法中明定皇帝祭祀之大权，并新设祭祀府，掌管关于国之祭祀事项。此盖以祭祀为政教之大本，以祭为第一义，执行政事。于斯可以拜察御意治国安民之要谛，盖基于惟神之道所以然之故也。

又由于建国神庙之创建，特修正我国基本法中之组织法，规定“皇帝行国之祭祀”（第九条），昭示皇帝关于祭祀之大权。皇帝陛下躬行国之祭祀，关系祭典事项，特新设祭祀府执掌之。因祭祀府之设置，亦行修正组织法，于第十五条规定：“祭祀府依敕令之所定，掌理关于国之祭祀事项。”又依组织法之规定，以敕令另行公布祭祀府之官制，祭祀府直隶于皇帝，与国务院参议府并行而为独立之机关。建国神庙与其摄庙建国忠灵庙之祭祀及其他附属事项，均属所管。

如斯修正国家组织法，明定国家祭祀之大权，复新设祭祀府专司其事，可知国家如何重视此彝伦大本之祭祀也。

（伪）满洲帝国教育会：《大满洲帝国年鉴》，1944 年。

满洲国基本国策大纲（节选）

（1944 年）

满洲帝国政府

序

我满洲国建国以来，以本年正十阅星霜。其国运之隆昌，国势之伸张，固不外乎于帝德之下民族相协和，官民勠力挺身于建设之结果，然亦莫不皆赖亲邦日本之仗势援助所致。

曩者，皇帝陛下创立建国神庙，奉祀天照大神，奠国本于惟神之道，训谕国民应奉翼亲邦之天业，此诚不胜感激者也。

恭拜帝旨，当举国人、尽国力，以图完遂圣战，庶政亦复有集中于此之必要。并且全面培养国力之根本，以期国势之划期的昂扬，而谋将来之大计者，又为刻下急务也。即顺应时势之变迁，鉴于十年之治绩，而于新的构想下，以期庶政更始一新，而明示今后之国政之所向，昭示官民同应恪守之大道也。

以下所开示者，概为今后十年间施政方策之大纲，其缓急拟应机而行，然持鉴于目下之非常时局，宜先备于北边之镇护，并拟集结总力于大东亚战争之完遂。故于国民生活所生之一时之艰难，不可不有所忍耐。

望国民善体政府之意图，愈益巩固其决意，对国政之运营行积极的贡献，是所切盼不已者也。

第一节　根本方针

施政之方针以下列三点为其基本：

一、显扬国体之本义，涵养国家观念，民族相协和，以期使国家的团结力巩固。

二、本日满共同防卫之本义，以确立国防国家体制，并集结国力于大东亚战争之完胜，进之以期对大东亚共荣圈之必成有所裨益。

三、振兴文教，谋产业之划期的发展之同时，并作兴勤劳兴国之民风，以使民生向上，用期培养充实国力。

第二节　政治纲要

谋确立坚强之国防国家体制，而政府与协和会为一体，以图政治力之昂扬、施策之彻底的基盘。

第一，显扬国体之本义。

我国国体渊源于惟神之道，与日本以永远一体不可分离关系为本义。斯坚固不动之国体之本义，显扬于中外，以使为万般施政之基本也。

第二，整备国防态势。

本日满共同防卫之本义，顺应我国特殊地位，愈益整备防卫及防共之国防国家体制，并期治安之确保。

第三，具现民族协和。

遵照国体之本义，而陶冶、伸张各民族之特质，顺从国家之目的，而立于应能奉公之见地下，使各民族各得其所，以谋融合团结。

第四，伸张外政。

与大东亚共荣圈各地域，尤其与大陆邻接诸地域密切联系，而协力一致，以期大东亚战争之完胜与东亚新秩序之玉成。并且与同志诸国愈益敦厚国交，以期贡献于世界新秩序之建设。

第五，刷新庶政。

凡有施策实行之成否，全在行政运营如何，及国民之信仰如何。并鉴于新国政遂行之重要性，故对行政运营及官吏制度加以刷新，以期中央、地方为一体，确立责任政治，而切实地遂行国策。

一、改革行政机构，并强化中央、地方各阶段之指导统制力，使其联系更加紧密，以期行政之综合统一化，尤对总务厅中心主义之彻底，更图强化。

二、改善行政运营之方式，而期行政事务之简捷效率化。并强化活用特殊会社及特殊团体之机能，以确立官民浑然一体之协力体制。

三、谋官吏炼成之强化，责任感之透彻，信赏必罚之彻底，及待遇之改善，以期资质向上，而作兴官界之气风。

四、整备强化地方行政机构，并对邻保组织、兴农会等国策遂行之基盘组织，加以指导育成，并期其自兴的发展。

五、刷新整备警察，以期维持治安，行警一致，以图确保行政之实效。

六、为行政对象之实体明确、政策之树立及其实行公正适切起见，而强化调查机能，并特谋人籍及地籍之急速的整备。

七、财政则取重点且积极方针，并将租税作为国民对国家奉公之一种作用，而强化其地位。

第三节　民生纲要

振兴文教，强化国民之炼成，并努力于文化之进展、厚生之伸张，而作兴国民之勤劳兴国之美风，以图国民之资质向上，国家的团结力巩固，并期民生之安定向上。

第一，国民之炼成。

以青少年之教育炼成为最重点，涵养国家观念，努力炼成健全活泼之新国民，并对一般广行彻底强化职域之炼成。

一、教育之振兴

（一）学校教育

甲、置重点于初等教育，努力图期振兴充实。

乙、中等及大学教育，以实业教育为主眼。

关于大学教育，特对其内容之充实置重点。

丙、刷新充实师道教育，并图教育机能之强化。

丁、谋教育者之养成、素质向上及待遇改善，并作兴尊重教育者之气风。

戊、使学校教育与各种试验研究机关及工场、矿山等地之联系紧密。

（二）社会教育

甲、谋社会教育之施设整备，并积极地举办识字运动。

乙、谋艺文活动之辅导，并施设之整备。

丙、辅导各种宗教团体及教化团体，使其活动能顺应国家之目的。

二、青少年之炼成

以育成中坚国民为目的，而创设勤劳奉公制度。并借青少年组织，而强化其炼成，尚谋青年自兴运动有健全之发展。

三、职域炼成

于一般炼成之外，特置重点于责任观念之涵养、职域奉公观念之彻底及能率之增进。对官公立特殊会社职员、其他一般产业从事员，而彻底行以其日常业务之炼成。

四、妇女子之炼成

活用国防妇人会、女子青年团等，而努力于妇道之涵养、品格之向上。尤对满系妇女子，图勤劳及卫生思想之普及。

第二，厚生之伸畅。

努力育成强健之国民，创造适快之生活环境，以与国民炼成之成果相倚相扶，而确立国家兴隆之基盘。

一、保健卫生

（一）力行传染病防疫方策，对百斯笃及结核之预防扑灭尤加努力。

（二）整备扩充医疗设施，尤对医师之增加、医药品之确保特别努力。

二、生活改善

（一）谋住宅之改善及住宅之计划的增设。

（二）努力普及适合于我国风土环境之生活样式，并促进衣食住及其他关于厚生之科学的研究。

（三）逐渐改善向来之陋习。

三、体力增强

（一）积极奖励集团的肉体锻炼、武道及运动竞技。

（二）关于鸦片麻药之断禁更加努力，以期大收实效。

第三，勤劳兴国之实践。

确立国民皆劳之体制，确保劳动力之自给自足，并谋劳动生产性之向上、劳务管理之改善，以备我国土建设及产业开发之飞跃的发展。

一、国民皆劳体制之确立

作兴尊重勤劳之气风，实施勤劳奉公制之同时，并行活用都市浮游劳动力及女子劳动力，以确立国民皆劳体制。

二、劳务统制之强化

（一）关于劳务配置，则强化事业别配给统制，并考虑民族别及性别之适正配置。

尚讲求男子商业使用人等数量限制之方策。

（二）对于劳资昂腾之防止及劳动者移动，特加强化，以期彻底。

（三）整备技能者之登录，以确立其动员体制。

三、劳动生产之向上

（一）彻底生产方法之机械化。

（二）强化劳务者之技术的训练，同时积极地改良技术，并导入优良技术。

（三）为期能率增进，则积极的行技能竞练，并讲求国家的褒赏方策。

四、技术者之养成

对于普通技术者、技术工之养成，以企业体之自家养成为原则。

再关于与国家教育制度之密切之结合，亦深加考虑。

五、劳务管理之改善

（一）鉴于生产的劳动有公共性，故对劳需物资加以确保。

（二）期灾害防止之彻底之同时，并图保健、卫生、福祉施设整备充实。

…………

（伪）满洲帝国教育会：《大满洲帝国年鉴》，1944 年。

二、教育方针与政策

立国大本　教育纲领　孔门四科　德言政文

（1933 年）

【新京专讯】国务总理兼文教部总长郑氏以教育为立国之本，而我国教育之主体，更宜本诸孔门四科，特将四科设教之要义，详分条晰，作满洲国教育方针。现已由文教部将郑氏所示各条，印成《总长训示》拓本多份，以昭示国人。并于日昨九月三十日，寄各省教育厅、各学校，并中央各官吏。兹志该训示全文内容于左：

依孔门四科为宗旨

德行　教导修身

言语　教导讲演

政事　教导应人接物

文学　教导文字技术

四科设教说

孔门四科，一曰德行，二曰言语，三曰政事，四曰文学。满洲立国，观当世之变，度新旧之宜，复依四科，以施教小学为指导之源，中学为向化之转；以教孝、教友、敬老、恤贫，为养蒙之正；以戒惰、戒奢、戒争、戒贪，为克己之则。此德行之实修也。以熟读之文，施之讲演；以讨论之理，发为问难。此言语之练习也。以考古证今，治事理财，法律治度，授以经世之识略。此政事之知识也。以博特穷理，制作美术，文辞歌曲，连成专门之才艺。此文学之范围也。其余理想之变化，趋于异端，科学之余波，入于淫巧，则国家必予禁止，以防败法乱纪之害于人心。故王道必以孔教为依归，以期养成人民纯厚之风俗，特举其端，以待贤者。

小学初级：

德行：教孝、教友、教敬礼、教博爱。

言语：正说法、反说法、直论法、譬喻法。

小学高级：

加入政事、文学，均取由浅而深法。

中学分年：

仍四科分类，逐年渐进。

德行：教勤戒惰，教俭戒奢，教让戒争，教恕戒贫，采取经子史集，用深明文法演述，分段依课教授。

国民教育，兼采小学、中学养成普通应用之知识。

演说法：取古人辩论精彩之文字，由教员引导学生，用白话讲演，使其理解透彻，精神□露。

演义法：取古人忠孝节义动人之事迹，由教员指导学生模仿表演，务使惊心动魄，神采如生。

《左传》《国策》可为言语之教科书，选择最精各篇，用白话演成，名演说法。小学期间，每月酌演数次。

中外历史最有名之贤圣豪杰，采其事实，编成戏剧，名演义法。中学期间，每月酌演数次。

《盛京时报》，1933 年 10 月 3 日 4 版，8500 号。

全国文教科长会议讨论教育方针

（1940 年）

【新京专电】为讨论本年度教育方针之民生部七年度前期文教科长会议，自十一日起二日间，由全满十八省文教科长及视学官参集，并本部侧孙大臣、田村教育司长以下教育司关系各科长教学官，以及总务厅地方处、协和会各关系者约四十名出席之，在民生部会议室开会。第一日自午前十时起，由田村教育司长致开会辞，次由孙大臣训示，其后田村司长就议长席，由教育司各科长分别指示说明，关于：

（一）普通教育科

1. 关于初等教育费由国库负担分配之件。
2. 关于初等教师第二次待遇改正之件。
3. 关于初等教育十年计划之件。
4. 关于初等教育学校配置日系教师计划之件。
5. 关于中等学校经费之件。
6. 关于中等学校营缮及整备之件。
7. 关于中等学校实习费，设置特别会计之件。
8. 关于处理未认可私立学校之件。
9. 关于中等学校扩充十年计划之件。
10. 关于中央师道训练所在所中之新采用之日系教师之俸给及赴任旅费之件。

（二）师道科

1. 关于师道学校本科体系改正之件。

2. 关于师道学校进学者学资支给之件。

3. 关于扩充地方师道训练所之件。

4. 关于师道学校及地方师道训练所统合之件。

5. 关于中等学校教师铨考推荐之件。

6. 关于讲习并教育视察之件。

7. 关于师道教育机关之实行预算编成之件。

（三）教学官室

1. 关于国民高等学校实业科教师指导之件。

2. 关于视察委员以及县旗市视察简拔之件。

（四）专门教育科

1. 关于荐任教官俸给是正之件。

2. 关于本年度日系教官配属之件。

3. 关于日系教官采用方针之件。

4. 关于教官派遣日本留学之件。

上列等等，对此与地方之间质疑问答。第二日继续在国防会馆开普通教育恳谈会，及指导机构运用之件，以此为中心对关于前日指示事项，协议恳谈。

《盛京时报》，1940 年 3 月 12 日晚刊 2 版，10738 号。

本年度教育行政方策　置重点于实质

（1941 年）

满洲国之教育行政，自建国以来，其组织骨干已完备，本年度将逐渐向外发展，并将向实质的教育行政方策重点方向上移行，其重点如左：

一、建国之意义及现在历史之使命之自觉彻底。

（甲）《国本奠定诏书》之彻底、日本语之普及、时局之认识，及处理其他仪式行事等，对献金、军警慰问等，实行具体实践并加以训育。

（乙）重视团体调练，期于学校教练作业、生活训练、学课等养成灭私奉公精神。

（丙）以人伦为基础，重视道德训练，而期维持社会秩序安宁。

二、强化实务教育，农工商等应重视实务教育，涵养职域奉公，及全体奉仕之精神。

三、彻底勤劳训练，借勤劳教育期协同意识及奉仕观念之涵养昂扬。

四、身体之锻炼，学课之实地指导。

《盛京时报》，1941 年 3 月 28 日晚刊 2 版，11107 号。

国民训之制定

（1942 年）

国　民　训

一、国民须念建国渊源发于惟神之道，致崇敬于天照大神，尽忠诚于皇帝陛下。

二、国民须以忠孝仁义为本，民族协和，努力于道义国家之完成。

三、国民须尚勤劳，广公益，邻保相亲，精励职务，贡献于国运之隆昌。

四、国民须刚毅自立，尊节义，重廉耻，以礼让为先，企图国风之显扬。

五、国民须举总力实现建国理想，迈进于大东亚共荣之达成。

国务院布告

为布告事。夫国家兴废必由于民德之兴废，民德之兴废必由于民心之兴废。我国自建国以来，于兹十年，民心之奋于一，民国之兴于一，固其国本，奠其国基，以致今日之隆昌。凡有耳目者，咸所知晓。然建国之渊源，其来也远；元神之照临，其鉴也赫。乃昭国民训，使举国之民躬行实践，仰不欺神明，俯不欺自己，始终于斯，一贯于斯。行此布告，咸令周知。

康德九年十二月八日

国务总理大臣张景惠

关于制定国民训

国务总理大臣谈话

我国自建国以来，至今已十年于兹。其间在崇高帝德之下，得亲邦绝大之援助，经军官民一致努力之结果，方有如斯空前绝后之大发展，而使世界各国惊异不止。尤其本年建国十周年诸种庆祝行事，不但举国庆祝，即亲邦日本及盟邦中华民国、泰、德意志、意大利等国，亦皆有热诚之庆祝。举国腾欢，其感激之情已达极点。然于此欢喜感激之余，我等静思已往之生活，尚感有不足，应改善之处甚多，故仍须更进一步向前奋斗努力。回想去岁十二月八日，亲邦日本对彼暴戾之英美宣战以来，我国仰体生死存亡断弗分携之诏书本旨，已举其总力协助圣战，或为大东亚之兵站基地，或为北边镇护之要衡，而愈益加重其任务。是于致感官民更应奋勉努力。

于兹政府此次奉体诏书之趣旨，乃制定堪为我等四千三百万国民座右铭之国民训。

此国民训，乃决定国民道德之基本，明示我满洲国之理想与国民应进之目标者。

我等应以此为日常生活上实践之目标，谋私生活及公生活之向上，以期我国运之隆昌与国风之显扬，及大东亚战争之早日胜利，以便向道义国家之建设与大东亚共荣圈之达成迈进。

我四千三百万国民，应彻底了解此国民训之真义，由第一训至第五训，躬行实践，实为热望不上者也。

国民训释义

第一训：是示国体的由来及国民应守的本分。因为满洲建国是八纮为一宇的精神的表现，其所由来本发自天照大神为建国元神，深体大神的神德与天皇陛下精神如一体，而爱护黎庶。

凡当国民的，必须念及建国渊源，遵奉惟神之道，敬崇建国元神，对皇帝陛下是应当尽忠义、致诚敬的。

第二训：是叙述国民道德的基础，明示实践道义，才能完成盛大的国家。

忠孝仁义是东方道德的真髓，国民必须实践忠君、孝亲，爱人以兹，践事以正，各民族协心勠力，去发扬实践东方道德，努力完成善美的国家。

第三训：是叙述有勤劳、善邻、公益、精励职务的精神，才能贡献于国运隆昌。

国家兴隆与否，是在国民的勤劳精神如何。国民的个人生活，也是因其勤劳而成立的。但是以往颇有蔑视勤劳的倾向。

勤劳是最高尚的国民道德，国民更应当尊重的。并且以往为了自己的利益而不顾及国家公共的利害，实在是一种陋习。国民对公共有害之点，必须积极避免；而对于世人有利者，则须积极努力。如能如此，邻保相亲，互相扶助，各个国民均能精励职务，国运才能达到隆昌的地步。

第四训：是叙述国民修身立世上所应有的德性，用以企图国风之显扬。当必须各个人有自立之能力，去自己生活。

看以往的情形，持有依赖心而依靠他人生活的人，也不能说没有的。但该人都毫不介意，以为当然。这种人是须要刚毅自立，抱着纯真的心理，去谦逊从事的。如果人人都能如此，国家才能在世界上显扬其高尚优美的国风。

第五训：是处此有史以来之世界大转换期，关于国民应有抱负及实践的目标加以明示。

国民必须本诸前记各训，实践躬行。一方更须举总力实现建国的理想，努力大东亚战争之完遂，以向大东亚共荣圈之达成迈进，才能完成为大东亚新秩序先驱的我国使命，进而才能贡献全人类的福祉。

（伪）满洲帝国教育会：《大满洲帝国年鉴》，1944 年。

满洲国之教育方针与学校体系

（1944年）

文教部学务司长　木田清

一、教育方针

教育之目的，为使其国家之国民，达成国家的使命，而形成者也。教育不是就抽象的一般人们，而是造就生于一定之历史的现实之国家，为其发展工作之实在的国民。我国之教育，是炼成使之明确把握我国之国体本义，并挺身于国家之历史的使命达成之国民。兹就其要，略述一二。

第一，为建国精神之彻底。此自教育之目的观之，乃当然之事，亦为最根本者也。我国为基于日满一德一心之关系，实现民族协和之道义的国家之大理想者，故适此之新国民炼成，乃建国工作最大之事。原住民族缺乏国家观念，加之建国以前曾行排日主义之教育，故于此建国精神之普及彻底，必须特加努力。当本年度学校规程改正，改变从来之国民道德、地理、历史之教科目，设置建国精神之新教科目，亦不外强化此方针之具体实现耳。康德七年七月十五日，皇帝陛下亲奉天照大神为建国元神，涣发《国本奠定诏书》，晓谕我等以奠国本于惟神之道之圣旨。更于康德八年大东亚战勃发之际，涣发关于时局之诏书，以“举国人而尽奉公之诚，举国力而援盟邦之战，以辅东亚戡定之功，贡献世界之和平”明确谕以我国家国民之历史的使命。国民遵循之路，昭示于此，教育之渊源，亦由此而出者也。

第二，为置重点于实务教育及勤劳教育，此为我国教育之特色。近时各国，虽皆重视此点，而我国学校制度上，自教育内容上，实务教育、勤劳教育，俱为学校教育之中心耳。重视此点之理由，大体有三：一为自教育本质而生出之当然理由。即教育对象之人类，不是抽象的一般人类的人类，而是具体的全体的人类，即所谓历史的实现之人类。因之教育亦必须自实际生活出发，故此为重视实务教育之理由。关于此点，尚有一部误解者在。那是人文主义时代，职业教育被轻视之残滓。裴斯塔罗齐对于职业陶冶亦具有偏见。然彼乃只将职业解作“生活之手段”之意味，忽视社会共同体之责务分担之重要意味，未能把握职业之正确意味。于自己之立场，作国家之奉仕，为职业之本义，职业教育乃全体所课之任务，即使之完成自己之职分，而奉仕全体之教育。为使之对国家尽其忠诚之教育。如此解之，职业教育必须得有教育上之最重要之中心的位置。我国不曰职业教育，而谓为实务教育者，以（职业）名词，具有自由主义经济之余臭，为避免维持生计之误解，并“职业”名词，内包过小，不得包括女子之实务等。勤劳为精神与肉体合一之活动，于旺盛体力上自然为养成创造力与实践力之一致的“行”。由于勤劳，而为教育，殊属意义深远之事也。

理由之二，为我国国策之最重要者，是生产力之扩充。我国使命之重大者，是依农产物、工产物、矿业产物等增产，援助日本，完成大东亚战争。因之国民亦必须竭尽全力。教育亦必须顺应国策，养成有助于此之人才。如前所述，教育之目的，为使国民达成国家之使命，而形成者，故重视实务勤劳教育，乃当然之事也。

理由之三，从来我国之知识阶级，多有蔑视勤劳之倾向。此尚不仅我国乃东洋之通弊耳。学校方面，于建国之前，实务勤劳亦被轻视。为矫正此等旧来传统之恶习，亦不能不重视此教育方针。

基于此种方针，自初等学校，即课以实务教育，于中等学校，亦必置农工商等之实务中之一科目，大学亦主要设立实务关系者。更由初等学校直至大学，全部课以勤劳奉仕。尤其自本年度以来，呼应一般国民勤劳奉公制，于大学内实施义务的勤劳奉公制矣。

教育方针之第三，为置重点于身体之锻炼，及国防的训练。关于此项，无特加说明之必要，然我国青少年之健康，决不容乐观，于卫生观念，尤为缺乏，沙眼、皮肤病等，非常之多，由恶质之传染而死亡者，亦属不鲜。自体格观之，筋骨柔弱者，影响于国防能力、生产能力者亦不在少数。国防训练，以直接之国防力之增强为目标，自不待言，然依施以团体的训练，养成规律，服从之观念，并涵养尽忠报国之精神，对于我国之青少年亦为极重要之事耳。

二、学校体系

其次关于学校之体系，略加叙述。作成学校制度，所采取之方针重要者如下：

第一，于学校体系之各阶段，均使之为完成教育，力求不为预备教育。关于准备进入上级学校之准备教育之弊，乃人人所痛感者也。儿童非小人，儿童之存在，非只有走向大人之途之意味，儿童具有儿童自体之生活之意味，故必须适应其自体，而施教育。初等学校，行完全教育。中等学校，行中等学校之完全教育。下级学校，终于准备进入上级学校之教育，乃学校体系之破坏。上级学校，为下级学校教育之基础，而施教育。由此意味，升入上级学校之决定方法等，须慎重考虑，现在采用之学校推荐制度，即参酌以上之点而行之者。

第二，教育之修业年限力求缩短。广义之教育，必须通过我等一生，永续而不终止者也。因之于学校内，以施行社会生活之基础教育，故其修业年限，应乎民度文化，止于最少年限，于实社会，得以延长活动之期间。达至相当年龄者，犹在学校，于为社会人之时，则其精神力、活动力即陷于迟钝，自国家之经济言之，为毫无意味之事。日本近来亦缩短校修业年限者，亦以此而然耳。我国之教育期间，以七岁至二十一岁（医科大学二十二岁）之十四年间（医科十五年）而终了。

第三，为考虑社会之文化、民度、财政等，期其与此等无所隔绝。教育须一面考虑将来，一面适应时代环境，避免徒自模仿他国之制度。

第四，为行教育之国家统制，而收国民教育之实。一国教育之健全发达，须于适应国家各般情势之同时，并能照应国家将来之计划。为国防国家体制之确立，必须将国民作计划的配置，使之于其各各之职域，发挥最高度之能率。由此见地，于教育方面，亦必须实施计划的教育，初等学校，于一般之国民之基础教育之意味上，必须力求普及。中等学校以上，考虑各方面之需要，应乎学生之素质，实施计划的教育。我国之现状，难在向此方向进行，然人之配置计划未曾确立，财政、物资等亦未充分，实行深为不易，此乃最近将来之当前问题耳。

私人之学校经营，虽亦认可，然关于其经营、教育方针、教师之任免等，均加以严重监督。国民教育自有国家负责，原则上非可委诸私人，然由从来即经营者，或为特殊者，体得国家之方针，施行教育者，均特别许可。然对于此等，均加以充分监督，使之与国立及公立学校取同一之步调。

学校体系，分为初等教育、中等教育、高等教育之三阶段，及职业教育、师道教育二部门。各阶段各部门之教育目标，如下所示：

（一）初等教育，以施行为忠良国民之基础教育为本旨。

（二）中等教育，以施行以实务教育为基础之国民教育，养成忠良之中坚国民为本旨。

（三）高等教育，以使之修得关于高等学术之理论及实际，以养成国家之枢要人才为本旨。

（四）师道教育，以养成献身的教师为本旨。

（五）职业教育，以授以关于实生活必要之职业之知识技能，养成健全之职业从事者为本旨。

属于初等学校者，为国民学校、国民优级学校及国民学舍（私立者称为国民义塾）。国民学校收容年龄满七岁以上者，施以四年教育；国民优级学校收容国民学校毕业者，施以二年之教育。国民学舍，于国民学校设置困难之地域，施以简易之国民教育，为其目的，收容满七岁以上者，施以一年至三年之教育。关于修业年限，虽有议论，然自我国之文化民度观之，乃为极当者。国民学舍，为有特色者，某儿可以一年毕业，某儿可以二年毕业，为适应民度之学校，在制度方面，为非常有趣之学校，而实际上，学校经营复杂，教育极为困难，实绩亦不良好。结局只为过渡的存在，现在正渐次减少。

虽有国民学校之义务教育制实施之意见，然自建国以来，教育亦有显著之普及，学生数亦有二百二三十万，较前已增加四倍，就学率约为百分之四十二三，故急速实施义务教育制，自教师获得与施设、经费等点观之，仍在不可能之状态。因之须先以尽数收容入学希望者为目标，而后再考虑义务教育制。

其次属于中等教育者，为国民高等学校、女子国民高等学校二种。国民高等学校，均为以农业、工业、商业等为主之实务教育之四年制者，以国民优级学校毕业生为入学之资格。重视实务教育之方针，于中等教育，已有显著之表现。女子国民高等学校，为对于女子施以中等教育者，修业年限为三年或四年。对于女子，亦课以实务之教育，乃不待赘言者也。中等学校，较诸建国以前，有二倍半，学生数亦近于七万，自需要之方面观之，于扩充上，尚须努力。

高等教育，则有大学。大学之修业年限，依其种类，为三年至五年。以农业、工业、医科为主，应乎必要，亦设置文法学系。大学为养成指导的人才者，大部分之大学，为日满系学生共学，行民族协和之基础的训练。关于大学，不先注意扩充，而置重点于既设者之内容之整备，现在树立年次计划，企图着实之实行。

属于师道教育者为师道学校、女子国民高等学校师道科、师道大学及中央师道训练所等。教育之中心，在于人才，乃当然者也，于新教育上，要求新意识之教师。然只以新养成之教师，而辅充之，乃不可能之事。故于求养成教师之同时，犹须对教师施以再训练。而教师之素质如何，不仅左右一国之文教之盛衰，且足以影响种种事情，然现在非但不能得优良之教师，并所需数之确保，亦在困难之状况。因之于教师之养成，有以拔本穷源之对策为必要，乃自本年度，对于师道教育加以刷新改善。师道学校，以男子初等教师之养成为目的，分本科、特修科及训练部。本科更分为第一部、第二部：第一部收容国民优级学校毕业者，施以四年之教育；第二部收容国民高等学校毕业者，施以一年之教育。特修科收容国民优级学校毕业者，施以二年之教育；训练部为对现职教师施行再训练之处。女子国民高等学校师道科，以养成女子初等学校教师为目的，收女子国民高等学校毕业者，施以一年之教育。师道大学，以养成中等学校教师为目的，分为男子部与女子部。男子部收容国民高等学校毕业者，施以四年之教育。女子部收容女子国民高等以上学校毕业者，施以三年之教育。中央师道训练所，为日系初等教师之养成，及全国现职员之中坚级之再训练。此外有教师养成之临时机关。

属于职业教育者，为职业学校，使国民学校或国民优级学校毕业生入学，以施以二年或三年之教育为原则，于必要之时，得为一年以内之伸缩。此为企图养成思想坚实之职业从事者，然以社会一般对之认识不足之点，教育方法不适当之点，及工场之自家养成机关之增加等之影响，颇为不振，因之此制度犹有再检讨之必要。

此等之设置主体，原则上初等学校，为市（含新京特别市）县旗，及街村。中等学校，为省及新京特别市。高等教育机关，为国。师道学校，为国。职业学校，为省、新京特别市、市县旗。至于监督，初等学校，第一次监督为市（含新京特别市）县旗，第二次为省，第三次为文教部；中等学校，第一次监督，为省、新京特别市，第二次监督，为文教部。高等教育机关、师道学校，为文教部。职业学校，市（含新京特别市）县旗立者第一次监督，为市（含新京特别市）县旗。省及新京特别市立者，为省、新京特别市。

以上已将学校体系说明。此外尚有建国大学，属于国务总理大臣管理，以造成桢干栋梁之材为目的，为收中等学校毕业者，施以六年教育之文法系学校。

（伪）满洲产业调查会：《满洲国政指导综览》，1944 年。

教学之振兴*

（1944 年）

文教部教学司长　佐枝常一

康德十年四月一日，改革行政机构，新设文教部，自其由来观之，基本国策大纲之根本方针中，有“振兴文教……作兴勤劳与国之民风”。政治纲要第一有“我国体渊源于惟神之道，与日本以永远一体不可分离之关系为本义。将此确固不动之国体本义，显扬于中外……”。而行文教行政之机构扩充，为显扬国体之本义，而振作教学，以图民生之舒畅。政府基于时局之要求，力求行政事务之简捷化，定员之削减，而独有文教部新设之举者，不外上述之理由耳。

教学振兴之为急务，由国民精神之集聚振兴上观之，由战时下科学的技术之必要上观之，由低级之我国民度之迅速向上之点观之，或由生产能之率增进、战力增强之点观之，乃尽人皆知之者。然以其对象之范围，非常广泛，而其工作，亦需要长时间，又难引起大众之注意。然试观德国兴盛之原因，深究苏联之执拗之抗战力之原因之时，所发见者，则为经过相当年月，默默经营，实践此教学之彻底耳。基本国策大纲要之“国民之炼成”之项，强调“置最重点于青少年之教育及炼成，涵养国家观念，努力于健全新国民之育成，并于一般之职域炼成、彻底强化”者，已将上述之理，完全表现矣。然管理收容多数青少年中坚分子并领导之学校之文教部，详细言之，文教部中之教学司任务，可谓既重且大耳。现在文教部，区分教育行政之问题与教育内容之问题而处理之。关于前者，归学务司掌管。关于后者，归教学司掌管。教学司担任教育内容之企划调查。教育指导、图书编纂，并行统理教育机关之教育内容，使教育者常为明朗阔达之活动，翼赞基于惟神之道创造、生成、化育之帝业，于各自职域，自行完成其使命。由此观之，教学司之使命，实重且大，故日夜默求早日达成此使命耳。

教学司之使命，另表现之，则为使之翼赞帝旨，令教育者亦有为此之自觉，实践国民之炼成。即前者触及我国政治之根本，后者触及教育之根本。根据教本与政本，于立脚之处，具有明确之自觉与信念，担任领导国民之任务从来多数之教育论者，仅拘于学校及教室之教育，虽稍明教本，而于政本所在，却漠然不知。为我国有多数民族之种别，于其协和之情势上，构成国民意识，为使之归一于惟神之道之日本民族育成之世界观、人生观，教育必须确实把握纯正之政治观，而育成异民族。《回銮训民诏书》所垂示“政本所立在乎仁爱，教本所重在乎忠孝”之帝旨，我等必须拳拳服膺，永久不忘。

自满洲之地教育之发生方面观之，亦有村落之发生，与教育之发生，为同时之大特

* 本文的直接引文与《满洲国基本国策大纲》（节选）中的相应表述不同，原文如此。

征。即观设置村庄，同时设置学校之实态之时，教学刷新之根本要谛，抛弃教育者为教育而行教育之偏见，确立广阔无限之世界观，一圆融合八面玲珑之人生观，实现欲行其经论之意欲，即将教本所重、政本所立之二大要素，常依《国本奠定诏书》所示，归一于惟神之道，并坚持而实践之。

此次依文教部之新设、扩充、努力之方面，为教学振兴部面，教学司系将从前民生部教育司教学官室及编审官室，加以发展的编制，编成企划部、指导部、编审部之三部，大体各部执行下列之任务。

企划部主要担当调查、研究、企划，先实施教育实态绵密之基础调查，考究建国精神显现之具体对策、青少年思想对策，或民族教育问题之对策。关于此等研究之成果，须于为何之机构与制度之下，而实施之乃设定审议会、咨问会等各种教育振兴委员会，慎重熟议，使与政治、军事、经济等各方面之动向相连系，而创立着实之方针与对策。于现下之时局，树立百年之大计，自有必要，同时关于浅近之当前问题，亦有迅速的确解决及统一方向之必要。故企划部常洞察时局之推移，于新构思之下，而行对处。于轻躁之时局投机，须严加警戒，而迟缓之保守因循，亦须排击，即教育振兴之基础要件，在于确实把握教育之对象，树立极周密之方策，洞见时局，而求先行之崭新手段，使教育者遵循。由此意味企划部所示之方向，具有彻底下达上意之组织，同时又必须完成使现场之教育者，申述创造之意见，将下意充分反映中央之机构。企划部于此组织之考究，有加以充分考虑之必要，故时与外国相比较研究，亦不可忽视者也。现在企划部担当之事项如左：

一、关于教育计划事项。

二、关于建国精神显扬之对策事项。

三、关于思想对策及时局教育事项。

四、关于教育方针事项。

五、关于民族教育事项。

六、关于教育制度事项。

七、关于教育实态事项。

八、关于各种教育振兴委员会之运营事项。

指导部依考究视学制度运用之改善，鼓舞教学方面之士气，努力使纲纪紧张。初等学校方面，活用各市县旗之实验，中心学校之组织，重点的推进多数初等学校之指导，使其研究组织纲要强化于全国。中等学校，于行精神教育、实务教育之彻底，教师再训练之强化等，并改正学校规程，力求其运用合理而且简捷化。指导于各种之形态行之，如查阅、讲习会、炼成会、研究发表会、映画放送利用、印刷物之颁布等，近代各国所实行，而收得效果之方法，均加以充分考究，每有机会，即行利用实行。同时依指导帝国教育会之组织与活动，昂扬教育者之自兴意识，经凡有之机会与系统，实施教学内容之指导。然如自古所云“结局教育在人”，只以十日与二十日讲习，炼成刹那的映画与放送，不能充分收其效果，乃不言可喻之事。教育者自身，为何深为把握今日之历史的现实，自己加以规制，而为生成发展，成为问题，依使教育者自体，常接触政治、军事、经济思想等之各方面，洞察国家之将来，树立教育方策，流出热烈之教育爱，颇为重要。此自己规制之严格实践者，乃教学振兴之先达，于养成发见此人才之处，有指导部之大使命存在。即有最重大现场指导者之使命也。为振起师道，刷新教学，指导部先构成有魅力之人生观、世界观，拂去资本主义的教育职业人的教师观念，排击相对的货币价值，重视绝对的人间价值，使教育者常有清新活泼之气象，完成献身的教育报国之使命。指导部现在担当事项如下：

一、关于视学制度运营事项。

二、关于教师及教育关系者炼成事项。

三、关于直辖学校及留学生事项。

四、关于中等学校事项。

五、关于初等学校及师道学校事项。

六、关于特别教育施设事项。

七、关于军事教练事项（含关于鲜系特别炼成事项）。

八、关于协和青少年团及学校勤劳奉仕事项。

九、关于教师表彰及人事资料事项。

十、关于学校放送事项。

十一、关于教育会事项。

编审部之任务，先在于学校用教科书之编纂，尤以最近学校规程改正，由国民学校以至国民高等学校、师道学校之各种教科书，亦俱随之更新。仅就教科书言之，学生数目，年年以非常之势飞跃的增加，更以由国民构成之复杂而来之必要，其种类约有八百余种，发行部数二千五百万部，必须于极短之期间内，而作制者。由现在之满洲国印刷能力、输送关系观之，印刷、装订、输送，所有方面，莫不感受困难。其当事者之苦心与努力，殆非普通可比耳。因此之故，将必要不可缺之书，及需要孔急者，立定年次计划，逐次发行。在此必须物资节减之现代，遂行此种事业，欲为正确、迅速之发行配给，实难如愿，殊觉遗憾。然学校教育之教科书，不啻军人之武器，故须克服凡有之障碍，于可能范围内，力求改新耳。关于教科书之编纂，重要之事项，为教授要目之决定。教授要目，俨如航海之罗盘针，定各教科之指导方向，使有阶段，且能决定与他教科之联络、统一、均衡等，非特于学校教育担当者为重大之指南车，即对教育之各层、各阶段，国家如何要求，将学生炼成至如何程度，亦能明示，其具有政治的意味，亦必须重视者也。教育最后依教师自身之人格识见，而左右其效果，自不待言。然国家于教育必须强力统制之现代，将教育技术化，虽如何低级之教师，如能研究国家明示之教授要目，最低限度亦能达成其低限之使命。在必须举国家之总力而战之时代，只依诸人格，而俟德化主义，于遽速变化之潮流，颇难应付。因之教育于某种程度，而行技术化，亦有不得不容许之必然性也。教育技术化之程度愈高，则规制教授要目之必要度，亦愈增加。况教育者之素养稍感低下之现代乎。

其次有关于国语调查之问题。例如汉民族文化，迟滞不行之原因之一，有记忆困难之汉字。只对此汉字之研究，即需要相当之努力与时间。其他至蒙古语、俄语、朝鲜语等，只关于国语调查之工作，亦非易事耳。另一方面，使作为国语之日本语普及渗透，如不使之经过日本语，把握日本精神，理解惟神之道，则难收日满一德一心之实效。因此之故，作为国语调查之一部门，将日本语传播于其他种族之必要方法，即日本语教育之技术方面的调查，亦具有广泛之分野。我等必须为解决此等问题而行努力，刺激教育者之研究欲，唤起其旺盛之意气。编审部担当之事项如下：

一、关于学校用教科书之编纂发行及配给事项。

二、关于学校用教科图书之审查事项。

三、关于教授要目事项。

四、关于教科书审议委员会事项。

五、关于国语调查事项。

以上关于文教部教学司之机构与使命，已说明点。圣德太子。御制宪法十七条中有“上和下睦，论事必谐，事理自通，何事不成”之教训。于近代国家之此龙大组织中，只依一人之努力，乃极有限定者。必须上和下睦，互相议论，一旦决定，决意实行。狐疑逡巡，在此激烈之决战下，乃是禁物。我教学司，区分企划、指导、编审三部，亦按此步骤，而与完遂教学振兴，翕然一致者也，即当国家节减经费与要员之际，对于教学刷新，亦有莫大之期待，熟虑其意味，而向被课之使命，奋勇前进耳。

（伪）满洲产业调查会：《满洲国政指导综览》，1944 年。

文教之振兴

（1944 年）

文教部次长 田中义男

回顾建国以来，十年之间，我国之发展，其速颇堪惊人，而所成之事业，其大亦足使人瞠目。于产业、经济、军事上之建设，均以非常之势，向前发展，迄今犹继续行之。此固以我国之内部要求而然，而与世界情势之转变，亦有关联。经中国事变，大东亚战争勃发以后之我国之活动尤以日满一体之关系为中枢，而紧密适应世界之动向矣。于是，我国所负之使命，逐渐增大，各种建设，亦至要求高速度为之耳。对于不急之工作，中止或变更计划，对于紧急之事业，曾以十年计划者，要求以五年为之，更对于以普通之方法，可得十分成绩之事业，而至依非常之方法，期收二十分之成绩矣。国家之总力，现在悉集之于紧急之必要部面，因之机关之旋转速度，亦为原来之二倍或三倍。

然如此之非常建设速度，于国家活动凡有之分野，果得惊人之效果乎？恐未必如此。于石炭之增产，或为最有效果者。于依天气、地质等之自然的条件，而多呈变化之农业生产，恐未必有如所期，而却依技术的改善之如何，得收相当之高度成绩耳。自其本来之性质观之，非特提高速度困难，而且实有以强制勉强提高速度陷于拙笨穷极之部面。文教方面，即具此性质最多之一者。

于此领域内，常要求排除拙笨，力图精微。一国文教，于其施策，必须具有适应时时转变之情势之弹力性，然又必须由于一定不动之基本方针，而流出者。非为随波逐流，而致失其目标者。躐等是绝对避免者，唯望循序而进耳。因之于此世界，结果成为辉煌数字，而显现者，多不可期待。故过去十年我国文教部面，虽未如其他方面之显然可观，然却不能悲观，始终作纯模之表现，乃此文教部面之特征。

例为学校教育之进展状况，自学生数观之，则此十年之间，初等教育约为三倍，中等教育约为二倍，高等教育约为五倍。较诸其他方面，殆亦无有逊色，然于此领域之内，质之方面，较量之方面为要，表示量之此数字，亦不过仅能悦人之目，吾等不能以此即可安心。必须以质之向上，作为重点。因之其结果，非一朝一夕，所能显现者，如不注目久视，不能断定其结果。

然此一国之文教，决不容转视，如以为此时局下，为不急之事业，虽不用力，亦无大碍，殊属不当。如于任何去处，有此种见解，则吾等为图文教之振兴，均有极力扫去之必要。

文教之事，简截言之，即是造就人。如以为文化为成长者，其自身亦似是有生命，而忽视为其主体者，决非所宜。当考察文化之际，其主体性，为一不可缺之要素，不顾虑此项之见解，则为抽象者也。文化为出自人之生活者。于产业经济方面，在广泛之意味下，亦为文化，然却为即于物之方面。而此处人之活动，却极为重要。物中之主要者，厥为人类。由此观之，则国家活动之凡有部面，均以人为其基础。造就人才，即为培养其基础。国民之炼成，呼声极高，而国家活动之基盘之人之重要，由激战当前，不难判然知之。

此数年前，我国之产业界，易得低廉而且丰富之劳动力，不惜以此低廉丰富之劳动力，而行建设。当时劳动者之质，不成问题，不足可以量补之。然最近事态，全然一变，以获得劳动力之困难，质之问题，亦渐趋于深刻矣。以增产之为必要，此倾向益形增强。于今日之报纸上，苦力之文字，不可多见，而竟用劳务者或劳动者，亦由反映此事态之变化者，使人深感兴味。时值今日，昔日所谓之苦力，颇难提高能率，及改用劳务者，使人感及适当，而求能率化，非为常人之能力不足，而是要求深明采炭机操纵法之头脑者也。

如上所述，自即物部面观之，只以技术的改善，颇难提高能率，结局归着于人之问题之点，殊属匪鲜。造就人才，如为文教之眼目，则知文教对于时局下之各部面，均有密切之关联耳。

非特此也，时局下振刷国民精神问题，为属于文教本来领域之问题，在此点上文教振兴之必要，亦深感痛切，现在之战争，已呈长期战之形相，国家已趋入总力战之体制。总力战为武力战，为经济战，更为思想战。自古以来，炽烈之战争，均带有总力战之彩色，乃不言可喻者。吾等溯元兵入寇之际，山上皇，今宗教家之活动，亦可感及为总力战耳。然与今日之总力战相比，却大相径庭，乃人尽知之者。真实意味之总力战，为近代而又现代者。现在前线与后方之区别界线，已逐渐消失。两者已为一条赤线所系矣。国家活动所有各部面之此紧密且微妙之关联性，正为现代者。从前吾等论及某学者不知日俄战之发生，曾加以讥笑，且继以感叹，而今日之彼种态度，正为非国家的矣。在任何战场工作，其各人所在之职场，不问大小，均与战场有紧密之连系，乃今日之状态。此枪后国民之心情，能直接影响前线之战力。此之所谓总力战。为完成此总力战，必须炼成国民，振刷其活泼之精神，养成必胜不败之信念，造成牢固之团结力。即振兴文教，乃当前之急务也，以圣战完遂为最大之目标，为第二期建设而策定之基本国策大纲，其基本方针之强化、文教之振兴，为总力战下之我国施政方针，诚当然者耳。政府此次新设文教部之趣旨，自亦不外乎此。

为此今日之文教问题，为总力战体制之一翼，认为有刷新振兴之必要，然如前所述，一国之文教，其根柢必须为百年不变者，有固定之源泉，如何之施策，均由此流出，犹必须流归于此。此种之根柢、源泉，在我国内，究如何乎？

皇帝陛下康德二年躬访日本皇室，回銮之后，涣发大诏，训以日满一德一心之义，更当亲邦纪元二千六百年之祝典，再度访日，亲拜皇大神宫。回銮之后，立建国神庙，涣发诏书，示以奠国本于惟神之道，张国纲于忠孝之教。《回銮训民诏书》与《国本奠定诏书》，洵为我国民之圣典，宜拳服膺，实践躬行者也。所定之国民训，开始即教以国民须念建国渊源，发于惟神之道，致崇敬于天照大神，尽忠诚于皇帝之旨，其次则为国民须以忠孝仁义为本，努力于道义国家之完成，已将两语书之趣旨，衍义至备。文教之大本，即在于此，其明确已昭如天日。我国民须朝夕仰体帝旨，遵行不悖。担当文教责任者，尤宜深知此重大天职，率先垂范，为使全体国民趋向于此大本，而竭尽全力耳。

关于文教振兴之具体方策，以篇幅所限，只略记其要。

关于学校教育，先以努力于初等教育之振兴充实为方针。此乃鉴于我国之民度，尤其过去之教育普及状态，当然宜取之方针，思及尚有多数文盲存在，于国策之渗透，障碍重重之际，如此为之，殆人皆首肯耳。此方针于社会教育之面，尤以于积极展开识字运动之立场，亦足显现者也。因之关于社会教育之施设，先以增设充实民众教育馆、民众讲习所等有大众性者为主。高深程度之教养与研究，自然亦为必要，然须期诸异日，今日专置重点于教育之普及者，乃依此方针而出者。

关于中等学校及大学教育，考虑于国家生活之诸部面，需要几许受过此等教育之人才，而取基于国家之计划，育成人才之立场。其教育之内容，以实业教育为主眼，以努力授以生活之知识技能为方针。此尊重实学之方针，于我国教育之分野，为坚持之事，实为我国教育之一基干耳。

初中等学校教育之困难，为教师之数不足及其素质之低下。因之现在学校之扩充，呈不得如意而行之状态。师道教育之振兴，正为刻下之急务。政府于去年末，决定师道教育刷新要纲，于师道教育之体系，加以相当之改正，而求教师之养成与素质之向上，然希望充教师者，为数颇少，入学志望者亦缺乏优秀之学生，此乃急需打开之难题也。今后须力求教师待遇之改善，并讲求兴起尊重教育者之地位之方策，始能打破已往之难关。

其次教学机能之强化，为此次文教部设置之一眼目，而文教之振兴，有待于基于慎重检讨结果之周密基本计划，及使此基本计划，适合教育之现实之必要之指导监督之处颇大。教学之技能，得分为调查及企划部门与指导监督之部门，而于调查企划部门，先行关于教育实态紧密之基础的调查。继之，基于此调查，努力树立为建国精神显扬之具体对策、思想对策、民族教育对策等。更于指导监督部门，依视学官、视学委员等之学事指导之积极化，实验学校、中心学校等之组织之活用，教师再训练之彻底等，乃目下之课题耳。此二机能，虽二而一，故须相辅而行，始能发挥所期之效果。

以上将文教振兴之必要，及其诸方策，略述梗概。须叙述者，固然不止于此，然关于个个之问题，将有各部门担当者之执笔，故以此搁笔。

（伪）满洲产业调查会：《满洲国政指导综览》，1944 年。

三、议　　论

《回銮训民诏书》国民道德教育（节选）

（1938 年）

吉林市公立大马路国民学校教师　魏　汉

一、绪言

我国基于建国精神暨《回銮训民诏书》之洪旨为教育之根本。本年一月一日实施新学制，即注重国民道德教育，以忠孝仁爱、日满协和养成国民高尚之品德、忠良之思想，实现我国精神之真谛。初等教育为国民教育之基础，吾等立在初等教育重要地位，自应奋勉前进，克尽厥职，以期实现新教育之方针，养成第二代忠良之国民也。

二、《回銮训民诏书》下颁之旨趣

当我国之未立也，残暴军阀霸据满洲，虐政横施，荼毒万民，无辜众庶陷于水火莫能自吁。幸蒙友邦日本冒群疑而不避，犯众咎而弗辞，仗大义兴汤武之师，援助东北民众驱群丑于关内，解倒悬于危机。是所谓天地内有了新满洲、新天地，建立新国家。王道实施，其命维新。由此海内腾欢高呼万岁。众庶拯诸水火之中，得享安居王道乐土。更于大同元年九月十五日，友邦日本帝国屏除欧美诸邦之群疑，毅然承认我独立，仗义援助，益笃益信我。

皇帝陛下深感其终始弗渝之义，亟思躬访日本皇室，修睦联欢以伸积慕。是以于康德二年四月二日舍万乘之尊，远涉瀛海，奔逐于怒涛之中，宿愿克遂。而日本天皇陛下及其举国臣民相待之殷，迎送之忱，莫不惮竭礼敬。虽勒之金石、播之声诗而尤［犹］未尽足，岂止铭肺腑而已也哉。

秦以霸术兼并天下，而王道中绝汉承秦制。虽有更易，亦多取法于秦，由是王道废之久矣，曷胜叹哉！而独能宿存东亚，固有仁义王道不泯者，实我友邦日本之功也。

圣驾访日，除亲致诚悃外，复加意观察。知其政本所立，在乎仁爱；教本所重，在乎忠孝；以仁爱育成万物，以忠孝振德斯民。是知君逸于上，臣劳于下，上下有节，举国一致，挥［恢］宏政体精神。由是民心之尊君上，如天如地，莫不忠勇奉公，诚意为国。故能安内攘外，讲信恤邻，以维持万世一系之皇统，绵绵久久，长如天日。而今世界公认唯一之强国也，精神为灵府之主、心德之帅也，灵府主于至诚，心德是谓执中。本诸以上第一、二节事实及建国援助昭昭大义。我皇帝陛下与日本天皇陛下精神如一体，一体之不可分悉皆知之，亦即是大满洲帝国与大日本帝国精神为一体不可分。换言之，东亚无日则必无满；无满，东亚和平难期实现。以此日满永久不可分之关系由此而生。至诚相结，玲珑透体，气同道合，浑然不分，依之赖之，当共与休戚。故诏书所训，尔众庶等更当仰体此意，与友邦一德一心，以奠定两国永久之基础，发扬东方道德之真义，则大局和平、人类福祉必可致也。

我三千万民众应如何奉体圣意？仰之弥高，钻之弥坚，捧盈之慎，奉之钦之，以传无穷。

三、新学制之国民道德教育

1. 我国新学制之教育方针

我国教育根本方针，鉴于建国之理想及国体之特异性，使其体认旺盛之国家观念和建国精神，以养成忠诚奉公、牺牲报国之忠良国民为主眼。也因此磨励［砺］确乎不拔之精神，锻炼壮健身体与涵养旺盛之活动力，并以国民生活上所必需之实学为根基，而授与知识技术。三者相依相辅，以养成忠良健全之国民，即以精神教育为中心，陶冶人格涵养德性为根基，以强健之体力，使其善用知识技能，以期其活用。吾等须彻底了解，以教后起者焉。

2. 国民道德教育之注重点

我国自大同元年三月一日蒙友邦援助建国以来，文教当局即以国民道德教育为注重。执政宣言“今立吾国以道德仁爱为主”，即位诏书“当与日本帝国协力同心，以期永固。凡统治纲要、成立约章，一如其旧，国中人民种族各异，从此推心置腹，利害与共”，访日回銮诏书“知其政本所立在乎仁爱，教本所重在乎忠孝”，“忠勇奉公，诚意为国”。

“朕与日本天皇陛下精神如一体，尔众庶等更当仰体此意，与友邦一德一心，以奠定两国永久之基础，发扬东方道德之真义。”又于康德三年七月二十五下赐协和会敕语：“我国以忠孝为教本，以仁爱为政本。”综观以上，知我国教育注重道德明矣。故本年一月一日新学制实施，即以道德教育为基本，以养成忠良国民。兹将国民道德教育之注重点简列如左：

①东方固有道德

《忠经》云：“为臣事君，忠之本也。”本立而后化，成臣于君，可谓一体。下行而上信，故能成其忠。故君子先立其本，大居于正，然后能为国尽忠，此先贤教之也。

《孝经》云：“夫孝，天之经也，地之义也，民之行也。”凡民生于天地，民性之孝，原于天地。天之三光有度，而以生物覆帱为常。故曰，经地之五土，有性而以承顺利物为宜。故曰，义得天之性为慈爱，得地之性为恭顺，是即孝也。孝为百行之首，人所当常行者，是谓民行王道，先生莫不借此以化民也。

仁爱。仁者，爱之端也。孔子曰“惟仁者能好人”，斯即寓爱于人之中矣。韩子曰“博爱之谓仁”，孟子曰“恻隐之心，仁之端也”。仁之所以为仁者，合人与二。而义即我之外有人，己欲立而立人，己欲达而达人，行有不得已者，反求诸己之间，仁所由生也。易卜生曰：凡人不能修己，斯即能仁？而爱即寓乎其中矣。既仁且爱，以之等己则顺而祥，以之等人则宽而公，以之为心则和而平。为天下国家，无所处而不当。是故生则得其情，死则尽其常，仁爱之效也。孟子曰："仁则荣，不仁则辱。"今吾立国，以忠孝仁爱为政，为教之大本。国民应如何尽行孝忠仁爱，以符国家之渴望，而保存东亚固有道德及发挥与友邦一德一心、共存共荣之利哉。

②国体特质

（一）万世一系之皇统

友邦日本自天照大神开国已二千余年。神武天皇即位相传迄今历百二十有四代。天皇以仁德临民，人民以忠诚奉上。古有歌曰："踏海兮，渍为微波；入山兮，蒸为草木。赴大君临难兮，义无反顾。"观此，足证其臣民一致团结。翼赞天皇自开国以来，故能安内攘外，讲信恤邻，以维持万世一系之皇统。我国蒙友邦日本援助，建设王道国家。由皇帝陛下总揽统治之，以期威德被于八纮，鸿熙于无穷。是为我国肇造之宏谟，万众一致辅翼大义，以拥护皇统万世一系，永垂不朽。

（二）君国一礼

A. 天命民意

国无主则乱，家无主则休。我满洲帝国自古为独立国家，征诸往籍，分并可稽。自军阀虐政横施，万民陷于水火之中。友邦日本不忍坐视，兴举义师，廓清丑类，援助建国。

今上乃于康德元年三月一日，上承天命下顺民意即位。皇帝正统，万民腾欢，如登春台，国基巩固，稳若磐石。

B. 忠君爱国

《忠经》云："为臣事君，忠之本也。"君立则国存，国存而民生其间不容发。人民忠君以冀国运无穷，爱国以期皇位永固，故忠君爱国，臣民之天职也。

C. 君民一德

《忠经》云："为人臣者官于君，先后光庆，皆君之德。不思报国，岂忠也哉?"故君视民如子，爱民如伤，布德义以化天下。民事父如事君，事君如事天。凡为天下国家有九经，所以行之者，一也。是以，君民一德，则天下兴焉。

③日满一德一心不可分之关系

（一）文化

我满洲帝国文化自古与友邦日本即有密切之关系，以文字、宗教、礼俗、道德等均可见诸史迹。日本自明治维新以来，国势猛进，文化日增。我东洋文化咸集而发扬之，我满洲建国兹仅数载，一切文化自应采纳，相互提携。庶几东方道德之真义指日可待。

（二）政治

日本天皇陛下之诏书：今次当满洲国之新兴，帝国尊重其独立，使其健全之发展，以除东亚之祸根，保持世界和平之基础。

皇帝陛下登极诏书：所有守国之远图，经邦之长策，当与日本帝国协力同心，以期永固。由此观之，东亚和平之实现，端视满洲国政治修明与否。所以日满之合作提携，不独为日满两国，抑世界和平、人类福祉。吾侪为达成如此之大使命、大理想。设想日满不可分之关系，颇属彰明显著，为国民者，不可不深思致意。

…………

二、民族协和

（一）引证

建国宣言：凡在新国家领土之内居住者，皆无种族之歧视、尊卑之分别。除原有之汉族、满族、蒙族及日本、朝鲜各族外，即其他国人，愿长久居留者，亦得享平等之待遇，保障其应得之权利，不使其有丝毫之侵损。

执政宣言：今立吾国，以道德仁爱为主，除去种族之见、国际之争，王道乐土当可见诸实事。

即位诏书：国中人民，种族各异，从此推心置腹，利害与共。

新外交方针：欢迎各国移民入籍，实现民族协和。

（二）协和会之产生及其使命

我新国家基于建国宣言、执政宣言、即位诏书及与外交方针，故于建国之初，即有协和会之产生。其使命如左：

1. 发扬建国精神。

2. 实现民族协和。

3. 提高国民生活。

4. 彻底宣德达情。

5. 完成国民动员。

借此以实现建国理想，而期创造道义之世界也。

（三）民族协和之三要素

1. 血统。我东亚民族血统相同，人民之气质因之亦同。故于历史上、经验上，人物之崇拜等均有相同之点，故实有一致团结之精神也。

2. 地域。查我东亚民族于同一地域居住，同一环境，利害与希望皆有非常密切之关系，所以必须相互以团结也。

3. 文化。我东亚民族言语、风俗、习惯、宗教等皆同，同一重视精神生活，故彼此感情之融洽，思想之一致，今后巩固之团结，实为自然之势也。

（四）民族协和，天与机会

我满洲原有之汉、满、蒙等民族，自中古即从事开拓事业；朝鲜民族自日支协定后渐次来满，从事开垦；日本于近数十年来，关于满洲开拓以及建国之援助，建国后之提携等实事。总之，以上诸民族开拓之功有之，建国之功有之。又因彼此杂居，亦有既久之历史，故感情之融洽，彼此之亲善，实天与之机会也。故必须团结一致，彼此相携，以建国圣业努力迈进，以期达成道义之国家也。

（五）共同发扬建国之理想实为必要之急务

我满蒙自古称为东亚天府之国，土地广大，住民既鲜，然至今文化犹有未开之地，富源犹未能尽量开发。此则因为过去各民族缺乏协和精神，故虽经数十年来之经营，亦未见出若何事绩。基此，我新国家自肇基以来，即重视协和。盖期于新国家领土内居住之民族彼此协和，以共同的目的去开发利源，提高文化，共谋幸福。以协和会为核心，努力民族间之协和，以期发扬我国建设之特质协和，更努力建设道义国家，于世界实为刻不容缓之事也。

（六）协和精神之修得

1. 宽容。欲期协和精神之修得，吾人之心理需先存以宽容之德，然后能相融和。盖许多民族彼此相交往之间，关于言语、风习、文化等皆稍有相异之点，果气量狭小，则难免有伤和睦。故必需有能容人之气概，彼此相睦。亦正如人生伴侣之要求也，否则不能求得彼此之协和也。

2. 理解。彼此情意之疏通，文化之体会，理解之德实为不可缺者，也因此吾人欲打破语言、风俗、习惯不同等协和障壁，必须努力于理解。果彼此理解，则精神融和，同时免除误解之恶意。总之彼此交往，必须披沥真情以相结合，则协和自现诸实事也。

3. 以宽容理解二德，努力民族间之协和，以发扬建国理想，实为最终之使命也。本此使命则无种族之歧视、尊卑之分别矣。同时在教育上，重视君父之仁爱慈悲，臣子之忠诚孝顺，使上下一体，左右一心，官民一致，而共迈进同目的，使我道义国家维持发展。故各民族间之和心协力，努力实践，诚为必要之修养也。

四、今后应有之认识

孔子曰："已欲立而立人，已欲达而达人。"为教师者当以身作则，将自己修养得健全完美、庄严正大、和蔼可亲，体仰建国精神，奉行《回銮训民诏书》旨趣，以示范儿童，心悦而诚服于不知不觉之中。其潜移默化之力，较之施以机械式之严厉规约殊大矣。盖青年学子身心尚幼，教师之一举一动均皆能影响儿童。故吾侪担教职者，宜知责任重大，使命所在，指导儿童以实行躬践，弗谈理去虚饰，以育成第二代忠良国民，此吾侪应有之认识也。

五、结言

夫国家存立，必有其中心思想。民皆崇尚国基巩固，我满洲帝国，蒙友邦日本援助，建国以来迄今已逾七载。虽为时尚浅，而突飞猛进之状况洵为世界所企羡而惊讶者，即我国建国精神之存在，举国一致奉仰。

《回銮训民诏书》实行国民道德教育，以发扬东方道德之真义，促世界之和平，故欲普及国民道德教育，必奉仰《回銮训民诏书》。奉仰《回銮训民诏书》，即国民道德教育之实行，则我满洲乐园可永庆无疆，日满共存共荣长如天日。个人不才，既无学识又乏经验，素不敢谈学问，亦愧言谈学问，而以上之述聊抒已见，以就正于有道耳。

《满洲教育》第4卷第10号，1938年。

培养国民道德必由幼童兴起

（1941年）

奉市白塔高校长谈

伴随奉天市的跃进，人口增加已达一百二十余万，其间在六岁以下的幼儿颇占相当数字。然以若［偌］大都市，幼稚园仅大和区双叶（日人）坤光校内、新青年社内、白塔校内等四处，颇感不足其对幼儿教育方针。经奉天市白塔校长高殿志氏谈话如次。

在非常时下为培养第二代小国民身心的发育，造成善良习惯，彻底体得国民道德，则必须由幼儿时兴起。所以对在幼稚园内一群小天使，用寻当材料说简单的故事，并展览各种画报，研究儿童社会思想，以及国家的观念。盖幼儿心性喜动恶静，所以在户外运动时，默查儿童纲性，矫正其短，奖励其长。借自然界的表现，作保育之方针，以期儿童视在学校和处在家庭中同一心理，踊跃入校以受教。不仅使家庭无顾虑之处，且可助长教育之发展也。

《盛京时报》，1941年7月10日5版，11209号。

王道教育下的学子应有之修养

（1941年）

周志标

若想一棵树的茂盛，必须先培养其根。欲流水的永远呢？也必须浚修流水之源。但是根若不培养而要使树之茂盛者，流水源不浚修而要流的永远者，那就如同不修养王道，而要想成为王道的国民一样，是谁也办不到的事啊！

王道就是古帝王治国的道法，尧舜、禹汤、文武相传授的道法。孔子成为集群圣的大成，著书立说，垂教后世，而有三千七十之门徒。学孔子之道的，就是所说学王道的，是内圣外王的道，应当合乎于古时，顺乎于现今。而我们作学生，所当修养的是什么呢？是不是不外乎这个条件呢？

大概要学至内圣，则就可以能正心修身了。要学到外王，则就可以齐家治国平天下了。然而也不要以这一点为满足，必然得使自己养成礼义廉耻的心理，修成孝悌忠信之意义。而对于日满不可分离的关系，尤当彻底的明了。如果能像这样，才不辜负王道国家的教育，而也不愧王道国家的国民了。我们作学生的人，所应有的修养，也就是这一点吧。

《盛京时报》，1941年9月4日5版，11265号。

第二编

教育行政制度

一、教育组织机构

文教部分科规程（节选）

（1932 年）

…………

第二章 学 务 司

第六条 学务司置左列三科：

总务科

普通教育科

专门教育科

第七条 总务科掌管左列事项：

一、关于教育之研究事项；

二、关于学艺事项；

三、关于教育施设事项；

四、关于教科书编审事务事项；

五、关于教育诸团体事项；

六、不属于他科所管之事项。

第八条 普通教育科掌管左列事项：

一、关于普通教育事项；

二、关于特殊教育事项；

三、关于学校卫生及学校体育事项。

第九条 专门教育科掌管左列事项：

一、关于实业教育事项；

二、关于师范教育及教员养成事项；

三、关于专门学校事项；

四、关于直辖学校事项。

第三章 礼 教 司

第十条 礼教司置左列二科：

社会教育科

宗教科

第十一条 社会教育科掌管左列事项：

一、关于国民思想；

二、关于成人教育事项；

三、关于图书馆及博物馆事项；

四、关于修养团体及教化团体事项；

五、关于礼俗及民众娱乐事项；

六、关于体育及竞技事项；

七、关于其他一般社会教育及教育的社会施设事项；

八、不属于他科所管之事项。

第十二条 宗教科置左列事项：

一、关于宗教事项；

二、关于宗教团体事项；

三、关于僧侣、道士及教师事项；

四、关于庙宇、庙产事项；

五、关于保存史迹、名胜事项。

附则

本规程自大同元年七月十五日施行。

（伪满）国务院文教部编纂：《满洲国文教年鉴》，1932 年。

文教行政

（1934 年）

第一章 文教行政总说

第一节 文教行政沿革

全国文教行政机关之沿革，属于各省、区、市者，建国前，奉、吉、黑三省与东省特别区皆有教育厅；建国后，厅仍其旧，惟组织略有变更。热河来归，其情形与三省及特区同。至于兴安总署之文教科，与新京特别市之教育科，则为大同元年所创设。属于中央者，建国初有文教司，属民政部。大同元年七月二十五日文教部成立，于是全国文教行政之权归于整一矣。

第二节 文教行政概要

建国之初，学务皆陷于停顿。文教部成立，始与各省、区、市教育机关策力图复。因而未开学校渐少。至大同二年春，蓬勃之气益有可观。其间最足令人注意者，厥惟废止党义与添授经学及褒扬孝子节妇数事。盖创造教育与守旧教育有不可同日而语者在也。从前之党化教育，抄袭外国，贻误至多，不适于时代，不合于国情。此吾人所目为旧也。此外，如各省、市、县、特区等地教育会与教育分会之成立，以当地人而辅赞当地教育，亦至可欣慰之事，吾人拭目以观后效。得兹编所列举者为之参考，当更便矣。

第二章　文教部行政

第一节　文教部沿革

满洲建国伊始，于大同元年三月九日，以教令公布国务院各部官制。关于教育行政事项，于民政部内设一文教司，以司其责。迨后国基渐固，文教事业日渐繁多，于是乃由国务会议议决，扩司为部。于同年七月五日，教令公布文教部官制。同月六日任国务总理郑孝胥兼任文教部总长，十五日公布文教部分科规程，二十五日由民政部迁入大经路前市立图书馆开始办事。凡五阅月，城后屯之新厅舍建筑已竣，遂复移入。此经过之大略情形也。至于其他政务之设施，人事之更迭，法令规章之颁布等，另行载列，兹不复赘。

第二节　文教部行政概要

一、行政方略

我满洲建国为期未久，对于教育行政上之各项法规，暂行依据旧制，惟以建国宏图并国情及其他法令无抵触范围者采用之。

二、教育制度

凡一国之教育，本应首先明示大体，始能有所根据，以制定法规，确立教育设施之准绳。是故，无待赘言，本部对此尤须慎重考虑，故非一朝一夕所能裁决。兹正从事于国际情况之教育设施努力研究，以期不蹈于读书教育之通病与轻视劳作教育之歧途，致堕迂远思想之遗害，而造成不合国民实际生活之流毒。我满洲教育自应易具创造精神，方不落于抄袭之习俗也。所谓创造教育之概要，简言之，须训练学生陶冶品格，普及建国鸿旨，实行王道教化，注重实际生活，锻炼劳作习惯，养成自治志操，不尚空论。其如教授方法，废除注入式之教学，专事实验、实习，以适合国民之需要，此本部首先创立实科高等师范之先声也。

三、法规审议

凡本部制定之法规，经由部内荐任官组织法规委员会审议后，公布施行之。

四、政务概况

建国甫逾一年，文教设施之事项极繁，故非最短期间所能进行完备，本部惟有积极办理。关于教育、学艺、宗教及其他各种事项，已均次第推行矣。

五、创设高等师范

依据第二项略述之教育制度，为改良学校教育起见，是以首先创设师范教育最高机关之“实科高等师范”，以资养成中等师资，俾为普通教育上模范人才，实为当务之急。兹由本年度决定预算书，于东北大学校址暂行筹设。其主旨专重实科教育，此与日本高等师范性质不同之点也。

六、公布私立学校规程

教育行政法令之颁布，刻于调查设计中。至私立学校之管理规程，已于本年七月以部令颁行矣。

七、设立教员讲习所

初等及中等之教员师资训练，已由本部于新京设立教员讲习所一处，分期教导，每期定额百名，年分四期施行讲习，授以建国精神、王道要义、经学真谛、国际情况以及满洲国教育之本旨等。

八、办理普及建国精神巡回教员讲习会

为谋学校教员理解建国精神，并为彻底新国家教育宗旨起见，利用夏季休假，派员巡回全国。训练讲习会于数处试行，更印行《普及建国精神教育资料》专书，分发全国教育机关人士，俾资参阅，而期统一，此其大义耳。

九、选派教员留学

为培养各学校教员之人才起见，选择优秀教员，使受日本学校教育之实地训练，并以补益日满亲善为目的，于大同元年度曾派遣第一回教员留学，计二十四名。因之二年度之经费亦须附以相当之预算也。

十、留学生之统制

学生之留学，向由各省施行。自本年度起，改归本部统辖，其经费亦由本部支发。至其监督机关之组织，现正设计研究中也。

十一、筹设全国教育联合会

为谋地方教育会之联络统制，使能健全发达，故必有全国教育当事者组织教育会之举，且于中央更有组织联合会之计划焉。

十二、建国史料之搜集与整理

以阐明满洲国肇造之真谛，而免历史上之轶逸，本此旨趣予以计划。

十三、调查史迹、名胜、纪念物与保存

为防止古迹毁灭，于本年七月以教令公布古迹保存法。关于施行规则，目下正在起草中。至于其古物保存之方法，现拟进行调查，惟其所需经费于本年度尚须相当预算也。

十四、兴办国立文化院

为东洋文化之研究与普及，并其资料之搜集与保存等，以资世界文运之发达，是以国立文化院之设立实为必要之途。今以渐进主义行之，如图书馆与博物馆之设施等，将来定为分科，而该院则为综合之主裁机关也。

十五、经营国立图书馆

前项所示文化院之分科，客春将《四库全书》并搜集其他图书、记录等，悉保存于前张学良私邸，作为图书馆。本年四月改为国立图书馆，由本部直接管理。计有藏书二十余万册，本部按预算之经费，拟次第加以改善焉。

十六、经营国立博物馆

关于图书、记录以外，其文化之资料搜集与保存，定为国内唯一之机关，今属于奉天省立博物馆矣。本年预算将来扩大之时，拟改称国立，并予以改良一切。除此而外，文化院将更设一研究所，刻在筹议中耳。

十七、举行上丁祭孔

为遵行建国大义以礼教化民成俗之宗旨，恢复春秋二季上丁祭孔之盛典。中央及全国已一律实行之矣。

十八、表彰孝子节妇

本部曾表彰全国之孝子节妇，刻又搜集最近之事迹，再为进行褒扬也。

十九、奖励体育设施

以奖励体育之旨趣，本部对于满洲国体育协会已有相当之补助。现于本年度之经费内，亦附有相当之预算也。

二十、设立童子团

童子团（少年团），本部亦有相当之努力助成焉。

二十一、设语学讲习所

对于官吏教授语学及公文程序等，分为满洲语部与日本语部，均设有语学讲习所矣。

二十二、设燕乐传习所

保存满洲古乐事关切要，本年特设短期传习所，讲习音乐，兹已竣事矣。

二十三、制定宗教取缔规程

为谋宗教上之统辖，并为保护及助其发达起见，拟即制定宗教取缔规程，现正从事于研究调查中。对于庙宇、庙产均须施行登记，刻已着手筹办矣。

二十四、筹设各种讲习会

前次所在各地开办之各种讲习会、电影会，原为民众教育之施设，现并拟试办对于体育卫生之讲习会也。

二十五、电影教育之设施

本部为谋全国民众明了我满洲建国之真谛，故于种种之民众教育设施，无不努力兴办。考电影事业大有领导民众趋入正轨之效，兹已将“建国精神之王道实际”与“满洲建国之今昔”，借电影吸引之力而讲解演题，俾民众洞悉一切。观诸试办之成绩，殊有效验，今更从事迈进也。

二十六、编审教科书

今小学所用之教科书，原为奉天教育厅及南满洲教育会教科书编辑部所编纂，如修身、国语、历史、地理等已由本部审定作为暂行用本。自大同元年四月始，本部已进行编纂国定教科书矣。至其中等学校用书，亦在删改教材，加以取舍，暂为沿用。惟以初级中学用书之编纂，则为当务之急。故编纂之始，自应以中学用者为先，次再及于小学。现修身、经学、国文、地理、历史、自然、日语七种，不日均将编竣矣。

二十七、编纂文教年鉴

本书为文教事业之统计及其他必要之资料，除由各省、区、市呈送者外，本部更尽量搜集，以求汇编丰富，俾益于文教之贡献耳。

二十八、编行文教月刊

本部印行之文教月刊，全为发扬文教精神并资化民成俗之职志也。

二十九、其他刊行物

本部调查科已先后编印资料月报、调查统计月报及研究丛刊等三种，刻已分别派送本部各司科及各部属机关矣。

三十、督学官职务

本部督学官为监督学校教育，其职务与视察之规程兹在起草中。俟审度全国交通及其他情形后，本部督学机关应与地方视学机关切实联络。此为急要之事，现亦从事于适当之计划中矣。

三十一、教育厅长会议

本部时有召集各省教育厅长及各该厅总务科长，协同讨论对于地方教育指导之各种方略。

三十二、其他各种会议及讲习会概要

此外拟开办各科教授要目作制委员会及中等学校校长会议等。

（伪满）国务院文教部编纂：《满洲国文教年鉴》，1934 年。

文教部行政（组织）

（1935 年）

查文教部在大同二年六月以前沿革概况，业于第一次年鉴内列叙。其后于康德元年三月帝制实施时，奉敕令将各部总长名义一律改称大臣。更以年来文教事业日见进展，并将文教部官制中定员改订，本部因将分科规程略事变更，其总务司原有之文书科名称取消，所有事务改并庶务科办理；另设人事科，专掌职教员进退、任免以及身份待遇等铨衡事务，又在礼教司增设一总务科，专掌礼教祀典及美术工艺等文化事务。此外一如旧贯。兹将部内组织及职员一览表列左：

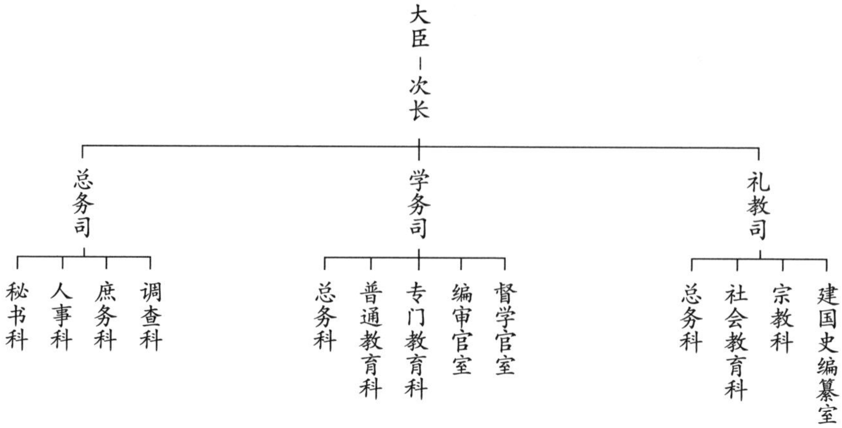

（伪满）国务院文教部编纂：《满洲帝国文教部第二次年鉴》，1935 年。

文教部改正分科规程（节选）

（1935 年）

…………

第二章　学　务　司

第六条　学务司置左列三科二室：

总务科

普通教育科

专门教育科

督学官室

编审官室

第七条　总务科掌左列事项：

一、关于学务关系之调查事项；

二、关于教员检定及免许事项；

三、关于督学事务事项；

四、关于教科书编审事务事项；

五、关于体育及学校卫生事项；

六、关于民族教育事项；

七、关于教育团体及学术奖励事项；

八、关于学艺事项；

九、不属于他科所管之事项。

第八条　普通教育科掌左列事项：

一、关于小学校及与此相准各种学校事项；

二、关于中学校及与此相准各种学校事项；

三、关于私塾事项。

第九条　专门教育科掌左列事项：

一、关于大学及专门学校事项；

二、关于师范学校事项；

三、关于日语专修学校事项；

四、关于教员及学生留学事项。

第三章　礼　教　司

第十条　礼教司置左列三科：

总务科

社会教育科

宗教科

第十一条　总务科掌下列事项：

一、关于礼教关系之调查事项；

二、关于文化事业事项；

三、关于美术、工艺事项；

四、关于祀孔典礼事项；

五、不属于他科所管之事项。

第十二条　社会教育科掌左列事项：

一、关于国民思想事项；

二、关于成人教育事项；

三、关于教化及修养团体事项；

四、关于图书馆及博物馆事项；

五、关于民众娱乐事项。

第十三条　宗教科掌左列事项：

一、关于宗教及宗教团体事项；

二、关于僧侣、道士及教师事项；

三、关于寺庙及庙产事项；

四、关于古迹、古物、名胜及天然纪念物之调查、保存事项。

附则

本规程自康德二年四月一日施行。

（伪满）国务院文教部编纂：《满洲帝国文教部第二次年鉴》，1935 年。

文教行政（沿革）

（1937 年）

我国文教行政于建国伊始，在民政部置文教司办理之。未几，因鉴于文教性质重大，事务浩繁，非一司所能胜任，故于大同元年七月五日由司升部，以教令第六号公布文教部官制，于同月十五日公布文教部分科规程，在总长下置总务、学务、礼教三司。康德元年三月一日与帝制实施同时，以敕令改总长名义为大臣。本部厅舍初以大经路前市立图书馆充之，嗣于大同二年十月二十五日迁入新建之厅舍，以至于今日本部之组织如左表：

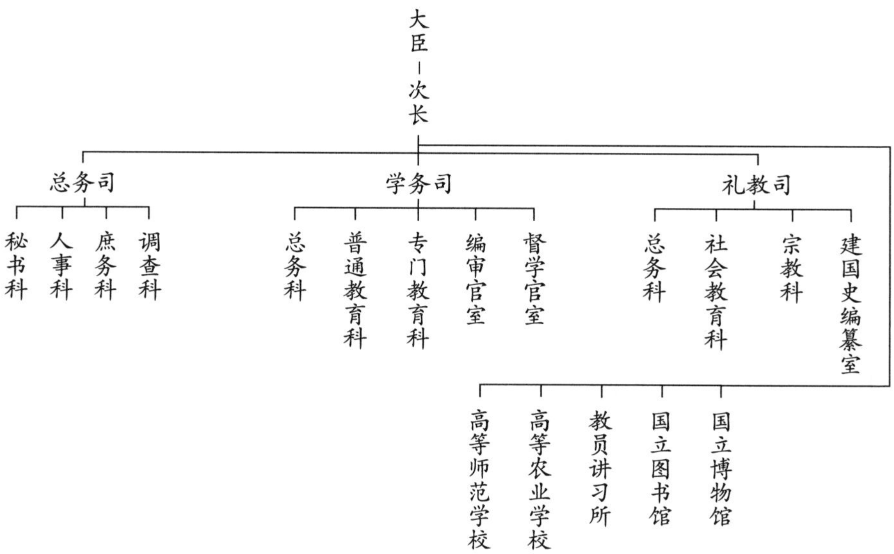

（伪满）国务院文教部编纂：《第三次满洲帝国文教年鉴》，1937 年。

民生部分科规程（节选）

（1937 年）

…………

第六条　教育司置左列四科一室：

学务科

国民教育科

高等教育科

大学教育科

编审官室

第七条　学务科掌左开事项：

一、关于学校制度之企划事项；

二、关于民族教育事项；

三、关于教科用图书发行事项；

四、关于国语调查事项；

五、关于学艺事项；

六、关于教育团体事项；

七、关于学事调查及统计事项；

八、关于教师及学生之行旅运费酌减事项；

九、关于语学检定考试事项；

十、不属于他科主管事项。

第八条　国民教育科掌左开事项：

一、关于国民学校及国民优级学校，并与之相类特别教育施设事项；

二、关于国民学舍、国民义塾及私塾事项；

三、关于从事前二款之教育教师之讲习、检定及免许事项；

四、关于国民学校及国民优级学校卒业程度学力检定事项。

第九条　高等教育科掌左开事项：

一、关于国民高等学校、女子国民高等学校及职业学校，并与之相类特别教育施设事项；

二、关于师道学校，并与之相类特别教育施设事项；

三、关于从事前二款之教育教师之讲习、检定及免许事项；

四、关于国民高等学校及女子国民高等学校卒业程度学力检定事项。

第十条　大学教育科掌左开事项：

一、关于大学及与之相类特别教育施设事项；

二、关于师道高等学校及与之相类特别教育施设事项；

三、关于教师及学生之留学事项。

第十一条　编审官室掌左开事项：

一、关于学校用教科图书之编纂、审查及检定事项；

二、关于学校用教科图书之编纂、审查及检定上必要资料之搜集及调查事项。

第十二条　社会司置左列三科：

社会科

礼教科

辅导科

第十三条　社会科掌左开事项：

一、关于青少年之社会教育事项；

二、关于成人教育事项；

三、关于教化及修养团体事项；

四、关于图书馆、博物馆及其他与之相准观览施设事项；

五、关于图书之认定推荐事项；

六、关于电影映画教育事项；

七、关于罹灾救助、赈恤救济事项；

八、关于军事救护事项；

九、关于释放者保护事项；

十、关于社会施设事项；

十一、关于义仓事项；

十二、关于民族融和事项；

十三、关于社会事业及社会事业团体事项；

十四、不属于他科主管事项。

第十四条　礼教科掌左开事项：

一、关于国民精神之普及事项；

二、关于思想善导事项；

三、关于宗教及宗教团体事项；

四、关于僧侣、道士及教师事项；

五、关于寺庙、庙产事项；

六、关于祀孔事项；

七、关于国宝及重要美术品等之保存事项；

八、关于古迹、古物、名胜、天然纪念物之调查保存事项。

…………

第十七条　保健体育科掌左开事项：

一、关于卫生思想之普及事项；

二、关于饮食物、饮料水及上水道事项；

三、关于下水道、污物扫除及其他清洁保持事项；

四、关于墓地及火葬场事项；

五、关于移民卫生事项；

六、关于学校卫生事项；

七、关于体育运动及体育团体事项；

八、关于体育卫生之调查统计事项；

九、不属于他科主管事项。

…………

附则

本规程自康德四年七月一日施行。

（伪满）民生部教育司：《满洲帝国学事要览》，1938 年。

民生部分科规程（节选）

（1941 年）

（康德四年七月一日制定后，屡加修正而官制系依康德八年八月二十日第二千一百八十八号修正后之官制）

…………

第九条　师道教育科掌左列事项：

（一）关于师道高等学校、师道学校及女子国民高等学校师道科并与此相类之特别教育施设事项；

（二）关于教师之再教育事项；

（三）关于教师之讲习事项；

（四）关于教师之检定及免许事项。

第十条　普通教育科掌左列事项：

（一）关于国民学舍、国民义塾、国民学校及国民优级学校并与此相类之特别教育施设事项；

（二）关于国民高等学校、女子国民高等学校及职业学校并与此相类之特别教育施设事项；

（三）关于国民学校、国民优级学校、国民高等学校及女子国民高等学校毕业程度学力检定事项。

第十一条　专门教育科掌左列事项：

（一）关于大学及与此相类之特别教育施设事项；

（二）关于教师及学生之留学生事项。

第十二条　编审官室掌左列事项：

（一）关于学校用教科图书之编纂、审查、检定及发行事项；

（二）关于学校用教科图书之编纂、审查、检定及发行上必要资料之搜集及调查事项。

第十三条　教学官室掌左列事项：

（一）关于建国精神本义之调查研究；

（二）关于涵养振作国民精神之调查研究；

（三）关于学校教育方针及各科目教授要旨之调查研究；

（四）关于学生思想动向之调查研究；

（五）关于各国教育思潮、教育制度及教育实状之调查研究；

（六）关于以教育内容为主之学事指导事项。

第十四条　厚生科掌左列事项：

（一）关于荣养改善事项；

（二）关于衣服及住宅之改善及其他生活指导事项；

（三）关于人口问题事项；

（四）关于矿泉场及其他疗养场事项；

（五）不属于他科主管事项。

…………

第十六条　体育科掌左列事项：

（一）关于体育之指导奖励事项；

（二）关于学校体育事项；

（三）关于体育指导者之练成事项；

（四）关于体育团体事项；

（五）关于体育运动施设事项；

（六）关于体育运动用具事项；

（七）关于武道事项；

（八）关于公园事项。

…………

第十八条　教化科掌左列事项：

（一）关于礼俗改善并表彰事项；

（二）关于社会教育事项；

（三）关于教化团体事项；

（四）关于祀典事项；

（五）关于宗教及宗教团体事项；

（六）关于图书馆、博物馆及其他文化施设事项；

（七）关于古文化及天然地物之调查保存事项；

…………

附则

本规程自康德八年八月一日施行。

（伪满）民生部教育司：《满洲帝国学事要览》，1941年。

文教部分科规程（节选）

（1943年）

…………

第六条　学务司置左列五科：

学务科

师道教育科

专门教育科

普通教育科

体育科

第七条　学务科掌左开事项：

一、关于教育团体事项；

二、关于学生用品及学生被服事项；

三、关于学校教练之武官及武器事项；

四、关于学生之兵役事项；

五、关于日本人教育之联结事项；

六、关于青年特别练成事项；

七、不属于他科主管事项。

第八条　师道教育科掌左开事项：

一、关于师道大学、中央师道训练所、师道学校及女子国民高等学校师道科并类此之特别教育施设事项；

二、关于教师之再教育事项；

三、关于教师之检定及免许事项。

第九条　专门教育科掌左开事项：

一、关于大学及类此之特别教育施设事项；

二、关于教师及学生之留学事项；

三、关于学生勤劳奉公事项。

第十条　普通教育科掌左开事项：

一、关于初等学校及类此之特别教育施设事项；

二、关于中等学校及类此之特别教育施设事项；
三、关于初、中等学校毕业程度学力检定事项；
四、关于学校林事项。
第十一条　体育科掌左开事项：
一、关于体育之指导奖罚事项；
二、关于学校体育及学校卫生事项；
三、关于体育指导者之练成事项；
四、关于体育团体事项；
五、关于体育运动之施设及用具事项；
六、关于武道事项。
第十二条　教育司掌左列三部：
　　企划部
　　指导部
　　编审部
第十三条　企划部掌左开事项：
一、关于建国精神显扬对策之调查研究；
二、关于思想对策之调查研究；
三、关于学校教育方针之调查研究；
四、关于民族教育对策之调查研究；
五、关于教育制度之调查研究；
六、关于教育振兴委员会之运营事项；
七、不属于他部主管事项。
第十四条　指导部掌左开事项：
一、关于以教育内容为主之学事指导监督事项；
二、关于教师之讲习事项；
三、关于学校放送事项；
四、关于视学委员制事项；
五、关于学校教练之查阅及指导事项；
六、关于协和会、青少年团训练与学校教育之调整事项。
第十五条　编审部掌左开事项：
一、关于学校用教科图书之编纂、发行及配给事项；
二、关于学校用教科图书之审查事项；
三、关于教授要目事项；
四、关于教科书审议委员会事项；

五、关于满洲图书株式会社事项；

六、关于国语调查事项。

第十六条　教化司置左列二科：

社会教育科

礼教科

第十七条　社会教育科掌左开事项：

一、关于学艺事项；

二、关于社会教育事项；

三、关于图书馆、博物馆及其他文化施设事项；

四、关于语学检定试验及其他国语普及事项；

五、关于古文化及天然纪念物之调查保存事项；

六、关于美术事项；

七、关于文化团体之指导监督事项；

八、不属于他科主管事项。

第十八条　礼教科掌左开事项：

一、关于宗教及宗教团体事项；

二、关于教化团体事项；

三、关于礼俗之改善事项；

四、关于祀典事项；

五、关于纪念碑及祀祠事项。

（伪满）文教部：《满洲帝国学事要览》，1943 年。

文教部（节选）

（1944 年）

概　况

我国建国后，为一扫过去教育之诸弊端，于建国当时政府机构确立之初，即将文教司改为文教部，本建国宣言之鸿旨与日满协和之大义，推行道德仁爱之崇高教育方针，以涵养国民质爽刚健之气风与勤劳协力之精神。

其间经诸先辈之努力，制定切合我国之教育令并教育制度，在艰巨之建国途上，突破所有障碍，谋综合民族国家教育之普及向上。在文教部总长、故郑国务总理指导下，造成我国今日巩固之教育基础。其后，随同我国国势之发展，为顺应当时国家之实情，于康德四年七月二日政府机构再度改革时，乃将国民教育、保健、卫生、社会施设、礼教等与国民生活关系至密之诸行政合并设立民生部，以促进国民生活之向上，民生之振兴。自民生部直辖教学行政后，康德五年，基于我国之建国精神内忠孝之大义，特实行改编旧制学校，而制定我国独特之新学制，而于我国教育上划一新纪元。时至今日，我国建国已十有余年，凡百施政莫不蒸蒸发展，兹于第二期建设之巨步，复在举国协力下强行展开。当斯时也，政府基于教育之百年大计，在第二期建设基本国策大纲中，特明示今后我国教育之方向与文教振兴之根本意义，并于康德十年四月一日，复改革行政机构，再设教育独立行政机构之文教部，执掌国民教育、体育、礼教教化等行政，而与我第二期建设之进展同发其端，向完成文教振兴之大任途上迈进。以是，其来日无止境之发展，至堪期待者也。

组　织

我国之文教行政，大同元年归民政部内之文教司统辖。同年，政府为应国民教育之要请，而升格为文教部，总长以下置总务、学务、礼教三司。后于康德七年政府行政机构改革，新设民生部后，凡教育、保健、卫生、劳务、宗教等部门均直辖于该部，学校教育、学艺、教科书之编纂及审查事务，乃由教育司执掌。迨康德十年，以重设文教部为契机，教育关系部门脱离民生部，直属于文教部后，其组织体制则为大臣官房、学务、教学、教化三司，外有国立中央图书馆筹备处。学务司内分学务、体育、专门教育、师道教育、普通教育等科，担当全国一般学务行政及体育行政；教学司内分企划、指导、编审三部，担当建国精神、思想、教育方针、制度之调查企划，学校之指导监督及教科书之编审事项；教化司内分社会教育、礼教二科，担当宗教、教化、礼俗、学艺、文化及社会教育等事项。此外，对于法、医、农、工各国立大学，师道大学，中央地方各师道训练所，开拓医学院，兴安医学院，兴安学院，本溪湖工业实习所，临时农业教师养成所，留学生预备校其他各教育施设，国立中央博物馆等，亦行间接之监督。

兹将康德十年六月末至现在文教部之组织及首脑者列左：

文教部大臣　卢元善

次长　田中义男

参事官　三轮健儿

参事官　阿成嘎

参事官　河野通夫

官房——大臣秘书官　阎承业

文书科长〔兼〕三轮健儿，人事科长〔兼〕三轮健儿，会计科长高岛馨。

学务司——司长　木田清

学务科长佐藤达男，体育科长小谷澄之，专门教育科长板野博美，师道教育科长王维常，普通教育科长张泽溥。

教学司——司长　佐枝常一

企划部长光安弘，指导部长〔兼〕光安弘，编审部长寺田喜治郎。

教化司——司长　耿熙旭

社会教育科长板垣守正，礼教科长王明汉。

大臣　卢元善——光绪十四年生，关东州金州人，本年五十六岁。民国元年日本宫城农学校毕业后，曾历任南京书院农业科教师、山城镇裕华电气公司董事、四洮铁路局保线科员；满洲建国后，历任军教部高级秘书官、龙江省实业厅长同民生厅长、专卖总局长；康德六年升任三江省长，康德九年九月升任总务次官，并兼建国十周年祝典事务局长；康德十年文教部设立，任首任大臣以至今日。

次长　田中义男——广岛县生，大正十四年东大法科政治科毕业。曾历任地方警视，神奈川县保安科长、地方事务官，群马县商工科长同特高科长，长崎县特高科长兼外事科长，大阪府外事科长、文部书记官、思想局思想局长、教学局庶务课长，文部省普通学务局学务课长；昭和十五年任文部书记官兼文部大臣秘书官；昭和十七年任在满教务部长；康德十年四月任文教部次长以至今日。

学务司司长　木田清——明治三十三年山形县生，本年四十四岁。大正十四年东京商大附设商业教员养成所毕业，曾任新潟师范教谕。大同元年来满，历任总务厅法制处参事官，总务厅理事官，人事处人事科长兼建国大学理事官，总务厅参事官，民生部教学官同教育司长；康德十年四月任文教部学务司长。

教学司司长　佐枝常一——明治二十七年十月鹿儿岛县生。京都帝大经济学部商科毕业后，历任关东厅大连中学校长，地方视学官，福井县学务课长，满洲国总务厅秘书官，总务厅庶务科长，民生部文书科长，满洲劳工协会理事，我国驻华通商代表，民生部教育司长；康德十年四月任文教部教学司长。

教化司司长　耿熙旭——原籍奉天，光绪十九年生。民国十二年日本东大经济学科毕业。历任奉天市行政处长，营口市长，吉林省民生厅长，总务厅参事官；康德十年四月任文教部教化司长以至今日。

（伪）满洲帝国教育会：《大满洲帝国年鉴》，1944 年。

二、官　　制

国务院各部官制（节选）

（1932年）

文　教　部

…………

第六十一条　文教部大臣掌理关于教育、宗教、礼俗及国民思想事项。

第六十二条　文教部置左开三司：总务司、学务司、礼教司。

第六十三条　总务司掌管左开事项：

一、属于机密事项；

二、关于管守官印及文书事项；

三、关于人事事项；

四、关于会计及庶务事项；

五、关于调查及统计事项。

第六十四条　学务司掌管左开事项：

一、关于学校教育事项；

二、关于学校卫生事项；

三、关于学艺事项；

四、关于教科书之编纂及审查事项。

第六十五条　礼教司掌管左开事项：

一、关于国民思想事项；

二、关于社会教育事项；

三、关于宗教事项；

四、关于礼俗事项。

第六十六条　文教部置左开职员：

司长　三人　简任

理事官　十人　荐任

编审官　四人　荐任（其中一人得为简任）

督学官　五人　荐任

秘书官　一人　荐任

事务官　十人　荐任

学务卫生官　一人　荐任

属官　五十七人　委任

技士　一人　委任

第六十七条　司长承大臣之命掌司务；

理事官及事务官承上司之命，掌事务；

编审官承大臣之命，掌学校教科用图书之编纂、审查并检定；

督学官承大臣之命，掌学校教育之指导、监察；

秘书官承大臣之命，掌机密事项及承特命事项；

学校卫生官承上司之命，掌关于学校卫生事项；

属官承上司之指挥，办理事务；

技士承上司之指挥，从事关于建筑技术。

附则

本令自公布日施行。

（伪满）国务院文教部编纂：《满洲帝国文教部第二次年鉴》，1935 年。

教科书编审委员会官制

（1932 年）

第一条　教科书编审委员会属于文教部之管理，掌教科用图书之编辑及审查。

第二条　教科书编审委员会以委员长一人、副委员长一人、委员十五人组织之。

第三条　委员长、副委员长及委员由文教部总长呈请国务总理任命之。

第四条　委员长综理会务；副委员长辅佐委员长，委员长有事故时，代理其职务。

第五条　编审官于教科书编审委员会有为委员之地位及职权。

第六条　委员长有必要时，得委嘱临时委员。

第七条　教科书编审委员会置干事三人；干事由文教部总长于文教部职员中任命之，承委员长之命掌事务。

第八条　委员长按事务之繁简，得任用属官五人以内；属官承长官之指挥，办理庶务。

第九条　关于教科书编审委员会议事规则，由文教部总长定之。

第十条　本官制自公布之日施行。

（伪满）国务院文教部编纂：《满洲国文教年鉴》，1934 年。

关于学校教师名称及俸给之件

（1938 年）

标题之件暂希照左开办理相应函请。

查照是荷。

计开

一、不拘教师之身份为官吏与否，迄本年度之检定考试终了，大多数之教师确定为教谕、教导或教辅之身份。至此虽有一部分给与教师免许状者，于暂时之间仍如从前对全体教师单以为“教师”办理之。

二、故日系教师之待遇，暂且亦不区别本俸与特别津贴为遵照从前之例。

暂行僻地津贴之件。

本部对于中等教育教师并事务员，制定如左之暂行支给僻地津贴内规相应函请。

遵守是荷。

暂行支给僻地津贴内规：

第一条　对于省立学校日人教师并事务员住勤僻地者，暂时照本内规，支给僻地津贴（以下单称津贴）。

第二条　支给津贴额遵照附表。

第三条　关于支给津贴于本内规所定者，外遵照官吏之支给僻地津贴内规（康德三年一月二十一日国务院总务厅公函第一二一号）。

附则

本内规由康德五年五月一日施行之。

附　表

资格别 / 级地别	学校长	教师		事务员
	月俸 336 元以上	月俸 336 元未满 245 元以上	月俸 245 元未满 144 元以上	月俸 144 元未满
一级地	14 元	12	10	8
二级地	26 元	22	18	14
三级地	38 元	32	26	20
四级地	50 元	42	34	26
五级地	62 元	52	42	32
六级地	74 元	62	50	38

（伪）满洲帝国教育会编：《满洲帝国文教关系法规辑览》（下），1938 年。

文教审议会新发足　企图刷新文教体制

（1943年）

努力“物”之开发　“人”之炼成

【新京】为图划期的刷新，即应战时下之文教体制，政府前曾承认文教政策之最高强力的咨问机关之文教审议会，基曩之设置要纲进行诸准备。右文教审议委员会官制，以十五日之公布，同时发令会长以下委员。此次新设之文教审议会，以国务总理大臣为会长，委员纲□□野之权威者，应会长之咨问，审议关系文教刷新之根本政策，经建国十年大事努力“物”之开发与“人”之炼成育成，政府曩新设文教部今回更设本审议会，以谋刷新即应血战下国民动员体制之教学者，为第二建设之根本课题，政府出于文教振兴，重视国民炼成，兹本审议会之期待颇大。

【新京】文教审议会官制如左：

第一条　文教审议会属于国务总理大臣监督，应其咨问，审议关于文教之刷新振兴重要事项。文教审议会关于前项事项，向国务总理大臣建议。

第二条　文件审议会以会长、副会长二人及委员若干人组织而成；为审议特别事项必要时，置临时委员。

第三条　会长及副会长由于国务总理大臣之奏请，勅命之。委员及临时委员，由于国务总理大臣之奏请，国务总理大臣将此任命及委嘱。

第四条　会长总理会务，副会长辅佐；会长如有事故时，代理会长指名之副会长及其职务。

第五条　文教部大臣出席会议陈述意见。

国务总理大臣依必要为关系官署之高等官，出席会议，陈述意见。

第六条　于文教审议会置干事长及干事若干人。

干事长，以文教部次长充当之，承会长之命，掌理庶务；干事由国务总理大臣任命及委嘱，承上司之命，整理庶务。

第七条　于文教审议会置书记。

书记由国务总理大臣任命，承上司之指挥，从事庶务。

附则

本令由公布之日起始施行。

审议委员人选

【新京】文教审议委员会会长，副会长并委员，十五日发令如左：

国务总理大臣　张景惠

命文教审议委员会会长
总务长官　武部六藏
文教部大臣　卢元善
命文教审议委员会副会长
祭祀府总裁　桥本虎之助

参议	韦焕章
同	蔡运升
同	清原范益
同	高桥康顺
军事部大臣	邢士廉
民生部大臣	于静远
外交部大臣	李绍庚
司法部大臣	关传岁
兴农部大臣	黄富俊
经济部大臣	阮振铎
交通部大臣	谷次亨
兴安局总裁	巴特玛拉布坦
兴安总省长	博彦满都
吉林省长	金名世
建国大学副总长	尾高龟藏
民生部技监	大平得三
国立农业大学长	新美倌太
国立医科大学长	寺师义信
总务厅次长	源田松三
同	古海忠之
同	徐家桓
军事部次长	真井鹤吉
民生部次长	关屋悌藏
文教部次长	田中义男
外交部次长	下村信贞
司法部次长	前野悌茂
兴农部次长	稻垣征夫
经济部次长	青木实
交通部次长	田仓八郎

警务总局长	山田俊介
兴安局参与官	向野元生
大陆科学院副院长	志方益三
国民勤劳奉公局长	半田敏治
师道大学校长	阿部宗孝
国立农业大学校长	宇田一
国立工业大学校长	长谷川熊彦
新京法政大学校长	柴田健大郎
四平省长	曲秉善
奉天省次长	皆川丰治
公立国民学校教谕	福井优
师道学校长	张文明
公立国民高等学校长	三晋郡慕尔
同	田国常
公立女子国民高等学校长	山口庆治郎
公立国民学校长	丰川熙重
命文教审议会委员	
协和会中央本部长	三宅光治
科学技术联合部会本部长	久保孚
协和会中央本部总务部长	菅原达郎
开拓青年义勇队训练本部长	井上政吉
满业总裁	高埼达之助
满铁副总裁	山崎元干
电业副理事长	平岛敏夫
满映理事长	甘粕正彦
兴农合作社理事长	松岛鉴
满洲国通信社理事长	松方义三郎
前建大副总长	作田庄一
王道书院副院长	日高丙子郎
文教部嘱托	神尾弌春
委嘱文教审议会委员	

康德十年十月十五日

《盛京时报》，1943 年 10 月 16 日 1 版，12018 号。

三、教育制度

（一）法令与规程

学制要纲

（1937年）

一、教育方针

遵照建国精神及访日宣诏之趣旨，以咸使体会日满一德一心不可分之关系及民族协和之精神，阐明东方道德，尤致意于忠孝之大义，涵养旺盛之国民精神，陶冶德性，并置重于国民生活安定上所必需之实学，授与知识技能，更图保护、增进身体之健康，养成忠良之国民，为教育之方针。

二、学校教育要纲

教育方针依有效适切之具体的方法，使得彻底实现，力排抽象的迂远之方法。

（一）以精神教育为主眼，而图陶冶人格，涵养德性，以期国民精神之发扬光大。

（二）注重劳作教育，培养爱好勤劳之精神，以期不陷于偏知教育之弊。

（三）排除预备教育之观念，冀使学校体系上各阶级之教育咸为完成之教育。

（四）重视实业教育或实务教育，使初等教育与之有密切之关联，而中等及高等教育则依此行之为主。

（五）关于体育，使了解其精神的意义，并与卫生方面相辅，而努力于保护、增进国民之健康。

（六）置重点于幼、少年之国民教育。

（七）关于中等程度以上之教育，考虑社会之需要与供给而施行之，防止所谓学问游民之辈出。

（八）对于女子教育，努力涵养妇德，特施实务的训练，俾能达成良妻贤母之使命。

（九）致力于教师素质之改善与其实力之向上，而以设备及其他物的要素为第二义。

（十）考虑社会之文化、民度、财政等，使不致相悬隔。

（十一）力求教育之国家的统制，并力使适应地方之实情。

（十二）使学校与社会有紧密之联络，而冀学校为社会教化之中心。

（十三）对于私人经营学校虽无不准，但对于其经费、教育方针及教师之任免等，严重监督之。

三、学制起草上之要点

（一）在学校体系上，教育之修业年限力使短缩，以期适应民度与文化等，并谋教育内容之充实。

（二）注重教育之机会均等，于进入上级学校之途径力图圆滑。

（三）对于设立主体，按学校之种类与程度而统一之，一面谋经费负担之公平。

（四）关于学科目，施以有机的统合而整理其数。

（五）教育内容虽一概置重于实业科目，但一面亦授以普通科目，俾得涵养圆满之国民性。

（六）日本语依日满一德一心之精神，作为国语之一而重视之。

（七）以道德教育为主，尤以国民精神为基础之精神教育，力使于所有学科目上普遍施行之。

（八）在不致紊乱学制全体体系之限度内，对于留学外国之联接力求圆滑。

（九）学校名称不泥于旧有之称谓，而采用适切之名称。

（十）考究学术蕴奥之研究机关，将来于必要时设立之。

（十一）关于在满日本人之教育，另行考虑之。

四、学校教育之分类与其他目标及学校之种类

分学校教育为初等教育、中等教育、高等教育三阶级及师道教育、职业教育二部门。

各阶级及各部门之教育目标及学校之种类如左：

（一）初等教育以施行一般国民之基础教育及其实务教育，而涵养忠良国民之性格，提高其资质为本旨。

1. 国民学舍（国民义塾）；2. 国民学校；3. 国民优级学校。

（二）中等教育以施行以实业教育或实务教育为主眼之国民教育，养成堪为国民之中坚者为本旨。

1. 国民高等学校；2. 女子国民高等学校。

（三）高等教育以使修得关于高等学术之理论及实际，养成国家枢要之人才为本旨。

1. 大学。

（四）师道教育以陶冶人格，养成堪为教师者为本旨。

1. 师道学校；2. 师道高等学校；3. 主管部大臣指定之大学及其他学校或教育施设。

（五）职业教育以授与关于社会实际生活上所必需之职业之知识、技能，养成思想、伎俩两皆健全之职业从事者为本旨。

1. 职业学校。

五、学校要纲

（一）国民学舍

目的：以在难于设立或不适于设立国民学校之地域内，施行简易之国民教育为目的。

设立主体：1. 特别市、县、旗、市、街村或准此者；2. 街、村及准此者之教育组合。

监督：除设立及废止须受省长或特别市长之认可（特别市立者须受文教部大臣之认可）外，至于其他监督事项，依一般行政之例。但对于街村或准此者所设立国民学舍之教师之视学事务，由县、旗长行之。

修业年限：一年乃至三年。

入学资格：准据国民学校。

学科目：国民科、算术、作业（此外依地方之事情，得授音乐及体育）。

附：

国民义塾：以类于私立之国民学舍者作为国民义塾，就现在私塾中之优良者改编之，使成为国民义塾。

国民义塾除其设立及废止须受县、旗长之认可外，至于监督及教科书等，使仿国民学舍。

（二）国民学校

目的：以留意学生心身之发达，培植国民道德之基础，授与国民日常生活上所必需之普通知识、技能，培养劳作习惯，育成忠良国民之性格为目的。

设立主体：1. 特别市、县、旗、市、街村或准此者；2. 街村及准此者之教育组合；3. 私人。

监督：设立及废止，须受省长或特别市长之认可（特别市立者须受文教部大臣之认可）。至于其他监督事项，对于公立者，依一般行政之例；对于私立者，以县、旗、市长（其在特别市者以特别市长）为其监督官署。但对于街村或准此者所设立国民学校之教师之视学事务，由县、旗长行之。

修业年限：四年。

入学资格：年龄满七岁以上。

国民学舍卒业者以编入国民学校第三学年为原则，其成绩优秀者，经考查后得使编入第四学年。

学科目：国民科、算术、作业、音乐及体育。

（三）国民优级学校

目的：以留意学生心身之发达，涵养国民道德，主授关于实务之普通知识、技能，培养劳作习惯，提高其为忠良国民之资质为目的。

设立主体：1. 特别市、县、旗、市、街村或准此者；2. 街村及准此者之教育组合；3. 私人。

监督：设立及废止，须受省长或特别市长之认可（特别市立者须受文教部大臣之认可）。至于其他监督事项，对于公立者，依一般行政之例；对于私立者，以县、旗、市长（其在特别市者以特别市长）为其监督官署。但对于街村或准此者所设立国民优级学校之教师之视学事务，由县、旗长行之。

修业年限：二年。得置一年或二年之补习科。

入学资格：国民学校卒业者或年龄满十一岁以上同等实力者。

学科目：国民科、算术、实务、图画、音乐、体育。

（四）国民高等学校

目的：以涵养国民道德，修练国民精神，锻炼身体，置根基于实业教育，授与国民所必需之知识、技能，培养劳作习惯，养成堪为国民之中坚男子为目的。

设立主体：省、特别市或私人。但省长于必要时得委托县、旗、市长经营之。

监督：设立及废止，须受主管部大臣之认可。至于其他监督事项，对于公立者，依一般行政之例；对于私立者，以省长（其在特别市者以特别市长）为其监督官署。

修业年限：四年。

入学资格：国民优级学校卒业者或年龄满十三岁以上之同等实力者。

学科目：国民道德、国语、历史、地理、数学、理科、实业、图画、音乐、体育（得课语学）。

（五）女子国民高等学校

目的：以努力涵养国民道德，特别注重妇德，修练国民精神，锻炼身体，授与女子所必需之知识、技能，培养劳作习惯，养成堪为良妻贤母者为目的。

设立主体：省、特别市或私人。但省长于必要时得委任县、旗、市长经营之。

监督：设立及废止，须受主管部大臣之认可，至于其他监督事项，对于公立者，依一般行政之例，对于私立者，以省长（其在特别市者以特别市长）为其监督官署。

修业年限：四年，得置修业年限一年之师道科。

入学资格：国民优级学校卒业者或年龄满十三岁以上之同等实力者。至于师道科，则为女子国民高等学校卒业者或同等实力者。

学科目：国民道德、教育、国语、历史、地理、数学、理科、实业、家事、裁缝手艺、图画、音乐、体育。

至于师道科，国民道德、教育、实业、图画、手工、音乐、体育。

（六）大学

目的：以修练巩固之国民精神，修得高等学术之理论及实际，养成国家枢要之人才为目的。

设立主体：国、省、特别市或私人。

监督：以主管部大臣为监督官署。

修业年限：三年，但依必要得为一年以内之延长。得另置特修科。

入学资格：国民高等学校或女子国民高等学校卒业或者同等实力者。

（七）师道学校

目的：以养成初等教育之教师而施行师道教育为目的。师道教育以留意实践躬行，努力涵养巩固之国民精神，修得知识、技能，锻炼身体，陶冶人格，养成堪为教师者为目的。

设立主体：省或特别市。

监督：设立及废止，须受主管部大臣之认可。至于其他监督事项，依一般行政之例。

修业年限：二年。得置修业年限二年之特修科。

入学资格：国民高等学校第三学年修了者或同等实力者。至于特修科，则为国民优级学校卒业者或年龄满十四岁以上之同等实力者。

学科目：国民道德、教育、国语、历史、地理、数学、理科、实业、图画、手工、音乐、体育。

特修科：国民道德、教育、国语、历史、地理、数学、理科、实业、图画、手工、音乐、体育。

（八）师道高等学校

目的：以养成中等教育之普通科目之教师，而施行师道教育为目的。

设立主体：国。

监督：以主管部大臣为监督官署。

修业年限：三年。

入学资格：师道学校、国民高等学校或女子国民高等学校卒业者或同等实力者。

学科目：

男子部：国民道德、法制经济、教育、国语、实业、历史、地理、数学、物理、化学、博物、生理卫生、图画、手工、书道、音乐、体育、语学。

女子部：国民道德、教育、国语、历史、地理、数学、理科、生理卫生、家事、裁缝手艺、实业、图画、书道、音乐、体育。

（九）职业学校

目的：以努力涵养国民道德，授与关于职业之知识、技能为目的。

设立主体：省、特别市、县、旗、市或私人。

监督：设立及废止，须受主管部大臣之认可。至于其他监督事项，对于公立者，依一般行政之例；对于私立者，以省长（其在特别市者以特别市长）为其监督官署。

修业年限：二年或三年。但有特别必要时，得为一年以内之伸缩。

入学资格：年龄满十三岁以上，而为国民学校或国民优级学校卒业者，或同等实力者。

学科目：国民道德、国语、算术、职业（得课体育）。

六、学校体系表

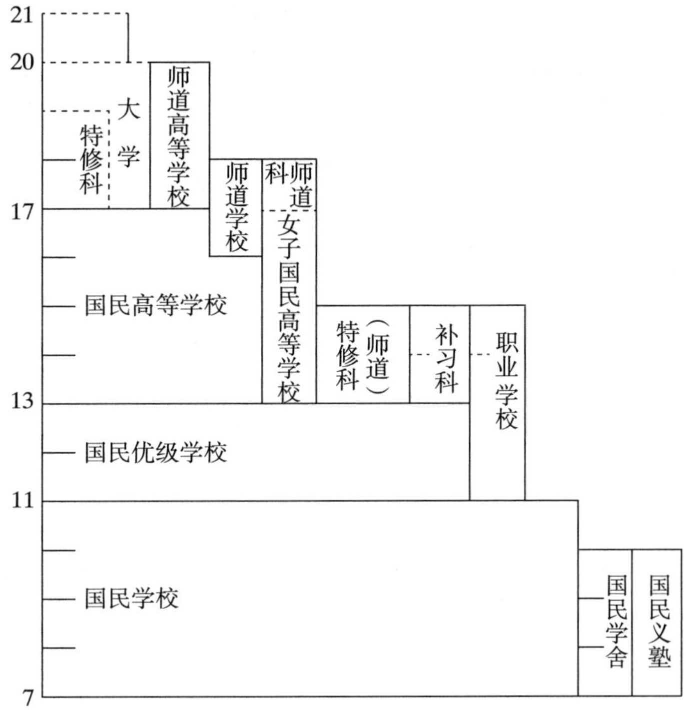

《满洲教育》第3卷第6号，1937年。

学事通则

（1937年）

第一条　为教育事业而设之省、特别市、县、旗、市、街村及准此者之组合，称为教育组合。

第二条　行政官署依敕令之所定，得命省、特别市、县、旗、市、街村或准此者将其教育事务委托于其他者。

受前项之委托者不得拒绝之。

第三条　对于前条委托之报偿及其他必要事项，以协议定之。

前项协议如不谐，于当事人之一方为省或特别市时、或为包含省或特别市时、或特别市之教育组合时由主管部大臣，于其他情形时由当事人共通最近之监督官署定之。

第四条　行政官署依敕令之所定，得命省、特别市、县、旗、市、街村或准此者设教育组合。

第五条　行政官署依敕令之所定，得命省、特别市、县、旗、市、街村或准此者设置学校或国民学舍。

第六条　教育组合得设基本财产或公积金。

基本财产或公积金之管理及处分，应受监督官署之许可。

第七条　依关于省、特别市、县、市、街村或准此者之法令，民政部大臣所行职务，对于教育事务由民政部大臣行之。

第八条　非依敕令之规定称学校者，不得用学校之名称。

附则

本法自康德五年五月一日施行。

《满洲教育》第3卷第6号，1937年。

关于新学制实施之件

（1937年）

为令遵事。查我国曩在访日回銮训民诏书涣发第二周年纪念之佳节，以敕令公布学制，规定国家百年大计，昭示文教之根本方针，使国民咸知有所归宿。

尔来本部仰体圣意，锐意考究，兹以部令公布新学制实施上需要之诸规程，以示新学制之实施细则。窃思教育者，不只为一国文化兴隆之源泉，且为国家发展之根基。故一国文教之隆替，关于国运之消长至重且巨，教育事业岂可忽视？

复想教育虽如何繁盛，而其方针、内容、方法等若不适当，则国家易濒于危险，国民亦因之受其害。此种情形，不只世界史上示以实例，即以邻邦中华民国而论，实殷鉴不远。曩公布之新学制，于我国国情最为适当，企图我国学校教育之健全发达，诚可信赖。其根本方针，以磨励［砺］巩固国民精神，锻炼强健身体，并授与实学为根基之知识、技能。为养成忠良国民，即以建国精神为基础，陶冶人格，涵养德性，努力于国民实在生活上有深切关系之实业教育，并加实务的训练。同时在振兴体育、保健卫生上特别留意，以期国民体格之向上。实施劳作教育，使学生之知识技能实际化，以期养成爱好勤劳之精神，涵养勤勉力行之习惯。

现在颁布之新学制实施上需要之诸规程，本于前述之趣旨，以详细易行为主，使学校教育之实施圆滑，以期彻底进行。

然制度规则无非为一种指南针，在活用上应视人之如何，此不待论。即运用新规程，实现新学制之本义，俾达成我国学校教育之目的，其责任乃在校长、教师之双肩，并应受学校教育关系当局之指导监督也。虽有如何精确的制度、如何完备的规则，如不得其人善用之，则等于弁髦，致误青年之前途，遗祸社会、国家，实非浅鲜。由此可知，从事教育之圣业者所负之使命重且大也。仰该省、市长际此新规程公布之机会，对于所属之校长、教师及学校教育关系者，务将我国教育之本义与重大性使其深刻认识，俾教育报国之观念益行巩固，并极应进行各种之准备工作，在新学制之实施上期无遗漏。培植国本，永久巩固，上报圣恩，下副民意，实为至要。此令。

（伪）满洲帝国教育会编：《满洲帝国文教关系法规辑览》（上），1938 年。

关于学制移行要纲之件

（1937 年）

修正：康德四年十一月民生部训令第七九号。

为令遵事。查新学制业已公布在案，兹更制定学制移行要纲，随令附发。仰该省、市长转令所属，一体遵照办理，以期对于新学制之移行万无遗漏为要。此令。

学制移行要纲

一、方针

因施行新学制，将旧制之诸学校，根据左列方针移行于新学制。

1. 将旧制学校改编为新制学校，如二者之程度、修业年限及实业科目相等，则旧制学级应于施行新学制时，全行改编于新制之该当学年。

2. 将旧制学校改编为新制学校时，如二者之程度及修业年限相异，则应于施行新学制时，俟现下在学之学生毕业为止，仍依旧制为原则。但如次项所定，得改编于新学制者，不在此限。

3. 关于旧制学校得改编为新制学校及施行新学制时，依照新制而设置之学校，应依照各学校令及学校规程。关于设置，应呈请主管官署之认可，但在公立学校，不妨汇总呈请之。

二、旧制诸学校整理要纲

（一）初等学校

1. 旧制初级小学校，应于施行新学制时废止，改编为国民学校或国民学舍。其单级制者大体改编为国民学舍。

2. 旧制高级小学校，应于施行新学制时废止，全行改编为国民优级学校。

3. 旧制两级小学校，应顺应地方之情形及学校配置状况，或改编为国民学校，或改编为国民优级学校，或改为国民学校与国民优级学校并置。

4. 私塾中之优良者，于可能范围内，使其内容与国民学舍相等，认为国民义塾逐渐改编为国民学舍，其内容不良者，渐次废之。

（二）中等学校

1. 将旧制中等学校改编为国民高等学校或女子国民高等学校时，旧制学校应于新制学校校长兼任之，下俟现下在学之学生毕业为止，并置于新制学校。但如旧制男子中等学校为修业年限四年之实业科，初级中学校其实业科目又与应行改编之国民高等学校之实业科目相等，得将旧制学级于施行新学制时，改编于国民高等学校之该当学年。

2. 男子高级师范学校应行废止，改编于师道学校。现下在学男子高级师范学校之第一学年学生，于施行新学制时，编入于师道学校第一学年；第二学年学生，亦同样编入于师道学校第二学年。亦即康德五年度师道学校之招生，除去右记编入学生之外，尚有余力收容学生，始得行之。

3. 将旧制初级中等学校改编为男子或女子之职业学校（均系国民优级学校毕业程度为有入学资格，修业年限二年者）时，将现在第二学年之学生，于康德五年度仍按旧制为第三学年之学生，并置于新制学校；现将在第一学年之学生，编入于新制学校之第二学年。但不希望编入之学生，得转入于他处仍依旧制存置之同种学校之该当学年。

4. 在旧制中等学校所在地不设置新制中等学校时，将现在第二学年之学生于康德五年度仍按旧制为第三学年之学生存置，将现在第一学年生编入于国民优级学校补习科第二学年。但不希望编入之学生，得转入于他处仍依旧制存置之同种学校之该当学年。

三、旧制诸学校毕业生之新制诸学校入学资格

1. 将旧制初级小学校毕业者看做与新制国民学校毕业者，旧制高级小学校毕业者看做与新制国民优级学校毕业者有同等实力，承认其与新制上级学校之联络。

2. 将旧制初级中学校毕业者，看做与国民高等学校或女子国民高等学校第三学年修了者有同等实力，承认其编入于国民高等学校或女子国民高等学校第四学年。但只限于男子初级实业学校毕业生，得编入于课以同种实业之国民高等学校。

更于康德五年度应行设置第四学年之学级之国民高等学校及女子国民高等学校之各科别、学级数，各省分配表，另定之。

许可编入于第四学年者，乃专为对于志望入学上级学校者，而另开之途经。是以希望编入之学生多数时，须施行慎重之铨衡。如仅以一年之修学，欲得国民高等学校毕业生之名者，勿使其滥入。

3. 将旧制高级中学校或高级师范学校第一学年修了者，看做与国民高等学校或女子国民高等学校毕业者有同等实力，承认其与大学及其他上级学校之联络。

四、私立各学校之改编

关于私立各学校，亦应按照前项要领改编为新制学校，自不待言。尤应于改编时，勿使误谬新学制诸规程之适用上之缓急轻重，对于监督上务期万无遗漏为要。

（伪）满洲帝国教育会编：《满洲帝国文教关系法规辑览》（上），1938 年。

师道教育令

（1937 年）

第一条 师道教育以留意实践躬行，涵养巩固之国民精神，修得知识、技能，锻炼身体，陶冶人格，养成堪为教师者为目的。

第二条 师道学校应以养成国民优级学校、国民学校及国民学舍之教师为目的，而施师道教育。

师道高等学校应依主管部大臣之所定，以养成师道学校、国民高等学校及女子国民高等学校之教师为目的，而施师道教育。

主管部大臣指定之大学，应依主管部大臣之所定，以养成师道学校、国民高等学校及女子国民高等学校之教师为目的，而施师道教育。

第三条 省或特别市得设置师道学校。

主管部大臣认为有必要时，得命省或特别市设置师道学校。

师道高等学校由国设置之。

第四条 主管部大臣认为一省或特别市应养成之教师数不足构成一师道学校时，得令该省或特别市将其应养成之教师全部或一部之教育事务，委托于他省或特别市。

第五条 师道学校之设置及废止，应受主管部大臣之认可。

关于师道学校之设置及废止之规则，由主管部大臣定之。

第六条 师道学校之位置，由主管部之大臣定之。

第七条 师道学校之修业年限为二年。

师道高等学校之修业年限为三年。

第八条 师道学校得置修业年限二年之特修科。

关于特修科之规则，由主管部大臣定之。

第九条 得入师道学校者，为国民高等学校第三学年修了者，或依主管部大臣之所定有同等以上之学力者。

得入师道高等学校者，为师道学校、国民高等学校或女子国民高等学校毕业者，或依主管部大臣之所定有同等以上之学力者。

第十条 关于师道学校及师道高等学校之编制及设备并学科目及其程度之规则，由主管部大臣定之。

第十一条 师道学校应由校长依主管部大臣之所定，令学生使用文教部大臣或蒙政部大臣有著作权之教科书中，或文教部大臣或蒙政部大臣检定之教科书中，经省长或特别市长认可者。

第十二条 师道学校之教师，应为有主管部大臣发给之教师许可状者。

关于师道学校教师许可状之规则，由主管部大臣定之。

第十三条　师道学校及师道高等学校校长及教师认为在教育上有必要时，得对学生加以惩戒。

第十四条　师道学校校长及教师之俸给、旅费及其他各种给与并其支给方法，由省长或特别市长根据主管部大臣所定之准则定之。

第十五条　关于师道学校校长及教师之职务及服务并任用及解职规则，由主管部大臣定之。

第十六条　师道学校及师道高等学校不征收授业费。

师道学校及师道高等学校依主管部大臣之所定，对于其学生补助学资。

师道学校及师道高等学校依主管部大臣之所定，除前项外，不妨收私费学生。

第十七条　师道学校或师道高等学校毕业者，自领到毕业证书之日起，在左列期间有服务教师之义务：

（一）受学资补助之毕业者，相当于其所受学资补助期间一倍半之期间。

（二）私费毕业者，相当于其修业年限二分之一期间，但不得少于一年。

前项之义务得依主管部大臣之所定免除之。

第十八条　关于师道学校之管理及监督在本令无规定之事项，由主管部大臣定之。

第十九条　不依本令之规定者，不得称为师道学校或师道高等学校。

第二十条　本令施行上必要之规则，由主管部大臣定之。

附则

本令自康德五年一月一日施行。

师范教育令废止之。

高等师范学校并本令施行之际现已受官之许可而设立之初级师范学校及女子高级师范学校，截至其现有在学学生毕业止，得依旧制存置之。

《满洲教育》第3卷第6号，1937年。

师道学校规程

（1937年）

第一章　教　　则

第一条　师道学校应遵守师道教育令第一条之趣旨，特别留意左列事项而教育之。

（一）应阐明建国之由来及建国精神，并使知访日宣言之缘由，借使深刻体会民族协和及日满一德一心之精神，涵养忠君、爱国、孝悌、仁爱之至情，锻炼实践躬行之精神，努力启发培养教师之德。

（二）应依劳作培养爱好勤劳之精神，炼成勤勉力行之良习。

（三）应使了解以学校教育为中心之社会教化之意义及其方法。

（四）应使服从师长之命令、训诲，正其起居言动，以期涵养尚规律、重秩序之良习。

（五）应留意体育及卫生，使身体强健且锻炼精神，养成纯正豁达之气度，并陶冶优雅之情操。

（六）学习之方法不宜使之专赖于教授，应使学生养成自行促进学识、磨炼技艺之习惯。

（七）对于学生之指导训练，虽在规定时间外，遇有必要时，亦应随时随地行之。

（八）各学科目之教授、训练及养护，务使不致误各自之目的及方法，而使其互相关联，互有裨益。

第二章　学科目及其程度

第二条　师道学校之学科目为国民道德、教育、国语、实业、历史、地理、数学、理科、图画、手工、体育、音乐。

第三条　教授前条学科目中之国民道德、国语、实业、历史、地理、数学、理科、图画、体育及音乐，应以国民高等学校之该学科目为标准，更应授以为教师适切有效之事项，以资陶冶、增高其为师表之人格与教养。

第四条　教育以使学得关于教育之一般知识、技能，尤应详授初等教育之理论及方法并学校管理法，使涵养其为教师之精神，自觉教育之于国家之重要性为要旨。

教授教育应授与心理学概论、儿童心理学、论理学、教育史、教授法之概要、教育制度、学校之经营及管理、学校卫生之概要、学校教育与家庭教育及社会教育之关系。其特别有关于初等教育之事项，尤应详授。并课以教育之实习指导、初等教育所授之各学科目之教授法及教材研究。

第五条　手工以使学得关于简易工作之知识、技能，增长工作之趣味，陶冶构思、创造之能力为要旨。

教授手工，应授与日用器具之制作及其他简易之工作，使知材料之性质、工具之使用及保存方法等。

第六条　特修科之学科目为国民道德、教育、国语、实业、历史、地理、数学、理科、图画、手工、体育、音乐。

（一）教授国民道德、国语、实业、历史、地理、数学、理科、图画、体育及音乐，应依国民优级学校所修得之基础更加精深之程度，授与为教师适切有用之事项，以资陶冶、增高其为师表之人格与教养。

（二）教育应依本令第四条第一项之趣旨，将本令第四条第二项之内容，按简易之程度授之。

（三）手工应依本令第五条第一项之趣旨，将本令第五条第二项之内容，按简易之程度授之。

第七条　师道学校各学年各学科目之每周教授时数，应依第一号表，其特修科应依第二号表。

第八条　校长因气候、产业、教师之事故及其他情由，而认为有必要时，得在一定期间内增减各学年各学科目之每周教授时数，或中止一或二以上学科目之授业。

在前项情形，各学年之各学科目如有不达其进度或超过太甚之虞时，应在其他期间内增减该学科目之每周教授时数而调整之。

依前二项之规定，增减各学年各学科目之每周教授时数或中止各学年各学科目之授业时，每周教授总时数不得超过四十二时或不足二十四时。

第九条　校长对于各学年，以夏季为主，得专课三十日以内之实业实习。

依前项如继续二十日以上专课实习时，得给与十日以内之放假。

第三章　教　科　书

第十条　师道学校关于国民道德、教育、国语、实业、历史、地理、数学、理科、图画及音乐，应令使用教科书。但关于实业及音乐之教授，监督官署认为有特别情由时或校长认为无使用之必要时，不在此限。

第十一条　师道学校之教科书，应令使用民生部大臣有著作权者至民生部大臣已检定之教科书，经监督官署之认可，由校长采定之。

第十二条　关于师道学校之教科书，有左列各款之一之行为者，处二百以下之罚金。

（一）采用民生部大臣有著作权或民生部大臣已检定之教科书以外之书籍，为师道学校之教科书者，或使采用者。

（二）明知民生部大臣有著作权或民生部大臣已检定之教科书被不法增加定价之情事，而仍采用为师道学校之教科书者，或使采用者。

第四章　设置及废止

第十三条　欲设置师道学校时，应具左列事项，附具学则，受民生部大臣之认可。欲变更左列事项时亦同。

（一）名称。

（二）学生定员及学级编制。

（三）教师定员及其担任学科目。

（四）开校年月日。

（五）校地、校舍、寄宿舍、体育场、实习地及其他一般设备（关于校地、校舍、寄宿舍、体育场及实习地应附具图面，详载地形、地质、面积及构造并附近状况）。

（六）资产、经费及维持方法（经费应记载自初年度至完成年度之款额）。

第十四条　欲废止师道学校时，应具其事由、职员及学生之处置方法并废止日期，受民生部大臣之认可。

废止师道学校或被命封闭时，应于三十日以内向监督官署提出学籍簿。

第十五条　学则中应规定之事项如左：

（一）关于学年、学期、休业日及式日之事项；

（二）关于学科课程及每周教授时数之事项；

（三）关于认定课程修了及认定毕业之事项；

（四）关于学生之入学、转学、休学、退学及惩戒之事项；

（五）关于授业费、入学费及其他向学生征收校费之事项；

（六）关于学资及毕业后服务之事项；

（七）关于寄宿舍之事项；

（八）其他必要之事项。

第五章　学年、学期、教授日数、休业日及式日

第十六条　学校之学年自一月一日始至十二月三十一日终。

为考查学力及其他教育上之便利起见，分学年为左之二学期：

前学期，自一月一日起至六月三十日止；

后学期，自七月一日起至十二月三十一日止。

第十七条　每日教授之终始时刻由校长定之。

第十八条　师道学校之休业日如左：

（一）星期日。

（二）节祀日：

春节，合于阴历正月一日之阳历日。

元宵节，合于阴历正月十五日之阳历日。

春丁祀孔，合于阴历二月上丁日之阳历日。

端午节，合于阴历五月五日之阳历日。

中秋节，合于阴历八月十五日之阳历日。

秋丁祀孔，合于阴历八月上丁日之阳历日。

（三）阳历一月二日、三日及十二月二十九日、三十日、三十一日。

（四）合于阴历正月二日、三日及十二月末日之阳历日。

（五）冬季休业日：

冬季休业日为四十日以内，但有特别事情时，经监督官署之认可，得延长之。

冬季休业之日期，应经监督官署之认可后定之。

（六）以上各项之外，监督官署所定之休业日。

第十九条　以元旦（阳历一月一日）、万寿节（阳历二月六日）、纪元节（二月十一日）、建国节（阳历三月一日）、天长节（四月二十九日）、访日宣诏纪念日（阳历五月二日）、明治节（十一月三日）、入学日、毕业日及开校纪念日为式日。

元旦、建国节及访日宣诏纪念日应举行左列式典：

（一）校长于教师及学生之最敬礼中将御容之遮幔揭开之。

（二）校长、教师及学生向御容行最敬礼，如未奉载［戴］御容时，向帝宫遥拜。

（三）校长、教师及学生合唱国歌①及日本国歌。

（四）校长奉读访日回銮训回［民］诏书。

（五）校长、教师及学生合唱访日回銮训民诏书奉答之歌。

（六）校长于教师及学生之最敬礼中将御容之遮幔关闭之。

（七）校长根据建国之本旨及访日回銮训民诏书，谨告圣旨之所在，并致适合式日之训话。

（八）校长、教师及学生合唱适合式日之歌。

（九）对日满两国旗行最敬礼。

万寿节应举行左列式典：

（一）校长于教师及学生之最敬礼中将御容之遮幔揭开之。

（二）校长、教师及学生向御容行最敬礼，如未奉载［戴］御容，向帝宫遥拜。

（三）校长、教师及学生合唱国歌。

（四）校长奉读访日回銮训民诏书。

（五）校长、教师及学生合唱访日回銮训民诏书奉答之歌。

（六）校长于教师及学生之最敬礼中将御容之遮幔关闭之。

（七）校长根据建国之本旨及访日回銮训民诏书，谨告圣旨之所在，并致适合式日之训话。

（八）校长、教师及学生合唱适合式日之歌。

（九）对国旗行最敬礼。

纪元节、天长节及明治节举行左列式典：

（一）校长、教师及学生合唱日本国歌及国歌。

（二）校长、教师及学生向日本皇居遥拜。

（三）校长奉读访日回銮训民诏书。

（四）校长、教师及学生合唱访日回銮训民诏书奉答之歌。

（五）校长根据访日回銮训民诏书，谨告圣旨之所在，并致适合式日之训话。

（六）对日满两国旗行最敬礼。

入学日、毕业日及开校纪念日应举行左列式典：

---

① 指伪满洲国国歌，下同。

（一）校长于教师及学生之最敬礼中将御容之遮幔揭开之。

（二）校长、教师及学生向御容行最敬礼，如未奉载［戴］御容时，向帝宫遥拜。

（三）校长、教师及学生合唱国歌。

（四）校长奉读访日回銮训民诏书。

（五）校长、教师及学生合唱访日回銮训民诏书奉答之歌。

（六）校长于教师及学生最敬礼中将御容之遮幔关闭之。

（七）校长根据建国之本旨及访日回銮训民诏书，谨告圣旨之所在，致适合式日之训话。

（八）校长、教师及学生合唱适合式日之歌。

（九）对国旗行最敬礼。

于前各款明外，于第八款以下，校长得举行认为必要之式次。

第二十条　遇有传染病、非常灾变及其他特别情由时，校长受监督官署之认可，得临时休业。如不及受认可时，应于临时休业之后，立即呈报监督官署。

有前项之情由时，监督官署应命该师道学校休业。

在前二项情形，其学年之授业日数虽有第二十一条之规定，亦不妨减至二百二十八日以内。

第二十一条　授业日数每学年为二百二十八日以上，但因特别事情，经监督官署之认可时，不在此限。

第六章　编　　制

第二十二条　师道学校之学生数为四百人以内，但有特别事情时，经民生部大臣之认可，得增加之。

第二十三条　学级应以同学年之学生编制之。

一学级之学生数为五十人以内，但有特别事情时，得增加十人以内。

第二十四条　体育及音乐得合并学年或学级不同之学生而教授之。

第二十五条　师道学校之教师数每一学级为二人以上，须依学级数及教授时数，对于各学科目置各相当员数之教师。

第二十六条　师道学校之教师以教谕充之，但不得已时，其半数以内得以教导或教辅代之。

第七章　设　　备

第二十七条　师道学校之校地、校舍、体育场、校具、作业场、实习地、寄宿舍及其他必要之设备须适应学校之规模及编制。

校地应选择道德上及卫生上无碍之地点。

建造物须适合其使用之目的，且于教授上、管理上及卫生上皆适宜及质朴坚牢者。

实习地如无特别情由，须邻接校舍，适于实习，且于管理上及卫生上皆适宜者。

第二十八条　师道学校应备左列表簿：

（一）关系法规。

（二）学校沿革志、学校一览表及视察簿。

（三）学则、日志、各学科目每周教授时间表及教科书一览表。

（四）学生之学籍簿、出席簿及身体检查表。

（五）职员之名簿、履历书、出勤簿并担任学科目及时间表。

（六）关于入学考查及学业成绩考查之表簿。

（七）关于会计账簿并图书、机械、标本及模型等之目录。

（八）土地、建造物、图书、校具及其他备品之清册。

（九）来往文件。

（十）以上各款之外，监督官署认为有必要之表簿。

前项表簿中已完结者，学籍簿应保存二十年以上，其他表簿应保存五年以上。

第八章　入学、转学、休学、退学、毕业及惩戒

第二十九条　得入学于特修科者，为国民优级学校毕业者或与此有同等以上之学力者。有左列各款一之者，关于特修科第一学年之入学，认为与国民优级学校毕业者有同等以上之学力。

（一）高级小学校毕业者。

（二）毕业于民生部大臣所指定之类似国民优级学校之教育施设者。

（三）国民优级学校毕业程度学力检定合格者。

第三十条　有左列各款之一者，关于师道学校本科第一学年之入学，认为与国民高等学校第三学年修了者有同等以上之学力。

（一）男子初级中学校毕业者。

（二）男子初级师范学校（包含师范讲习科）毕业者。

第三十一条　校长应于学年之始，依另记第三号表，作成入学学生之学籍簿。

第三十二条　师道学校学生已退学者，如志愿再入师道学校时，得于考查后许可编入于同一学年以下之学年。

第三十三条　师道学校学生得转学于其他师道学校之同一学年，志愿转学之学生应将转学愿书呈在学学校之校长提出之。

在前项情形，校长应将在学证明书、成绩表、学科课程表及意见书，附于转学愿书，送电受转学之学校。

受转学之师道学校如无妨碍，应许其转学。

第三十四条　校长认为有正当情由时，得许可学生一年以内之休学。

第三十五条　各学年课程修了之认定及全课程毕业之认定，应考查平素之成绩而行之。

第三十六条　校长对于未修了一学年课程之学生，不得升进其学年。

第三十七条　校长对于认为已修了各学年之课程者，应依其申请，授与修了证书。

第三十八条　校长对于认为全课程毕业者，应授与毕业证书。

第三十九条　校长对于有左列各款之一者，得命其退学：

（一）性行或思想不良，认为无悛改之望者。

（二）学力低劣或身体虚弱，认为无成就之望者。

（三）无正当理由继续缺席一个月以上者。

（四）出席无规律者。

（五）以上各款之外，认为不适于为教师者。

第四十条　学生欲退学时，应受校长之许可。

第四十一条　对于学生之惩戒，分为训戒、谨慎、停学及除名，而谨慎、停学及除名由校长行之。

第九章　学资及毕业后之服务

第四十二条　应支给学生之学资，其款额每月在四元以上十元以内，经民生部大臣之认可，由监督官署定之。欲变更学资款额时亦同。

第四十三条　校长对于因自己之事由而退学者，或受退学处分或被除名者，应受监督官署之指挥，令给费学生偿还授业公费及其在学中所支领之学资，私费学生偿还授业公费。但均得按其情形，免除其全部或一部之偿还。

第四十四条　毕业者自领到毕业证书之日起一年内，应在监督官署所指定之国民学舍、国民学校或国民优级学校履行其服务义务。

第四十五条　对于在服务义务期间内，经监督官署之认可，入民生部大臣指定之以养成教员为目的之学校或其他教育施设者，其在中学暂缓服务义务之履行。

第四十六条　在服务期间内，有左列各款情形之一者，校长受监督官署之指挥，令给费毕业者偿还授业公费及其在学中所支领之学资，私费毕业者偿还授业公费。但均得按其情形，免除其全部或一部之偿还。

（一）无正当事由而不尽服务义务时。

（二）被处禁锢以上之刑而退职时。

（三）因惩戒而被免职时。

（四）许可状失其效力或受褫夺许可状之处分时。

第四十七条　在第四十三条及第四十六条情形，授业公费之款额在年额三十六元以内，由监督官署定之。

第十章　教育实习机关

第四十八条　监督官署为供学生之实习教育起见，得指定国民优级学校、国民学校、国民学舍或国民义塾。

第十一章　监　　督

第四十九条　本令所称之监督官署，为省长或特别市长。

第五十条　关于指导监督师道学校教师之事务，由省长或特别市长或承其命令之官吏行之。

附则

本规程自师道教育令施行之日施行。

第一号表

师道学校本科各学年各学科目每周教授时数表

学科目／学年	国民道德	教育		国语		实业		历史	地理	数学	理科	图画	手工	体育	音乐	计
		讲义	实习	满语	日语	讲义	实习									
第一学年	2	7		4	6	2	4	1	1	3	2	2	2	2	2	40
第二学年	2	4	23		3	2	4							2		40

实业之讲义及实习之时间，于有必要时，得适宜相互通融之。

教育及实业之实习，于所定之时间外，亦得适宜课之。

关于各学科目之教授时数，如难依照本表时，经监督官署之认可，于不变更各学科目之教授总时数之范围内，得更改之。

第二号表

师道学校特修科各学年各学科目每周教授时数表

学科目／学年	国民道德	教育		国语		实业		历史及地理	数学	理科	图画手工	体育	音乐	计
		讲义	实习	满语	日语	讲义	实习							
第一学年	2	3		5	9	2	3	3	4	2	3	2	2	40
第二学年	2	4	8	2	4	2	3	3	3	2	3	2	2	40

实业之讲义及实习之时间，于必要时，得适宜相互通融之。

教育及实业之实习，于所定之时间外，亦得适宜课之。

关于各学科目之教授时数，如难依照本表时，经监督官署之认可，于不变更各学科目之教授总时数之范围内，得更改之。

第三号表（学籍簿格式）

住所			氏名	
			年月日生	
入学年月日	入学前之经历	卒业年月日	退学年月日	退学之事由

保护者		
住所氏名	职业	与学生之关系

	学年 学科目		第一学年	第二学年			其他必要事项
学业成绩	国民道德						
	国语	日　语					
		满　语					
		蒙古语					
		合　计					
	教　育						
	实　业						
	历　史						
	地　理						
	数　学						
	理　科						
	图　画						
	手　工						
	体　育						
	音　乐						
	总计点						
	平均点						
	操　行						
	席　次						
	修了年月日						
在学中之出席及缺席	授业日数						
	病气缺席						
	事故缺席						
身体之状况	发育	身　长					
		体　重					
		胸　围					
		概　评					
	荣　养						
	脊　柱						
	视力及屈折状态	左					
		右					
	色　神						
	眼　疾						
	听　力						
	耳　疾						
	齿　牙						
	其他疾病异状						
	监察之要否						
	对本人之注意						
	备　考						

（伪）满洲帝国教育会编：《满洲帝国文教关系法规辑览》（上），1938 年。

公立私立学校认定规则

（1938年）

【新京专电】民生部关于公私立学校毕业者或修业终了者、文官令规定之甲种委任官采用考试受验资格及按大学令升入大学资格之认定问题，曾与关系当局一再折冲，兹于二十六日已以民生部大臣名义制定公立及私立学校认定规则如左，并已通知各方面矣。

公立及私立学校认定规则

第一条　在公立及私立学校（包括特别教育设施，以下同此）毕业者或修业终了者、关于文官令第四十五条所定甲种委任官采用考试之受验资格及大学令第九条所定之大学入学资格、与国民高等学校或女子国民高等学校卒业者有同等学力而欲呈请民生部大臣认定时，公立学校由其管理者，私立学校由其设置者，须缮具左开事项；欲变更时，亦同。但按特别规则向民生部大臣报告或呈请或已得其认可之事项，得省略之。

一、名称

二、位置

三、学校之沿革

四、学则

五、校长或其学校代表者之履历

六、教师之氏名、资格、学业经历、分担学科及专任兼任之别

七、学生定员、现在学生学年及学年别员数

八、校地、校舍及寄宿舍之图面

九、经费及维持方法

十、教科书目录

十一、教授用器具、机械及标本目录

第二条　欲依本令申请之学校以国民优级学校卒业程度而入学资格修业年限在四年以上者，确定其管理及维持方法教授所定之学科，须具相当充分之设备。前项学校，其教师全数三分之一以上须专任，且按国民高等学校或女子国民高等学校之程度教授同种课程教师无中等教谕之许可证书者数不得超过有者之数。

第三条　监督官署认为有必要时，得赴受该官吏认定之学校各种考试临监，或查阅其考试问题及答案，于前项考试问题或方法中认为有不当时，该官吏得命其变更。

第四条　《国民高等学校规程》第二十二条、第三十八条、第四十九条及《女子国民高等学校规程》第二十四条、第三十九条、第五十条之规程，受认定之学校准用之。惟依特别之规定受民生部大臣之认可或向民生部大臣提出事项，应各按其规定。

第五条　认为受认定之学校有违背本令或其成绩不良时，民生部大臣则取消其认定。

第六条　依本令应向民生部大臣提出之书类，须经过省长或新京特别市长。省长或新京特别市长□到前项书类时，详查其书类及实况，附以意见，而后进达民生部大臣。

附则

本令自公布之日起施行。

左列视为依本令受认定者：

一、高级中学第一学校修了者；

二、高级师范学校第一学年修了者；

三、王爷庙兴安学院第一学年修了者；

四、师道学校第一学年修了者。

《盛京时报》，1938 年 12 月 28 日晚刊 2 版，10326 号。

修正师道教育令

（1941 年）

为期师道教育令更加完整，其修正案已于二十七日通过参议府，于今三十一日，由政府公布。

第一条　师道教育留意实践躬行，努力陶冶人格，修得知识技能，锻炼身体以体得建国精神之真髓，并特涵养教育报国之信念。

第二条　师道学校，应以养成及再训练初等教育教师为目的，而施师道教育。女子国民高等学校师道科，应以养成初等教育教师为目的，而施师道教育。师道高等学校及由民生部大臣指定之大学，应依民生部大臣之所定，以养成中等教育教师之干部者为目的，而施师道教育。

第三条　师道学校、师道高等学校及中央师道训练所（以下简称为师道教育机关）由国设置之。

第四条　师道学校，为养成初等教育教师置本科，为其再训练置训练部，但得不置其一。本科之修业年限为一年，训练部之修业期间为六月。师道学校为养成初等教育教师，得置特修科，其修业年限为三年。得入师道学校之本科者，为国民高等学校毕业者，或依民生部大臣之所定，有同等以上之学力者。师道学校之训练部及特修科之入学资格，由民生部大臣定之。

第五条　师道高等学校之修业年限为三年，得入师道高等学校者，为师道学校、国民高等学校或修业年限四年之女子国民高等学校毕业者，或依民生部大臣之所定，有同等以上之学力者。

第六条　中央师道训练所之修业期间为一年以内。中央师道训练所为养成中等教育教师及初等教育教师，得置养成科，其修业期间为三年以内，中央师道训练所之入所资格，由民生部大臣定之。

第七条　关于师道教育机关之编成及设备，并学科目及其程度事项，由民生部大臣定之。

第八条　于师道学校之本科及特修科校长，应依民生部大臣之所定，令学生使用民生部大臣有著作权之教科书，或经其检定之教科书中，经省长或新京特别市长认可者。

第九条　师道学校之教师应为有民生部大臣发给之教师许可状者。关于前项之许可状事项由民生部大臣定之。

第十条　师道教育机关之校长及教师，认为教育上有必要时，得对学生加以惩戒。

第十一条　对于师道教育机关之学生，不征收授业费。对于师道教育机关之学生，及依第二条第三项规定，施师道教育之大学学生，欲为中等教育教师者，依民生部大臣之所定，补给学资。

第十二条　师道教育机关之毕业者，及于依第二条第三项规定施师道教育之大学欲为中等教育教师受学资之补给而毕业者，自领到毕业证书之日起，相当于修业年限或修业期间一倍半之期间，有服务教师之义务。但其期间对于修业年限一年者为二年，对于修业期间六月者为一年。关于前项之服务事项，由民生部大臣定之。

第十三条　不依本令之规定者，不得称为师道学校、师道高等学校或中央师道训练所。

附则

本令自公布日施行。

《盛京时报》，1941年3月31日晨刊2版，11110号。

关东州人教育令（节选）

（1943年）

第一章　总　　则

第一条　对关东州人的教育，必须按本法令进行。

第二条　根据我国①建国精神，醇化陶冶关东州人，培养挺身奉公的实践精神，以归顺皇国之道为目的。

第三条　对关东州人进行教育的学校，除根据前条的宗旨之外，还必须注意按下列要

① 文中“我国”“皇国”“国体”“国史”“国情”“国运”等词中的“国”，均指当时的日本。

求教育儿童和学生。

一、遵奉教育敕语（教育诏书）的宗旨，经过全面的教育，以修练皇国之道，贯彻奉谢皇恩的诚心。

二、明确皇国在东亚及世界上的使命，须知辅佐大东亚建设事业是关东州人的职责。

三、在教育的全过程中，必须尽力做到重视精神训练，培养灭私奉公的实践能力。

四、培养尊重劳动的观念，振作从事劳动的风气，贯彻坚守岗位的信念。

五、重视集体训练，为培养负责、协同、纪律等品德而尽力。

六、重视教养，尤其是要努力培养公德心，养成关心公共卫生的思想，并要贯彻在实践当中。

七、进行学行一体的教育，避免教学、训练、保育分离。

八、各学科与课程，在发挥其特点的同时，还要加强相互联系，归终于修练皇国之道。

九、重视通过仪式和学校行事进行教育，并努力与教学融为一体，以取得教育上的实效。

十、教育的全过程，要力图与家庭及社会一体化，对学生及儿童的教育要各负其责。

十一、教育要适应生活，必须使其具体而实际。

十二、注意学生的身心发展，必须根据男女学生的特性与环境进行适当的教育。

第四条　对关东州人进行教育的学校，为公学校、高等公学校、师范公学校及其他学校。

第二章　公　学　校

第五条　公学校是根据第二条的宗旨，对关东州人进行初等普通教育。

第六条　公学校设初等科和高等科，但是根据当地的情况，可单设初等科或高等科。

第七条　初等科的学习年限为四年，高等科的学习年限为二年。

第八条　公学校的教学科目，在初等科与高等科均设奉公科、数理科、体育科、艺能科及劳动科。

奉公科，分为修身、国语、满语、国史及地理等课程。

数理科，分为算术和自然常识课。

艺能科，暂分为音乐、习字、国画及手工等课程。初等科的女生增加裁缝，高等科的女生增加裁缝和家事等课程。

第九条　奉公科是学习我国的道德及语言、满语以及以皇国为中心的东亚历史和国土、国势。特别是要明确我国国体的精华，以培养奉公精神为要旨。

使关东州人心悦诚服地、忠心地感谢皇恩。

阐明光辉的皇国历史和关东州的地位，知道关东州人的使命，培养为辅佐建设大东亚圣业的基础。

第十条　奉公科的修身课，是以教育敕语为宗旨，指导国民道德的实践，培养儿童的品德，以贯彻挺身奉公的信念。

在初等科，从指导身边的实践开始，以培养道德情操。必须就具体的事实，稳定国民道德的要点。

明确统治关东州的精神，特别要培养守法奉公的精神。

对待女子，要特别注意培养妇德。

明确我国祭祀的意义，必须努力培养敬神思想。

指导礼法实践，领会礼的精神，特别对公共道德要切实给予指导，努力提高品德修养。

重视教养，与家庭一道培养良好习惯的同时，还要努力去掉陋习。

第十一条　奉公科的国语，是要学习日常浅鲜易懂的国语，培养理解能力与表达能力。通过日本的思想感情，培养日本精神。

对于国语，必须教会听、说、读、作（指作文）、写（指写字）的能力。

在听的方面，要培养正确的听力，以打好理解力和表达力的基础。

在说的方面，要在培养正确的说话能力的同时，还要与听力相结合，完善音声语言，以打好读、作（作文）的基础。

说要与听、读、作文结合起来学习发音、词汇、语法，并逐渐地使其纯正、准确的同时，进而要结合各科教学、各项活动，并以各种事情为话题，指导其创造性的表达能力。

国语练习要贯穿在学校的一切活动当中。

读，以听、说为先行，以日常的语言为基础，推行口语文的读法。

教材，要从表现儿童的生活出发，在开展各种活动的同时，必须使其了解日本精神。

写作方面，要以儿童的生活为中心，正确指导对事物的看法、想法，在取得简明的表现能力的同时，还要特别注意能具有真实的表现。

在书法方面，要养成明确、端正的书写能力。

要知道国语的特征和使命，必须培养尊重国语、自强不息的学习精神。

教师要努力使用纯正而确切的国语。

听、说、读、作（即作文）、写（即写字）必须力求进行综合练习，以谋求语言能力的综合发展。

特别是为了学好声音语言（即会话），在进入文学语言（即文章）时，必须注意声音语言的练习。

发音、词汇、语法的基础，必须在低年级切实打好。

教课要根据直接法来进行，这是教好国语的唯一原则。

在其他科教学及日常生活上，也必须尽量使用国语。

奉公科的修身、国史、地理等课程，要注意相互联系，使学生领会我国的情况，以掌握日本精神。

第十二条　奉公科中的满语，是要学会日常使用的满语，培养理解能力和表达能力，并且要与国语相结合，以培养关东州人的素质。

在满语方面，要教给学生读、作（作文）、写（写字）、说的能力。

在读的方面，要在培养正确的读书能力的同时，要注意语言的练习，还要指导正确的书写方法，以此来提高理解能力和表达能力。

在高等科，要从白话文进入简易的文言文，还要增加部分名著。

在写作方面，要以儿童的生活为中心，从指导儿童观察、思考事物现象入手，在培养简单的表达能力的同时，培养创造能力。

在书写方面，要培养准确、端正的书写能力。

在说的方面，要使儿童能从自由的发表开始，逐渐使其醇正化，并把它作为听力的练习。

第十三条　奉公科的国史，是使其知道我国的历史的概要，具体感受国体的本义，以贯彻感谢皇恩的诚意。

国史，要讲授建国之宏远，皇统之无穷，历代天皇之宏业，忠良贤哲之事迹及举国奉公之史实以及以皇国之中心的东亚历史的大要。

要利用年表、时代表、地图、标本、绘画、电影等进行具体、直观教学。

第十四条　奉公科的地理，要讲授我国的地理位置和东亚及世界形势的概要，特别是要使其领会我国的国情，以培养东亚共荣精神。

要给学生制作简易的示意图、模型等适当的地理作业。

要利用地图、模型、图表、标本、照片、绘画、电影等进行具体、直观教学。

培养识图能力，利用郊游、旅行和其他适当的机会进行实地指导。

第十五条　数理科，要学会一般能正确观察处理事物现象的能力，使之应用在实践当中，养成创造精神，以培养为国运发展做贡献的品质为要旨。

必须知道使科学进步，是为国家兴旺发达做贡献之道。

要培养自发地、持久地探讨数理及自然规律的态度。

在培养分析研究、逻辑推理能力的同时，还必须重视全面地、直观地掌握事物的态度。

知道国防是靠科学的进步这个大道理，要学习国防知识。

第十六条　数理科的算术，是使其获得数、量、形有关日常生活必需的普通知识技能，并能熟练地处理数理，以培养数理观念。

学会用心算、笔算、珠算进行计算。

明确在日常生活中，数、量的相互关系，以达到数、量观察的正确。

重视基础知识的反复练习，并在应用上下功夫。

培养坚持思考、调查研究的态度。

坚持实验、实测、调查，以培养独创精神。

第十七条　数理科的理科教学，是要求掌握自然界事物的现象，及自然规律，会应用有关日常生活中所需要的一般知识技能，学会科学处理事物的方法，培养科学精神。

在理科方面，要从儿童周围的自然现象观察起，讲授日常普通的自然物、自然现象及其相互关系，以及与人生的关系及人体生理、自然现象和应用等有关事项。

培养接触自然，直接向自然学习的态度。

通过栽培植物，饲养动物，以培养爱护生物的观念，并通过继续观察实验，以培养持久的研究态度。

关于人体生理方面，要使其知道日常卫生及保健的重要性，为了提高对卫生的认识，要结合奉公科的修身和体育科等教学实践来进行。

破除迷信，为改善与提高日常生活的科学性而努力。

与艺能科教学相结合，要会熟练地操纵机械器具，努力掌握科学的技能。

要了解自然界事物现象的整体关系，进而体会到自然界的妙趣和给予人们的恩惠。

第十八条　体育科，是锻炼身体，磨炼精神，真正锻炼成阔达刚健的身心，以培养献身奉公的实践能力为要旨。

根据儿童身心的发展、男女的特性以及环境等进行适当的指导，努力锻炼成为有基本体力的人。

在日常生活中，要体现出教养、姿势和其他精神训练、体育训练的效果。

注意卫生教育，有效地运用身体检查等结果，给予适当的指导。

体育科，要进行体操、教练、游戏、比赛及卫生等教学，使其身心全面发展的同时，还必须进行集体训练，努力培养纪律、服从、责任、协同等道德观念。

要重视身体的清洁，衣、食、住的卫生等基本训练，进而养成身体力行的习惯。

第十九条　艺能科，要学会日常生活所必需的艺术技能，以醇化情操、充实生活为要旨。

不应只停止在技术方面，还必须重视精神方面的训练，以培养真挚的态度。

重视教养，注意姿势，在用具和材料方面也必须给予适当的指导。

第二十条　艺能科的音乐课，是要正确的唱好歌曲，培养鉴赏音乐的能力，以醇化情操。

教材的选择，必须是能使儿童的心情快活纯真，有助于情操的培养。

在祭祀日、庆祝日等所唱的歌曲，要进行周到的指导，以培养虔诚的心情，努力发扬感谢皇恩的精神。

注意学校的各项行事和集体活动。

第二十一条　艺能科的习字课，要练习文字书写的技能和培养鉴赏能力，以醇化情操。

初等科，要教假名（日本字母）和楷书的书写方法。

高等科，要提高程度，进一步学习行书的书写方法。

教材必须与国语相结合，并通过书法，努力培养日本精神。

第二十二条　艺能科的图画课，要求能辨认和表现出物体的形象，培养鉴赏作品的能力，以醇化情操。

要教给形态、色彩等有关基础知识。

第二十三条　艺能科的手工课，要学会制作物品的有关普通知识和技能，掌握操作机械的常识，以培养创作能力。

以纸、线、布、黏土、黍秆、竹、木、金属等为原料上手工课。

注意与数理科相结合，培养科学应用的态度。

注意应用地方的原料，以促使乡土艺术的发展。

要重视训练实际操作能力。

适当的进行共同制作的项目，以培养集体责任感。

在培养爱惜物品精神的同时，还要注意指导日常生活的改善和充实。

第二十四条　艺能科的裁缝课，是要熟练地掌握一般服装的裁缝，学会有关衣类的常识，以利妇德的培养。

教给运针、剪裁、缝制简易衣物的方法，学会选择衣料，整理、保存和其他有关衣类的常识。

结合艺能科的家事课，在养成节约习惯的同时，还要培养对物品要有感谢的心情。

根据地方情况，在指导开动脑筋找窍门的同时，还要为培养改进服装的能力方面打好基础。

第二十五条　艺能科的家事课，是要使女子知道其在家庭生活中的任务及责任，同时还要学习一些实际业务，以利于妇德的培养。

授以祭祀、敬老、教育子女、食物、居住、卫生、护理、家庭经济等家庭日常生活知识。

必须重视与奉公科有关的礼法教育。

注意与数理科相结合，以养成科学处理家务的态度。根据地方情况，注意改善，充实生活方面的指导。

要重视教养，养成勤劳习惯，还要在勤俭节约、提高生活、清洁整顿等方面进行训练知识。

第二十六条　劳动科，是通过农耕方面的户外作业与其他作业，知道劳动重要的道理，进而养成从事劳动的习惯，以打下生产奉公的基础。

在初等科，要教给简易的劳动作业；在高等科，要提高程度，教给有关实业方面的知识与技能。

重视身体力行，以培养挺身奉公的实践精神，提高热爱劳动的风气。

与奉公科相结合，应知道关东州人的责任，贯彻勤劳奉公的信心。

第二十七条　根据儿童的身心情况进行教学，不要教给儿童过难的教材。

第二十八条　公学校所开的课程，要依据附记第一号表的规定执行。

初等科第一学年第一学期的上学期，每周授课时数以十八课时为限。

根据第四十七条的规定，进行二部制授课时，每周的授课时数，在初等科第一学年及第二学年为十八课时，其他学年为二十四课时。

前两项中的各教授科目和课程以及每周的授课时数，要得到市长或民政署长的认可。由校长做具体规定。

第二十九条　根据地方的情况，在特殊的场合下，可不受前条规定的限制，各授课科目及课程的授业时间可以变更。

上述情况，得有市长或民政署长、关东州厅长官的认可。

第三十条　在公学校，由几个学年的儿童合班上课时，可不考虑各学年的程度如何，全部或一部分儿童上同一程度的课程。

第三十一条　在各科目及课程每周授课时数之外，每周还有三小时的学校行事或集体训练等活动时间。

第三十二条　由校长（包括会立公学校的校长）来确定各学年的课程表以及各学科和课程的授课细目。

第三十三条　在公学校，认定学完各个学年课程或学完全部课程，不是依靠考试的方法，而是考查儿童平日的成绩来确定。

第三十四条　校长对认定学完初等科或高等科课程的学生，发给修了证书（相当于肄业证书）。

校长对学完各学年课程的学生，发给修业证书（相当于毕业证书）。

第三十五条　公学校用的教学用图书（教材），必须是由关东局在满日本教育会，或在文部省有著作权，以及由文部省大臣审定的，并经过关东州厅长官选定的教学图书。

第三十六条　歌词乐谱，除在教学图书中已出现的以外，必须是经过文部大臣所选定的，或是经过文部大臣所审定的有关图书以及与该校有特殊关系并由校长申请，经过关东州厅长官认可的。

第三十七条　公学校所使用的影片及唱片，必须是关东州厅长官选定的，或者是文部大臣所审定过的。

第三十八条　关东州厅长官所指定的广播，可以用在教学上。

第三十九条　公学校的学年，是从四月一日开始到第二年的三月三十一日。一学年分为三个学期。

第一学期，四月一日至七月三十一日；

第二学期，八月一日至十二月三十一日；

第三学期，一月一日至三月三十一日。

第四十条　每日授课时间表由校长确定。

第四十一条　公学校，不按第三十二条课程表授课之日如下：

一、一月一日及昭和二年敕令第二十五号所规定休假日的祭祀日和庆祝日；

二、星期日；

三、陆军纪念日、海军纪念日；

四、关东局施政纪念日；

五、创校纪念日；

六、夏季七月二十一日至八月二十日；

七、冬季十二月二十六日至第二年的一月七日；

八、学年末三月二十六日至三月三十一日；

九、农忙假十五天以内，由市长或民政署长确定。

除上述之外，由于特殊情况，必须停课时，在上述六至八项之间不变的情况下，校长必须将事由提交市长或民政署长批准。

第四十二条　除前条所规定的假日之外，每学年授课为一百三十天以内。

有特殊情况时，校长在取得市长或民政署长的许可时，可增加前项规定的日数。

为预防传染病或特殊灾害，以及其他紧急事情时，校长可决定临时停课。遇到这种情况时，必须即时向市长或民政署长报告。

第四十三条　纪元节（日本的建国节）、天长节（日本昭和天皇的生日）、明治节（明治天皇的生日）及一月一日，教职员、儿童必须在学校集合，举行祝贺仪式。

第四十四条　公学校的班级数，定为三十个班级以下。

在特殊情况下，市长或民政署长，在取得关东州厅长官的许可时，可不受前项的限制。

公学校设分教场（分校）时，各分教场的班级数为八个班以下，不受第一项的限制。

第四十五条　一个班级的儿童数，初等科为六十人以下，高等科为五十人以下。

特殊情况，由市长或民政署长报请关东州厅长官批准后，可不受前项的限制。

第四十六条　同一学年的女生数，够编成一个班级时，必须在该学年里实行男女分班。在高等科，各学年的女生数，均够编成一个班级时也要实行男女分班。

前项规定，不适用于初等科第一、二学年的编班。

第四十七条　公学校，根据地区的情况，在不得已的时候，全部或一部分的儿童可实行二部制教学。

上述情况，必须由校长确定时间，并取得市长或民政署长的许可。

第四十八条　在公学校的各班级里必须设教导一人，其资格，训导或者有关东州公学校教导许可证，以及相当于下列各条件资格者。但是在初等科，持有关东州公学校初等科教导许可证者，即可担当。

一、有官立或公立国民学校或公学校训导资格者。

二、持有关东州厅长官许可的日本人。

前两项职员之外，根据教学科目、授课时数、儿童数，可适当安排持有关东州公学校专科教导许可证者任教导职务。

在特殊情况下，关东州厅长官，可任持有关东州公学校教员许可证者任教导职务。

第四十九条　前条第一项职员之外，有六个以上班级的学校，可增设训导、副训导或教导一人；十三个班级以上的学校，增设训导、副训导或教导二人；二十四个班级以上的学校，增设训导、副训导或教导三人。

第五十条　全校儿童编为一个年级的学校为单级公学校，编为两个以上年级的学校为多级公学校。

第五十一条　准予入初等科学习的儿童年龄，须在六岁以上。到三月三十一日，年龄不足六岁的儿童，不得入本年四月开学的学年。

第五十二条　入高等科学习的，必须是学完初等科或在十岁以上，校长认为具有同等以上学力的儿童。

第五十三条　准许入第二学年以上学年学习的学生，必须是达到相当年龄并学完各学年课程以及具有同等以上学力的学生。

上述准许入学学生的学力，前各学年的学习程度，由校长进行审定。

第五十四条　公学校的退学儿童，从退学时起一年以内，再次进入公学校学习时，只限于进入同年级的下一个年级学习。

第五十五条　志愿转入其他公学校学习的儿童，只限于校长认为是有正当理由者。必须将儿童的在学证明书、成绩表及身体检查卡片，转送给转入学校的校长，儿童可免试编入同一个年级的班级学习。

第五十六条　校长对患有传染病或者有其他病状的儿童，以及品行不良有妨碍其他儿童学习的儿童，可以停止其上学。

第五十七条　校长可根据附录第一号的式样，制作儿童学籍簿。

第五十八条　校长要制订在校学生的出席簿，并掌握其出席情况。

第五十九条　儿童退学时，必须由保护人（一般是指学生家长）提出申请，经校长批准。

第六十条　校长对无故连续缺席一个月以上的学生，给予开除学籍。

第六十一条　官立或市立公学校，在关东局诸学校官制第八条或关东州公立学校官制

第二条规定的职务之外，可再设教导职务。

第六十二条　按关东州公立学校官制第二条设置的会立公学校，可设校长。

第六十三条　上述职务之外，会立公学校设教导，有宿舍的公学校设舍监。

第六十四条　会立公学校的校长，由关东州厅长官任命，受民政署之命，掌管校务，监督所属职员的工作。公学校的教导，由关东州厅长官任命，接受校长的指导，担任儿童的教育并兼管总务。舍监是由关东州厅长官从公学校的职员中任命，接受校长的指导，掌管宿舍中的事务。

第六十五条　根据第四十八条第三项的规定，担任教导职务的人，称为“补导”，由关东州厅长官任命之。

第六十六条　会立公学校的校长，必须由有官立或公立国民学校以及公学校训导资格的人、有关东州公学校教导许可的人担任。教导，必须由有官立或公立国民学校以及公学校训导资格的、有关东州公学校教员许可的人员担任。

第六十七条　有教员许可证者（有关东州厅长官认可的日本人），在违反职务上的义务或怠职时，以及不管在职务内外，有损职务体面行为时，关东州厅长官可给予批评、减薪以及免职等处分。

第六十八条　公学校的职员，为了教育上的需要，对儿童可以进行惩戒。

第六十九条　市和会可以设立公学校。

由市设立的公学校为市立公学校，由会设立的公学校为会立公学校。

第七十条　根据前条第一项的规定，市和会设立公学校时，必须根据下列事项，取得关东州厅长官的许可。第一项或第二项变更时手续亦相同。

一、名称；

二、位置；

三、开校年月日；

四、校园占地、校舍平面图（必须记载亩数及附近的情况）；

五、学区内的户数、人口以及入学儿童的男女数及学年、班级数；

六、经费。

第七十一条　公学校停办时，必须提出停办理由、学生的安置办法以及停办日期，要取得关东州厅长官的许可。

第七十二条　在特殊情况下，公学校可设立分教场。关于分教场的设立和停办的手续，可按前二条的规定办理。

第七十三条　公学校，必须有校舍、校园、教具及操场。

校舍、校园、教具及操场，必须适应学校的规模。

校舍，必须适应教学、管理、卫生，并且要朴实、坚固。

校址，必须选择在道德上、卫生上对儿童无害，并且有利于儿童走读的地方。

第七十四条　市和会，新建或增建以及改建校舍，增减校园、操场时，必须将图纸交给关东州厅长官审批。

第七十五条　公学校，必须具备下列表簿：

一、日志、课程表、授课细目（教学大纲）及学校一览表，以及校园、校舍平面图；

二、职员名簿、履历书及出勤簿；

三、儿童的学籍簿、出席簿、成绩考查表及身体检查卡片；

四、有关会计账簿和器具、仪器及标本目录；

五、公文书信。

上述表簿中的儿童学籍簿要保存十五年以上，其他表簿要保持五年以上。

第七十六条　公立学校的经费，除有特殊规定之外，学校开支由市或会负担。

第七十七条　公学校，在校学生的保护人，必须交纳儿童在学期间的学费。

市立公学校的学费，为市的收入；会立公学校的学费，为会的收入。

第七十八条　学费，初等科一个月为三角，高等科为五角。但是，在特殊情况下，由市或会报请关东州厅长官批准，上述学费额可以增减。

一家有儿童数人在同一个公学校上学时，高年级中有一人交纳全额，其他人均可交纳半额。

学费在每月二十五日以前交完。

第七十九条　八月份不缴收学费。

学校因某种原因，全月不上课或儿童因病、因事全月缺席时，当月不缴收学费。

因家中生活困难，无力交纳学费的儿童，校长可根据情况，提请市长或民政署长批准免收全部或一部分学费。

第八十条　在关东州内其他公学校学习的学生，因转学到另一所公学校学习时，在原校已交纳当月学费时，转入学校可免收当月学费。

第八十一条　非公学校的学校，不得使用公学校的名称。

第三章　高等公学校

第一节　总　　则

第八十二条　高等公学校是根据八纮为宇（世界一家）的原则，对关东州人进行高等普通教育和实业教育，醇化陶冶其素质，以达到归一皇国之道为目的。

第八十三条　高等公学校，分为男子高等公学校、女子高等公学校。

男子高等公学校和女子高等公学校是分别为关东州人的男子和女子进行高等普通教育；实业公学校，是为关东州人进行实业教育。

实业公学校的种类，有农业公学校、工业公学校、商业公学校、水产公学校。是为进行实业教育的学校。

第八十四条　高等公学校的学习年限为四年。但是，在特殊情况下，实业公学校的学习年限可定为三年或二年。

第八十五条　高等公学校用的教学图书（教材）、歌词乐谱、电影、唱片、广播以及学年、学期、每日授课时间表和有关式日（祭祀日、祝贺日）事项，可按第三十七条至第四十二条和第四十五条的规定执行。

第八十六条　高等公学校的停课日如下：

一、一月一日及昭和二年敕令第二十五号规定的祭祀日、祝贺日；

二、星期日；

三、陆军纪念日、海军纪念日；

四、关东局施政纪念日；

五、创校纪念日；

六、夏季七月二十一日至八月十日；

七、冬季十二月二十八日至第二年一月五日；

八、学年末三月二十三日至三月三十一日。

除上之外，女子高等公学校及女子实业公学校的停课日还有地久节（即昭和天皇皇后的生日）。

前两项之外，由于特殊情况，不临时停课或在第一项、第六项至第八项需要更变时，校长必须提出理由，由关东州厅长官批准。

第八十七条　为预防传染病或非常灾害以及其他紧急事件时，校长可决定临时停止上课。在这种情况下，校长须将其理由报告给关东州厅长官。

第八十八条　高等公学校第一学年的学生，必须是公学校高等科的毕业生或由关东州厅长官认可的具有同等学力的学生。

第八十九条　学生入学时间，为学年开始三十日以内。但是，在缺员时，从第二学期开学十日之内，亦可临时接收学生入学。

在最高学年，除转学或在该学年退学后再次入学外，不准许新生入学。

第九十条　准许入第二学年以上学年学习的学生，必须是相当于该学年年龄并学完前各学年课程的学生以及具有同等学力的学生。

上述入学者的学力，必须以该学年的程度进行考查。

第九十一条　高等公学校的退学学生，从退学之时起一年以内又志愿进入高等公学校学习者，只限入同学年以下的学年学习（降一级）。

第九十二条　志愿转入其他高等公学校的学生，校长认为有正当理由时，将其理由和学生在学证明书及学籍簿的抄本送交转入学校。

第九十三条　认定各学年课程结束或高等公学校毕业，是决定于平日学习成绩的考查。

第九十四条　校长对没有学完一学年课程的学生免于进级。

第九十五条　校长对认为可以毕业的高等公学校的毕业生，发给毕业证书。

第九十六条　学生需要退学时，必须经校长批准。

第九十七条　校长对犯有下列条款之一者，可令其退学。

一、品学不良不可挽救者；

二、学习成绩低劣不堪造就者；

三、无故旷课者。

校长根据上述规定令其退学时，必须将其理由即时向关东州厅长官呈报。

第九十八条　校长为了教育起见，可对学生进行惩戒。

第九十九条　市可以建立高等公学校。私人可建立女子高等公学校或实业公学校。

第一百条　关于高等公学校的设备，按第七十四条的规定执行。

第一百零一条　高等公学校尽量具备左列设备：

一、宿舍；

二、农业实习耕地；

三、职员住宅。

第一百零二条　高等公学校，除有特别的规定之外，必须具备下列表簿：

一、高等公学校法令；

二、校规、每日作息时间表、教学用图书分配表及校医视察记录表簿；

三、职员名簿、履历书、出勤簿及所任学科、课程表；

四、学生学籍簿、出勤簿及有关身体检查方面的表簿；

五、有关入学考试及成绩考查的文件；

六、资料总账，出纳簿、经费预算、决算账簿以及图书、仪器、器具、标本、模型等目录；

七、公文书信。

学生的学籍簿，男子高等公学校，按附录第二号格式（男子高等公学校学籍簿样式），女子高等公学校，按附录第三号格式（女子高等公学校学籍簿样式），实业公学校，按附录第四号格式（实业公学校学籍簿样式）编制。

第一项表簿中的学生学籍簿，必须保持十五年以上，其他表簿保存五年以上。

第一百零三条　官立高等公学校的学费，每月缴收五元，但八月份不缴收。休学或因病及其他事由，全月缺席者，当月不缴收学费。

第一百零四条　公立高等公学校及私立高等公学校，需要缴收学费、入学费时，必须有关东州厅长官的许可。学费、入学费金额需要变更时也必须有关东州厅长官的许可。

第一百零五条　非男子高等公学校的学校，不得用男子高等公学校的名称；非女子高等公学校的学校，不得用女子高等公学校的名称；非实业公学校的学校，不得用农业公学校、工业公学校、商业公学校或水产公学校的名称。

第二节　男子高等公学校

第一百零六条　男子高等公学校，必须进行教学和修练。

第一百零七条　教学科目有奉公科、数理科、体育科、艺能科及外语科。外语科为选修科。

第一百零八条　奉公科，是学习我国文化以及以我国为中心的东亚及世界的历史、地理，阐明国体的本义，醇化陶冶关东州人的素质，理解皇国的使命，以培养挺身奉公的实践精神为要旨。

奉公科，分为修身、国语、满语、历史、地理等课程。

第一百零九条　数理科，是以锻炼学生能正确考察处理事物现象的能力，透过事物现象掌握一般的原理和应用，并能运用在生活实践上，从而培养创造精神，为国运的发展做贡献的素质为要旨。

数理科，分为数学、物象及生物等课程。

第一百一十条　体育科，是以锻炼身体、磨炼精神，为炼成刚健不挠的身心，培养为集体训练而献身奉公的实践能力为要旨。

体育科，分为体操、教练及武道①等课程。

第一百一十一条　艺能科，是掌握生活上必需的艺术技能，培养创造能力与鉴赏能力，以醇化情操、充实生活为要旨。

艺能科，分为音乐、书法、图画及手工等课程。

第一百一十二条　劳动科，是以明确我国及东亚在发展生产上的使命，掌握技术及经营的要点，以养成勤劳习惯，铭记生产报国、勤劳奉公的诚意为要旨。

第一百一十三条　外语科，是通过学习简单的外语，以培养理解能力和发表力，并能正确地认识外国，以促进关东州人的觉悟为要旨。

外语，必须学俄语或英语。

第一百一十四条　修练课，是以行为的修练为中心，使教育向实践、向综合方面发展，与教学合为一体，明了皇国之道，以培养献身奉公的实践能力为要旨。

修练课，有平时进行的修练，每周定时进行的修练，还有学年当中随时进行的修练。

第一百一十五条　授课时数，最高年级为二百三十天以上，其他学年为二百五十天。在特殊情况下，有关东州厅长官的许可时，不在此例。

第一百一十六条　各学年的每周授课时数，必须按附录第二号表（男子高等公学校课程表）执行。

① “教练”“武道”是在当时的日本和中国中等以上学校的体育科开设的两门课程。“教练”类似军事课，学习军事基础知识，搞军事训练，以进行军国主义教育。“武道”是学习日本的“武士道”，主要学剑道、柔道等，以进行“大和魂”教育。

在各学年的授课日数中，有三十天为随时可以进行的修练课。

校长在一学年间，在不增减各学科课程以及修练课授课总时数的范围内，可以变更附录第二号表（男子高等公学校课程表）中的授课时数。

第一百一十七条　男子高等公学校的学生数为千人以下。

第一百一十八条　班级由同年级的学生编成。

一个班级的学生数为五十人以下，在特殊情况【下】，经关东州厅长官的认可时，不在此限。

第一百一十九条　由于教育上的需要，不同学年或不同班级的学生，可同时一起上课（合并课）。

第一百二十条　修练课，除按班级组织外，还可按全校、按学年，或按部分班级进行组织。

第一百二十一条　教员数，在四个班级以下的学校，一个班级为三个人以上；四个班级以上的，每增加一个班级，按一个半人以上的比例增加。但是，每一个班级得有一人不兼任别的职务，也不得由别的职务者兼任。

第一百二十二条　设立男子高等公学校时，必须具备左列事项，由驻满特命全权大使批准。

一、设立理由；

二、学校名称；

三、位置；

四、班级数及学生数；

五、开学年月日；

六、学校章程；

七、职员编制（教职工编制）；

八、经费及维持方法。

关于位置的申请，必须附有记载校园地形、面积及地质、建筑物的配置、室外操场范围及面积、附近情况的设计图。

第一项的第二号及第三号事项变更时，须有大使的许可。

第一项的第四号或第六号事项变更时，须有关东州厅长官的许可。

开学时间的变更，得预先向大使提出申请。

第一百二十三条　学校章程中，必须规定的事项大体如左：

一、学年、学期及假日；

二、学科和修练课程以及有关授课日数；

三、结业和毕业；

四、学生入学、退学、休学、转学及惩戒；

五、学费、入学费；

六、宿舍；

七、其他。

第一百二十四条　男子高等公学校停办时，必须在三十天之内，将学生的学籍簿送交关东州厅长官。

上述学籍簿，必须在关东州厅长官处保存十五年以上。

第一百二十五条　男子高等公学校的设立者变更时，必须由大使批准。

第三节　女子高等公学校

第一百二十六条　女子高等公学校，必须进行教学和修练。

教学方面有奉公科、数理科、家政科、体育科、艺能科及劳动科。

第一百二十七条　奉公科，是学习我国文化，以及以我国为中心的东亚和世界的历史、地理，阐明国体的本义，醇化陶冶关东州人的素质。在理解皇国使命的同时，启发和培养妇德，以培养挺身奉公的实践精神为要旨。

奉公科，分为修身、国语、满语、历史、地理等课程。

第一百二十八条　数理科，是锻炼学生能正确地考察处理事物现象的能力，透过事物现象掌握一般的原理和应用，并能运用在日常生活，尤其是家庭生活的实践当中，以培养创造精神和启发培养为国运发展做贡献的素质为要旨。

数理科，分为数学、物象及生物等课程。

第一百二十九条　家政科，是要明确我国家庭的本义，在知道妇女任务的同时，要学会掌管家务、改善家庭生活、养成勤劳习惯，以培养主妇和母亲的道德情操为要旨。

家政科，分为家政、教育子女、保健及被服等课程。

第一百三十条　体育科，是锻炼身体、磨炼精神，育成强韧的身心，以培养为集体训练尽力、献身奉公的实践能力为要旨。

第一百三十一条　艺能科，是掌握在生活上必需的艺术技能，培养创造及鉴赏能力，以醇化情操、充实生活为要旨。

艺能科，分为音乐、书法、图画及手工等课程。

第一百三十二条　劳动科，是通过户外农业劳动作业及其他各种作业，学习农业知识和农业生产技能，明确劳动的重要意义，进而培养从事劳动的习惯，以养成生产报国、勤劳奉公的诚意为要旨。

第一百三十三条　修练课，是以行为的修练为中心，使教育向实践、综合方面发展，修练与教育合为一体，修练皇国之道，以培养献身奉公的实践能力为要旨。

修练课，有平时进行的修练，每周定时进行的修练以及在学年中随时进行的修练。

第一百三十四条　授课日数及关于修练方面的问题，可适用于第一百一十五条和第一百一十六条第二项的有关规定。

第一百三十五条　各学年每周的授课时数，应按附录第三号表（女子高等公学校课程表）的规定执行。

校长，在不增减一学年间各学科及课程以及修练课授课总时数的范围内，可以变更附录第三号表（女子高等公学校课程表）的授课时数。

第一百三十六条　关于教员，适用于第一百二十一条的规定。

第一百三十七条　关于女子高等公学校的设立与停办，适用于第一百三十二条至一百二十五条的规定。

第四节　实业公学校

第一百三十八条　实业公学校，根据学校种类，可设下列各学科中的一个或二个以上的学科。

农业公学校：农业科、林业科、园艺科、农业土木科、兽医畜产科。

工业公学校：机械科、航空机科、造船科、电气科、电气通讯科、工业化学科、建筑、土木科、采矿科、冶金科、金属工业科。

商业公学校：商业科。

水产公学校：捕捞科、加工科、养殖科。

进行其他教育的学校有技艺、交通、通信等有关学科。

在特别需要的时候，可以开设上述学科以外的学科。

学科可根据需要，在高年级，做进一步的分科。

第一百三十九条　在特别需要的时候，可设跨两种以上实业公学校的学科，或设立综合科的实业公学校。

第一百四十条　实业公学校必须进行教学和修练课。

教学方面有奉公科、实业科、数理科、体育科、艺能科。女子实业学校外设家政科。

第一百四十一条　奉公科，是学习我国的文化及以我国为中心的东亚及世界的历史、地理，阐明国体的本义，醇化陶冶关东州人的素质，理解皇国的使命和发展生产的任务，以培养挺身奉公的实践能力为要旨。

奉公科，分为修身、国语、满语及历史、地理等课程。

第一百四十二条　实业科，是要明了我国及东亚在发展生产上的使命，学会生产技术及关于经营方面的实际业务，培养创造能力，以掌握生产报国的实践能力，以培养勤劳奉公的信念为要旨。

实业科课程，以附录第四表（实业公学校实业科目表）为准。根据学校和学科种类以及修业年限而定。

第一百四十三条　家政科，是要明确我国家庭的本义，知道妇女的任务的同时，要学会掌管家务、改善家庭生活、养成勤劳习惯，以培养主妇和母亲的道德情操为要旨。

家政科，分为家政、教育子女、保健及被服等课程。

第一百四十四条　数理科，是培养学生能正确考察处理事物的能力，透过事物现象掌握一般的原理，以及在生产中应用的能力，从而培养创造精神，以启发培养为国运的发展做贡献的素质为要旨。

数理科，分为数学、物象及生物等课程。

第一百四十五条　体育科，是锻炼身体、磨炼精神，育成刚健不挠的身心，以培养为集体训练尽力、增进献身奉公的实践能力为要旨。

体育科，男子方面分为体操、教练及武道课程。

第一百四十六条　艺能科，是学习生活上必需的艺术技能，培养创造与鉴赏能力，以醇化情操、充实生活为要旨。

艺能科，要在音乐、书法、图画及手工等课程当中，选择适当而必要的内容进行讲授。

第一百四十七条　修练课，是以行为的修练为中心，使教育向实践、综合方面发展，教学与修练合为一体，修练皇国之道，以培养献身奉公的实践能力为要旨。

修练课，分为平时进行的修练、每周定时进行的修练及学年中随时进行的修练。

第一百四十八条　关于授课日数和修练课的安排，可按第一百一十五条及第一百一十六条第二项的规定执行。

第一百四十九条　关于农业、工业、商业、水产等公学校每周的授课时数，必须分别按附录第五、六、七、八号表执行。但是，校长在不增减一学年间的教学与修练授课总时数的范围内，可以变更授课时数。

在前次规定之外的实业学校各年级每周的授课时数，校长必须取得关东州厅长官的许可才能确定。

第一百五十条　实业公学校，一个学年有六十天以内用于实习课。但是，在特别需要的时候，在高年级还可以延长一些时间。

第一百五十一条　实业公学校的班级数，定为二十个班级以下。

在特殊情况下，设置者可取得关东州厅长官的许可，增加前项规定的班级数。

第一百五十二条　教员数，四个班级以下的学校，每一个班级为三人以上，四个班级以上的学校，每增加一个班级，按一个半人以上的比例增加教员。但是，每一个班级中，必须有一个人不兼任他职，也不准由他职来兼任教员。

在前项教员之外，在农业、工业、水产等公学校，凡是设置一个学科的则增加二人以上，设置二个科以上的，则每增加一个学科增加一人以上的编制（工业公学校为二人）。在前两项教员之外，还必须设适当的实习人员。

第一百五十三条　在设立实业公学校时，必须具备下列事项，并取得大使的认可。

一、设置理由；

二、学校名称；

三、学校位置；

四、学习年限及入学资格；

五、班级数及学额；

六、开学年月日；

七、教学与修练课程；

八、学校章程；

九、职员编制；

十、经费与维持法。

关于学校位置的申请，必须附有校园的地形、面积和地质、建筑物的配置、室外操场的范围及面积和附近情况的平面图。

关于第一项中的第二号到第四号或第七号事项有变更时，必须有大使的许可；第一项的第五号或第八号的事项有变更时，必须有关东州厅长官的许可。

开学年月日变更时，必须预先向大使提出申请。

第一百五十四条　在学校章程中，必须规定的事项大体如下：

一、学习年限、入学资格及学习科目；

二、班级数及学额；

三、教学和修练课程及授课日数；

四、学年、学期及休假日；

五、结业与毕业；

六、学生入学、退学、休学、转学及惩戒；

七、学费、入学费；

八、宿舍；

九、其他。

第一百五十五条　实业公学校的设置者变更时，须有大使的许可。

此项事宜可按第一百二十二条的规定执行。

第四章　师范公学校

第一百五十六条　师范公学校，是根据八纮为宇的根本原则，对关东州公学校的教员进行必要的教育，归一皇国之道，以培养为人师表为目的。

第一百五十七条　师范公学校为官立。

第一百五十八条　师范公学校设男子部和女子部。

第一百五十九条　师范公学校的学习年限为五年。

第一百六十条　师范公学校，必须对学生进行教学和修练。

教学方面，男子部和女子部都要有奉公科、教育科、数理科、勤劳科、体育科及艺能科。女子部外加家政科。

第一百六十一条　奉公科，是学习我国的文化以及以我国为中心的东亚及世界的历史、地理，阐明国体的本义，理解皇国的使命，以培养挺身奉公的实践能力和教育者的素质为要旨。

奉公科，分为修身、国语、满语、历史和地理等课程。

第一百六十二条　教育科，是以国体为渊源，阐明我国教育的本质，在学习关东州人教育要点的同时，还要掌握儿童的身心发展及卫生保健方面的知识，打好教育实践的基础，以培养教育者的素质为要旨。

教育科，分为教育、心理和卫生。

第一百六十三条　数理科，是培养正确考察处理事物现象的能力，透过事物的现象掌握一般的原理和应用，并能运用在日常生活上，培养创造精神，为国运发展做贡献的信念，以提高教育者的素质为要旨。

数理科，分为数学、物象、生物等课程。

第一百六十四条　劳动科，是明确我国及东亚在生产上的使命，掌握其技术与经营的要点，养成劳动习惯，贯彻勤劳奉公的诚意，以提高教育的素质为要旨。

劳动科，是适当选择农业、工业中必要的内容进行教学。

第一百六十五条　家政科，是要明确我国家庭的本义，知道妇女任务的同时，还要学会掌管家务，改善家庭生活，养成勤劳习惯，培养妇德，以提高教育者的素质为要旨。

家政科，分为家政、教育子女、保健及被服等课程。

第一百六十六条　体育科，是锻炼身体、磨炼精神，培养刚健不挠的身心，为集体训练尽力，充实献身奉公的实践能力，以提高教育者的素质为要旨。

体育科，分为体操、教练和武道等课程。

第一百六十七条　艺能科，是学习生活上必需的艺术技能，培养创作与鉴赏能力，醇化情操，培养艺术创作与发展做贡献的信念，以提高教育者的素质为要旨。

艺能科，分为音乐、书法、图画及手工等课程。

第一百六十八条　教育实习，是通过教育实践，掌握教育关东州人的真义和方法，阐明师道，培养挺身奉公的信念，以提高教育者的素质为要旨。

第一百六十九条　修练课，是以行为的修练为中心，使教育向实践、向综合方面发展，使修练与教学合为一体，修练皇国之道，培养献身奉公的实践能力，以提高教育者的素质为要旨。

修练课，分为平时进行的修练、每周定时进行的修练及一学年中随时进行的修练。

第一百七十条　师范公学校的授课日数为每学年二百五十天以上，但是，在特殊情况下，在校长取得关东州厅长官的许可时，不在此限。在授课日数中，有六十天左右，可以随时安排修练活动。

第一百七十一条　男子部的课程，可按附录第九号表（师范公学校男子部课程表），女子部的课程，可按附录第十号表（师范公学校女子部课程表）进行授课。

校长，在特殊需要的情况下，在不增减一学年各科授课总时数的范围内，可变更每周授课时数。

第一百七十二条　最高年级学生，要进行教育实习。

教育实习，要在附属公学堂进行。但是，在特殊情况下，可在关东州厅长官指定的公学校进行教学实习。

教学实习时间，每个学生为十周到二十周。

第一百七十三条　师范公学校用的教材、歌词乐谱，学年、学期、每日授课时间及有关举行仪式的日子，可按第三十七条、第三十八条、第四十条、第四十一条及第四十五条的规定执行。

第一百七十四条　师范公学校的放假日期及编制以及学生入学、退学、毕业和有关惩戒等，除本章规定的之外，可按第八十六条至第八十八条、第八十九条的第一项、第九十一条、第九十三条至第九十五条、第九十七条、第九十八条及第一百一十八条至第一百二十一条的规定执行。但是，女子部的假日，还有地久节。

第一百七十五条　学生不得随意退学。但是，特殊情况，由校长许可的不在此例。

第一百七十六条　师范公学校不缴收学费。

师范公学校的学生，发给学费（发给助学金，即免费）。

根据前项规定，必须支给的学费，一年为三百元以内。

第一百七十七条　根据第一百七十五条和第九十七条的规定，令其退学或自愿退学者，必须偿还学费及助学金。但是，关东州厅长官可根据情况，给予全免或部分免除者不在此例。

必须偿还学费的金额，由关东州厅长官规定。

第一百七十八条　学生休学和根据惩戒而停学时，在此期间亦停止发给助学金。

第一百七十九条　师范公学校的毕业生（以下称为毕业生），从授与毕业证书之日起，有相当于学习年限一倍半的时间，必须从事关东州内公学校教师职务的义务（以下称为服务义务）。但是，在特殊情况下，在取得关东州厅长官许可者不在此限。

第一百八十条　毕业生在尽义务期，出现下列情况之一者，关东州厅长官则要求偿还其学费和助学金。但是，根据情况，可以全免或部分免除。

一、无正当理由，不履行服务义务者；

二、受惩戒而被免职者；

三、受剥夺许可证处分者。

第一百八十一条　师范公学校，可设讲习科。

关于讲习科的学习年限及入学资格，由关东州厅长官决定。

第一百八十二条　关于师范公学校的表簿，可按第一百零二条的规定执行。但是，男生学籍簿，可按附录第五号样式（师范公学校男生学籍簿样式），女生学籍簿，可按附录第六号样式（师范公学校女生学籍簿样式）编制。

第一百八十三条　师范公学校，可设附属公学校。

在特殊情况下，公学校可代替附属公学校使用。

第一百八十四条　关于附属公学校，可按第七条至第四十五条、第四十七条至第四十九条、第五十三条至第六十三条、第六十五条第三项、第六十九条、第七十六条、第七十八条第一项、第七十九条第一项本文及第二项、第八十条及第八十一条的规定执行。但是，第三十条第三项，第三十一条第二项，第四十三条第一项、第二项，第四十四条第二项、第三项，以及第四十九条第二项中的市长或民政署长要改为关东州厅长官。第四十七条第二项中的市长或民政署长要改为校长。

第一百八十五条　附属公学校，为单级公学校编制，要设各个年级。

第五章　杂　　则

第一百八十六条　在第四章及第五章①中，所谓校长，在私立学校，是包括代表学校掌管学校事务的人。

第一百八十七条　在本法令规定之外，进行特殊教育的学校或有关其他教育设施，则另行规定。

附则

第一百八十八条　本法令，从昭和十九年开始实施。

第一百八十九条　废止下列命令：

关东局公学堂规则；

关东州普通学堂规则；

关东州高等公学校规则；

旅顺高等公学校附属公学堂规则；

大连商业公学校规则；

关东州公立学校规则；

关东州公学堂录用日本人教员规则；

普通学堂及公学堂录用教员规则；

关东局公学堂及关东州公立公学堂征收学费规则。

第一百九十条　在本法令施行之际，现在的关东局公学堂及关东州公立公学堂，根据关东州厅长官的指示，按本法令的规定为公学校。

---

①　原文可能有误。

在本法令施行之际，现在的普通学堂，根据本法令的规定，为只设初等科的公学校。

在本法令施行之际，现在的关东局高等公学校，根据关东州厅长官的指示，按本法令的规定，为男子高等公学校或女子高等公学校。

在本法令施行之际，关东局实业公学校及关东州公立实业公学校，根据关东州厅长官的指示，按本法令的规定为实业公学校。

第一百九十一条　在本法令施行之际，现在的旅顺高等公学校中学部的在校生（关东州厅长官指定的除外），其修业年限，不受第八十四条的限制，仍执行以前的规定。但是，昭和十六年以后入学的学生，不在此限。

第一百九十二条　在本法令施行之际，旅顺高等公学校师范部的在校生及中学部的在校生，并得到关东州厅长官的承认的，按本法令的规定，为师范公学校的学生。

第一百九十三条　在本法令施行前，关东局公学堂或关东州公立公学堂的初等科或高等科的毕业生，按本法令的规定，均为公学校初等科或高等科的修了生（学习完指定的课程）。

本法令施行前，毕业于普通学堂者，按本法令的规定，为公学校初等科的修了生。

本法令施行前，旅顺高等公学校中学部的毕业生及四年肄业生，按本法令的规定，为高等公学校的毕业生。

本法令施行前，关东州公立实业公学校，为公学堂高等科毕业程度入学的学生，已学完四年课程而毕业的，按本法令的规定，为四年制实业公学校的毕业生。

本法令施行前，旅顺高等公学校师范部的毕业生，按本法令的规定，为师范公学校的毕业生。

第一百九十四条　本法令施行前，一年以内，公学堂及普通学堂的属于第五十六条规定的退学生，重新入学时，得按本法令的规定，视为公学校相应年级的退学学生。

本法令施行前，一年以内，旅顺高等公学校中学部，属于第九十一条规定的退学学生（关东州厅长官规定者除外），重新入学时，得按本法令，视为高等公学校相应年级的退学学生。

本法令施行前，一年内，金州女子高等公学校，属于第九十一条规定的退学生，重新入学时，得按本法令的规定，视为女子高等公学校相应年级的退学生。

本法令施行前，一年内，关东局实业公学校，属于第九十一条规定的退学生，重新入学时，得按本法令的规定，视为相应实业公学校相应年级的退学生。

本法令施行前，一年内，旅顺高等公学校师范部退学学生（中学部退学学生，包括关东州厅长官规定者），属于第一百七十四条、第九十一条规定情况者，重新入学时，得按本法令的规定，视为师范公学校相应年级的退学生。

第一百九十五条　本法令施行之际，现在在学的学生及儿童，关于授课科目及程度问题，仍按从前的规定执行。但是，本法令规定的教学和修练，亦必须斟酌执行。

第一百九十六条　本法令施行之际，对于超过了第四十七条第一项、第一百一十八条规定中的学生、儿童数时，根据第四十七条第二项、第一百一十八条但书（例外的条款）的规定，可视为得到关东州厅长官的认可。

第一百九十七条　本法令施行之际，第一百五十二条规定之教员数达不到时，可暂不按该规定执行。

第一百九十八条　本法令施行之际，现在在学的学生及儿童的学籍簿，可按过去的规定执行。

第一百九十九条　本法令施行前，按以前的规定给予处分的学生并持有手续者，可视为按本法令的规定给予处分。

…………

《关东州人教育令》，1943年6月。

（二）实施

日本在南满洲教育设施之一览

（1925年）

海城县教育公所　邵俊文

此文据邵俊文君引言内云："寒假期内，多方调查，始悉端倪。爰将真相记述成文，供奉天教育界人士研究之一助。"（引邵君语）又云："对于日本在南满教育设施之概况，作具体调查者，阒无其人。"（引邵君语）既可见邵君耗精力费光阴之重大，又可见邵君对于国人漠视日本施教于奉吉之叹悼，邵君真可谓有心人也。惟据编者等所知日人所刊十四年版之满蒙年鉴中第十八章所记述之教育情况，尚有比邵君所调查之详且多者，国人如欲深知日人在奉吉设施教育概况，该书似乎更不可不"人手一编"（引邵君语）也。吾于佩服邵君"多方调查"（引邵君语）之全，敢述所知于此。（编者识）

国人近来行文时有用"南满洲"三字者不知其何所据而云然。按吾嗣对于东三省向以奉天、吉林、黑龙江称之，今若见诸语言文字似不应以他人任意之称谓而率用之，以贻异日之大不利也。（编者又识）

一、引言

日本在南满洲之教育政策，说经营不遗余力，年来我奉教育界人士，提倡发展教育者有人，唱收回附属地教育权者有人，而对于日本在南满洲教育设施之概况，作具体之调查者，则阒无其人。拙文不敏，于本年寒假期内，多方调查，始悉其端倪，爰将其真相记述成文，以供我奉教育界人士研究之一助尔。

二、**日本人教育**（不注明关东谓者悉为南满洲铁道株式会社所设立）

甲、高等教育

1. 满洲医科大学　该校设于沈阳，原系专门学校，于明治四十四年六月十五日开学，环境优美，设备完全，有南满医院为学生实习之场所，人谓该校为关东之医科大学，而不诬矣。嗣于大正十一年五月一日改组为医科大学，招收中国学生，不满。其肄业年限，较日本人增加一年，以其不谙日语故耳。现有大学六年级。预习科一级，学生四十六人，悉为中国人；预科一年级二级，学生八十二人；预科二年级二级，学生六十一人；预科三年级一级，学生四十二人。专任教员二十五人，兼任教员六人。专门部四级。本科一年级一级，学生四十三人；本科二年级一级，学生五十一人；本科三年级一级，三十四人；本科四年级一级，三十五人。专任教员四十四人，兼任教员二十二人。至大正十六年度，专门部即完全废止。

2. 旅顺工科大学（系关东厅立）　该校设于旅顺，原系专门学校，于大正十年度改组为大学，规模宏大，经费极多，有沙河口工场，可供学生实习。人谓该校一校之经费，与奉天省教育经费相伯仲，其言虽不可靠，然亦大致不差。现分采矿、冶金、机械、电气、建筑四科。每科均有学生二级，计共十二级。近日本政府对于该校有废止之动议，而在满日人群结［皆］反对。将来能否存在，尚未可知。斯校兼取中国学生。

3. 南满洲工业专门学校　该校设于大连，于大正十一年四月一日成立。现有学生二十级。建筑分科，一年级一级学生十六人，二年级一级十五人，三年级一级十一人。土木分科，一年级一级学生十六人，二年级一级十四人，三年级一级十人。矿山分科，一年级一级五人，二年级六人，三年级一级六人。农业土木分科，一年级一级六人，二年级一级五人，三年级一级五人。电气分科，一年级一级十七人，二年级一级十人。机械工作分科，一年级一级十三人，二年级一级十人。铁道机械分科，一年级一级七人，二年级一级五人。矿山机械分科，一年级一级四人，二年级一级四人。专任教员二十六人，兼任教员三十一人。

4. 教育专门学校　该校设于大连，其程度如我国之高等师范，然于大正十三年九月一日开学。现有国语科一级，学生十人。华语科一级，学生十人。理科一级，学生十人。教学科一级，学生十人。专任教员四人，兼任教员十人。

5. 教育研究所　该校设于大连，系在满从事教育者之所，于大正四年四月一日成立。现有学生一级十二人，专任教员八人，兼任教员十四人。

乙、中等教育

1. 奉天中学校　该校设于奉天，于大正八年四月一日成立。现有学生十三级，第一年级一百五十三人，第二年级一百三十六人，第三年级一百二十八人，第四年级八十三人，第五年级三十八人，计共五百三十八人。专任教员二十五人，兼任教员五人。

2. 鞍山中学校　该校设于鞍山，于大正十二年一月十二日成立。现有学生三级，第一年级学生一百人，第三年级学生四十五人。专任教员六人，兼任教员六人。

3. 抚顺中学校　该校设于抚顺，于大正十二年一月十二日成立。现有学生三级，第一年级学生一百人，第二年级学生四十八人，计共学生一百四十八人。专任教员六人，兼任教员七人。

4. 安东中学校　现在筹备期中，于本年四月始能正式成立。

5. 奉天高等女学校　该校设于沈阳，于大正九年四月一日成立。现有学生九级，第一年级一百四十一人，第二年级八十五人，第三年级七十八人，第四年级六十九人，计共有三百七十三人。专任教员十九人，兼任教员一人。查高等女学校，其程度如我国之女子中学，不过其名称不同耳。

6. 长春高等女学校　该校设于长春，于大正十二年一月十二日成立。现有学生二级，第一年级四十二人，第二年级四十二人，计共八十四人。专任教员六人，兼任教员一人。

7. 安东高等女学校　该校设于安东，于大正十二年一月十二日成立。现有学生三级，第一年级九十四人，第二年级四十六人，计共一百四十人。专任教员九人，兼任教员一人。

8. 抚顺高等女学校　该校设于抚顺，大正十一年四月一日成立。现有学生七级，四年制第一年级五十人，三年制第一年级五十人，第二年级七十二人，第三年级五十五人，家事专修科一级四十八人，计共二百七十五人。专任教员十五人，兼任教员二人。

9. 长春商业学校　该校设于长春，于大正九年四月一日成立。现有学生七级，第一年级九十二人，第二年级七十六人，第三年级五十人，第四年级三十九人，第五年级三十三人，计共二百九十人。专任教员二十三人，兼任教员二人。

10. 南满洲工业学校　该校设于大连，于明治四十四年五月二十日成立。现分土木科、建筑科、电气科、机械科、采矿科五科。七学级共有学生一百四十人。专任教员二十一人，兼任教员三十三人。

11. 南满洲工业学校附设职业教育部　该校于大正七年五月一日成立。现有左官科、涂工科、铅工科、配线科。四学级共有学生一十二人。专任教员三人，兼任教员四人。

12. 旅顺第一中学校（关东厅立）　该校设于旅顺。现有学生十级，一、二、三、四、五年级每年级各二级，专收日本人。若旅顺第二中学，则专收中国人，而不收日本人。

13. 大连中学校（关东厅立）　该校设于大连。现有学生十级，每学年各二级，计共四百三十二人。

14. 旅顺师范学校（关东厅立）　该校专招中学卒业生，一年卒业后即在关东厅直辖各小学服务。

丙、初等教育

1. 瓦房店寻常高等小学校　该校设于瓦房店，于明治四十一年十月十五日成立。现有学生七级，计共二百七十一人。专任教员十人。

2. 熊岳城寻常高等小学校　该校设于熊岳，于大正十一年十一月一日成立。现有学生四级，计共九十三人。专任教员五人。

3. 盖平寻常小学校　该校系大石桥小学分校，于大正九年四月一日成立。现有学生一级，计共二十人。专任教员二人。

4. 大石桥寻常高等小学校　该校设于大石桥，于明治四十年十月十五日开学。现有学生七级，计共二百七十七人。专任教员十三人。

5. 营口寻常高等小学校　该校设于营口，于明治四十三年四月一日成立。现有学生十级，计共三百八十三人。专任教员十六人。

6. 海城寻常高等小学校　该校设于海城，于明治四十三年四月一日成立。现有学生四级，计共七十四人。专任教员五人，兼任教员一人。

7. 鞍山寻常高等小学校　该校设于鞍山，于大正八年三月三十一日成立。现有学生十七级，计共七百零七人。专任教员二十人，兼任教员一人。

8. 辽阳寻常高等小学校　该校设于辽阳，于明治四十年十月十五日成立。现有学生十五级，计共六百二十九人。专任教员十八人。

9. 烟台寻常小学校　该校系辽阳现小学分校，于大正九年四月一日成立。现有学生一级，计共三十一人。专任教员一人。

10. 苏家屯寻常高等小学校　该校系奉天第二小学分校，于大正三年一月二十九日成立。现有学生二级，计共三十二人。专任教员二人。

11. 奉天寻常高等小学校　该校设于奉天，于明治四十一年四月一日成立。现有学生二十七级，计共一千二百七十四人。专任教员三十一人。

12. 奉天第二寻常小学校　该校设于奉天，于大正十一年七月一日成立。现有学生十四级，五百九十一人。专任教员十六人。

13. 奉天城内第一寻常小学校　该校设于奉天城内，于大正六年十一月二十八日成立。现有学生六级，二百零二人。专任教员八人。

14. 铁岭寻常高等小学校　该校设于铁岭，于大正元年九月一日成立。现有学生十三级，四百六十二人。专任教员十七人。

15. 开原寻常高等小学校　该校设于开原，于明治四十四年十一月二十日成立。现有学生七级，二百七十二人。专任教员九人。

16. 昌图寻常高等小学校　该校设于昌图，于明治四十一年五月一日成立。现有学生三级，五十七人。专任教员四人。

17. 四平街寻常高等小学校　该校设于四平街，于明治四十三年四月一日成立。现有学生七级，二百七十八人。专任教员十人。

18. 郑家屯寻常小学校　该校设于郑家屯，于大正七年四月一日成立。现有学生二级，三十三人。专任教员三人。

19. 公主岭寻常高等小学校　该校设于公主岭，于明治四十年十一月十八日成立。现有学生七级，三百一十八人。专任教员十人。

20. 范家屯寻常小学校　该校学系长春小学分校，于大正十二年一月二十九日成立。现有学生二级，三十二人。专任教员二人。

21. 长春寻常高等小学校　该校设于长春，于明治四十一年五月一日成立。现有学生二十一级，八百五十四人。专任教员二十二人。

22. 吉林寻常高等小学校　该校设于吉林，于大正九年三月十六日成立。现有学生四级，九十一人。专任教员五人。

23. 哈尔滨寻常高等小学校　该校设于哈尔滨，于大正九年四月一日成立。现有学生七级，二百九十五人。专任教员十人。

24. 本溪湖寻常高等小学校　该校设于本溪，于明治四十三年六月一日成立。现有学生七级，三百二十六人。专任教员十人。

25. 桥头寻常小学校　该校设于桥头，于明治四十三年四月一日成立。现有学生三级，七十五人。专任教员四人。

26. 连山关寻常高等小学校　该校设于连山关，于大正三年十一月一日成立。现有学生四级，一百人。专任教员六人。

27. 鸡冠山寻常高等小学校　该校设于鸡冠山，于明治四十三年四月一日起成立。现有学生四级，一百二十八人。专任教员五人。

28. 凤凰城寻常高等小学校　该校系鸡冠山小学校分校，于大正三年一月二十八日成立。现有学生一级二十五人。专任教员二人。

29. 安东寻常高等小学校　该校设于安东，于大正六年三月三十一日成立。现有学生二十四级，一千一百零六人。专任教员二十八人。

30. 安东寻常小学校　该校于大正十二年一月一日成立。现有学生八级，二百六十人。专任教员十人。

31. 抚顺寻常高等小学校　该校设于抚顺，于明治四十年十一月十五日成立。现有学生二十三级，一千零五十六人。专任教员二十八人。

32. 永安台寻常高等小学校　该校原系抚顺小学分校，于大正九年六月一日，甫行分立。现有学生十八级，七百五十九人。专任教员二十二人。

33. 大连各寻常高等小学校（皆为关东厅设立者）　大连市共有小学十五校，每校平均有学级十七级，每级平均四十人，计共二百五十五级，学生一万零二百人。

34. 旅顺各寻常高等小学校（皆为关东厅设立者）　旅顺共有小学二校，每校平均十八级。

35. 沙河口各寻常高等小学校（内二校关东厅设立一校满铁设立） 沙河口共有小学三校，每校平均十二级，每级约四十人。

36. 金州寻常高等小学校（关东厅设立者）。

37. 普兰店寻常高等小学校（关东厅设立者） 该校设于普兰店。现有学生四级，职教员五人。

丁、补习教育

1. 大连实业补习学校 该校于大正八年六月二十日成立，系招收日间做工之人，而晚间来校补习所需之知识与技能。现有学生十级，四百六十八人。专任教员二人，兼任教员八人。

2. 埠头实业补习学校 该校于大正四年八月二十日成立。现有学生十级，二百八十三人。兼任教员十四人。

3. 沙河口实业补习学校 该校设于沙河口，于大正二年一月十五日成立。现有学生四级，一百零六人。兼任教员十人。

4. 旅顺实业补习学校 该校设于抚顺，于大正五年二月成立。现有学生二级，五十二人。兼任教员二人。

5. 金州实业补习学校 该校于大正三年十二月一日成立。现有学生一级，四十六人。兼任教员二【人】。

6. 普兰店实业补习学校 该校于大正三年四月一日成立。现有学生三级，三十四人。兼任教员三【人】。

7. 瓦房店实业补习学校 该校于明治四十二年四月一日成立。现有学生七级，二百九十六人。兼任教员五人。

8. 熊岳城实业补习学校 该校于明治四十二年四月一日成立。现有学生一级，三十人。兼任教员五【人】。

9. 盖平实业补习学校 该校于明治四十二年四月一日成立。现有学生四级，一百四十六人。兼任教员五【人】。

10. 大石桥实业补习学校 该校于明治四十二年四月一日成立。现有学生十级，二百三十七人，专任教员一【人】。兼任教员九【人】。

11. 营口实业补习学校 该校于大正三年五月一日成立。现有学生八级，三百二十六人。兼任教员九【人】。

12. 海城实业补习学校 该校于大正二年四月九日成立。现有学生一级，三十人。兼任教员三【人】。

13. 鞍山实业补习学校 该校于大正八年八月十五日成立。现有学生六级，二百五十四人。专任教员一【人】，兼任教员十三【人】。

14. 辽阳实业补习学校　该校于明治四十三年四月一日成立。现有学生六级，一百七十人。专任教员一【人】，兼任教员六【人】。

15. 苏家屯实业补习学校　该校于大正二年十月一日成立。现有学生四级，一百零四人。兼任教员三【人】。

16. 奉天实业补习学校　该校于明治四十二年四月一日成立。现有学生三十三级，一千二百九十二人。专任教员二【人】，兼任教员十六人。

17. 铁岭实业补习学校　该校于大正元年九月一日成立。现有学生三级，一百三十人。兼任教员四【人】。

18. 开原实业补习学校　该校于明治四十五年四月九日成立。现有学生二级，九十二人。兼任教员四【人】。

19. 昌图实业补习学校　该校于明治四十三年四月一日成立。现有学生一级，四十二人。兼任教员二【人】。

20. 双庙子实业补习学校　该校于大正二年十二月一日成立。现有学生二级，四十人。兼任教员二【人】。

21. 四平街实业补习学校　该校于明治四十三年六月十五日成立。现有学生二级，七十人。兼任教员五【人】。

22. 郑家屯实业补习学校　该校于大正七年七月十二日成立。现有学生三级，九十六人。兼任教员四【人】。

23. 郭家店实业补习学校　该校于大正三年五月十日成立。现有学生三级，一百一十人。兼任教员二【人】。

24. 公主岭实业补习学校　该校于明治四十二年四月一日成立。现有学生六级，一百八十人。兼任教员六【人】。

25. 范家屯实业补习学校　该校系长春实业补习学校分校，于大正二年十月一日成立。现有学生三级，九十人。兼任教员六【人】。

26. 长春实业补习学校　该校于明治四十三年四月切［七］日成立。现有学生二十二级，七百五十五人。专任教员五【人】，兼任教员十【人】。

27. 本溪湖实业补习学校　该校于明治四十四年七月二十一日成立。现有学生二级，七十六人。兼任教员六【人】。

28. 桥头实业补习学校　该校于明治四十四年七月二十一日成立。现有学生五级，二百三十九人。兼任教员五【人】。

29. 连山关实业补习学校　该校于大正四十四年四月一日成立。现有学生一级，八十二人。兼任教员四【人】。

30. 鸡冠山实业补习学校　该校于明治四十四年七月十五日成立。现有学生二级，一百零二人。兼任教员五【人】。

31. 安东实业补习学校　该校于大正六年六月一日成立。现有学生十六级，二百七十三人。专任教员一人，兼任教员十人。

32. 抚顺实业补习学校　该校于明治四十三年四月一日成立。现有学生二十八级，六百九十六人。专任教员二【人】，兼任教员二十二【人】。

戊、女子教育

1. 瓦房店家政女学校　该校于大正三年四月二日成立。现有学生本科一级四十三人，专科十一人。专任教员一【人】，兼任教员五【人】。

2. 大石桥家政女学校　该校于大正三年四月五日成立。现有本科一级十二人，专科一级五人。专任教员一【人】，兼任教员三【人】。

3. 营口家政女学校　该校于大正十二年五月一日成立。现有本科生四人，专科生五人，专任教员一【人】，兼任教员二【人】。

4. 鞍山家政女学校　该校于大正八年八月十五日成立。现有本科生二十人，专科【生】五人，专任教员一人，兼任教员五【人】。

5. 辽阳家政女学校　该校于明治四十三年四月一日成立。现有专科生三十一人，专任教员二【人】，兼任教员一【人】。

6. 奉天家政女学校　该校于大正二年五月二十日成立。现有本科生三十四人，专科生二十五人，专任教员二【人】，兼任教员七【人】。

7. 铁岭家政女学校　该校于大正四年五月二十日成立。现有本科生五人，专科生十八人，专任教员二【人】，兼任教员五【人】。

8. 公主岭家政女学校　该校于大正二年六月一日成立。现有本科生四人，专科生十五人，专任教员一【人】，兼任教员一【人】。

9. 长春家政女学校　该校于大正二年六月一日成立。现有本科生十五人，专科生三人，专任教员二【人】，兼任教员三【人】。

10. 本溪湖家政女学校　该校于大正三年四月一日成立。现有本科生七人，专科生六人，专任教员一【人】，兼任教员三【人】。

11. 安东家政女学校　该校于大正六年六月一日成立。现有本科生五十四人，专科生三十四人，专任教员二【人】，兼任教员八【人】。

己、幼儿教育

1. 大连北公园幼稚园　该园于大正十年十月一日成立。现有幼儿四十九人，专任保姆二【人】。

2. 大连日出町幼稚园　该园于大正十年十月一日成立。现有幼儿八十九人，专任保姆二【人】。

3. 大连伏见台幼稚园　该园于大正十一年四月一日成立。现有幼儿五十七人，专任保姆二【人】，兼任保姆一【人】。

4. 沙河口幼稚园 该园于大正三年七月一日成立。现有幼儿一百零九人，专任保姆四【人】。

5. 瓦房店幼稚园 该园于明治四十三年十月十一日成立。现有幼儿四十人，专任保姆一【人】，兼任保姆一【人】。

6. 熊岳城幼稚园 该园于大正十年一月一日成立。现有幼儿十九人，专任保姆一【人】，兼任保姆一【人】。

7. 盖平幼稚园 该园于大正十年十月一日成立。现有幼儿七人，专任保姆一【人】，兼任保姆一【人】。

8. 大石桥幼稚园 该园于明治四十三年十月一日成立。现有幼儿六十四人，专任保姆二【人】，兼任保姆一【人】。

9. 营口幼稚园 该园于大正七年五月一日成立。现有幼儿五十八人，专任保姆二【人】，兼任保姆一【人】。

10. 海城幼稚园 该园于大正十年十月一日成立。现有幼儿十八人，兼任保姆一【人】。

11. 鞍山幼稚园 该园于大正九年四月一日成立。现有幼儿一百零八人，专任保姆三【人】，兼任保姆一【人】。

12. 辽阳幼稚园 该园于明治四十二年九月一日成立。现有幼儿八十七人，专任保姆三【人】，兼任保姆一【人】。

13. 奉天幼稚园 该园于明治四十二年四月一日成立。现有幼儿一百五十八人，专任保姆五【人】，兼任保姆一【人】。

14. 奉天城内幼稚园 该园于大正六年十一月二十八日成立。现有幼儿四十五人，专任保姆一【人】，兼任保姆一【人】。

15. 铁岭幼稚园 该园于大正元年八月三日成立。现有幼儿三十五人，专任保姆一【人】，兼任保姆一【人】。

16. 开原幼稚园 该园于大正三年四月一日成立。现有幼儿六十人，专任保姆二【人】，兼任保姆一【人】。

17. 四平街幼稚园 该园于大正八年六月一日成立。现有幼儿三十四人，专任保姆一【人】，兼任保姆一【人】。

18. 公主岭幼稚园 该园于明治四十四年四月一日成立。现有幼儿六十六人，专任保姆二【人】，兼任保姆一【人】。

19. 长春幼稚园 该园于明治四十四年四月一日成立。现有幼儿一百零五人，专任保姆二【人】，兼任保姆一【人】。

20. 长春第二幼稚园 该园于大正五年五月十六日成立。现有幼儿六十四人，专任保姆二【人】，兼任保姆一【人】。

21. 吉林幼稚园　该园于大正十年六月一日成立。现有幼儿二十六人，专任保姆二【人】。

22. 本溪湖幼稚园　该园于大正二年四月一日成立。现有幼儿五十七人，专任保姆一【人】，兼任保姆一【人】。

23. 桥头幼稚园　该园于大正十年十月一日成立。现有幼儿十九人，专任保姆一【人】，兼任保姆一人。

24. 鸡冠山幼稚园　该园于大正十年十月一日成立。现有幼儿二十五人，专任保姆一【人】，兼任保姆一【人】。

25. 安东幼稚园　该园于大正二年四月一日成立。现有幼儿八十一人，专任保姆一【人】。

26. 安东第二幼稚园　该园于大正十二年四月一日成立。现有幼儿九十七人，专任保姆三【人】。

27. 抚顺幼稚园　该园于明治四十二年十一月一日成立。现有幼儿一百三十七人，专任保姆四【人】，兼任保姆一【人】。

28. 永安台幼稚园　该园于大正九年六月一日成立。现有幼儿一百一十五人，专任保姆四【人】，兼任保姆一【人】。

庚、社会教育

1. 大连图书馆　该馆于明治四十年十月一日成立。附设巡回书库十二，藏书七万八千二百三十五册。大正十二年度，阅览人五万五千七百五十四人。

2. 大连北公图书馆　该馆于大正四年九月一日成立。附设巡回书库七，藏书四千八百二十五册。大正十二年度，阅览人六万一千三百二十四人。

3. 大连近江町图书馆　该馆于大正四年十二月一日成立。附设巡回书库二，藏书五千六百零九册。大正十二年度，阅览人一万二千二百三十四人。

4. 大连电气游园图书馆　该馆于大正二年六月一日成立。附设巡回书库三，藏书五千六百二十六册。大正十二年度，阅览人五万六千八百零九人。

5. 大连埠头图书馆　该馆于大正八年八月十七日成立。附设巡回书库二，藏书六千九百四十三册。大正十二年度，阅览人二万零六百人。

6. 瓦房店图书馆　该馆于明治四十三年二月二十日成立。附设巡回书库十二，藏书四千二百一十五册。大正十二年度，阅览人一万九千一百零五人。

7. 大石桥图书馆　该馆于明治四十三年十一月二十日成立。附设巡回书库十一，藏书四千一百四十四册。大正十二年度，阅览人一万七千七百九十三人。

8. 营口图书馆　该馆于大正六年四月十五日成立。附设巡回书库二，藏书三千八百四十七册。大正十二年度，阅览人一万三千零十人。

9. 鞍山图书馆　该馆于大正八年四月十日成立。附设巡回书库七，藏书七千二百三十七册。大正十二年度，阅览人三万二千五百四十二人。

10. 辽阳图书馆　该馆于明治四十三年十一月三日成立。附设巡回书库六，藏书五千一百二十五册。大正十二年度，阅览人二万一千八百三十二人。

11. 奉天图书馆　该馆于明治四十三年十一月三日成立。附设巡回书库九，藏书一万五千七百五十一册。大正十二年度，阅览人三万五千八百二十三人。

12. 铁岭图书馆　该馆于明治四十四年一月十日成立。附设巡回书库八，藏书四千二百一十九册。大正十二年度，阅览人四万六千四百六十五人。

13. 开原图书馆　该馆于大正元年十一月十日成立。附设巡回书库六，藏书四千一百四十九册。大正十二年度，阅览人一万零四百二十九人。

14. 四平街图书馆　该馆于大正五年十月二十日成立。附设巡回书库九，藏书四千零四十九册。大正十二年度，阅览人一万二千一百八十八人。

15. 公主岭图书馆　该馆于明治四十三年十一月二日成立。附设巡回书库九，藏书五千二百八十九册。大正十二年度，阅览人一万二千三百二十四人。

16. 长春图书馆　该馆于明治四十三年十一月三日成立。附设巡回书库十三，藏书六千七百九十三册。大正十二年度，阅览人四万零六百六十七人。

17. 哈尔滨图书馆　该馆于大正十二年十一月一日成立。藏书九千二百九十三册。大正十二年度，阅览人一万一千八百四十五人。

18. 本溪湖图书馆　该馆于明治四十五年一月三日成立。附设巡回书库十七，藏书四千零五十六册。大正十二年度，阅览人一万二千九百九十五人。

19. 安东图书馆　该馆于明治四十四年一月一日成立。附设巡回书库十四，藏书六千七百三十八册。大正十二年度，阅览人二万二千二百零五人。

20. 抚顺图书馆　该馆于大正二年一月二十日成立。附设巡回书库七，藏书一万一千二百九十二册。大正十二年度，阅览人六万四千四百三十人。

三、中国人教育

甲、高等教育

满洲医科大学及旅顺工科大学均招收中国学生，此外无专为中国人所设之大学。

乙、中等教育

1. 南满中学堂　该校设于奉天，于大正六年四月一日成立。现有预科二级九十七人，本科一年级二级八十四人，本科二年级一级三十七人，本科三年级一级二十五人，本科四年级一级二十四人，计共二百六十七人。专任教员二十人，兼任教员一【人】。

2. 营口商业学校　该校设于营口，于大正七年五月一日成立。现有学生四级，预科一级三十四人，本科一年级一级五十四人，二年级一级三十四人，三年级一级二十九人，计共一百五十一人。专任教员二十人，兼任教员二【人】。

3. 辽阳商业学校　该校设于辽阳，于大正十一年三月一日成立。现有本科甲种一年级二级五十六人，二年级一级三十七人，本科乙种二年级一级二十九人，三年级一级三十二人，计共一百六十四人。专任教员十人，兼任教员一【人】。

4. 抚顺矿山学校　该校设于抚顺，于大正十年四月一日成立。现有学生三级，预科一级二十三人，本科一年级一级三十八人，本科二年级一级十三人，计共七十四人。专任教员八【人】，兼任教员七【人】。

5. 熊岳农业学校　该校设于熊岳，于大正十二年四月一日成立。现有学生二级，预科一级三十人，本科一年级三十九人，计共六十九人。专任教员四【人】，兼任教员八【人】。

6. 公主岭农业学校　该校设于公主岭，于大正十二年四月一日成立。现有学生二级，预科一级二十八人，本科一级三十三人，计共七十一人。专任教员三【人】，兼任教员五【人】。

丙、初等教育

1. 瓦房店公学堂　该校设于瓦房店，于大正二年三月三十一日成立。现有学生五级，二百零七人。专任教员七【人】。

2. 松树公学堂　该校设于松树，于大正九年四月一日成立。现有学生四级，一百四十五人。专任教员六【人】。

3. 熊岳城公学堂　该校设于熊岳城，于明治四十三年十月一日成立。现有学生五级，一百七十三人。专任教员八【人】，兼任教员五【人】。

4. 盖平公学堂　该校设于盖平县，于明治四十二年六月十五日成立。现有学生六级，二百五十一人。专任教员九【人】。

5. 海城东语学校　该校设于海城，于大正五年五月一日成立。现有学生二级，七十七人。专任教员三【人】。

6. 鞍山公学堂　该校设于鞍山，于大正十一年六月一日成立。现有学生四级，二百零九人。专任教员四【人】。

7. 辽阳公学堂　该校设于辽阳，于大正二年四月一日成立。现有学生二级，五十八人。专任教员三【人】。

8. 奉天公学堂　该校设于奉天，于大正八年十一月一日成立。现有学生八级，三百零五人。专任教员十二人。

9. 奉天同文商业学校　该校设于奉天，于明治四十三年三月一日成立。现有学生二级，九十六人。专任教员五【人】。

10. 奉天城内普通学堂　该校设于奉天城内，于大正九年二月二日成立。现有学生七级，二百六十三人。专任教员九【人】。

11. 铁岭日语学堂　该校设于铁岭，于明治四十五年七月十日成立。现有学生三级，六十一人。专任教员四【人】，兼任教员二【人】。

12. 铁岭育英学校　该校设于铁岭，于大正六年五月一日成立。现有学生四级，一百一十一日人。专任教员七【人】。

13. 拘鹿东山学校　该校设于西丰，于大正十年七月十三日成立。现有学生二级，六十四人。专任教员三【人】。

14. 开原公学堂　该校设于开原，于明治四十五年四月一日成立。现有学生八级，三百四十八人。专任教员十【人】。

15. 四平街公学堂　该校设于四平街，于大正三年六月一日成立。现有学生六级，二百六十九人。专任教员九【人】。

16. 公主岭公学堂　该校设于公主岭，于大正五年四月一日成立。现有学生四级，二百零一人。专任教员七【人】。

17. 长春公学堂　该校设于长春，于大正元年十一月一日成立。现有学生七级，四百零三人。专任教员十【人】。

18. 长春技术学校　该校设于长春，于大正十一年九月一日成立。现有学生一级，四十六人。专任教员二【人】。

19. 吉林中日语言学校　该校设于吉林省城，于大正二年十一月一日成立。现有学生一级，四十人。专任教员二【人】。

20. 安东中日恳亲学堂　该校设于安东，于大正二年七月一日成立。现有学生四级，八十八人。专任教员一【人】，兼任教员五【人】。

21. 抚顺公学堂　该校设于抚顺之老古台，于大正九年四月一日成立。现有学生七级，三百五十二人。专任教员十【人】。

22. 关东厅内各普通学堂　关东厅，即我东边道所属之金县也。日人租借后，改称关东厅，设官分治，与日本内地无异，不过其居民，仍为我国人耳。境内共有普通学堂五十二三校，每校多则四级，少则二级，一切制度，概遵用关东厅所颁发之命令，如时间表则书为时间划一览表，读法则书为读方……唱歌之歌词，悉为日本语，体操之口令亦用日本语，甚至年月日则书为大正几年几月几日，古人云“不爱奉正朔久矣”，关东厅境内之中国居民有焉。行文及此，余不欲多言，亦不敢多言，遂投笔而从事其他工作焉。

四、结论

本文自始至终，概用记事体，行文呆板，在所不免。顾以调查文字，着重实事，行文点缀既失真相，词章简陋，亦非所宜。职斯之故，本文遂不避呆板，将日本在南满教育设施之概况，全盘托出，其大纲除引言及结论外，约分为日本人教育、中国人教育两大部分；日本人教育，又分为高等教育、中等教育、初等教育、补习教育、女子教育、幼儿教育、社会教育；中国人教育，又分为高等教育、中等教育、初等教育等。行文虽不足悦阅者之目，节段尚眉目清楚。我奉教育界人士，倘人手一篇，则对于日本在南满教育设施之概况，便一览无余矣。

《东北》第15期，1925年；
辽宁省教育志编纂委员会编：《辽宁教育史志资料》（第二集下），辽宁大学出版社，1990年。

日人在满洲经营教育事业之可怖（节选）

（1925年）

…………

（一）“关东厅创办之学校”：关东州之教育事业，均系关东厅所设立，有小学校、实业学堂、高等女学校、中学校、旅顺师范学堂、旅顺工科大学等。此外州内各乡村所设立者，另有公立普通学堂也。明治三十九年五月始设立小学校，现在旅顺有高初两等小学校二处，大连有高初两等小学校一处，初等小学校六处，沙河口有高初两等小学校一处，初等小学校一处，周水有高初两等小学校一处，其他柳树屯、金州、普兰店、貔子窝等，有高初两等小学校各一处，合计十六校，儿童总数系九千七百七十二人。明治三十七年十二月，始设立公学堂，其修业年限，初等四年，高等二年，得附设预科，或补习科。此种学校，旅顺有三处，大连有三处，沙河口、金州、普兰店、貔子窝等处各设一校。合计十校，而初等科、高等科、预科及补习科，合计五千三百七十一名。大正十二年四月一日，始设立关东州实业学堂、大连商业学堂及金州农业学校等，以教授简易实业教育为目的。其修业年限为三年，现在学生总数共一百十名。明治四十年七月，始设立旅顺高等女学校，现在学生总数共四百七十三名。大连高等女学校，系大连市民所设立，于大正三年九月始由关东厅接办，现在学生总数共六百六十一名。明治四十二年五月七日，旅顺中学校始开学授课，现在学生总数共五百六十五名（内有中国学生六十九名）。大正七年四月十五日，大连中学校始开学授课，现在学生总数共七百四十七名。旅顺师范学堂，为关东州教育中国子弟之中等学校，其修业年限为三年，以养成州内公立、普通学堂之教员为目的，现在学生总数一百七十八名（内有女生四十九名）。普通学堂，系中国人初等【教】育之机关，以备改良旧派书塾为目的。自大正五年四月一日起，已开设者有一百零七校，儿童总数有一万九千十四名。旅顺工科大学，自大正十二年四月一日开学，以教授工学之理论及应用为目的，另设研究院预科及补习科，现在学生总数，预科生一百零七名（内中国学生有二十七名），补习生（皆中国人）有二十三名。其他大学附设工学专门部，现在学生总数有二百四十八名。

…………

（六）“南满铁路公司创办之学校”：据日本政府命令书所述，在明治四十年四月，公司业务开始以来，即注意于附属地内之教育。现经过十六年，逐渐发达，其初等教育为居留民子弟所设立，有小学校三十一处，实业补习学校三十三处，家政女学校十处，幼稚园二十四处。而属于中国人之补习教育，有公学堂、日语学堂两处。此外属于中等教育者，有长春商业学校、奉天中学校、鞍山中学校、抚顺中学校、奉天高等女学校（即女子中学）、长春高等女学校、安东高等女学校、抚顺高等女学校等。属于中国人中等教育者，有辽阳商业学校、南满中学堂、营口商业学校、抚顺矿山学校、熊岳城农业学校、公主岭农业学校。属于专门教育者，有南满医学堂、南满工业专门学校、满洲医科大学等。关于研究教育事项者，有教育研究所。属于社会教育者，有图书馆二处，通俗图书馆十八处，巡回书库借出所一百二十八所。以上为该公司直接经营之教育机关。其他补助教育机关者，亦甚多云。

《中华教育界》第 14 卷第 8 期，1925 年。

中国人教育——公学堂、普通学堂（节选）

（1931 年）

第一节　总　说

在关东州的中国人教育，早在邦人①小学校设立以前即已开始。首先在明治三十七年（光绪三十年）五月金州军政署设立不久，由当时的军政官和当地中国人的乡绅商民互相商榷之下，鉴及当地历史条件创设了南金书院民立小学堂，同年十二月开始收容了城内子弟五十八名，讲授汉文科。这是在关东州施行中国人教育的开端。

其次，在三十八年（1905）六月在大连，同年十月在旅顺，各根据该地情况开设了公学堂，其后于三十九年九月容纳民意，把南金书院民立小学堂改为官有，而更在同年十月在三涧堡，四十年九月在小平岛及貔子窝，四十二年七月在普兰店各开设了公学堂。这样，可算在州内各枢要的地方比较完全的配备了官立的初等教育机关。这些学堂各依明治三十九年三月颁布的《关东州公学堂规则》和四十年三月《关东州公学堂官制》规定进行。其后学堂内容渐次发达，地方人民程度也随之逐渐进步。因之在四十一年三月改正了前述公学堂规则。延至四十三年，为了地方的开发，首先在金州管内设立蒙学堂，旅顺管内设立小学堂，以期合并和废止州内书房，以及教科的统一，整顿初等普通教育，开发民智。其后到了大正四年（1915），鉴于时势，重新改正了公学堂规则，同时规定了地方子女的初等教育方法，同年末以府令第十七号制定了《关东州普通学堂规则》，自翌年四月一日开始实施。依该规则，从来的蒙学堂以及小学堂从这时也改名为普通学堂。当在创办

① 指日本人。

这农村教育的时候，最下考虑的就是它的课程程度等，因为它完全不同于从来的公学堂，很少有将来进受高等教育，或求职于日本人关系的地方，所以日本语等几乎完全不必要；再就一般农村情况来看，生活程度也非常低，如果修业年限过长了恐有减少就学者的现象，所以决定颁布了程度极低的简易的初等教育。

由于这些学校的创办，教员的养成成为当面的急务，于是在明治四十一年（光绪三十四年）六月在旅顺公学堂设立了二年制的速成师范科，翌四十二年四月又在公学堂南金书院设立师范科，以培养蒙学堂及小学堂的教员，其后随着地方教育制度的确立，于大正五年三月创设了旅顺高等学堂师范科，而废止了旅顺公学堂及南金书院的各师范科。其次在大正七年四月又废止了旅顺高等学堂，重新改设为旅顺师范学堂，于兹，中国人教员的养成机关可云完备了。关于教科书，当初随着各地情形编辑或采选了适当的教材，到了大正四年，都督府开始由修身、汉文二科着手编辑，但该工作多忙的学堂长和其他教职员来完成不是容易的事业，遂于大正十年十二月设置了教科书编辑部，决定彻底改正公学堂教科书，重新来着手编辑。自是以来，公学堂及普通学堂使用的教科书，就全由该部编辑。

如是，关东州的中国人教育逐渐地发展起来，公学堂自创立以来几乎以二年一校的比率可以见到学级的增加和学校的增设，到昭和六年（民国二十年）五月现在，学堂数达十一，儿童数也正要突破一万的数字，并且各会、村的普通学堂就学儿童也逐年增加。到昭和六年现在，学堂数竟达百十二，学级数达五百三十九，儿童数实达两万六千二百八十二名之多！今后正有着日益增大的倾向。

第二节 教育方针

在关东州内教育中国人的主义方针，如果作出具体的记述，得到它的真髓是非常困难的事情。因为当在施设之初，并没有深切的研究要基于如何的主义方针，依如何办法，而单由教育经验比较浅薄的军政官的手头立案施行的。

那时仅是作为统治上的施设，在于单纯地布施文化、启发民智的程度，根本在统治政策中土着［住］人的教育问题，对民族精神的归趋向背有莫大的关系，比较产业经济等的施设，更需要一层根本的考究，并不是可以单单作为政务的一端，马马虎虎，当作事物［务］来处理的。但是，因为当时正在关东州租借期限二十五年中已过了十数年，仅余十数年的时候，对于教育这种永久的事业，并不能使我们痛切感到深深地精查和施设根本方针的必要，仅不过漠然地在市街地及其附近设立少数学堂，对少数儿童施行极简易的教育而已。

及至大正四年，依据中日条约改订了租借期限以后，方始迫于施设涉及州内全般的土住人的教育的必要，首先颁布了普通学堂规则，在中心重要地方规定了学校教育的方法，继而在普通学堂规则中制定了会、村学校经营的依据。此外更在创设的旅顺高等学堂师范科培养了公学堂及普通学堂的教员，于是中国人教育的施设方始就绪。

其后，当受到欧洲大战的影响，土住人的民族意识和国家意识渐呈倾向炽烈，教育问题成为统治上重要的事件，从而它的主义方针的根本研究，就成为一日不可疏忽的状态，经当局暨实际家之间不断的议论研究，对它的态度方才逐渐统一起来。此外更伴随着文化的向上和思想的进步，在初等教育的普及同时，中等教育和专门教育的施设也成为问题之一，于是到了大正十二年，就改正并新制定了中国人关系的学童［堂］规则。

随着时势的进展，中国人的社会状态、经济状态以及思想状态，时时刻刻的变化，周围的事情也随着有了显著的变化。由是对于中国人教育制定了根本的有系统的制度，并设定它的主义方针成为目前的急务，研究步骤正在着着的进行着。

现在把施政以来的教育方针的发达变迁便宜上分成三期略述如下：

第一期，创设时代（从最初到大正四年或五年）。

这个期间里，主要以把中国人同化于日本为方针进行教育的。它可认为倾向同化的地方及其理由如下：

1. 大连公学堂的设置是在明治三十八年六月，最初由军政长官动手开始的，它的目的在“诱掖指导清国官民，开发其民物，以图吾国国利的布殖”，它的课程在“准据于清国制度，取舍或折中之”，因此特别加以日本语课，并加重视所聘用的教师也限于日本人。

2. 参看《大连公学堂暂定规则起案趣旨》及《大连公学堂（华人）暂定规则》，可以知道其目的为“施清国人以普通教育（读、写、算盘），授以日本语，以图文化之普及”。单看以日本语为普通教育揭示这一点，也足以想见当时是如何重视日本语的，何况教师又限于日本人。这一方面既是以布施形式的文化为目的，一方面又是把我国①政治的公明正大示诸土住人，同时又培养一批懂日语的清国人，以便于我们公私事务，这也是一部分的目的。

明治三十九年（光绪三十二年）颁布了《关东州公学堂规则》，这一规则大体斟酌台湾公学校的规则起草的。虽然在形式上的模仿不一定成为追随台湾的同化教育方针，但在大体准据该规则一点看来，可以不难看到关东州公学堂设立的趣旨。我们且看一看关东州民政长官根据这个规则的说明书：

1. ……必修科目为修身。以下四科，而如厂［历］史、地理、理科、图画等不加在内的原因则系出于以日本语的熟练为主要的目的这点。

2. 除御真拜戴纪念日②外，把放假日比小学校规则的放假日仅仅略少加以变更，这虽有不适之嫌，但在我们治下设置公立学校，我以为不完全依照中国人从来的放假日为适当。

初代大连公学堂长浅井政次郎在《关于教育的卑见十则》中这样说过：

---

① 指日本。

② 看天皇御影的纪念日。

1. ……作为将来的租借地或新领土的预备，施行民政及诸种经营的话，对其住民亦应当作新归附于我们的人民，和我们国民一视同仁的进行教育。

2. ……对新归附人民的施设的重心，应在致其思想于同化。

3. 言语能……促进思想的同化，加深敬爱亲信的心情，尤其日清两国文字相同，以我们的语文作为攻修文明百科的学问的导线，较其他外国语是最为易入易学的。所以现下有加紧普及日本语的必要。

4. ……不徒然拘泥于旧惯古例，依据我国基本精神，鉴于社会的趋势，极力避免从来的虚文，专以实用为主，适当地取长补短，逐步的改良进步，不会没有同化于我国的希望。

乍入公学堂的儿童，与其直截了当地使他追求文化修养人格，不如使他学习一些在生活上的需要，而学习“生活上”的需要，在如旅顺、大连等和日本人接触多的地方，如果习得日本语，那是再便利不过的。因此当时的公学堂，可以说就是一种程度极低的职业学校，随之它的教育倾向于同化式就是自然的过程。

例如在大连公学堂教育状况的报告中这样说：

1. ……揣摩他入学的目的，虽然不能说没有一个希望学习一些文化学科以期将来造诣的，但大多都是要学习我国的礼节和日本语，以便由学堂的介绍得一立身糊口的道路。

2. ……最近的目的方针在于设立速修科，授青年以日常必需的日语、汉字及算术，成绩优秀的，学堂长作保证将他推荐选拔到银行会社及商店就职，同时又可利用他介于日支两国人中间，作言语情意的疏通。

3. ……大多日本人都是要雇用身世可靠的、识字的和懂日本话的中国人以供使用；而中国人都是要习熟一些日本话，以便于自己的交际或由日本人求得就职之途。

在旅顺开始教育中国人是在明治三十八年（光绪三十一年）十月，最初称为旅顺公学堂。它的设立趣旨以及计划不很详细，但看它的施设和规则等，可以明显的看到它和大连公学堂有着不少的共通点。如日本语十堂，汉文七堂，其他为修身、算术等诸如此类。

像水师营分教场，仅收容不能入书房读书的六名儿童，但它的教授课程亦仍为日支会话、寻常小学读本的国语①和简易的算术。

其后明治三十九年三月，颁布了公学堂规则，同时受到石家民政长官对于教授要旨的内达（大连其他地区亦同样）：

1. 各科目的教授，使互相关联补益，特别使其自在地运用日本语。

2. 汉文科——该科的教授，常使其明了意义，在熟习日本语的学生更务使其能翻译成日本话。

学习日本语的奖励，固然不一定说它是同化主义，但在教授时数配备最多，而且以此

① 日语。

为中心科目，以连贯各教科一点上，我们不能不说它是语学的同化主义。

如上所说，在大连、旅顺地区设立这样学校的动机，概在于“作为怀柔新附民的方便的光被德化的基础，计划文化的普及……来振兴德化，光被帝德”（在水师营分教场之际旅顺民政支署长上申书中的一节）。有差不多完全由官宪的手设立起来的，又有因旅大及其附近地区很多和日本人接触，在生活上需要日本语的时候很多，因而着重学习日本语，而带有同化色彩的，这是自然的趋势。反之在日本人接触比较少的而且生活也较安定的金州及北部地方，设立学校虽也曾有官宪的助力，但主要大多还是土住人民自发设立的。而它的内容也是根据中国人在生活知识上需要的，随之教师也是以中国人为主体的。

在金州设立公学堂的动机是：

1. 虽有我国军宪助励，主要由当地士绅自发地发起和协议之下，在明治三十七年十一月设立了南金书院民立小学堂；

2. 从而经费亦完全由中国人醵出，作为一私立学校经营；

3. 教员除掉创设的翌年二月聘请的岩间德也一个日本人外，其余全充以中国人；

4. 金州自古代即为地方文教之府，有着悠久的历史，并遗存有南金书院及宏壮的孔子庙；

5. 因此金州一般的说文化非常进步，有着很多受相当教育的中国士绅，而作为一个中国人，就必须对文化有相当的素养。这和全无［历］史文化的新开地大连，相兢［竞］渔利而麇集的中国人和日本人相触着，由此要收得日本式文化的相比起来，有着很大的差异。

此外，该学堂又是［适］应于当地情况，基于厂［历］史的文化传统，尊重着古来固有的风俗习惯，教授以切合于实生活的知识，并以此为教育方针的。

其次，远隔旅顺、大连的貔子窝、普兰店的教育方针，大体合于金州的方针。事实上，在金州、普兰店、貔子窝都是置重点于土住人的生活上，尽力于文化的普及和启发的。

有人只看到这关东州教育的施设，当初州内南北两部中国人教育的主义方针有着不少的差异，而臆断是非，要概念的对主义方针加以批评，这是他对于当时的事情的认识欠明确所致的。

《关东州公学堂规则》是在明治三十九年三月颁布的，其后当由军政移民政，诸政逐渐就绪后，于明治四十一年三月又以府令第十五号，重新颁布了《关东州公学堂规则》，根据这个规则，它的根本方针，本于旅大地方中国人的实状，较带着浓厚的同化的色彩。

自是以来，约十年中间，到以欧洲战乱为主要因素，一般思想界的变化，民族意识的勃兴的混沌时代，大体继续着前述意义的主义方针：一方面以同化的方针为中心，考虑着各地实际情况，容认着适地的方针，实施着适合该地的实际教育。

现在把足以窥见这个时代教育方针的例证，举出一二以供参考。

1. 在明治　年　月[1]举开的关东州教育研究会第二部会上，浅井堂长发表意见中的一节述有："试以日本语作为同化的桥梁……"

2. 在明治四十三年中堂堂长提出的关于旅顺公学堂施设的答申书里，记载有"……予土住人民普及国语（日本语）并予以适当的教育，这乃是我们在施政上教育上得以收到有效的结果的事情"（施政上意见中的一节）。

当时这个主义方针，似乎不但在都市地区的公学堂，在农村中的书房里也要贯彻的，如在同书①中论及书房的改善中，甚至论到设置师范科，其中一节说："若像内地②设立学校组合，聘任适当的教师，施行适当的教育，那将对统治他们民心上，可收到莫大的效果，对国语（日本语）的普及上也将更容易。"

又在大正三年七月浅井大连公学堂堂长提出的《关于关东州内中国人教育的意见书》里彻头彻尾的强调着日本语的普及。

可窥见当局对中国人教育方针之一端的更有在明治四十四年三月举开的学事咨问第二回会议关东都督的训示中的一节："公学堂的教育除遵从法令所示授以普通知识外，特注重于日本语的教授，以开导一般土人（指土住中国人）使之浴被我国德泽，信赖我国施政。"指以日本语为中心的教育直截地呼为同化教育虽有些过火，但看它根本趣旨为经常宣布日本文化，使之讴歌我国德化，而对于关于中国人适应其生活上却一言亦未提及，这一点上，足可以洞察其教育方针的究竟。

但是，在当事者中间，虽说在倾于同化主义，但因为本地一方面是租借地，并且被教育者又是中国人，使其无论知识技能方面、精神方面，彻底的成为我国忠良臣民是无望的，所以并没有听到强调这一点的意见。

只有在明治四十年三月在学事咨问会上，浅井大连公学堂长关于伦理教育的意【见】中有这样的叙述："……一言以蔽之，就是教授以古今的言行，并基于孔孟的道德主义及敕诏③的主旨培养学生。"并看该学堂举开敕诏奉读式一点上，也可以想见它在精神的方面也正在进行同化主义。但同样对这件事情，中堂旅顺公学堂长说："卑职所采的方针是从日常必需的礼仪作法渐次养成其道德观念，务求弥补子弟作为世界上一公民条件的缺点，以使之成为优良的社会公民，敬慕我国，所以并没有奉读诏书。"而岩间金州公学堂长却说："……对从古来风习不同的清国儿童与邦人儿童一视同仁的施行伦理教育，这根本是不可能的。这可以看台湾儿童教育的例子，纵令你如何向他谈忠君爱国的道理，他们

① 前述中堂堂长的答申书。

② 日本内地。

③ 日本天皇的。

也仍是迷于所适从，因此即使以教育敕诏来敷衍，也决不会使其发生遵奉之念的。”在现在看，虽然可以直下批判，但在当时，乘着战胜的余威、事无不成的局势，对于教育这一精神事业，事实有着各种不同看法。特别应令人注意的，是在明治三十九年所发布的公学堂规则休业日项中加有教育敕诏下赐纪念日，由此可知当时的意向，该项后来自明治四十一年改正以来删除。

对于这些问题，行政当局的根本意见似乎取着极自由的态度，而没有一定的确固的方针。从大体上来看，当时的确是缺少从一般国民对殖民地土住人的现状和对中国认识程度上出发，作为中国人的教育而施行的意图。

尤其是在州内如前所述：旅大地区和金州地区有着相当的差异，关于这点，在明治四十年三月第一回学事咨问会席上，掌握学事的关东州民政署庶务课长关屋贞二郎的训示全文如下：

“关于新领土的教育方针的规定是最重要的问题，因为从侧面来看教育方针，也就是统治方针。因此，我们不能够把它轻易道尽简单言明，详细地说：就是由于军事上的行政方面不能对其他国家和它的国民，谈破我们方针而需要懂［谨］慎的。比如我国自领有台湾以来，在它的教育方面虽有些微成功，但那不是真的成功，因为它并没有一定的教育方针，也没有指明教育方针的统治者，况且我们关东州和母国的关系也不是得与台湾同日而语的，因此对公学堂教育方针也更是难以明言的。”

…………

［1］原文未写何年何月。

大连市档案馆第39号，1945年1号卷；

辽宁省教育志编纂委员会编：《辽宁教育史志资料》（第二集下），辽宁大学出版社，1990年。

日本人所办教育事业（节选）

（1931年）

沿　革

日俄战争以前，帝俄政府在大连湾（柳树屯）、旅顺、郭家岭、貔子窝、金县各地设立中俄学校，教育中国学生，以普及俄语及培养亲俄思想，是为外人在东北设立学校之嚆失。惟旅大管内中国儿童仍多入书房读书。当时书房数目共达三百七十余所，学生五千四百余人。其东门教育俄侨子弟之学校，则有旅顺小学校、初等女学校、陆军预备学校。东清铁路局（即侨东路局）亦有旅顺设立小学校。日俄战侨于清光绪二十八年，在金县军政署设立南金书院民立小学校，是为日侨人为中国儿童设立学校之始。翌年，改为关东州公学堂。同时，大连、旅顺均设立公学堂，以收容中国学生。设立小学校，收容日侨子弟五百余人。其后，南满铁路附属用地遍立小学，教育程度亦由小学而中学，而专门学校，而大学校。而日本在东北之教育系统，于焉告成。

现　况

日本设立学校之机关，有左列各种：

[1] 关东厅在关东州管内学校，大部分系关东厅所设立者。其学校数目，如次：

一、为日本人设立之学校　小学校十九校，中学校三校，高等女学校三校。

二、为中国人设立之学校　普通学校一百零九校，公学校十校，中学校一校，商业学堂一校，农业学堂一校，师范学堂二校。

三、为中日人设立之学校　旅顺工科大学一校。

…………

[3] 满铁会社在南满铁路附属用地内之学校，大概均为满铁会社所设立。

一、为中国人设立之学校　公学堂十一校，日语学堂一校，中学堂二校，商业学堂二校，农业学堂二校，镀山学堂一校。

二、为日本人设立之学校　小学校二十九校，分校五校，实业补习学校三十九校，家政女学十二校，中学校四校，高等学校四校，商业学校一校，及满洲教育专门学校，及南满洲工业专门学校。又设有幼稚园及图书馆多处。

三、为中日人设立之学校　满洲医科大学。

…………

《东北年鉴·教育》，1931年；

辽宁省教育志编纂委员会编：《辽宁教育史志资料》（第二集下），辽宁大学出版社，1990年。

教育宜重建建国精神　新学制公布

（1937年）

以德智体为根本方针

【新京专电】满洲国政府，定于今二日发表新学制改正令，此次改正乃准据建国精神并《回銮训民诏书》，以德智体三方面为根本方针。“德”即据东方道德，涵养国民精神，教育德性；“智”即以安定国民生活必要之实学为根本；“体”即为奖励体育，以养成强健忠良之国民。其改正主眼如左：

• 精神教育

利用所有之机会及所有之功课，使彻底了解建国精神并一德一心之意义。

• 劳作教育

新施劳作教育以资知识之实用化，并养成体育、德育之紧实。

• 实业教育

因中等学校教育为将来入高等学校之预备的学校，此次改正，均注意于实业教育。

• 幼少年之国民教育

我国民众大部分均不识字，上学率仅占百分之二十三，故当局特别致力于幼少年之教育。

• 高级学校之制限

徒设置多数之高级学校，而乏良好之初级教育，不免有许多之恶影响，故我国设立足以养成必要人才之学校，此为最要。

• 养成教员

基于新教育方针，当局最注意于养成优秀教员。

• 私立学校

须当局承认方能经营，但关于教科书之采用、任免教员等加以严重监督。至于私立学校今后之存废问题，须当局调查后决定之。

《盛京时报》，1937 年 5 月 2 日 4 版，9743 号。

新制要点　修业年限缩短　改正学校名称

（1937 年）

此次学制改正之主要点如左：

一、缩短修业年限

原来受初级高级专门教育完毕须二十余岁，此次改正使于二十至二十一岁，即可在全学校毕业，而能在社会毫无遗憾活动。

二、机会均等

不设置如日本学习院等之特别学校，无论贵族、平民均受同等教育。

三、设置主体机关

顺应各级学校之需要，设置主体机关以资统一。

四、日本语

以日本语为国语之一种而教授之。

五、留学生问题

设置特别养成留学生之学校。

六、改正名称

旧有之学校名称均改正之。

七、师范学校

改为师道学校。

向来师范毕业生未有义务，此次对学生支给官费，使其毕业以后有教员之义务。

学制改正以预算一千三百万元左右，由康德五年一月一日实施云。

《盛京时报》，1937年5月2日4版，9743号。

准备施行新学制　全省筹设教育区

（1937年）

【吉林】省公署为准备本省实施新学制，关于小学校废置分合之计划中教育区之设置已规定要项，颁行各县、市、旗妥切计划，分别设置。今将设置教育区要点，访录如左：

△目的为图教育之改善充实，并以学校教育为中心，期社会教化之彻底及视学机能之圆滑容易，借以协力遂行重要国策。

△单位根据新学制实施之地方教育状况，调查将街村及街村联合或准此者，定为教育区之单位。

△活用。

（甲）选定中心小学一处。

（一）中心小学校乃区内学校之模范，使为区内学校教育之中心。

（二）中心小学校为区内社会教化之中心，自应企划该区教化工作，故须与县教育机关密切联络附设青年教育，施设利用农闲期或依其他当地情形，选定就学可能时间召募青年入学，借为青年之指导，使区内各学校渐次仿行之。

（三）中心小学校应使区内学校教职员及社会教育关系职员，相互修养研究。

（乙）设置教育区委员会。

（一）教育区委员会构成内容：

一、本会置委员长委员、视学委员；

二、委员长就委员中，由县长选派之；

三、委员就区内保警长、父兄会长、名望者、学校长及其他有能者中，由县长选派之。

（二）教育应施行之主要事项：

一、关于初等学校之联络事项；

二、关于初等教育之研究及改善事项；

三、关于补助县视学机能之事项；

四、关于以学校为社会教化中心事项；

五、关于其他为达成目的之事项。

《盛京时报》，1937年7月14日11版，9815号。

省署刷新全省教育　期新学制实施

（1937年）

以学务科为中心进行诸般准备　并筹设商农两大学

关于满洲国新学制问题，业于此次之全国学务科长会议时，对于新学制施行细则并各省中等学校废合统制案，予以决定，即将由政府当局通令实施。奉天省因拥有全国大半之小学儿童，占满洲教育界之首位，新学制实施时，即将以省公署学务科为中心，进行诸般之准备，现正着手进行中。

现省内公立小学七千，私立二千，其他一千，合计约为一万以上，为主要之国民学校。又对小规模之国民学舍或国民义塾之改革，目下正在调查准备中。一方关于省内中等学校六十五校内中五校，决将合并为六十校，以期统制上之便利。至国民高等学校乃至职业学校，即将予以改组。关于奉天、海城、四平街、东丰各地之师范学校，即将改为师道学校，即将全面予以刷新，以建国精神为基础之条件，以期全国民之彻底，并于国民之实业教育为主眼，于本年五月公布之新学制。省公署方面，因鉴于学校之众多，对于旧学校之革新意味，即将审慎办理，以谋新学制之实施根本精神之实现，现正锐意进行中云。

明年一月起全国实施中之新学制，为期实业教育之彻底，决定拟于奉天设置商业大学及农业大学，奉天省公署目下正在计划新设中。商业大学新学制实施时，即将设于南关商科中学校址，将于本年末着手募集学生约计一百名，农业大学则以现在塔湾之高等农业学校升格，该校现有之学生约计三百名。两大学仍拟定以三年制云。

《盛京时报》，1937年8月18日2版，9850号。

巩固教育报国之观念　圆满实行新学制

（1937年）

民生部大臣对教育厅长会议训词

查本部自成立以来，鉴于建国之理想及国体之特质，确实体认旺盛的国家观念及国民精神，忠诚奉公，贡献职务，牺牲一切，以努力养成忠良的国民，如此即基于建国精神及访日宣诏之趣旨，使其体得日满一德一心不可分之关系，及民族协和之精神，并阐明东方道德，尤致意于忠孝之大义，涵养旺盛的国基精神，实以此为我国国民教育之民本也。至社会行政，亦基于右之方针，图国民精神善导统一，注意使其健全迈进，并关于各种宗教之指导统制，亦特别考虑。其次，劳动力之圆滑供给，在产业计划上最关重要，故劳动调查、职业辅导及劳动介绍等，尤应特别注意，以期各种劳动行政之圆滑。又保健卫生行政方面，关于医疗施设□普及，传染病预防及地方卫生机关之整备，专心努力，现就基础的设施，咸着手体系的整理，并计划保健体育之各种立案，更就鸦片麻药问题，因影响国家兴隆之前途至重，故亟请求鸦片断禁之方策。

此即本部鉴于非常时局，依本年五月二日公布之新教育方针，以图振兴民心、安定民生，使国民彻底普及建国精神，且赖以确切的信念振兴国民思想，俾期其根绝反满洲帝国思想及反国家运动。查满洲国周围思想界之暗潮，为封建思想、反国家思想、共产主义、三民主义、民族自恣［治］思想等，就中以赤化魔力的手段为极暴虐阴险，且最顽梗，以此只将南京政权打倒或使之屈服，未必即能终结。窃以思想事变恐后尚有长时间的继续存在，其恶毒思想之流害，比武力之挑战尤为激烈。如此不只为满洲国之安全，推而广之，为正义人道及东方百年之大计起见，对此恶毒思想，亦应加以一大铁锤。故必将此赤化反满洲国势力之根源，予以破坏，方能建设俯仰天地丝毫无愧之王道乐土。今后或遇困难，亦不能不觉悟，此为我等最要紧之事，即无论如何困难，必须克服；如何长期经过亦不能有始无终，即所谓不屈不挠之决意精神是也。

欲达成国民思想善良统一之目的，赖教育之力量居多。教育者，不只为一国文化兴隆之源泉，且为国家发展之根基。故一国文教之隆替，关系国运之消长。曩昔本部遵照教育令，锐意考究，以部令公布新学制施行上所需要之诸规程，以示新学制之实施细则。然制度规则无非为一种南针，其在活用上，仍视人之努力如何为断，此不待言。如实现新学制之根本意义，俾达成我国学校教育之目的，其责任乃在奉战教育事业者之双肩，同时又不能不赖教育关系当局之指导监督。故从事教育圣业者之使命，可谓重且巨也。

诸君际此新规程公布之机会，希对于所属之校长教师及学校教育关系者，务将我国教育之本义与重大性，使其深刻认识，俾教育报国之观念，益行巩固，并应极力进行各种之准备工作。将来于新学制之运用实施上，期无遗漏，以期培植国本于永久巩固，得以上报圣旨，下副民意，是所厚望焉。

《盛京时报》，1937 年 11 月 21 日 2 版，9942 号。

新学制实施步骤

（1937 年）

现在学生未毕业以前各学校仍依旧制存置

关于新学制之实施，奉天省公署教育厅，刻正积极准备中，顷接民生部训令，略谓，曩者公布之新学制，定于康德五年一月一日施行，对于曾受官方认可设立之初级中学校、高级中学校、女子初级中学校、女子高级中学校、初级师范学校、女子初级师范学校及女子高级师范学校等各学校，定为现下在学之学生毕业为止，仍依旧制存置。盖因如将旧制之各学校全学级，骤然改编为新学制时，则于教师、教科书及修业年限等关系，实属事不可能，是以采取逐年续行改编之办法，以旧制学级自然消灭之际，即为新学制学级完整之时，然决无能对于能准用新学制诸规定之旧制各学校，加以妨碍之趣旨。是以当事者，对于上项，应行留意，务使新学制之精神得以活用，至建国精神之明征，实务教育之尊重，新学制之引为基本者，亦即当然为旧制各学校之运营指针。再如各学校规程中：一、教则，二、学年、学期、教授日数、休业日及式日，三、编制，四、设条，五、转学、休学、退学、毕业及惩戒等，亦应有准用于旧制各学校之准备。仰各省长转所属各机关彻底了解此旨，以期对于新学制实施上庶无遗憾云云。该署即于昨抄同原令，饬各市县公署一体遵照云。

《盛京时报》，1937 年 11 月 26 日 2 版，9947 号。

新学制改革前全省学校调查

（1937 年）

校数及就学生徒数省公署学务科发表

康德五年度一月一日，全国实施新学制，对今后全省公私立学校数目，及就学生徒统计，须具有确切调查，以便刷新而资改进。锦省公署学务科，兹已调查完了，管内各县学校数，及就学男女生徒数目，发表如左：

各县旗学校数目

县旗	省立	县旗立	街区立	村立	私立	小计
锦县	三	一七	二	六九	七	九八
北镇		五	七	二一四	三	二二九

续表

县旗	省立	县旗立	街区立	村立	私立	小计
黑山		八		二一〇	二	二二〇
台安		二		一七八	一	一八一
盘山		九		一三八		一四七
绥中			三	一五六	三	一六二
兴城				一七九	三	一八二
锦西		八	九	二三八		二五五
义县		六	一八	三二八		三五二
朝阳		六		一三〇	五	一四一
阜新		二		一六五		一六七
彰武		一一		一一三		一二四
右旗		四	一	二	三	一〇
左旗		二		二六	九	三七
合计	三	八〇	四〇	二一四六	三六	二三〇五

各县旗就学生徒数目

县旗		省立	县旗立	街区立	村立	私立	小计
锦县	男	一三八	二九七八		一八二九一	七五〇	二二一五七
	女		一四二六		六二六九	一四一	七八三六
北镇	男		一三九三	一四七八	一〇〇三四	一六五	一三〇七四
	女		七六九	四五五	三八五四	一二六	五二〇〇
黑山	男		九二四		一五二一〇	一三五	一六二六九
	女		一三七		一四三七	一二	一五八六
台安	男		二九五		七六三〇	一〇五	八〇三〇
	女		一八八		五六〇		七四八
盘山	男		一〇一七		五〇一四		六〇三一
	女		一六六		二六一		四二七
绥中	男			六二八	九四五一	一三六	一〇二一五
	女			三七三	一一三六	八	一五一七
兴城	男				八三九七	八四	八四八一
	女				一三〇九	七〇	一三七九
锦西	男		一九三一	一一七八	九六二五		一二七三四
	女		二六九	二六九	一六〇一		二一三九

续表

县旗		省立	县旗立	街区立	村立	私立	小计
义县	男		一五二八	二六一三	一三三〇二		一七四四三
	女		七二〇	七六一	四〇五四		五五三五
朝阳	男		一四五〇		六四三九	四二六	八三一五
	女		六七四		八七八	二七一	一八二三
阜新	男		四七四		七二六七		七七四一
	女		一七八		九八六		一一六四
彰武	男		一六〇〇		三六〇八		五二〇八
	女		五六四		七六〇		一三二四
右旗	男		二三四	三四		九五	三六三
	女		三〇	七		一〇	四七
左旗	男		二六三		一七二三	一八二	二一六八
	女		四二				四二
合计	男	一三八	一四〇八七	五九三一	一一五九九一	二〇七八	一三八二二五
	女		五一六三	一八六五	二三一〇五	六三八	三〇七七一

《盛京时报》，1937 年 12 月 2 日 6 版，9953 号。

新学制实施　龙江教育新机构面容　各中学校改变

（1937 年）

【齐齐哈尔】康德五年度新学制实施之下，对于各中级学校，改新机构，以期达成实质教育之强化。兹将省各中等学校移行状态志之如左：

一、本市省立两级中学校，其旧有制度仍然依存，惟于康德五年起停止募集学生，但其初级卒业生，准于移入新编制之国民高等学校四年生。

二、本市省立农业学校废止，改移为齐齐哈尔第一农科国民高等学校。

三、省立洮南初级中学校，其旧制仍为依存，惟以本年度起停止学生募集。

四、省立洮南农科国民高等学校与省立洮南初级中学校并置，该农科国民高等学校分农业科、畜产科二科，新募集学生两个学级一百名。

五、省立克山初级中学校，其二年、三年三学级仍为残存。

六、省立克山农科国民高等学校与省立克山初级中学并置，募集新生一学级五十名。

七、省立齐齐哈尔工业学校废止之，改移为齐齐哈尔工科国民高等学校，计分土木科、机械科二科。

八、省立齐齐哈尔商业学校废止之，改移为齐齐哈尔商科国民高等学校。

九、省立齐齐哈尔女子师范学校，新生之募集停止之，现时在校之学生仅依旧制依存，惟康德五年度、六年度之三年生准于转入女子国民高等学校四年级之师道科进级。

十、省立齐齐哈尔女子国民高等学校与以上之女子师范并置，学级定为二学级，募集学生一百名。

《盛京时报》，1937 年 12 月 11 日 9 版，9962 号。

新学制实施后市立学校整备

（1938 年）

划除文盲实施民众教育学校名称一律改正志详

伴随新学制实施，锦州市公署，施政新□之始，断行划除文盲，实施民众教育，每日时间亲定，协和工作，建国精神教育施行。全市国民优级学校七所，全部商科、工科设国民学校十五校，统计主校七，分校十五，业志本报。所有市立学校，于一月中，从来不统制之旧名称，一律改正如左（括号内旧校名称）：

公立中央国民优级学校、公立中央国民学校（城内女子两级小学校），城内元宝胡同；

公立中央国民优级学校察院分校、公立中央国民学校察院分校（察院两级小学校），城内察院胡同；

公立东明国民优级学校、公立东明国民学校（东关两级小学校）；

公立东明国民学校八家子分校（八家子初级小学校），东关八家子；

公立东明国民学校东郊分校（五里营子初级小学校），五里营子；

公立古塔国民优级学校、公立古塔国民学校（古塔巷两级小学校），北街古塔巷；

公立古塔国民学校武庙分校（武庙两级小学校），北街武庙；

公立向阳国民优级学校、公立向阳国民学校（南关两级小学校），南关前道；

公立向阳国民学校南郊分校（南郊村立刘家屯初级小学），刘家屯；

公立凌西国民优级学校、公立凌西国民学校（西关两级小学校），西关太和街；

公立凌西国民学校仁和分校（西关两级小学仁和分校），西关仁和街；

公立凌西国民学校北壕分校（唐庄子村立唐庄子初级小学北三道壕分校），北三道壕；

公立凌西国民学校新民分校（唐庄子村立唐庄子初级小学新民屯分校），新民屯；

公立镇安国民优级学校、公立镇安国民学校（北关两级小学校），北关药王庙；

公立镇安国民学校兵营分校（街立兵营街初级小学），北关兵营街；

公立镇安国民学校常屯分校（达子营村立达子营初级小学校常屯分校），常屯；

公立镇安国民学校五姓屯分校（达子营村立达子营初级小学校五姓屯分校），五姓屯；
公立青柳国民优级学校、公立青柳国民学校（车站两级小学校），车站大马路新街；
公立青柳国民学校北郊分校（北郊村立小亮甲山初级小学校），小亮甲山；
公立青柳国民学校范屯分校（三屯村立三屯初级小学范屯分校），范屯；
公立青柳国民学校三屯分校（三屯村立三屯初级小学校亮甲山子分校），亮甲子山；
公立青柳国民学校金家屯分校（北郊村立金家屯初级小学），金家屯；
私立育贤国民优级学校、私立育贤国民学校（私立育贤两级小学），东门外；
私立达成国民优级学校、私立达成国民学校（私立达成两级小学校），北街；
私立黄氏国民学校（私立黄氏初级小学），东门外；
私立清真国民学校（私立清真初级小学校），城内北街；
私立慈善国民学校（私立慈善初级小学），南门外；
私立慈育国民学校（私立慈育初级小学），车站大马路。
及题目，关系各方。议中，月之二十五日起，亘□日间之讨论如左记：
一、弘报重要性关【件】；
二、新学制实施关件；
三、街村别施行之件；
四、地籍整理之件。
其他讲习训练各部门。

《盛京时报》，1938 年 1 月 25 日 6 版，10002 号。

滨江省本年度教育行政计划倾力基础设备

（1939 年）

【哈尔滨】滨江省民生厅基调新学制，而图教育行政之划期飞跃，与先准备形态之同时，本年度则倾力于基础构造扩充，养成优秀教育者之其他附带诸设备。以当学制之效果的运用，为完成人才之整备，树立如次之计划，而移入实践云：

一、设置教育调查委员会，彻底调查就学、未就学儿童及失学文育之数目，并调查学校、私塾、民众教育馆及其他教育机关之现状，以及对于街村民关心教育之程度，任命各县长为委员长。

二、为图教育素质之向上，实施内外留学制度。

三、改正教员之住宅、俸给，以图待遇之改善。

四、整备学校之诸资料，以期基本设施之充实。

五、增加改筑校舍并新筑。

《盛京时报》，1939 年 3 月 30 日晨刊 5 版，10406 号。

整备教育制度十年计划　自明年度起实施 完备各科大、中、小学校

（1939 年）

【新京专电】最近国军之强化警察官之素质向上，为当前之重要课题，颇为重视。一般对此主张，应有根本的立场。首先彻底树立国民教育，倘国民意识不充实，国军之强化及警察官之素质向上均难办到。故以治安部当局为中心，对教育国策之具体方针，再加检讨，极堪注目，并民生部自明年度以后，树立所谓“整备教育制度十年计划”，核出明年预算，谋向其实现迈进，可谓满洲国教育国策之空前的飞跃。其实现如何，集中各方面之关心，整备教育制度十年计划，亘大中小各级学校文医工理各部，树立堂堂之教育体系，庞大之施设计划，于十年后教育完成后，初等国民教育，使推定就学学龄儿童百分之七十得就学，现在已渐至百分之十三乃至十四之比率，其扩充程度之显著可知。再与关联之中小学校教员之需要，亦定显著增加，对现在之总数四万人，每年最少亦有以四千人补充之必要，故仅师道学校之卒业生，究难应需要，定国民高等学校卒业生亦予以教员之资格。大学增设现在之各种大学，大致明年度更新设三大学，并为穷学问蕴奥之优秀学生，创设“大学院”，以深究各般之最高学理。要之，此教育制度十年计划，更对国内外对满洲国教育政策所加之批难攻击，如“满洲国之教育始终为愚民政策”之批评，加以反击，为王道国家满洲国之国民教育，实增进国民之安宁福祉，形成一国文化之粲然殿堂，明白证实云。

《盛京时报》，1939 年 10 月 22 日晨刊 1 版，10607 号。

顺应新学制根本义　教育法令将改正

（1940 年）

民部教育司设置改正委会

【新京专电】民生部当局，于康德五年一月实施中之现行教育法令（学校令关系规程）。迨至最近，鉴于地方侧之要望地方行政机构之改正并同情实施设之实绩，于是实施全盘的改正。因此在该部教育司间设置以一条主席教学官为主任之教育法令，改正委员会目下正进行研究中。关于改正之要点，乃顺应新学制之根本义而实施，在小中等学校之满洲教授时数之配置、职业关系之学科目并教授时数之配置、变更并修业年限之改正，更对处［外］国兵法施行。为强化国民中坚们之国防观念计，故自本年六月一日起，即正式变

更从来科外课目之中等学校之教练科云。

《盛京时报》，1940 年 4 月 12 日晨刊 2 版，10768 号。

涵养健全国民精神　当局重视乡土教育　决令全国开始积极进行

（1941 年）

我国教育，自新学制实施以来，中小学校即提倡乡土教育，但过去为建设时期，尚未能彻底实行。伴随新学制内容充实之进展，本年特重视乡土教育，及教师乡土研究上之奖励。夫欲完成以国家为中心之思想，必先自以家为中心做起。欲达成以家为中心，必先鼓吹乡土思想。是以彼等学校教员，务以当地出身者充当，教材更宜求于乡土，以完成实际之教育。平时教师于勤务地，各自本其所长，研究当地之自然、产业、民俗等，以供诸中小学校之教材。此种教法，尤以初等学校为要。地方关于学校校舍设备，亦拟指导地方人士协力资助，实以初中小学校教育，除教育制度、教科内容、国民精神之根本问题外，相信期待地方人士协力之处实多，如组织同窗会，振兴地方教育之办法，即其一例。关于以上乡土教育之奖励，顷于十八日全国视学官会议席上已对地方出席者加以指示，并促全国积极进行云。

《盛京时报》，1941 年 3 月 19 日晚刊 2 版，11098 号。

时局教育要点

（1942 年）

李恒心

引言

值此打破旧秩序而建设新秩序之际，阵前勇士固然重要，而阵后忠胆尤勿忽视。吾侪担当第二代忠良国民之育成，及一般民众之指导，尤宜十分努力，以应国家之期望，达成教育之使命。兹将时局教育重要之点，分述于左：

一、校内经营

（一）各学科之时局教育化

1. 算术　除国定教材之外，教者当以时事作补充题。如某月日皇军击落英美飞机若干架，又于某月日击落英美飞机若干架，一共击落英美飞机是多少架呢？（国民二三年级）其余年级高低依此类推，在教者自己之研究。如此不但学得算术，且亦明白战争之效果。

2. 日语　除教材之外，当加以时局会话，如何月何日仰光陷落？又仰光在何处？以前是属于那个国家？且英美陷落失败之地名，尤当授以日语名称。

3. 满语　除教材之外，对于《国本奠定诏书》及《时局诏书》，使儿童能背诵（国民一年生除外），且当拜察圣意之所在，使儿童彻底明白要义。如《时局诏书》之举国人而尽奉公之诚，举国力而援亲邦之战是也。

4. 特别教授　此科乃本年度新添之学科也，亦即时局教育教授。取材于报纸及国府之宣传品，国家、市、县之行政设施等，依年级之高低，而讲述之。如大东亚战争之起因，皇军武力之进展，东亚共荣圈确立后大东亚之光明，物质缺乏之原因，以及国防献金、储蓄报国、粮谷出荷等等。

5. 图画　除国定教材外，高年级当绘皇军胜利，及英美失败之大幅画（取材于宣传画）。选其优秀者，用作宣传品，低年级亦当作简易之图画。

6. 音乐　除教材之外，对于《建国十周年歌》《国兵壮行歌》《打倒英美东亚兴隆行进曲》等，使儿童人人能唱，意义尤宜十分了解。

7. 体育　当注意教练，强化体育精神之向上。

8. 作业（实务）　依乡土之出产、废物之利用（如纸烟盒），作能使用之物品。

9. 劳作　对于校园及学校林宜切实经营之。每星期内，举行数次勤劳奉仕，如扫除当地之庙宇及神社、忠灵塔等，以养成勤劳爱好之精神、崇神之思想。

（二）教室点缀务求实际化

依年级之高低，须贴布英美侵略东亚年代表、大东亚战争表（内含起因及展望）、南洋之物产图、我国及亲邦之国运进展图表（如国势跃进表）、东亚共荣圈确立图及皇军之威□等等。

□□□□□□示板，对于时事之情□，每日皇军之战果，及庆祝日之标语，必有专人掌管，逐日贴布。校门外亦然，使一般民众警醒了解，标语尤宜通俗。

（三）时局教育日志

由教师轮流填记，尤宜切实，以备作宣传揭示材料。

（四）校内时局教育联络会议

每周于星期六午后开，催研究材料各人须预先备好，如大东亚战争之真义及进展之状况，国际情势，重要国策，本市县主要行政施策，关于一般民众思想之动向之调查及指导之方法，等等。

二、校外宣传

（一）对民众指导及宣传方法

1. 假当地村公所及其他机关，召集民众会议时，校长或教师参加宣传之。

2. 平日对学生指导、宣传，使其向家庭传达。

3. 标语及宣传图画。

4. 校内时局教育联络会议，函请当地村屯长及地方有力者参加云。

（二）关于教育区及县时局教育联络会议参加事项

校长或首席教师，当以本校内教育联络会议研究事项。司会之以提出于区联络会议，或县联络会议。

结论

以上所述，如能妥为运营，则不难收效。深望教师诸位之努力与指导。

《盛京时报》，1942 年 4 月 1 日晚刊 2 版，11468 号。

时局教育之训育（节选）

（1942 年）

李恒心

引言

第二代国民之育成，对于知识技能之授与，固属重要。然于忠君思想之诱导，国民礼仪之养成，勤劳爱好精神之锻成，尤为不可忽视。兹将其关键详述于左：

一、学校训育

（一）训育之设施

1. 校训德目之选择

学校之校训，尤国家之四维，乃学校经营之目标，训育之基础，是以对于德目之选择，当深加考虑。以时局教育为目标，以国民学校及国优学校作基调，以期速达而无憾（国民学校当以忠孝，国优学校则以忠君爱国）。

2. 级训德目之选择

级训乃学级经营之目标。以本级学年之高低而选以适当之德目（如勤劳、友爱等等）。

3. 周番训练

周番之轮流系由全体教师担当之。对于本周之行事，当以德目作方针。故德目之选择及行事之企划，必顺应时局之要求、市县行政之设施、校务之进展而决定之，力求有效之运营。如二月二十六日起，至四月一日止，为省公署主催之禁烟周间，则本周德目定为禁烟宣传周。每日行事，不外禁烟标语及宣传画贴布、禁烟讲话以及学生家长瘾者之调查等等。

4. 日训

日训由日值教师担当之，亦当以本周周番行事作基础，而择以适当之词句，书于□□训揭示板上（如禁烟周，则当书以“大烟一抽，人钱两丢”，使儿易欲了解及警醒）。学生朝礼时，选以适当之训话，以辅周番教师之不足。

5. 宣抚

在每周内，当实施一次以上之宣抚工作，由职教师轮流担当。取材于时局教育，协助市县行政之设施，力求国民思想之明朗，以及时事之宣传等等（如禁烟、粮谷出荷）。

（二）训育实施之要点

1. 国民礼仪之养成

当于国家重要之式典及纪念日，学生朝礼（宫城遥拜及帝宫遥拜），忠灵塔参拜，神社参拜，素日师生间之应酬（即早晚之寒暄、进退、应对之礼），必养成其礼仪之遵守及习惯。平日级任教师施行学级训练外，每周内亦当行数次之全体训练（演礼）。

2. 忠君思想之诱导

儿童思想之倾注，顺乎指导之方针，偶一不慎则有终身之虞。置此旧秩序打破，新秩序建设之际，思想之动向尤勿忽视。忠良国民之育成，即共荣圈建设之基础。今日作□后忠胆，即他年之阵前勇士。协助亲邦，忠于君国，则东亚之光明可期。本学校训育之设施方针而努力达成之。

3. 勤劳精神之锻成

劳作教育之呼声，早已弥漫国内。然而劳作教育，非仅一二科目也（作业、实务），当使其各科皆劳作教育化。久之，则勤劳精神养成，练就坚忍不拔之意志。

二、家庭训育

子弟白日入学，既晚归家。为父母者，每有溺爱其子女，子女有过失，不加管理。故有一曝十寒之叹。殊不知学校训育，与家庭训育有密切之关系。深望为人及父母者，当本国家教育之方针、学校训育之设施（已如前述）、子女前途之设想，力谋训育之达成，则子弟前途之光明，可计日而待也。

结尾

以上所述，仅训育之梗概。其底奥，要在教者之家长之善为运营，以期达方训育之效，方不负国家对第二代国民之期待……

《盛京时报》，1942年4月23日晚刊2版，11489号。

强化时局教育　正式决定教育非常措置要纲

（1943年）

【新京】在满教务部，伴随前此阁议决定之“关于教育之战时非当措置”对管下各学校之具体的运用方策，自东上中之堀池教务部长归任以来，连日进行审议，二十七日正式决定管下教育非常措置要纲，现已发表。观上其内容，大体根据力谋教育内容之彻底的刷新，国防训练之强化充实，勤劳动员之积极彻底实施之文部省方针者也，加入在关东州及在满日本人教育之特殊事情。关于中学校及女学校，伴随在满邦人之增加而不得已时，认可其增设，于内地文科系专门学校之新入学定员，为从来之三分之一。大连高商，因系唯一之在满文科系专门学校之故，将此存置之。其募集人员，勘案满洲国之需要，为缓和决定之教员之不足，将师范学校增设扩充之，指摘与内地不同之二三点，在满教育战时非常措置要纲如次：

一、关于中学校及高等女学校，概仍如现情，因在满邦人之增加，感不得已时，认可增设。

二、工业学校、农业学校及女子商业学校，将此扩充之。

三、男子商业学校，一部转换为工业学校。

四、关于高等学校，文科加以缩小，理科行所要之扩充。

五、专门学校：

（甲）理科系专门学校，将之整备扩充之；

（乙）文科系专门学校，只存置高等商业学校一校，其募集人员，勘案满洲国之需要后，决定之。

六、关于师范学校，为谋国民学校教员之确保，增设扩充之。

七、理科系大学，将之整备扩充之。

八、关于农业学校，概为内地之措置，以期国防训练强化充实、勤劳动员之彻底实施。

《盛京时报》，1943 年 10 月 29 日日刊 3 版，12031 号。

强化时局教育　学校战时非常措置发表

（1943 年）

【新京】在满教务部，二日发表第一次学校战时非常措置，指示决战下在满教学必行之大道。其内容，与日本内地侧之方针并无大差，即置教学之重点于战力增强，请求诸般措置，而在满日人子弟教育上之特点，即：

一、报国农场之设置

关于学校报国农场设置，从来已颇努力，而以此次之措置，管下各学校，全部遂均决设报国农场。其所用土地，限于可耕荒废地或未耕地，由各学校一齐开垦此荒芜之地，直接协力生产增强。

二、将授业时间数分为夏季与冬季

至此措置，当考虑满洲国之气候条件，于夏季彻底实行勤劳作业，而置授业之重点于冬季，但废止中等学校以上之暑假，而利用此期间，彻底实行勤劳作业，故其成果尤可期待。

《盛京时报》，1943年11月5日日刊3版，12038号。

谋促进生产增强战力　强化学徒勤劳员体制

（1944年）

【新京】当此苛烈现时局下，为学生者，亦必须举总力集中于圣战完遂。政府鉴于矿工增产之紧迫性，与今春以来实施之学生动员实绩，今于本年度内继续动员国立工业大学及奉天省下之男女中等学校上级学生，于重要事业职场，使举应能奉公之实绩，近乃决定《国立工业大学及奉天省下男女中等学校之勤劳动员措置要纲》，并策定学校侧并承受侧之措置要纲。而其于此等要纲，已以七日令，由国务院、文教部、民生部共同训令，决定《应付紧急矿工增产之学生勤劳动员强化之件》。此次之学生勤劳动员，为六月以来，挺身于奉天及锦州省下之重要矿工职场，于身心之练成与战力增强上，贡献莫大之新京、哈尔滨、奉天三国立工业大学，最高学年及奉天省下男女中等学校最高学年学生。更自九月十日迄十一月三十日，于奉天省及锦州省下之重要事业场勤劳奉公，俾贡献战力增强，而举挺身奉公之实绩。关于军事教育之实施，谋于日满军当局之间导行所要调整。又关于动员期间中，学科指导及成绩评定加以特别考虑。

《盛京时报》，1944年9月8日日刊3版，12341号。

（三）议论

新学制施行规程趣旨

（1937年）

民生部教育司长

一、绪言

本年颁布之新学制，虽已阐明国家文教之根本，并确定学校教育之标准，但为明年一月一日起实施此新学制时运用圆滑起见，根据新学制民生部大臣应定之事项，及其他具体的施行细则之规定，不可或缓，此为本部公布诸规程之所由起也。

按此诸规程，原系施行细则之本质，故其内容记述等力求平易详密，并使其含有伸缩通融性，以期运用上得无遗憾。爰就诸规程之重要事项，为显明其创制之趣旨，及施行上应注意各点，以供参考。

二、教则

教则，系明示实施学校（包含学舍、义塾）教育上应注意之根本原则。即根据各种学校令所示之目的，以我国建国精神为枢轴，关于国民之德育、智育及体育，标明其实施上之方针，并明示须致力使之互相关联，互有裨益，尤其关于德育、体育，纵于课外，亦得随时随地加以指导、训练之方针。而训练精神、陶冶人格之德育，乃为教育上之基础，是以关于德育于各学科目时须留意，以冀其彻底。至于智育，非但须切合地方之民情、文化、气候、产业、经济等之特异性，并应具体的、实际的施行，尤须适应学校之种类、程度，以期妥善。对于此点，于教则中应加十分注意，就各种学校一一明示其特质。

又学则中之“训练”一语，如对教授、养护而言时，含有训育或德育之意。然其他地方如用“训练”为动词时，含有与教育各项之德育、智育、体育共通作用，即为达所期之目的，反复施行之锻炼或修练是也。

三、学科目及学科课程

关于学科目，以有机的统合、调整其次数为本旨。就其内容言之，于初等教育，则涵养国民之性格，使提高其资质，于中等教育，则编入养成国民中坚分子必要之基本教材。就其程度言之，期使适应学校之种类、程度，并使切合我国之文化及民情。

新规程之学科目中，尤须留意者，为初等教育之国民科、作业科、实务科及中等教育之国民道德科。

国民科为包含以往之修身、国语（满语、日语）、历史、地理、自然等之国民常识科。对于此等之内容，加以有机的统合，以期适合教则之本旨。

作业科为教授国民学校、国民学舍及国民义塾者。如清洁、整顿、应对、洒扫及简易之手工、家事及商事演习，学校园及花坛之整理，运动场之平整，并于实习地及农场之实习等，凡以筋骨的劳作，而涵养勤劳习惯之各部门，皆包含在内之一总括的学科目也。

实务科乃教授国民优级学校者。凡农业、工业、商业等之实业，家事、裁缝、手艺等之实科，以上二者之实习等，皆包含在内之一总括的学科目也。如此作业科及实务科，系以实业教育为中心，重视劳作训练，本我国教育方针于初等教育占有重要科目之地位。

国民道德科乃教授中等教育及高等教育者。因鉴于涵养国家观念、培养国民精神及使体得实践建国本旨之重要性，故特用此名称者也。按国民道德，则为国民生活之主体，国民之一切思想、行动，须以具体的国民道德为中心而发挥实践。因此之故，不以此具体的国民道德为基础之国际道德或人类道德，只为单纯的抽象观念，系全无意义者。此乃以国民道德科而代替曩时修身科之缘由也。

至于其他学科目，关于其要旨、教材及其程度，并处理教材之方法等，就其学校之不同，示以各自之特质，用期明了各学科目本来之目的。

其次，就必需科目及随意科目言之，前者为不拘情形如何所必教授之学科目，后者为有必要时可以不教授之学科目。例如，于国民学舍及国民义塾之图画、音乐及以农业或水产为实业科目之国民高等学校之语学，属于随意科目。此随意科目之教授与否，并非一任学生个人之自由，而由学校裁夺决定之。故一经学校决定之后，全体学生不得不遵循。

关于各学年各学科目之每周教授总时数，虽就各种不同之学校，规定其标准之时间数，但依地方之情势及该学校之情形，得于规定之范围内增减各学科目之每周教授时数，或将一至二以上之某学科目，得于一定期间停止之。然不拘前述任何情形，凡增减某学科目之教授时数时，须于其他期间补充其不足或缩减其超过数，以调整之。如此总期各学年各学科目于一年间之教授总数，得无增减。但遇传染病及其他非常灾变而不得已休业时，其缺课时数固无补充之必要，然亦须依适宜方法，期使各学年之教授进度得无障碍，自不待言。对于国民学校及国民优级学校，有制定二部教授之规定。该制度之原则将学生分为午前、午后二部而教授之。盖因校地、校舍之狭隘，设备之不足，不得同时收容全体学生时，或因教员之缺乏，难于同时教授全数学生时，不得已而采用之制度也。以我国现状言之，因地方不同，性质各异，预料不得不适用此制度之国民学校及国民优级学校实不在少数，故特认可此制度之采用。

更就施行初等教育单级制之学校、学舍及义塾言之，关于特定之学科目，如作业、实务、体操及音乐等，得以同一程度教授全部或一部之学生。

此外，于施行初等教育学校（包含学舍、义塾），须由校长（包含舍长、塾长）负责作成各学年各学科目之教授细目，以期使各学科课程进行圆滑及教授彻底。

四、教科书

教科书系占教材之主要部分，对于达成教育目的所必要最少限度之内容，必须编入。故原则上，应使采用国定教科书或检定教科书。

然依学科目之性质，非但有难于编纂者，即依学校之情形或地方之情势，亦有难于使用教科书者。因此，对于新规程所规定之初等教育之图画及音乐教科书，及中等教育之实业及音乐（女学生之裁缝、手艺）教科书，得不使用。如斯在新规程将必须使用之教科书及非必须使用之教科书，就各种学校，须明了指示之。

鉴于我国民族众多，国家之特殊性，关于教科书之使用，兹特规定如次之过渡期间简便法或例外办法。

（一）初等教育之国民科及中等教育之国语科之教科书，于施行县制之地域内采定日语及满语者，于施行旗制之地域内采用日语及蒙古语者，于县旗并置之地域内采定日语者及由省长所指定之满语或蒙古语者。

（二）关于随同满铁附属地行政权之移让，由满铁当然移管之公学校教科书，以现在在学学生至国民优级学校毕业为止，得使用公学校原使用教科书及其同内容之教科书。

（三）关于朝鲜人教育，应用之教科书，现在考究中。而公学校教育之学科目、学科课程及各学年各学科目之每周教授总时数，亦照前述教科书之使用，仍依旧例，勿须赘言。

对于使用教科书之特殊办法，尚有待言者，即为国语科教授时数之通融办法。关于此点，就施行初等教育之学校（包含学舍及义塾）及国民高等学校，业于部令中详细明示，望切实了解之。

国家鉴于教科书之重要性，曩者设立国策会社之满洲图书株式会社，由国家监督其处理印刷发行等业务，并关于教科书之规格、定价及配给等，以丝毫无遗憾。因此乃规定，关于初等教育，应用民生部大臣所有著作权之教科书，中等教育则用民生部大臣所有著作权之教科书，或经民生部大臣检定之教科书。除此以外，书籍之采用或非法的增价严行禁止，并对于违犯规定者，科以二百元以下之罚金处分。

以上所述教科书，不过使教材有所根据。其于教材实际处理时，毋庸专依教科书，应取适宜补充教材补佐之。此亦极为重要者也。

五、设置及废止

教育为国家行政之一，故国家应以行政监督权统制教育，企图其健全发达，实属当然之事。是以国家对于既设之学校教育，有视学事务之规定，对于人事经理等，亦行使监督权。尤其对中等学校及其他教育之设置及废止，采取严格监督、取缔之方针。即于诸规程之规定，关于学校之设置及废止，按其种类及程度，附以一定条件，而使呈请认可，于认可后对其事项如有变更时，仍须呈请认可。

关于学则，尚有一言。盖学则为教育实施上之指针，而欲期学校经营之圆滑，学则之必要自不待言，是以任何学校均应规定学则。但学则中所明示之大部分属于认可事项，故未经认可者，即无学则之效力，此为尤应留意之事也。

六、教授日数、休业日及式日

依历年度，各种学校均一年为一学年，更将一学年分为二学期，以资学生之学力考查及其他教育之便利，而以星期日、祭祀日、冬季及夏季休业日，并监督官署所定之特定休业日，为各学校之休业日。而休业日，得休止授业。更于新规程规定式日，该日职教员、学生均须出席，而特别举行严肃庄严之式典，以资振作国民精神，彻底训育。式日除不授学科外，仍按授业日处理，并须记录出席与缺席。一学年之授业日数，初等学校定为二百二十二日以上，中等学校如国民高等学校及师道学校，定为二百二十八日以上，惟女子国民高等学校，亦定为二百二十二日以上，职业学校定为二百日以上。但因传染病及其他非常灾变，经监督官署之认可，临时休业时不妨减少前述最少限度之授业日数。

国民高等学校、师道学校及职业学校，鉴于学校之特质、学生身体发达之程度，可不置夏季休业。但于夏季（不必限于夏季）得课六十日以内（于师道学校三十日以内）之实习，而继续二十日以上专课实习时，得给与十日以内之休假，故实质上等于夏季休业之缩减一半。

七、编制

一学校学级数之最大限度，于施行初等教育之国民学校以十六学级为限，于国民优级学校以十二学级为限，于国民学舍及国民义塾以一学级为原则；其于施行中等教育之国民高等学校、师道学校及职业学校皆以八学级为限，于女子国民高等学校以十二学级为原则。但不拘施行初等教育或中等教育之学校，如有特别情形时，经关系监督官署之认可，得增加其学级数。

各种学校一学级之学生数，除国民学校外，原则上以五十人为最大限度，如有特别情形时，得增至十人。国民学校较他种学校学生数易多，故规定每一学级学生数之最大限度为六十人，并得增至十人。

从来超过一定限度之多数学生，收容于一学级，使人怀疑于教育效果，是甚觉遗憾之事。按学校教育实以学级为单位，而置重团体之教育为原则，每一学级之学生数有限度，因而规定其最大限度。且以实业教育为主之我国教育，特别于中等教育，因有实验、实习等设备上之关系，一学级内收容超过限度之多数学生，非但困难而不适当。且于限度以上之多级制学级组织，亦须力求避免二部教授制之教育及分校制学校组织之教育。为缓和前述之障碍，故限于有特别情形时，对国民学校及国民优级学校，认可采用二部教授制及分校制，而对国民高等学校及女子国民高等学校，认可采用分校制。

其于施行中等教育之国民高等学校及女子国民高等学校，对特定学科目，即体育及音乐认可合并异学年，或异学级学生之合并教授，于以工业为实业科目之国民高等学校就同一学科目，亦认可其合并，但异学级学生不过六十人者，得合并教授。

兹特注意者，于国民学舍及国民义塾之各班编制及教授法之复杂性，乃因学舍及义塾以单级制为本体，且根据一年至三年之修业年限，按学生之年龄及智力分为三班，即修业年限一年者为第一班，修业年限二年者为第二班，修业年限三年者为第三班，而每班相异其学科课程，故此完成年度之一学级之班数则分成六班，其结果一教师对不同学科课程之一学级六班之学生施行复式教授，此乃学舍及义塾之教授法最为复杂而困难之缘由也。按学舍及义塾与国民学校所不同之本质的特色，非但存于学级编制之单复相异点，实存于修业年限之单一性（国民学校之修业年限为四年）及复杂性（学舍及义塾之修业年限为一年乃至三年）。故基于学生之年龄及智力等相异之复式教授之复杂性，即可认为学舍及义塾之本质的特色。

关于一学校之教师数，其施行初等教育之学校，规定为每一学级置正教师一人之标准，而于八学级以上之国民学校及六学级以上之国民优级学校，每一学校得增添补助教师一人，更于八学级以上之国民学校及四学级以上之国民优级学校，得另置相当员数之专科教师。其于施行中等教育之学校，除职业学校外，规定为每一学级置教师二人以上，而照教授时数及学级数，就各学科目，得置相当员数之教师。

按学校教育之效果，仰赖教师之力者至大。故不拘初等教育教师或中等教育教师，悉以正教师充之为原则。但因我国之实情，于今日未可遽行实施，故规定施行初等及中等教育之多级学校，得置半数以内之补助教师。

八、设备

鉴于我国教育之现状，依教师之养成及教师之再度教育等要素之整备，以改善教师之素质而提高其实力实为当务之急。

但以置重实业教育、重视劳作训练之我国教育方针之立场而观，则按照学校之种类及程度施设，足能达成其目的之最少限度之设备，为不能忽略者。新规程就各种学校明示其各应依据设备上之原则，而期实效，并戒拘泥外观、忽视实质等之弊端。

又关于设备，尚有一言，则为学校应具备之表簿类。以往虽于各学校见有多种多样之表簿类，但不过形式，考其内容，均不适于实际利用，尚多遗憾。此乃就各种学校明示表簿之种类及范围，以统一正确之规格而资教育上之改善及刷新者也。

业已完结之表簿中，关于学籍簿，定二十年以上，其他表簿，定其保存期间为五年。但可预想将来或有必要之表簿，则应永久保存之。故不拘规程，考虑各种表簿之特质及其教育效果如何，于可能范围内亦可延长其保存年限，并使其活用，期无遗憾，是所冀望者。

九、入学资格

关于入学资格，业已就各种学校各依敕令（学校令及教育令等）所明示。但对敕令中之“与有同等以上之学力者”一句，另须规定其具体之内容，即于此次各种学校规程及学校卒业程度学力检定规程中，即可充足其需要，但学校卒业程度学力检定规程之目的，并非专为进入上级学校者，而兼有国民一般之学力检定。是以鉴于我国之现情，予以受学力检定之机会，以助长向学心，并奖励其研究心，而资提高民度进展文化为目的也。

其次，关于国民学校、国民学舍、国民义塾之新入学生，应由监督官署之特别市长或县旗市长调查次年度应入学之新学生预料数，而报告上级官署。

再有言者，则为国民学舍或国民义塾卒业者之编入国民学校之事项，《国民学校规程》

对国民学舍或国民义塾之卒业者，其年龄满九岁以上者，认可其编入国民学校第三学年。但根据置重学力许可入学之方针及使圆滑联络上级学校之新学制方针，对国民学舍或国民义塾之卒业中其有学力者，亦采认可编入国民学校第四学年之方针。

关于入学后学生之转学、休学、退学及卒业，可照新规程办理，毋庸赘言。

十、惩戒

于新规程将初等学校之惩戒定为训戒，中等学校之惩戒除训戒外，更加谨慎、停学及除名。而关于停学及除名，已指定为校长之权限。以此校长亦以教师之立场，得训戒学生，自不待言。

惩戒之意义，为以文书通告之惩戒处分，即如训戒尚属所谓惩罚，不得称为惩戒。但于新规程上惩戒之意义则根基于敕令（学校令及教育令），总称为惩罚及惩戒处分，此采取广义的解释者也。故校长及一般教师，亦以教师之立场得为训戒，而就该当惩戒处分之谨慎、停学及除名，则独归代表学校之校长之权限。

按教育上罚（特称为学校罚）之一事，以被罚学生之改过迁善为主要目的，而加惩罚或附惩戒处分，须进而对全校学生有以儆其他之效果，振肃校纪、作兴校风，以资学校训育之彻底。

然而，罚非但不应乱科，并且纵系具有教育目的之学校罚，如体罚之类，则不得加之，此乃于初等学校规程所明示者也。若不得已而加学校罚时，关于其适用，应以恶其罪、不恶其人之态度，就其行为之动机、过程、结果及影响等，一再慎重熟虑后，以诚意处断之，而期合乎教育本来之趣旨及目的。

十一、授业费

关于授业费之数额，于各种学校规程明示其最高限度。即：于施行初等教育之国民学舍、国民义塾及国民学校规定月额二角以下，于国民优级学校规定月额三角以下；其于施行中等教育之国民高等学校及女子国民高等学校规定月额三元以下，于职业学校规定月额二元以下。但于学校、学舍或义塾一日亦未授课之月份，其授业费则不征收之。

其如兄弟二人以上在施行初等教育之同一学校时，得减征其授业费，及对贫困学生免除授业费之全部或一部，乃属监督官署之认可事项。故于当该官署关于授业费之减额及免除之程度或其范围，应规定适应其地方情形之基准，以图统制，而期依公正妥适之措置，合乎减免授业费之本旨，是所切望。

十二、监督

对学校教育之监督，分为关于人事及经理之行政监督，及对教师之视学事务。前者是关于教师之任免，虽涉及学校经理事务之当否曲直之监督，而与一般行政并无异点；后者则含有对教育之内容、方法等之指导监督之意，而称为视学事务。此外，对学校之设置、废止之认可，亦属教育行政监督。

从来对我国学校教育之监督，意义未必一定，而又以各种学校之各关系监督，亦无明确，因而不无监督不彻底之弊。故于新规程，就各种学校以明示各监督官署，而冀文教行政之运用上得无遗憾。

十三、师道学校（包含特修科）及女子国民高等学校师道科之教育实习机关

此次之新规程不认可设立师范附属小学校，而企图以施行初等教育之一般普通学校为师道学校（包含特修科）及女子国民高等学校师道科之学生教授实习场。此即废止从来之附属小学校制，而专采代用附属校制。此种办法不但于实习生得供其实习，且可得比较多数之学校，又不需要如曩日附小应备之教员数及设备，且想及受师道教育者之大部分须于农村学校就职服务时，如于缺乏设备及其他特质要素之代用附属国民学舍施行其教育实习，更为适切有效，是可确信也。

我国以往之附属小学校几乎全在县城内及其他都会中心地，无论其教师、校地、校舍及其他设备或其教育方法及学校经营方面，大有奢华之气象，非农村学校所能追随，实离开一般农村教育之实情，故未能发挥其模范之实质，实为遗憾之事。以此当实施新学制时，新教育实施方法企图一大改善之理由也。

十四、师道学校（包含特修科）及女子国民高等学校师道科学生之学资及卒业后之服务

对于施行师道教育之师道学校（包含特修科）及女子国民高等学校师道科学生，其在学中不但免除其授业费之全额，而且对学生之全部或一部发给月额四元以上十元以下之学资之理由，实根据使学生卒业后担负一定年限（师道学校给费卒业生为三年，私费卒业生为一年，特修科亦同；女子国民高等学校师道科给费卒业生为二年，私费卒业生为一年）之义务教育也。

除受师道教育外之学生，亦须于卒业后从事一定之职业之贡献国家社会，但于此时予以选择职业之自由。至师道毕业生则不然，因此而有免除其授业费，特由国家担负之。故凡欲将来当教师而受师道教育者，非有不为名利权势所眩惑，坚持不挠、专心教育圣业之殉教使徒之自觉不可。此时国家亦应重视师道教育，而须力求优遇其学生。如此受师道教育之卒业者，不但担负一定年限之义务教育，而并于卒业初之一年间对监督官署所指定之学校有履行服务之义务，是乃当然之事，而不拘有此服务之义务。纵于服务义务期间，经监督官署之认可，而入学养成教师为目的之学校及其他教师养成所者，其在学中暂缓履行其义务，而于卒业后再尽其义务亦可。此亦可为重视养成教师之国家之恩遇。然而对于服务期间被处免职或剥夺许可状之惩戒处分或禁锢以上之刑罚而应退职者，及无正当事由而

不尽服务义务者，在原则上，如系给费卒业者，责其偿还在学期间之授业费（年额三十六元以下由监督官署定之，以下类推）及在学中所支给之学资，如系私费卒业者，责其偿还授业费。

十五、私立学校及特别教育施设规程

关于私立学校之规程规定：有设置之条件及呈请设置事项，取消私立学校之认可及有闭锁权之行政官署，采用校长、代表者或教师及其解职事项，对于监督官署之报告事项等。至于私立学校实际的运用上之方针，应取于包含各种取缔规定之私立学校令及与该私立学校同种类、同程度学校之规程。

其次，特别教育施设，为不专传习技术，类似学校之教育机关。关于其实施，如私立学校，别无所能依据之学校令及学校规程，故其规程比较详密乃属当然之事。兹将其规程事项，列举项目如次：呈请设置之认可，及其监督官署之处置认可，设置及废止之监督官署对上级官署之报告呈请监督官署之认可事项，学则中应规定之事项，关于休业日，及临时修业式日，及举式之事项，教师之员数及代表者或教师之采用及解职之手续，关于用地、建造物及设备之条件，应具备之表簿类，关于学生之入学、进级、休学、退学及惩戒之事项，关于学籍之事项，关于毕业之事项，对监督官署之报告事项等。

又特别教育施设，亦与私立学校相同。基于行政上之严重的取缔、监督，适用罚则处不少，故对此点，应依关于特别教育之件（敕令）及私立学校令妥为处理，则不待言。

私立学校若其经营得法，亦可得到优异之成绩，但往往有趋向营利或作为宣布偏狭之一种主义思想工具之倾向，对于教育本义不无毒害之虞。至于特别教育施设，不仅有私立，如官公立者，亦在被认可之例，其发生之弊病，虽未有像私立学校之多，然而特别教育施设不但其种类、程度等繁杂，而其内容并无一定之标准。故其实施运用上，必有相当之困难，并其指导监督亦非容易事。此乃关于私立学校及特别教育施设，特规定罚则（参照敕令），严行其监督、取缔之理由。

十六、教师之名称及资格

初等及中等教育教师之名称无区别，乃共通之名称，而分称为教谕、教导、教辅。但详言之，如初等教育，教师冠以“初等教育”四字，称初等教育教谕、初等教育教导、初等教育教辅；如中等教育教师亦同，即冠以“中等教育”四字，则称为中等教育教谕、中等教育教导、中等教育教辅。其在初等教育教师，则另有专科教谕。

中等教育教师本以担任学科为原则，而初等教育教师则以担任学级为原则。但初等教育教师之特异者，为担任某一学科目或数种学科目者，则称为专科教谕。

教谕及专科教谕乃持有教谕或专科教谕之许可状之正教师，而教导及教辅则为代用任务之补助教师，但教导持有教导许可状，而教辅则并无任何许可状。二者之区别，即在于此。关于校长，规定如下，即：于施行初等教育之学校，须以初等教育之教谕充任，而于施行中等教育之学校，须以中等教育之教谕充任，但于国民学舍之舍长及国民义塾之塾长，难得教谕时，初等教育教导或初等教育教辅亦得以充任之。

不拘初等学校或中等学校之校长及教师，悉以正教师充任为主体。但于国家之财政、民度、文化及经济等具有显著的特异性之地方情形时，难实现其规定，则除正教师外，得采用补助教师。

其以初等教育教导或初等教育教辅，所以得充舍长或塾长，为绝非轻视学舍及义塾而规定者，盖学舍及义塾，本来以一学级一教师主义之单级编成为原则，而其教授方法须适用困难之复式教授法，应以正教师之教谕充任，则为妥适。但凡学舍及义塾之所在地方，则为民度低下、文化落后之穷乡僻壤，得一教谕甚为困难，因此如无教谕以充舍长或塾长时，不得不以教导或教辅充任之。如此，教谕、教导、教辅在其资格、身份、待遇等虽有区别，但独自担任学级或学科之权限（或可谓一种之资格）上，并无任何区别。

十七、教师之许可及检定

教育之效果如何，主要则视教师之实力如何。是以教师之任用，原则上根据许可状制，为世界之通例。而授与许可状之条件，为须卒业于特定之教师养成机关者，及合格于国家所定之教师检定者，亦为一般之常识。

新规程基于此等通例及常识，就初等及中等教师分别明示教谕及教导许可状授与之条件、手续，及更改或再发给之手续、方法，并关于授与许可状之一条件之教师检定，设有详细之规定。

教师检定分为两种：其一就学力试验、性行考查、身体检查之三者施行；其二对具有一定之资格者，省略学力试验，只就性行考查及身体检查二者而施行（此时不称无试验检定）。二者均于慎重施行后，再施行检定，而决定其合格与否。对其合格者授与一定之教师许可状，但授与许可状者未必事实上就教职。对教师检定之学力试验，就某科目授与成绩佳良证明书者，定为五年以内有省略该科目之试验。

其次得受初等教育教师检定之资格，为年龄满十七岁以上并卒业国民优级学校以上之学校者，或合格国民优级学校卒业程度之学力检定者。至受中等教育教师检定之资格，为年龄满二十岁以上并卒业国民高等学校或女子国民高等学校以上之学校者，或合格国民高等学校或女子国民高等学校卒业程度学力检定者。然而，对被处禁锢以上之刑者，或受破产之宣告尚未复权者，或依惩戒受许可状褫夺之处分未经三年者，或依惩戒受免职处分未经二年者，不与受教师检定之资格。此乃鉴于为人仪表之教师之地位，殊示慎重，实属当然之事。

关于享受省略学力试验之资格条件及学历试验之科目及其程度，已详细明示于教师检定规定中，可参考之。

又关于施行教师检定，如初等教育教师检定，于省或特别市设置者，则属于省长或特别市长监督之初等教育教师检定委员会，如中等教育教师检定，于民生部设置者，则属于民生部大臣监督之中等教育教师检定委员会。其关于委员会之组织、机能之规定，可于教师检定规程中了解之。

十八、校长及教师之进退

施行初等及中等教育学校之校长（在国民学舍为舍长，在国民义塾为塾长，以下类推）及教师之进退，是关于任用、采用（在私立学校及国民义塾称为采用，以下类推）、解职、休职、退职及决定俸给额之事项。解职于其结果与退职无异，但退职乃非受惩戒处分，解职则不拘依惩戒处分与否，而校长、教师解其职务之意。又退职，如前所述，系非受惩戒处分，故与免职性质不同，但免职之结果亦为退职，则不待言矣。

关于校长及教师之进退之规定事项，则为任用、采用及解职之监督官署及其手续，该当休职之理由，及命休职之监督官署休职之手续，及期间该当退职之理由，及命退职之监督官署退职之手续及期间等。至于详细之点，望于新规程中考求之。

兹就休职及退职，关于二三主要点，显明其趣旨：

1. 因教育上或事务上之事由，有必要时，该监督官署得命其休职。但于此时，按事情之性质缓急，于可能范围内不令其休职而调往适宜之他处，是为本旨。又因变更学校编制及其他事由，生出过剩人员时，应于事前力为设法，不应使其陷入退职之境遇。

2. 在职中之教师，其休职时，如合格留学生试验而留学者，于其卒业后，应立即复职为原则。但依情形有难于立时复职者，可以规定其休职期间，为在学中或卒业后三个月为限。

3. 休职者，除不从事职务受俸给或不受给与外，均与现职者无异，是以被命休职之校长，其教师之名籍当然置于奉职校，但校长之职于休职时立即脱离之。

十九、校长及教师之职责及服务

发挥学校教育之实绩必须仰赖教职员之努力，尤以校长及教师之职责，及对职务之态度，即服务，实为学校教育之重心。而校长及教师之职责及服务与学校教育，对于训育之成果实有紧密之关系，可谓对振肃校纪、作兴校风为主体。

纵使法规法令如何详尽，如运用之校长及教师对其职责及服务无自戒自肃之行为，即可断言恰似画龙而不点睛，实非过言。因此，乃于校长及教师之职责特别揭出，此为服务基本准则，是以其实施细则应于各学校作成适应实情之具体案，经监督官署之认可，然后确切实践，是所至盼。

校长为一校之代表，督统所属教师，于学校经营上亦应负完全责任。所属教师若有受惩戒行为时，定其适当种类之惩戒处分，具备证凭文件，应呈报该管官署。公立学校长，关于所属教师之进退赏罚应该管理者，有具报之权限。

二十、校长及教师之惩戒处分

关于校长及教师之惩戒处分之规定，其事项之主要者则为该当惩戒处分之理由，惩戒处分之种类，及执行监督官署，及惩戒处分之手续等。

该当惩戒处分之理由，凡违反为校长及教师职责上之义务及怠慢职责，并有辱为教师体面之行为，而背戾其本分者。但当行为实际之判定，除依具体的各别之行为外，别无良法。且按照构成惩戒处分之理由之事实行为之内容及程度，而判断是否适用许可状况褫夺、免职、减俸及谴责之四种类中之何者，乃极为困难之事，故须慎重处理之。

其惩戒处分不必与休职及退职具有直接关系，但应受何种处罚之理由易于错误。譬如关联刑事事件，被告诉或告发时已成为休职之理由，但裁判之结果受有罪之判决时，则以污辱教师体面之理由，当然处以惩戒处分，此为其例。故关于校长及教师之进退及惩戒处分，应确认两者之区别而期其适用，自无谬误。

二十一、公立学校之校长及教师之俸给、旅费及诸给与

关于教师之身份，迄于今次之新规程公布时尚未决定，颇觉遗憾，但想不久即可决定，故对此问题姑置不论。

新规程所列举之关于待遇之事项，如俸给、旅费、遗族之死亡给与金、遗族恤金、疗治恤金、入院疗养恤金、退职给与金及赏金等，本部对此等事项于可能范围内考虑准官吏之待遇。

按我国现在之初等及中等教育教师之俸给及其他诸给与，依地方情形不但悬殊，并缺欠待遇上之公正亦甚，且其一般标准亦较低劣。鉴于如此实情，加以全国的统制，而期公正妥当，乃属极其紧要之事。然而是等待遇问题，一面与地方财政有密切之关系，故此新规程只规定其准则，至于其具体的决定，任由地方关系监督官署，基于准则采取适切妥当之措置。

二十二、结论

以上所述，欲期学校教育之成果，终须仰赖校长及教师之努力。凡事业之运营，应基于脉络贯通之一定规格，而学校教育之运营亦须遵循一定之法令，是为当然之事也。

今后指导监督学校教育之关系当局，与身当校长及教师者，应根据曩日所公布之教育敕令，对于此次公布敕令施行细则之诸规程须十分明了，以期新学制实施上万无遗漏，并使此可纪念之文教事业，以收相当实效，是乃鄙人衷心切盼者也。

以上所述之概略，为了解新规程有所帮助，则为无上之欣幸。

《奉天教育》第 5 卷第 8 期，1937 年。

关于新学制之公布

（1938 年）

文教部大臣　阮振铎

一、新学制制定之理由及迄于制定公布之经过概要

值兹访日宣诏第二周年之佳辰，建国以来国民所渴望而久成悬案之新学制，于本日制定公布。我国学校制度之基础于兹确立，文教之方针于兹决定，不胜为国家庆贺之至。而在我国教育史上划一新纪元，诚为永堪纪念之盛事也。

按我国现行之学校制度，其大部分为旧东北政权时代之遗物而沿袭至今者，不惟不适我国之国情，抑亦不合时代之趋势，毋庸赘述。文教当局于建国之初，即已严禁依据党义及三民主义之教育，遵从我国家之理想，改善教育之内容，编纂教科书，致力于教师实力之养成与其素质之向上，刻意以求国民教育之建设与振兴。惟其根干既为旧东北政权时代根据中华民国学制之遗物，为国家教育设想，不胜忧虑之至。文教当局有鉴于此，于大同元年六月即有改革学制之议而着手准备。惟因学制关系之分野极广，举凡国家之组织体制、政治、经济、产业及文化、财政等之根本方针，以及地方制度之确立等事，莫不与之有不可分离之关系。故欲从此数者之中抉出学制而单独制定之，究属不可能事也。于是文教部一面静候此数者之解决就绪，一面先行开始调查国内教育之状况，或检讨各外国学校制度之长短得失，或召集各种教育会议及研究会为绵密之讨论，几经慎重审议，再三精查，始着手拟定草案，计自建国以来费五年之时间于兹始得成案。更将此成案咨于网罗各方面明达之士之学制调查委员会而征求其意见，最后经政府关系机关如国务院会议及参议府会议慎重审议，本日始见制定公布。鄙人回顾此学制迄于生产止所经之苦难，对于直接、间接努力于调查研究与起草制定之关系者各位，借此机会表深甚之敬意与谢意，并祝新学制前途之光大。

二、我国之教育方针

鄙人于此极可纪念之新学制公布之机会，拟就我国之教育方针，及根据教育方针对于学校教育上特别留意之要点，并新学制之学校体系及各学校之特质，略述其大要。

我国之教育方针，一言以蔽之，曰以养成忠良之国民为目标，即鉴于我建国之理想与国体之特质，以养成深明善体国家观念及国民精神而忠诚奉公竭力事上之国民，为我国教育之主眼。

欲养成忠良之国民，必也磨砺其坚固纯正之精神，锻炼其强健之身体，涵养其旺盛之活动力，并以国民生活安定上所必需之实学为根基，而授与知识技能。所谓实学者，自以关于实业或实务之学科为主，然乃以此为根基。至于文理科的普通科，其为国民常识与实

际生活上有用者亦包含在内。此坚固纯正之精神与强健之身体，及以实学为根基之知识技能三者相依相辅，以期养成忠良健全之国民。然一贯此三者之中而成其杼轴者，则为陶冶人格、涵养德性之精神教育。即遵照建国精神及访日宣诏之趣旨，咸使体会日满一德一心不可分之关系，及民族协和之精神，阐明东方道德尤致意于忠孝之大意，涵养旺盛之国民精神，实为国民教育之根基。

无论知识技能如何优秀，体力如何强健，必须依纯正之精神而使用之，方为有益。若依不正之精神而恶用之、乱用之，反害国家与社会。要之置最大重点于所谓精神教育之基础工作，以强健之体力，善用活用其知识技能也。

三、根据教育方针对于学校教育上特别留意之要点

根据以上所述之教育方针，而举学校教育上特别留意之要点如左：

首以精神教育为根基，陶冶学生之人格，涵养其德性，以期国家观念与国民精神之发扬光大。因此之故，注重切合国民实际生活之实业教育或实务教育，施行经由实业的陶冶或实务的训练之人格教育或精神教育，同时兼授国民实际生活上有用之文理科的普通学科，以陶冶圆满之人格，涵养纯正之国民性。故我国之学校教育，虽云重视实业教育或实务教育，然决非以养成专门的技术家为直接之目的。盖深信真正之人格教育，惟经由实际生活上最有关系之实业的陶冶或实务的训练，始能有成。是故此实业教育或实务教育正为国民普通教育，亦即正为一般教育又必立脚于如是之基本的一般教育，或普通教育之上，而后各种专门高等教育始能得有意义之效果。

次则与实业教育或实务教育相关联而应加提倡者，即教育之方法以劳作为主是也，此乃利用人类本来之活动性。在学校教育上一律极力施行劳作训练，借使学生获得确实之知识技能并增进身体之健康，涵养爱好勤劳之精神、勤勉力之习惯，以资人格之陶冶，极力避免注入式之观念教育或抽象的偏知教育。

复次对于以保护增进身体健康为目的之体育，鉴于现时世界之趋势，与我国从来之通弊，当使了解体育之精神意义，并与卫生方面相辅以图体育之完全普及，俾资国民体质之向上。

四、新学制之学校体系及各种别学校之特质

兹就新学制之学校体系及各种别学校之特质说明其大要。

新学制之学校教育，分为初等教育、中等教育及高等教育三阶段，及师道教育、职业教育二部门。

属于初等教育之学校，为国民学舍、国民学校及国民优级学校三种类。其教育目标在于施行一般国民之基础教育或实务教育，养成忠良国民之性格，提高其资质。

又国民学舍之属于私立者，特称之为国民义塾。无论如何山间僻地，均图国民教育之

普及与彻底。

属于中等教育之学校，为国民高等学校及女子国民高等学校二种类。其教育目标在于施行以实业或实务根基之国民普通教育，养成堪为国民之中坚者。

属于高等教育者，为大学。其教育目标在于使修得国家所必需之高等学术之理论及实际，养成国家枢要之人才。

关于养成直接担任国民教育之教师之师道教育，则为师道学校、师道高等学校及主管部大臣指定之大学及其他学校或教育施设。其教育目标当然在于陶冶人格，养成堪为教师者。

最后属于职业教育者，为职业学校。其教育目标在于授与社会实际生活上所必需之职业之知识技能，养成思想技能两皆健全之职业者。

通计以上学校体系全阶级之修业年限为十三年或十四年。故如最初之就学年龄为满七岁，则其最终期之大学卒业时之年龄为满二十岁或二十一岁。较之我国现行制度缩短二年，而较之世界各国之学制未必为短。

按我国从来之学校体系，小学校与中学校均采初级、高级两阶级制。今新学制由于完成教育之见地，废除此两阶级制而改为一阶级制，此为特堪注目之点。

（1）国民学校

初等教育之国民学校就学年龄为满七岁以上，其修业年限为四年。

查我国小学校之就学率，虽云半因未施义务教育制度之故，然究属过低，仅占学龄儿童百分之二十三，即百人中仅有二十三人就学者。实情如是，故新学制对于国民学校之就学年龄，不为满七岁之划一的限定。即对于满七岁以上之少年青年，概与以获受基础教育之机会，以期国民教育之普及与彻底。且就我国现状观之，民度、文化、经济等项均各有显著之地方的特异性，欲实施就学年龄之划一制，异常困难而又不适当也。

关于国民学校之修业年限，鉴于我国各种事情，在原则上以四年为最适切妥当。然就我国从来小学校儿童之退学率推之，此四年之修业年限尚恐失于过长。即通计初级小学校四年全课程之退学率平均为百分之五十二。换言之，初级小学校入学儿童在四年间退学者占半数以上，实情如斯。可知我国不惟尚不适于施行义务教育制度，抑亦可见仅有一种修业年限四年之国民学校，不能满人意也。

（2）国民学舍及国民义塾

根据上述之理由，在难于设置或不适于设置国民学校之地域内，设置修业年限一年乃至三年之国民学舍，作为国民学校之代用机关，以施行简易之国民教育。

又查我国内自然的成立之私塾，其数约有一万，散在全国各处。其塾生之数约达十万，而就其教师及所授之教育内容、教育方法并一般经营状态观之，不合我国之教育方针者甚多，难期国民教育之彻底。然若使是等多数之私塾遽悉改编为国民学校，又为地方之民度、文化、经济等实情所不许。故以渐进主义，对于其教师之素质与教育内容等加以相当之改善，其公立者作为国民学舍，私立者特为国民义塾，至于修业年限皆为一年乃至三年，施行切合地方实情之简易教育，而冀逐渐编为国民学校。

(3) 国民优级学校

夫已修了国民学校全课程者，原应与以进入中等教育阶级之国民高等学校或女子国民高等学校之资格。惟按国民学校卒业程度之学生，其年龄尚稚，心身犹未十分发达，则其所受实务的训练亦不完全，故不能立即成为社会有用之人才。若使之一跃而入于以实业或实务为主之国民高等学校或女子国民高等学校，又不免失之过早，且查入中等程度之学校者仅为国民中之极小［少］数部分。因鉴于此，故于国民学校与国民高等学校或女子国民高等学校之间，置中间的阶级，称之为国民优级学校。施行以人格教育为根基之实务教育，借以养成卒业后立即堪为社会有用之人才。是以国民优级学校，以程度论，等于从来之高级小学校，惟其目的与内容则颇相异。又在国民优级学校内，置修业年限一年或二年之补习科，以施行实业之补习教育为主，而期国民教育之彻底。

要之，鉴于我国之现状，对于幼少年之国民初等教育，决以最大之留心与努力，使其普及与彻底也。

(4) 国民高等学校及女子国民高等学校

兹就中等教育阶级之国民高等学校及女子国民高等学校说明其概略。

从来之中学校大率属于文理科系统，其施行实业教育者仅限于少数之高级中学校。

夫以文理科为主之中等教育，其不适于时代之趋势与我国之国情，明甚。而于养成国民中坚人才之中学校内，通初级、高级六年间，始终专重文理科教育，实为国家所不取。

故新学制废除初级、高级之两阶级制，而改为修业年限四年之国民高等学校。以实业教育为根基，兼授以实际生活上有用之文理科教育，借以施行真正之人格教育，养成国家中坚人物，而冀防止所谓学问游民之辈出。

对于从来之女子中学校，亦如男子中学校，以大略同一之理由，废除初级、高级之两阶级制，改为修业年限四年之女子国民高等学校。以授与家事、裁缝手艺等之实科为主，施行女子之实务的训练，养成堪为良妻贤母者，借资我国家庭生活之改善。

又女子国民高等学校，既于家事科中授以育儿及家庭卫生等，复授以儿童心理等之教育学，则其教育本体已可养成家庭内之教育者的态度。故于女子国民高等学校内，更附设修业年限一年之师道科，使女子国民高等学校程度以上者入学之，施行堪为教师之训练，以期成为国民学校及国民优级学校之女教师。

(5) 大学

关于高等教育，兹特定大学令，使修得国家所必需之高等学术之理论及实际，以养成国家枢要之人才。随国运之发展与时势之进展，陆续筹设修业年限三年或四年之各种实业大学，以及法制、经济、医学等大学。

又于大学内，置特修科。关于特定之学术，使得在比较的短期间内修得之。至于考究学术蕴奥之国家的研究机关，则取将来有必要时设置之之方针。

（6）师道学校及师道高等学校

兹就属于师道之学校述之。

因深信一国文教之盛衰，系于直接担任指导教化学生之教师人物，并鉴于我国教育界之现状，故新学制置重于教师素质之改善与其实力之向上，而以设备及其他物的因素为第二义。以言新学民内之养成教师机关，则为养成国民学舍、国民学校及国民优级学校之教师起见，设师道学校，使国民高等学校第三学年修了程度以上者入学之，施行二年之师道教育。

从来师范学校并用所谓一部制与二部制，前者招收高级小学校卒业者，施以三年之师范教育，后者招收初级中学校卒业者，亦施以三年师范教育。兹新学制，既如上述一概施行实业或实务为主之教育，则为其教师者，至少亦须受中等程度之实业教育，并经依据劳作训练之人格的陶冷［冶］，故以国民高等学校第三学年修了程度以上者为师道学校之入学资格。

再为补充全国多数之国民学舍之教师起见，或为充当国民学校或国民优级学校之补助教师起见，于师道学校内，置修业年限二年之特修科，使年龄满十四岁以上而为国民优级学校卒业程度以上者入学之，庶几于普及与贯彻国民初等教育上得无遗憾焉。

其次关于师道学校、国民高等学校及女子国民高等学校内担任实业科之教师，将委托各种实业大学养成之。至于担任文理学科及音乐、体育、图画、手工、书道、家事、裁缝手艺等之技能科教师，则于修业年限三年之师道高等学校养成之。

（7）职业学校

关于职业教育，以养成思想坚实、技术熟练之职业者为目的，修业年限二年或三年之各种职业学校，使年龄满十三岁以上而为国民学校或国民优级学校卒业程度以上者入学之，以期养成心身健全之技术者。惟关于修业年限，于必要时准其为一年以内之伸缩。换言之，得设一年乃至四年之各种职业学校也。

（8）私立学校及特别教育施设

新学制上，除师道教育外，其他学校教育概准私立学校之设置，并准许不依学校令及教育令而类似学校之特别教育施设之存在。总之，国内所有教育机关，不分公私，一律置之于国家统制之下，故我国内任何教育机关无不得受新学制之适用。不问其为学校或为特别教育施设，凡属于私立者，鉴于从来之弊，对于其设置与废止无论矣。即对于其经营亦行严重之监督，以期我国教育方针之彻底的实现。

五、补说及结语

以上就学校体系及各学校之特质说明其概略，至于学校体系上各阶级及各部门之各种类学校，各有其独特之目的，皆为完成教育之机关，排除预备教育之观念，即不以下级学校，为上级学校之预备机关也。惟某阶级或某部门之学校施行完成教育之结果，自成为其上级学校之基础教育，而适于受上级学校之教育，则为理所当然之事，不得遂谓为违反完成教育之趣旨。

因此之故，新学制对于进入上级学校之途径力求圆滑，并准许以实力为入学资格。对于未受正式学校教育而有一定之实力者，依主管部大臣之所定，予以入学资格。即所谓教育上机会均等之事，为新学制所准许也。

由上所述，可知新学制对于制度本身，极力使其含有融通性与伸缩性，借以避免陷入划一主义之弊，而期适应复杂多歧之地方的特殊事情。然一面立于大局的见地上，努力于国家的统制，则不待言。

此新学制定于康德五年一月一日起实施。在实施日期之前，更预定依据此次公布之学校令及教育令，从速制定公布学校规程以及关于学校教育之各种法规、各种法令。目下部员全体正举其全力从事于研究调查与起草也。

预料关于此新学制实施前之准备工作，及实施后之学校教育运用经营，必有相当之困难，但愿借全国教育关系者及官民各位宏大之协力，使如此树立国家百年大计之大事业得以顺利进行，不胜盼切之至。

（伪）满洲帝国教育会编：《满洲帝国文教关系法规辑览》（上），1938 年。

四、教育经费

（一）政策法规

文教部及所属官署会计事务章程（节选）

（1936年）

第一章 总 则

第一条 文教部暨所属官署之会计事务，除另有规定者外，应依照本章程办理之。

第二条 岁入所属年度，依左列区分之：

一、关于有一定缴期之收入，依其缴期末日所属年度。

二、关于随时之收入，其发与缴纳告知书者，依其发给缴纳告知书日之所属年度。

三、关于随时之收入，其未发与缴纳告知书者，依其领收日之所属年度。

第三条 岁出所属年度依左列区分之：

一、关于诸退回金、损失补充金、偿还金之类，依其决定日之所属年度。

二、关于俸给、薪水、津贴、旅费、手续费之类，依其应支付事实发生时之所属年度。

三、关于使用费、保管费、电灯电力费之类，依其支付原因所存期间之所属年度。

四、关于工程制造、购买物件、运费之类，依其应支付日之所属年度。

五、上列各项以外之费用，依填发支票日之所属年度。

第四条 左列官署以左开官吏为岁入调定官。

一、文教部 总务司长

二、各省公署 总务厅长

三、教员讲习所 主事

四、高等师范学校 校长

五、高等农业学校 校长

岁入调定官认为必要时，得以使其他官吏分掌调定事务之一部。

第五条 左列官署以左开官吏为支出官。

一、文教部 总务司长

二、各省公署 总务厅长

三、教员讲习所　主事

四、高等师范学校　校长

五、高等农业学校　校长

第六条　前列两条所规定之官呈，如有缺员时，得由文教部大臣任命代理官。

第七条　文教部大臣于特别之官署，得置款项先付官吏，令掌经费支付事务。

第八条　左列官署置收纳官吏、岁入岁出外现金收纳官吏，以及物品出纳官吏。

一、文教部

二、各省公署

三、教员讲习所

四、高等师范学校

五、高等农业学校

前列各项官吏系指于文教部由总务司长，于省公署时由总务厅长，于教员讲习所时由主事，于高等师范学校时由校长，于高等农业学校时由校长任免之。

本条第一项以外之官署及各省公署之各厅，于必要时得置分任收纳官吏。

第九条　前条官吏之任免时应呈报文教部大臣。

第十条　对于学校文化机关及其他交通不便之处，支出官文教部大臣之认可，得提交办公费之一部，令其自行办理之。

第十一条　各官署长须将所属收纳官吏款项，先付官吏岁入岁出外现金出纳官吏及物品出纳官吏（以下简称出纳官吏），于一个会计年度间之各官吏管理期间，查明依照第一号书式，于翌年一月十日以前呈报文教部大臣。

第十二条　出纳官吏如更替时，须即时由前任官吏与后任官吏于五日内办理继承事宜，并须联名呈报，该管上级官厅转报文教部大臣。

第十三条　关于支出官出纳官吏保管之支票现金或有价证券，如有遗失、被盗或伪造改造等之不正事件时，该管官署长须调查左列事项并附具意见，呈报文教部大臣。其由于出纳官吏之行为致政府发生损失时亦同。

一、犯人之职业、住址、姓名（在政府部内任职者，其任职官署及官职氏名）。

二、被害之日时、地址。

三、被害金额或被害证券面额（添具第二号书式之调查书）。

四、被告事件发见之动机。

五、由于盗用支票用纸及书类印章而兑出现金或有价证券等之不正常行为时，其至作成兑付书类之经过。

六、处理伪造或改造之证书而至于许取现金或有价证券之情况。

七、平素管守支票书类及印章之情况。

八、如将责任者处分完竣时须揭其要旨。

九、其他足供参考资料。

第十四条　出纳官吏保管之现金，须寄于满洲中央银行总行、分行或支行（以下简称满洲中央银行）而领取支票，如无满洲中央银行之地或距离甚远及暂时保管时，应存于其他确实可靠银行或用坚固之金库保管之。

前项存款别息应取缴纳岁入之手续。

第十五条　依照上条所载款项先付官吏，如欲存放满洲中央银行时，应由支出官于事前将其资格姓名通知于满洲中央银行，而款项先付官吏为鉴证起见，须将其印鉴送交于满洲中央银行。

第十六条　支票用纸须置于坚固之容器中，其收支应备账簿登记之。

第十七条　各官署应造送之关于岁入及支出之报告书类或证凭书类，如于所定期限内不能造送时，须将其理由及缓送日期报告于主管官署。

第十八条　由各官署向监察院所送之书类，均须由文教部转送。

第二章　预算及决算

第十九条　按照左列区分各该官署，须编制次年岁入岁出计算及与此有关系之说明书，其比较上年度预算有增减者，须连同说明其事由及计算所根据之调查书各十份，依照左列事项造送之。

一、本部各司应于八月末日以前送交总务司长。

二、各省公署及直属机关应于八月十日以前呈送文教部。

三、各主务司长将前号书类加以审查并附具意见，于八月末日以前送交总务司长。

第二十条　总务司长依照前条计算书编制文教部所管岁入岁出概算书，九月二十日以前呈送于文教部大臣。

第二十一条　前二条之造送期限得适宜变更之。

第二十二条　关于要求支出第二准备金之手续，得依照前列各条之规定办理之。

第二十三条　文教部大臣奉到国务总理大臣决定预算令件时，应将岁入预算通知于各官署长官岁至出预算，即对于支出官办理支付委任之手续，并将第三号书式之支付预算书分送于国务总理大臣及监察院，并办理通知满洲中央银行之手续。如支付预省有更定时，应依照第四号书式亦同校办理之。

各官署长奉到岁入预算通知书时，应即转行通知于岁入调定官至支出官得向其他官吏分配预算额数。

第二十四条　支出官及接得分配预算之各官吏对于既受支付委任或分配之预算，须再编造使用计划书，如其预算有增减或既定计划有变更之必要时，得随时更正之。

第二十五条　对于特别指定用途之工程费，其预算不得移作他工程费。

第二十六条　支出官如有流用预算或新设科目之必要时，须详具其事由呈请文教部大臣核准，但关于特受委任预算之流用不在此限。

预算各自流用呈请书，依照第五号书式预算科目新设呈请书，依照第六号书式填列之。

第二十七条　各官署长如有新设岁入科目必要时，应依照第六号书式呈请文教部大臣核准。

第二十八条　请增加预算时，应依照第七号书式办理之。惟呈请增加预算，如有新设科目之必要时，须附记于预算增额呈请书内，其新设科目呈请书得省略之。

第二十九条　于会计年度开始前如有支出现金必要时，支出官应请求文教部大臣核准。

文教部大臣依照前项请求认为必要时，即编制第八号书式之计算书办理，送呈国务总理大臣之手续。

第三十条　各官署长如有支出第一准备金之必要时，应依第九号书式请求文教部大臣核准。文教部大臣认为有支出第二准备金之必要时，须编造要求呈送于国务总理大臣。

第三十一条　支出官须调查属于补充科目经费经理之实在成绩，于翌年一月三十一日以前呈报文教部大臣核准。

第三十二条　奉到岁入预算通知之各官署长，须于翌年度一月三十一日以前填制第十号书式之岁入决算报告书，呈送文教部大臣核准。

第三十三条　支出官须填制第十一号书式之决算报告书，于翌年度三月十五日以前，呈送文教部大臣核准。

第三十四条　文教部大臣应填制岁入岁出决算书，附必要书类呈送国务总理大臣核准。

第三十五条　支出官拟将预算经费结转，于翌年度同时须填造列书类，令三份于一月二十五日以前，呈送文教部大臣核准。

一、对于承办者，须将契约书之誊本，由于承办或供给者之请求时，将其延期呈请书之誊书。基于设计变更及其他官署情形时，将其命令书之誊本。于相当时期不能实施时，将其理由书分别填送之。

二、第十二号书式结转计算书之附属明细书。

三、因为结转有新设科目之必要时，将其事由书其置有款项先付官吏之官署长。对于前列结转有必要时，得于一月十日以前将列之书类送交于该管支出官。

文教部大臣依照本条第一项所载之书类，填制第十三号书式之结转报告书，呈送于国务总理大臣。

第三十六条　契约第一条之规定，对于置有新款项先付官吏之各官署长备用之。

第三章　岁　　入

第三十七条　办理各项收入之岁入调定官或岁入调定分掌官于调定岁入时，应将缴纳时期适当规定之。其对于在满洲中央银行所在地之缴纳人，须发送第十四号书式之缴纳告知书。

但用口头告知时，须得将缴纳告知书省略，由收纳官吏缴收得须将第十五号书式之收据发与缴纳人。

对于在满洲中央银行所在地外之缴纳人，须发与第十六号书式之缴纳告知书令，由收纳官吏办理之。

第三十八条 岁入调定官、岁入调定分掌官，由中央银行或收纳官吏接到收讫报告时，应即时登载关系账簿。

前项之收讫通知书或收讫报告，均各依照收到日期之顺序，将各自及各月妥为区别，并于皮页上载记金额、科目及月份等项，编订保管之。

第三十九条 岁入调定官每月应填制第十七号书式之岁入征收报告书三份，连同满洲中央银行之对账单，于翌月十五日以前呈送文教部大臣。

如有无收入之月份，须将其要旨以文书报告之。

第四十条 岁入调定分掌官对于该管岁入调定于翌月十日以前应办理前条之手续。

第四十一条 文教部大臣接收到岁入征收报告书时，以一份送监察院，一份汇齐并填第十八号书式之岁入征收总报告书，连同参照书类呈送于国务总理大臣。

第四十二条 在满洲中央银行所在地任职之收纳官吏，于其任职地收到现款时，应将第十九号书式之现款缴付书于收到日或翌日连同现款缴纳于满洲中央银行，但收到额未满五十元时得于每十日汇齐缴纳之。

第四十三条 收纳官吏依照现金收纳簿，每月应填制第二十号书式之现款缴付细别书，于翌月五日以前，送于岁入调定官。分任收纳官吏应填制之现款缴付细别书，须交主任收纳官汇齐，再行转送于岁入调定官。

第四十四条 收纳官吏于每年度或更替时，应将第二十一号书式之收入金现金出纳计算书，连同满洲中央银行或其他收纳官吏之收据等凭书，经由文教部大臣转送监察院核准。

第四十五条 岁入调定官如于每年度收入未竣而拟结转，于翌年度时须办理收入金结转之手续，并将其要旨填列于该年度最终之既征收报告书内。

第四十六条 岁入调定官或收纳官吏于缴纳告知书、纳付书或现款缴付书内，对于记载之事项，倘发见错误，如直接交纳或缴纳于中央银行之岁入金时，应将第二十二号书式之岁入金事项订正请求书，经由最初办理之满洲中央银行转送总行请求订正。

第四十七条 如岁入金误缴或过缴后有发还之必要时，应填制第二十三号书式之岁入过误纳金还付请求书，连同权利者之请求书送交支出官。

第四章 岁 出

第四十八条 所有支付除左列各项外，应依债主之请求办理之。

一、俸给、薪水、各项赐金、津贴及膳费；

二、慰劳金及赏金；

三、各项谢金；

四、被服费及被服价款；

五、土地房屋及其他租金；

六、提拨经费；

七、船舶乘航人员各项津贴；

八、政府公报费。

第四十九条　支出官及款项先付官吏如支付款项时，须填制第二十四号书式之决议书。

第五十条　支出官及款项先付官吏，如已概算支付旅费时，应于旅行完毕后五日以内令其清算之。

但出外国旅行中经过年度时，虽于旅行未完毕前亦得令其清算之。

第五十一条　支出官如退还预算定额时，须填第二十五号书式之定额退回决议书，并发送第二十六号书式之退回告知书。

第五十二条　支出官提出之支票或退回告知书发见错误时，应依照第二十七号书式请求讣［补］正。

第五十三条　支出官如支出属于旧年度之经费，应开具金额及其理由呈请文教部大臣核准。

但其支出额数如均在其经费所属年度预算科目剩余额数范围内时，不在此限。

如依照前项但书之规定支出经费时，须及时呈报文教部大臣。

第五十四条　款项先付官吏，如支出属于旧年度经费时，应开具金额及其理由，向该管支出官请求之，支出官接到前项请求时，应调查其事实办理前条之手续。

第五十五条　岁入岁出金及岁入岁出外现金，如有需要补填缺损时，应由出纳官吏填制第二十八号书式之缺损补填金请求书，连同左列书类呈送文教部大臣。

一、检查员之检定书誊本。

二、被命补偿时，须造具颠末书；不被命补偿时，须添具理由书。

第五十六条　关于属于旧年度经费之支出或前条之缺损补填金之支付，如呈请或要求时，文教部大臣应审查其事实而决定之。

第五十七条　支出官如退还过误纳金或支付岁入缺损补填金时，应通知其主管岁入调定官。

第五十八条　款项先付官吏如请求款项先付时，应将第二十九号书式之款项先付请求书送交该管支出官。

第五十九条　款项先付官吏如支付经费时，须经其官署长之决定执行之，但于出差地支付时得专行之。

第六十条　款项先付官吏如发见误付时，应依照第二十五号书式造具定额退回决议书，速办理更正之手续。

第六十一条　支出官每月应填第三十号书式之支出讫额报告书二份，于翌月二十日以前呈送文教部大臣。

文教部大臣依照各支出官送到之支出讫额报告书填制第三十一号书式之支出讫额总报告书，连同参照书类呈送国务总理大臣。

第六十二条　支出官每月应填制第三十二号书式之支出讫额报告书二份，于翌月二十日以前经文教部大臣转送监察院。

第六十三条　款项先付官吏每月应填制第三十三号书式之先付款项出纳计算书，连同证凭书类于翌月十五日以前送交该管支出官，转送于监察院。

第六十四条　分任款项先付官吏应于翌月十日以前向主任款项先付官吏办理前条之手续。

第六十五条　款项先付官吏于支出完毕时，应即填制第三十四号书式之先付款项收支明细书，如有余额时，并须连同退还书送交支出官。

第六十六条　分任款项先付官吏应向主任款项先付官吏办理前条之手续。

第六十七条　支出官及款项先付官吏以外国货币或以外国汇票支付或退回定额及收回时，应填制换算额数附送之。

第五章　契　　约

第六十八条　关于工程之承办物件之买卖贷借或搬运及供给劳工等契约，除法律或勒令另有规定者外，应由置有支出官之各署长担任之。

但认为有必要时，得令其他官吏担任之。

第六十九条　契约担任官于左列情形，如办理指名投标之际，应详具其事由，呈请文教部大臣核准。

但对于不动产之卖出，不准办理指名投标。

一、同业者互相连合，有不正当竞争之处时。

二、不诚实或无信用之徒加入投标，有不正当竞争之处时。

三、须特殊之构造或须定品资之工程制造及物件之购入等于检查上有十分困难时。

四、违背契约之义务，对政府之事业上有十分障碍之处时。

五、除前列各项情形外，因特殊之事由，按一般投标办理认为不利时。

第七十条　对于工程之承办物件［对象］之买卖借搬运及供给劳工等之契约，拟按投标或指名投标办理时，应规定一定期间使投标希望者将样式书、图书面、契约（条件、承办人须知、现场或样式及模型等）阅览之。

第七十一条　对于投标或指名投标之预定价格调查书，须秘密办理之，并将其文书严固封缄，封如开，封时应由开封者为固封。

第七十二条　预定价格调查书除直接关系官吏外不得开标，后亦不得发表。

第七十三条　对于随意契约，填制预定价格调查书时，得准用前二条之规定。

第七十四条　契约担任官依据大同二年教令第五十八号政府契约规则第五条，认为无必要时，得将一投标或指名投标之投标保证金或指名投标及随意契约之契约保证金免除之。

第七十五条　投标书应施以缄封，并限于记名，指定时刻内投递之。邮便投标者限于双挂号及挂号邮便，以电信投标者限以校对电报受理之。

但于需要投标保证金而未缴纳者不在此限。

第七十六条　投标保证金应于投标书投递前令其缴纳。俟投标执行后，除属于中标人者外，其他须即日退还之，其属于中标人者，得于契约缔结后退还之。

第七十七条　契约担任官应使中标人由中标日起于五日内缴纳契约保证金，以便订立契约。

第七十八条　契约担任官于左列情形评具其理由，经文教部大臣之认可方可准订立随意契约。

一、依照随意契约比较时价，以有利价格而有订立合同之希望时。

二、须买多量之物品，如不分批购入而因买占及其他事由，其价格有腾涨之虞时。

三、如不克速订立合同，则有失却订立合同之机会或将以不利之价格，不得不订立合同之处时。

四、对于第六十九条第一项各节之情形，拟按指名投标办理而有不利之特殊事由时。

五、前列各节情形外，因特殊事由，拟按一般投标办理认为不利时。

第七十九条　订立随意契约时，应征求二人以上之估价单，如出卖出租等应与出最高额者，如工程之承办物件之购买或借入时应与出最低额者订立契约。

前项情形如估计最高或最低价格者有数名时，应以抽签法决定之。第七十条之规定对于本条第一项情形得准用之。

第八十条　契约书内应记载大同二年教令第五十八号政府契约规则第二条之条项，并由契约担任官及承办人签名盖章后保管之。

第八十一条　依照契约如对于工程或制造之已竣部分或物品之已纳部分，于完竣前或完纳前欲支付代价之一部分时，应由各官署长命检查官吏依照第三十五号书式填制检查调查书。

第八十二条　工程制造或修缮增工及物品购买等，如由承办人提出竣工通知书或交货时，各官署长得命检查人员对于现场或现品执行检查。

第六章　捐　　助

第八十三条　因为学术、技艺、救恤、慈善或水利土木及其他公用，如捐助金钱或物品时，得由官署长受理之，并应详具其金额或品名数量价格，并捐助者住址、姓名及其用途即时呈报文教部大臣，但金额或价格超过一万元或因受理而需费用时，应于事前详具其费目金额等项呈请文教部大臣认可。

第七章　岁入岁出外现金

第八十四条　依法律或敕令之规定而保管公有或私有之现金时，由岁入岁出外现金出纳官吏出纳保管之。

第八十五条　如由出纳岁入岁出外现金之必要时，文教部及省公署得由主管科长，其他应由各官署长命令收支之。

第八十六条　岁入岁出外现金出纳官吏于每年或更替之际，得填制第三十六号书式之岁入岁出外现金出纳计算书，连同证凭书类送呈文教部大臣转送监察院。

对于左列事项，应于岁入岁出外现金出纳计算书之备考栏内记载之。

一、对于现金之遗失或缺损而受补充时，须详记其金额及理由。

二、交代于后任官吏时，须详记其金额及理由。

第八章　物　　品

第八十七条　物品出纳命令官以左列各官吏充之：

一、文教部　总务司长

二、各省公署　总务厅长

三、教员讲习所　主事

四、高等师范学校　副校长

五、高等农业学校　校长

第八十八条　物品整理科目分别如左八种：

一、备品

二、图书

三、消耗品

四、工科材料

五、印花邮票类

六、动物

七、植物

八、保管物品

第八十九条　左列物品系属于物品出纳官吏保管以外者，无须登记于物品出纳簿内。

一、购入时即时消耗之物品。

二、公文书类及公报新闻药志并类于此种物品者。

三、因寄赠或分配用而购入之印刷物。

第九十条　物品出纳官吏非有命令不得出纳。

但限于特定之品类，得即时出纳应于事后请求认可。

关于前项之物品，应承受文教部大臣之认可而决定之。

第九十一条　物品出纳应即时登记于账簿内。

第九十二条　物品出纳科目依照左列各种区分之：

收受：买入、生产、赠与、保管转换、捐助、保管、改组、杂件。

支出：卖出、生产、消耗、赠与、保管转换、遗失、废弃、给与、死亡、还付、改组、杂件。

第九十三条　请领物品时，应于请求书内记载品名、数量及使用目的等，经主管科长盖章送交于出纳官吏，再由物品出纳官吏调查其请求是否正当，然后再办理交付之手续。

第九十四条　前条之规定向办理物品主任请求时，亦准用之。

第九十五条　对于物品之生产时，应于第三十七号书式之物品生产报告书内记载材料及劳工之内容，连同现品送交物品出纳官吏，再由物品出纳官吏办理接收之手续。

第九十六条　如因不用或损毁物品之退还时，应由物品出纳官吏调查其现品，并与账簿妥为核对后，再将保管证退还之。

第九十七条　如于出差地购入物品时，应速将该官吏之检收调查书及物品收据等送交于物品出纳官吏。

第九十八条　办理物品主任或出差者如欲以概〔该〕管领受邮票时，应于每月填制第三十八号书式之，邮票概领清算报告书于翌月五日以前送交物品出纳官吏。

第九十九条　物品出纳官吏如更替时，应由前任者对于后任者办理继承事宜并将其意旨记载于账簿内签名盖章。

第一百条　物品出纳官吏如对于其保管物品有遗失、损毁、被盗或被诈取时，应详具其事由报告于该管官署长。

第一百零一条　该管官署长官接得前条报告时，应审查其事实，如认为出于故意或怠慢时，得依照左列区分，令责任者赔偿之。

一、如物品遗失、被盗或被诈取时，应令其补纳代品或偿还相当之代价。

二、如物品损毁时，应令其修理或偿还修缮金，但对于虽加修缮亦不堪使用者，得依前项之例办理之。对于前项各官署长，应将处理之始末报告于文教部大臣，但属于轻微者不在此限。

第一百零二条　第一百条之规定对于物品保用者亦准用之，但此时须经物品出纳官吏报告之。

第一百零三条　物品如须转换保管时，应由现物品出纳官吏填制第三十九号书式之保管转换交代书，并办理移管手续及征取接管物品出纳官吏之收据。

第一百零四条　物品之处分除有特别规定者外，如属于不用物品或因损毁虽加以修理而无使用之希望时，应由物品出纳官吏附具品目数量、估计价格及事由，呈请该管官署长核准而处分之。

第一百零五条　本章内如有未尽事项，得由各官署长规定之，而应呈请文教部大臣核准。

第一百零六条　物品出纳官吏于每年度或更替之际，应将第四十号书式之物品出纳计算书呈经文教部大臣转送监察院。

应于物品出纳计算书备考栏内记载左列事项。

一、由上年度遂入额数比较上年度末现在额数如有异动时，应记载其理由。

二、物品出纳官吏于物品之遗失、损毁如有被责令赔偿时，应记载其金额及理由。

第九章　账簿及证明

第一百零七条　文教部大臣应备记左列账簿：

一、岁入簿　第四十一号书式

二、岁出簿　第四十二号书式

但遇有必要时得备置补助簿。

第一百零八条　岁入调定官岁入调定分掌官应备置下列账簿：

一、征收簿　第四十三号样式

二、调定簿　第四十四号书式

三、收纳簿　第四十五号书式

四、收纳转额整理簿　第四十六号书式

五、现款缴付调查簿　第四十七号书式

但遇有必要时得备置补助簿。

第一百零九条　出纳官吏应备置第四十八号书式之现金出纳簿。

收纳官吏兼任其他出纳官吏时除备前列账簿外，并应备置第四十九号书式之收入簿。

第一百一十条　支出官及款项先付官接得预算之分配时，应备置第五十号书式之支付预算推算簿。

第一百一十一条　支出官应备置左列账簿：

一、支出簿　第五十一号书式

二、日整理支出簿　第五十二号书式

三、概算支付整理簿　第五十三号书式

四、先付金整理簿　第五十四号书式

第一百一十二条　款项先付官吏除应备置第一百零九条第一项之现金出纳簿外并应备置左列账簿：

一、先付金整理簿　第五十五号书式

二、概算支付整理簿　准于支出官

第一百一十三条　岁入岁出外现金出纳官吏如兼任其他官吏时，除应备置第一百零九条第一项之现金出纳簿外，并应备置第五十六号书式之现金出纳明细簿。

第一百一十四条　物品出纳官吏应备置左列账簿：

一、物品出纳簿　第五十七号式

二、供用物品明细簿　第五十八号书式

三、图书底账　第五十九号书式

四、邮票概付整理簿　第六十号书式

但遇有必要时得备置补助簿。

第一百一十五条　办理物品主任应备置左列账簿：

一、备品保管簿　第六十一号书式

二、消耗品收支簿　第六十二号书式

三、邮票收支簿　第六十三号书式

但遇有必要时得备置补助簿。

第一百一十六条　账簿及计算书不准改描涂抹。

如因误记、脱字而拟订正时，应在订正处画练二条，并须盖印，但证凭书之标注合计金额，不得订正。

第一百一十七条　提出之证凭书类，以原本为限，如原本难于造送时，得以有该主任者保证之誊本代之。

第一百一十八条　支出官及款项先付官吏之支付证凭书类，应依准各自之顺序编制之，并须将其金额、页数依照第六十四号书式记载于皮页上，其有关于概算支付时，须将其金额附记之。

对于概算支付之清算证书，应另按各自区分编制之，至款项先付官吏之支付，如其收据未到时，应将其金额附记于证凭书之皮页上，然后依照接到日期按其支付月别区分之。

如各目难于区分时，应连同关系书类按项区分编制之，并应附具各目细别书。

第一百一十九条　对于左列事项应记于支出讫额报告书或款项先付出纳计算书之备考栏内，但情形复杂难于记载者应附具说明书。

如年度、科目及其他有应更正者及退还定额时，须记载其金额及事由。

如因误付遂支及其他退还应编列于岁入时，须记载其金额及事由。

遗失现金或受缺损补填及交代于后任官并收纳官吏缴纳未毕等时，应于计算书之备考栏内记载其金额及事由。

第一百二十条　最终之支出讫额报告书或款项先付出纳计算书于造送时，应附具之调查书及于呈送后须报告之事项分别列左：

应附具之调查书：

一、先付款项之未能清算者。

二、概算支付之未能清算者。

三、关于款项先付之工程制造或物件之购入及运送未至完竣者。

四、关于年度科目及其他错误如处分未完竣时，应具记载其事由及应完结期限之调查书。

应报告之事项：

一、最终支出讫额报告书或款项先付出纳计算书，于造送后如发见年度科目及其他有错误时，应随时报告之。

二、对于填具调查书之事项如完结时，应连同证凭书类报告之。

第一百二十一条　关于应造送之证凭书类，系指收据请求书及契约书类等，以能明示支出之理由并计算之根据书类为则。如因支付隔地之债主，将款项交于满洲中央银行时，应填送满洲中央银行之收据。

对于现金支付之收据，应依照现金支付之次序附以号数，如无收据时，得填送理由证明书。

第一百二十二条　关于俸给及其他一定之给与，如给与额发生异动时，须将其理由及年月日附记于证凭书内。

第一百二十三条　对于旅费之收据或清算证书，应填具载有其旅行事务及旅行年月日、数目、路程、火车、轮船费、住宿地等之细别事，但附记于收据或清算书内时，得省略其细别书。

关于旅行中经过迂路致迟滞时，或因病与其他事故须延长日数及以实费旅行者，应将其事由记载之。

第一百二十四条　出纳官吏更替时，应由前任出纳官吏于现金出纳簿内办理结束，并将承［呈］交年月日记载与后任官吏联名盖章。

第一百二十五条　出纳官吏于满洲中央银行如有寄存金时，应向满洲中央银行将办理前条结束日之寄存金现在额数请求证明。

第一百二十六条　前任出纳官吏应填制第六十五号书式之现款现在额数书与现款及寄存金现在额数书，并移交证凭书类等之目录各二份，同后任官吏将现有物件对照后即办理收授，并于现款现在额数及目录上签名盖章各存一份。

第一百二十七条　前条之手续办完时，前任出纳官吏与后任出纳官吏应于寄存金现在额数继承通知书内签名盖章，向该管官署及满洲中央银行造送之。

第十章　检查及监督

第一百二十八条　出纳官吏之账簿及金柜，应于每年度末或出纳官吏转职、免职、死亡、退职及其他异动时，该管官署长得命检查员检查之。

但临时受有款项先付之官吏，其账簿、其金柜无须定时检查。

文教部大臣或官署长认为必要时，得命临时检查员检查出纳官吏之账簿及金柜。

第一百二十九条　各官署长每年规定一定之时间，得命检查官吏将物品出纳官吏之账簿及现品检查之。

文教部大臣或官署长认为必要时，得不拘前项之规定命令检查之。

第一百三十条　当执行前列两条之检查该出纳官吏因事故不能亲自受检查时，得由其代理者或文教部大臣命令之官吏参与检查。

第一百三十一条　检查员应向出纳官吏索取第六十六号书式之现金出纳调查书与账簿及现金对照之，但不待本项书类之提出亦得着手检查。

第一百三十二条　检查出纳官吏之账簿及金柜时，应于账簿皮页里面记载至某年某月某日之出纳，业已检查。并须署名盖章及填制第六十七号书式之检定书二份，检查员及该官吏或参与人均须书内签名盖章，以一份交于该出纳官吏或参与人，一份呈送于文教部大臣。

第一百三十三条　出纳官吏如兼掌其他公金之出纳时，执行检查金柜者应将其他公金并行检查之。

第一百三十四条　出纳官吏无论有何事由，对于账簿、金柜或书类之检查不得拒绝。

第一百三十五条　检查员虽于放假日或执务时间外，亦得通知该官署执行检查。

第一百三十六条　检查员于检查中发见认为较重大事故时，应即时报告于文教部大臣，但由各官署长命令之检查员，须报告于该管官署长官，再由该管官署长官转报文教部大臣。

第一百三十七条　检查员检查终了时，应连同关系书类向文教部大臣报告，但由各官署长官命令之检查员，须经该官署长官转报之。

…………

（伪）满洲帝国教育会编：《满洲帝国文教关系法规辑览》（下），1938 年。

关于校费统制之件

（1937 年）

为令遵事。查关于首题之件，从来各学校对于征收校费之事甚不一致，学生之担负往往失于过重者实属不鲜。其因学校之办公费预算额过少，以致学校当局者巧立各种名目征收学生金钱，以充学校之支办经费者亦有之。是以于曩日公布之《师道学校规程》、《国民高等学校规程》、《女子国民高等学校规程》及《职业学校规程》内规定，对于此等学校之学则中应规定关于校费之事项，且该学则于呈请设置学校时，亦必须填具之等情。仰该省长、市长深体该规程制度之趣旨，务对于各学校分配适正妥当之办公费，同时对于校费，亦应加以适宜之统制，尤当留意于抑制校费，以免学生之担负过重实为切要。此令。

（伪）满洲帝国教育会编：《满洲帝国文教关系法规辑览》（下），1938 年。

学生学资支给规程准则

（1937 年）

第一条　对于师道学校及女子国民高等学校师道科学生支给学资办法应依照本规程之所定。

第二条　对于有左列各款之一者在其期间中停止其学资之支给。

一、继续缺席一个月以上者；

二、休学中者；

三、受停学处分者。

限于有前项第一款及第二款之情形时，校长得参酌其情状对其学生支给学资。

第三条　如因冬季休业日或夏季休业日超过一个月而有一日亦未课授业之月时，该月之学资不支给之。

第四条　因有特别情由学校虽临时休业，学资亦照常支给之。

第五条　学生在月中转学之时，于一向在学之学校支给其月之学资。

第六条　中途退学或受停止支给之月份之学资按日支给。

附则

本规程自康德五年一月一日施行之。

关于依旧制存置之初级师范学校及女子高级师范学校对于学生支给学资准用本规程。

（伪）满洲帝国教育会编：《满洲帝国文教关系法规辑览》（下），1938 年。

省立学校授业费规则准则

（1937 年）

第一条　省立国民高等学校、女子国民高等学校（除师道科）及职业学校学生于在学期间应依本规则缴纳授业费，但因特别情由受减免授业费者不在此限。

第二条　授业费之款额定为（如左）①：

国民高等学校　　　月额　元

女子国民高等学校　月额　元

职业学校　　　　　月额　元

第三条　应于每月五日以前缴纳该月份授业费，但限于该年度额得前期缴纳之。如有难，依前项缴纳期限之学生时，校长依其申请得展缓至该月末日。

第四条　休业满全月时，不征收该月份授业费。式日就授业费之征收应视为休业日。

第五条　中途入学、转学及退学之场合不拘其时期如何，应缴纳该月份之授业费。但转入学之场合，如持有前在籍学校之该月份授业费完纳证明书时免除之。

第六条　对于许可休学之学生自其翌月免除授业费，因休学期满而出席时应缴纳该月份授业费。

第七条　校长对于超过授业费缴纳期限或展缓期限至一个月者得命停止出席，至三个月者得命退学。

第八条　校长对于学资担负极感困难之学生中成绩优良品行方正者，经监督官署之认可，得免除其授业费。拟依前项受免除授业费者应具事由呈请校长。学生如不合第一项情形时，应停止免除授业费。

第九条　对于有特别事情之学生之减免，授业费另定之。

第十条　既缴之授业费，除因过误缴之外，不退还之。

第十一条　施行本规则所必要之细则，经监督官署之认可，由校长定之。

附则

本规则自康德五年一月一日施行。关于依旧制暂存之初级中学校、女子初级中学校、高级中学校及女子高级中学校之授业费额，得依从前之共缴纳及免除应准用本规则。

（伪）满洲帝国教育会编：《满洲帝国文教关系法规辑览》（下），1938年。

省立学校入学试验费规则准则

（1937年）

第一条　拟受省立师道学校、国民高等学校、女子国民高等学校及职业学校之入学试验者应依本规则缴纳入学试验费。

第二条　入学试验费之款额定为如左：

---

①　款额无具体数目，原文如此。

师道学校　五角乃至一元

国民高等学校　五角乃至一元

女子国民高等学校　五角乃至一元

职业学校　五角

第三条　既缴之入学试验费，除因过误缴之外，不退还之。

第四条　入学试验费应与呈交愿书同时以现款缴纳之。

附则

本规则自康德五年一月一日施行。

（伪）满洲帝国教育会编：《满洲帝国文教关系法规辑览》（下），1938 年。

教育司决定贷与学费　制度适用范围

（1939 年）

【新京专电】教育司已决定自本年度起，对于官、私立高等专门学校以上之学生，设定贷与学费制度，六年度计达五万元之预算。但此适用范围为国内之官、私立大学学生，满洲国留学生并民生部大臣所指定之特别教育施设之学生，及关东州内之官、私立大学，高等专门学校学生。贷与年额，自高由四十五元起至最低二十五元止，人选由大学教育科执行之。至于贷款其他之运用，则委于满洲帝国教育会之手。本年度之贷与学费生，计 170 名，由学校调查之，大致如左列各表，且满日学生于三月底以前，均可选定：

满系奉天农业大学　20 名

哈尔滨工业大学　30 名

法政大学　20 名

新京医科大学　30 名

满洲医科大学、旅顺工科大学、南满洲工业专门学校、大连高等商业学校　10 名

日系新京医科大学　30 名

哈尔滨医科大学　30 名

《盛京时报》，1939 年 1 月 22 日晚刊 2 版，10347 号。

（二）实施

关东厅教育课　补助贫家学子

（1933年）

【大连】年来文风日启，求学子弟逐年增加，故市内之满日学校，亦逐年增设，并扩充所收学子，竟以数万计。故州内教育之发展，无可限量，更有美中之不足者，则为贫家子女，衣食维艰，何克求学。关东厅学务当局鉴于贫窘后嗣，不能授以同等之学识，实为可惜，为期贫富同等受教育计，向者对于贫而无力求学之贫儿曾予以救济，以及州内教育之普及。此项义举，虽以援例实施多年，但救济款项未能加入预算之内，今后为广予救济促进教育计，将于二十九日开催之市预算委员会，将此义款报告于各委员，以期今后继续救济之。闻本年中市内各小学校及公学堂，应予救济之满日学子数三百七十六名，就中给食者九十名，供给学品者二百八十六名，比诸去年大为增加。并闻委员会等，对此义举，亦表同意，将于本年规定救护费三千百二元分配于各学堂，以备不时之需云。兹将市内各学校中所有之贫困儿童数详别［列］如下：

学校名	缺食数	学品补助
伏见台	一四	一四
□　□	□□	二〇
日本桥	三	一四
常盘桥	九	二三
大广场	一	五
春日町	一〇	一七
松林町	一一	三五
南山麓		三
岭前屯	八	一六
沙河口	一四	一五
圣　德	三	一九

《盛京时报》，1933年3月23日7版，8311号。

各校学生学费增加

（1934 年）

【安东】本市县公署教育局，现为统一全县教育经费，乃实行改收各校学生之学费。最近开会表决，业已公布，由本年上学期实行。计市全初中学生，每年每人征收学费国币十二元；高小学生，每年国币八元；初小学生，每年国币六元。四乡小学，初小学生，每年征收小洋六元；高小学生，每年征收小洋八元（此后小洋不通行时照收国币）。无论公私立各级学校，征收学费数目一律统一。惟公私立各级学校，征收之学费，须交村会，而教员所得之薪金，除由教育局补助之外，均由村会按数支领之。学期终了，清算之际，得协同学董或村长，如各学校学生，有家贫无力交纳学费者，得由村长、学董、教员三面从多数议定，□免之，或酌量情形，减收学费，以昭核实云。

《盛京时报》，1934 年 1 月 24 日 9 版，8606 号。

中学校教育费暂由各县分担

（1937 年）

奉天省公署对原来各县之县立中等学校，已于本年度四月一日收归省署办理，但对本年度实施教育行政所需之教育费，一部，现已决定教育费分担金，分为两期，由各县向省缴纳。第一期为五月一日至六月三十日，第二期为十一月一日至十二月二十日，关系各县负担之教育费如左：

沈阳县　三〇，三〇七元
辽阳县　一八，九二四元
辽中县　六七二元
海城县　一二，〇九二元
盖平县　三五，二四五元
复　县　一三，八七六元
昌图县　三八，八二三元
合　计　一四九，九三九元

《盛京时报》，1937 年 6 月 3 日 4 版，9775 号。

锦省教育改善强化　本年度教育费增额

（1938年）

中央补助金二十九万元

基于本年一月一日，全国实施新学制，教育刷新，待遇改善。锦省教育亦自当随之强化普及，教员素质向上，是以本年省教育费预算增额，中央补助金二十九万元达。昨年十八万元比较，十万元追加。省教育当局，对全省国民教育问题，彻底普及改进，树教育新方针，启文化于锐进云。

《盛京时报》，1938年4月1日6版，10061号。

为造就理想指导人才　明年废止大学学费

（1939年）

【新京专电】我国之教育向本建国理想，尽力养成体得国家观念之健全国民，固不待言也。尤其国立大学在养成国家必需之社会指导人才。政府有鉴及此，决定实施废止大学授业学费，减轻各大学生之负担（每年八百至三百元上下），使安心专攻所学。便举他日报国之实，由来年一月起不论在学生及新入学者之大学生，一律不收授业学费，同时为育成国家之英才，扩充现行之学资贷与制度，堪称为一般向学青年之福音云。

《盛京时报》，1939年10月13日晚刊2版，10599号。

顺应教育振兴计划　明年度教育费编成

（1940年）

省方现正呈请中央立案中

【齐齐哈尔】龙江省文教科，为明年度之教育计划，而使教育振兴之具体实现，已综合市、县、旗之康德八年度教育预算如左：

日满系教师俸给1 958 298元

鲜系教师俸给37 829元

教育施政经费80 980元

实验学校及中心学校费 98 200 元

扩充整备经费 1 050 900 元

总计明年度之教育经费 3 226 207 元

右计之经费包括八年度教师生计津贴每人平均每年可得十元，而赏与金占年俸之百分之十五在内。明年全部教育预算之编成，较本年度多百余万元，由文教科现已正式向中央当局请求批准云。

《盛京时报》，1940 年 9 月 5 日晨刊 4 版，10913 号。

彻底教育普及　扩大学费补助金制度

（1941 年）

【新京专电】树立初等教育整备十年计划，自一切角度谋国民教育之普及彻底。民生部教育司，首以增募为基本教育根干之小学校教员为现下之先决问题。谋师道学校之划期内扩充，并为大量募集志愿者，缓和其入学限制，而应募者依然未达成所期之目的，故确立为教员保成之学费补给金制度。自去年度对国民高等学校女学生因贫困不能升入上级学校之成绩优秀者，实施学资给与制。本年度更扩大对国民优级学校在学生每年六十六元（政府和县、旗各负担半额）之给费。以开拓入学师道学校本科之途，救济因贫困不能发挥天禀之不遇青年，养成教员，以为缓和教员不足之一助，预定本年度之给费生合国高、国优共六千五百人云。

《盛京时报》，1941 年 1 月 23 日晨刊 8 版，11048 号。

欲期乡村教育振兴　希望学校经费自主

（1941 年）

贾芳圃

小学教育，为国民教育之中心。小学教育之兴衰，关系于国民教育之消长，至重且巨。故小学教育之倡办，最宜慎重也。然万事非财不举，兴办教育，首以经费为前提。既有充足之经费，而把持此经费之人，对于教育，昧不理解，缺乏诚意，遇事阻碍，则倡办者虽肝胆披沥，徒手奋呼，亦无济于事也。

查我国之乡村小学，教育经费，除职教师俸津外，概由村公所支出。虽至一钢笔尖之微末物品，亦由村公所发给，因此认识不清。知识幼稚之村吏员，遂目学校为村公所之附属机关，教师为彼等之属员矣。于是自提身价，故意作梗，以撙节经费，节约报国之美名，希图取悦于长官，讨好于百姓。即学校刻不容缓之设施，亦不赞同。燃眉急需之物品，亦不发给。校务进展，为之掣肘。教育兴办，因受阻碍矣。

夫非常时之经济节约，固为当今要务。而非常时之国民教育，尤为当务之急也。凡事不应办而办者，是谓无益之消耗。然应办而不办者，是非节约，乃塞责耳。彼知识幼稚，不明斯义之村吏员，目光如豆，坐井观天。只知有街村制之公布，不知有新学制之实施也。而办学热心，心直性耿之小学校长，每因学校之兴建，物品之请求，致与村吏员以理相争，勾心斗角，感情破裂，视如寇仇，宁愿辞却校长，而甘为教师者不乏其人。观此种种，不胜遗憾。故管见所及，以为欲期乡村教育振兴，须以学校经费自主为前提。是否有当，尚请高明见教焉。

《盛京时报》，1941 年 12 月 11 日晚刊 5 版，11361 号。

充足教育经费　实行学费增额

（1942 年）

政府鉴于圣战完遂勇往迈进之际，对于国力基础之培养与国民教育之整备充实愈感重要。故对于初等教师素质之向上，实为现时下之急务，按强化教师之必要策，当然以教育经费之充足为第一条件，但本年度因时局关系只能较昨年度给增加八十六万元，而欲整备充实全国之教育，必须数百万元之增加，所以乃决定对于公立学校学生之学费实施增额，以求国民教育之向上。依国民学校月额由二角增为四角，国优由三角增为六角，男女国高均由三元增为五元。如此初等学费可增收约四百万元，全部作为初等教师待遇改善及学校充实之用。初等教师待遇二种，教谕最低采用月俸由三十六元增为四十九元（师道本科卒业生）。教导最低采用月俸由二十四元增为三十四元（师道特修科卒业生）。中学学费可增收约二百万元，全部充为校费及设备。对初等教师之育成强化，已首先在铁岭及瓦房店两地创设师道学校，希望全国官民一致协力教育之整备，明了公立学校学费增额之用意为要。

《盛京时报》，1942 年 2 月 23 日 2 版，11431 号。

五、教育会议

第一次教育厅长会议记录（节选）

（1932年）

一、日程

七月二十九日上午九时起，总理训辞、指示事项、咨问事项。

七月三十日上午九时起，讨论协议问题、恳亲会。

二、出席者

奉天、吉林、黑龙江各省教育厅长及总务科长，东省特区教育厅长及总务科长，兴安总署文教科长，新京特别市总务处长及教育科长，文教部总次长，总务长官，文教部各司长及科长、督学官，书记，翻译。

三、会议场

国务院会议室。

咨问事项：

（1）应如何确立我国教育方针？

（2）应如何树立我国学校体系？

（3）对于现行教育行政制度有何改善方案？

（4）体察现今之社会情形，最紧要之社会教育应如何施设？

（5）对于宗教团体之取缔方法如何？

指示事项：

（1）关于私立学校认可事项；

（2）关于教科书之编审及使用事项；

（3）关于教育状况报告事项；

（4）关于建国精神之普及事项；

（5）关于教育团体处理方法；

（6）关于映画教育之准备事项；

（7）关于满洲国童子军之组织事项；

(8) 关于表彰孝子节妇事项；

(9) 关于振兴体育运动事项；

(10) 关于民族之融和运动事项。

协议事项：

(1) 对于恢复学校教育及其促进有何方策？

(2) 国语及外国语应如何教授之？

(3) 对于改善师范教育有何方策？

(4) 实业教育之振兴案如何，对于振兴实业教育有何方策？

(5) 欲知隐居之教育界人才。

(6) 对于家庭生活改善有何具体方策？

(7) 对于识字运动之振兴案如何？

(8) 援助体育协会之方法如何？

(9) 对于民族融和之指导方针应如何？

(10) 丁祭祀孔及复兴孔教案。

(11) 关于保存国宝、庙宇、庙产、史迹、名胜、天然纪念物等项有何方案？

…………

国务总理致辞

现在我满洲国，既已正式成立矣。立国之精神，既与以前截然不同，所以大家之思想，亦应为之一变。查全国思想，可由二者表现之。一为教育，一为行政。中国自古以来，开化最早、学问最深之国家，但至最近二十年来，其坏可谓已达极点。其故果安在哉？良以中国历来所派遣之留学生，到外国留学时，亲炙外国之教育，信之既深，所以视之太重。及至归国，遂卑视本国之教育，而唾弃之。几欲将本国固有之教育，完全根本铲除，而一切均模仿于外国。就中对于中国之旧道德、旧文化二者，尤破坏之不遗余力，思之良可痛心。既就教育方面言之，以三民主义代表我古代之精纯道德，以白话文代表我古时之渊深文学，讵非刺谬已极。现在我满洲国，既已单独建国矣，对于教育一端，实不能不根本推翻以前之所为，而以旧道德为教育之宗旨，此其对于内者。其对外者，试观世界各国，其教育宗旨，不曰爱国主义，即曰军国民主义。各国处战争之际，以爱国主义，鼓励其民心，以军国民主义，训练其武事。结果世界战争，几无时或停。瞻望前途，曷胜危惧。现在我满洲立国，如亦遵照世界各国之教育宗旨而进行，推其极，亦不过世界多加一战斗国而已，于实际有何益哉？所以我国有鉴及此，以王道主义为施行教育之方针，而以爱国与军国民等主义为鉴戒，借以避免世界无谓之战争。以旧礼义培养高尚之人格，以期共享和平之幸福。比之争地争城，杀人盈野，其相去何啻霄壤哉？此特就王道主义之表面言之，其实际方面，究应如何实行，方能达此目的？想诸君对于王道主义，不乏研究。望各抒高见，以共相讨论。

上村司长谓：现在请各省区教育万［厅］长，报告各省区之教育状况。顺序：首新京特别市，次奉天、吉林、黑龙江、东省特别区、兴安总署，以次报告之。

新京特别市教育科长报告新京特别市之教育状况

新京特别市原无教育，自最近将长春义务教育事务所接收后，始将该所原办之小学完全接收，计共 23 校。公立者只 19 校，系按区设立，共分五区，每区 3 校或 5 校不等。现在共有男女学生 3 276 名，教员 82 名（计男教员 70 员、女教员 12 员）。所用校舍，公有者只 3 处，其余均系租赁民房使用。房屋狭隘，诸多不适。且租赁民房之校舍，多有新住民混合杂居，尤感不便。此外，尚有向归义务教育事务所监督，今亦改归本府监督者。计有毓华学校、萃文女子中学、清真小学、自强学校等 4 处。此 4 校，或系教会设立，或由私人捐款。对于经费方面，本府概不过问，不过只负监督之责而已。此新京特别市之教育状况也。

奉天教育厅长报告奉天省之教育状况

奉天全省学校，在事变前，共有 10 800 余校，教职员 18 000 余人。自去年事变后，全体停办，计停办六月之久。自今年六月二十六日，教育筹备处成立，筹备开学诸事。迄至现在，省立者，开学 40 余处，各县有完全开学者，有开学一半者，其在匪区之内被土匪蹂躏，亦有完全陷于停顿状态者。经费方面，在省立者，尚可勉强维持。外县则因土匪骚扰，收数锐减，经费多属困难。但以实欠在民，各县长亦毫无办法。将来时局平定，容或有恢复之望。社会教育，有通俗教育馆 32 处，事变后，大都停办。将来时局安定，再谋恢复，并力加扩充。对于礼俗宗教，向未注意，嗣后必为特别注意调查。此外尚有希望指示者数事：（1）教育之方针；（2）教育之系统；（3）如何监督教育；（4）各省教育厅对各县监督方面立何地位。以上四项，均请部详细规定训示，以便遵行。再有留学生问题，所有留学生，自去万［年］事变后，概未发费。现在各学生在外，势将断炊，困难情形，已达极点。将来难不续送，对此既已送出者，亦应设法将其取回，以免沦落。究应如何办理，请求指示。

吉林教育厅长报告吉林省之教育状况

自去年事变后，奉照长官之命，接充吉林教育厅长。当时吉林教育状况，全省小学共 1 585 校，中等学校，省立者 14 校，县立者 29 校，私立者 2 校，统计小学学生 131 620 名，中等学校学生 5 804 名，共 137 424 名。此均系按照民国十八年之教育统计而言也。此外尚有留学生，留学欧美者，全官费 5 名，补助生 5 名，留学日本者，全官费 22 名。全年经费约 140 000 元。此吉林教育之大概情形也。再此外，尚有吉林大学处，校舍至今尚未建设完备，学生亦仅有预科两班，设备亦诸多不全。校长原系由张作相自兼，自张作相去吉，教授多南人，亦相兴俱去，学生亦因之四散。查该大学，原不归厅管辖，自事变后，厅长奉长官之命，暂行管理，但亦不过暂行保管而已。该大学实无开学之可能，一因经费原系由张作相自筹，毫无的款。一因教授学生均星散，实无法召集也。但在实际方面，该大学教授学生程度均极低下，滥竽充数，实不足称为大学。且兴新国家时有不利举动，以故愈无开学之必要矣。厅长到任后，对于吉林教育，均系维持原有之状况，一切学校，均未停办。不过事变后，各处地方不靖，学校有已开课而后又停止者，有为土匪蹂躏，在实际上不能开办者。现在归省直辖之学校，除伊蘭、宇安二校在反军范围内，尚未能开课外，其余均已开学。各县小学，亦除匪区外，余均开学。经费方面，省立者尚可勉强维持，但亦不甚充足。各县经费，则甚属困难，因实欠在民，地方秩序苟不恢复，一时实无恢复原状之可能。但此种情形绝不能长，俟时局略定，各县学校自能以次恢复。此吉林教育之大概情形也。关于吉林教育状况，厅中已有详细表册送呈审核。惟此外尚有二事极关重要，应行请示者。一为教育方针制度，及［极］望部早日规定颁发，俾便遵循。一为教科书，及［极］望部早日审定颁布，以便采用。再厅长私见所及，尚有二事。一为师资问题，查现在各校之教师，多年 20～30 岁，尽系受民国教育所陶冶而成者也。民国建国既有 20 年之久，即有 20 年之势力。此势力深中于人心，牢不可破。所以此类教师多存三民主义之思想，而无满洲国家之观念。以之充任满洲国之教师，讵非危险已极。此项教师现难安然供职，但实际上，为吃饭问题勉强充任斯职，亦不过一时敷衍，殊非彻底。以故于满洲国之教育精神上，殊多危害。近半年来，厅长对于此事，时赴各学校听讲，见其中教师难有许多不合者，但仍不能遂行更易。何则？盖此时所有之一般教师均系受同等之训练，怀同一之心理，以彼易此，仍属相同也。如今年省立第一师范学校所发生之事，即可见其一班［斑］矣。一师有教员周某者，系南方人，厅长对之极厚。顷检查其讲义内，竟发现三民主义、孙文遗嘱亦及排斥日货等文件，殊属遗憾。现已送交法厅法办矣。所以，此类教师促使日夜谆嘱，亦势所难改，因其素习然也。所以对于教师一项，及［极］应加以注意。关于此点，可否由新京建设一高等师范或师范大学，专一造就应时师资，以免再演成前此之流弊。第二即留学生问题。自事变后，留学欧美者尚无变动，留学日本者多半逃赴北平。现在厅中规定，留学日本者，回校须有该校证明书，始予经费。其无证明书者，概不给予，以示限制。不过毕业者尚有问题。现在留学欧美者业有二人已毕业回国，均在北平，且来函索以前之尾欠经费。厅长去信谓：如能回满洲国服务，则尾欠经费自然发给；不然，不但尾欠者不予发给，即以前所领者亦必须追缴。但此种办法系吉林临时规定者，厅长仍希望中央规定一普通办法，颁布各省，以便遵行。不然以满洲国之金钱，而造就中华民国之人才，殊觉不值。

黑龙江教育厅长报告黑龙江省之教育状况

黑龙江学校，在事变前计有中等学校省立者 6 校，县立者 11 校，学生省、县共计 2 190名。小学校省立者 10 校，县立者 1 415 校，学生共计 62 534 名。教员省、县共计 5 242名。此系事变以前之学校状况也。社会教育，有省立图书馆 1 处，民众教育馆 1 处，县立民众教育馆 11 处。及事变后，学校因地方不靖，多未开学。现在已开学者，省立小学 10 处，学生 2 264 名；各县小学 1 223 处，学生 49 538 名；县立中学 7 处，学生 448

名。未开学者，计有省立中等学校 6 处，学生 1 245 名；县立中学 4 处，学生 322 名；县立小学 192 处，学生 10 732 名。经费方面，省立者共 4 700 000 余元，县立者共 160 余万元，一共 2 132 174 元。现在已开学者，因经费之困难，土匪之骚扰，亦系勉强维持。其在匪区之内者，几至完全停顿。其因经费困难并班减班者，亦所在多有。盖自马占山肆虐以来，居民均不得安，学校亦受其影响。必须治安恢复，而后学校始有恢复之希望。但就现在之情形观之，即使治安恢复，而学校一时亦难以遂复旧观。良以各县经费，尽系实欠在民。今年农民田地未能播种者，约占十分之二三；其中难以播种，而不能耕耘者，亦所在多有。如此，则秋收安能有望？秋收无望，则经费仍属无着，此均系各县之实在情形。至省立学校，因历年协款关系，年年亏累。迄至现在，竟亏累至三四千万之巨。现在省库既已改归中央，必须中央想法补助，而后始有恢复之可能。再校舍被占，亦系学校不能恢复之原因。此黑龙江教育之大概情形也。

东省特别区教育厅长报告特区教育之状况

特区教育，与各省情形均有不同。各省均有省库存，以为经费之来源，特区则自无的款。其学校原系路立。东省铁路，以营业机关而兼办教育事业，自东省铁路收回后，逐将路立之学校亦连带收回。当时设有教育管理局，以董其事。但此外尚有市立学校，系以警察管理处所以粮捐内之二成学捐为的款。自民国十七年秋，教育管理局改为教育局，始将路立市立一并接归自办。但经费仅止粮捐，所差尚多。自中俄协定成立后，始将以前铁路学款分而为二，一半归俄人自办，设立苏联路员子弟小学校，一半归我国办理学校。自是特区学校始有的款。彼时每年系变方各得金卢布一百万元。不过金卢布价值不定，倘有不足之处，即由长官公署补给。特区计共设中、小学校 80 处，小学校 68 处，中学校 12 处。中学学生 2 500 余人，小学学生 15 000 余人，教职员约 900 余人。初等小学 170 级，高小 90 级，中学 60 级。全年教育经费合大洋 263 万余元。社会教育，在本埠设有民众教育馆 1 处，毕业者约 4 000 余人。图书馆，哈尔滨 1 处，安达站 1 处，但书籍均系俄文，与我国教育无甚关系。自去年事变后，路局因收入减少，将教育费核减四分之一，计 250 000 元金卢布。而长官公署因自顾不暇，亦将补助费无形取消。于是特区学校逐陷于窘迫境地。且长官公署不但将补助费无形取消，路局应给之教育费，系交由长官公署转发到厅，自去年事变后，长官公署编一警备队，款项无着及路局将教育费送到，长官公署为应急起见，即以之发放警饷，于是教育费遂完全绝望矣。现在长官公署截留路款兴粮捐学款等，已达 6 000 000 元，再加以按照预算应行补助之教育款，合计不下 10 000 000 元之多。所以各学校薪饷积压四五个月之久，教职员均枵腹从公，现状实属无法维持。现拟向中央银行息借大洋 6 000 000 元，以暂维目前，尚不知能否办到。再特区学校共计 80 处，除哈线外，小学均已开学。哈绥线，计小学 21 处，中学 1 处，原亦有 6 处开学者，嗣以军事影响，又复停课。在本埠者，小学均已开学，女子中学亦开学，惟中等学校 3 处，因校舍为军队占据，未能让出，以致开学无日。总之，特区教育，第一，经费方面，应请中央帮忙，向中央银行借款，以维现状。第二，校舍为军队占据者，应请中央设法，交涉让出，以便开学。

兴安总署教育科长报告兴安省之教育状况

兴安省教育不兴，文化落伍，尽人皆知。现在已经成立者，计有中等学校两处：一为东北蒙旗师范学校，校址在奉天；一为黑龙江蒙旗师范学校，校址在齐齐哈尔。现在黑龙江蒙旗师范学校，虽已开学，但学生实寥寥无几。东北蒙旗师范学校，自去岁事变后即行停办，至今仍未开学。尚望当局对于已开学者，设法使之扩充，未开学者，设法使之恢复。则兴安省之教育前途，或可有一线曙光。

第二日上午十时开会

…………

甲、咨询事项

1. 应如何确定我国教育方针？

上村司长谓：教育方针，国务总理业已明白指示矣。如认为有应追加者，可于席上提出之，以便讨论，众无提案。

2. 应如何树立我国学校体系？

上村司长谓：现在我国草创，诸般政务，均待建设。对于学校体系亦应加以整理，以期全国学校归于统一，众无提案。

3. 对于现行教育行政制度有何改善方策？

上村司长谓：对于此项，后各应呈复，务为具体之建议，勿徒为抽象之说明，且总以中央集权，免贻尾大不掉之处为要。盖以权集中央，而后各省区始有所秉承，不致各省互异。如认为有应追加者，可随便提出，以供参考。

奉天教育万［厅］长谓：中央辖各厅，各厅辖各县，上下相辖，如背使指。但各县对各厅，时有阳奉阴违情事，以致教育不能如意发展。对于此点，望中央务为有效之处置，使各县切实奉行，以利教育之进行。不然各厅虽言之谆谆，而各县则听之藐藐，仍属无法办理。

上村司长谓：此事关系极重，应俟综合研究之。

4. 社会教育实施有何方策？

赵司长词：社会教育极关重要，实施方法亦有多端。诸君对此有何意见，请尽量发表。众无提案。

…………

乙、指示事项

上村司长谓：指示事项系总次长提出者，应由总次长指示说明。但因时间仓促，总次长复无暇，兹特由敝人代表指示之。

1. 关于私立学校认可之件。

上村司长谓：私人出巨资建立学校，以为国家培养人才，诚属善举。但最重要者，应严加监督，务使之不背我国之建国方针为要。

特区教育厅长谓：特区情形有特殊之点，兹不能不先为提出。查特区有白俄所立之学校，难亦在教育厅提案，但实难使之必依照我国之建国方针。他如苏联所立之学校，在协定上固有禁止其宣传赤化之事，但在实际上必使之就我范围，亦殊难办到。

上村司长谓：此事关系甚重，白俄犹太在各省均有学校，同此情形。此事应俟兴外交部协议相当办法，再行令知遵行可也。

奉天教育厅长谓：极望中央从速颁布监督外人立校之标准。

黑龙江教育厅长谓：朝鲜人民在各处所立之学校，既不受监督，又不受取缔，亦不在教育厅立案，似此者甚多。日人所立之学校亦然，究应如何办理？

上村司长谓：是均极关重要者，容俟规定办法，再行令知遵行。

2. 教科书之编审及使用事项。

黑龙江教育厅长谓：关于教科书一事，前经部令指示，（一）采用南满洲教育会教科书编辑部编者，（二）奉天教育厅编暂定教科书抑或中华书局出版之新式教科书。现在黑龙江省规定采用南满洲教育会编者。但该会规定，非达四千部不能印刷，殊感困难。可否由部向该会磋商，着其先行印出若干，以便各省随便订购。

上村司长谓：南满洲教育会规定，不足四千部则价昂，可与吉林省合购之，再奉天省编者，九月内既可印出，亦可订购。

黑龙江教育厅长谓：现已行将开学，如俟九月，岂非耽延二月？于学生课业上殊受影响。

上村司长谓：俟与南满教育会商洽再议。

奉天教育厅长谓：现在奉天编教科书，可否由部派员参加，以昭郑重？

上村司长谓：现在本部之教科书编审委员会行将成立，届时各省亦可派有经验之人员前来参加。

3. 关于教育状况报告事件。

上村司长谓：教育状况报告，事甚繁琐。但本部成立伊始，极欲明了各省之教育情形。对于各种统计，务望诸君不惮繁琐，详细报告为盼。

奉天教育厅长谓：对于报告方式，极应加以规定。如某种宜直接呈报，某种宜呈请转报，抑或由部印表，分发各省区教育厅，以便填报。均请规定指示，俾便遵循。

上村司长谓：将来由部规定各种统计表，印发各厅，以便填报。

4. 关于建国精神之普及事问题，在教育上，已经公布。但恐仍不彻底，现由本部印成小册，颁发各省区，以期彻底。再三民主义，及排外运动，均有违我建国精神，宜严加监督，免滋流弊。对于宗教团体，现已规定办法，以便实行监督。

5. 关于教育团体处理方法。

上村司长谓：各省教育会原系促进教育机关，极应使之尽量发达，以期教育之改进。

但其会长人选，务择其人格高尚，有自决之心，可使满洲国日趋隆盛者充任之，以期收效。至其他团体，无论其已立将立，总使之将其宗旨方针明白宣布，务使之不违反于我新国家之主旨为要。

6. 关于映画教育之准备。

赵司长谓：映画为人人所欢迎者，与社会教育效力极大。本部拟于九月间组织一映书班，赴各处演映。映片拟由南满教育事务所暂借使用。

丙、协议事项

1. 对于恢复学校教育及其促进有何方策？

上村司长谓：对于此项，各厅已有呈复者，尚有未呈复者，诸君对之有何意见，请随便发表。

黑龙江省教育厅谓：黑龙江省中等学校，自事变后均行停止。现在除女师外，所有农、工、师范、一中等校，举凡书籍、用品、器具均损失无余，房屋亦因数经事变皆损毁不堪。现在如欲恢复，必须有大宗款项，方克有济。现在省库业已改归中央，省中即已无力，现在恢复中等学校之预算，已造妥送呈中央，望文教部赐予赞助，使此项预算成立，以便恢复开学，不胜切盼之至。

特区教育厅长谓：特区学校欲谋恢复，可分三点明之。一为治安问题。东路线（即哈绥线）学校，因治安未复，故学校亦无恢复之可能。兹事体大，一时尚难谈到。一为校舍问题。现在特区中等学校之校舍，被军队所占据者计有三处。此三处，一为友军所占据，一为护路军所占据，一为吉林警备第一旅所占据，现均几经交涉，迄未交出，尚望中央代为设法。其为满洲军队所占据者，可否由中央电最高军事当局，请其转令腾出？其为友军所占据者，究应如何交涉，亦请中央设法。一为经费问题。特区学校，欠薪已达三四个月之久。现状殊难维持。现拟由中央银行借款六十万元，以维目前。确有相当抵押品，可否由中央代向中央银行转借，以期速成？

上村司长谓：此六十万元究应如何开支，宜先造送预算，以资考核。

特区教育厅长谓：长官公署所欠之教育费不下一百万元，借此六十万元，亦不过聊维目前而已。至借款系由警察管理处与市政管理处两处出名，由该两处均欠教育费。且警察管理处收粮捐，市政管理处有官产，可作借款之抵押也。

2. 国语及外国语应如何教授之？

吉林教育厅长谓：国语与外国语如何教授之，应由中央规定，以免各省分歧。

奉天教育厅总务长谓：奉天人现在亟欲学习日语，热度极高。仅省城方面，日语学校已有七处之多。人民心理，于此可见一斑。中等学校六小时之英语，三小时日语。

上村司长谓：奉天中等学校改为三小时英语，三小时日语，办法极为妥善。现在新京组织日满语言讲习会，使日满官吏互相学习语言，以谋职业上之便利，而期感情之融洽。现在报名者业达七百五十余人之多。各省斟酌情形，如认为可行时，亦可仿照此法办理。

奉天教育厅长谓：现在奉天已经如此办理，报名者业有数十人矣。

吉林教育厅长谓：应世事之需要，难废英语；应时势之需要，满洲语与日语二者，均不可偏废。且现在所谓满洲语者，实系中国语，而非满洲语，此亦不过应时势之需要而已。

3. 对于改善师范教育有何方策？

吉林教育厅长谓：师资之重要，昨日业已说明，兹再说明其办法。现在吉林师范学校共有六处，可否划出一校，归中央直接办理？如二师校址在新京，即将该校划归中央，改为高等师范或师范大学，专一造就全国师资，以期根本建设，如此可谓脚踏实地，实事求是矣。

…………

武强主编：《东北沦陷十四年教育史料》（第二辑），吉林教育出版社，1993 年。

关东厅五日召开学校教练协议会

（1933 年）

【大连】关东厅于五日午前九时，在会议室内召开学校教练协议会。出席者有全满及青岛各学校长及配属将校三十余名。首由日下内务局长致开会词，继由武藤长官述训词，再由原川关东军参谋长介绍后，由日下内务局长就议长席。问答及协议事项如下：

问答事项

一、对于女子教员施以教练之正典。

二、以教练普及于学校训育之方法如何。

协议事项

一、决定州内联合演习之日期。

二、关东厅主催之州内中等学校射击会之日期决定。

三、关于学生考课表之事。

协议后至正午，共临武藤长官之午餐会。由午后一时半，重再开会，共同协议各学校长所提出三十余件事项。至午后四时半，始行散会云。

《盛京时报》，1933 年 5 月 8 日 2 版，8355 号。

第二回教育厅长会议记录（节选）

（1933—1934 年）

第一日，六月七日上午十时开会。

（1）次长致开会辞（有原稿）；

（2）总长训词（有原稿）；

（3）提出咨问之要领及说明。

总务司长谓：诸位于此百忙中，而能踊跃与会，敝人不胜感激。关于我国教育之方针，总理之训词，已谆谆言之矣，均属至当不易之理，无烦再事赘述。现在时间甚为短促，而议题又极繁多，惟无论如何，务望于此短促之时间，将全部之议案议毕，勿稍遗漏，是为至盼。

咨问事项

1. 为助长日满两国提携亲善，在教育上有何方策？

岩间督学官说明理由（理由见会议要项补遗，以下简称补遗）。

总务司长谓：诸位对此有何意见，请即提出，以便讨论。众无提案。

2. 为谋实业教育之发展普及计，现下亟应施设事项如何？

上村司长说明理由（理由见补遗）。

总务司长谓：诸位对此有何意见，请开诚研讨。

吉林教育厅长谓：各省区市对此均无异议，应请大部主持办理。

3. 关于酿成国民意识与普及王道精神有何具体方策？

上村司长谓：此案系礼教司长提出，本应由礼教司长说明理由，但礼教司长现在旅行中，不克与会。兹特由敝人代为说明之（理由见补遗）。

总务司长谓：诸位对此有何意见，请即提出，以便讨论。（众无异议）

总务司长谓：以上咨问之三项议案，均系极关重要者，请详细讨论一具体办法，以利进行。兹为节省时间计，可另组织小委员会，分别讨论。第一项，请奉天教育厅长为委员长；第二项，请吉林教育厅长为委员长；第三项，请黑龙江教育厅长为委员长。分别负责研究，以期得有具体之解决办法。

吉林教育厅长谓：对此三项，敝人略有意见。第一、第二两项，关系我满洲立国之大计，各省区市对之毫无异议。究应如何办理，仍请大部主持。至第三项改造国民意识，敝人意此于文教方面，不外文字之宣传，即以文字详细说明王道政治之如何优良，与三民共产等主义之如何荒谬，如斯而已。但此仅能于知觉上予以印象，而不能于感觉上使之领略，印象之浮动，固不若领略之实受也。兴言及此，遂入于政治范围，孟子所谓保民而王，意盖指此。使人民身受其惠，王道之行也，必如水之就下矣。虽然，吾人负教育之责者，于知之觉之之理，又安能不缜密研求，深［身］体之而力行之哉。

总务司长谓：贵厅长之意见，敝人亦甚赞同。不过王道不在于理论之想象，而在于实际之施行，究竟具体方法，应如何确定，请贵厅长等分别提出。

新京特别市马教育科长谓：对于第一项，敝人略有意见。我满洲建国，赖邻邦之协助，满日之应亲善固已。如案内所言，我国民对此要义，多未能十分明了。推原其故，由于彼此言语之隔阂；夫言语不通，则情感不洽；情感不洽，则亲善难期。现在各省区学校，多已添授日语，法至善矣。惟授课之时间太少，恐仍难副所期。鄙意以为不但中等学校应教授日语，即小学校亦宜斟酌添授，果能言语畅通，则彼此兄弟之邦，便如家人骨肉矣。

奉天教育厅长谓：总务司长以此三项议案，着三省教育厅长组织小委员会讨论，以节省时间，各厅长诚属义不容辞。惟此小委员会，应如何组织、于何处集会、何时呈复，均应于事先有取策议。而对于第一项，虽由敝人主持，尤望吉、黑两省出席诸君，特加援助为盼。

总务司长谓：第一项归奉天教育厅长，第二项归吉林教育厅长，第三项归黑龙江教育厅长，分别负责讨论。究竟以何人为委员，应由各委员长等斟酌分配。

兴安总署教育科长谓：究应于何时提出？

总务司长谓：最好今日提出，明日会议席上，便可讨论。

东省特别区教育厅长谓：对此三项，敝厅业有详细答复，其他各省，想亦相同。可将各省区市之答案，汇交委员长，以为讨论之参考。

总务司长谓：对于东特教育厅长之意见，极端赞同。

黑龙江省教育厅长谓：各省区市之出席人名，多未能知，殊难召集，可否先行选择指定？

总务司长谓：各省区市之出席人名单，正在印刷，稍俟即发。

吉林教育厅桑畑事务官谓：只将各省之申答书，交与各委员长整理之后，明日提交大会如何？

总务司长谓：对此三项，请奉吉黑三省厅长，负责组织小委员会，不仅负责整理所提出之申答书而已，最好各省区市均有人员参加，以便共同加以充分讨论。

吉林教育厅长谓：现在各省区市之与会人员，大都住于旅馆，房屋狭小，集议不便。此案明日即须提出大会，时间甚为短促。敝人寓所，尚觉宽敞，但人数过多，亦难容纳。今日晚八时，请各省区市各派二人，到敝寓，以便共同讨论。

总务司长谓：此意见敝人甚表赞同，现已过午，请各位用膳。下午一时，再继续开会。

指示事项（第一日午后一时继续开会）

总务司长谓：从现在开会，将指示事项提前讨论。

1. 关于学校现状之调查报告

普通教育科赵科长说明此项之理由（理由见补遗）。

总务司长谓：诸位对于此项有无异议？如无异议时，可讨论第二项。（众无异议）

2. 关于教科书需要册数之调查报告

普通教育科赵科长说明此项之理由（理由见补遗）。

总务司长谓：诸位如无意见，即讨论第三项。

3. 关于推荐教授要目制作委员事项

普通教育科赵科长说明此项之理由（理由见补遗）。

奉天教育厅总务科长谓：对于此事，可否将内容示知？因科目繁多，究应从何作起，请指示。

长滨事务官谓：教授纲目，系关于各科内容，发扬国家教育之宗旨，并明示各科教育目的之所在。事关重要，故拟请学识优长经验丰富之士，与本部人员组织一委员会，以审议制作之。此不但可作教科书编纂与审查之基础，且可作为不用教科书实际教授上之标准，其科目有修身、国语、数学、历史、地理、自然（博物、理化）、农业、商业、工业、体育、教育、日语、英语等十三科。拟先由小学及初中作起，依次及于高中并其他，至前述以外之教科目，亦将顺序制作，其组织每科目置委员六人，由国内或满铁关东厅等聘选嘱托之。每科目复置干事一人，由学务司员中派充之，须对于科目有相当研究者，详细办法，俟届时再为通知。

上村司长谓：此系第一次之纲目委员会，亦系基础委员会，需人几许，俟正式决定时，再行令由各省区市选派专门人才，或特别艺术家充任之。

奉天教育厅总务科长谓：各省区市所选派之人，是否系参与编纂教科书？

岩间督学官谓：教授纲目制定，始能编纂教科书。关于此事，因无时间与各处集议，而又急待需用，故必须各省选人前来，共同讨论，以便着手编纂各种教科书。现在编审室正在着手编纂初中教科书，急需此项纲目也。

总务司长谓：诸位对此尚有何意见，请即提出。不然，即继续讨论第四项。（众无异议）

4. 关于励行发放学校职教员薪俸事项

普通教育科赵科长说明此项之理由（理由见补遗）。

奉天教育厅森田督学科长谓：奉天情形，有报告以备参考，兹略述之。奉天省各县，大都经费支绌，教员薪金，多有不能如期发放，余所视查者，计有二十九县。在此二十九县中，仅有七八县发放薪金，多者竟欠至六月之久，即发放者亦不过发六七成而已。以言具体办法，殊难确定，且发薪亦毫无标准，敝厅虽极力督促，终未生效。长此积欠，于教育前途，影响殊深，至各县积欠之详细数目，容俟调查明晰，再行报部。此事敝厅亟望大部拟一具体办法，或函民政部，令各省民政厅严饬各县县长认真办理，或可生效。因各县县长对于教育，率多轻忽。敝厅虽三令五申言之谆谆，而仍听之藐藐也，将来敝厅将各县之经费表报部时，请部照以上所说办法，严令各省，认真办理，庶能有济，此敝厅所最希望者也。

总务司长谓：各省各有相同之情形，亦请报告，以供参考。

桑畑吉林省教育厅事务官谓：各省大概均同此情形。吉林全省最好者，为延吉、长春两县，系由县请厅补助，但仍欠两月未发。其余各县，甚有积欠一年，其半年未发者，不为稀奇，足见吉林尤甚于奉天也。

学务司长谓：事变前，薪金发放如何？

奉天森田督学科长谓：奉天营口县，在事变前，即欠薪最甚，现在反增发五成，但其余各县，均不如事变前。教员无法生活，只可由学生学费中，每月取五六元以供生活之用，其情可悯。虽如此，而尤不肯弃其职，亦可谓之热心矣。

东省特别区教育厅长谓：特区教育经费，年来亦倍极困难，各省困难，仅在外县，而特区则全体均在困难之中。盖特区经费之来源，大部分仰仗于北满铁路局，一部分仰仗于两市局之协款，而教育厅元年度预算，为哈洋二百四十六万余元，每月平均需二十余万元。然而市局上年一年，分文未拨，路局则自今年一月起，减为金币五万五六千元，约折合哈洋十四万元之谱。每月所亏甚巨，不得已，乃于上年十一月起，各校馆均照预算八成支给。然八成仍需十六万余元，乃又由本年二月起，停办三校，合并五校，另减学级约五十级（均限于受匪患影响者），如此月可省一万五千余元。但以现在情形论，按预算八成，开支仍不敷也。

总务司长谓：各地情形，大体已知，现在继续研究第五项。

普通教育科长谓：查学校教育财源，实与振兴教育前途有重大影响。本部为搜集资料，以资统制起见，现正制订调查表，不日颁发。应请查照实在情形，细大不遗，迅速填报为要。

黑龙江教育厅长谓：黑龙江地处边远，交通不便，其在边远之县，每因土匪或阴雨关系，实有不能如期填报者，往复公文，甚有需要三月之久者。嗣后调查时，其先报之县，敝厅自应优先呈报，其有特别情形，因而呈报稍迟者，应请大部原谅。

奉天教育厅长谓：各省大概同此情形，均须陆续呈报，一时呈报，恐均不可能。

长滨事务官谓：各省困难情形，本部均已详知，惟望各省于可能范围内，尽先呈报，其有特别原因，不能如期呈报之处，自能予以鉴原。

总务司长谓：各省区之情形，大致均已明了，兹继续讨论第六项。

6. 关于师范教育特应注意事项

专门教育科魏科长说明此项之理由（理由见补遗）。

总务司长谓：诸位对此有无异议？如无异议时，可讨论第七项。（众无异议）

7. 在都市计划中，为设立文教机关，必须有预定地面

总务科山本科长说明此项之理由（理由见补遗）。

总务司长谓：诸位对于此，如无异议，可讨论第八项。（众无异议）

8. 关于本部与各地方之连络统制事项

总务科山本科长说明此项之理由（理由见补遗）。

总务司长谓：关于此项，业由本部发出通令，诸位对此如无异议，可讨论第九项。

（众无异议）

9. 关于各县视学之学事视察督行事项

岩间督学官说明此项之理由（理由见补遗）。

奉天省教育厅总务科长谓：此问题与协议问题第四，其关系如何？

岩间督学官谓：指示事项，为传达本部之意志，协议事项，为征求各位之意见者也。

黑龙江教育厅长谓：可将旧教材中之我国，改为我满洲国。

总务司长谓：现在各僻远之区，人民多不知满洲国之建设，仍沿用中华民国之称呼。此或由于交通不便，消息梗阻之故，甚望诸位设法，使一般人民切实明了新国家之真精神，以免隔阂，而使思想归于统一。

岩间督学官谓：例如植树节，为我满洲国所新规定者，然尚有以昔日之清明节为植树节，殊属不慎。

总务司长谓：诸位对此倘无异议，即讨论第十项。（众无异议）

10. 关于励行取缔各种学校不当教材事项

岩间督学官说明第十项之理由（理由见补遗）。

总务司长谓：诸位对此如无异议，即讨论第十一项。（众无异议）

11. 劝奖组织童子团事项

宗教科王科长说明此项之理由。（理由见补遗）

总务司长谓：诸位对此若无异议，可讨论第十二项。（众无异议）

12. 关于取缔教化团体事项

宗教科王科长说明此项之理由。（理由见补遗）

总务司长谓：诸位对此如无异议，即讨论第十三项。（众无异议）

13. 关于识字运动事项

宗教科王科长说明此项之理由。（理由见补遗）

总务司长谓：诸位对此如无异议，即讨论第十四项。（众无异议）

14. 关于映画教育事项

宗教科王科长说明此项之理由（理由见补遗）。

总务司长谓：映画教育，对于社会教育影响极大。兹拟以四十日之时间，由部派员赴各地实行演映，并附以讲演。届时务请诸位予以充分之援助，并望各省区市，嗣后亦设法使之推广为要。

15. 关于调查保存古迹遗物名胜天然纪念物事项

宗教科王科长说明此项理由。

吉林桑畑事务官谓：凡遇此项调查，请事先赐一通知，以便届时派员奉陪。关于实业方面之调查，由实业厅派人；若于教育方面，教育厅亦必派人相随，先日视察勃［渤］海东京城时，事后始接到钧部通知；关于镜泊学园事项亦然，故当时未能与以方便，殊觉抱歉之至。

总务司长谓：关于实业方面之调查，因其利害重大，故事先必行呈请许可。至于本部有时则不然，例如办理镜泊学园者，先呈请军部实地调查，后始呈本部。东京城问题，因过仓卒，于呈请之翌日，即办理认可手续，故未得事先予以通知。今后对于此事，务期为诸位希望办理。

总务司长又谓：敝人对于古迹之保存，有一种希望，保存古迹，不特于考古学或历史上有意义，为保存一国旧有之文化，将其文化绍介之于世界，亦有重大之意义。查我满洲国为最古之地，古迹古物甚多，一般人民多有注意于此，其为研究学问者固有，而希图借此渔利者亦在不少。故对此不得不特加以注意，应早日着手保存取缔，以免有所遗失。先时通令各省市区调查保护古迹名胜等，其目的在调查国内何处有何种古迹，知其保护费应需用几何耳，故望各省详细调查，迅速呈报，以便办理。

再本部拟于最近规定古迹保存法，业与法制局当局协议就绪，不日即行提出阁议。关于名胜天然纪念物，今后亦预定规定保存法令，本部所进行之程度如此。但在法令尚未颁布之先，各省市区亦应严重取缔，勿令其随意开掘。若纯为研究学术者，不特不阻之，且宜加以保护，惟视其动机如何耳。遇有此项情事，应呈报到部，由本部以相当办法处置之。

再关于古迹天然物等，其有保存之价值者，由文教部总长指定之，但为保存古迹等，需用相当经费，此款应由国库支给之。大同二年度，仅请有为筹备事宜之预算，大体之经过如此，希各地方之协助。

16. 关于养成体育指导员事项

宗教科王科长说明此项之理由（理由见补遗）。

总务司长谓：诸位对此如无异议，即可讨论第十七项。（众无异议）

17. 关于普及体育思想事项

宗教科王科长说明此项之理由（理由见补遗）。

奉天总务科长谓：第十六条之体育指导员，由钧部养成后，分送各省。不知所谓讲习会之具体内容如何？

久保田谓：体育讲习会，系由各省区市选拔可以担任体育人员，来部讲习。现下无养成体育指导员之机关，故暂开办一讲习会。

奉天省总务科长谓：学校体育与社会体育之关系如何？

体育股长：以上所述者，大体为社会体育。学校体育，待教授要目定妥后，再行斟酌。

奉天省总务科长谓：讲习会之计划，为长期或短期？

体育股长谓：系短期之讲习会，于体育研究所未成立之先，暂时办理此种短期之讲习。

总务司长谓：指示事项，业经全部讨论完毕，按照预定日程，进行讨论希望事项。

希望事项

1. 请于文教部内，设立教育审议会，决定左列事项案（吉林）

（1）我国教育方针；

（2）教育体系；

（3）学制。

总务司长谓：请由提议者，说明理由。

吉林桑畑事务官谓：满洲建国，行将二年。教育方面，废止从来之三民主义及党义，而以经学与日语代之。教育方针有执政教书、建国宣言及其他。虽可考想，但此为一般之方针。关于教育并无何等具体之方针，再教育制度，应改善之点亦多。虽改善在实行上有种种困难，一时不易着手，但兹事极关重要，应由大部切实研究之。敝人对于此事之研究方法，略有意见，约分三项如下：

甲、于文教部内，设立审议委员会，进行办理上述三项一切事宜。

乙、具体方法、临时办法，可暂定之如下：

委员会设委员长，由总长自兼；委员由文教部次长、司长、科长若干人，各省区教育厅长及科长若干名，国务院各部事务官，及立法院事务官若干人，日本著名教育家，满铁、关东厅若干人，满洲在野学者若干人，分别充之。除临时委员外，由委员中选定常务委员二人，以便主持会务。

丙、进行方法：各委员分担进行，每月开委员会一两次，由会议决定后，再送至立法院，审议决定，即认为正式法规。

总务司长谓：此系教育上最重要之点，本部业有与此相似之筹议，以此为满洲国文教最高咨问机关，不久当可实现矣。

2. 请部制定视学规程案（吉林）

吉林刘视学谓：视察学校一事，于教育之进展上，所关极重。倘无一定之标准规定，俾资遵守，以个人之见解，难免有错误之处，是以亟希由部颁布视学规程，以便有所遵循。

总务司长谓：现在督学官，正在规定此项规程，不日即可颁布。

3. 请部筹设社会教育人员养成所案（吉林）

吉林刘视学谓：现在各省区市，办理社会教育之人员，尽系以办学人员兼任之，恐多有不适处。各地方虽欲设立社会教育人员训练所，惟因经费无所出，可否由中央组织一社会教育机关，专门造就社会教育人才？或将现在办理社会教育者，加以训练，使切实明了社会教育之真义与设施，则于社会教育前途，实多裨益。

吉林桑畑事务官谓：兹再补述一言，吉林省县原有之民众教育馆，因各种关系，现已停办矣。可否于文教部附设之教员讲习所，特开一次社会教育人员之讲习会？

宗教科王科长谓：现在对于养成社会教育人员，本部社会教育科已有此项计划，不久即可发表。至其期限若干，组织如何，刻尚在研究中。

总务司长谓：所述之意见极佳，可供将来之一大参考，务希其有实现之可能。

4. 请部编行民众学校课本案（吉林）

刘视学谓：民众学校课本，在建国以前皆系用中华民国之课本，建国以后，中华民国之课本既不适用，各处遂不得不自行编用，因而不能统一。应请大部另编新课本，分发各省，以便一致采用。现在我国不识字之人极多，此诚切要之图也。

特区李秘书长谓：现在特区之民众学校，尽用小学校之课本，查民众学校，与小学校之性质绝不相同，所以教授之效果亦极微末。亟望由部早日编纂民众学校课本，以便各省区采用，或由各厅自编，呈部审定，以资补救。

总务司长谓：民众教育极关紧要，如中华民国借民众学校以宣传三民主义，却得莫大之效果。惟文教部目下正在急于编纂学校用国定教科书中，一时颇难如愿。而一切课本，由本部编纂者，本系原则，但关于民众课本，暂可采用审定方法，以补焦眉之急。现在奉天省教育厅，业已自编一种，请即参阅。但此书未经本部审核，特此声明。

5. 请提前编定教科书案（特区）

特区李秘书长谓：对于教科书，本区原系采用奉天印刷局出版者。嗣数次催促，迄未照寄。学校既已开学一月，学生听讲均无书可用，嗣由厅特派专人前往催促，始勉强取得一批，但为数无多，不敷分配。无已于授课时，由教员将课文书于黑板上，费事耗时；于学生课业上影响殊多。甚望奉天印刷局嗣后能从速赶印，以免贻误，并望大部亟加编纂，免多延误为幸。

岩间督学官谓：此事本部已详知其情，惟编审人数不多，一时实难于完成如许，亦惟有尽力之所能而已。

奉天总务科长谓：特区购书，一时赶印不及，实觉抱歉。但奉天所编之课本，原为自用，是以所印不多。迨黑龙江与东特区、热河来函购买，遂复重新印刷。只因为数过多，一时赶办不及，亦属无可如何，尚祈原谅。现正着手第三次印刷工作，请各省预将购用数目通知，以便急速照办。

东省特区教育厅长谓：此为初次，凡事皆未就绪，虽有迟缓，亦属当然。若设一大印刷局整理或统一之，较为便利。

总务司长谓：教科书非全国统一不可，不然于王道教育之义必多障碍。但印刷课本为极不易之事，本部之方针，以廉价便宜为主。究竟如何办理，亟须有审慎之必要。

吉林教育厅长谓：教科书由各省自行编印，甚感不便。本省一不能编，二不能印，三印亦不敢多印。倘甫经印出，而中央已经颁下，不将成为废纸乎？此诚最感困难之事也。

奉天教育厅长谓：本厅为印刷课本，损失三万余元。

6. 县官制中，设置教育局，或教育科案（奉天）

奉天教育厅长谓：此事因已往事实上之困难，故特提出之。查奉天五十八县，其中五十余县设有教育局，在大同元年，原议一律裁撤，嗣经几度要求，始克保留。不意在此风雨飘摇中，中央之县官制又复颁布，官治县官制内无教育局。惟自治县遇必要时，始得设之，因此各县长乘此机会，遂将教育局任意撤销。嗣经呈请省署严令各县，在新官制未实行以前，无论如何，仍须维持教育局，于是教育局之运命，差得苟延。乃最近民政部颁布之大同二年度预算标准，其中只有数县有教育局列入，其余概行取消，各县之教育局又濒危境。复经呈请省署严令各县，在国务院无正式明令颁布以前，各县不得将教育局随意撤废。以迄于今，教育局之仅存者，亦勉强敷衍。但就新县制中，各县如警务财政等局，均改为科，惟教育科独无，于将来教育进行上，殊多障碍。鄙意应请大部，向民政部及法制局声请主持，无论为局为科，总须有专办教育之机关，否则以教育事务附于其他科内办理，使素不谙教育之人主持教育，欲教育之进行无阻，讵可得哉。现在敝厅已具正式公文，呈请民政部矣，仍请大部就近主持为盼。

总务司长谓：关于此事，业与民政部交涉两次，使勿废止教育局，日后必再行追问。

奉天森田督学科长谓：据报告所得，各县最大之房舍，均为教育局，是教育领导机关向为地方所重视，不知事变后何以对之如此摧残。询之当地居民所以重视之故，佥谓教育局，系教育人民之机关，为教养吾人子弟而设。不似军队与警察等，有时与人民以害，是以一般人民，对于教育局，均特别重视。及满洲建国，用款甚多，所有款项，尽移作他用，致学校停办，使人民无处求学。人民之不欲纳税，亦即因纳税与自己无直接之利益也。满洲国主张王道政治，宜使人民皆受教育，乃以前各地人民，有年岁将近二十余，尚同小学生一同求学者，可见其重视教育之一斑。以前军阀时代，尚且如此，今我王道国家，反极力摧残之，是王道时代反不如军阀时代，此事实予人民以极坏之印象并视教育为军警之不若，殊失王道之本旨。若教育局撤废，仅置科或股，以不相干之人，使之主持教育，则教育之被人轻视必矣。为政应以人民之趋为趋向，再地方之有力学者，以及有德望者，无不尽力提倡教育。今如此残毁教育，一般人民势必轻视，而从前被轻视之军人、巡查，必大张其势。果如此，则王道满洲国之前程，实难逆料矣。更由教育行政方面观之，文教部难有惊人之名案，但不经由各省教育厅，及教育局，实难达之于民众。若由县长转内务局，由内务局再行转达于教育科或教育股时，其间必多遇与教育不关心之人，如此其效果必微，恐难达到所期之目的。故由教育行政上观之，或由建国精神观之，抑或由地方人民之希望观之，教育局为绝对必要之机关，深望钧部极力主持，勿使其废止是幸。

总务司长谓：此意甚善，满洲国既以王道立国，则文教最为重要。现在因有种种关系，动辄疏忽文教，实属遗憾。民政部虽已规定官制，但亦非绝对不能更改，容与商之。

7. 设立满洲国教育会案（奉天）

奉天森田督学科长谓：敝人前到日本各地参观时，惟有教育者或教育关系者等，甚为亲切恳挚。而到教育当局或教育会则不然，以其有一种官僚之气象故也。所以教育会虽亟有设立之必要，但教育会应如何组织，实为重要问题。查日本之教育会，成为一种社交机关。我国若设立教育会，可将教育研究社交等教育机关联成一体。敝人前到日本参观时，彼亦希望我国能如此办理，方为妥善。敝人率教育视察团到日本时，计参观十余处，所接洽者亦非少数，如帝国教育会长，亦与之会谈。但总感觉日本教育会众职员或关系者都不殷勤，众皆以为美中之不足。后敝人对诸团员谓教育会之会长，及其他关系者，其出身未必尽系教育界之人，故对人以此种冷淡态度。虽教育会长系如此冷淡人，但学校之教职员，则均极热诚接待。将来满洲国成立教育会，应使各校教职员联成一气，不必另请一与教育无关之人加入为会长或会员。现在奉天省教育会之章程业已制定，露布于奉天省教育第三号，想诸位已见之矣。亟望各省区市均急速将教育会组成，由文教部统一之。诚能如此，则教育前途，实深利赖。

上村学务司长谓：关于设立教育会一事，实为目前急切之图，本部业有与此相同之筹备。希望各地方与中央，取以联络努力组成一正当之教育会。

8. 请公布学校放假日期案（奉天）

奉天教育厅长谓：各省区市之学校，寒暑假日期长短不同，均各自为政。同属日期，一国范围之内，而有如许歧异之点，殊属非计，可否由大部斟酌各地情形，规定一相当使全国一律？

上村学务司长谓：对此问题，因满洲国各地之气候不同，是以寒暑假日期，遂亦参差不一。即使勉强规定，在事实上亦恐难以办到。究竟如何，请诸位将各地之特殊情形，与本部学务司普通、专门两科详细说明，以便规定假期之参考。

9. 筹开各省视学会议案（奉天）

奉天森田督学科长谓：吉林省方面，亦有此项之提议，查省视学系中央之耳目。文教部所计划之事，可由省视学传之四方，而四方之情形，亦可由省视学传之中央。中央与四方之联络，咸赖省视学为之导引，其责任可谓至重且巨也。但省视学均散处各地，联络甚感困难。敝意省视学，于中央每年必须有一次或两次公同聚合机会。使彼此得晤言一室，互相研究，且可得以指导。夫视学之任务有二：一为传达中央之意志，二为调查各地之情形。为完成此二项目的，确有集会于中央之必要。

上村司长谓：省视学之机能与任务，诚如所言，学校教育成绩之良否，视视学之督促如何以为断。故本部意屡开视学会议，以期本部与各地方有所联络，并实现指示事项内督学官所提出之事项，容俟从长计议之。

10. 请将文教部新计划于地方预算编成前通知案（新京特市）

新京特市教育科傅视学谓：凡有各项需款，均应于编制预算以前通知，以便加入预算之内。如在事后通知，势须追加手续，极感繁难。例如去年度，突然发生数种举动，其经费实无所出，颇觉困难，是以嗣后大部如有何种新计划需用款项时，除必不得已，务请预先通知为盼。

总务司长谓：此种事亦不甚多，如新计划之发生，定当预先通知。今天将预定之问题，业经讨论完毕。对于诸位之热心十分感激，明日由上午九时，再行继续开会。从现在闭会。（午后四时半）

…………

《文教月刊》，1933 年 10 月第 5 号、1934 年 1 月第 6 号、1934 年 2 月第 7 号。

教育厅长会议 第一日咨问案

（1934 年）

第三次教育厅长会议第一日（二十四日）在文教部大臣室开会，出席者，有各省教育厅长及总务科长二十余名，文教部各司各科长等共五十名。午前九时五十分，许次长致开会词，其次有郑大臣之训辞，说明左记咨问事项。一旦休息，午后自三时续开，是日咨问事项如下：

一、可使帝政意义彻底之教育上之具体方策如何。

二、中等学校之改善方策如何。

三、依据我国实业之社会教育机构，并其经营方策如何。

《盛京时报》，1934 年 5 月 26 日 4 版，8719 号。

第四次教育厅长会议记录（节选）

（1935 年）

咨询事项

一、《回銮训民诏书》的御旨如何贯彻的具体方案

以往，对我国民下赐的《回銮训民诏书》，实际上是永久奠定我国民教育的根本理想的照［诏］文，是万禩不磨的大诏。教育必须对国民大众广泛地贯彻诏书御旨，以期涵养国民精神，兴邦安国，昌隆发达。这是提出本案原因之所在。

二、关于社会教化团体的联络如何统制的方案

过去虽然见到社会教化团体的活动，但想适当地把这些团体联络统制起来，充分发挥它们的作用，是我国民众教育彻底振兴的非常重要的问题，所以才提出本案。

指示事项

一、有关对教育热忱的体现贯彻事宜

凡想振兴一国教育，虽然有种种重要的事情，但教育热忱的体现贯彻，对我国教育现状实属极为紧要。教育者要排除对教育态度的功利主义观念，以报酬的高低决定态度，而应有专心献身的努力和牺牲奉仕的精神，即所谓教育报国精神。

而此种精神的表现，是教育者自觉体会认识到教育的重大意义和神圣使命，把它反映在日常教育的实际上，并相信其根本要诀。然而对我国教育现状感到遗憾的是，对此点并未充分做到。

所以要强调，各位应适当地对所属的职员及社会一般负起教育的重大责任和神圣使命。同时，希望付诸实践，努力实行指导督励，以期体现对教育热忱的具体贯彻。

二、有关中等学校的改废及其他事项变更事宜

为实现全国教育的统制，有关中等学校改废及其他事项变更时，以前曾发布了本部第四十八号（大同二年五月二十九日）训令，但未充分贯彻，甚感遗憾。今后中等学校的改废及其他主要事项变更时，须有本部的批准和指示。

三、有关师范学校毕业生的分配事宜

师范学生领取由国库支拨的一定学费，其毕业后，应遵从国家之命，从事小学教育，以刷新我国的初等教育。但看到毕业生中有为自己的利益，或其他情况到别的部门就职，这很不好。

本部不日即公布师范学校规程，这里明确规定了它的意图，各位应考虑对师范学校毕业生的适当安排，以对虽毕业而尚未就任者按此规程实施。

四、有关乡村教育与农村生活联系及对校外民众教化问题

我国是以农业为本的国家，关于农村的振兴，不愿在农村任职者就不能经常去关心它。学校教育脱离不开农村的状况而存在，其间从来都不可缺少联系。今后学校的设施和管理都要很好地与农村保持联系。为了把教育立足于实际生活，对此要进一步注意。现在的教育者，如能克服只顾校内教育的缺点，向外走出一步，并对校外乡村的青年作指导，或尽力向民众普及对建国精神的理会，同所在机关协力，成为乡村教化的中心，并做出成绩来，真诚努力建设王道乐土。

…………

六、有关私立学校及私塾的取缔事宜

有关私立学校的取缔，虽已三令五申，但有的地方尚未彻底贯彻，这很不好。私立学校应遵守暂行私立学校规程。对它要严格指导监督，以期达到学校本来的目的。对于私塾应以康德二年十一月十八日本部训令第三十号规程准则为依据，尽快地制定出私塾规程，以改善私塾的教育。

七、关于留学生推荐事宜

自建国以来，本部已三次向日本派遣留学生。在康德三年度派遣第四批候补留学生以来，本部更改了向各省下派部员实行直接考试选拔的做法，而由各省长及特别市长推荐一

定数量的候补生，由本部再进行铨衡。录取的候补生在限定期间内到指定的留学学校入学完了，才能成为补助留学生。

根据各位推荐，再经本部进行规定的考试，以公平严选，对其思想、品行、学力和身体最优者进行推荐。

八、有关康德二年度发行国定教科书事宜

各学校的教科书，鉴于对学生的思想影响甚大，建国以来采用了国定编写制度，即从康德元年起已发行的二十九种三十六册，康德二年末发行二十一种三十八册。至于小学国定教科书已大体完成，初中国定教科书亦大部分完成。各位应考虑国定教科书的本旨，希望能共同普及使用，对编纂主要目的如有不当之处，请监督指导。

九、关于教科书使用的监督问题

各学校对现行使用的教科书，不论国定或审定的教科书，从来都拘守惯习，尽量使用。另外在使用国定或审定的教科书时，仍发现虽然调查其内容，但还较为疏漏，在教育上实际不堪寒心。希望各位将来在各校使用教科书时，深切注意按下列各项标准进行处理，万勿疏漏。

（一）有国定或审定的教科书的地方都必须使用。

（二）关于使用前项教科书，对该校同一学科，有时候可以穿插使用。

（三）按前两项执行有困难时，教师可按原稿进行口授。

（四）根据上述各项，有困难时，特别有必要使用教科书时，须得到本部大臣的许可。

十、有关学校卫生问题

…………

十一、有关大同元年六月的发令，对体育振兴的方案

惟立足于国情，应适当地向普通国民普及体育运动，使其具有强健的身体、高洁的品格，以形成坚实的国民素质，这可以说是国家长远的重要事业。

以前，本部于大同元年六月曾发布体育振兴方策令，由于各有关单位的真诚努力，逐渐使之就绪，但真正达到上述理想，可以说还不充分。

根据修改的本训令标准，按各地实情对照，应制定最有效而适宜的方策，以期向上提高发展一步。

十二、有关教职员的任免及监督问题

要发扬学校及其他机关的成绩，不待言，选拔合格的教职员是最重要的事情。目前，从学校教职员的现状看，有些是老龄不堪任职的，有的是素养缺乏、学力不足的，或对职务缺少热心诚意的，这些实在使人寒心。能获得具有健全的身体和学力及有经验的优秀教员是重要的事情。当前的急务是对国家要有健全的思想和对职务执行有诚意热心，这是头等的、最主要的事情。

各位鉴于如上的目的，对教职员的任免提升和降职应予以深切注意。拂去不实之情，

提拔任用优秀者，努力剔除不适用者，同时采取适当的措施，使教职员努力修其心身，安于职守，励精各自职务，以进行指导督励。

十三、有关无线电广播教育问题

…………

十四、有关促进识字教育问题

…………

十五、有关地方社会教育设施的整顿问题

现在的县、市立社会教育设施有民众教育馆、图书馆、阅报处、讲演所、民众学校等，从事民众教育活动。过去它们没有统制联系，各种设施也不一定适合。鉴于我国民教育的重要性，在可能的预算范围内可加速采取有效的设施，以进一步达到社会教化的目的，而不致遗憾。

第一天议事记录

注意事项

一、康德二年六月三日，有关文教部训令第五十七号文件

按本年六月三日本部第五十七号训令对有关各学校教科用图书作了报告，并规定在中学以上使用的应得到本部的许可。现调查结果在另册有指示。如使用教科书八百二十七册中，要受到未许可处分的有一百五十六册之多。这在教育上实在令人寒心。而按本训令得到许可的，其效期只限于本年度。对各学校明年，再使用过去的教科书要绝对地进行监督。

…………

五、关于电影教育事项

…………

六、关于社会教育指导者留学生问题

康德二年度派到日本青森、熊本两县立青年学校教员养成所的社会教育指导者留学生十名，今年十一月末归国，预定再返回原单位。留学的目的同所属单位有关，务必学习礼教科的才能，很好地使其发挥出来才好。

七、有关童子团的教育问题

最近，童子团的教育，各地都在注意促进充实。遗憾的是该教育的真正目的，尚未普遍贯彻。童子团教育的使命，旨在于努力训练陶冶国民精神，发挥其精神运动的特质，不要只是流于服装形式的末端。当然，它的建立，在加入时要合乎国民的现状，不能强制办理。

八、有关宗教团体的承认问题

…………

九、有关古迹、古物、名胜、天然纪念物的调查报告问题

…………

十、有关文教部报告条例问题

…………

希望事项

一、尽快地制定教育令，特别是普通教育令（奉）。

二、制定省立学校教员、文化机关官员等俸给令（奉）。

三、进一步密切学校教育和社会教育的联系（奉）。

四、国定教科书的分配，在新学期开始前要作出计划（奉）。

五、批准对留学生的方针及计划（奉）。

六、对各县青年训练所支拨国费补助问题（奉）。

七、教员讲习所，主要招收中学教员，并对图画、体操、手工等也进行指导（奉）。

八、统计的制定。

九、有关礼节的规定。

十、有关教科书的修改方案。

1. 加速教科书内容的修改。

2. 加速完成教科书的编纂。

3. 加速修改教科书的分配方法。

十一、根据满洲国的国情，尽快颁布学制系统的规定（龙）。

十二、制定奖学金规程，以求地方教育的振兴（热）。

十三、颁布学制系统（热）。

十四、励行国民体育的问题（热）。

十五、制作学生制服（热）。

十六、增设丁等县的县视学（热）。

十七、颁布中、小学令（热）。

十八、学校及文化机关对诏书的安奉场所及奉读仪式的规定（热）。

十九、制定各种学校的各种学事表的样式，及报告日期（热）。

二十、制定视学规程（热）。

二十一、全国在各县设立一所模范小学（热）。

二十二、尽早地制定中等学校教科书，公布教科书使用标准（热）。

二十三、制定课程标准及训育标准（热）。

二十四、制定省立中等学校服务规则（热）。

二十五、民众教育馆的充实问题（热）。

二十六、文庙奉祀官设置问题（热）。

二十七、颁布宗教指导方针（热）。

二十八、计划学校教职员待遇的改善（滨北特）。
二十九、全国教育经费全部或一部分由国库拨支问题（滨北特）。
三十、尽快明确公布我国的教育方针、系统、学制等问题（滨北特）。
三十一、在各县设置教育指导官（滨北特）。
三十二、小学校国定教科书全部实行免费分配问题（同上）。
三十三、加速编写俄侨各学校的教科用图书（同上）。
三十四、设立实业教员的养成机关（同上）。
三十五、增加社会教育补助费（同上）。
三十六、体育周的实施日期，一个月上报一次（同上）。
三十七、派遣社会教育视察团到日本视察日本社会教育情况（同上）。
三十八、有关各县文庙的修筑经费问题（同上）。
三十九、各县教育费报文教部审定问题（安）。
四十、各县分配日系教育指导官问题（安）。
四十一、县视学的报酬由国库支办问题（安）。
四十二、文教部施行省立中学教员检定试验的结果，由各省教育厅进行通知（安）。
四十三、培养实业学校教员（安）。
四十四、有关视学官的各县视察费问题（安）。
四十五、制定体格检定规定（安）。
四十六、在高等师范学校设置体育科（安）。
四十七、有关建国纪念运动会问题（安）。
四十八、充实教育厅的放映设备，并增加技术员（安）。
四十九、各县文庙建筑费的补助（安）。
五十、加速将依兰师范学校向省城搬迁（三）。
五十一、在省城修建文庙（三）。
五十二、设立省立图书馆（三）。
五十三、增加民众学校补助金（三）。
五十四、在礼教科设置映画股（三）。
五十五、补助各县小学经费（三）。
五十六、特别要增加视学官的视察旅费（三）。
五十七、依兰、桦川、富锦三县的中学移交由省立管理（三）。
五十八、尽快确定教科书的销售网（三）。
五十九、康德二年以后，一律向新设及私立允许的学校颁布诏书（三）。
六十、增发宣传品（三）。
六十一、在全国主要城市强制设置校医（哈特）。

六十二、尽快确定技能科课程的标准，编纂教科书（哈特）。
六十三、尽快实施小学教员的检定制度（哈特）。
六十四、哈尔滨体育联盟地方事务所有关补助金增额问题（哈特）。
六十五、中央应迅速地制定小、中学校的教学科目（新特）。
六十六、小学校长及日系教职员的任免升降和升级事后报告手续（新特）。
六十七、尽快制定教化团体及宗教团体的立案规程（新特）。
六十八、设立乡镇半日制学校（新特）。
六十九、增加日语科的时间（新特）。
七十、为使国民彻底理解王道意义及建国精神，编写适当的读物（新特）
七十一、关于诏书下赐的追加（吉）。
七十二、有关省教育厅人员的增加（吉）。
七十三、有关县教育局的设置（吉）。
七十四、县、旗、市教育局及主要县立学校日系职员配置问题（吉）。
七十五、诸规程制定公布问题（吉）。
七十六、县立中学移改省立问题（吉）。
七十七、学校教职员素质提高及有关研究奖励问题（吉）。
七十八、有关留学生问题（吉）。
七十九、有关教科书问题（吉）。
八十、有关县、旗、市青年教育所设置问题（吉）。
八十一、有关县、旗、市教育基本调查问题（吉）。
八十二、实施诸会议的召开问题（吉）。
八十三、关于省教育会辅助费问题（吉）。
八十四、有关建国运动会问题（吉）。
八十五、有关派遣日本教育视察团问题（吉）。
八十六、经费预算分配从年度开始实施问题（吉）。
八十七、瑷珲县立中学等三校由移交省立问题（黑）。
八十八、设立黑河县城省立图书馆（黑）。
八十九、民众教育振兴费问题（黑）。
九十、在黑河省城设立文庙（黑）。
九十一、各种体育事业补助问题（黑）。
九十二、召开教员讲习会及视察团组织问题（黑）。
九十三、有关初等教育普及预算问题（间）。
九十四、关于学田问题（间）。
九十五、关于中学历史教科书编纂问题（间）。

九十六、关于省立学校校舍新建及改建问题（间）。

九十七、孔庙建设问题（间）。

九十八、民众教育馆设立问题（间）。

质问事项

一、我国教育采用宗教教育的用意（奉）。

二、听从对宗教的对策（奉）。

三、听从对师范教育的方针及具体计划（奉）。

四、对女子教育的方针（奉）。

五、关于农村教育振兴的方针（奉）。

六、各年度对教育实施的计划（奉）。

七、文教部所属学校的范围（奉）。

八、有关《回銮训民诏书》保管等方法问题（滨北特）。

九、有关将来实施县制改革方案中现行教育机关的存废问题（滨北特）。

十、关于教科书编辑，最重要的是，适合中等学校的教科书。师范、商业、农业各学校教科书怎么处理（安）。

十一、如何说明孔教、孔道（新特）。

十二、有关御真照片下赐问题（吉）。

十三、有关颁布满洲国地图问题（吉）。

十四、有关制定节日唱歌问题（吉）。

十五、有关设立日人经营满人教育机关许可权问题（吉）。

十六、有关学校教科用参考图书发行及贩卖许可权问题（吉）。

十七、有关设立路立扶轮学校及移管方针及手续问题（吉）。

十八、有关留学生归国后的就职安排及管理方针问题（吉）。

十九、有关省及县有学田的管理及处置问题（吉）。

二十、有关奖学资金褒奖规程问题（黑）。

二十一、有关教育敕语问题（间）。

二十二、有关教育法令问题（间）。

二十三、治外法权撤废后，对日本帝国臣民的教育问题（间）。

二十四、有关省立及县立学校教职员问题（间）。

…………

国务总理大臣的训词（张景惠）

我国以王道为政本，以忠孝为教本，煌煌如日月悬空。各位任教育厅长承仰圣旨的体俯，夙尽职责，勤勉不懈地奉公，为本大臣欣幸之处。惟教育事，实为立国之本，修身齐家治国平天下之道。至于学习，主要从政事经济到文学技艺这样一些门类完成施教，其成功与否，往往影响着国家的兴隆演替。诸位知道，在这次会议上正赶上国家的教育方针及所有的当务之急同需要设施都由文教部大臣作训示提案。深望诸位以立本兴国之心，弘道劝学之任衷于一是，归于大成，以天心之殷，副以巩固基础的教化，是为训词。

大臣训示

我满洲国新兴以来已三年有半，以前皇帝陛下以顺天安民之大道为准则进行即位，五族共同仰慕，国家上下满怀忠诚赤心。随后改革了地方制度，设置了新的十四个省，洪谟全疆，光普四野。再有，皇帝陛下今春亲赴日本访问友邦，目睹其国运，感谢为满洲建国所尽的仗义，回銮还幸宣布大诏以训臣民。

现在本着东方道德的精神，复兴发扬忠孝的大义，万民协力一心一德仰视圣旨，日满两国密不可分，更加巩固。在此盛时之际，召集从事文教事业的工作者，上下一致，协心勠力，夙夜精勤，明征建国大义，炼成国民精神，完成振古未有的圣业，应对邦家无穷兴隆和东洋永和平，无所保留地做出贡献。

但毒化东方道德最甚的是那个共产主义。它绝纲常，否恒产，无人伦，灭义理，并大肆宣传，在疆内作乱。中华民国也存在三民主义并与左道相连，废弛了有五十年传统的纯粹大道，与这等暴恶的左道相反，发扬王道的正义可谓是吾人的责务。教育的奉职者，必须朝暮再思三省，坚持守操，常常独慎，以期不为左道的污泥所染的同时，去教育学生，指导民众，躬行实践，以殉教的精神，为忠孝大义、人伦纲常的育化而努力。各位应策励教育工作者涵养国民道德，根绝左道非义，希望再进一步发扬成果。

在发扬国民精神生活的同时，要注意利用年轻后生的事情。历来，我国以土地肥沃、物产丰富而闻名，其天然资源的开发、国家财富的增加、民生的充实都等待着科学教育的振兴和劳作教育的贯彻。

各位指导教育职员要避免徒劳地追求抽象的理论，而要注重实验、实习，适应国家的实情和乡土的环境，在教授科学教育的同时，培养勤苦耐劳的精神，锻炼刚健不挠的精神，以倾注所谓劳作教育的贯彻，希望为国本培养的圣业而献身。

教育效果的提高，即所谓完成国家百年的大计，一是对教师其人等待得到适任者。他是志操清高，学品兼备，终生从教不倦，殉其天职，有热和爱者，委托以教育的圣业，开始已经取得了一些实效。各位特别在师范教育上倾注了最大的努力，培养出优秀的教师，同时期望任用分配适当，收到教育的实效。

同学校教育相结合，重要的是社会教育的普及贯彻。我国的民众因为有受学校教育的经验，而缺少作国民的训练，所以，各位鉴于目前的国情，应尽快谋求有效而适当的设施方案。同时使教职员经常成为民众好的指导者，对农村的开发也要予以督助。这样贯彻其建国的目的，以期待治安工作的肃清及各种政策的更改。

现今我国各宗教的统制，在尽量发挥其机能的同时，随着建国精神的具体贯彻向前迈进，相信这是当务之急。根据本部平时对宗教与其他方面的调查，并作了整顿准备。虽然过去我国宗教分支多而复杂，又有种种流弊，而完成事业也不容易，切望各位尽量了解各地的情势，掌握其机运努力促进。

…………

第二天议事记录

…………

《回銮训民诏书》目的的贯彻及具体方案

学务司长：对于《回銮训民诏书》目的的彻底贯彻及采取怎样的具体方针，我来谈一下。《回銮训民诏书》是我国国体的基础，又是阐明同友邦日本有着不可分割的关系根本目的大诏。我们进行的教育，即在此基础上，以它作为实际的依据来制定根本方针。对于这样重大的事情，昨天大臣阁下作了训词。各位在各省、特别市对诏书的奉戴恭闻是非常努力的，尽平生的力量做事，是很感佩的。今天拜领这个咨问事项的目的，希望各位非常努力地互相讨论其设施效果，进行切磋琢磨。文教部同各省、特别市协同一致贯彻诏书的目的，为了进一步取得效果，作为国家的百年大计，使目的更好地贯彻到底。所以各位对目的的贯彻及其设施，请坦率提出，采长补短，以提供参考。还有对此设施的内容，不单是学校教育，也使其在社会教育等万般事务中贯彻。本问题是奉大臣阁下之命进行咨询的，也附带地说一下。以上简单地说明其目的。

议长：请从奉天谈起吧。

奉天省教育厅长：对于《回銮训民诏书》的目的，使一般国民贯彻理解，其方案想有以下各事项。即：

（甲）对指导者的方案。

一、对诏书颁布意义的认识。

二、对日满两国一德一心意义的真正认识。

（乙）对学生的方案。

一、各校在各种式典的场合，校长要奉读诏书。

二、印制诏书小册子，分发学生诵读。

三、诏书的目的编入修身教材中，向学生贯彻。

四、将诏书目的作为题材，召开演讲大会。

（丙）对一般民众的方案。

一、现在逐渐完成新村制，向各村颁布诏书，举行奉读式。

二、各村要经常召开民族协和的讲演会，其演讲者由乡村学校教员担任。

三、把诏书的目的形成口语体的文字，向一般民众贯彻普及。

四、放映访日照片，使一般民众了解日本国民对我国皇帝陛下热烈欢迎的情景，明确地贯彻日满两国不可分的关系。

五、让学生将诏书的目的向家族或邻人宣传。

想采取以上这些方策。

吉林省教育厅长：吉林省也是提供一些想法。即：

第一，一般的方案。

1. 以诏书圣旨作为国民教化的指导精神，凡有机会就努力普及贯彻。

2. 制定诏书颁发纪念日。

3. 式典召开之际实施诏书的奉读。

4. 编纂诏书演义及圣德的记事，进行免费颁布。

5. 诏书奉答歌的制定。

6. 日满联合诸会的建立和两者亲善融合的强化。

7. 强调以忠孝仁义为中心的东洋的道义思想的复兴。

第二，学校教育方法。

1. 在修身教科书及公民教科书的前言部分，登载诏书的全文。

2. 在修身、公民、历史、国语、国文等教科书中，将皇帝陛下访日暨诏书的圣旨有关记事及插画选编在教材中。

3. 抓住所有机会奉读诏书，努力理解其圣旨，高小能背诵诏书全文，中学进一步达到默写的程度以彻底贯彻。

4. 召开诏书恭书会。

5. 召开学生联合演讲会。

6. 实行日满学生亲善信件的交换。

7. 发行纪念文集刊物。

8. 召开日满教员联合大会。

第三，社会教化的方案。

1. 举行国民精神振兴大会。

2. 厉行日满两国国旗的升扬。

鼓励在下赐纪念日和其他主要节日厉行这项活动。

3. 召开纪念运动会。

4. 召开电影会，一般免费上映访日的形象及表现圣德的电影。

5. 进行各种表彰，在下赐纪念日相应进行优良团体或模范人物的表彰。

以上。

龙江省教育厅长：先头龙江省对诏书奉戴仪式作了报告。我省对诏书从县方面都想请求到省城去奉戴，当时学校的老师、学生全部到车站迎接教育厅对诏书奉戴式的其他处理方法也都尽其诚意，今天已实际地依次进行。对诏书制定了规程，各县的教育局长、视学、内务局长等集中到省厅举行此奉戴式，并对诏书的保管方法及其他如奉持、奉读、警护等也给予详细指导，也注意防止对诏书有不敬的地方，就这样进一步地增进日满不可分割的关系。特别是把我皇帝陛下访日时同友邦日本皇室牢固地修睦交欢的实际情况，详细地告诉人民，以实现其本义。在县长会议上详细指导了奉读方法和保管方法等，还靠民众团体在省内扩大影响，当贵部决定诏书处理的具体方案下达命令的时候，我省也制定出实施规程，即如以下：

（甲）学校方面。

1. 将诏书的目的选编到修身教材中。

2. 对诏书的礼仪。

3. 向学生分发诏书，另外将诏书放到修身教材的开头。

4. 在学校适当的地方张贴诏书。

5. 把诏书作为校训的根据。

6. 让修身教员担当讲解，让学生达到默写和背诵程度以彻底贯彻，但在小学有必要考虑其学年程度。

7. 在重大祝祭、纪念日、诏书颁发日、入学式、毕业式等集会的场合对它都进行奉读。

8. 私塾也以此为准。

（乙）社会方面。

1. 在都市民众教育机关，要经常进行讲演。

2. 各教化团体要张贴诏书。

3. 自卫团、青年团、妇女团和其他各种团体的祝祭、纪念日等集会的场合要奉读。

4. 在县、镇召集各村长讲授诏书的目的，更要向民众进行传达。

5. 在学校的祝祭日上，让多数学生的父兄参加列席，对诏书目的进行宣讲。

6. 遇到各种纪念日，张贴宣传画、发放小册子、展示活动照片，大肆宣传诏书的目的。

热河省教育厅长：就热河省的情况进行报告。贵部在颁布诏书的时候，是我来奉接的。回去之后，召开了教育局长会议，同时对保管方法或奉读方法进行指导，另外在教育局长会议上举行了诏书的奉接式，而且非常盛大。省长、各署长亲自出席，详细地向与会者讲述其宗旨。尤其让我们非常欣幸的是作为热河省内教员、学生能听到其他县的教育局长、奉天的土肥原阁下出席会议，特别对诏书作了生动详细的训词，是感到非常高兴的。还有，我想奉接式参加者，也都详细地领会了诏书的宗旨。在省城内，召集教育局长举行了奉接式；之后局长回县后，在县内也采取了奉接式的方法。

对此咨问事项，热河省的回答大体有十条，并准备对它实行，即：

一、通令各学校在修身时间，用诏书的宗旨进行训话，使其彻底了解。

二、用学校朝会的时间奉读诏书。

三、召开诏书书写竞赛大会，以唤起学生的注意。

四、将诏书奉接的觉悟作为题材，从所属学校优秀作品中募集有关考察感想。同时对优秀者授与赏品和奖状以资奖励。

五、制作白话诏书的小册子，向一般民众分发，使之有所认识。

六、向各县派遣电影放映班，放映皇帝陛下访日记录的电影，及举行诏书宗旨的讲演。

七、利用教育厅长到县视察的机会，召集教职员、学生进行诏书宗旨的训话，进一步向民众进行宣传。

八、民众教育馆在讲演、纪念日及宣传工作的场合，讲解诏书。凡有机会，即努力贯彻普及。

九、凡有集会及仪式的场合都奉读诏书。

十、利用省县视学到学校视察的机会，对学生进行诏书的考查，以促进师生的认识。

滨江省教育厅长：对咨问事项的第一部，回答一下。对本件的尝试，在本省作出教育方针训令之际，特别要对诏书的宗旨、贯彻的问题给予注意。还有，其后在县长会议之际，举行诏书奉戴式，其间县长也对此问题再三宣传其宗旨。再其后，召开教育局长会议、社会科长会议等之际，依次对此问题作出具体的指示。以下就学校方面及社会方面的作法，谈谈其中已实施的、有将来计划的问题。首先，谈一下学校方面。

第一，对诏书的处理及对它的奉持方法给予十分注意。

第二，将皇帝访日纪念事项放在计划中。

第三，对诏书颁发的纪念日、对种种事项作出计划。

第四，在学校举行仪式的场合或其他祭日对诏书进行奉读，同时升扬日满国旗，唱日满交欢歌，这样进行实施，还促进其实施方面。

第五，在实际教授、阐述教育方针问题时，在修身科及其他学科中要贯彻诏书的宗旨，而且注意明确日满不可分的关系。

第六，在举行朝会或周会之际，对诏书的宗旨进行训话。

第七，对日满学生交欢事项将实施以下事情或计划：

一、召开座谈会。

二、召开联合运动会。

三、召开联合展览会。

四、召开联合音乐会。

五、找适当机会交换日满学生成绩作品。

第八，用诏书裱装教室，在适当的地方悬贴，还要改换对诏书宗旨有不敬的标语，在教室适当地方张贴。

第九，让学生在适当的时候，对诏书进行恭写、敬诵。

第十，前面讲完了在教育方针上贯彻诏书宗旨的问题。

第十一，为了诏书宗旨的贯彻，也考虑有关图书或新闻剪裁，或其他孩子们读物，以资贯彻诏书的宗旨。

其次，就社会方面的方针谈一下。

第一，奖励日语的学习，计划从侧面贯彻诏书的宗旨。

第二，计划在各地进行通俗讲演，举行诏书讲演周。

第三，各地社会教育机关，备置有关诏书宗旨的丰富的图书或报纸。

第四，现在计划中的事情：为民众编写白话诏书读本。

第五，普及皇帝访日的活动照片。还有，在适当机会，让活动照相馆义务的翻洗这些照片。

第六，利用一般民众集合的地方，进行随时讲演。本省在进行治安工作，教育长官几乎轮流发言，在各地都进行这项工作。

第七，各地每年都召开皇帝访日市民大会。

第八，各地市民召开诏书书写大会。

第九，让各地教化团体考虑用种种方法，贯彻诏书的宗旨。

以上是滨江省简单的发言。

锦州省教育厅长：就咨问事项第一条简单地谈一下。

第一，明确国体观念，希望国民精神彻底振兴。

1. 对诏敕诏书教育的贯彻。

2. 国歌教育的贯彻。

3. 祝祭日教育的贯彻。

4. 国旗教育的贯彻。

第二，通过教科书，以期进一步陶冶国民性。例如，在修身教授大纲中，体现道德知识的启发、道德意识的陶冶和实践性意志的修养等。

第三，尤其作为组织实施的事项，举行诏书奉读式和召开学生作品展览会。

第四，树立其他永久性纪念事业计划。

1. 设置敕语抄本及皇帝真影奉置处。

2. 实施每年纪念周等，以求圣训彻底强化。

3. 把学校作为社会教化中心，以求圣训贯彻普及。

再有，在本案制定上把什么作为重点？一是本提出案就将来如何考虑如何处理，想再次简单谈一下。

首先，本案制定的重点。

要注意乡土的实情。

对我们的乡土，在经常教育上，包括心境，想简单谈一下。

所说的乡土即离不开环境，离不开人生，离不开生活。教育可以说是精神的事业，就像说产业是物质事业一样。其他事业对社会、国家想必也有贡献。其事业计划当初有必要明确其地方的状况。学生绝不能无益地在环境里学习，环境是生活的延伸，乡土是教育的出发点、学生的学习乐园。这意味着爱乡土心、爱国心、共同心、自治心、公德心、经济观念、创造性、自由性、国家观念、公民的训练都在乡土上进行培养的。所以我们的乡土既是学习之父，又是研究之母，对它应有坚定信念。这样考虑首先从上述可见，但是需要经费和教师的努力，即从乡土的实际状况出发，制定出具体方案，努力使其成为便利的方案，不使其流于抽象。

其次，考虑教师的素质。

如何贯彻教育？主要在于教师的实力，要想振兴教育，首先必须充实良好的教师。

现在从本省教职员的组织现状上看，具有进取心和向上的深感是少数。我们在呼吸新鲜空气的时候感到人间的活力，更要努力培养自己的力量，使学生得到发展。教育结局归结到教师问题，据考察有近三分之一的教师需要改善其素质。本省的形势，在日常生活实行上最浅近伴着与之相连的困难问题不得不受到范围的限制，这方面以上情况已经表明了。而增添的参考问题，这应从教师日常心得选拔，这是重要事项。对教师的实力如何，必须考虑，特此说明。

以上两点在本案制定上，是本省特别注意之点。

最后对本案将来的成册印刷品，事先分发到各校，作为实行方案。本省还要对各校实施状况详细地进行检查，加强对本案的推敲，希望它逐渐尽早地完善。

安东省教育厅长：我来到贵部奉接诏书，回省召集了各县教育局长，举行了诏书的奉接仪式。省长亲自出席。对诏书，大家都作了讲演，还对安东市民召开了市民大会，省长阁下亲自作了讲演，安东市民对诏书的印象是非常深的。现在我省对《回銮训民诏书》的宗旨，一般国民都能彻底明了。这里说说具体方法。

这里我分两项来谈：一是学校教育方面，二是社会教育方面。

先说一下学校教育方面。

第一，在教科书中采用了有关日满不可分关系的教材。

第二，各学校注意了对诏书的严肃处理，表现了对诏书的尊敬。

第三，诏书颁发的前后，联合了日满各校召开了学生的书画及作文等展览会，还有演讲会、学艺会等，都予以注意。

第四，按文教部对诏书奉读日的规定，各学校都进行了诏书奉读，还有讲演，一般学生对诏书宗旨都能贯彻。

第五，在各科授课之际注意理解日满两帝国建国的由来、国情、风俗、习惯等。

第六，制定访学旅行或见学等计划，更多地创造日满亲善的机会。

其次谈一下社会教育方面。

第一，诏书发布之日，各种社会团体，同各种社会教化团体协力，号召一般民众讲演或发放宣传文件，公开上演电影，努力贯彻诏书的宗旨。

第二，同社会团体或社会教化团体取得紧密的联系，每遇机会就竭力理解诏书的宗旨。

第三，在民众学校或日语学校等的授业之际，一定要努力贯彻诏书的宗旨，还有［要］适当地组织民众学校和日语学校的讲演，明确贯彻日满不可分的关系。

第四，公开穿插上映日满不可分的关系的电影，以向一般民众贯彻其宗旨。

第五，召开到过日本出差的人的报告讲演会，听听其感想，努力了解日本情况。

第六，对表现诏书精神有出色的行为者，尽力在以后予以表彰。

以上是安东省的想法。

间岛省教育厅长：谈一下间岛省的做法。像大家了解的那样，间岛省有它地区的特殊情况，全省人口五十八万人，其中四十七万人是鲜族人，其民族关系非常复杂，尤其是间岛省有共产区域，统一国民思想感到非常困难。这次皇帝陛下下赐诏书，这个诏书对我国民含有重大意义。我想，我国大概在不久的将来，对教育也许会发布敕语。今天把诏书教育作为教育的根本精神，必须确信诏书下发的目的，以求指导国民统一思想，努力普及贯彻此目的。

我省对诏书的奉戴，在它到省的时候，以省长为首，召集了各厅机关的职员，举行了诏书的奉戴仪式。各县县长回县之后，也都非常郑重地举行诏书奉接式，并作了报告。县还发布了对诏书的保管方法、有关奉读的规程，并切实地实行。

还有，间岛省做治安工作、宣抚工作时，不仅对派出人员，甚至对一般民众都注意贯彻诏书的目的。贵部下发的皇帝访日活动照片，也向一般民众进行公开。另外，召开皇帝访日的讲演、诏书书写大会，成绩良好者给予奖金奖励。以上大体是诏书奉接式的情况，以下再具体的谈一下，分第一、第二两项，即：

一、贯彻的重点。

1. 对建国的伟大精神和国体的精华，把握住牢固不移的信念。

2. 努力启发培养国民的情操及国民的信念，以求强化王道精神。

3. 特别要把握日满两国的深远历史的事实同一体同心的关系，以求精神的结合。

4. 以皇帝为中心，努力进行思想的修养，排除偏激的思想，以树立稳健中正的国民思想。

5. 努力发扬东洋精神，向着世界和平、人类幸福的远大理想迈进，努力启迪强有力的信念。

6. 明确尊重国家的纪念日、祝祭日、年中行事的礼仪，都列入计划。

7. 对国旗予以正确理解，发扬尊崇风气，知道适当的对待。

8. 舍弃国民生活上的小异，谋求大同，以达到一体一心浑然和谐。

二、具体方法。

察知一般国民的环境，斟酌民力，采用弹性的普及方法，以实行适质适量适宜的方法为宗旨。

1. 在国家的纪念日、祝祭日，官厅、学校都要举行奉读诏书仪式，也吸收一般国民广泛参加。

2. 在表彰式和其他的仪式上奉读诏书，趁机使国民同其精神接触。

3. 把诏书颁发之日，定为诏书奉读日，全国一齐，各官公署、各机关、各学校进行奉读，也让一般国民参加。

4. 把诏书颁发日定为国民精神振兴日，举行文教部大臣诏书奉读式，召集各省优秀学校教员参加列席。

5. 牢记诏书的目的，在全国募集歌词，选定歌曲，让国民唱颂。

6. 对日满两国官宪，特别以皇帝访日纪念章的授与者为中心，组织诏书奉赞会。

7. 紧密地同社会教化团体联系，找更多机会贯彻。

8. 利用讲演会、照片展览会，努力普及其目的，同时，强调日满两国关系历史的必然性。

9. 有机会召开诏书诵读会。

10. 有机会召开诏书书写会，供一般展览。

11. 由文部省发行诏书演义，广泛颁布，以资彻底明了。

12. 共同购入日满两国国旗。

13. 对日满两国的国家纪念日，相互地升扬国旗，以表敬重之意。

14. 在修身书的前言部分选用诏书。

15. 复制“一德一心”的御宸笔，张贴在各官公署、各机关的正厅，作为政治标语。

以上这些。

三江省教育厅长：强调诏书奉接式的经过和安放方法，特别是奉读方法，还有日满不可分的关系的问题，作为三江省来说，同以上各省的情况大体相同。

这里谈的同大家刚才谈的差不多，分八条，大体与各省相同。

这里是我省实行的情况，有的正在实行，下面特别谈谈三江省的情况。

诏书的真谛，是以皇室为中心，以日满两国不可动摇的相互信赖为基础。我省确信能在一万五千学生和九十万的省内一般民众中贯彻。其理由在，本年夏，县长或参事官全都开始集中搞治安工作。我省通过对十四个县的了解，各县，长的二个月，短的一个月，一齐搞治安工作。其间向学校教职员下命令，在宣抚工作之际，一定努力贯彻诏书的宗旨。这样可以确信三江省的民众和学生对诏书的目的能够明了地贯彻。

再有，像各位知道的那样，我省有五个县与苏联国境相连。因此，最危险的问题是赤化问题。克服这个赤化，主要是普及王道意识，作为教育者来说是当务之急。任何时候都不能疏漏诏书的宗旨，以它作为中心，努力去普及王道主义。另外对临国境上的五县，特别要进行安抚工作，五县的县长，同各机关等和全体县民取得联系，致特别的宣言，其间，教育厅不妨碍公务，派遣指定人员，以诏书的目的为主，每到一县用一周到两周时间进行讲演，把这些报告凑在一起，再向教育厅方面进行报告。

还有，诏书有种种要点，尤其是日满不可分的关系，在现在是非常重大的问题。因此日满不可分的共存共荣之点，对我省为贯彻日满共存共荣的理想，组织日满亲善会，由我当会长，召集各界的绅士及其他人士，一月召开一次例会。

最后向中央提点希望，这就是诏书奉安的方法，各省对它的处理方法各种各样，为了将来全国统一，贵部应发布处理的规定。

还有一点就是白话法，让民众了解诏书，应有直接的白话体，从各省方便和存在各种弊害上考虑，这样贵部由编审官统一确定，扩及全国进行分配，这是我的希望所在。

以上完了。

黑河省教育科长：黑河省在举行诏书奉接式时，与各省同样，省长亲自主持举行非常盛大的奉接式。届时讲演散发各种宣传文件，不但采取这些方法，还向民众努力贯彻诏书的宗旨，特别是对日满两国不可分的关系，我们负有尤其重大的责任，同时还努力地向民众进行普及。具体方法与各省大体相同。也就是大家最近提出的那些，我在这里的说明就省略了。

新京特别市教育科长：新京市对此问题分社会方面和学校方面两个问题考虑，其内容同各省的报告，谈的大同小异，由于时间关系，现在送上材料请看一下。

哈尔滨特别市教育科长：哈尔滨特别市接到贵部的命令，将贵重的诏书奉接回去。召集了有关各机关、各学校教职员、学生，举行了非常盛大的诏书奉接式，届时传达了诏书的重大意义，详细涉及奉读的方法、安置的方法，实施很慎重。

尤其对哈尔滨特别市有特殊情况：白系俄人的问题非常麻烦，必要的对白系俄人的思想进行改造，想贵部同我们有同样的考虑。赤系同白系的关系，特殊的是思想不同而又有习俗关系，或语言、文学的关系是同一的。在同白系俄人与赤系俄人取得联系上，我们平常有所了解。因此，特别是，将白系俄人学校校长进行特别召集，详细地传达满洲国的王道乐土、日满不可分的关系及诏书的意义，努力地做工作。即在学校的仪式、会议上必定要奉读诏书，或作报告予以注意。即在俄国人学校的低年级，编制诏书的宗旨进行教学，对高年级学生注意使其理解。以上是关于对市内俄人关系的部分。

其次，提一下对满人的关系，大体与各省的情况相同，即：

（甲）诏书的奉读及讲演。

1. 不论公私任何团体，在集会开会前都奉读诏书。

2. 将五月二日诏书颁发日，定为诏书涣发日。

各机关及学校举行诏书奉读式，然后休息一天以资纪念。但是一般公务员不能安憩，分配到市内外，借用娱乐场所演讲《回銮训民诏书》的宗旨并利用无线电放送，同时为了作安抚工作在公共场所张贴标语。

3. 以各学校的校长、教员作为讲师，在暑假及寒假期间，举行诏书宗旨的演讲会。

（乙）召开诏书纪念展览会。

1. 将五月二日作为诏书涣发日，每年主持帝国教育会，中、小学成绩展览会在此日交替进行，先在新京举办，然后进一步到各大城市巡回，被称做《回銮训民诏书》纪念展览会。

2. 同时再由帝国教育会主持中小学诏书书写竞技会，选出优秀作品进行展览，用这些方法以唤起学生注意，让一般民众观览领会诏书的宗旨。

（丙）学校对诏书的注意事项。

1. 全国学生都要背诵理解诏书，并作默写笔记，而后努力普及教育，使其自然地明了其宗旨，但对小学低年级学生及民众学校，将诏书翻译成口语体，然后使其诵读。

2. 将诏书的原文印刷到各教科书的封面的里页，使其方便读诵，也可以给家长作为参考。

3. 学校召开游艺会、恳亲会，每次借用此机会讲演诏书的宗旨。

（丁）诏书纪念品及宣传品的制造。

1. 发行诏书口语文体印刷的小册子，分发到各学校，使学生容易理解。

2. 募集皇帝访日的诗歌及长短篇文艺作品，印刷发行后分到各地，以便普及诏书的意义。

3. 制造回銮号飞机及军舰，使国人容易理解诏书的宗旨。

议长：对诏书宗旨贯彻的事，是非常重大的事情。所以大家为了贯彻诏书的目的，从各方面作了种种工作，并知道其详细情况，作为文教部是非常高兴的。

我认为诏书是国家的大政方针，也是我文教部的大政方针，所以应贯彻，作为文教部的根本方针的贯彻是很重要的事情。仅我作为地方参事官来了解到各种的事情，对诏书宗旨的贯彻也有非常困难的情况，例如“我县对我满洲国讲的大政方针，采取极为消极态度，引不起积极的共鸣，这是人民和仆人之间不能设有一层隔阂的想法”，有这样说的。非常热心的人民说明对诏书的宗旨，不是从心里赞成的。赞成的气氛也不能说没有，尤其使我们担忧的是现在的匪贼，建国已经三年有余，而有的地方还相当跋扈，这就是说对诏书的目的是反对的，不能不看到这种情况。之所以这样说，我想从我满洲国的现状出发，贯彻诏书的目的是一大困难。这种困难在何处，这一点大家是知道的。从今日之现状上说，日满军队同匪贼相斗还有流血的惨状，这是存在的事实。从我们文教部的立场上说，对人民有道义仁爱之心，人民同国家一起贯彻诏书的根本精神的办法还没有。锦州省通过劝业基础打开民心，这是我相当赞成的，其他或像三江省对待各种匪贼的活动也是知道的。吉林省边境在贯彻诏书宗旨上还有什么困难，也应在这轮会议多少考虑一下。

吉林省教育厅长：简单说一点。普及贯彻诏书的目的，有的地方感到困难的原因，第一，是民众的智力程度问题，程度很低，这意味着生吞活剥。

其次，先头议长对进入区域内的匪贼进行讲演，感化匪贼，这实际上也是非常困难的，而且是以前的事情了。作为我个人，有两件事情感到困难很大，即是普及贯彻诏书的宗旨，学生和民众哪个在后，哪个在前。作为教育责任者，各位都能理解的问题，但眼前是一个大问题。

说教育者对它所理解的事情和对地方的责任都集中到教育厅，作为教育厅也是非常重大的事情。想在短时间内贯彻是不可能的，如利用长时间努力逐渐进行，也必须进行指导。

这是诏书的情况，其次对我国的根本王道精神，王道国家的王道精神，站在国民或教育者的立场上理解这个问题，也是非常大的问题。王道的原理，什么叫王道的事情，教育界的人有它的理解，对一般国民期望的各种问题，还有许多是不合适的事情。

其结论，围绕着我的意见，民众和学生及其他都居第二，教育者他自身自觉的王道，对王道体验彻悟之后再施于人，应该下决心先修其自身，而后施于人。这是何等困难的问题。

尤其是教育的事业是精神的事业。当然教育事业要有经费，需要种种的设备，但是有根本精神问题，有灵魂的问题，抓住灵魂，经费问题自然就能解决了。没有经费就不能办事也是事实。有精神和灵魂问题的教育者，以本心的热和爱进行精神活动当然要有，另一面适当的设备方面和必要的钱，作为实际问题也很困难。

议长：这个问题，在总务厅长会议上，锦州省总务厅长认为锦州省今年匪贼非常多，在辽西一般人都成了匪贼，说是今年非常多。从教育方面看怎样考虑，想听听锦州省的意见。

锦州省教育厅长：匪贼一般较多的地方，是朝阳县和阜新县，从教育统计上看，教育程度一般都是较低的地方，朝阳县、阜新县匪贼多，想恐怕就是这个原因。

议长：以前匪贼呆的地方，说今年又有出现，怎样在那些地方能波［普］及王道精神，这是不能向人民普及的理由，认为这也是非常困难的地方。

锦州省教育厅长：这里过去就是匪贼出没的地方，曾经在锦州省靠热河一带呆过，其热河又同中华民国相邻，从这方面看其关系是不一般的。

吉林省教育厅长：我冒昧地对锦州的问题补充一点，现在治安问题对教育有很深的影响。将来教育如何，多根据治安的成绩决定的。信赖匪贼还要辨别，说服匪贼谁也不能，那也需要相当时间，这仍然要用教育的力量，从现在着手对人民、对匪贼都要进行劝导。

议长：这点怎么考虑，奉天省有的参事官到我这里来也讲过，种种的话人民都不愿意听真是一纸之差。自己周围的地方，直接管辖的地方受到款待、热情欢迎。日满两国的要人并行当然要受到款待，受到的款待连自己都感到迷惑，但仍然还受到款待。所以这样说要中止款待，也听到村里实际的话，这么说是抓住了要害。过去支那有这样一句谚语：兴一利不如除一害。这个县交纳税金很困难，并诚恳地说应该交税金。过去在税金以外还说有强要的附加税，人民出钱的情况是很多的，若是今日在这也有这样事情的话，参事官就得出来说说，俺说一切都要出钱，它们都代替不了税金。有机会就要尽力去说。

不过，本年八月，过去收回五千元税金的地方，忽然收取了二万元税金，这就是“除了一弊，兴了大利”，请满洲国的官吏同一般民众之间的一层隔阂尽量消除。

总之，我国的官吏从人民的态度上是采取了好的敬远主义，我想一定要改善这点，这实在是应该打破的地方，别的没什么说了。

吉林省教育厅长：看到今天的情况，就紧迫的教育关系问题想得多些，一般的官吏同民众接触，对人民来说是非常好的事情，而且也必须考虑去做的问题，无论怎么巧妙的宣传，对方是胸有成竹的。今天大肆推行，这几乎只限于口头上实行，实际官吏行事是站在人民利益的立场上去考虑问题的。如果真正从心里说实话，从理论上进行宣传，同时取得实际效果，两方面的工作同时进行，我相信这效果当然会很明显的。

站在教育者立场上，我们全部责任不是同出现的弊害没有关系的，所以逐渐感到这一层的责任重大。如果一个好人，彻底觉悟的人，即使经济上困苦，我想也不会当匪贼。结极①精神没有开化的穷地，陷于匪贼的结论是不成立的。

锦州省教育厅长：这对我个人来说是个厚锅垫，想谈点想法。先头我去义县、阜新县、黑山县出差，还到其他农村，像到北镇县或黑山县的农村去的时候，学生、教员、厅长都出来迎接。那里是匪贼出入非常多的地方，集市上有很多的市民买卖东西，我感到此时是个好机会，召集民众学生出来，作了一小时的讲演。其讲演内容对学生能够推动其学习，也说了作恶的匪贼应做个好的国民，其次还详细阐述了日满两国的关系。在各县也同样地作了这样的讲演。连当时童子团到日本去的时候，日本各界人士如何对满洲国的热情，多少使他们理解，多少使他们认识对满洲国结成的友好关系，当时的情景我是不能掩饰的，尽量把情况向各界人士谈出来，所以如今每想起当时人民的情况都处在非常激动的状态。

从这个意义上来说，利用那样的机会说服国民，又能听到国民说的话，这是很好的。由于旅费的关系，什么时候出去走都不定。

议长：还有什么话说没有？午前就到这里。休息，午后一时继续进行。

（中午休息）

（午后一时开会）

议长：继续午前会议，咨询的第二项，关于社会教化团体联络管理的方案提出怎样的议题，由于时间不多，说明时重复之点希望省略，谈主要之点。

新京特别市教育科长：我谈点寸见。大体上对此案都谈了，若从特殊的地方看，再说几句，如果没时间了，提案只供参考。

议长：那么就请吧。

礼教司长：关于社会教化团体如何联络管理问题，简单地说明一下。此案第一是重点联络管理方法。现在教化团体中，例如，万国道德会在地方上是非常兴旺的，一般民众对

---

① “结极”疑为“阶级”。

其宗旨如猬针那样状态，过去这种方法如果妥当的话，对社会教育也有裨益。中央或地方的监督机关其管理联络，如果寻求截然的方法，果真能充分贯彻发挥其机能，是有疑问的。因而我们当局寻求适当联络管理制的具体方法，其效果也会取得的，所以提出本案。

奉天省教育厅长：大体都在书面上提出来了，赞成现在的新京市教育科长的意见。

议长：还【有】没有特别要说的，哪位讲一下?

奉天省教育厅长：关于社会教化团体的联系管理再提一下。

一、文教部在全国散在各种教化团体中，有力团体乃至有比较的统制团体的指导者，同最高本部采取联系进行管理。

二、在地方组织各教化团体联合会，在中央设置联合总会以进行管理。

三、与类似教化团体，以合同形式创设新团体进行管理。

以上管理方法，在管理上明确什么是指导原理，废除急激的文化指导，【明确】一步步渐进的指导等方【法】，思考哪些方面与国家指导原理应该一致。

…………

武强主编：《东北沦陷十四年教育史料》（第二辑），吉林教育出版社，1993 年。

确立师道教育　开关系机关首脑者会议

（1939 年）

【新京专电】民生部以培养跃进满洲国人的资源、养成文教振作技术员等为目的，整备教育制度，树立十年计划，迈进实现。关于明年度起实施之小中学校扩充增设计划，刻以所需之教员大量的养成问题，为焦眉急务，为对此树立根本的对策，十二月十一及十二日两日，在民生部会议室开师道教育机关首脑者会议，考究具体策略。当日全满各师道学校校长（奉天女子师道学校除外）、地方师道训练所长樋口、吉林师道学校校长福富中央长均出席，中央部侧孙民生大臣、神吉次长、田村教育司长并各督学官等亦行参集。

1. 关于师道教育振兴之件

2. 关于师道学校体系改正之件

3. 关于地方师道训练所扩充计划之件

有所协议恳谈，尤其关于师道学校体系改正，康德八年度起将师道学校本科入学资格改为国民高等学校四年卒业者（从来为三年终业者），关于与此关联各科内容改善、教员整备，有相当议论，其成果各关系方面颇为期待。

《盛京时报》，1939 年 11 月 14 日晨刊 2 版，10629 号。

期国民彻底了解社会实情　师道校长会议趣旨

（1940 年）

奉天省当局，定于八月一、二、三三日间，召开省下师道学校男女中等学校校长、副校长会议。原该会议，乃脱却从来之教育方针，而置教育重点于实际政治方面上有关联之主义，颇值注目。盖从来即对于教科书教育，时有偏重之倾向，是故关于兴农合作社之常识，国兵法之趣旨，以及一般行政之方向，法律问题等之实生活，举行采为第二国民之基本的教育，以期将来国民对于社会实情彻底了解云。

《盛京时报》，1940 年 7 月 9 日晨刊 2 版，10855 号。

确立文教决战体制　审议会已举行总会

（1943 年）

【新京】即应决战，确立文教新体制，十五日公布官制。文教审议会第一回总会于二十七日午前十时起，在国务院讲堂，会长张国务总理，副会长武部总务长官，卢文教部大臣以下全委员及干事约百名出席。当日会序为先行国民仪礼，张会长致辞，关东军司令官致辞，卢文教部大臣致辞。入于审议，田中干事长、国务总理咨问事项之说明，咨问事项之审议。并于总会前，在二十三日午前十时起，在文教部会议室开第一回干事会。

《盛京时报》，1943 年 10 月 24 日日刊 3 版，12026 号。

振兴我国决战文教　文教审议会第二回总会协议应取之方案

（1943 年）

【新京】文教审议会第二回总会，二十六日午前九时半，已于国务院讲堂，经会长张国务总理，副会长武部总务长官，及其以下文教关系协和会官民代表、干事四十五名临席国会，终日审议第一回总会时之咨问第一号《大东亚战争下对国文教刷新振兴应取之方策》。各干事或言应师道教育刷新，或建国精神之昂扬，职业教育之彻底等，终始热心开陈意见。午后四时许，方始散会。盖已决议附诸特别委员会决定此具体之实现方策矣。再特别委员会第一部会委员长为卢文教部大臣，以下计二十三委员。特别委员第二部会委员长为桥本祭祀府总裁，以下计二十九委员。今后研究左列之文教振兴具体的方案。第一部会，我国教育之基本方策；第二部会，决战下之文教振兴具体方策。

《盛京时报》，1943 年 11 月 28 日日刊 1 版，12061 号。

六、视　　学

（一）规程及机构

关于视学官及特别市视学学事视察规程之件

（1936 年）

为令遵事。查发扬建国精神，养成国家观念，提高国民资质，实为教育当务之急。我国学校教育自建国以来，虽有相当进步，而于指导监督上尚有未负国家之期望者。现国内治安已渐肃清，今后自应亟谋振兴国家教育，以期国民精神之统一与强化，其振兴方法虽多，而以视学之指导与启发为最重，为视学者咸宜尊重教育之神圣与使命之重大，务善导国民之思想，以养成忠良之国民。本部兹特厘订视学官及特别市视学学事视察规程文。附发。仰各省长、特别市长依此规程，各就所言，拟定省、特别市视学官、视学视察规程，克日呈报核夺。切切此令。

（伪）满洲帝国教育会编：《满洲帝国文教关系法规辑览》（下），1938 年。

视学官及特别市视学学事视察规程

（1936 年）

第一条　视学官（特别市视学）每年至少应该管下之省立学校（特别市之市立学校）及县公署，就左开事项视察一次。再关于管下之省立（特别市之市立）以外诸学校，亦须按照左开事项随时视察之。

1. 关于御容诏书奉置之状况。

2. 建国精神之具现彻底状况。

3. 学校之教授、训练、卫生状况。

4. 教科书之使用状况。

5. 日本语普及之状况。

6. 学校经济、设备及管理之状况。

7. 就学及出席之状况。

8. 地方民众对于教育之关心状况。

9. 学事事务整理状况。

10. 学事关系职员之思想、执务、修养及研究之状况。

11. 教育法令之实施状况。

12. 学校与家庭、社会联络之状况。

13. 学生卒业后之状况及对于卒业生指导之状况。

14. 特别受命事项。

15. 关于其他学事事项。

第二条　视学官（特别市视学）对于当事者须就左记事项予以指示或注意：

1. 抵触法令之事项。

2. 不合于教育方针之事项。

3. 关于教授、训练及卫生上认为不适当之事项。

4. 特别受命事项。

前项注意中能作为日后参考之事项，应使学校存留记录。

第三条　视学官（特别市视学）当视学时，得变更日课，使其授业或停止其授业。

第四条　视学官（特别市视学）得行试验学生之学力。

第五条　视学官（特别市视学）对于当事者，得推问其教育上之意见或征求调查之资料。

第六条　视学官（特别市视学）当视察之际，认为有特别紧急处理必要之事项，须即具报省长（特别市市长）。

第七条　视学官（特别市视学）对于当事者，得就所视察之学事状况陈述之。

第八条　视学官（特别市视学）当视察时，得召集学事关系者于适当之地点陈述意见。

第九条　视学官（特别市视学）视察终了时，须将其视察状况并具意见报告省长（特别市之市长），但关于重要事项应即以口头报告之。

（伪）满洲帝国教育会编：《满洲帝国文教关系法规辑览》（下），1938 年。

关于省及特别市视学委员规程准则之件

（1937 年）

为令遵事。查新学制业已公布，关于其实施所需之各立规程，不日亦将制定公布。惟新学制运用上求其彻底之方法。虽多而于实际有担当指导监督责任之视学机关，特应使其内容充实与适切之活跃，自不待言。

回顾我国学校教育之指导监督，从来极欠视学机关之整备，是以未能充分发挥其机能，以副国家之期待。然今于新学制已将学校教育之方针业经确立，对于各种学校之学科目、教育内容及教育方法等，已全盘加以改善。此为适切妥善之实施运用，自为紧要。其使视学机关之内容充实及发挥其活泼之机能尤为要图。

然各种学校其各学年各学科目之教育内容及方法之指导极属广泛复杂，以现在视学机关之不备，期使达成其目的，良感至难。是以今后扩充视学之机关，复设视学委员制，俾其担任关于学校教育各学科目教授之指导启发。

仰该省、市长即遵据附件规程准则，经本部认可，各自制定省或特别市视学委员规程，遴选适当人才任为视学委员。俾尽职责，以发挥机能，期【无】遗憾，务须协力使新学制圆滑运用为要。切切此令。

省及特别市视学委员规程准则

第一条　省或特别市视学委员为辅佐省视学官或特别市视学，专以指导省立或特别市立学校之教授者。

第二条　省或特别市视学委员应就管内中等教育教师及其他有学识经验者，由省长或特别市长任命或委嘱之。

第三条　省或特别市视学委员得将视察情况呈报于主管官署。

第四条　省或特别市视学委员视察终了时，附具意见以报告书呈报省长或特别市长。

（伪）满洲帝国教育会编：《满洲帝国文教关系法规辑览》（下），1938 年。

关于省视学委员规程之件

（1938 年）

康德五年二月三日，该省（锦州省）民第一百零三号（教九五六之三）呈暨附件均悉，所请除满文第一条及第六条之文句略欠圆通，已为如左更置外，其余尚无不合，应予照准。仰即知照。附件存。此令。

康德五年二月二十一日
民生部大臣　孙其昌

计开

第一条　省视学委员专为辅佐省视学官视察并指导启发各省立学校之教授者。

第六条　省视学委员视察终了时，应于二十日内将视察状况及意见具报，但认为有紧急处理事项时应立即报告。（为供读者参考起见，附载原拟条文——编者识）

省视学委员规程

第一条　省视学委员为辅佐省视学官而视察各省立学校之教授并指导启发。

第二条　就管内中等教师及其他学识丰富、素有经验者，由省长任命或委嘱为视学委员。

第三条　省视学委员承上司之命视察管内省立各学校之教授。

第四条　省视学委员视察认为有必要时，得考察学生之学力及变更所授之课程。

第五条　省视学委员视察时，得对关系者指示左列事项：

一、关于教授之事项；

二、受特别指命之事项。

第六条　省视学委员视察终了时，应于二十日以内将其视察状况及意见具报，但认为紧急处理事项应立即报告。

《满洲教育》第 4 卷第 4 号，1938 年。

（二）实施

满洲教育视察团视察旅大教育

（1933 年）

【大连】满洲国成立后，关于满人之教育及教育之改革，并设备等，务期完善。奉天省公署教育厅，更谋振兴教育之方策，拟先视察日本全国及旅顺、大连等各处之教育状况，借作改革之材料，并谋关于教育之一般设施及文化之向上。因之决派中学及初级学校之教员等，为视察团，由十一日应由奉天起程。目的地即为日本、国内。该视察之一行，更分两组，即日本、旅大之别。旅大之视察团，计共三十七名，乘十四日后四时抵连之列车来连，预定滞留三日间，视察之学校如下：

工业专门学校、大广场小学校满铁本社、文化协会、埠头全部、满蒙资源馆、市役所、大连团图书馆、沙河口工场。

以上之各机关各学校，定在十五、十六、十七之三日间视察毕，再于十八日同乘车赴旅顺各方视察后，即日仍返大连，准乘十九日午前十时三十分之快车，返归奉天。至于同行中日本之视察组，于十一日由奉天出发，经过朝鲜，更乘汽船直往日本矣。该行何日返归，尚不可料云。

《盛京时报》，1933 年 5 月 16 日 4 版，8363 号。

省设视学委员会

（1938年）

满日俄委员共计十八名

【哈尔滨】滨江省民生厅为指导督励中等教育并县之教育行政，鉴于现在之视学官由后藤氏一人对于省立二十二处国民高等学校、二十二县旗之监督，势难兼顾，为期其万无遗憾且促进其质的向上，决定规定省视学委员。对于委员人选正在铨衡中，计日系八名，满系六名，俄系四名。日系委员已经决定如左：

大町，第三国高校长（国民道德）；长滨，师道学校长（学校经营管理）；种桥，第三国高教头（历史）；谷口，第二国高教谕（商业）；佐藤，民生厅员（体育）；田中，第三国高教谕（体育）；高尾，师道学校教谕（农业）；高田，第三国高教谕（物理、化学）。

《盛京时报》，1938年5月11日5版，10100号。

浸透教育指导力　强化视学机能

（1941年）

教育指导力之地方浸透强化，俟视学机构整备者良多，且从来全满各省、市、县旗教育行政关系职员有不充实之感，学校之实地视察指导机会甚少，难举有效之实绩。民生部当局早在极力考究对策中，今决定以本年度为期，对指导力之现地浸透强化，倾注主力，活用视学委员制度，期视学机能之强化万全云。

《盛京时报》，1941年3月7日晚刊2版，11086号。

强化满日语教育　民生部剀切指示各视学官

（1941年）

民生部当局认为，满语教育系满系学生生活与做人上必要教科，凡一切人生常识、道德礼义、应对进退，以及日常必要学问，无不于编纂教科书时搜罗备致，以期□教育功果上一无遗憾。不过一般从来习惯，向多忽略，以为学校设备满语一科，不过仅为读书识字，其实错误已极。于十八日所举开之全国省视学官会席上，民生部当局对今后之满语教育，曾作极剀切之指示。因为欲得国民教育之完璧，应一洗从来满语教育之弊习，模仿日本语教育之优点，所以民生部当局训示各视学官，今后务须与各地方教育关系者取紧密联络，共同迅速地举开满语教授研究会与讲习会，以期有效地督励满语教育之振兴云。

【又讯】为达成日满共同国防国家体制，养成日满全国民共负时艰，一体心理，日本语教育之振兴，是为当前之要务。所以民生部当局于新学制公布之以前以后，以至远溯自建国之日起，即无时无地不在努力于日本语教育之振兴。于过去九年间之施政，虽然得有相当之功果，但民生部当局为求尽美尽善计，所以于此次全国省视学官会议以前，即对全国视学官，以及教育机关，指令详细调查各地日本语教育之实绩，以资作将来日本语教育振兴之依据。兹□民生部当局于十九日之全国省视学官会议席上，听取各视学官之该项报告后，已全部了解现在各地方日本语教育之实行程度。缘是民生部当局，于今后决定准此强化中等学校满、蒙系日本语教师之实力，促进教授与指导之效果。因为日本语教育之振兴，系各种学校之共同问题，所以今后将注意全国日本语教师之指导效能。而对理论与实际俱占优秀地位之教师，决定于最近期中，行以平均合理的配置于全国各学校，同时并决定强化日本语研究会、讲习会之举开，以及日本语教授方法之有效与彻底云。

《盛京时报》，1941 年 3 月 21 日晚刊 2 版，11100 号。

为期教育素质向上　省文教科视察各校

（1941 年）

【王爷庙】兴安南省文教科长阿穆斯□扎布，自转任斯职以来，本既定教育方针，无不时加研讨，力求学务之发达。故十一月二十一日至二十二日两日间，该科长偕同中村视学官、葆因学务科长、随员一名，并旗方文教股长普日国材、股长文都舒，亲赴街内初等及中等各学校作初次到任之视察，惟到各校均亲至各班级室检查教授是否得法，视其教师与儿童心理能否得到相当精神基础教育。于视察后集合教师、学生于操场，作精进□□之讲话甚多，后由中村视学官予以一一讲评及应行改善之处详为指示，又由学务股长葆因为各教师勉励之训示。次即作互相之恳谈事项颇多。似此热心教育者，今后学务发达实不胜期待者也。

《盛京时报》，1941 年 12 月 3 日综合版 6 版，11353 号。

为促进教育行政向上　昨开县视学委员会议

（1942 年）

【辽阳】县教育当局，为强化视学机构，及造成学校视察网起见，于本月十三日午前九时，在县署礼堂召集县下视学委员九名、实验学校长一名、主事一名，开催县视学委员会议。对于学校视察状况，有所协议。至午后四时闭会，其讨议事项列后：

一、御容及诏书奉置状况

二、不问学校之内外建国精神具现彻底之状况

三、关于教育之法规、训示、命令等之彻底实践之状况

四、学校教授、卫生、养护等之状况

五、实习、作业之状况

六、日语教授之状况

七、教授书之研究及运用状况

八、校舍、寄宿舍、实习场、教便物等之设备及运用之状况

九、诸表簿之整理及运用状况

十、入退学、出缺就学等之状况

《盛京时报》，1942 年 5 月 15 日综合版 4 版，11511 号。

强化私立学校教育向上　市教育科选任视学委员

（1942 年）

市署教育科，为强化市辖私立学校之教育向上计，乃由市下诸国民学校之副校长（日系）选拔为视学委员，借以分别担当视察私立学校之责。现下市教育当局，对人选事宜业已铨衡终了，定于月之十三日午前十时，假市署二阶正厅举行视学委员任命式，并对视学委员担当视察之私立学校有以规定。略志如侧：

坤光国民（国民优级）学校，由公立大东国民学校副校长萩尾彦太氏担任视察。

慎德国民（国民优级）学校，由公立义光国民学校副校长英武雄氏担当视察。

伊斯兰国民（国民优级）学校，由公立小西国民学校长大路文担当视察。

光华国民（国民优级）学校，由公立大南国民学校副校长田中御雄氏担当视察。

慈育国民（国民优级）学校（同右）。

协济国民（国优级）学校（同右）。

《盛京时报》，1942 年 6 月 12 日晨刊 2 版，11539 号。

市公署教育科将派员视察市内各校

（1943 年）

抚顺市教育科，为对市境各学校教育状况、账簿书类视察起见，特以公文分发各学

校，令各自充分准备，以期万无遗憾。兹录其视察要项如左：

（一）奉护状况

1. 奉安库状况

2. 日宿直状况

（二）账簿书类

1. 会计关系账簿

2. 备品台账

3. 消耗品台账

4. 校务日志

5. 学校经营案、学校一览

6. 出勤簿

7. 教师履历缀

8. 各学级经营略案

9. 学籍簿

10. 学生出席簿

11. 成绩考察簿

12. 身体检查簿

（三）时局教育状况

1. 学生时局认识程度（简单试验）

2. 时局揭示

3. 国策方针

4. 国体本义、惟神之道之具体的计划案

（四）劳作教育状况

1. 学校劳作教育实施状况

2. 终日实习计划

3. 用具整理状况

（五）少年团训练状况

1. 少年团关系书类

2. 少年团训练要目及实施状况

（六）学生训练状况

1. 周番训练要目及实施状况

2. 二十分间训练状况

3. 防火、防空、防谍实施状况

（七）改正规则之研究及实施状况

1. 各科教授要目
2. 时间划当表
3. 各教科目要旨之研究
（八）教授状况
1. 各科教法适否程度
2. 教室内之活动
（九）养护状况
1. 养护设施
2. 衣服、身体之清洁
3. 教室内之姿势
（十）社会教化之状况
1. 父兄会运用状况
2. 学校家庭联络状况
3. 父兄协力程度
（十一）关于教师事项
1. 职员室状况
2. 勤务状况
3. 自体炼成状况（学校内研究组织，个人研究状况）
4. 教师私生活状况
5. 女教师态度、服装
6. 校长之权威度
7. 学校规程一部改正后之运营以及觉悟自己职务之知识程度如何

《盛京时报》，1943 年 5 月 6 日 5 版，11858 号。

强化时局教育　戴视学赴各校视察

（1943 年）

【台安】县视学戴鸿图，青年有为，学品兼优，为【强】化战时教育，不避风寒，亲赴各校视察。于本月十三日，赴民志校视察，见训练、养护、教授，俱称得法，师生精神打成一片，可证该校教师平时之努力，始有如此之优良成绩，颇蒙长官之嘉许。该校之发展，实堪期待。

《盛京时报》，1943 年 12 月 22 日 4 版，12085 号。

第三编

初等教育

一、法规章程

文教部训令私塾规程准则

（1935年）

为令遵事。本部兹制定《私塾规程准则》，随令附发。仰该省长、长官、市长，依照该准则另定私塾规程，呈部核夺施行。此令。

私塾规程准则

第一条　创办私塾者应将左列事项开明，向监督官厅呈请核准。

1. 目的；

2. 名称及位置；

3. 塾生定额；

4. 教科目及教授用书籍名；

5. 维持方法；

6. 创办者及教师姓名、履历；

7. 开设年月日；

8. 按季授业者之季节。

拟变更前记各事项时，应具明事由，得监督官厅许可。

第二条　在私塾教授小学校科目之一部分时，应采用文教部编纂教科书。

第三条　私塾停办时，由创办者向监督官厅迅速呈候备案。

第四条　私塾名称不得用学校等字样。

私塾应将门牌揭示于容易发现处。

第五条　有左列情形时，得取消私塾设立，撤换教师或其他必要处置。

1. 违反法令规定时；

2. 妨害公安或认为教育上有害时。

第六条　有左列情形者，不得创办私塾或充当教师。

1. 被处于禁锢以上之刑罚者；

2. 性情不良者；

3. 依据前条已被取消创办私塾资格者。

第七条　私塾直接由县长或市长监督之，间接由省长监督之。

但在特别市或特别区，由特别市长或特别区长官监督之。

附则

本令自　年　月　日施行①。

在本令施行以前成立之各私塾，于本规程施行后，限三个月内应按第一条呈请核准。前项期间满了时，仍不按前项手续办理者，认为停办。

（伪）满洲帝国教育会编：《满洲帝国文教关系法规辑览》，1937年。

国民学校令

（1937年）

第一条　国民学校以留意学生心身之发达，培植国民道德之基础，授与国民日常生活上所必需之普通知识、技能，培养劳作习惯，育成其为忠良国民之性格为目的。

第二条　特别市、县、旗、市、街村或准此者，得设置国民学校。街村及准此者之教育组合，得设置国民学校。

主管部大臣认为有必要时对于特别市，省长认为有必要时对于县、旗、市、街村或准此者，得命设置国民学校。

第三条　县、旗长认为一街村或准此者之资力不堪负担关于设置国民学校之费用时，得令该街村或准此者及他街村或准此者为设置国民学校设教育组合。

第四条　县、旗长认为一街村或准此者堪入国民学校之学生数不足构成一国民学校时，或在适当通学路程内学生数不足构成一国民学校时，得依左列之例：

（一）令该街村或准此者及他街村或准此者为设置国民学校设教育组合。

（二）令该街村或准此者将堪入国民学校学生全部或一部之教育事务，委托于他街村或准此者或其街村及准此者之教育组合。

第五条　私人得设置国民学校。

第六条　特别市、县、旗、市、街村或准此者或教育组合设置之国民学校，为公立国民学校，私人设置之国民学校为私立国民学校。

第七条　国民学校之设置及废止，应受省长或特别市长之认可。至于特别市设置之国民学校，应受主管部大臣之认可。关于国民学校之设置及废止之规则，由主管部大臣定之。

第八条　国民学校之修业年限为四年。

① 原文如此。

第九条　得入国民学校者为年龄满七岁以上者。

第十条　关于国民学校之编制及设备并学科目及其程度之规则，由主管部大臣定之。

第十一条　国民学校应依主管部大臣之所定，令学生使用文教部大臣或蒙政部大臣有著作权之教科书。

第十二条　国民学校得征收授业费。公立国民学校之授业费额，经省长之认可，由县、旗、市长定之。至于特别市设置之国民学校，经主管部大臣之认可，由特别市长定之。

第十三条　国民学校之教师，应为有主管部大臣发给之教师许可状者，但得依主管部大臣之所定，以无状者代用之。关于国民学校教师许可状之规则，由主管部大臣定之。

第十四条　公立国民学校校长及教师之俸给、旅费及其他各种给与并其支给方法，由特别市长或县、旗、市长根据主管部大臣所定之准则定之。

第十五条　关于国民学校校长及教师之职务及服务并公立国民学校校长及教师之任用及解职规则，由主管部大臣定之。

第十六条　国民学校校长及教师认为在教育上有必要时，得对学生加以惩戒。

第十七条　关于国民学校之管理及监督，在本令无规定之事项，由主管部大臣定之。

第十八条　不依本令之规定者，不得称为国民学校。

第十九条　本令施行上必要之规则，由主管部大臣定之。

附则

本令自康德五年一月一日施行。本令施行之际，现已受官之许可而设立之初级小学校，依有国民学校认可权之官署之指定，视同已受认可为国民学校、国民学舍或国民义塾者。

（伪）满洲帝国教育会编：《满洲帝国文教关系法规辑览》（上），1938 年。

国民学校规程（节选）

（1937 年）

第一章　教　　则

第一条　国民学校应遵守《国民学校令》第一条之趣旨，特别留意左列事项而教育之。

一、国民道德之涵养，于国民教育上最为重要。任何学科目均应依建国精神及访日回銮训民诏书之趣旨，使体会日满一德一心不可分之关系，阐明忠孝之大义，涵养仁爱之至情，及民族协和之美风，敦厚其为国家社会效劳之观念，并依劳作养成爱好勤劳、实践躬行之精神，以期国民道德之彻底。

二、知识、技能应选国民日常生活上所必需而为基本者授之，务必注重实验、实习，反复练习，使之明确了解，且能应用如意。关于产业事项尤应留意，使能理解与运用地方之施设及经营，以期教育之实际化。

三、为使身体健全，心情高雅，各学科目之教授及训练，应顺应学生身心发达之程度。

四、训练虽在规定教授时间外，亦应适宜课之。

五、各学科目之教授、训练及养护，务使不致误其各自之目的，而使其互相关联，互有裨益。并应考虑男女之别、个人特性及地方事情等而施行之，以期教育能率之增进，且使适应实际之生活。

第二章　学科目及其程度

第二条　国民学校之学科目为国民科、算术、作业、图画、体育、音乐。

第三条　国民科以授与国民道德之基础，并使习得国语及关于国史、地理及自然之初步知识，而期启发培养智德为要旨。

一、关于国民道德之教材，应根据建国精神及访日回銮训民诏书之趣旨，使体会日满一德一心不可分之关系，涵养德性，培养其为忠良国民之信念，并指导道德之实践。

关于国民道德教材之教授，于初学年应就孝悌、礼仪、亲睦、勤俭、诚实、义勇等之德目，授以适于实践之浅近平易事项，且课以习礼，进而使知建国精神日满一德一心不可分之关系，更及于对国家社会之一般之责，务使其认重责任，爱好勤劳，崇尚公德，尽力公益，遵守国法，以涵养忠君爱国之志气。对于女子，尤应努力养其温良贞淑之美德，巩固齐家之志念。

二、关于国语之教材，授以日常生活上所必需之普通言语、文字及文章，以养成正确发表思想之能力。

关于国语教材之教授，在初学年应矫正发音，使了解简易文字之读法、书法及缀法，进而及于日常须知之文字与普通文，并使练习言语。

读法、书法及缀法，虽得各依其目的之所在，区别其教授时间，但须互相关联，保持联系。

缀法应就国民科或其他学科目所授之事项、学生日常见闻之事项及处世必要之事项，采取教材。其行文务使平易而趣旨明了。

书法所用之字体为楷书。

三、关于国史之教材，使知我国及日本史实之大要，明了两国文化之由来，阐明建国缘由及建国精神，以资涵养国民之精神。

关于国史教材之教授，应与国民道德其他教授事项互相关联，示以绘画、地图及标本等，使知建国之由来、忠良贤哲之事迹、国民之勇武等，以明日满两国之关系。

四、关于地理之教材，使知我国之地势、气候、区划、都会、物产、交通，并授关于日本及邻接各国国势之简单知识，以资养成爱国心。

关于地理教材之教授，应与自然及国史之教授事项互相关联，务必根据实地之观察，示以地球仪、地图、标本、照片等，使习得确实之知识。

五、关于自然之教材，应就植物、动物、矿物及自然现象，授以学生所得目击之事项，及与实际生活有密切关系之事项为主，使知其名称、形状、效用及发育之大要，且理解其相互之关系及其对于人生关系之大要，并使观察精密，亲近自然，养成利用厚生之观念。

关于自然教材之教授，应根据实地之观察，施以简单之实验，且示以标本、模型、绘画等，使其有确实之理解。

前项各款之教材，应使互相保持密切之联系。每一事项务使充作各种教材，以期合乎国民科本来之趣旨。

第四条　算术以使熟习日常之计算，授与生活上所必需之数量知识，并使思考精确为要旨。

算术之教材为数之读法、写法及计算。关于数目，自小整数逐渐至于大整数，更及于简易小数及分数；关于计算，在整数时自简易者渐进于复杂繁难者（依事情得及珠算），在小数及分数时则以简易者为是。

算术教材之教授，以实验、实测说明演算之方法及理由，务使其有精确之理解，熟习暗算与演算，使能应用如意。

第五条　作业以使学得日常生活上所必需之作业知识、技能，养成勤劳之习惯为要旨。

作业之教材，其初为简易手工及洒扫，渐进于园艺之初步、器具之制作及修理等。依地方之情形，更进而及于简易农事及商事。对于女子，更得课以简单之家事及裁缝。

作业教材之教授应留意左列各点：

手工应使用纸、丝、黏土、木、竹、金属等切合当地实情之材料，使作简易之细工。

农事及商事应按地方之情形，选择适切之教材，使与家庭之业务保持密切之联系，尤应努力指导实习。

家事应选择关于衣食住、看护、育儿、卫生及一家经济等之浅近平易事项。

裁缝应授以普通衣类之缝法、裁法及修补法等。

第六条　图画以使学得观察形体、色彩及描写之能力，以资启发美感，涵养德性为要旨。

图画之教材为描写简单之形体及色彩。

图画教材之教授，应注意先使临写帖本，进而使就学生日常目击之物体或由自己之构思而描写之。

第七条　体育以使身体得遂生理的发育，保护、增进身体之健康，并使精神活泼、刚毅，涵养守规律、尚协同之习惯为要旨。

体育之教材为教练、体操、游戏及竞技。

体育教材之教授，应留意气候、环境及学生之性别、年龄、身心发达之程度，而采取适切之方法。

第八条　音乐以使能唱平易歌曲，而资启发美感，涵养德性为要旨。

音乐之教材为平易雅正之单音唱歌。

音乐教材之教授，应努力使学生之心情活泼、纯美。

第九条　国民学校各学年各学科目之教材内容及程度，应以民生部大臣有著作权之国民学校教科用图书内所记述者为标准，其每周授业时数应依另记第一号表。

第十条　校长因产业、气候或其他地方事情，而认为有必要时，得在一定期间内增减各学年各学科目之每周教授时数，或中止一或二以上学科目之授业。

在前项情形，各学年之各学科目如有不达其进度或超过太甚之虞时，应在其他期间内增减该学科目每周教授时数而调整之。

依前二项之规定所增加之教授时数，各学年每周不得超过六时。

依第一项或第二项之规定减少教授时数时，各学年每周教授时数不得减至十八时以下。

第十一条　依第二十八条之规定实施二部教授时，各学年各学科目之每周教授时数，由管理者或设置者定之，但应受监督官署之认可。

在前项情形，每周教授时数须为十八时以上。

第十二条　如将数学年之学生编为一学级时，作业、体育及音乐得不拘其各学年之程度如何，将全部或一部之学生照同一程度教授之。

第十三条　国民学校校长应定其国民学校所应教授之各学年各学科目之教授细目。

第三章　教　科　书

第十四条　国民学校关于国民科、算术、图画及音乐之教授应令使用教科书。但关于图画及音乐之教授，因有特别事情难令使用教科书，或校长认为无使用之必要时，不在此限。

第十五条　国民学校所应使用之教科书，应由特别市长或县、旗、市长就民生部大臣有著作权者采用之。

国民科之教科书在县制施行之地域内，应采定日语及满语编纂者；在旗制施行之地域内，应采定以日语及蒙古语编纂者；在县旗并置之地域内，应采定以日语编纂及省长所指定之以满语或蒙古语编纂者。

第十六条　关于国民学校使用之教科书，如有左列各款之一之行为者，处二百元以内之罚金。

一、采用民生部大臣有著作权之教科书以外之书籍为国民学校教科书者，或使采用者。

二、明知民生部大臣有著作权之教科书被不法增加定价之情事，而仍采用为国民学校教科书者，或使采用者。

第四章　设置及废止

第十七条　欲设置国民学校时，应具左列事项，受省长或特别市长之认可。但关于特别市设置之国民学校应受民生部大臣之认可，欲变更左列事项时亦同。

一、名称。

二、位置。

三、学生定员及学级编制。

四、教师定员数及其担任学级或其担任学科目。

五、开学年月日。

六、通学预定区域内之户数及人口。

七、校地、校舍、寄宿舍、体育场、实习地及其他一般设备（关于校地、校舍、寄宿舍、体育场及实习地应附具图面，记载地形、地质、面积及构造并附近状况）。

八、资产、经费及维持方法（经费应记载自初年度至完成年度之款额）。

第十八条　欲废止国民学校时，应具其事由、教师及学生之处置方法及废止日期，受省长或特别市长之认可，但关于特别市设置之国民学校应受民生部大臣之认可。

废止国民学校或被命封闭时，应于三十日以内向监督官署提出学籍簿。

第十九条　学则中应规定之事项如左：

一、关于学年、学期、休业日及式日之事项；

二、关于学科课程及每周教授时数之事项；

三、关于认定课程修了及认定毕业之事项；

四、关于学生之入学、转学、退学及惩戒之事项；

五、关于授业费及其他校费之事项；

六、关于寄宿舍之事项；

七、其他必要之事项。

第五章　学年、学期、教授日数、休业日及式日

第二十条　国民学校之学年自一月一日始至十二月三十一日终。

为考查学力及其他教育上之便利起见，分学年为左之二学期：

前学期，自一月一日起至六月三十日止；

后学期，自七月一日起至十二月三十一日止。

第二十一条　每日教授终始时刻由校长定之。

第二十二条　国民学校之休业日如左：

一、星期日。

二、节祀日：

春节，合于阴历正月一日之阳历日。

元宵节，合于阴历正月十五日之阳历日。

春丁祀孔，合于阴历二月上丁日之阳历日。

端午节，合于阴历五月五日之阳历日。

中秋节，合于阴历八月十五日之阳历日。

秋丁祀孔，合于阴历八月上丁日之阳历日。

三、阳历一月二日、三日及十二月二十九日、三十日、三十一日。

四、合于阴历正月二日、三日及十二月末日之阳历日。

五、冬季休业日及夏季休业日：

冬季休业日及夏季休业日合计为六十日以内，有特别事情时，受监督官署之认可，得延长之。

冬季休业日及夏季休业日之日期，应经监督官署之认可后定之。

六、以上各款之外，特别市长或县、旗、市长所定之休业日。

第二十三条　以元旦（阳历一月一日）、万寿节（阳历二月六日）、纪元节（二月十一日）、建国节（阳历三月一日）、天长节（四月二十九日）、访日宣诏纪念日（阳历五月二日）、明治节（十一月三日）、入学日、毕业日及开校纪念日为式日。

元旦、建国节及访日宣诏纪念日应举行左列式典：

一、校长于教师及学生之最敬礼中将御容之遮幔揭开之。

二、校长、教师及学生向御容行最敬礼。如未奉戴御容时，向帝宫遥拜。

三、校长、教师及学生合唱国歌及日本国歌。

四、校长奉读访日回銮训民诏书。

五、校长、教师及学生合唱访日回銮训民诏书奉答之歌。

六、校长于教师及学生之最敬礼中将御容之遮幔关闭之。

七、校长根据建国之本旨及访日回銮训民诏书，谨告圣旨之所在，并适合式日之训话。

八、校长、教师及学生合唱适合式日之歌。

九、对日满两国旗行最敬礼。

万寿节应举行左列式典：

一、校长于教师及学生之最敬礼中将御容之遮幔揭开之。

二、校长、教师及学生向御容行最敬礼。如未奉戴御容时，向帝宫遥拜。

三、校长、教师及学生合唱国歌。

四、校长奉读访日回銮训民诏书。

五、校长、教师及学生合唱访日回銮训民诏书奉答之歌。

六、校长于教师及学生之最敬礼中将御容之遮幔关闭之。

七、校长根据建国之本旨及访日回銮训民诏书，谨告圣旨之所在，并致适合式日之训话。

八、校长、教师及学生合唱适合式日之歌。

九、对国旗行最敬礼。

纪元节、天长节及明治节应举行左列式典：

一、校长、教师及学生合唱日本国歌及国歌。

二、校长、教师及学生向日本皇居遥拜。

三、校长奉读访日回銮训民诏书。

四、校长、教师及学生合唱访日回銮训民诏书奉答之歌。

五、校长根据访日回銮训民诏书，谨告圣旨之所在，并致适合式日之训话。

六、对日满两国旗行最敬礼。

入学日、毕业日及开校纪念日应举行左列式典：

一、校长于教师及学生之最敬礼中将御容之遮幔揭开之。

二、校长、教师及学生向御容行最敬礼。如未奉戴御容时，向帝宫遥拜。

三、校长、教师及学生合唱国歌。

四、校长奉读访日回銮训民诏书。

五、校长、教师及学生合唱访日回銮训民诏书奉答之歌。

六、校长于教师及学生之最敬礼中将御容之遮幔关闭之。

七、校长根据建国之本旨及访日回銮训民诏书，谨告圣旨之所在，并致适合式日之训话。

八、校长、教师及学生合唱适合式日之歌。

九、对国旗行最敬礼。

于前各款之外，于第八款以下，校长得举行认为必要之式次。

第二十四条　遇有传染病及其他非常灾变而认为有必要时，校长受监督官署之认可，得临时休业。如不及受认可时，应于临时休业之后，立即呈报监督官署。

如有前项之情由时，监督官署应命该国民学校休业。

在前二项情形，其学年之授业日数虽有第二十五条之规定，亦不妨减至二百二十二日以内。

第二十五条　授业日数每学年为二百二十二日以上，但因前条或特别事情，经监督官署之认可者，不在此限。

第六章　编　　制

第二十六条　国民学校之学级数为十六学级以下，但因特别事情，经监督官署之认可者，不在此限。

第二十七条　一学级之学生数为六十人以内，但有特别事情时，得增加十人以内。

第二十八条　国民学校有特别事情时，经监督官署之认可，得将全部或一部之学生分为前后二部教授之。

第二十九条　有特别事情时，得置国民学校之分校。

关于分校之规程，由监督官署定之。

第三十条　国民学校每学级应置教师一人。

教师以教谕充之，但在二学级以上编制之学校，于必要时，其半数以内以教导或教辅充之。

前项所书之规定，在实施二部教授时，前后各部均适用之。

第三十一条　在八学级以上之国民学校，为辅助校长所担任之教授起见，得于前条所规定者外，置教谕、教导或教辅一人。

第三十二条　在八学级以上之国民学校，得于前二条所规定者外，依其教授时数及学生数之多寡，置必要员数之专科教谕。

第七章　设　　备

第三十三条　国民学校之校地、校舍、体育场、校具、作业场、实习地、寄宿舍及其他必要之设备，须适应学校之规模及编制。校地应选择道德上及卫生上无碍，且便于学生通学之地点。

建造物须适合其使用之目的，且于管理上及卫生上皆适宜而又质朴坚牢者。

第三十四条　国民学校应备左列表簿：

一、关系法规。

二、学校沿革志、学校一览表及视察簿。

三、学则、日志、各学年之各学科目每周教授时间表、教授细目、教授日案及教科书一览表。

四、学生学籍簿、出席簿及身体检查表。

五、教师之名簿、履历书、出勤簿并担任学级或担任学科及时间表。

六、关于学业成绩考查之表簿。

七、关于会计账簿、图书、机械、标本及模型等之目录。

八、土地、建造物、图书、校具及其他备品之清册。

九、来往文件。

十、以上各款之外，监督官署认有必要之表簿。

前项表簿中已完结者，学籍簿应保存二十年以上，其他表簿应保存五年以上。

第八章 入学、转学、退学、毕业及惩戒

第三十五条 特别市长及县、旗、市长应以六月一日为期，调查次年度国民学校入学儿童之预计数。

县、旗、市长应将前项调查之结果，依另记第三号表格式，于八月末日以前报告省长，省长汇总之后，再准据另记第三号表格式，于九月末日以前报告民生部大臣。

特别市长应将第一项调查之结果，准据另记第三号表格式，于九月末日以前报告民生部大臣。

第三十六条 毕业于国民学舍或国民义塾而年龄满九岁以上者，得编入国民学校之第三学年。

第三十七条 国民学校学生已退学者，自退学之日起一年以内，如志愿再入国民学校时，得许可编入同一学年以下之学年。

第三十八条 国民学校之学生得转学于其他国民学校之同一学年。志愿转学之学生，应将转学愿书呈经现在在学学校之校长提出之。

在前项情形，校长应将在学证明书、成绩表、学科课程表及意见书，附于转学愿书，送达受转学之学校。受转学之国民学校不举行考查而无妨碍时，应许可其转学。

第三十九条 学生欲退学时，应受校长之许可。

第四十条 校长应于学年之始，依另记第二号表格式，作成入学学生之学籍簿。

第四十一条 学生出席簿，应依省长或特别市长所定之格式作成之。

第四十二条 校长对于认为已修了各学年之课程者，应依其申请，授与修了证书。修了证书之格式，由省长或特别市长定之。

第四十三条 校长对于认为全课程毕业者，应授与毕业证书。毕业证书之格式，由省长或特别市长定之。

第四十四条 各学年课程修了之认定及全课程毕业之认定，应考查平素之成绩而行之。

第四十五条 校长对于未修了一学年课程之学生，不得升进其学年。

第四十六条 对于学生之惩戒，为训戒，不得加以体罚。

第九章 授业费

第四十七条 公立国民学校欲征收授业费时，其款额每月在二角以内，经省长之认

可，由县、旗、市长定之。其在特别市设置之国民学校，应经民生部大臣之认可，由特别市长定之。但无一日授业之月，则不征收授业费。

第四十八条　国民学校之学生中，有因贫困无力缴纳授业费者，得免除授业费之全部或一部。

兄弟二人以上同时在同一国民学校求学时，得减其授业费之额。

第十章　监　督

第四十九条　本令所称之监督官署，为特别市长或县、旗、市长。

第五十条　关于指导监督国民学校教师之事务，由监督官署或承其命令之官吏行之。

附则

本令自国民学校令施行之日施行。

第一号表

国民优级学校各学年各学科目每周教授时数表

<table>
<tr><th>学科目
学年</th><th>国民科</th><th>算术</th><th>作业</th><th>图画</th><th>体育</th><th>音乐</th><th>计</th></tr>
<tr><td>第一学年</td><td>一三
以日语者 六
以满语或蒙古语者 七</td><td>六</td><td>一</td><td>一</td><td colspan="2">三</td><td>二四</td></tr>
<tr><td>第二学年</td><td>一四
六　八</td><td>六</td><td>二</td><td>一</td><td colspan="2">三</td><td>二六</td></tr>
<tr><td>第三学年</td><td>一五
七　八</td><td>六</td><td>三</td><td>一</td><td colspan="2">三</td><td>二八</td></tr>
<tr><td>第四学年</td><td>一七
八　九</td><td>六</td><td>三</td><td>一</td><td colspan="2">三</td><td>三〇</td></tr>
</table>

备考：关于实习，虽在规定教授时间外，仍得课之。

第二号表（学籍簿格式）

氏名					生年月日
住所	入学年月日	入学前之经历	卒业年月日	退学年月日	退学之事由
保护者					
住所氏名		职业		与学生之关系	

	学年 学科目		第一学年	第二学年	第三学年	第四学年	其他必要事项
学业成绩	国民科	国民道德					
		满　语					
		日　语					
		蒙古语					
		合　计					
	算　术						
	作业	作　业					
		家事裁缝					
	图　画						
	体　育						
	音　乐						
	总计点						
	平均点						
	操　行						
	席　次						
	修了年月日						
在学中之出席及缺席	授业日数						
	病气缺席						
	事故缺席						
身体之状况	发育	身　长					
		体　重					
		胸　围					
		概　评					
	荣　养						
	脊　柱						
	视力及屈折状态	左					
		右					
	色　神						
	眼　疾						
	听　力						
	耳　疾						
	齿　牙						
	其他疾病异常						
	监察之要否						
	对本人之注意						
	备　考						

…………

（伪）满洲帝国教育会编：《满洲帝国文教关系法规辑览》（上），1938 年。

关于国民学舍及国民义塾之件

（1937 年）

第一条　国民学舍及国民义塾以在难于设置或不适于设置国民学校之地域内，施行简易国民教育为目的。

第二条　特别市、县、旗、市、街村或准此者，得设置国民学舍；街村及准此者之教育组合，得设置国民学舍。

主管部大臣认为有必要时对于特别市，省长认为有必要时对于县、旗、市、街村或准此者，得命设置国民学舍。

第三条　县、旗长认为一街村或准此者之资力不堪负担关于设置国民学舍之费用时，得令该街村或准此者及他街村或准此者为设置国民学舍设教育组合。

第四条　县、旗长认为一街村或准此者堪入国民学舍之学生数不足构成一国民学舍时，或在适当通学路程内学生数不足构成一国民学舍时，得依左列之例：

一、令该街村或准此者及他街村或准此者，为设置国民学舍设教育组合。

二、令该街村或准此者将堪入国民学舍学生全部或一部之教育事务，委托于他街村或准此者或其街村及准此者之教育组合。

第五条　私人得设置国民义塾。

第六条　国民学舍之设置及废止，应受省长之认可。至于特别市设置之国民学舍，应受主管部大臣之认可。

国民义塾之设置及废止，应受特别市长或县、旗、市长之认可。

关于国民学舍、国民义塾之设置及废止之规则，由主管部大臣定之。

第七条　国民学舍及国民义塾之修业年限，由舍长或塾长根据主管部大臣所定之准则，参酌各学生之年龄、智力等定之。

第八条　得入国民学舍及国民义塾者为年龄满七岁以上者。

第九条　关于国民学舍及国民义塾之编制及设备并学科目及其程度之规则，由主管部大臣定之。

第十条　国民学舍及国民义塾，应依主管部大臣之所定，令学生使用文教部大臣或蒙政部大臣有著作权之教科书。

第十一条　国民学舍及国民义塾得征收授业费。国民学舍之授业费额，经省长之认可，由县、旗、市长定之。至于特别市设置之国民学舍，经主管部大臣之认可，由特别市长定之。国民义塾之授业费额，经特别市长或县、旗、市长之认可，由设置者定之。

第十二条　国民学舍及国民义塾之教师，应为有主管部大臣发给之教师许可状者，但有特别事情时，得以无状者代用之。

关于前项之教师许可状之规则，由主管部大臣定之。

第十三条　国民学舍舍长及教师之俸给、旅费及其他各种给与并其支给方法，由特别市长或县、旗、市长根据主管部大臣所定之准则定之。

第十四条　关于国民学舍及国民义塾之舍长、塾长及教师之职务及服务并任用、采用及解职之规则，由主管部大臣定之。

第十五条　国民学舍及国民义塾之舍长、塾长及教师认为在教育上有必要时，得对学生加以惩戒。

第十六条　关于国民学舍及国民义塾之管理及监督在本令无规定之事项，由主管部大臣定之。

第十七条　不依本令之规定者，不得称为国民学舍或国民义塾。

第十八条　本令施行上必要之规则，由主管部大臣定之。

附则

本令自康德五年一月一日施行。

（伪）满洲帝国教育会编：《满洲帝国文教关系法规辑览》（上），1938 年。

国民学舍及国民义塾规程（节选）

（1937 年）

第一章　教　　则

第一条　国民学舍及国民义塾应遵守《关于国民学舍及国民义塾之件》第一条之趣旨，特别留意左列事项而教育之。

一、国民道德之涵养，于国民教育上最为重要。任何学科目均应依建国精神及访日回銮训民诏书之趣旨，使体会日满一德一心不可分之关系，阐明忠孝之大义，涵养仁爱之至情，及民族协和之美风，促其为国家社会效劳之观念，并依劳作养成爱好勤劳、实践躬行之精神。

二、知识技能应选国民日常生活上所必需而为基本者，尤应切合地方之实情而授之。

三、为使身体健全、心情高雅，各学科目之教授及训练应顺应学生心身发达之程度。

四、训练虽在规定教授时间外，亦应适宜课之。

五、各学科目之教授、训练及养护，务使不致误其各自之目的，而使其互相关联，互有裨益。并应考虑男女之别、个人特性及地方事情等而施行之，以期教育能率之增进，且使适应实际之生活。

第二章　学科目及其程度

第二条　国民学舍及国民义塾之学科目，为国民科、算术、作业、图画、体育、音乐。但依地方之情形，经监督官署之认可，得省略图画及音乐两科。

第三条　国民科以授与国民道德之基础，并使习得国语及关于国史、地理、自然之初步知识，而期启发培养智德为要旨。

一、关于国民道德之教材，应根据建国精神及访日回銮训民诏书之趣旨，使体会日满一德一心不可分之关系，涵养德性，培养其为忠良国民之信念，并指导道德之实践。

关于国民道德教材之教授，其初步应就孝悌、礼仪、亲睦、勤俭、诚实、义勇等之德目，授以适于实践之浅近平易事项，且课以礼法，进而使知建国精神日满一德一心不可分之关系，更及于对国家社会一般之责务，使其认重责任，爱好勤劳，崇尚公德，尽力公益，遵守国法，以涵养忠君爱国之志气。对于女子，尤应努力养其温良贞淑之美德，巩固齐家之志念。

二、关于国语之教材，授以日常生活上所必需之普通言语、文字及文章，以养成正确发表思想之能力。

关于国语教材之教授，应先矫正发音，使了解简易文字之读法、书法及缀法，进而及于日常须知之文字与普通文，并使练习言语。

读法、书法及缀法虽得各依其目的之所在，区别其教授时间，但须互相关联，保持联系。

缀法应就国民科或其他学科目所授之事项、学生日常见闻之事项及处世必要之事项采取教材，其行文务使平易而趣旨明了。

书法所用之字体为楷书。

三、关于国史之教材，使知我国及日本史实之大要，明了两国文化之由来，阐明建国缘由及建国精神，以资涵养国民之精神。

关于国史教材之教授，应与国民道德及其他教授事项互相关联，使知建国之由来、忠良贤哲之事迹、国民之勇武等，以明日满两国之关系。

四、关于地理之教材，使知我国之地势、气候、区划、都会、物产、交通，并授关于日本及邻接各国国势之简单知识，以资养成爱国心。

关于地理教材之教授，应与自然及国史之教授事项互相保持联系。

五、关于自然之教材，应就植物、动物、矿物及自然现象，授以学生所得目击之事项，及与实际生活有密切关系之事项为主，使知其名称、形状、效用及发育之大要，且理解其相互之关系，及其对于人生关系之大要，并使观察精密，亲近自然，养成利用厚生之观念。

关于自然教材之教授，务必注重直观，使其有确实之理解。

前项各款之教材，应使相互保持密切之联系。每一事项务使充作各种教材，以期合乎国民科本来之趣旨。

第四条　算术以使熟习日常之计算，授与生活上所必需之数量知识，并使思考精确为要旨。

算术之教材为数之读法、写法及计算。关于数目，自小整数逐渐至于大整数，更及于简易分数及小数；关于计算，在整数时自简易者渐进于复杂繁难者（依事情得及于珠算），在小数及分数时则以简易者为是。

算术教材之教授，以实验、实测说明演算之方法及理由，务使其有精确之理解，熟习暗算与演算，使能应用如意。

第五条　作业以使学得日常生活上所必需之作业之知识技能，养成勤劳之习惯为要旨。

作业之教材，其初为简易之手工及洒扫，渐进于园艺之初步、器具之制作及修理等，依地方之情形更进而及于简易之农事及商事。对于女子，更得课以简易之家事及裁缝。

作业教材之教授应留意左列各点：

手工应使用纸、丝、黏土、木、竹、金属等切合当地实情之材料，使作简易之细工。

农事及商事应按地方之情形，选择适切之教材，使与家庭之业务保持密切之联系，尤应努力指导实习。

家事应选择关于衣食住、看护、育儿、卫生及一家经济等之浅近平易事项。

裁缝应授以普通衣类之缝法、裁法及修补法等。

第六条　图画以使学得观察形体、色彩及描写之能力，以资启发美感，涵养德性为要旨。

图画之教材为描写简单之形体及色彩。

图画教材之教授，应注意先使临写帖本，进而使就学生日常目击之物体或由自己之构思而描写之。

第七条　体育以使身体得遂生理的发育，保护、增进身体之健康，并使精神活泼、刚毅，涵养守规律、尚协同之习惯为要旨。

体育之教材为教练、体操及游戏竞技。

体育教材之教授，应留意学生身心发达之程度，而采取适切之方法。

第八条　音乐以使能唱平易歌曲，而资启发美感，涵养德性为要旨。

音乐之教材为平易雅正之单音唱歌。

音乐教材之教授，应努力使学生之心情活泼、纯美。

第九条　国民学舍或国民义塾之修业年限分为一年、二年或三年，参酌各学生之年龄及知识能力，由舍长或塾长定之。

第十条　国民学舍及国民义塾之舍长或塾长为图教育上之便利起见，以修业年限一年之学生为第一班，修业年限二年之学生为第二班，修业年限三年之学生为第三班而组织之。应常注意各班学生之学力、性行等，于必要时变更学生所属之班。

第十一条　国民学舍及国民义塾各学科目之教材内容及程度，应以民生部大臣有著作权之国民学舍及国民义塾之教科用图书所记述者为标准。

第一班之每周教授时数应依第一号表，第二班之每周教授时数应依第二号表，第三班之每周教授时数应依第三号表。

第十二条　舍长及塾长因产业、气候或其他事情而认为有必要时，得在一定期间内增减各学年各学科目之每周教授时数，或中止一或二以上学科目之授业。

在前项情形，各学年之各学科目如有不达其进度或超过太甚之虞时，应在其他期间内增减该学科目之每周教授时数而调整之。

依前二项之规定所增加之教授时数，各学年每周不得超过六时。

依第一项或第二项之规定减少教授时数时，各学年每周教授时数不得减至十八时以下。

第十三条　国民学舍或国民义塾之作业、体育及音乐，得不拘对于各班教授之进度，将全部学生照同一程度教授之。

第十四条　国民学舍及国民义塾之舍长或塾长应定其国民学舍或国民义塾所应教授之各班各学科目之教授细目。

第三章　教　科　书

第十五条　国民学舍或国民义塾关于国民科、算术、图画及音乐之教授，应令使用教科书。但关于图画及音乐之教授，因有特别事情难令使用教科书或舍长、塾长认为无使用之必要者，不在此限。

第十六条　国民学舍或国民义塾所应使用之教科书，应由特别市长或县、旗、市长就民生部大臣有著作权者采定之。

国民科之教科书，在县制施行之地域内，应采定以日语及满语编纂者；在旗制施行之地域内，应采定以日语及蒙古语编纂者；在县旗并置之地区内，应采定以日语编纂及省长所指定之以满语或蒙古语编纂者。

第十七条　关于国民学舍或国民义塾之教科书，有左列各款之一之行为者，处二百元以内之罚金。

一、采用民生部大臣有著作权之教科书以外之书籍为国民学舍或国民义塾之教科书者，或使采用者。

二、明知民生部大臣有著作权之教科书被不法增加定价之情事，而仍采用为国民学舍或国民义塾之教科书者，或使采用者。

第四章　设置及废止

第十八条　欲设置国民学舍或国民义塾时，开具左列事项。其系国民学舍者，应受省长之认可；其系国民义塾者，应受特别市长或县、旗、市长之认可。但关于特别市设置之国民学舍，应受民生部大臣之认可。欲变更左列事项时亦同。

一、名称。

二、位置。

三、学生定员并学级编制及班之编制。

四、教师定员及其担任学级。

五、开设年月日。

六、通学预定区域内之户数及人口。

七、校基地、用地、建造物（包含寄宿舍）及实习地之平面图（应载明坪数及附近情况）。

八、资产、经费及维持方法。

九、如系国民义塾，须具设置者之履历书、财产目录及警察署之身份证明书。

第十九条　欲废止国民学舍或国民义塾时，开具其事由、教师及学生之处置方法，并废止日期。其系国民学舍者，应受省长之认可；其系国民义塾者，应受特别市长或县、旗、市长之认可。但关于特别市设置之国民学舍，应受民生部大臣之认可。

废止国民学舍或国民义塾或被命封闭时，应于三十日以内向监督官署提出学籍簿。

第二十条　舍则或塾则中应规定之事项如左：

一、关于学年、学期、休业日及式日之事项；

二、关于学科课程及每周教授时数之事项；

三、关于认定课程修了及认定毕业之事项；

四、关于学生入学、转学、退学及惩戒之事项；

五、关于授业费及其他由学生征集之舍费或塾费之事项；

六、关于寄宿舍之事项；

七、其他必要之事项。

第五章　学年、学期、教授日数、休业日及式日

第二十一条　国民学舍及国民义塾之学年自一月一日始至十二月三十一日终。

为考查学力及其他教育上之便利起见，分学年为左之二学期：

前学期，自一月一日起至六月三十日止；

后学期，自七月一日起至十二月三十一日止。

第二十二条　每日教授终始时刻由舍长或塾长定之。

第二十三条　国民学舍及国民义塾之休业日如左：

一、星期日。

二、节祀日：

春节，合于阴历正月一日之阳历日。

元宵节，合于阴历正月十五日之阳历日。

春丁祀孔，合于阴历二月上丁日之阳历日。

端午节，合于阴历五月五日之阳历日。

中秋节，合于阴历八月十五日之阳历日。

秋丁祀孔，合于阴历八月上丁日之阳历日。

三、阳历一月二日、三日及十二月二十九日、三十日、三十一日。

四、合于阴历正月二日、三日及十二月末日之阳历日。

五、冬季休业日及夏季休业日：

冬季休业日及夏季休业日合计为六十日以内。但有特别事情时，经监督官署之认可，得延长之。

冬季休业日及夏季休业日之日期，经监督官署之认可后定之。

六、以上各款之外，特别市长或县、旗、市长所定之休业日。

第二十四条　以元旦（阳历一月一日）、万寿节（阳历二月六日）、纪元节（二月十一日）、建国节（阳历三月一日）、天长节（四月二十九日）、访日宣诏纪念日（阳历五月二日）、明治节（十一月三日）、入学日、毕业日及开校纪念日为式日。

元旦、建国节及访日宣诏纪念日应举行左列式典：

一、舍长（或塾长）于教师及学生之最敬礼中将御容之遮幔揭开之。

二、舍长（或塾长）教师及学生向御容行最敬礼。如未奉戴御容时，向帝宫遥拜。

三、舍长（或塾长）教师及学生合唱国歌及日本国歌。

四、舍长（或塾长）奉读访日回銮训民诏书。

五、舍长（或塾长）教师及学生合唱访日回銮训民诏书奉答之歌。

六、舍长（或塾长）于教师及学生之最敬礼中将御容之遮幔关闭之。

七、舍长（或塾长）根据建国之本旨及访日回銮训民诏书，谨告圣旨之所在，并致适合式日之训话。

八、舍长（或塾长）教师及学生合唱适合式日之歌。

九、对日满两国旗行最敬礼。

万寿节应举行左列式典：

一、舍长（或塾长）于教师及学生之最敬礼中将御容之遮幔揭开之。

二、舍长（或塾长）教师及学生向御容行最敬礼。如未奉戴御容时，向帝宫遥拜。

三、舍长（或塾长）教师及学生合唱国歌。

四、舍长（或塾长）奉读访日回銮训民诏书。

五、舍长（或塾长）教师及学生合唱访日回銮训民诏书奉答之歌。

六、舍长（或塾长）于教师及学生之最敬礼中将御容之遮幔关闭之。

七、舍长（或塾长）根据建国之本旨及访日回銮训民诏书，谨告圣旨之所在，并致适合式日之训话。

八、舍长（或塾长）教师及学生合唱适合式日之歌。

九、对国旗行最敬礼。

纪元节、天长节及明治节举行左列式典：

一、舍长（或塾长）教师及学生合唱日本国歌及国歌。

二、舍长（或塾长）教师及学生向日本皇居遥拜。

三、舍长（或塾长）奉读访日回銮训民诏书。

四、舍长（或塾长）教师及学生合唱访日回銮训民诏书奉答之歌。

五、舍长（或塾长）根据访日回銮训民诏书，谨告圣旨之所在，并致适合式日之训话。

六、对日满两国旗行最敬礼。

入学日、毕业日及开校纪念日应举行左列式典：

一、舍长（或塾长）于教师及学生之最敬礼中将御容之遮幔揭开之。

二、舍长（或塾长）教师及学生向御容行最敬礼。如未奉戴御容时，向帝宫遥拜。

三、舍长（或塾长）教师及学生合唱国歌。

四、舍长（或塾长）奉读访日回銮训民诏书。

五、舍长（或塾长）教师及学生合唱访日回銮训民诏书奉答之歌。

六、舍长（或塾长）于教师及学生之最敬礼中将御容之遮幔关闭之。

七、舍长（或塾长）根据建国之本旨及访日回銮训民诏书，谨告圣旨之所在，并致适合式日之训话。

八、舍长（或塾长）教师及学生合唱适合式日之歌。

九、对国旗行最敬礼。

于前各款之外，于第八条款以下校长得举行认为必要之式次。

第二十五条　遇有传染病或其他非常灾变，舍长或塾长认为有必要时，受监督官署之认可，得临时休业。如不及受认可时，应于临时休业之后，立即呈报监督官署。

如有前项之情由时，监督官署应命该国民学舍或国民义塾休业。

在前二项情形，其学年之授日数虽有第二十六条之规定，亦不妨减至二百二十二日以内。

第二十六条　授业日数每学年为二百二十二日以上，但因第二十五条或特别事情，经监督官署之认可者，不在此限。

第六章　编　　制

第二十七条　国民学舍或国民义塾之学级数为一学级，但因特别事情，经监督官署之认可者，不在此限。

第二十八条　一学级之学生数为五十人以内，但有特别事情时，得增加十人以内。

第二十九条　国民学舍或国民义塾每学级置教师一人。教师以教谕充之，但有必要时得以教导或教辅充之。

第七章　设　　备

第三十条　国民学舍或国民义塾之校地、用建、地造物及其他必要之设备，须适应国民学舍或国民义塾之规模，且合其使用之目的。并须选择于道德上及卫生上无碍，复适于通学及其他便于学生之地点。

第三十一条　国民学舍或国民义塾应备左列表簿：

一、关系法规。

二、学舍或义塾之沿革志、一览表及视察簿。

三、舍则或塾则、日志、各班各学科目之每周教授时间表、教授日案及教科书一览表。

四、学生之学籍簿及出席簿。

五、教师名簿、履历书及出勤簿，并担任学级。

六、关于学业成绩考查之表簿。

七、关于会计之账簿并图书、机械、标本及模型等目录。

八、土地、建造物、图书及其他备品之清册。

九、来往文件。

十、以上各款之外，监督官署认为有必要之表簿。

前项表簿中已完结者，学籍簿应保存二十年以上，其他表簿应保存五年以上。

第八章　入学、转学、退学、毕业及惩戒

第三十二条　特别市长及县、旗、市长应以六月一日为期，调查次年度国民学舍或国民义塾入学儿童之预计数。

县、旗、市长应将前项调查之结果，依另记第五号规格式，于八月末日以前报告省长，省长汇总之后，再准据另记第五号表格式，于九月末日以前报告民生部大臣。

特别市长应将第一项调查之结果，准据另记第五号规格式，于九月末以前报告民生部大臣。

第三十三条　国民学舍或国民义塾之学生得转学于其他国民学舍或国民义塾之同等班级。

志望转学之学生，应将转学愿书呈经现在在学之学舍舍长或义塾塾长提出之。

在前项情形，舍长或塾长应将在学证明书、成绩表、学科课程表及意见书，附于转学愿书，送达受转学之国民学舍或国民义塾。

受转学之国民学舍或国民义塾不举行考查而无妨碍时，应许可其转学。

第三十四条　学生欲退学时，应受舍长或塾长之许可。

第三十五条　舍长或塾长应于学年之始，依另记第四号表格式，作成入学学生之学籍簿。

第三十六条　学生出席簿应依省长或特别市长所定之格式作成之。

第三十七条　舍长或塾长对于认为全课程毕业者，应授与毕业证书。

毕业证书之格式，由省长或特别市长定之。

第三十八条　全课程毕业之认定，应考查平素之成绩而行之。

第三十九条　舍长或塾长对于未修了一学年课程之学生，不得升进其学年。

第四十条　对于学生之惩戒，为训戒，不得加以体罚。

第九章　授　业　费

第四十一条　国民学舍欲征收授业费时，其款额每月在二角以内，经省长之认可，由县、旗、市长定之。其在特别市设置之国民学舍，经民生部大臣之认可，由特别市长定之。但无一日授业之月，则不征收授业费。

第四十二条　国民学舍学生中，有因贫困无力缴纳授业费者，得免除授业费之全部或一部。

兄弟二人以上同时在同一国民学舍求学时，得减其授业费之额。

第十章　监　　督

第四十三条　本令所称之监督官署，为特别市长或县、旗、市长。

第四十四条　关于指导监督国民学舍或国民义塾教师之事务，由监督官署或承其命令之官吏行之。

第四十五条　在左列情形，监督官署得取消国民义塾之认可，而命其封闭：

一、违反法令之规定时。

二、有紊乱安宁秩序之虞时。

三、继续三个月以上不行所定之授业时。

四、不服从监督官署依法令之规定所为处分时。

附则

本令自《关于国民学舍及国民义塾之件》施行之日施行。

第一号表

国民学舍及国民义塾第一班各学科目每周教授时数表

学科目／学年	国民科	算术	作业	图画	体育	音乐	计
第一学年	二一（以日语者一〇，以满语或蒙古语者一一）	九	二	（一）	二	（一）	三六（三四）

关于实习，虽在规定授课时数外，仍得课之。

第二号表

国民学舍及国民义塾第二班各学科目每周教授时数表

学科目 学年	国民科	算术	作业	图画	体育	音乐	计
第一学年	一九 以日语者 八 以满语或蒙古语者 二	七	二	（一）	二	（一）	三二（三〇）
第二学年	一九 以日语者 九 以满语或蒙古语者 一〇	八	三	（一）	二	（一）	三四（三二）

关于实习，虽在规定授课时数外，仍得课之。

第三号表

国民学舍及国民义塾第三班各学科目每周教授时数表

学科目 学年	国民科	算术	作业	图画	体育	音乐	计
第一学年	一六 以日语者 七 以满语或蒙古语者 九	六	二	（一）	二	（一）	二八（二六）
第二学年	一七 以日语者 八 以满语或蒙古语者 一	七	二	（一）	二	（一）	三〇（二八）
第三学年	一八 以日语者 九 以满语或蒙古语者 九	八	二	（一）	二	（一）	三二（三〇）

关于实习，虽在规定授课时数外，仍得课之。

第四号表（学籍簿格式）

氏名	生年月日

住所	入学年月日	入学前之经历	卒业年月日	退学年月日	退学之事由

保护者		
住所氏名	职业	与学生之关系

		学年 学科目	第一学年	第二学年	第三学年		其他必要事项
学业成绩	国民科	国民道德					
		满　语					
		日　语					
		蒙古语					
		合　计					
	算　术						
	作业	作　业					
		家事裁缝					
	图　画						
	体　育						
	音　乐						
	总计点						
	平均点						
	操　行						
	席　次						
	修了年月日						
在学中之出席及缺席	授业日数						
	病气缺席						
	事故缺席						
身体之状况	发育	身　长					
		体　重					
		胸　围					
		概　评					
	荣　养						
	脊　柱						
	视力及屈折状态	左					
		右					
	色　神						
	眼　疾						
	听　力						
	耳　疾						
	齿　牙						
	其他疾病异常						
	监察之要否						
	对本人之注意						
	备　考						

…………

（伪）满洲帝国教育会编：《满洲帝国文教关系法规辑览》（上），1938 年。

国民优级学校令

（1937 年）

第一条 国民优级学校以留意学生心身之发达，涵养国民道德，注重关于实务之普通知识、技能之授与，培养劳作习惯，提高其为忠良国民之资质为目的。

第二条 特别市、县、旗、市、街村或准此者，得设置国民优级学校。街村及准此者之教育组合，得设置国民优级学校。

主管部大臣认为有必要时对于特别市，省长认为有必要时对于县、旗、市、街村或准此者，得命设置国民优级学校。

第三条 县、旗长认为一街村或准此者之资力不堪负担关于设置国民优级学校之费用时，得令该街村或准此者及他街村或准此者为设置国民优级学校设教育组合。

第四条 县、旗长认为一街村或准此者堪入国民优级学校之学生数不足构成一国民优级学校时，或在适当通学路程内学生数不足构成一国民优级学校时，得依左列之例：

一、令该街村或准此者及他街村或准此者为设置国民优级学校设教育组合。

二、令该街村或准此者将堪入国民优级学校学生全部或一部之教育事务，委托于他街村或准此者或其街村及准此者之教育组合。

第五条 私人得设置国民优级学校。

第六条 特别市、县、旗、市、街村或准此者或教育组合设置之国民优级学校，为公立国民优级学校。私人设置之国民优级学校，为私立国民优级学校。

第七条 国民优级学校之设置及废止，应受省长或特别市长之认可。至于特别市设置之国民优级学校，应受主管部大臣之认可。

关于国民优级学校之设置及废止之规则，由主管部大臣定之。

第八条 国民优级学校之修业年限为二年。

国民优级学校得置修业年限一年或二年之补习科。

关于补习科之规则，由主管部大臣定之。

第九条 得入国民优级学校者为国民学校毕业者，或年龄满十一岁以上而依主管部大臣之所定有同等以上之学力者。

第十条 关于国民优级学校之编制及设备并学科目及其程度之规则，由主管部大臣定之。

第十一条 国民优级学校应依主管部大臣之所定，令学生使用文教部大臣或蒙政部大臣有著作权之教科书。

第十二条 国民优级学校得征收授业费。

公立国民优级学校之授业费额，经省长之认可，由县、旗、市长定之。至于特别市设置之国民优级学校，经主管部大臣之认可，由特别市长定之。

第十三条　国民优级学校之教师，应为有主管部大臣发给之教师许可状者。但依主管部大臣之所定，得以无状者代用之。

关于国民优级学校教师许可状之规则，由主管部大臣定之。

第十四条　公立国民优级学校校长及教师之俸给、旅费及其他各种给与并其支给方法，由特别市长或县、旗、市长根据主管部大臣所定之准则定之。

第十五条　关于国民优级学校校长及教师之职务及服务并公立国民优级学校校长及教师之任用及解职规则，由主管部大臣定之。

第十六条　国民优级学校校长及教师认为在教育上有必要时，得对学生加以惩戒。

第十七条　关于国民优级学校之管理及监督在本令无规定之事项，由主管部大臣定之。

第十八条　不依本令之规定者，不得称为国民优级学校。

第十九条　本令施行上必要之规则，由主管部大臣定之。

附则

本令自康德五年一月一日施行。

本令施行之际，现已受官之许可而设立之高级小学校，视同已受认而为国民优级学校者。

（伪）满洲帝国教育会编：《满洲帝国文教关系法规辑览》（上），1938年。

国民优级学校规程

（1937年）

第一章　教　　则

第一条　国民优级学校应遵守《国民优级学校令》第一条之趣旨，使国民学校教育之基础特别留意左列事项而教育之。

一、国民道德之涵养，于国民教育上最为重要。任何学科目均应依建国精神及访日回銮训民诏书之趣旨，使体会日满一德一心不可分之关系，阐明忠孝之大义，并涵养仁爱之至情及民族协和之美风，促其为国家社会效劳之观念，并依劳作养成爱好勤劳、尊重职业、实践躬行之精神，以期国民道德之彻底。

二、知识、技能应选于国民日常生活所必需，且与地方产业有直接关系者授之。务必注重实验与劳作，使之明确了解，应用如意。至于地方之政治、产业、经济、文化等各机关，尤应注意，务使体会其构成与运用，以期教育之实际化。

三、为使身体健全，心情高雅，各学科目之教授及训练，应顺应学生心身发达之程度。

四、训练虽在规定教授时间外，亦应适宜课之。

五、各学科目之教授、训练及养护，务使不致误其各自之目的，而使其互相关联，互有裨益。并应考虑男女之别、个人特性及地方事情等而施行之，以期教育能率之增进，且使适应实际之生活。

第二章　学科目及其程度

第二条　国民优级学校之学科目为国民科、算术、实务、图画、体育、音乐。

第三条　国民科以授与国民道德，并使习得国语及关于国史、地理、自然之知识概要，而期启发培养知识为要旨。

一、关于国民道德之教材，应根据建国精神及访日回銮训民诏书之趣旨，使体会日满一德一心不可分之关系，涵养德性，培养其为忠良国民之信念，并指导道德之实践。

关于国民道德教材之教授，应将国民学校所授事项之趣旨扩而充之，以期更进陶冶之功而收坚实之效。

二、关于国语之教材，应授与日常生活上必要之普通言语、文字及文章，使其获得正确且自由发表思想之能力。

关于国语教材之教授，应使了解日常生活上所必需之文字及普通文之读法、书法、缀法及言语之练习。

读法、书法及缀法，虽得各依其目的之所在区别其教授时间，但须互相关联，保持联系。

缀法应就国民科或其他学科目所授之事项、学生日常见闻之事项及处世必要之事项采取教材。其行文务使平易而趣旨明了。

书法所用之字体为楷书、行书二种。

三、关于国史之教材，须使知我国、日本及东亚史实之大要，并阐明建国之精神与意义，以资涵养国民精神。

关于国史教材之教授，应与国民道德及其他教授事项互相关联，示以绘画、地图、标本等。尤应注重近代历史，使明了我国之建国大业。

四、关于地理之教材，使先知各大洲之地势、气候、区划及交通等之概要，次及于我国及日本国势之概要，并与我国及日本有重要关系之各外国国势之简单知识，更进而及于地文之初步，以资养成爱国心。

关于地理教材之教授，应与自然及国史之教授事项互相关联。但务必根据实地之观察，示以地球仪、地图、标本、照片等，使习得确实之知识。

五、关于自然之教材，应将国民学校所授之教材程度提高扩充授之。尤须使知重要元素及化合物、简单机械之构造与作用及人体之生理卫生之大要；且理解植物、动物及矿物之相互关系及其对于人生关系之大要，并使观察精密，亲近自然，养成利用厚生之观念。

关于自然教材之教授，应根据实地之观察，施以实验，且示以标本、模型、绘画等，使其有确实之理解。

前项各款之教材，应使互相保持密切之联系。每一事项务使充作各种教材，以期合乎国民科本来之趣旨。

第四条　算术以熟习日常之计算，授与生活上所必需之数量知识、技能，并使思考精确为要旨。

算术之教材为整数、小数、分数、比例、百分法及珠算。

算术教材之教授，以实验与实测说明演算之方法及理由，使其有精确之理解，熟习暗算与演算，使能应用如意，并授以简单图表及复利表之用法。

第五条　实务以授与关于实业之普通知识、技能，使理解实际生活及尊重职业之理由，而养成勤勉力行之习惯为要旨。

实务之教材，依地方情形得课农业、工业或商业。对于女子得课家事及裁缝。

授与实务之教材，应注意左列各点：

农业、工业或商业应按地方情形选择适切之教材，使与地方之产业保持密切之联系，尤应努力指导实验与实习，且使与国民科、算术等之教授事项互有关联；家事及裁缝应授与衣食住、看护、育儿、卫生及一家之经济等之知识、技能，务使与女子之家庭实际生活保持密切联系。

第六条　图画以使学得观察形体、彩色及描写之能力，启发美感，涵养德性为要旨。

图画之教材为形体、彩色之描写。

图画教材之教授，应注意先使临写帖本，次则务使就其他学科目所授之物体及学生日常目击之物体，或由自己之构思而描写之。

第七条　体育以使身体得遂生理的发育，保护、增进身体之健康，并使精神活泼、刚毅，涵养守规律、尚协同之习惯为要旨。

体育之教材，为教练、体操及游戏竞技。

体育教材之教授，应留意气候、环境及学生之性别、年龄、身心发达之程度，而采取适切之方法。

第八条　音乐以使能唱平易歌曲，而资启发美感，涵养德性为要旨。

音乐之教材，为单音唱歌及简单之复音唱歌。

音乐教材之教授，应努力使学生之心情活泼、纯美。

第九条　国民优级学校各学年各学科目之教材内容及程度，应以民生部大臣有著作权之国民优级学校教科用图书内所记述者为标准，其每周教授时数应依另记第一号表。

第十条　校长因产业、气候或其他事情而认为有必要时，得在一定期间内增减各学年各学科目之每周教授时数，或中止一或二以上学科目之授业。

在前项情形，各学年之各学科目如有不达其进度或超过太甚之虞时，应在其他期间内增减该学科目之每周教授时数而调整之。

依前二项之规定所增加之教授时数，各学年每周不得超过六时。

依第一项或第二项之规定减少教授时数时，各学年每周教授时数不得减至十八时以下。

第十一条　依第二十八条之规定实施二部教授时，各学年各学科目之每周教授时数，由管理者或设置者定之，但应受监督官署之认可。

在前项情形，每周教授时数须为十八时以上。

第十二条　如将数学年之学生编为一学级时，实务、体育及音乐得不拘其各学年之程度如何，将全部或一部之学生照同一程度教授之。

第十三条　国民优级学校校长应定其国民优级学校所应教授之各学年各学科目之教授细目。

第三章　教　科　书

第十四条　国民优级学校关于国民科、算术、图画及音乐之教授，应令使用教科书。但关于补习科的各学科目、图画及音乐之教授，因有特别事情难令使用教科书，或校长认为无使用之必要时，不在此限。

第十五条　国民优级学校之教科书，应由特别市长或县、旗、市长就民生部大臣有著作权者采定之。

国民科之教科书，在施行县制之地域内，应采定以日语及满语编纂者；在施行旗制之地域内，应采定以日语及蒙古语编纂者；在县旗并置之地域内，应采定以日语编纂及省长所指定之以满语或蒙古语编纂者。

第十六条　关于国民优级学校用教科书，如有左列各项之一之行为者，处二百元以内之罚金。

一、采用民生部大臣有著作权之教科书以外之书籍为国民优级学校之教科书者，或使采用者。

二、明知民生部大臣有著作权之教科书被不法增加定价之情事，而仍采用为国民优级学校教科书者，或使采用者。

第四章　设置及废止

第十七条　欲设置国民优级学校时，应具左列事项，受省长或特别市长之认可。但关于特别市设置之国民优级学校，应受民生部大臣之认可。欲变更左列事项时亦同。

一、名称。

二、位置。

三、学生定员及学级编制。

四、教师定员及其担任学级或担任学科。

五、开校年月日。

六、通学预定区域内之户数及人口。

七、校地、校舍、寄宿舍、体育场、实习地及其他一般设备（关于校地、校舍、寄宿舍、体育场及实习地应附具图面，详载地形、地质、面积及构造并附近状况）。

八、资产、经费及维持方法（经费应记载自初年度至完成年度之款额）。

第十八条　欲废止国民优级学校时，应具其事由、教师及学生之处置方法，并废止日期，受省长或特别市长之认可。但关于特别市设置之国民优级学校，应受民生部大臣之认可。

废止国民优级学校或被命封闭时，应于三十日以内向监督官署提出学籍簿。

第十九条　学则中应规定之事项如左：

一、关于学年、学期、休业日及式日之事项；

二、关于学科课程及每周教授时数之事项；

三、关于认定课程修了及认定毕业之事项；

四、关于学生之入学、转学、退学及惩戒之事项；

五、关于授业费及其他向学生征收校费之事项；

六、关于寄宿舍之事项；

七、其他必要之事项。

第五章　学年、学期、授业日数、休业日及式日

第二十条　国民优级学校之学年自一月一日始至十二月三十一日终。

为考查学力及其他教育上之便利起见，分学年为左之二学期：

前学期，自一月一日起至六月三十日止；

后学期，自七月一日起至十二月三十一日止。

第二十一条　每日教授终始时刻由校长定之。

第二十二条　国民优级学校之休业日如左：

一、星期日。

二、节祀日：

春节，合于阴历正月一日之阳历日。

元宵节，合于阴历正月十五日之阳历日。

春丁祀孔，合于阴历二月上丁日之阳历日。

端午节，合于阴历五月五日之阳历日。

中秋节，合于阴历八月十五日之阳历日。

秋丁祀孔，合于阴历八月上丁日之阳历日。

三、阳历一月二日、三日及十二月二十九日、三十日、三十一日。

四、合于阴历正月二日、三日及十二月末日之阳历日。

五、冬季休业日及夏季休业日：

冬季休业日及夏季休业日合计为六十日以内，但有特别事情时，经监督官署之认可，得延长之。

冬季休业日及夏季休业日之日期，应经监督官署之认可后定之。

六、以上各款之外，特别市长或县、旗、市长所定之休业日。

第二十三条　以元旦（阳历一月一日）、万寿节（阳历二月六日）、纪元节（二月十一日）、建国节（阳历三月一日）、天长节（四月二十九日）、访日宣诏纪念日（阳历五月二日）、明治节（十一月三日）、入学日、毕业日及开校纪念日为式日。

元旦、建国节及访日宣诏纪念日应举行左列式典：

一、校长于教师及学生之最敬礼中将御容之遮幔揭开之。

二、校长、教师及学生向御容行最敬礼。如未奉戴御容时，向帝宫遥拜。

三、校长、教师及学生合唱国歌及日本国歌。

四、校长奉读访日回銮训民诏书。

五、校长、教师及学生合唱访日回銮训民诏书奉答之歌。

六、校长于教师及学生之最敬礼中将御容之遮幔关闭之。

七、校长根据建国之本旨及访日回銮训民诏书，谨告圣旨之所在，并致适合式日之训话。

八、校长、教师及学生合唱适合式日之歌。

九、对日满两国旗行最敬礼。

万寿节应举行左列式典：

一、校长于教师及学生之最敬礼中将御容之遮幔揭开之。

二、校长、教师及学生向御容行最敬礼。如未奉戴御容时，向帝宫遥拜。

三、校长、教师及学生合唱国歌。

四、校长奉读访日回銮训民诏书。

五、校长、教师及学生合唱访日回銮训民诏书奉答之歌。

六、校长于教师及学生之最敬礼中将御容之遮幔关闭之。

七、校长根据建国之本旨及访日回銮训民诏书，谨告圣旨之所在，并致适合式日之训话。

八、校长、教师及学生合唱适合式日之歌。

九、对国旗行最敬礼。

纪元节、天长节及明治节应举行左列式典：

一、校长、教师及学生合唱日本国歌及国歌。

二、校长、教师及学生向日本皇居遥拜。

三、校长奉读访日回銮训民诏书。

四、校长、教师及学生合唱访日回銮训民诏书奉答之歌。

五、校长根据访日回銮训民诏书，谨告圣旨之所在，并致适合式日之训话。

六、对日满两国旗行最敬礼。

入学日、毕业日及开校纪念日应举行左列式典：

一、校长于教师及学生之最敬礼中将御容之遮幔揭开之。

二、校长、教师及学生向御容行最敬礼。如未奉戴御容时，向帝宫遥拜。

三、校长、教师及学生合唱国歌。

四、校长奉读访日回銮训民诏书。

五、校长、教师及学生合唱访日回銮训民诏书奉答之歌。

六、校长于教师及学生之最敬礼中将御容之遮幔关闭之。

七、校长根据建国之本旨及访日回銮训民诏书，谨告圣旨之所在，并致适合式日之训话。

八、校长、教师及学生合唱适合式日之歌。

九、对国旗行最敬礼。

于前各款之外，于第八款以下，校长得举行认为必要之式次。

第二十四条　遇有传染病、非常灾变及其他特别事由时，校长受监督官署之认可，得临时休业。如不及受认可时，应于临时休业之后，立即呈报监督官署。

如有前项之情由时，监督官署应命该国民优级学校休业。

在前二项情形，其学年之授业日数虽有第二十五条之规定，亦不妨减至二百二十二日以内。

第二十五条　授业日数每学年为二百二十二日以上，但因第二十四条或特别事情，经监督官署之认可者，不在此限。

第六章　编　　制

第二十六条　国民优级学校之学级数为十二学级以下，但因特别事情，经监督官署之认可者，不在此限。

第二十七条　一学级之学生数为五十人以内，但有特别事情时，得增加十人以内。

第二十八条　国民优级学校有特别事情时，经监督官署之认可，得将全部或一部之学生分为前后二部教授之。

第二十九条　有特别事情时，得置国民优级学校之分校。

关于分校之规程，由监督官署定之。

第三十条 国民优级学校每学级应置教师一人。

教师以教谕充之，但在二学级以上编制之学校，于必要时，其半数以内以教导或教辅充之。

前项所书之规定，在实施二部教授时，前后各部均适用之。

第三十一条 在六学级以上之国民优级学校，为辅助校长所担任之教授起见，得于前条所规定者外，置教谕、教导和教辅一人。

第三十二条 在四学级以上之国民优级学校，得于前二条所规定者外，依其教授时数及学生数之多寡，置必要员数之专科教谕。

第七章 补 习 科

第三十三条 补习科以对于国民优级学校毕业者及有同等以上之学力者，就国民优级学校之学科中以实务为主，使之补习为目的。

第三十四条 补习科之学科目，经监督官署之认可，由管理者或设置者定之。

第三十五条 补习科教授实务科中之实业教材时，须选择切合该地方产业之事项。

第三十六条 补习科之教授，得选定某一季节施行之。

第三十七条 设补习科时，不拘第三十二条之规定，应依其学科目、教授时数及学级数，置相当员数之专科教谕。

第三十八条 补习科之修业年限、教授日数及教授时数，经监督官署认可后，由管理者或设置者定之。

第八章 设 备

第三十九条 国民优级学校之校地、校舍、体育场、校具、作业场、实习地、寄宿舍及其他必要之设备，须适应学校之规模及编制。

校地应选择道德上、卫生上无碍，且便于学生通学之地点。

建造物须适合其使用之目的，且于管理上、卫生上皆适宜，而又朴质坚牢者。

实习地如无特别事由，须邻接校舍，且于管理上、卫生上皆适宜者。

第四十条 国民优级学校应备左列表簿：

一、关系法规。

二、学校沿革志、学校一览表及视察簿。

三、学则、日志、各学年各学科目每周教授时间表、教授细目、教授日案及教科书一览表。

四、学生学籍簿、出席簿及身体检查表。

五、教师之名簿、履历书、出勤簿并担任学级或担任学科及时间表。

六、关于入学考查及学业成绩考查各表簿。

七、关于会计账簿并图书、机械、标本及模型等之目录。

八、土地、建造物、图书、校具及其他备品之清册。

九、来往文件。

十、以上各款之外，监督官署认为有必要之表簿。

前项表簿中已完结者，学籍簿应保存二十年以上，其他表簿应保存五年以上。

第九章　入学、转学、退学、毕业及惩戒

第四十一条　有左列各款之一者，关于国民优级学校第一学年之入学，认为与国民学校毕业者有同等以上之学力。

（一）初级小学校毕业者。

（二）毕业于民生部大臣所指定之类似国民学校之教育施设者。

（三）国民学校毕业程度学力检定合格者。

第四十二条　国民优级学校学生已退学者，自退学之日起一年以内，如志愿再入国民优级学校时，得许可编入同一学年以下之学年。

第四十三条　国民优级学校学生得转学于其他国民优级学校之同一学年。

志愿转学之学生，应将转学愿书呈经现在在学学校之校长提出之。

在前项情形，校长应将在学证明书、成绩表、学科课程表及意见书，附于转学愿书，送达受转学之学校。

受转学之国民优级学校不举行考查而无妨碍时，应许可其转学。

第四十四条　学生欲退学时，应受校长之许可。

第四十五条　校长应于学年之始，依另记第二号表格式，作成入学学生之学籍簿。

第四十六条　学生之出席簿，应依省长或特别市长所定之格式作成之。

第四十七条　校长对于认为已修了各学年之课程者，应依其申请授与修了证书。修了证书之格式，由省长或特别市长定之。

第四十八条　校长对于认为全课程毕业者，应授与毕业证书。毕业证书之格式，由省长或特别市长定之。

第四十九条　各学年课程修了之认定及全课程毕业之认定，应考查平素之成绩而行之。

第五十条　校长对于未修了一学年课程之学生，不得升进其学年。

第五十一条　对于学生之惩戒，为训戒，不得加以体罚。

第十章　授　业　费

第五十二条　公立国民优级学校欲征收授业费时，其款额每月在三角以内，经省长之认可，由县、旗、市长定之。其在特别市设置之国民优级学校，经民生部大臣之认可，由特别市长定之。但无一日授业之月，则不征收授业费。

第五十三条　国民优级学校学生中，有因贫困无力缴纳授业费者，得免除授业费之全部或一部。

兄弟二人以上同时在同一国民优级学校求学时，得减其授业费之额。

第十一章　监　　督

第五十四条　本令所称之监督官署，为特别市长或县、旗、市长。

第五十五条　关于指导监督国民优级学校教师之事务，由监督官署或承其命令之官吏行之。

附则

本令自《国民优级学校令》施行之日施行。

第一号表

国民优级学校各学年各学科目每周教授时数表

学科目 学年	国民科	算术	实务	图画	体育	音乐	计
第一学年	一六 以日语者 八 以满语或蒙古语者 八	六	六	二	二	一	三三
第二学年	一六 以日语者 八 以满语或蒙古语者 八	六	六	二	二	一	三三

备考：关于实习，虽在规定教授时间外，仍得课之。

第二号表（学籍簿格式）

氏名	生年月日

住所	入学年月日	入学前之经历	卒业年月日	退学年月日	退学之事由

保护者		
住所氏名	职业	与学生之关系

		学科目＼学年	第一学年	第二学年		其他必要事项
学业成绩	国民科	国民道德				
		满　语				
		日　语				
		蒙古语				
		合　计				
	算　术					
	实　物					
	图　画					
	体　育					
	音　乐					
	总计点					
	平均点					
	操　行					
	席　次					
	修了年月日					
在学中之出席及缺席	授业日数					
	病气缺席					
	事故缺席					
身体之状况	发育	身　长				
		体　重				
		胸　围				
		概　评				
	荣　养					
	脊　柱					
	视力及屈折状态	左				
		右				
	色　神					
	眼　疾					
	听　力					
	耳　疾					
	齿　牙					
	其他疾病异常					
	监察之要否					
	对本人之注意					
	备　考					

（伪）满洲帝国教育会编：《满洲帝国文教关系法规辑览》（上），1938 年。

二、课程设置及教材

小学用教科书编纂大意（节选）

（1932年）

教育厅近以满洲国小学用教科书，将来依文教部之编辑，预定发行为国定教科书。现为普通教育需要计，特基于民国十一年北京政府时代之新学制教科书，编纂新教科书，为现实之急需。然是项教科书仅为一、二年级使用，由奉天省发行。其新教科书编纂之大意为：

一、教科书之种目别：修身教科书、国语教科书、地理教科书、历史教科书。

二、编纂之趣旨。

（一）总体的见地。

A、事变前之三民主义教科书，完全排除事项。

B、对于需要之新教材急速制成，终不可能，故基于民国十一年北京政府时代之新学制教科书为教材事项。

C、由该教材书中，应取消左记教材事项：

甲、中华民国之国家教材。

乙、近世之国际教材并排外的教材。

D、编入满洲国之新国家教材事项。

E、地理、历史从来之教科书以中华民国为中心之教材，现在应取消之。应特别注意以满洲国为中心编纂新教科书。

（二）各科别之见地。

A、修身。

甲、据照王道之精神，以德育教材为主，再副以公民教材。

乙、教材应先由学校及家庭始，并最应注意儿童之普通生活。

丙、最初应先揭国旗为建国教材，以便确实认识国家之意义。

丁、特别编入左记事项为新国家教材：

1. 校门悬挂新五色国旗。

2. 师生均向新国旗行礼。

3. 说明新国家之建设。

4. 满洲国的统治机关。

5. 政府。

…………

《盛京时报》，1932年9月13日2版，8132号。

发行小学教科书暂行规则

（1932年）

奉天教育厅，顷拟定发行小学教科书暂行规则十条，呈请省公署备案。该规则昨经省署公布如左：

（一）本厅编印小学校教科书，计共四种，即修身、国语、历史、地理，专供本省小学学生之用，均经文教部审定，任何机关不得翻印。

（二）各书册数均按完全小学校编印，修身、国语各十二册，历史、地理各四册，共计三十二册（修身、国语每学年二册，历史、地理由第五年起每年各二册）。

（三）各书价目规定如左：

1. 修身教科书十二册，每册定价现洋四分。

2. 国语教科书十二册，每册定价二至四册现洋七分，五至八册现洋九分，九至十二册现洋一角。

3. 历史教科书四册，每册定价现洋六分。

4. 地理教科书四册，每册定价现洋八分。

（四）各县教育局暨省市路立各小学校，本年下季所用各书由厅根据以前开送之各科书籍册数清单，通知印刷，工厂照单检发，其包装费由工厂负担，运费则由订购者自备。

（五）各县教育局暨省市路立各小学校批购各科书籍，均按定价七五扣发，行其转售学生时，不得超过定价。

（六）各县教育局省立各小学校经售书籍，所得赢余，补偿损失及支付运费外，其纯益金应以购备儿童课外用书及教育参考用书，不得移作他用。

（七）各县教育局暨省市路立各小学校于领书一个月内，应将书款如数缴厅，不得有拖延。

（八）各县教育局为便利起见，如愿委托当地书商代售者应听其便，但批购书籍解缴价款，仍由局负责，并随时监督，不得高抬价格。

（九）各县书商有愿来厅批购者，视其情节，酌量准□，以不妨碍教育局发售额数为原则，并须预交价款，运费亦由自备。

（十）外省教育机关，如愿订购者，临时接洽办法。

《盛京时报》，1932年9月27日4版，8145号。

国定教科用图书之编纂

（1935年）

本部为继续第一期教科用图书编纂事业，开始编纂第二期事业，如左列初级小学校教科书四种十册，高级小学校教科书八种十五册，初级中学校教科书九种十三册，高级小学校教授书一种一册，共二十二种三十九册之国定教科用图书，于康德二年十二月业已编纂完竣。

（一）初级小学校教科书：

修身教科书　第三册

修身教科书　第四册

国文教科书　第五册

国文教科书　第六册

国文教科书　第七册

国文教科书　第八册

算术教科书　第三册

算术教科书　第四册

自然教科书　第三册

自然教科书　第四册

（二）高级小学校教科书：

修身教科书　上册

修身教科书　下册

国文教科书　第一册

国文教科书　第二册

国文教科书　第三册

国文教科书　第四册

算术教科书　上册

算术教科书　下册

世界地理教科书

日本史教科书

东亚史教科书

自然教科书　上册

自然教科书　下册

日本语教科书　上册

日本语教科书　下册

（三）初级中学校教科书：

日本语教科书　中册

日本语教科书　下册

英语教科书　上册

英语教科书　中册

英语教科书　下册

世界地理教科书

地理通论教科书

国史教科书

日本史教科书

西洋史教科书

《孟子》　上册

《孟子》　下册

《大学》

《中庸》

（四）高级小学校教授书：

国史教科书教授书

（伪满）国务院文教部编纂：《第三次满洲帝国文教年鉴》，1937 年。

关于小学校教科规程之件

（1936 年）

第一条　小学校之教科目如左：

初级小学校为修身、国语、日本语、算术、自然、作业、体育、音乐、图画。

高级小学校为修身、国语、讲经、日本语、算术、历史、地理、自然、实业、体育、音乐、图画，女子加家事、裁缝。

第二条　修身以根据建国精神涵养学生之德性，培育善良国民之信念，及指导道德之实践为要旨。

第三条　国语以教授日常生活上必需之普通语言文字及文章，养成正确发表思想之能力，并启发智德为要旨。

第四条　讲经以保持其与修身及国语之密接连系，讲读经书，以资国民道德之振兴为要旨。

第五条　日本语以理解近易之语言文字及文章，养成运用之能力，并启发智德为要旨。

第六条 算术以使熟习日常之计算，教授生活上必需之数量知识，并使思考精确为要旨。

第七条 历史以教授国史及东亚史之大要，阐明建国精神，使体得国体之意义，养成国民之志操为要旨。

第八条 地理以教授关于地球表面及人类生活状态之普通知识，特使理会我国与日本及世界诸国之大势，并借以涵养国民意识为要旨。

第九条 自然以教授关于日常生活上有关系之天然物及自然现象知识之一班［斑］，使理会其互相关系及其对于人生关系之大要，并养成精密观察、爱好自然之精神为要旨。

第十条 作业以由劳作养成勤劳之习惯，并使学得日常需要之知识技能为要旨。

第十一条 体育以保护、增进身体之健康，且使动作敏活，并养成守规律、尚协和之习惯为要旨。

第十二条 音乐以使能唱平易之歌曲，并养成美感，以资涵养德性为要旨。

第十三条 图画以观察简单之形体及色彩，使学得描写之能力，并养成美感为要旨。

第十四条 实业以教授关于实业之知识技能，使理会实际生活，特别注重实习，涵养勤劳爱好之精神为要旨。

第十五条 家事、裁缝以教授关于家事、裁缝之普通知识技能，养成节约、利用、秩序、清洁等之习惯为要旨。

第十六条 初级小学校各学年之教授程度及每周教授时数，依第一号表，但依地方情形得省略音乐、图画中之一科目或二科目。

第十七条 高级小学校各学年之教授程度及每周教授时数依第二号表。

第十八条 各教科目之每周教授时数，任一科目得增加三时以内，但每周教授总时数，初级小学校不得超过二十八时，高级小学校不得超过三十六时。

第十九条 依第十六条省略音乐、图画中之一科目或二科目，或依第十八条增加教授时数时，校长须呈报省长或特别市长。

第二十条 依地方情形，如根据本规程有难实施之事项时，应开具理由，呈请文教部大臣核夺。

第一号表

学年 时数及程度 教科目	第一学年		第二学年		第三学年		第四学年	
	每周教授时数	程度	每周教授时数	程度	每周教授时数	程度	每周教授时数	程度
修身	二	道德要旨	二	同左	二	同左	二	同左

续表

学年 时数及程度 教科目	第一学年		第二学年		第三学年		第四学年	
	每周教授时数	程度	每周教授时数	程度	每周教授时数	程度	每周教授时数	程度
国语	八	发音、浅近文字及普通文之读法、书法、作文、话法	八	同左	八	同左	七	同左
日本语					二	发音、浅近日本语之听法、话法、读法、书法	二	同左
算术	四	百以下数之念法、书法及简易之计算	五	千以下数之念法、书法及简易之计算	五	整数之计算及珠算之加减	五	整数之计算，小数及分数之意义，简易之珠算计算
自然	二	观察环境之自然	二	同左	二	关于观察自然及简易之实验并浅近之知识、人体生理卫生	二	同左
作业	一	简易制作校事园艺初步及其他	一	同左	二	同左，简易裁缝（女子）	二	简易手工及农事、商事之大要，校事、日常之家事及裁缝（女子）
体育	三	体操、竞技、游戏	三	同左	二	同左	二	同左
音乐	一	平易单音唱歌	一	同左	一	同左	一	同左
图画	一	描写简单之形体及观察色彩	一	同左	一	同左	一	同左
计	二二		二三		二五		二四	

日本语得由初级小学校第一学年教授之。

第二号表

学年 时数及程度 教科目	第一学年		第二学年	
	每周教授时数	程度	每周教授时数	程度
修身	一	道德要旨	一	同左
国语	七	浅近文字及普通文之读法、书法、作文、话法	七	同左
讲经	二	《孝经》《论语》之解释、诵读	二	《论语》之解释、诵读
日本语	三	浅近的日本语之听法、话法、读法、书法、作文	三	同左
算术	五	整数、小数、分数之计算，珠算四则	五	整数、小数、分数之计算，比及比例，百分法，珠算四则
历史	二	国文大要	二	东亚史大要
地理	二	本国地理大要	二	世界地理大要
自然	二	关于天然物，自然现象之观察、实验及生活上所必需之知识，人体生理卫生	二	同左
实业	四	简易手工、农事及商事之大要	四	同左
家事裁缝		衣食住，护病（看病），育儿，运针法，通常衣类之缝法、裁法、补缀法（缮上法）		同左
体育	二	体操、竞技、游戏	二	同左
音乐	一	平易之唱歌、音乐、欣赏	一	同左
图画	一	简易形体之描写及鉴赏	一	同左
计	三二		三二	

（伪）满洲帝国教育会：《满洲帝国文教关系法规辑览》，1937 年。

关于编入国民优级学校、国民学校、国民学舍或国民义塾之小学校学生之学科目并其每周教授总时数及教科书之件

（1937 年）

第一条　将前为高级小学校之学生者，编入国民优级学校第二学年时，其学科目、每周教授总时数及教科书，应依高级小学校第二学年之学科目、每周教授总时数及教科书之例。

第二条　将前为初级小学校之学生者编入国民学校第二学年以上之学年时，其学科目、每周教授总时数及教科书，应依初级小学校第二学年以上学年之学科目、每周教授总时数及教科书之例。

第三条　欲将初级小学校第一学年修了者，编入国民学舍或国民义塾时，则使编入第三班第一学年，迄于毕业，其各学年之各学科目、每周教授总时数及教科书，应依初级小学校第二或第三、四各学年之学科目、每周教授总时数及教科书之例。

第四条　欲将初级小学校第二学年修了者编入国民义塾时，则编入第二班第一学年，迄于毕业，其各学年之学科目、每周教授总时数及教科书，应依初级小学校第三、四各学年之学科目、每周教授总时数及教科书之例。

第五条　欲将初级小学校第三学年修了者编入国民学舍或国民义塾时，则编入第一班，其学科目、每周教授总时数及教科书，应依初级小学校第四学年之学科目、每周教授总时数及教科书之例。

第六条　在前各条情形，于康德四年六月三十日以前文教部大臣或蒙政部大臣有著作权之小学校用教科书之中，其属高级小学校者，则认为民生部大臣有著作权之国民优级学校用教科书；其属初级小学校者，则认为民生部大臣有著作权之国民学校、国民学舍及国民义塾用教科书。

附则

本令自康德五年一月一日施行。

（伪）满洲帝国教育会编：《满洲帝国文教关系法规辑览》（上），1938 年。

关于初等教育国民科教授之件

（1937 年）

特别市长或县、旗、市长因地方之情形，于不得已时，关于初等教育国民科之教授，得不拘《国民优级学校规程》第九条、《国民学校规程》第九条或《国民学舍及国民义塾

规程》第十一条之规定，采取左列办法：

一、以日语教授之时间其全部或其一部，得以满语、蒙古语、朝鲜语或俄语教授之。因此而发生残余之时间，得充其他学科目之教授。

二、以满语教授之时间其全部，得以蒙古语、朝鲜语或俄语教授之。

三、以蒙古语教授之时间其全部，得以满语、朝鲜语或俄语教授之。

附则

本令自康德五年一月一日施行。

（伪）满洲帝国教育会编：《满洲帝国文教关系法规辑览》（上），1938 年。

关于由公学校改编之国民优级学校及国民学校之学科目并其每周教授总时数及教科书之件

（1937 年）

将日本国南满洲铁道株式会社设置之公学校改编为国民优级学校及国民学校时，前公学校之学生迄于国民优级学校毕业，其于国民学校在学者，其学科目、每周教授总时数及教科书，得依公学校初级科该当学年之学科目、每周教授总时数及教科书之例；其于国民优级学校在学者，其学科目、每周教授总时数及教科书，得依公学校高级科该当学年之学科目、每周教授总时数及教科书之例。

在前项情形，对于公学校该当学年使用教科书之学科目，应令使用民生部大臣有著作权之教科书。

附则

本令自康德五年一月一日施行。

（伪）满洲帝国教育会编：《满洲帝国文教关系法规辑览》（上），1938 年。

新学制之新教科书自新学期采用之新教科书编纂方针

（1938 年）

【新京专电】由中央教育司编审官室编纂中之新教科书（国民学校、国民学舍、国民义塾、国民高等学校、女子国民高等学校、师道学校，本科并特修科各教科书）五十七卷，去腊最终校对终了。目下由满洲图书株式会社印刷中，近将付梓，决自新学期全国一齐采用。十日在民生部内举行之全满视学官会议第一日席上，田中编审官关于新教科书编纂方针，略作说明如次：

因新学制实施，学校体制显著改变，学科目及学科课程亦随而一新，致使从来之教科用图书，殆不为其用。

本部曾于去年度初，预想新学制之公布，着手制定新教科用图书准备，俟学制要纲得成案。同时树立依据新学制教科用图书之编纂及检定事业计划。

据前次计划，将初等、中等及师道教育上所必要之教科用图书，于去年度（即康德四年度）以降亘四年半之期间，并将新旧学制之移行加以考虑，决定原则的从初学年用者起，逐年于所必要使用之年之前年度制定之。

依据新学制从新制定之教科用图书种类，大别则为：

一、民生部大臣所有著作权者（所谓国定教科用图书）。

二、民生部大臣检定者，即对于民生部以外者编纂之图书，由民生部大臣认为适当而与认定者（所谓检定教科用图书）。

然而属于国定教科用图书者为：

一、属于初等教育之学校（即国民学校、国民学舍及国民义塾）、国民优级学校之教科书及教授书之全部。

二、属于中等教育之学校（即国民高等学校及女子国民高等学校）并师道学校之国民道德科教科书及满语国语科教科书。

至于检定教科用图书，现在之方针，将属于中等教育之学校及师道学校之除前项国定教科书外之各学科教科用图书为之。

次观国定教科用图书编纂方针如次：

编纂预定教科用图书种类：

甲、初等教育教科书（除国民优级学校补习科教科书）：国民科教科书、算术教科书、图画科教科书、音乐科教科书。

乙、初等教育教科书（除国民优级学校补习科教授书）：国民科教科书、算术教科书、作业科教科书、实物科教科书、图画科教科书、体育科教科书。

丙、中等及师道教育教科书：国民道德科教科书、依满语之国语科教科书。

关于初等教育教科书及教授书，不但国民科教科用图书，且于其他教科用图书，以满、蒙、俄各语编纂之。

但随同满铁附属地行政权移让，由满铁移管之旧公学校教科用图书，自本年度入学者，虽然对于现在学中之学生，即初级第二学年以上之各学年学生，迄至国民优级学校毕业时，仍然使用以与旧公学校时所使用教科用图书有同一内容者，仅将南满教育会教科书编纂部编纂之当该教科用图书之表面扇奥付等改正而供给之。

又关于朝鲜人初等教育教科用图书，则另行考究。

《盛京时报》，1938 年 1 月 12 日 2 版，9989 号。

论说文范（第一册）（节选）

（1936年）

一、开学记

学校之中，于寒假暑假之后，定期举行开学式，常例也。月之一日为吾校举行春季开学典礼之期。斯日也，校门之外，国旗高悬，先生学生，先后莅校。俄而铃声叮当，诸师偕同学入礼堂，首行敬礼，次唱国歌校歌，复次师长致训词。礼成，余退而自思曰，先生之爱我也，至矣尽矣。苟非先生之训诲，吾其自弃矣。爰为之记，以志不忘。

二、爱学校说

学校者，人才之制造所也。学校对于学生，爱之甚深，督之甚严。故优者必奖之，劣者必罚之。而学生之对于学校，亦当尽其爱护之心。是以在校读书，宜遵守校中之规则；他日出校，尤宜敦品励行，为社会所信仰。能如斯，则学校与学生始能同享美满之名誉。吾爱惜名誉之青年，可不由爱护学校始哉！

三、学生宜守规则说

学校之有规则，犹国家之有法律也。国家无法律，则不能统治国民。学校无规则，则不能管理学生。是规则者，专为学生而设也。学校欲管理学生而设此规则。若学生藐视规则而不遵守，则不特扰乱学校，亦自失其人格。以学生而失人格，尚可为学生乎？且今日之学生，即将来之国民也。今日为不守规则之学生，将来即为不守法律之国民。始基不慎，后患滋大。为学生者，又安可不遵守规则哉！

四、校具须保护说

凡物成之甚难，而毁之甚易。故论惜物之道，即家用之具，亦应保护之，而况其为校具耶。夫校具者，学生所赖以读书者也。若逞一己之自由，而污损之，则不特在校之学生受其累，即后来之学生，亦无不受其累，而在自身亦未始不受其累焉。然则对于校具而不知保护者，其所以害公众乎，抑所以害个人乎？吾知自爱之学生，当必有以自反者矣。

…………

十、兄友弟恭说

同一父母所生，异其形躯，而不异其血气者，其为兄弟乎。兄弟之关系既如斯其密切，则宜亲爱也明矣。使于兄弟之间，以小事而互相排斥，视之如路人，待之如寇仇，卒至骨肉相残，酿为人伦之大变。无论父母尚存也，即或父母已殁，亦必含痛于九泉，问心何以安乎？故为兄者知弟之不可欺，而出之以友；为弟者，知兄之不可慢而出之以恭，则一门之内，雍睦可风，此世之所以羡有兄弟也。语曰："兄弟如手足。"诚可谓不磨之论矣。

十一、敬师说

师宜孝乎？而无孝师之名。师宜友乎？而无友师之义。然则弟子对师宜何如哉？曰敬而已矣。夫师何以宜敬？盖师者，所以启发我知识，增长我学问，实大有造于我者也。父母生我，以孝报之。兄弟助我，以友待之。而谓师能教我，使我不致为无用之人得以自立于世者，可以不敬耶！敬之维何？尽礼是已。为学子者，其勉之哉。

十二、择交说

人不能独立而存，自父兄师长以外，必赖朋友以相依相助。结交之事，乃因之而生焉。虽然，交友之道，亦难言矣。同是朋友也，有能引吾为善者，亦有导吾为恶者。一或不慎，而妄与之交，未有不贻害终身者。入苍则苍，入黄则黄，古人所以见染丝而叹欤！今欲收交友之益，而不受其损，当于未交以前，观其心术。正者近之，不正者远之。如斯，则得择交之道矣。

许汝棻：《论说文范》（第一册），益智书店，1936 年。

论说文范（第二册）（节选）

（1936 年）

一、说国旗

国旗者，代表一国之徽识也。故国家遇庆贺之事，则升旗以表己国之光荣。遇有悲伤之事，则下半旗以哀悼之。夫人无不爱其国耶，即无不爱其国旗也。我国国旗之标帜，为红蓝白黑满地黄五色。彩色鲜明，含意宽大。凡我国民，可不宝贵而爱重之耶！

二、立志不可不坚说

舟有舵而后能前进，射有的而后可望中，人有志而后可以成大事。故人不可不立志也。志乃成事之母。语曰："有志者事竟成。"岂虚语哉。虽然，志立矣，又不可不坚也。彼始勤终惰，事多中辍者，即以立志不坚之故也。立志不坚，则事虽小，亦难有成。立志苟坚，则事虽大，不患不成也。然则吾人立志，岂可不坚耶！

三、民生在勤，勤则不匮论

呜呼！天下岂有不劳而获者哉。韩子曰："业精于勤。"此为学者言之。岂独为学然；

凡百职业，亦莫不然。盖服务不勤，则无所入。无所入则贫，贫则寡廉鲜耻之事，有躬蹈之而不自知者。故怠惰者，杀身之毒剂也；劳动者，成功之秘钥也。传曰：“民生在勤，勤则不匮。”吾深有味乎其言也。

…………

十四、说劳与惰

人何以弱？弱于惰也。何以强？强于劳也。劳何以能强？以用力故。惰何以至弱？以不用力故。乡野之人多用力，故身体强。城邑之人多不用力，故身体弱。此即劳与惰之明证。然则吾人可不习劳乎？设或任其怠惰，则身体强者，势必渐趋于弱。苟能习劳，则身体弱者，亦必转弱为强。吾愿劳者切勿喜惰，惰者咸知习劳则可矣。

十五、致友告庆祝大典纪念运动会情形

云鹗仁兄青照：顷接华翰，借悉一切顺适，至以为慰。垂问此次本县各校庆祝大典运动会情形，兹略报告如下。是日天气晴和，风不扬尘。团体到者约百余，来宾观者近五千。比赛之结果，男校则省立师范第一，女校则萃文女中第一。而县立女师之跳舞，尤为观者心折。盖其舞姿，有如风前之柳，婀娜迎人也。其余各校之团体操，亦均各有长处。专此布复。即请
大安。

弟春山手启

4月1日

许汝莱：《论说文范》（第二册），益智书店，1936年。

论说文范（第四册）（节选）

（1936年）

一、德育论

有巨室焉，华彩夺目，轮焉奂焉。苟其建筑之始，垣墉不固，基础不坚，风雨一至，叹飘摇矣。德育者，学问之垣墉，教育之基础也。孔子曰：“弟子入则孝，出则悌，行有余力，则以学文。”管子曰：“礼义廉耻，国之四维。四维不张，国乃灭亡。”此皆重德育之义也。今之讲新学者，动言科学，趋重物质文明；抑知精神文明之德育，较之尤为重要哉！

二、修身论

夫人之关系于一身者，内则为性情，外则为品行。修身之道，即所以善其品行，并淑其性情者也。人之品行，非生而不善也，有恶习以染之，而品行乃不善矣。人之性情，亦非生而不淑也，有私欲以扰之，而性情乃不淑矣。品行不善而欲其善，性情不淑而欲其淑，皆赖修身之功也。人至品行性情，两臻完美，则决无不德之行为矣。《大学》云："身修而后家齐，家齐而后国治。"然则修身之关系，不亦大乎！

三、孝友论

孝者何？敬养父母也。友者何？敬爱兄弟也。父母为生我之人，故不可不孝。兄弟为助我之人，故不可不友。父母生我之恩，昊天罔极，我蒙此恩而不报，无以对父母。兄弟助我之力，无人能及，我得此助而不报，无以对兄弟。然则人之对于父母，可不孝乎？对于兄弟，可不友乎？不友不可谓之兄弟，不孝亦不可谓之子女，吾人于此宜知所勉矣。

四、处事［世］论

今为何时？非世风日下之时乎？吾人交友行事，随在堪虞，斯处世之道，不可不慎矣。万一不慎，则道德于以丧，名誉于以失，生命于以危，其祸患诚有不堪设想者矣。呜呼！世路崎岖，荆棘横生，机诈之风，日益滋长。若不束身自来，难免同流合污。此高尚其志者，所以作遁世之思想也。然不思挽回世风，而惟独善其身，亦何足取哉！

五、尊重人类说

人有富亦有贫，有贵亦有贱，其境遇至不齐也。不知富者为人，贫者亦为人；贵者为人，贱者亦为人。境遇虽异，犹是人也，安可轻视乎哉！若以我之富而牛马视人，以我之贵而奴隶待人，是乃同类相残也。彼禽兽之于同类，且有互助爱护者矣，人而不爱同类，尚有人道乎！此稍明大义者，所以皆知尊重人类也。

六、论待人之道

夫待人必有其道，待人而无道，则人与我相远矣。待人之道，不止一端，大别有三：曰公，曰爱，曰敬。盖公为人之喜，公则能服人。爱为人所欲，爱则能感人。敬为人所仰，敬则能使人。今之能本公爱敬三德以待人者，能有几人？存不公不爱不敬之心以待人，故人皆远而避之。人而若是，必至孤立无助，可不戒哉！

七、君子小人辨

均是人也，何以一则尊之曰君子，一则蔑之曰小人？盖以道德之有无为标准耳。有道德者为君子，无道德者为小人。惟其有道德，故所言所行皆可法。惟其无道德，故所言所行皆可鄙。见其言行之可法，即可知其为君子。见其言行之可鄙，即可知其为小人。彼君子其貌小人其心者，岂能以一手掩众目哉！

…………

十二、论国民之义务

权利与义务，相对待而生。人民受国家保护，即享国家之权利；既享权利，即当为国家尽义务。义务者何？最重要者，当兵、纳税是已。兵者，所以为国家之干城也。税者，所以供国家之度支也。设不当兵，则敌人之蹂躏，巨寇之肆横，倚谁御耶？如是则国必弱。设不纳税，则官吏之禄俸，军士之饷糈，赖谁输耶？如是则国家必贫。弱且贫矣，又安能与列强角逐于世界耶。故当兵纳税，皆国民所不容辞。非轻生命如鸿毛，非视金钱如土壤，盖其天职，固应尔也。今之人语征兵则色变，闻加税则意拂。是岂未知国民义务之所在乎。

十三、答友论世界大同

润芝吾弟赐鉴：捧读华函，敬悉种切。对于仁兄论“世界大同”之文，尤深钦佩。惟弟以为实现此大同主义，非从民族协和上进行不可。倘世上人类，皆能协和，互相亲爱。则国与国不相攻，人与人不相争。使全球人类，翕然而如一家，则世界自可大同矣。鄙见如此，未知是否，尚祈赐教。此请

近安！

兄广祥手启

…………

十五、教育造就人才论

求木之长者，必培其根本。欲流之远者，必浚其泉源。欲求人才之兴起，则不可不有高尚之教育，以植其基。夫七年之病，犹可蓄三年之艾。吾国今日，正在努力建设之期，凡百事业，皆需人才孔亟，可不极力振兴教育以造就人才也哉。

十六、新年祝词

岁月如流，匆匆又至新年矣。吾侪重睹尧天，再逢舜日。值此美景良辰，安可不有言词以奉祝之乎！爰为之歌曰：满洲帝国，群颂尧天。王道政治，无党无偏。圣皇教洽，帝念民砦。永庆升平，河清海晏。全满民众，同居乐园。当兹岁首，敬申刍言。恭颂国基，于万斯年。

许汝菜：《论说文范》（第四册），益智书店，1936 年。

国民优级学校满语国民读本（第三卷）（节选）

（1944 年）

目录：

第一课　吾侪之理想

我国之建设，今已成为世界无比之良好国家，然而比之人生，犹在髫龄。盖以经历尚浅，其健全发展，尚属有待，当视吾侪国民之能努力与否，以为断也。

我国得以建国者，实以满洲事变为直接原因。当时满洲地方，在军阀压迫政治之下，极呈紊乱之状况，虽人人皆思脱离此压迫之政权，欲使满洲土地，成为和平乐园而未得其机会，时值满洲事变勃发，三千万人民乘时奋起，于是决定创造新国，以实现平素之理想，而满洲立国，遂告成功。惟吾侪既建设新国矣，而此新兴国家，绝非忽兴倏亡之弱小国家。应造成一堪为世界之模范，永久存在，巩固良好之国家。使世界皆欣慕而仿效之此，则吾侪之意志也。

我三千万民众虽有上述之意志，如无日本帝国之尽力援助，则吾侪之目的亦不能达到。然则日本帝国何故对于吾侪如此尽力，不可不深思之。

原夫满洲事变之起因乃以满洲之旧军阀，妨害日本之正当权利，故起而驱除之。然日本绝非以战争杀人侵地为目的者，乃欲使世界和平，互相亲睦，同享人生之幸福而已。是故对于与日本有同一目的，情愿提携之国家，则乐与援助，而对于妨害此目的者，则决以实力彻底排除之也。

东洋占广大之土地，拥世界强半之人口，然除去日本以外，并无真正之强力国家。或因国内之纷争，或因国力之薄弱，常受外国之压迫，致陷人民于不安之生活。日本有鉴于此，以为此种事实若长久继续，则世界之和平不堪设想，务须首先援救东洋之困苦人民，与之提携，使成为乐土。当今之世，日本为东洋唯一之强力国家，其责任无可旁贷者也。

日本有此感想，而我国以三千万民众之意志，乃于是时建国，其建国之理想，又与日本完全一致，是以日本对于我国之建国，予以尽力援助，此我国与日本目的完全相同者。我国如无日本之尽力，绝不能造成今日之良好国家。我国今日既如此发展，日本以为自己之理想，逐渐实现，故吾侪愈向前努力，则日本更加意援助。如此我国与日本相提携，其将来国力之跃进大有可期待者也。

今吾侪所应注意者何在，乃首为尽忠义于皇帝陛下是也。即我全国之人民当仰体皇帝陛下之圣旨，确守自己之本分而努力一切。无论学生、商人、农夫，以及其他之全国人民，皆有此觉悟，国家自然良好，皇帝陛下当然悦豫，此即可谓最大之忠义。试观日本国民绝不忘尽忠义于天皇陛下，故日本成为世界最强之国家。

诏书有云，朕与日本天皇陛下，精神如一体。谨按圣意，乃皇帝陛下以天皇陛下之理想，为自己之理想，以昭示我全国人民者也。更云与友邦一德一心，拜察圣意，尤为恳切。于此可见我国与日本完全为兄弟之国，有永久不可分离之关系。是故吾侪国民，应愈加奋勉，以期仰副皇帝陛下之圣旨也。

其次我国为集多数民族构成之国家，各民族皆为皇帝陛下之忠良国民，一致团结，努力达成建国之理想。如此多数之民族，向同一理想而进，于世界实罕见其例。假使各民族皆采取单独之行动，则我国无论如何经营，恐亦不能成为安乐之国家。凡居住我国之人民，不论民族，皆能以兄弟之情感，互相亲爱，我国乃能成为强固之国家，故民族协和，实为吾侪国民最大之义务也。

吾东洋民族，自古即有传统可纪之历史，且多有指导世界人类之伟大人物，如释迦、孔子，即其人也。东洋有此伟大人物，故亦有高尚之文化，何以至于近世，除日本外，竟无真正之强力国家乎？盖自与西洋之交通顿开，输入西洋之文化，除日本外每多心醉欧风，舍己所长，实为其最大之原因。今日吾侪所见之机械，多为欧美人所发明，而初见此等机械之人，不胜惊异，因之以欧美人为神圣而不可及。又因彼优秀之机械，与吾侪以莫大之便利，故加以崇拜。然试思吾侪人类之社会，绝非由机械而构成者，乃因人类之高尚心情，互相扶助，始能成为安乐之世界。纵有如何优秀之机械，而使用此机械者，如有不正之心情，则必无裨益。只知重视机械，而轻视人类之高尚心情，绝无真正和平之可言也。机械之力对于国力之发展，固属必要，我国现在欲充实国力，有赖机械者甚大，而人类高尚纯正之心情，更为必要。具有高尚纯正心情之人，再假以机械，以充实国力，始能造成理想之国家。日本国力之发展，即为其国人遵循此道，而努力进行之结果也。是故吾侪应将吾东洋人之高尚心情，感化世界，以补欧美人之不足。同时吾侪亦应充分利用机械之力，以造成完全之理想世界，今日高呼发扬东方道德者即此意也。

诸生身为满洲国民，应努力之目标已定，今后惟在个人之实行而已。诸生之中，如有一人怠惰，则其学级，绝难谓为优秀学级。由此推之，如有一不努力之国民，则其国家，亦难谓为真正之良好国家矣。

…………

第四课　人类之发展

…………

盖人类之营共同生活，由近及远，自家族而部落，更进而为国家，故有现今世界之数十国也。然各国之文野未齐，间有排外利已、弱肉强食之弊。吾人自称人类为万物之灵，而犹如此，诚令人怵目惊心。至吾人之理想，莫不欲和睦提携，采长补短，进而有无相通，共存共荣，以期全人类永远之发展耳。欲实现此大理想，舍建设道义世界外，其道莫由。

观夫友邦日本，乃以其卓越之力，独揭此理想之旗，迈进于道义世界之建设者也。我满洲帝国，既趋于此旗帜之下，且得友邦之指导援助，相信此道义国家，不难发育良好，健全长成也。至于邻邦中华民国，今已醒其多年之恶梦，亟欲参加同一旗帜之下矣。如此道义世界之滥觞，即东亚协同体之建设，著著实现。将见全人类发展之大理想，自我东亚放出曙光。吾人生当圣世，味此理想，当存感谢之怀，孜孜不息，锻炼一己之身心，长则献身国家，以实现此大理想可也。

…………

第七课　赞　神　风

一、樱花正盛兮，大海之东。
　　越富士之高岭兮，飞向苍穹。
　　满怀希望兮，朝日曈曈。
　　趁太空而远翔兮，行矣“神风”。
二、银翼灿烂兮，天际光辉。
　　望晴空之万里兮，云影全稀。
　　仰我“神风”兮，凤举鹏飞。
　　空中翔过之处兮，神所凭依。
三、爆音轰轰兮，“神风”响高。
　　阅鹏程万五千兮，御风飘飘。

山河起伏兮，几越洪涛。
俯海潮之光耀兮，波浪滔滔。
四、一路南翔兮，倏过天衢。
亚欧空路相结兮，记录新出。
“神风”飒爽兮，到处欢呼。
日本产机之华兮，振响寰区。
五、世纪之风兮，今正骚然。
航空日本跃进兮，凌踔九天。
亲善之机兮，“神风”永传。
完成重大使命兮，平和斡旋。
万岁万万岁兮，亿万斯年。

第八课　日本之风物

日本国民对于自然美之领略，实由春日之樱花唤起，而日本国民最爱好不置者，乃山樱花也。……当万物苏生之初春，日本人生活于象征国民的美之樱花环境中，于焉充满和平之气。

风光明媚，为赞美日本之自然风景，世界通用之语也，而四季变迁时，日本自然界之美景，亦随之变化无穷。是以初来日本者，每多留恋不忍去，曾由日本归来者，亦欲再往重游。春日樱花之后，即可见万绿丛中，百花缭乱，宛如杜牧咏江南春“千里莺啼绿映红”之诗境。或于夏日为保持健康，探幽寻胜，而集于山椒海澨之人，接触自然之吹煦，游目骋怀，心旷神怡。或于秋日，山色如画，感觉红叶如燃之美，或于冬日，赞赏雪景之佳。夏无酷暑，冬无祁寒之日本，四季皆得自然之恩惠，称为人世之乐土，不为过誉也。

昔者秦始皇，求长生之药于东海，其理想境地，传说实为日本。马可·波罗于其旅行记中，介绍与西欧诸国之黄金铺地富有之国，亦为日本也。其后欧洲人，向东洋游历踏勘者，亦不过欲于东洋求彼等憧憬之乐园，表示无限欲求而已。迩来物换星移，日本至今犹能保持古来自然之美，称为世界之公园，而其国力，亦为之增加光辉，立于东洋指导之地位，成为东洋建设名实相符之理想乐土。

旅行日本国内者，对于其自然界山河草木，或海洋等之奇妙美观，莫不惊叹。

日本为多山之国，到处可见山岳之起伏。富士山，乃代表日本山岳之美者也。山巅四季戴雪，临近太平洋，以其秀丽之姿，耸为富士灵峰，其高度及其圆椎［锥］形之山容，与广大山麓之景致均堪为火山之模范，不仅世界有名，且为自古迄今，日本精神之所钟，咏于诗歌，而成为国誉也。

…………

当新春之始，日本国民之所殷念者，为爱戴万世一系之天皇陛下，永无动摇之国体，与默默中表征其千古不灭，而有光辉耸立云表之富士灵峰也。

夏季之中，登此山者，不下数万人，国民集于富士之热烈，络绎道上，彻夜不断。直达标高数千米之山巅，静待拂晓拜此御来迎之日出。日出国之国民，于此可夸耀之富士山巅拜日，实为日本国民衷心感动，最大满足之一也。

…………

山则已如上述，而海岸线丰富之日本，又为海景秀丽之国。称为世界海上公园之濑户内海，有大小岛屿，棋布海面，如航行其间，则水路似尽而无尽，岛上青松，倒影碧波，白帆渔船，往来海面，刻刻变化之妙，殊令人赞叹不置。有于白砂青松连接之长汀，在夏日成为海水浴场而殷繁者，有在断崖高立，飞溅雪浪，以呈壮观无比之奇景者。今日，日本人堪为海洋国民，远在海外发展，执世界水运之牛耳者，盖为几千年来，在此波澜壮阔海洋中生长之结果也。

…………

生长于如此丰富自然环境中之日本人，不但爱好自然，亲近自然，更能继续勤勉之生活。如至日本农村，则我等对其山野之耕作得宜，必甚惊叹。古来日本称为“丰苇原千五百秋瑞穗国”，因草木繁茂，五谷丰穰，故国基永固。而大米至今犹为日本人之常食，水稻之栽培，水田之经营，尤为日本农民之最大特征。平野固不待言，即至山间僻地，亦有整然区划之水田，春日则全家种苗，秋日则割取黄金波浪之稻穗，乃日本农村之代表的生活风景。试登村外之小冈眺望，则见竹籔树木围绕之白壁农家，点在于陇亩水田之间。村落之神社，现于远山之麓，松杉茂盛之中。每届春秋，村祭时节，箫鼓之音，洋洋盈耳。其为村夫农妇等所尊崇之神社，虽在平时，亦有三三五五参谒之人，络绎不绝。其冲破朝霭急趋村中最大建筑小学校之学生，或暂停工作而凝视火车行走之农夫，宛如一幅画景，入于眼帘。又其接近都市之农村，亦可见在街道上满载货物之运货汽车、自转车，憧憧往来。如是则深感国家隆盛之主要原因，乃在国民之勤勉耐劳也。

至东京、大阪等大都市观之，见其近代都市繁荣发展之状态，即知近代日本之威力也。在此等地方可见火车、电车、自动车、地下铁道等之交通机关，往来如织，七八层之大建筑，栉比林立，天空更有朝夕飞翔之旅客飞机，此则市内之交通也。郊外亦有密张之交通网，朝来市中，夕归郊外之众勤劳者，每日达于数十万之多。自乡村而来者，往乡村而去者，人人皆蒙此近代交通机关之恩惠，交通之发达，诚达于极点也。其他电话、收音机等，不出室外，即知世界之大势。一入工业地带，则烟突林立，黑烟弥漫各种机械之声，几令人耳聋，而近代工业国家之真面目，发挥无遗。再如商店大街，生气勃勃之状况，乃为商业殷实之明证。不只商工业，交通、通信方面如是，即教育、警察方面等，凡大都市必需之近代设施，无一不备，虽拥有数百万之人口，而毫无紊乱之气象。

旅行日本时，映入我等之眼帘者，为到处皆有神社，而伊势大神宫，祭祀皇室祖先，亦即日本民族祖先之天照大神，为一切神社之元祖，皇室尊奉国民崇敬之中心也。宫在三重县宇治山田市，临五十铃川之清流神域，多苍郁古树，遮蔽天日。宫之建筑样式，有太古遗风，于简素之中，具有庄严之概，参谒者自生肃敬之心。日本人以在一生中，务必参谒伊势大神宫一次，为念愿，为无上之光荣。……

日本人唯因来此神域，叩拜社殿，感念圣恩之鸿大无边，与生为日本人之幸福，而生感谢之心念。日本自伊势大神宫，以至于地方之小神社，皆依其社格，或以国费，或以地方费而经营祭祀之。虽极小之町村，亦有一社，或数社，总计全国所有，则达于莫大之数，更于海外各地其居留民之财力，苟能建设神社，则必建设之，而不怠其祭祀。又个个家庭，亦莫不于神棚设小祠而祭神焉。各社所祭之神或为尊崇奉祀皇祖皇宗，或为其他诸神，或为有功于国家社会之灵。足见经营神社，为国家之事业，神社为全国民所信仰，绝非属于一宗一派之宗教，乃超越各宗派之界限，而高一层之信仰也。惟因有此一贯之国民实力，而日本之国体，即千秋万世亦绝无动摇者也。

日本人尊敬祖先之风习，不单以祖先之英灵为神，祭祀之而已，凡为祖先之遗迹遗物等，皆郑重保存，以期无忝厥祖。显彰祖先之遗风者，乃日本人所以忠于天皇陛下也。奈良、京都等，曾为旧都，固不待言，即于其他地方有旧历史者，亦可见传流千年以上之古社寺，隐现于老松古杉之间。又如纪念馆、博物馆等所藏之古人遗物，今尚宛然存在。此等出色之古代美术工艺品，或历史的作品，皆成为追思往时之缘因。又，遍于全国伟人义士之遗迹，不遑枚举。日本人雅好自然之名胜，而亦好搜求，与前人遗迹有缘由之地，当至于一石一木之微，足征其能追慕流风遗韵矣。日本人自幼小之时期，即由父母讲述祖先之言行，得知祖先之伟大，以期将来成人，庶不致坠祖先之声誉焉。

第九课 《回銮训民诏书》谨解

朕自登极以来，亟思躬访日本皇室，修睦联欢，以伸积慕。今次东渡，宿愿克遂。

谨按此段，皇帝陛下，对于我国之建设及建国后之诸般经营，蒙日本帝国之尽力，至深感激。久思躬自访问日本皇室，以伸积慕之情。顾以政务多端，终无暇晷。迨康德元年三月一日，既即帝位，国基奠定，已如磐石，乃于二年春始有访日之内议。是年四月二日，自新京启跸，二十七日，由日本回銮，于是宿志，乃克遂焉。

日本皇室恳切相待，备极优隆。其臣民热诚迎送，亦无不殚竭礼敬。衷怀铭刻，殊不能忘。

谨按此段，皇帝陛下驻跸日本时，自天皇陛下、皇后陛下、皇太后陛下及各宫殿下，莫不倾其真情，恳切款待。又其全国国民不分男女老幼，皆热烈迎送，竭尽敬意。故尔宸衷感激，莫可言喻。所谓“衷怀铭刻，殊不能忘”是也。吾等国民为仰体皇帝陛下此种感激，则不可不思报酬日本帝国之道，报酬之道如何，要在奉读以下大诏中之所训示，即可明白理解矣。

深维我国建立以逮今兹，皆赖友邦之仗义尽力，以奠丕基。

谨按此段，皇帝陛下深感日本帝国对于我国之所负荷，至重且大，而以之昭示于吾等国民也。盖我国之建国及建国后之诸般经营，绝非我国之独立所能完成。乃原于天皇陛下光被四海之威德下，仰体天皇陛下圣心之日本国民仗义尽力，始得实现或将实现者也。此固为吾等国民之所熟知，今由皇帝陛下大诏如此昭示，一言乃重于九鼎矣。

兹幸亲致诚悃，复加意观察，知其政本所立在乎仁爱，教本所重在乎忠孝；民心之尊君亲上，如天如地，莫不忠勇奉公，诚意为国。故能安内攘外，讲信恤邻，以维持万世一系之皇统。

谨按此段，皇帝陛下驻跸日本时，所最留意者，即在观察日本之国体。其结果，乃确实认识日本帝国之真相，而以之昭示于我国民者也。兹将其内容，分释于次。第一，日本帝国其政治之根本，在乎仁爱。其教育之根本，在乎忠孝。第二，日本国民对于天皇陛下之关系，有义则君臣、情则父子之美风。又日本国民一贯不动之信念，则在于贡献其一身一家以殉君国之事。第三，原于第一、第二之事实，故日本帝国由于万世一系之天皇所统治，迄今已阅二千五百九十余年，未尝一受外侮，且皇化已普及于国之内外，今后将继续于无穷焉。

朕今躬接其上下，咸以至诚相结，气同道合，依赖不渝。

谨按此段，皇帝陛下与天皇陛下、皇后陛下、皇太后陛下、各宫殿下，以及朝野各级国民之相接，彼此之间，毫无隔阂，均以至诚相结。而深感其精神、理想，完全一致。我国当永久依赖日本帝国，始得绝对安全。即将此决意，以昭示我国民也。

朕与日本天皇陛下精神如一体。

谨按此段，皇帝陛下所训示者，即与天皇陛下，精神有如一体。质言之，即以天皇陛下之圣心为心。更换言之，即仰体天皇陛下之圣心而行统治者也。今诏书中乃以此坚定之决意，而昭示我国民也。

尔众庶等更当仰体此意，与友邦一德一心，以奠定两国永久之基础，发扬东方道德之真义。则大局和平，人类福祉，必可致也。

谨按此段，皇帝陛下所训示者，乃关于吾等国民所应坚持之道德及精神，而将其基础恳切昭示之也。吾等为国民者，应将皇帝陛下以天皇陛下之圣心为心一事，铭诸脑中，时刻莫忘。尤不可不以日本国民所共有之道德及精神，为吾等道德及精神之内容。由是以奠定日满两帝国永远不动之基础，而发扬东洋道德之真义于世界。果能如是，则皇帝陛下宸衷所常思念之世界和平及人类全体之幸福，亦易于实现矣。

凡我臣民务遵朕旨，以垂万祀。钦此。

谨按此段，皇帝陛下所训示吾等国民者，不厌反复，谆谆垂诫，惟以彻底明了，而永久遵守是望。吾等国民对于诏书，当有寝食不忘，丝毫勿违，以求实践躬行之觉悟也。

…………

第十三课　《大学》《中庸》抄

大学之道，在明明德，在亲民，在止于至善。知止而后有定，定而后能静，静而后能安，安而后能虑，虑而后能得。物有本末，事有终始，知所先后，则近道矣。古之欲明明德于天下者，先治其国；欲治其国者，先齐其家；欲齐其家者，先修其身；欲修其身者，先正其心；欲正其心者，先诚其意；欲诚其意者，先致其知。致知在格物。物格而后知至，知至而后意诚，意诚而后心正，心正而后身修，身修而后家齐，家齐而后国治，国治而后天下平。自天子以至于庶人，壹是皆以修身为本。其本乱而末治者，否矣。其所厚者薄，而其所薄者厚，未之有也。(《大学》首章)

所谓诚其意者，毋自欺也，如恶恶臭，如好好色，此之谓自谦。故君子必慎其独也。小人闲居为不善，无所不至，见君子而后厌然，掩其不善，而著其善。人之视己，如见其肺肝然，则何益矣！此谓诚于中，形于外，故君子必慎其独也。曾子曰："十目所视，十手所指，其严乎！"富润屋，德润身，心广体胖。故君子必诚其意。(《大学》六章)

天命之谓性，率性之谓道，修道之谓教。道也者，不可须臾离也；可离，非道也。是故君子戒慎乎其所不睹，恐惧乎其所不闻。莫见乎隐，莫显乎微。故君子慎其独也。喜怒哀乐之未发，谓之中；发而皆中节，谓之和。中也者，天下之大本也；和也者，天下之达道也。致中和，天地位焉，万物育焉。(《中庸》第一章)

子曰："道之不行也，我知之矣：知者过之，愚者不及也。道之不明也，我知之矣：贤者过之，不肖者不及也。人莫不饮食也，鲜能知味也。"(《中庸》第四章)

君子之道，辟如行远必自迩，辟如登高必自卑。《诗》曰："妻子好合，如鼓瑟琴。兄弟既翕，和乐且耽。宜尔室家，乐尔妻帑。"子曰："父母其顺矣乎！"(《中庸》第十五章)

第十六课　国民之觉悟

…………

今日世界人类数逾二十亿，其所经营之国家亦计有数十。然其中文化程度相差甚远者有之，陷于衰退一途者亦有之。如期全人类无穷发展，则世界诸国，应于各图发展之同时，须互相亲睦提携，有无相通，强者助弱，优者导劣。确立世界和平而谋增进人类之福祉，庶乎其可也。然试观今日国际间之情势，营私肥己，罔顾他国之利害者有之，嫉妒他国发展，设计排除者有之，口唱世界和平，人类幸福，而行为如此相违者，正复不少。

回顾我友邦日本，其肇国之理想，确在对于混沌世界，正之以秩序，济之以和平，期世界如一家之亲睦，求人类永远发展者也。而其国民由开辟以迄于今日，亘二千六百年之久，于肇国理想，永矢弗谖，孜孜努力以促其实现焉。

我满洲国，乃本诸道义以实现人类之大理想，为理想而建设于东亚一隅之国家也。是以我建国理想，实与友邦日本之肇国理想同出一辙。故友邦日本，由我国建设之初，即予以援助，期待我国迅速发展，而将相互提携，以向实现此理想之途，勇往迈进。日满不可分之关系，胥基于此。

今也我国正与先进国日本为伍，向实现人类大理想之途奋勇前进。然于我国之周围，尚有国家弗了解我国之理想，非特阻止其进展，且时欲乘机破坏，殊于前途不无障碍也。吾等若欲克服此困难，宜于外敌魔手中而维护我国家，且对于误解我建国理想，妨害我努力进行之外国，必须加以膺惩，一扫妖氛也可。所谓国防者，即此义也。

一言国防，或遽思及军备。盖以军备，确为国防所不可少者。然仅赖军备，犹不能谓为完全之国防。何以言之？盖虽有如何坚利之武器，而使用者如缺乏体力、气力与智力，即禽兽之来侵，恐亦弗能御之。况国家对于外敌之事既重且大，仅赖军备，岂足恃乎？若然欲期完全之国防，究宜以何为要务耶？即于整顿军备之同时，而充实国力，保持难犯之雄威，不失他邦之尊敬，一旦战事当前，常备有突破敌军之实力等是也。

试观我国军备，非特陆海军之整备，次第进行，而基于《日满议定书》于日满两国之国防，两者协力当之，故日本军亦多数屯驻于我国内焉。友邦日本之军队，具忠勇无比之精神，又持有坚利之近代军器，其强大洵冠于世界。以屯驻如此强力之日本军队，则我国军备，益形巩固矣。此日满两军之将士，不分昼夜，不惮寒暑，积极锻炼，战则必胜之实力。赖斯日满将士保护，而获生活安宁各得其所之国民，须永念其辛苦，常存感谢之心，全国一致协力，充实国力，使将士无后顾之忧，乃须臾不可缓者矣。

次观我国之国力，由建国以来，赖友邦之绝大援助，丰富资源，渐次开发，各种产业，随日进展，国民生活亦形向上，国家之富，与年俱增。就此富力而言，如日满两国提携，则堪与世界任何国家相竞争矣。然仅依富力，犹难期国力充实。故国民之中，虽一夫一妇，亦须体得建国理想，一致团结，以尽忠报国，进而养成健强之身体、不屈不挠之精神，及深远之智能，堪受一切困难之国民尤为必要者也。

我国系由数种民族组成之国家，因之各民族间如无巩固之结合，则恐势如累石，一触即崩。所以倡民族协和者，职是故耳。我等当不问民族如何，宜共体建国理想，捐除私见私欲，相亲相助，而努力于全国民之巩固团结。如友邦日本，国民之团结力极强，岂非其全国国民，结成一体，具热烈之意志，而向实现肇国理想之途迈进者乎？日本国民不惟对于肇国之理想及皇国之使命，保持坚忍不拔之信念，而其尽忠报国之精神亦极旺盛，对于天皇陛下，不分老幼男女，不问职业如何，均欲致其身命。故全国民之精神，能以完全统一。日本国民团结力之巩固，非由于此欤?!

我等国民不论平时、战时宜努力于尽忠报国之诚，速举全国一致之实，更与友邦日本提携，益加巩固，而使日满两国共同之国防，亟臻美备，以共向实现大理想之途，而勇猛迈进焉。

（伪）满洲帝国政府文教部：《国民优级学校满语国民读本》（第三卷），1944 年。

三、教　　师

职教员薪俸规定

（1934年）

【安东】本市县公署教育局最束统一，全县教育经费，首先规定各校职教员之薪俸。次前开会表决，即日公布，由本上学期实行。计：师中校长，每月国币九十元；小学校长十级以上者，每月六十元，六级以上者，每月五十五元，三级以上者，每月四十五元，三级以下者，每月三十五元；师中主任教员每月七十五元，正教员每月七十元，教员每月六十元，事务员每月三十元；高小主任教员每月三十五元，正教员每月三十元，教员每月二十八元，教员［事务员］每月二十六元。以上之薪俸额，系市内各校职教员。而四乡各校之校长，照市内校长，递减五元，教员递减四元。每年均照十二个月给薪，但在学期终了，考成优者，酌予升级，并实行加薪，由二十元至二十五元，均以国币为本位云。

《盛京时报》，1934年1月24日9版，8606号。

小学教职员薪俸　沈县制定暂行规程

（1937年）

沈阳县公署教育局对管下之小学教员薪俸，为管理有方计，现制定暂行小学校教职员俸给规程，于本年二月一日已经实行。其规程中之主要者，志之于下：

第二章　初　任　额

第四条　小学校教职员薪金初任额如左：

一、建国后由新师毕业者，月给二十七元；建国前由新师毕业者，月给二十六元。

二、建国前由省立旧师毕业者，月给二十五元。

三、建国后由师范讲习科及初级师范毕业者，月给二十四元；建国前由师范讲习科及初级师范毕业者，月给二十三元。

四、建国后由大学本科毕业者，月给二十八元；建国前由大学本科毕业者，月给二十七元。

五、建国后由大学修业及高中毕业者，月给二十四元；建国前由大学修业及高中毕业者，月给二十三元。

六、建国后由高中修业或初中及其他初中程度毕业者，月给二十一元；建国前由高中修业或初中及其他中学程度者，月给二十元。

第三章　升给或最高最低额

第五条　由初小教员升高小教员时按原薪升给三元，由高小教员升高小校长时按原薪升给五元。

第六条　教员勤务或成绩优良者，每年增薪一元至二元；校长勤务成绩优良者，每半年增薪二元至三元。

第七条　教职员最低、最高薪额如左表①：校长最高额七十元，最低额三十元；教员最高四十五元，最低二十元。

《盛京时报》，1937 年 3 月 5 日 12 版，9687 号。

关于初等教育教师之件

（1937 年）

第一章　通　　则

第一条　本令所称初等教育者，系指在国民优级学校、国民学校、国民学舍及国民义塾所施之教育而言。

第二条　关于从事初等教育之教师（以下简称为初等教育教师），除法令另有规定外，依本令。

第三条　初等教育教师分为教谕、专科教谕、教导及教辅。

第四条　教谕教授初等教育之全科目。

专科教谕在国民优级学校及国民学校，教授其许可状内所记载之学科目。

于不能得教谕时，以教导代之。

于不能得教谕、专科教谕及教导时，以教辅代之。

第二章　校长、舍长、塾长及教师之资格

第五条　教谕须有初等教育教谕许可状者，专科教谕须有初等教育专科教谕许可状者，教导须有初等教育教导许可状者。

---

①　此处表略。

第六条 关于教辅，在本令无规定之事项，由省长或特别市长定之。

第七条 国民优级学校或国民学校之校长须为其学校之教谕。

国民学舍之舍长须为其学舍之教师。

国民义塾之塾长须为其义塾之教师。

第三章 教师之许可

第八条 对于师道学校、女子国民高等学校师道科、高级师范学校（准此之师范学校由民生部大臣指定者在内）或民生部大臣所指定之初等教育教师养成所毕业者，及初等教育教谕检定合格者，授与初等教育教谕许可状。

第九条 对于初等教育专科教谕检定合格者，授与初等教育专科教谕许可状。

第十条 对于师道学校特修科或初级师范学校（准于师范讲习科及初级师范学校之旧制师范学校，由民生部大臣指定者在内）毕业者，及民生部大臣指定之初等教育教师养成所毕业者，或初等教育教导检定合格者，授与初等教育教导许可状。

第十一条 初等教育教师许可状，依省长或特别市长之申请，由民生部大臣授与之。

第十二条 民生部大臣置备初等教育教师许可状登录簿，记载授与许可状者之姓名、许可状之种类及其他必要之事项。

第十三条 省长或特别市长须备初等教育教师许可状副登录簿，记载以其申请而授与许可状者之姓名、许可状之种类及其他必要之事项。

第十四条 已受有许可状者，为变更其姓名，或因许可状遗失或毁损，而欲申请更换或再发给时，须具理由，将更换或再发给愿书经前曾申请授与其许可状之省长或特别市长提出于民生部大臣。前项之手续费为一元。

手续费用收入印纸黏附于愿书内缴纳之。

一经缴纳之手续费，无拘有任何理由，概不退还。

第十五条 已受有初等教育教师许可状者之姓名及许可状之种类，由民生部大臣于政府公报公告之。

第十六条 凡年龄在满十七岁以上，毕业于国民优级学校以上之学校者，或认为其有同等程度之学力者，得受初等教育教师之检定。

第十七条 有左列各款情形之一者，不得受初等教育教师之检定。

（一）被处禁锢以上之刑者。

（二）受破产之宣告，未经复权者。

（三）因惩戒受褫夺许可状之处分，未经过三年者。

（四）因惩戒受免职之处分，未经过二年者。

第十八条 欲受初等教育教师之检定者，应依另记第一号格式，缮具愿书，并附左列文件及三个月以内所摄之二寸半身像片，提出于省长或特别市长。

（一）履历书。

（二）有关受验资格之学校毕业证书、学校毕业程度学力检定合格证书、教师许可状及其他证书之誊本。

第十九条　初等教育教师检定费为三元。

检定费用收入印纸黏附于愿书内缴纳之。

一经收纳之检定费，无论受验与否，概不退还。

第二十条　初等教育教师检定以学力试验、性行考查及身体检查施行之。

第二十一条　有左列各款情形之一者，关于初等教育教谕之检定，得省略学力试验。

（一）国民高等学校、女子国民高等学校、高级中学校并与此有同等程度以上之学校（大学在内，以下仿此）毕业者，及认为其有同等程度学力，曾任初等教育教师，在职五年以上者。

（二）有初等教育教导许可状，曾任初等教育教师，在职七年以上，且成绩优良，而经县、旗、市长之推荐者。

（三）有类似初等教育教谕许可状之外国（由民生部大臣指定之，以下仿此）教师许可状者，或有类似初等教育教导许可状之外国教师许可状，曾任初等教育教师或曾任外国之初等教育教师，在职七年以上，且成绩优良，而经该管监督官署之推荐者。

（四）毕业于外国中等学校以上之学校者，或于外国认为与此有同等程度之学力，曾从事于初等教育或类似外国初等教育之教育经五年以上者。

第二十二条　初等教育教谕检定之学力试验之科目，在男子，准照师道学校之学科目，其程度以师道学校毕业者之学力为标准；在女子，准照女子国民高等学校本科及师道科之学科目，其程度以女子国民高等学校师道科毕业者之学力为标准。

第二十三条　有左列各款情形之一者，对于其专修学科目或许可状所记载之专修学科目，得省略其初等教育专科教谕检定之学力试验。

（一）有中等教育教师许可状者。

（二）毕业于国民高等学校及女子国民高等学校，并与此有同等程度以上之学力者，或认为其有同等程度之学力，曾任初等教育教师之职，经二年以上者。

（三）有类似初等教育专科教谕许可状之外国教师许可状者。

（四）毕业于外国中等学校以上之学校者，或于外国政府认为其有同等程度之学力，曾任初等教育之教师或外国之与此类似之教师之职，经二年以上者。

第二十四条　初等教育专科教谕检定之学力试验之科目，为共通科目及专科科目。

共通科目为国民道德、教育，应使受验者全部受验之。

专科科目为日语、手工、农业、工业、商业、家事、裁缝并图画、体操、音乐，受验者选择其中之一科目或数科目而受试验。

各专科科目均包含其教授法。

共通科目之程度，在男子以师道学校毕业者，在女子以女子国民高等学校师道科毕业者之学力为标准。

专科科目之程度，关于日语、手工、图画、体操及音乐各学科，在男子以师道学校毕业者之学力，在女子以女子国民高等学校师道科毕业者之学力；关于农业、工业及商业，以国民高等学校毕业者之学力；关于家事及裁缝，以女子国民高等学校毕业者之学力为标准。

第二十五条　有左列各款情形之一者，对于初等教育教导之检定，得省略其学力试验。

（一）初级中学校以上学校之毕业者，或与此有同等程度之学力，曾从事于初等教育，经二年以上者。

（二）有类似初等教育教导许可状之外国教师许可状者。

第二十六条　初等教育教导检定之学力试验之科目，准照师道学校特修科之学科目，其程度以师道学校特修科毕业者之学力为标准。

第二十七条　受初等教育教师检定之学力试验者，于其试验虽未合格，而其受验科目中有成绩优良者，省长或特别市长对于该学科目，得授与成绩优良证明书。

受有前项成绩优良证明书者，如更申请初等教育教师检定之学力试验时，限于五年以内，得省略其于成绩优良证明书记载之学科目之试验。

第二十八条　于学力试验有不正行为者，不准其受验，或取消已发给之成绩优良证明书，或检定合格证书之效力。

第二十九条　为施行初等教育教师之检定，于省或特别市置初等教育教师检定委员会。

第三十条　初等教育教师检定委员会于省长或特别市长监督之下，掌管关于初等教育教师检定之事务。

第三十一条　初等教育教师检定委员会以左列职员组织之。

（一）委员长。

（二）常务委员若干名。

（三）试验委员若干名。

第三十二条　委员长以省公署民生厅长及民政厅长或特别市公署行政处长充之。

委员长综理会务，并将检定之结果报告省长或特别市长。

委员长有事故时，由省长或特别市长所指定之常务委员代理其职务。

第三十三条　常务委员由省长或特别市长就省公署或特别市公署高等官及有学识经验者之中派充或委嘱之。

常务委员承委员长之指挥，掌理关于教师检定之常务。

第三十四条　试验委员，每于施行之期，由省长或特别市长派充或委嘱之。

试验委员承委员长之指挥，掌理为检定而施行之学力试验之事项。

第三十五条　初等教育教师检定委员会置书记若干名。

书记就省公署或特别市公署之属官中派充之。

书记承委员长之指挥掌管庶务。

第四章　校长、舍长、塾长及教师之进退

第三十六条　公立国民优级学校、国民学校及国民学舍之校长、舍长及教师之任用、解职及教师俸给额数之决定，其关于校长、舍长、教谕、专科教谕及教导者，受省长之认可，由县、旗、市长行之；其关于特别市设置之学校或学舍之校长、舍长、教谕、专科教谕及教导者，由特别市长行之；其关于教辅者，由特别市长或县、旗、市长行之。

私立国民优级学校及国民学校并国民义塾之校长、塾长及教师之采用、解职及俸给额之决定，应受特别市长或县、旗、市长之认可。

第三十七条　公立国民优级学校、国民学校及国民学舍之教谕、专科教谕或教导，有左列各款情形之一时，受省长之认可，县、旗、市长得命其休职；而特别市设置之学校或学舍之教谕、专科教谕及教导，特别市长得命其休职。为校长之教谕或为舍长之教谕、教导，依前项之规定被命休职时，即认为退其校长或舍长之职。

（一）关于刑事事件被告诉或告发时。

（二）入以养成教师为目的之官公立学校及大学时，或于留学生试验合格而留学时。

（三）因受创痍或罹疾病，继续缺勤至三月以上时。

（四）依教育上或事务上之情由，认为有必要时。

第三十八条　关于休职之期间，在前条第三款及第四款情形时，为一年以内；在第一款情形时，为其事件之连累期间；在第二款情形时，为其在学期及毕业后又三个月。

第三十九条　休职者除不从事职务及被减俸或不领受俸给外，均与现职者同。

第四十条　公立国民优级学校、国民学校及国民学舍之教谕、专科教谕或教导，有左列各款情形之一时，受省长之认可，县、旗、市长得命其退职；特别市设置之学校及学舍之教谕、专科教谕或教导，特别市长得命其退职。

（一）因残废、废疾及其他身体或精神不治之疾，而不堪执行职务时。

（二）因受创痍或罹疾病，而不堪任其职，或因自己之事故而申请退职时。

（三）因学校或学舍编制之变更，或其他之事故，而发生超过定员时。

第四十一条　被命休职者，于其休职期间满了时，即认为退职。

第四十二条　公立国民优级学校、国民学校及国民学舍之教师，由于废校或受禁锢以上之刑事处分时，即认为退职。

第四十三条　公立国民优级学校、国民学校及国民学舍之教师受褫夺许可状之处分，或其许可状失效力时，即认为退职。

第五章　校长、舍长、塾长及教师之职务及服务

第四十四条　校长、舍长、塾长及教师应仰体访日宣诏之趣旨，遵从法规及命令，诚实服其职务。

第四十五条　校长、舍长、塾长及教师应持身廉洁，常垂师表之模范。

第四十六条　校长、舍长、塾长及教师应和衷协力，使教化之成绩显著。

校长、舍长、塾长及教师应率先学生，从事劳作。

第四十七条　校长、舍长、塾长及教师应严守学校、学舍或义塾所定之纲领及其他规则。

第四十八条　校长、舍长或塾长掌理校务、舍务或塾务，督统所属之教师。公立学校之校长或舍长，关于所属教师之进退、赏罚，得申请于监督官署。

第四十九条　教师担任教育学生，且掌理其所属之事务。

第五十条　关于公立学校之校长及教师或国民学舍之舍长及教师之服务，依本章规定之外，准用官吏服务规程。

第五十一条　校长、舍长及塾长应体本章规定之趣旨，制定要纲并校长、舍长或塾长及教师之服务规程，及其他规则，而受监督官署之认可。

第六章　校长、舍长、塾长及教师之惩戒处分

第五十二条　校长、舍长、塾长及教师应受惩戒之情形如左：

（一）违背职务上之义务，或怠惰其职务时。

（二）不问执行职务时间之内外，有污损为教师者体面之行为而悖谬其本分时。

第五十三条　惩戒处分如左：

（一）褫夺教师许可状。

（二）免职。

（三）减俸。

（四）谴责。

第五十四条　应行惩戒处分之事件，在连累刑事之期间，对于同一事件不得行惩戒处分。

第五十五条　第五十三条第一款之处分，由民生部大臣行之。第二款之处分，关于公立国民优级学校、国民学校及国民学舍之校长、舍长及教师，由省长或特别市长行之；关于私立国民优级学校、国民学校及国民义塾之校长、塾长及教师，由特别市长或县、旗、市长命设置者为之。第三款以下之处分，关于公立国民优级学校、国民学校及国民学舍之校长、舍长及教师，由特别市长或县、旗、市长行之；关于私立国民优级学校、国民学校及国民义塾之校长、塾长及教师，由特别市长或县、旗、市长命设置者为之。

第五十六条　如对公立国民优级学校、国民学校及国民学舍之校长、舍长及教师行惩戒处分时，应对本人交给处分书；对私立国民优级学校、国民学校及国民义塾之设置者命为第五十三条第二款以下之处分时，应交给处分命令书。

第五十七条　受褫夺教师许可状之处分者，自受处分之日起三年间，不得为教师及受教师检定。

第五十八条　受免职之处分者，自免职之日起二年间，不得为教师。

第五十九条　减俸为月俸三分之一以下。减俸之期间为一月以上一年以下。

第六十条　校长、舍长及塾长对于所属之教师认为有应付惩戒之行为时，应就其所认为适当种类之惩戒处分，检具证凭，报告该当所管官署。

第七章　公立学校之校长及教师之俸给、旅费及各种给与准则

第六十一条　教谕、教导及专科教谕之月俸额，以左表为标准。特别市长经民生部大臣之认可，县、旗、市长经省长之认可定之。

教辅之月俸额，参酌其学力及职历，以教谕或教导之月俸额为基准，由特别市长或县、旗、市长定之。

种别	最高月俸额	最低月俸额	等级
教谕	150～160 元	30～35 元	20 级
专科教谕	90～100 元	25～30 元	14 级
教导	60～65 元	20～25 元	12 级

有难依前项之事情时，省长或特别市长受民生部大臣之认可，得定与此不同之月俸额及等级。

关于支给特别津贴之件第一条之规定，对于初等教育教师，得准用之。

第六十二条　对于受最高级俸并特有功绩之教师，得渐次增俸。教谕在二百元乃至二百二十元之内，专科教谕在一百十元乃至一百三十元之内，教导在八十元乃至九十元之内，增至省长或特别市长所定之额为止。

第六十三条　对于为校长之教谕或为舍长之教谕、教导，得给与津贴。

前项津贴之额于本俸之二成以内，由特别市长或县、旗、市长定之。

第六十四条　教师俸给之支给方法，依官吏俸给支给方法之例。

第六十五条　依第三十七条第一款、第三款或第四款之事由被命休职时，在其休职中得支给俸给之三分之一。因同条第二款之事由被命休职时不给与俸给，但为外国留学而被命休职时，在休职中得支给俸给六成以内。

第六十六条　教师有左列各款情形之一时，该月份之俸给应按日数给与之。

（一）因惩戒被免职时。

（二）因褫夺许可状或许可状失效而失教师之职时。

第六十七条　教师在职中死亡时，得依官吏退职死亡赐金法所规定之退职赐金之例，对其遗族给与死亡给与金。

第六十八条　校长、舍长及教师因公务死亡时，得依官吏恤金法所规定之遗族恤金之例，对其遗族给与遗族恤金。

遗族恤金之额于恤金法第十六条所规定之恤金额之范围内，由特别市长或县、旗、市长定之。

第六十九条　校长、舍长及教师因公务受到创痍或罹疾病时，得依官吏恤金法所规定之疗治恤金或障害恤金之例，给与疗治恤金或障害恤金。

疗治恤金之额于官吏恤金法第九条所规定恤金额之范围内，由特别市长或县、旗、市长定之。

入院疗养恤金之额，参酌俸给及其他事情，准照支给委任文官之入院疗养恤金额之例，由特别市长或县、旗、市长定之。

第七十条　教谕、专科教谕或教导退职时，得依官吏退职死亡赐金法所定退职赐金之例，给与退职给与金。

第七十一条　对于教师得依国内旅费规则所规定旅费之例，给与旅费。

旅费之额，参酌俸给及其他事情，准照支给委任文官之旅费额之例，由特别市长或县、旗、市长定之。

第七十二条　对于校长、舍长及教师之勤务，其成绩优良者，得给与赏金。

附则

本令自康德五年一月一日施行。

（伪）满洲帝国教育会编：《满洲帝国文教关系法规辑览》（下），1938 年。

关于初等教育教师检定学力试验之件

（1938 年）

关于初等教育教师学力检定、学力试验之科目及其程度，限于康德五年度，得不拘于康德四年民生部令第二十八号《关于初等教育教师之件》第二十二条、第二十四条及第二十六条之规定，而依左列之例办理之。

一、初等教育教谕检定学力试验之科目，在男子则准照男子高级师范学校之学科目，其程度以男子高级师范学校毕业者之学力为标准，在女子则准照女子高级师范学校之学科目，其程度以女子高级师范学校毕业者之学力为标准。

前项之学科目经民生部大臣之认可，由省长或特别市长定之。

二、关于初等教育专科教谕检定之学力试验，其共通科目之程度，在男子则以男子高级师范学校毕业者，在女子则以女子高级师范学校毕业者之学力为标准。其专科科目之程度，对于日语、手工、图画、体操及音乐，在男子则以男子高级师范学校毕业者，在女子则以女子高级师范学校毕业者之学力，对于农业、工业及商业，则以农科、工科及商科高级中学校之学力，对于家事及裁缝，则以女子高级师范学校毕业者之学力为标准。国民道德一科则以往时之修身代之。

三、初等教育教导学力检定试验之科目，在男子则准照男子初级师范学校之学科目，其程度则以男子初级师范学校毕业者之学力为标准，在女子则准照女子初级师范学校之学科目，其程度则以女子初级师范学校毕业者之学力为标准。

前项之学科目经民生部大臣之认可，由省长或特别市长定之。

附则

本令自公布之日施行。

（伪）满洲帝国教育会编：《满洲帝国文教关系法规辑览》（下），1938 年。

沈县初级教员训练建国精神

（1938 年）

沈阳县公署教育科，以本年新采用各初级教师，虽在校均获有相当知识，因学校与社会其间不无隔阂，该科有鉴于初级教师为满洲国教育之中心，与社会须有紧密联络，克收实效，惟各新任教师多系由学校甫行卒业，对于社会之一切现象，以及建国精神真髓、行政机构改革意义，并组织之大纲、农村产业之五年计划、县政一般等，举凡社会应有之认识，均当对各新任教师加以充分之灌输，以期于教学儿童及指导民众上，无少遗憾，特对新采用各教师，假苏家屯农民训练所，召开讲习会。讲习科目主要为建国精神、机构改革、行政组织、产业开发、县政一般。期间由昨日起始，至本月二十六日止。讲师由该署股长级以上官员分担，法良意美，化民成俗，颇堪期待云。

《盛京时报》，1938 年 2 月 20 日 2 版，10023 号。

龙江省近将改善小学教师待遇

（1938 年）

【齐齐哈尔】值此米珠薪桂之时，以小学教师实有感仰事俯蓄之困难。最近龙江省公署以各县过去之教员待遇均属菲薄，其生活上当有遗憾，故关于待遇方面，决为改善之。

据闻薪金之改正，特拟按文官给与令实施。其实行期间，将由明年度起始。至教师之资格，亦同时为之决定。在此待遇改善中，全省二千四百四十余名之初等教师闻讯之下，咸喜形于色云。

《盛京时报》，1938年11月19日晨刊5版，10288号。

关于募集教师之件

（1938年）

康德六年度，新京特别市立国民学校、国民优级学校募集教师。倘有希望者，应按左开提呈愿书为荷。

康德五年十二月二十日

新京特别市公署教育科

计开

一、募集人员

1. 普通教师约四十名。

2. 日语专科教师约十名。

二、应募资格

1. 普通教师须毕业于初级师范、高级师范及师道学校者，年龄三十五岁以下，满人男子；

2. 日语专科教师须毕业于初级高级中学、国民高等学校、初级高级师范、师道学校或具有同等程度之学力者，并有满洲国语学检定试验三等程度以上之实力，满人男女均为适宜。

三、报名截止日期

康德六年一月二十日。

四、应募手续

左记书类应于应募期间内报到新京特别市公署教育科长：

1. 本人亲笔履历书一份；

2. 最近所摄之二寸脱帽半身像片一张。

五、诠［铨］衡试验

1. 日期：一月二十四日笔试，一月二十五日口试，一月二十六日体检查。

2. 地址：新京特别市大经路国民学校。

六、采用与否之决定

康德六年一月末日以书信通知之。

七、采用后之待遇

普通教师按毕业学校考试成绩而定，约四十五元，日语专科教师约五十五元。

《盛京时报》，1938年12月26日晨刊3版，10324号。

奉省初等教员增薪二成五分

（1939年）

奉天省公署，以管下各初等学校整备充实，亟应改善教员待遇，并提高素质。前会召集管下各初等学校代表者协议具体办法，又各县及各学校，亦将于三月末前，作成具体案，进行协议，自四月一日实行。查现在之薪俸，均由中央及省地方费约补给二成补助金。又各县亦考究此次待遇改善之筹措办法，一方面省公署亦考虑农村之负担，拟以三年计划于现在之薪俸加百十九元。现在省下对于一万二千之初等教员，约行增俸二成五之待遇改善，并预定素质亦行改善。一方面省下对于中等学校教员约一千名，由本年一月起始，待遇改善约增二成。对于有资格者，与以官吏之待遇，俟七月一日升格。由此观之，省下之教员积极努力向上迈进云。

《盛京时报》，1939年1月30日晨刊2版，10355号。

刷新学制　全国国民学校教员一律改为官吏 谋改善待遇自七月后实施

（1939年）

【新京专电】自去年度实施新学制，着手充实刷新国民教育之民生部，鉴于初等教育之重要性，乃拟由教员之待遇改善，以图质的向上。自七月一日以后，将国民学校教员一律改为官吏，一面并实行改善薪水，更与此并行。对于农业、工业方面教育之振兴，民众教育等，教育、社会两司亦协力研求各种积极的措置。即关于教员之待遇改善，亦以自七月一日以后改为官吏为前提，拟加给职务津贴，一面将现在平均月薪二十七元上下之薪水，增给三十元左右，再加以省地方费之支出，至少可增高至三十五元之谱。又现在之国内学龄儿童，计共四百五十三万三千人，其中之百三十六万六千人目下正在就学，但因年年学龄儿童数增加二十万人，拟此后渐次强化为经营国民学校之主体街村之财政，以实行教育施设之整备，并于数年之内，将现在儿童就学率百分之三十增至百分之六十。

关于技术方面之教育，已将客岁于新京所设立之技术员养成所升格为大学，分派工业、农业方面之督学官于各省，使随五年计划之进展，讲求技术员之补充策，并扩谋拟民众讲习所之充实。对于不拟就学者文旨者之社会教育，自本年度特置重点。于此，现民生部正年由此等诸方策，以期国民教育之彻底云。

《盛京时报》，1939年2月3日晚刊2版，10359号。

滨省管下初等教师改善待遇

（1939年）

【哈尔滨】滨江省民生厅根据管下初等学校教师之待遇改善，首为教师一齐增俸。关于县市立教谕并教导，增俸额曾进行慎重查定之结果，大体内定左记改正案，已向中央部呈请，近将正式决定发表，而依改正之增额，达二十三万元。兹将增俸额数列左（括号内为现行）：

教谕总数一千五百十二名，总额八十五万元（七〇），平均月额四十七元（三九），增额八元；

教导总数一千五百九十二名，总额六十万元（五一），平均月额三十一元（二七），增额四元。

《盛京时报》，1939年5月12日晨刊5版，10448号。

谋初等教师识见向上　冬季教师讲习会开催

（1940年）

【承德】兹际圣战下有意义之新春，热河省教育会本年劈头事业为对省下农畜林业振兴对策，首须对初等教育谋改善策。是以对各县、旗初等教育教师，使其识见向上，必须充实日语、数学及自然的基础知识，并须深明时局的认识，遂有省下初等教师冬季讲习会开催讲习之施行。

第一部，农业科（在赤峰国民高等学校自十五起十日间）讲习科目：

一、主要农作物及其栽培法。

二、主要树木及其栽培法。

三、主要家畜及其饲育法。

四、对于农事教育。

五、时局讲谈。

第二部，算术科及自然科（在承德师道学校自十五日起十二日间）讲习科目：

一、算术科之教材解说及其管理法。

二、物理、化学的教材解说及其管理法。

三、动植矿物的教材解说及其管理法。

四、生理卫生的教材解说及其管理法。

五、对于国民科。

《盛京时报》，1940 年 1 月 12 日 5 版，10684 号。

防止小学教师转职　教务部谋相当对策

（1940 年）

【新京十二日电】小国民之训育，逐日增强重要性，而现下与国家情势遂行重要，教师之社会的标准，猛烈低下，致纷纷转向产业方面，于国民教育之将来有重大之影响，实为切要之问题。日本文部省方面，已开始调查教师之动向，于开拓国策上、遂行上，苦于教师之相当不足。驻满日本大使馆教务部，当然感同样苦恼。以近日为期，讲求凡有方策，防止向产业方面转职。原来旅顺男女师范学校卒业生以外之教师，全部自日本内地募集。然与内地不同，无义务年限。对好动之教师，该部无论如何于学期末亦不准退职，且取非至选定后任，则不许退职之方针。伴随开拓教育之扩充，为备教师缺乏之结果，防止转职益为强化，由督学官利用所有机会，使教师认识其神圣之职位，不为各方面物质的厚遇所惑。对精神教育进一步注力，决考虑定期联络及其他对低级教师各种优遇方法云。

《盛京时报》，1940 年 1 月 13 日晨刊 2 版，10685 号。

增薪改善教员待遇　每人每月可增四元

（1940 年）

【新京专电】政府于前年五月以还，极力振兴教育，断行教育制度一大改革，谋划确立教职员身份。而自去年七月一日实施登用教职员为官吏制度以来，薪金跃然增加。此教职员待遇改善，于国民间，酿成清新明朗机运，以资于人心安定，作兴者至巨。民生部教育司，以初等教育设施扩充年次计划第一年度工作，考究改善全国四万一千初等学校教员待遇中。此次之改善待遇，预定在本年度地方财政整备资金特别会计补给金可能范围内，一齐增加薪金。其增加比率，平均每人月额可增四元程度，较诸去年七月增薪率一人平均九元虽少，然本年度改善待遇方针，从来以经历为本位，重置于人物识见、勤务成绩、人格等。殊置注视，从而除防止教员转业外，且预刷新提高教员之道以良好影响。

《盛京时报》，1940 年 2 月 27 日晨刊 2 版，10724 号。

教员待遇问题

（1940年）

举行文教科长会议协议根本改善方策

【新京专电】民生部教育司学务科，以全满初等学校教职员四万一千名之待遇改善问题为中心，亘七月四、五两日，举开全满各省文教科长会议。本会议当去年七月，已以学校教员官吏任用先告解决，关于根据教职员待遇改善之第二次是正计划，经第一次文教课长审议，已略见协定之根本方针，更重行最后的审议。拟更决定研究所泄露之初等学校教职员待遇问题，彻底并待遇问题一般之诸件案。而此次文教科长会议后实施之待遇改善，预定于康德七年度地方财政整备资金与区别会计之范围内，敢行一齐增额。故与去年初等学校教员之平均每人增额九元相比，此次似为四元程度之增额。又对于此关联之大学、专门学校，乃至中等学校在职专任教职员之待遇改善，似亦加以考虑。专任教职员之最底额，当一般行政官等相比。显然悬隔，然此次对此敢行一般的增额，日系为三十元程度之增额，以百九十五元为最低额，满系为十元程度之增额，以百三十五元为最低额。

《盛京时报》，1940年6月15日晨刊1版，10831号。

为期教员素质向上计　利用暑假举行初等教师讲习会

（1940年）

【齐齐哈尔】龙江省当局为期管下之教员素质向上计，将定于七月二十一日起一周间，假师道学校举行初等教师夏季讲习会。讲习会召集各市、县、旗长推荐之优秀教员，日满系各二、三名（但满系限通日语者）。讲习目的，为建国精神之彻底，并时局认识之重大性，与教育对策及教员心构之把握，其他文化统计、文书账簿整理、知识之授与，更谋勤劳奉仕、团体训练重大责任之素质向上等趣旨云。

《盛京时报》，1940年7月18日晨刊4版，10864号。

教员待遇改善问题

（1940年）

【齐齐哈尔】关于全国初等教员增俸问题，省文教科永户科长，偕杉文教股长，已于七月四日赴京全国文【教】科长会议。对于待遇改善问题，应全国一齐实施，而本省当见具体实施。关于资格素质向上、教员官吏登用等教育施政方针之重点，省文教科正着手实行中。今为实现第二次初等教师改善待遇，特召集市、县、旗教育主管责任者会议，于七月二十九日午前九时半，假民生厅长办公厅，举行协议会。出席者计有市、县、旗行政科长或教育股长及县视学等二十一名。当永户文教科长对出席者之训话，并关于全国一律改善问题，中央所传达之要旨，继续指示各该市、县、旗。对于此次改善待遇，应提出计划草案之公文书类作成之样式，限三日内提出。目下出席教育主管责任之科股长，正努力于书类之作成中，将于九月一日前，呈民生部大臣批准云。

《盛京时报》，1940 年 8 月 3 日晨刊 4 版，10880 号。

市公署教育科举行初等教师检定
定于十一月上旬在哈四处实施

（1940 年）

【哈尔滨】哈尔滨市公署教育科准照滨江省民生厅教育当局规定之省下第三回初等教师检定规程，将于本年十一月上旬，在哈尔滨以次四处执行初等教师教导检定。日前已经开始接受申请者愿书。兹采志其规定如左记：

一、检定种类：分为学力、性行、体格等检查为重。

二、申报资格：报名者年龄须在十七岁以上，毕业于国民高等学校或认为与此有同等学力程度者。

三、申报期间：自康德七年九月下旬至十月十五日。

四、施行日期：定康德七年十一月上旬于收到愿书后，另函通知本人。

五、施行方法及学科项目：

1. 学力试验分必须科及选科两种，但有优良成绩证明书之各科目得省略检定之，其科目规定如左：

△必须科：国民道德、教育、国语（满语、日语）、历史、地理、理科数学、体育。

△选修科：男子由实业（农业、商业）、手工、音乐四科中任选二科；女子由图画、手工、音乐、家事、裁缝手艺五科中任选二科。

2. 性行考查，对于现职教师，由县、旗、市长行之，汇总连同其他书类一并呈报省长。至非现职者，则于检定时实施之。

3. 身体检查于提出愿书时进行，连同附带官公立医师之身体检查书。

六、施行地及其范围：

第一试场：哈尔滨市范围为哈尔滨市、双城、阿城、呼兰、宾县、五常。

第二试场：肇东县范围，肇东、兰西、青冈、肇州、安达、郭后旗。

第三试场：巴彦县范围，巴彦、木兰、东兴。

第四试场：珠河县范围，珠河、延寿、苇河。

七、报名手续：将各种证明文件连同书类径寄各试场所在地教育关系机关，并每名付交受验费国币之人，参考事项令。

1. 初等教育教谕检定之学力试验科目在男子并照师道学校之学科目，其程度以师道学校毕业者为标准，在女子准照女子国民高等学校本科及师道科之学科目，其程度以女子国民高等学校及同师道科学力为标准。

2. 初等教育教导之检定学力试验科目并照师道学校特修科之学力为准。

3. 受验者虽未及格，而其受验科目中有成绩优良者，对于该学科目授与成绩优良证明书。受有前记证明书者，如再申请初等教师学力试验之检定，试验时限五年以内省略其证明书中所载科目。

4. 哈尔滨市地方师道训练所毕业者在初等教谕检定时，依康德五年六月二十五日民生部令第七十四号关于初等教育教谕学力试验检定之学科目中，得如左记者略之：国民道德、教育、国语、实业、图画、手工、体育、音乐。

5. 对于初等教育教谕检定合格者，授与初等教谕第二种许可状。

6. 自系俄侨之检定志愿者，其受验科目之国语为俄语，在其他学科目与满系者□，惟均以俄语答卷。

7. 日系教师国语为日语。

8. 满系教师对其受于科目中国语之一科，虽规定有满语、日语，但其不晓日语者，得暂省略。至于自动受验者，不在此限，且其分数如能及格，亦可补充其他不及格之另一科目云。

《盛京时报》，1940 年 9 月 29 日晨刊 5 版，10936 号。

初等学校教职员待遇改善广罗人才

（1940 年）

【大连】大连市初等学校教职员之薪俸，原以全国平均六十七八元为标准，现在物价既高，一般平均比标准额，颇有差异，因此教员之者，转职颇不乏人。内地方面各府县教育会，曾有教员待遇改善之建议，提出于各关系方面。大连市学务课，亦以为教职员等，佔［站］在兴亚教育之重要立场，尤以各普通学堂，及市内各公学堂之满人教员，更应改善待遇，以防转职者之续出。因故定于二十八日午前十时，于市役所市议控室内开催定例视学事务协议会时，提出《普通学堂教员给与规则改正案》，并公学堂满人教员待遇问题等，务期有以改善之实现。至于小学校教员，与内地待遇不同，按官吏，以国费支给之。初任级，薪俸颇低，且外地生活上，与内地大能同一视，因有此种种关系，市学务课与州厅连络，进行调查。今后亦改以妥善适切之改善策，以防教员之转职，并资广罗教育人才，实现时亦教员等之福音。故一般以执教鞭为生活之州内日满人教职员，皆在期待中云。

《盛京时报》，1940年11月24日晨刊3版，10990号。

教员增薪　大体年额二十五元

（1941年）

【大连】关东州厅学务课以为州内满人初等学校教员之待遇，伴同物价昂腾生活程度之向上，认为有改善必要，因故前曾参酌各种事项，实行检讨。关于待遇改善方策结果，对各公学堂在职中之满人教员，不拘资格之有无或成绩高低，一律加薪俸，预定自四月一日新学期实施。增俸率，大体每人年额增加二十五元云。

《盛京时报》，1941年1月11日晨刊4版，11036号。

国民级教师基本修养

（1941年）

我满洲国诞生于世界之上，若黎明之日从曙光中涌起，愈升愈高，愈高愈明。全世界幅员之上，无不受其光辉普映，是乃吾国之目的也。故吾满洲建国之旨，非仅为亚洲独立之先声，盖在发扬东方道德之真义，而使东洋文化复兴所立也。所谓东洋文化，在日本谓“神道”，在印度谓“求道求世”，与我满洲国王道一语，可概括之矣。如吾国建国宣言云“新国家”建设之旨，“以顺天安民为主”，又云“实行王道主义，必使境内一切民族熙熙皞皞如登春豪。保东亚永久之光荣，为世界政治之模型”。故我满洲国之建设称世界之恩光。

夫国家前途之进展，则以国民学校教育为基础。故国民级教师负有时代使命之事业，是国民级教师之责任，自较一般为重大，其经营亦较一般为困难。

尤其是我满洲国之国民级教育，非如从前之因袭传统之教育，实为王道乐土，使国民向前迈进之教育也。其成功与否，国民级教师负相当之责，故今后之国民级教师应为王道下之领导人员。兹将国民级教师基本之修养分述如左：

一、建国精神之彻底

满洲建国数载，国民虽具存国家观念，但不识字之国民占百分之八十以上，故对其建国精神，多不明了。是故必需国民级教师，为之开发民智，阐明建国精神之旨。由此可知，国民级教师须彻底明了建国之精神，并具有王道政治思想，而后可也。

二、应有研究性

世界之文化，如日月之经天，江河之行地，无一时停顿者也。教育既所以促进文化进步，倘教育者不知自勉，而认己之知识已定，又安能求教育之改良与进步也？教育既负教育领导儿童之责，故应多阅书、报、杂志，广为搜集作研究之资料，以求知识之丰富，庶有补于教育焉。

三、操行之修养

服务教育事业，欲求其成功者，必须养成高尚之品格，处事不越规矩之外。倘学优而无品，则必为正人所不齿。若是己不正，何以正人？况国民级教师更当以身作则，以人格感化，使儿童感佛敬仰，而自效仿之矣。故教师必须养成高尚品格。

四、身体之锻炼

教育之职务繁琐且时时进行，刻不容缓。如教师之身体羸弱，其危险为何如耶？况值此新国家肇建之际，若是重要之儿童，岂可不受健强教师之领导哉？故国民级教师当与学生共同锻炼身体者也。

今吾国家根基已固，百政俱举，而将来之希望，更有待于今日之幼小儿童。若是今日之儿童，即将来之主人翁。然今日儿童知识之灌输，品行之陶冶，均赖国民级教师以启迪之也。是以我国能否为世界政治之模型，而发扬东方道德之真义，复兴东洋文化于世界之上，其重任，国民级教师不得辞却之也。是国民级之教师，与国家之前途、社会之进化，有密切之关系焉！则吾为国民级教师者，必当殚精竭力以求知行并臻于美满之域，认定教育为终身之事业，以负此重责。吾等教育同寅可不勉乎哉！

《盛京时报》，1941 年 5 月 1 日晚刊 4 版，11140 号。

初等教师检定　施行要纲已经发表

（1942 年）

省公署民生厅，对第五回初等教育教师检定施行要项，顷已制定。凡希望受检定者，须于五月二十日以前向省报名。此为初等教师取得之机缘，望有志者，及早向省署民生厅文教科索取检定施行要纲。兹将施行细则摘其要者志左：

一、鉴定种类，分为初等教育教师及教导。

二、应试资格，年龄十七岁以上，卒业于国民优级以上之学校者，或认为有同等程度者。

三、各学校之在学学生及有左列之一者不得受检定。

甲、受禁锢以上之刑者。

乙、受破产宣告未复权者。

丙、褫夺许可状未达三年。

丁、被免职惩戒未达二年。

四、报名期限，本年四月二十日起五月二十日止。

五、检定地点，奉天省铁岭市盖平街。

六、检定日期，日后登于省公报并通知受验者。

《盛京时报》，1942 年 4 月 16 日晨刊 2 版，11482 号。

提高初等教师待遇　省方召开教育会议

（1942 年）

为提高教师之素质，而使其生活安定，省公署对本年第四回初等教师待遇适正，决定依据授业科之基金，而此次之教师增俸，由省民生厅文教科主催。于二十四日午前九时，在省礼堂召集全省各市县教育科学务股长，开初等教育教师待遇适正打合会。其适正方针及重点如：

△适正重点

一、以教谕、教导、教辅三者为重点。

二、下级初等教师。

三、师道特修科卒业生初任教师。

四、师道学校本科生卒业者初任教师。

五、日鲜系在内。

△适正方针

一、依据八年十二月末之俸给为标准而实施。

二、九年度新采用或任官发令者依九年度适正之。

△增俸之财源

依据康德九年一月二十日民生部令第五六七号授业科之改正而由此项下支出之。

△增俸标准

一、男子至多不得超过八元，女子至多不得超过六元。

二、九年度采用之教导在三十八元以上，八年四月一日发表者在四十元以上，七年四十三元以上，六年四十六元以上。

三、八十五元以上者，不适正之。

《盛京时报》，1942 年 4 月 24 日晚刊 2 版，11490 号。

初等教师待遇适正　省侧开会研讨

（1942年）

省公署文教科主催之全省各市县初等教师第四回待遇适正打合会，于二十四日上午十时，在省公署大礼堂隆重举行。当日参加七市及十四县教育股长、主计股长及财务股长约五十名以上。省方出席者大冢文教科长、铃木视学官、财务科长、人事科长等。十时开会。首向日满国旗行最敬礼，继向建国神庙、皇居及帝宫遥拜。乃由文教科致训词，大意如左：

关于此次初等教师待遇适正，较别省为先，盖各省为第三次适正，本省则为第四次。此后适正重点为下级之教师，使其生活向上，并安心教育。换言之，亦即提高教师之素质也。后由铃木视学官解释适正方针（见昨报）。午后，由各市县质疑应答，至五时方散会云。

《盛京时报》，1942年4月25日晚刊1版，11491号。

强化初等教育　举开教师及视学委员讲习会

（1942年）

奉天省公署鉴于在重大时局下，初等教育具有重大性，而初等教师更为直接责任者。视学委员对农业教育必要知识及实际人才养成，颇有强化之必要，乃计划于本月十四、十五两日，开九年度初等学校实务教育研究会，并于十六、十七两日，开省下市县实务科视学委员讲习会。于熊岳国民优级学校及熊岳农事试验场，分别举行。其讲习科目及讲师如左：

视学委员讲习会

第一日（十六日）

一、普通作物栽培要点（讲师平野）

二、造林（平野）

三、养猪（安孙子）

第二日（十七日）

一、果树栽培法（奥井）

二、蔬菜种植法（松田）

出席者：各市县实务农村视学委员二名。

教育研究会

第一日（十四日）

一、一般授业

二、实务科

三、研究授业

第二日（十五日）

批评会及学校视察

参加者：各市县初等校长二名。

《盛京时报》，1942年7月3日晨刊3版，11559号。

初等教育教师检定　决自二十八日起实施

（1942年）

【通化】省于月之二十八日至三十一日止之四日间，自午前九时，于通化市（第一国高）、蒙江街（河南国优校）、临江街（国高）三处所，实施第五回初等教育教师检定考试。受验资格为满十七岁以上，由国优校毕业者或具有同等以上之学力者。

考试科目：

二十八日，国民道德、数学、地历①、手工；二十九日，教育、理科、体育（实技）、人物考查；三十日，满语、图画、音乐、音乐（实技）；三十一日，日语、实业、家庭人物考查。

《盛京时报》，1942年7月13日3版，11569号。

教育教师检定　实施要领决定发表

（1943年）

【齐齐哈尔】龙江省文教科当局，为谋本省初等教育教师素质向上起见，循例于本年度，实施龙江省第五届初等教育教师检定。对于实施要领，已筹备就绪。兹将检定范围，详细志于左。

△检定范围：主要为学科试验，及性行考查、身体检查。

△检定种类：为初等教育教谕并教导检定。

△试验科目：男子教谕考试系准照师道学校本科程度，计国民道德教育、国语（日满

① 疑为地理、历史合科。

语）、实业、历史、地理、数学理科、图画、手工、音乐、体育。惟实业科目商、工、农三科任选一科。女子教谕检定，系根据女子国民高等学校师道科试验，计国民道德、国语（日满语）教育、家事裁缝、手艺、历史、地理、数学理科、体育、图画、音乐。但初等教导学科检定则根据师道学校特修科，实行科目与教谕试验同。但地方师道训练所训练终了者考试时则省略国民道德教育（日满语）、实业、图画、手工、体育、音乐等科。

△报名日期：由一月十五日起至三月十五日为止。

△报名费：三元。

△考试日期：为三月二十七、二十八、二十九、三十、三十一亘五日间。

△考试场所：第一场所为齐齐哈尔师道学校（齐齐哈尔市、龙江县、景星县、甘南县、富裕县、讷河县、杜尔伯特旗、林甸县、泰来县、依克明安旗）。第二试验场□省立洮南女子国民高等学校（镇东县、大赉县、安广县、白城子、洮南县、瞻榆县、醴泉县等）。希望一些有志者，勿错过此等良机云。

《盛京时报》，1943年2月10日综合版6版，11776号。

四、实　　施

奉吉黑三省学校十八复课　热省教育亦着着整顿

（1933 年）

【新京专讯】奉吉黑三省所有学校，于事变发生当时，因兵匪横行，继续开学者，仅有十分之一。然嗣后治安恢复，渐次开学，迄今已达十分之八。文教部更以今春开学期在迩，督催各省所有学校一律开学，种种努力准备云。

又热河省之政治工作，现因各地之治安恢复，该政治工作亦着着进行。就中教育事业之复旧，可观者颇多。如从前未决定且未实施之满洲国文教部所编纂之小学生教科书，今亦决定采用，将从前使用之排外的教科书全部废弃，代以此新教科书，经国务院锦州办事处向热河发送云。

《盛京时报》，1933 年 3 月 28 日 4 版，8316 号。

教育普及　小学儿童激增　教科书告不足

（1934 年）

奉天省教育厅，对省内小学校儿童之教科书，系属采用文教部新编纂者。刻因本学期开课以来，所有就学之儿童，较诸上学期突然激增，上期儿童数为四十三万，今朝竟而增至五十八万，故需用之教科书，亦随之增加百分之二五。所有教科书，乃感不克分配。教育厅为应急处置计，不得已乃研究誊写办法，及二人共读之方策。目下正通令各级学校知照，着手酌量办理。此等现象，谓其临时困难，则故困难，然由大局观之，未尝非教育普及之影响，究不妨认为良好之片鳞。

《盛京时报》，1934 年 9 月 12 日 4 版，8826 号。

文教部颁发教科书

（1934 年）

【吉林】教育厅顷奉到中央文教部令，以应需小学校教科书已经印刷出版甚多，兹颁发吉林省修身、国文两种，依照应需之数目人先行发给，余俟继发。吉林教育厅奉令，除县校厅用者饬永吉县及各县转发外，市立由市政籍备处转发，所有省立小校由厅发之。本星期起（二十四日）完全领用，至于自然及算术则仍沿用旧书。新编者正在吉林印刷局印刷中，不日亦可出版云。

《盛京时报》，1934年9月27日9版，8840号。

初等教育改革方针　省署已制定　昨通令各县

（1937年）

奉天省公署，依政府颁布新学制中之规定，对于全省初等小学校，刻已着手进行。昨令各市县公署按照今后对初等教育实施注意事项，遵照调查，限于八月十日以前呈报省署，以便核办改革事宜。其实施注意事项如左：

甲、要点

一、查新制中属于初等教育之学校，为国民学舍（私立者称国民义塾）、国民学校、国民优级学校三种类，其目的在施以一般国民基础教育及实务教育，以育成忠良国民之性格，促其资质之向上。在难设置或不适于设置国民学校之地域，而设置一年乃至三年之国民学舍，作为国民学校之代机关，以施行简易之国民教育。如此则无论山间僻地，均可图国民教育之普及与彻底。各市县即应本此方针，努力实施，以副中央轸念地方教育之至意。

二、国民学校注重量的发展，国民优级学校注重质的改善。

三、与新学制实施同时，决定设置教育区，其设置要项另纸说明之。

乙、变更标准

一、现有之二年级以上初级小学校，改为国民学校；高级小学校，即改为国民优级学校。

二、对于现有之单级小学校，须先依下之条件，企图改为国民学校，不可能时，再指定为国民学舍：（一）有并校之可能者；（二）康德五年度能增加学级者；（三）近年内确有发展之希望者。

三、现有之两级小学校，应分成国民学校与国民优级学校，两级校但不满四个学级以上之国民优级学校，□与国民学校合设在一处。

四、一主村内至少要有完全编制之国民学校一处，四学年四个学级不得已时，亦须于三年内完成之。

五、国民优级学校，一村以一校为限，一校内至少须有两个学级，不得行复式编制。

六、对于现有私塾之内容，应详密加以考查，其成绩优良者，得改为国民学舍（公立）或国民义塾（私立），其他得仍旧残存为私塾，或废止之，但对于国民义塾，得由所在地街村公所酌予以经济的援助。

丙、进行顺序

一、关于新学制法令之详（阅政府公报敕令六八号至七一号），及文教部大臣关于新学制讲话资料之玩索（五月五日第九二七号）。

二、现有小学校及私塾状况之调查。

三、由街村校间密切联络之下，实行学龄儿童之严密调查。

四、分年增级或设校计划之决定。

五、街村内各种学校及学舍设在地点之预定。

六、关系诸官之审议。

七、计划案之作成。

《盛京时报》，1937年6月27日4版，9798号。

沈县基于新学制实施　合并各村小学校

（1937年）

沈阳县教育局，关于新学制实施各村小学校合并问题，前经关系人员会议结果已议定合并诸般事务，刻已着手进行。昨特通令各村长、校长、指导员等遵照规定办理，其训令略谓：查学校教育，非求易于统制，不足以收进展之效；非求其内容整备，不足以收策进之功。然考本县之单级小学校，达四百余校，散漫迤逦，分立各村，内容外观，多不整饬，并于统制监督上，尤感困难。况新学制施行在迩，关于小学校之教育，力谋改善，以宏新猷。本县爰鉴及此，关于小学校合并一案暂以该村各校施行。兹将废止学校善后处理办法，附发如别纸，令仰该村长、校长即便遵照办理，具报来县云云。至其废止学校善后处理要项如左：

一、御容，奉移于合并校内，照常奉陈。

二、诏书，敬谨卫护捧送来县。

三、学生，尽数进入合并校就读，不得借词废读或辍学。此点严为施行，其违抗者，予以相当惩处。

四、经费，各项预算全部移于合并校。

五、教室，可利用为演讲所、问字处、阅报室，及乡土博物馆、图书馆等，或为开催各种会休①之会场均可。此项责成甲长善为办理，妥为保护，切勿忽视。

六、运动场，努力其所有设施，作为村民公众运动场，由甲长办理并保护之。

七、校具，学生用之书桌、椅子，办公用之办公桌椅、文具、图书、表簿等，尽数无

① “会休”疑有误。

代价移交合并校。

八、教具，凡风琴、黑板、珠算以及教鞭物、地图、各项挂图等，尽数无代价移交合并校。

九、移交手续，移交物品须缮具清册，移交合并校，经该校当事者点收后，再注入该校物品清册内，不得轻忽。

十、道路，责成甲长时为修补，并于河沟等处设置板桥等，以利往来。

《盛京时报》，1937 年 8 月 14 日 2 版，9846 号。

吉市[①]学校大整顿　按预定步骤而进行

（1937 年）

【吉林】市公署教育股，对于市内小学校力图内容之整备，俾得施行完全教育，以养成真实之忠良国民为目的。当本春三月间，为谋儿童通学之便利，故设（学校区域），同时并将市之二十四校合并为十九校。按新划区域，对于就学儿童妥予分配，而今后利用逐渐革新之机会，特树立吉市五年教育计划，由本学期起始，按预定步骤而进行。其中最重要者，则依年度配合之预定，又将现在之十九校，至四年后再伊合为八校。以此为基本学校，而贯彻新教育之使命。查现校舍多为建筑年久，朽隔不堪，虽屡有增筑，亦不完全，教室多呈狭隘，缺乏阳光通风之设备。因此于将来学校配合之际，势须有全部新筑以资革易，方克适用。至关于经费之预算，每校建筑费为十五万元，八校合计共需一百二十万元，由康德五年度以降递次兴修。将来一旦完成，遂为本市学童之福音，亦教育创举云。

《盛京时报》，1937 年 8 月 20 日 9 版，9852 号。

市署力图改善小学体育　次第实施各项行事

（1937 年）

奉天市公署，当实施教育六年计划，为谋根本刷新体育行政计，定自六日起，十日间，查阅市内各小学校体育卫生状况，并于本年中实行左开各项行事，以期彻底改善儿童体育卫生。

一、九月十五日—二十三日

体育周间，各校开球赛会及体育会。

---

① 1936 年 4 月 1 日，伪满洲国公布《市制》和《市官制》，奉天、吉林、齐齐哈尔成为市。

二、十月二日

市立二十校教员儿童秋季体育□会。

三、十月十五日

日满各小学校代表者出席，在大北关两级小学校开体操研究发表会。

四、十月十六日—三十日

各小学校施行定期儿童体格检查。

五、十月二十五日

开冬季体育指导协议会。

六、十一月六日—十二日

各小学校施行定期教员体格检查。

七、十二月十日

归纳本年度体育研究部工作，并开始明年度之准备。

《盛京时报》，1937年9月2日2版，号外，9865号。

新学制实施同时之市内国民优级学校编成

（1937年）

关于新学制实施时，康德五年度市街地域内国民优级学校，编成情形如左：

▲单独国民优级学校

（一）城北男子国民优级（新设），计皇寺工业区小北关、天后宫、白塔、大北关等校，合计学级十六，男生九六一人。

（二）城西女子国民优级（新设），计由皇寺等八校抽组，计十四级，女生七一五人。

（三）城东国民优级学校（大东区），由大东区等四校合组编成十六级，男生五五一人，女生二三〇人。

▲并置国民优级学校

三经路（男子）　七级，学生三七三人

小西关（男子）　七级，学生三二三人

西塔（女子）　三级，学生一五九人

大北关（男子）　三级，学生一四三人

文庙（男子）　十级，学生五五六人

小南关（男子）　八级，学生四〇八人

大南关（男子）　七级，学生三九二人

十纬路（男子）　七级，学生四二〇人

附属（男子）　七级，学生三九七人

中街（男子）　五级，学生二二四人

大西关（男子）　四级，学生二〇一人

铁西（男子）　二级，学生九九人

北牌　二级，学生九五人

农村地域内学校学级，编成随同各区名称如左：

▲东陵区本校为福陵分校，计八家子、木厂、高官台、马官桥、榆树屯、二台子。

▲北陵区本校，为大含英屯分校，御花园、柳条湖、东窑、中窑、北沙河子、陈家湾、塔湾。

▲于洪区本校，于洪屯分校，前丁香屯、则官屯、后红旗台、中红旗台。

▲永信区本校，杨士屯分校，前路官屯、汪家河子、李士官堡、其官屯、后汉家堡。

▲浑河区本校，永安堡分校，十王坟、保安寺、五里河子、乌民屯等校云。

《盛京时报》，1937 年 11 月 18 日 2 版，号外，9939 号。

公立国民学舍一年生入学手续已经拟定

（1938 年）

奉天市公署，为发展教育起见，关于本年度奉天市公立国民学舍第一学年者入学手续现已拟定，告知市民遵照规定办理。其主要事项如左：

一、开设学舍校名及校址

● 新高国民学舍　奉天市新高町（市公立新高国民学校内）

● 小北国民学舍　奉天市小北国炮兵营胡同（旧市立小北边关两级小学校址）

二、招收学生数

● 新高国民学舍　第二班（二年修了）五〇名

● 小北国民校舍　第二班　……一〇〇名

第三班（三年修了）一〇〇名

三、入学资格

凡民国十六年十二月三十一日以前生人，身体健康者。

四、入学报名期间

自康德五年二月二十三日至三月十日，十六日间于各学舍受理。

五、入学报名手续及注意

1. 希望入市公立国民学舍者须用所定之入学报名书，详细填写后可直接报告学舍长（用纸向各国民学舍领取）。

2. 入学报名只准一人报一舍。

3. 入学报名者于康德五年三月十二日午前九时由父兄领导其子弟赴入学报名学舍受入学许可查定，但不出席，认其不希望入学，取消其手续。

4. 入学希望者倘超过收容人数时，查定后得拒绝其入学。

5. 虚伪之报名者，拒绝其入学。

6. 入学许可者于康德五年三月十三日交入学许可书。

7. 康德五年三月十五日午前十时举行入舍式，新生随其父兄持入学许可书到校。

六、其他详细事项可到市公立国民学舍探询。

《盛京时报》，1938 年 3 月 3 日 2 版，号外，10033 号。

全县教育整备　就学儿童激增　五月末现在调查结果

（1938 年）

锦县公署教育机构，对全县教育力谋改进，刷新整备符合新学制之规程，树立普及教育基础，以是本年就学儿童逐见激增。截至五月末现在，入学生徒更为倍极增额，足证县教科热心提倡，收有如斯显著成绩，为锦省下教育模范县，诚属不愧。兹将全县各国民学校及校舍，五月中儿童入学状况，标志于左：

学校名	国民学舍	国民学校	国民优级校	合计
学级数	六一	四五九	二五	五四五
生徒数	男二,二四五	男一五,七六八	男一,二一〇	男一九,二二三
	女七九八	女七,二六九	女八七	女八,一五四
小计	三,〇四三	二三,〇三七	一,二九七	二七,三七七
增	男〇	男二三五	男七	男二四二
	女一五	女二四二	女〇	女二五七
减	男六	男	男	男六
	女〇	女	女	女〇

《盛京时报》，1938 年 6 月 1 日 6 版，10121 号。

市教育科决定禁止不良私塾开校

（1938 年）

【哈尔滨】哈尔滨市公署教育科，依政府新学制实施同时，以期对教育彻底发展。为免儿童误害教育起见，故对于所属市内各私塾不良教育者，日前曾严加考试。结果，共为四十余处私塾，经考试后仅合格不过六七所而已。该科为对于不合格私塾撤销，对各私塾收容学生很多，恐儿童失学，故连日以来，研究使儿童转于市校，待甄别就绪，即可令不合格私塾停课云云。

《盛京时报》，1938 年 6 月 22 日 9 版，10141 号。

为发展教育取缔不良私校

（1938 年）

【哈尔滨】哈尔滨市公署教育科，基于新学制之实施，对于管下七十余处满俄小学校极谋整顿改善。最近对各私立学校之设置，力加整顿。而彻底免除旧时代恶习、教育科目并谋各私立学校卒业生，易于升入市立各学校，刻为取缔不良之私立学校计，新制定取缔紊乱学校规程，已于二十二日发出通令，着管下市公私立各学校，一律遵照云。

《盛京时报》，1938 年 11 月 26 日晨刊 5 版，10295 号。

哈市明年度扩充学级　收容失学儿童

（1938 年）

【哈尔滨】哈尔滨市公署教育当局，自新学制实施后即依照新方针，积极扩展管下初等教育，增建校舍，救济失学儿童得以入学，有读书机会，不致失却求学年龄。对于康德六年度内，哈市初等教育扩充，招收新生一事，现由市教育科在积极计划中，准备于来年开学之际，尽力扩充各校，增添学级，广收新生，以免就学年龄儿童之失学，诚为失学子弟之福音云。

《盛京时报》，1938 年 12 月 13 日晨刊 5 版，10312 号。

安东市署制定招生办法　达成教育发展目的
对希望入学儿童将全部收容之

（1938 年）

【安东】安东市公署基于新教育制度之实施，为期康德六年度市内各校新入学生募集上之圆满，尽数收容期无遗憾，以达成教育前途发展为目的，对新入学生募集要项，曾经日前召集校长会议检讨决定，以期入学儿童于可能范围内全部收容之。

康德六年度学生募集要项：

一、方针

（一）希望入学之儿童于可能范围内全部收容之。

（二）新生入学时对于年龄之鉴别应注意之，务渐次除去同年生年龄相差悬殊之状态。

（三）对于通学区域虽不能严格调查，但须注意之，务须收容学校所在地附近儿童。

二、募集学级数及儿童数

别表（略数）。

三、方法

（一）招生广告，由市准备。

（二）愿书及受付，由学校适当准备。

（三）试验。

甲、国民学校、国民学舍，口头试验。

乙、国民优级学校，国民科、算术。

（四）提出书类：甲、愿书；乙、卒业证书，优级。

四、入学资格

国民学校，年满七岁以上十一岁以下之儿童；

国民学舍，年满七岁之儿童；

国民优级学校、国民学校卒业者，或旧制初级小学校卒业者，或国民学校卒业程度学力检定合格者。

五、选拔试验期日

国民优级学校，康德五年十二月二十五日；

国民学校及国民学舍，康德六年一月二十日。

六、发表

国民优级学校，康德五年十二月二十七日；

国民学校及国民学舍，康德六年一月二十二日。

七、入学式

康德六年二月二日。

八、学生募集期间

国民优级学校，康德五年十二月二十二日截止。

国民学校及国民学舍，康德六年一月十八日截止。

《盛京时报》，1938年12月22日晨刊5版，10321号。

将各乡村国民学校改为市立学校　改编案将呈民生部核准

（1938年）

哈尔滨市公署教育科自本年新学制实施以来，对于所管辖满俄小学校七十余处，无不极谋刷新教育之改善。该科为对于所辖之满俄各小学校统制之彻底圆滑计，决定于康德六年度对所管之乡村学校舍，施行改编合并，以期统制收有相当之效果。为讨论改编各种问题，特于二十二日在市公署四阶楼上会议室内，召集各乡村学校舍长会议，当时出席者有张教育科长、津岛教育股长以次陈事务官、姜视学、韩视学等干部外，并有乡村学校舍长全体参加。对于改编问题加以讨论，结果除将各乡村学舍改编问题呈请民生部当局核准外，将原哈尔滨市立各乡村国民学舍，完全改为哈尔滨市立国民学校，以便统制之强化云云。

《盛京时报》，1938年12月29日晚刊4版，10327号。

初等教育扩充计划　自本年起逐步实施

（1939年）

滨江省公署基于中央新学制实施后，对于省下教育积极发展，因此，特实行扩充初等教育。至于滨江省管辖初等教育扩充计划，经讨论，结果现已决定，对于初等教育扩充之经费，较去年度增加二十六万余元，已列入康德六年度预算内，决定自今春期内，逐步实施。关于扩充计划中，主要者为初等教育教师待遇改善，及增加初等教育教师，以期学校学级之并增。兹将该计划之内容分别采录如下：

初等教育教师待遇改善：

一、校长月俸四十元者增俸两元，为四十二元。

二、教员月俸三十元者增俸二元，为三十二元。

三、慰劳金百分之五。

四、津贴百分之二。

初等教育教师增员：

一、现在全省各县旗初等学校长三百十二人，增加一百十九名，共计为四百三十一名。

二、现在全省各县旗学校教员二千零九十五名，增加三百四十四名，共计为二千四百三十九名云云。

《盛京时报》，1939年1月12日晚刊4版，10337号。

新编多数教科书　将分配于各县　使平民适龄者免费入学

（1939 年）

滨江省公署教育当局，基于政府新学制实施以来，对于教育积极发展，为期振兴国民教育，决定由省指定国文教科书（满文）、算术、日语读本等。多数的配布于省下各县之县立国民讲习所。凡属于无教育者，一般平民中之适龄者，受可免费入学的初步之教育。一方更致力于国民义务教育之普及，期以六个月之期间，于各县各地实施开校，实施国民义务教育。因从来各县及乡间之国民学校，并普通私塾所采用之教科书，尚多有系旧政府时代所审定者，对于国民初步教育之发挥上，殊有相当恶影响，故决依新学制之规定，除将以上各初等教育学舍或私塾之名称改为讲习所外，并已由当局新编适宜之新满文国文教科书一万五千部，算术教科书、日语读本五千部，待印制完了，即实施分配各县云云。

《盛京时报》，1939 年 2 月 1 日晚刊□版，10357 号。

本年就学儿童极多　全市突破一万余名　入学式昨已分别举行

（1939 年）

奉天市当局，因基于中央之训令，为彻底扑灭文盲起见，当即自昨年以来实施新学制，对于市内之学校教育予以刷新。同时对于民间之私塾以及私立小学校，均经市公署卖收处理，已志本报。兹市公立国民小学业于昨十五日起始，举行新生入学式。此次市内各学校计有报名希望入学之儿童达一万余众，均经市公立之各校予以收容。此项儿童增加之原因，概系由于各私立学校取消之所致。兹据市当局统计之学校以及学生情形如下：

奉天市公立国民学校计三十一校，四百六十四级；国民学舍八校，二十三级；国民优级学校十九校，百四十三级。

本年度于国民进入优级之学生三千余名，其卒业式于昨十五日午前十一时许，在城北男子及城东女子两校分别举行云。

《盛京时报》，1939 年 2 月 16 日晚刊 2 版，10370 号。

吉林全省各市县　教科书实行配给

（1939 年）

【吉林】在以前新教科书之印制为数超裕甚多，然一般书店贩卖者，因为利心关系不便多备，以免余剩之损失，因之学生每一购书稍迟，既有不得之虞，并有二三次购书，因购不得书与学生之教育上实有大不便。本年吉林省当局为除此种积弊起见，实行配给教科书，省校由民生厅调查各省立学校需用数目，于开学前报厅购备妥当，市公立各小学校由市公署教育股购备。于此开学之际，每校若干，以每班六十名为标准配给新用教科书，由校长照书之定价交科，甚为便利，各学生大悦云。

《盛京时报》，1939 年 3 月 1 日晚刊 7 版，10380 号。

市立学校五十九处　就学儿童三万九千弱
对来年度各学校计划扩充中

（1939 年）

奉天市当局，为普及市内一般儿童之教育起见，自本年度春季以来，对于各区国民学校饬令普及收容从事于教育，以使已届入学年龄之儿童，得以完全就读。现由该署教育科统计结果，本年度市公立国民学校二十八校，国民优级学校二十三校，国民学舍八校，共计五十九校，中收容之市内就学儿童共达三万八千八百九十五人。现该署对于来年度之各学校正在计划扩充中云。

《盛京时报》，1939 年 4 月 14 日晚刊 2 版，10421 号。

奉天省民生厅树立初等教育计划

（1939 年）

设立教育区极力扩充社会教育

奉天省民生厅，近树立初等教育计划。其中设定教育区，区内学校皆行社会教化，将学校教育扩充至社会教育等，以促满洲产业开发，对民众教化积极助成。其三年实施计划如左：

一、初等教育施设之扩充助成（学校之增设实习地之设置）。

二、教育区设定（为对学校教育改善扩充，设定教育区），教育区内设置模范校之中心学校（校长日系），设教育区委员会，作社会教化。

三、实验初等学校之设置（以乡土为基调，作适当之学校经营）。

四、教师之资格检定（分四月、七月二回实施）。

五、初等学校卒业程度学力之检定（每年九月实施）。

六、市县教育事务监察之彻底。

七、开教师讲习会。

八、学事视察。

九、学校教育对民众之禁烟教化。

《盛京时报》，1939 年 4 月 16 日晨刊 2 版，10423 号。

我国学校教科书文体将改用白话文 民生部正编纂中即将实施

（1939 年）

新学制实施以来，民生部锐意努力编纂即应新学制的新教科书。其中特别注意改善满洲国语教科书的内容，将从来偏重古文倾向国民高等学校教科书，此时断然用白话文。就是改为口语体，同时并用时文，以古文作为补助者，仅资为教养的食粮而已，将由现在编纂中的第三卷（第三学年用）起实施。此次改正的理由不外有三：

一、由纯粹白话文的国民学校忽然进到纯粹古文的国民高等学校，不能充分理解。

二、虽然学会了古文，但在现时代不能通用。

三、在此科学万能的时代，不能以古文充分表现出来。

《盛京时报》，1939 年 4 月 16 日晚刊 2 版，10423 号。

哈市署教育科考试男女教员　定于明年度增设小学校四处

（1939 年）

【哈尔滨】哈尔滨市公署教育科为谋教育彻底之普及，防止儿童失学计，曾计划于明年度增设小学校约四处，故对于教员采用，认有从速募集，所以实施招考教员。现已报名投考男女八十二名，于二十二日午前十时起，在道里新城小学校实施学科考试。殆定选择成绩优良者，采用男女教员三十五名云云。

《盛京时报》，1939 年 12 月 26 日晨刊 2 版，10671 号。

为谋教育素质向上起见　开催各中心校长会议

（1940 年）

【公主岭】怀德县教育科为关于康德七年度教育区活动及民众教育改善，以暨各校之废合诸问题，应行召开各中心校长会议。故于期前，呈请吉林省长派员参加指导。当订于本月二十八日，在县公署会议室，协议左记事项。

1. 关于教育区活动状况之件。

2. 关于民众教育改善之件。

3. 关于学校预算运用之件。

4. 关于学校废合之件。

并通知各校长须携行左记资料。

1. 各教育区活动状况报告。

2. 各教育区学校废合意见说明。

3. 教育区内之教师素质不良者，以如何方法提高之。

4. 各教育区内之社会教育，应如何使之进步。

5. 各教育区内学校，应用之表册多不完善，应如何改善之。

6. 各教育区之学生，于春季入学时，极为踊跃，入秋则寥寥无几，应如何防止之。

7. 各教育区之学校教师托故缺席，及任意旷课，应如何排除之。

又讯，于会议完了后，并于二十九日召开教育会评议员会议云。

《盛京时报》，1940 年 1 月 25 日晨刊 5 版，10697 号。

急于实践兴亚教育　市设教育振兴机关
六日第一回校堂长会议

(1940 年)

大连市内日满初等学校，为振兴大连市初等教育，以兴亚教育为目标，六日午后二时，于大连市役所市会议场内，开催第一回大连市管下校堂长会议。当日市役所侧，由市长、副市长、各关系课长列席，学校侧出席者，市内各小学校长、公学堂长、中等学校长、满系私立各学校代表者。开会之始，首由田中副市长致开会辞，次由别宫市长训示，以初等教育之重要性，大连市内初等教育之独自性，及教职员之立场，并体育振兴等诸点。将市当局之意向表明之后，由此田中副市长司会之下，将对向日市所提示之听取事项之学校答申内容，说明之。同五时半闭会。答申案中属于全般的事项者如下：

一、设置大连市初等教育振兴机关之大连市教育会。

二、养护学级设备之扩充，及养护学校之新设。

三、教育费预算之增额。

四、教科书编辑部之组织及强化。

五、教职员之待遇，尤以满系教职员之待遇改善。

以上各项中，尤以教育振兴机关之设置为诸问题之最先解决者，而其实现，更为一般所要望者云。

《盛京时报》，1940 年 3 月 13 日晨刊 6 版，10739 号。

奉天市公立国民学舍、国民学校、国民优级学校康德八年度招生之件

（1940 年）

为公告事，查康德八年度市公立国民学舍、国民学校、国民优级学校招收一年新生一案，已令知各公立学校并学舍，依照左记事项分别办理。仰一般市民有子弟已达学龄者，于入学报名期间内速往附近学校报名，以便入校求学可也。特此公告。

一、学校场所记

1. 国民学舍

小北学舍　沈阳区小北街二段一七六号

新高学舍　大和区新高町六号

厚生学舍　大和区厚生街五段一一号

协心学舍　大和区协和街二段二三号

小东学舍　沈阳区小东街四段八四号

大北学舍　沈阳区大北街三段一七号

里仁学舍　大东区长安街里仁胡同

小南学舍　沈阳区小南街三段二二二号

2. 国民学校　市内各公立国民学校

3. 国民优级学校　市内各公立国民优级学校

二、入学资格

1. 国民学舍：民国十九年十二月末日以前诞生之儿童（于康德八年度满十岁以上之儿童）。

2. 国民学校：自民国二十年一月一日至大同二年十二月末日间诞生之儿童（于康德八年度满七岁、八岁、九岁之儿童）。

3. 国民优级学校：国民学校毕业者或国民学校卒业程度学力检定合格者。

三、入学报名期间

1. 国民学舍及国民学校

自康德七年十一月一日起至康德七年十二月十日止，计四十日间。

2. 国民优级学校

同右。

四、入学报名手续

1. 国民学舍及国民学校入学报名手续

甲、先到附近学舍、学校领收教育科指定之新入生报名书。

乙、依规定格式由保护人代为详细填写盖印后，务于十二月十日以前提交于希望入的学舍舍长或学校校长，并要“报名受付票”。

丙、康德七年十二月二十二日（星期日）为检定日，午前十时由保护者率学生持“报名受付票”到校检定。

丁、康德七年十二月二十四日（礼拜二）为入学许可发表日，由保护者到校领收入学许可书。

2. 国民优级学校报名手续

甲、康德七年末于市公立国民学校毕业者，报名手续由在籍学校长代为办理之。

乙、其他外来同等学力者，可至希望入的国民优级学校接洽一切。

五、新生入学日

1. 康德八年二月十五日为新生入学日。

2. 新生为该日午前十时到校举行入学式。

3. 新生须持入学许可书。

六、注意事项

1. 一张报名书限学生一名。

2. 一名学生限希望一个学校或学舍。

3. 报名虚伪者拒绝入学。

4. 无许可书者拒绝入学。

5. 详细情形另有“宣传单”或到附近学校内询问之。

奉天市长　郑禹

康德七年十月二十五日

《盛京时报》，1940 年 10 月 25 日晨刊 2 版，10961 号。

初等学校校长会议

（1941 年）

【大连】关东州保健协会提倡小学校全校给食问题，并为接洽其学务事项等，开催本年最初大连市初等学校校长会议。于本月十五日午后一时，在西岗子公学堂开会。计到者有早川市学务课长，并同课主事、视学，以及市内各小学校、公学堂长等，达三十五名。州厅派国岛视学、竹谷技师莅席。经讨论结果，对于保健协会之方针，全校给食问题权选定一小学校以试验行之，以觇全校儿童给食之营养。然实际问题，因施设完备，及几多经费必要之难点，致儿童给食，与女学生之学校给食，不得同日而语等因。如以虚弱儿童并缺食儿童，与一般儿童相比较，当然无所及也。至于精神结果方面言之，母子相连，所谓先天之不足也，洵不谬言。统之而言，根本上女学校教育，与小学校教育之性格相异，不得不一视同仁。对于此点，应予保留，以待再检讨，使期万全。其次关于自四月新学期开始实施国民学校制细则，亦加以协议。但此番新学期，第一、二学年新制度，使用文部省编纂之新教科书，开始授课。对于曾所提议学童映画教育，全场无异议，表决决定自新学期实施。为确保其他学用品之配给，学校结成购买会联合会，为职员谋福利，扩充施设，提出职员共济会机构改革等议题，未待议决，于午后五时许散会矣云。

《盛京时报》，1941 年 1 月 21 日晨刊 8 版，11046 号。

儿童训育方针

（1941 年）

一国有一国之文化，文化者亦按时代之演进。例如今日我国之文化，固然以大学为文化之渊薮，亦即小学之目的也。但文化之发端尤应以小学为起源，所以外人初步国门，举目尽观国内一切建设，即知我国文化日趋优良境地，与东西文明各国家可以并驾齐驱矣。

迩来为造成第二代国民之优秀忠良性，对初小教育之训育方法，应彻底实施基本训练，使儿童初入学校、学龄幼稚、知识简单、判断力薄弱而心地坦白、纯洁无疵者，得免于不正常之恶习。其将来一生之人格优劣，亦在兹时期，根本训育为启发我国文化之先河。所以对儿童教育之训育方法，摘其要者以供学校、家庭间之参考焉。

《盛京时报》，1941 年 3 月 30 日晚刊 4 版，11109 号。

训育方法

（1941年）

一、端正其思想，锻炼其体格，陶冶其性情，督励其学业。

二、在满日一体信念下实践民族协和之精神。

三、坚固儿童忠君爱国、孝敬祖先之思想。

四、彻底明了建国之真意。

五、教师与家庭间，训育儿童时，须以儿童心理及性之所好，相机特别训育之。

六、教师与家长遇有益于儿童身心者，必率先躬亲实践，以身作则，俾儿童有所遵循。

七、教师与家长在训育儿童时，应以和颜悦色循循善诱，促进诚恳受训以得实绩，慎勿以教师之权威、家长之尊严呵责临之，使儿童生畏惧心，则消灭一片童真之兴趣。

八、使儿童作益身心之运动，促进体格健康，养成健全记忆力。

《盛京时报》，1941年3月30日晚刊4版，11109号。

小国民劳作教育应注重而不偏重

（1941年）

公立沈阳国优陈校长谈

我国自劳作教育倡兴后，不仅陶冶学生身心之发达，而且得到学后知用之利益，良非浅鲜。兹向第二代小国民劳作教育之状况，当经奉天市公立沈阳国民优级学校校长陈世昌氏发表如左之谈话。

现代的儿童心理与成人的心理不同，儿童的劳作亦与成人的劳作迥异，但是现在第二代国民，即将来建设国家之主人一分子，所以在入学期间，第一精神教育，第二劳作教育。精神教育者，即以建国精神、民族协和、时局认识为基础。劳作教育者，对国民应注重而不偏重，务使学科、劳作双方竞进。督促学生彻底了解学科真理，再加学后使之按理劳作，即成为乡土化、作业化，换句话说，所谓生活化。

本校为养成小国民劳作兴趣，乃养兔六十匹。分校设有农园地一处，再以训练小国民之课后实践，合理化劳作教育之精神，并启示劳作常识起见，乃置作业室，各生在劳作时对使用物品如有损坏者，在可能范围内还能自己修理。非为从前作手工然只顾做陈列品，而不重实际。今也反是勿论某种学科，学后必加以训练，以资各生等学后知用，此谓劳作之益也。

《盛京时报》，1941年5月13日晚刊4版，11152号。

为期儿童彻底防空知识　国都小学部展开模拟训练

（1941 年）

【新京】值此战云低迷，外交微妙之际，世界之局势辗转莫测，朝秦暮楚之情形，举目皆是。是以我国现虽从未正式加入战圈，然为防祸于万一计，国都新京已定自三日起亘三日间实行大计划之防空训练，以为敌机不时来袭之备，关此市内商户住民亦具彻底之觉悟而行进备防空必需之诸用具。而学校团体为启发并灌输第二代国民之空袭智能，自六月三十日起实行模拟训练。于警戒、戒严、空袭、避难等号令降下后，全体儿童，无论男女，均以“一丝不紊”“沉着豪胆”之态度，各就其位，其消火班、防毒班及救护班之组织并极完善，观其学校避难之师生状况，紧张，抚护，严如实事临境。如斯，即于实际之空袭时，儿童之家长可坦然无忧云。

《盛京时报》，1941 年 7 月 2 日综合版 6 版，11201 号。

普及初等教育　学校增设改编

（1941 年）

【通化】县教育当局，为谋初等教育之普及彻底，对于学校急图增设并刷新。本秋计划增设与改编学校，经省认可，现在开校，即照计划实现。状况列左：

增设

快大茂村干马河国民学舍

快大茂村西安屯国民学舍

公益村老岭国民学舍

公益村老岭公立国民优级学校

大泉村裤裆沟屯国民学舍

大泉村新开岭屯国民学舍

江口村公立国民优级学校

安耕村虎马岭屯国民学舍

三棵榆树欢喜岭屯国民学舍

三棵榆树新立屯国民学舍

三棚甸子村公立国民优级学校

三棚甸子村头棚甸子屯国民学舍

新安村长春屯国民学舍

长流村新世屯国民学舍

改编

太平村公立五道江屯国民学校（太平村五道江屯国民学舍改称）

快大茂村公立大都岭国民学校（快大茂村大都岭国民学舍改称）

安耕村公立高力木屯国民学校（安耕村高力木屯国民学舍改称）

德盛村公立太平屯国民学校（德胜村大湾沟国民学舍改称）

《盛京时报》，1941年8月13日综合版6版，11243号。

入学及升学者注意　奉市教育科之指示

（1941年）

奉天市署教育科，鉴于本年度冬季国民学校、国民学舍等，将行募集新生，及多期毕业者，复从事于升学事宜。教育当局为阐明投考学生升学资格之限制，及入学愿书提出之手续，并注意事项等，皆有所指示，披露如左：

▲入学资格

凡居于奉天市内之子弟于左记各项而身体健全有学习能力者。

一、国民学校，于大同二年一月一日至康德元年十二月三十一日之间出生者。

二、国民优级学校，凡国民学校卒业者，或国民学校卒业程度检定合格者，于康德九年一月一日现在满十六岁以下者。

三、国民学舍，于大同元年十二月三十一日以前出生者。

▲入学愿书提出期间

（报名期间）自康德八年十一月十五日起，至本年度十二月十四日止。

▲入学愿书提出手续

一、国民学校及国民学舍

入学希望者将本市所定新生入学报名书用纸之必要事项填写毕，呈交于所辖区公署民籍系与民籍簿对照，取得证明后，再行提出于最近之学校长或学舍长。于本市无民籍者速至所辖区公署，受其指示办理之。新生入学报名用纸到最近之本市公立学校领取之。

二、国民优级学校

现在于本市公立国民学校第四学年在学中之希望者，应申请该校校长办理报名手续，至于其他，亦与国民学校入学者办理同样手续，并同时于报名书上贴附国民学校卒业证明书、国民学校卒业程度学力检定试验合格证明书，或有卒业可能证明书，提出于最近之学校。

▲入学检查

对于入学希望者，由受理报名书之学校，定期施行身心发育程度之必要检查，以决定入学之可能否。检查日期于受付报名书之同时，由学校指定之。

▲入学许可

于检查后之第二日，对入学许可者之父兄交付入学许可书。

▲入学日

定于康德九年二月十五日午前十时，举行入学式。于开学式前，学生与各该父兄一同到校交入学许可书，但有不能出席者，须向学校申述其理由。

▲注意事项

一、入学报名书以一人一校为原则，不得同时于二校报名。

二、因收容上之关系，得指定令其改入于愿书提出校之以外学校。

三、无区公署对照证明之入学报名书者，不得受理。

四、入学手续上，倘发见虚伪时，虽已发给入学许可书，亦得取消其入学资格。

五、有患传染性之疾病者（沙眼及其他），得使其入学期间延期于来年，希各早日治疗为要。

《盛京时报》，1941 年 11 月 14 日综合版 7 版，11334 号。

奉市国民学校实施二部教育办法

（1942 年）

市对教育五年计划正选备中

奉天市公立各级国民学校，所有本年度新入学生之选衡于去年末既告完竣，续于二月十日之学期开始。于是各学校均定十八日，举行入学式。本年度入学生，国民学校六八九二名，优级学校五一三一名，学舍六一五名，比去年度国民减五一九七名，优级增六八五名，学舍亦减六〇六名。此乃于本年度入学生选衡之际，照会民籍，不许去年度以前之多数未满适龄之儿童入学，且对学舍志望者，极力使入国民学校为方针。比较历年之统计，已见新入生减少。尚有患罹沙眼病之入学志望者，至明年度止，入学延期，使其治疗为方针。虽严重检查眼疾，但此结果，依患罹沙眼入学延期者，于农村地区，约为百分之内外①。其他不过百分之二之程度，实示卫生思想普及之良好。据此，本年度在学儿童数，

① “百分之内外”疑有误。

国民学校三五三四五名，优级九五九三名，学舍六一五名，总计四万六千百五十四①名。现在奉天市公立学校数，国民、优级两级并学舍等合计三十八校，八百五十九班。但比就学儿童数，要望学校之新设与班次之增加等。市当局依教育整备五年计划，速行节节之整备而自资材及其他之关系，急速实现，有不可能之状态，为暂行措置实施二部教授。于是二部教授施行学校有三十二校，达有百十班云。

《盛京时报》，1942 年 1 月 23 日晨刊 2 版，11402 号。

充实国民炼成基础　决定实验中心校机构运营要纲

（1943 年）

【新京】初等教育之振兴、充实，乃国民炼成之基础，且为我国第二期建设之重点施策。对此，于基本国策大纲中业已阐明，关于其具体方策，人与物的各方面，均须整备扩充。因之教育指导机构之充实并其有机的运营，更为当前之急务。民生部当局有鉴于此，兹为强调实验中心学校之指导性，使之为国民教育推进之中核的活动，更为强化学校与市、县、旗行政部门之联系，以使其积极的协力于街村之育成起见，已决定实验中心学校机构运营要纲，于日内即可发表。该要纲之目的要旨如左：

教育负有国家施策之先驱的使命，而实验中心学校机构实为完成以炼成忠良国民为目的。国民教育上指导组织在各地方集结教育之指导力，以谋国家目的透彻，于下部机构而期振起现地教育之活泼的反映，在此适正有机的联系下，俾教育之下部机构得以育成。再因实验中心学校为市街村之教化中心，尤须与行政部门紧密联络，俾国策遂行上有所寄与及市街村育成上有所协力。

《盛京时报》，1943 年 1 月 31 日综合版 6 版，11769 号。

完成教育建国使命　市当局开催初等教育校长会议

（1943 年）

【辽阳】辽阳市教育当局，为期决战体制下完成教育建国之重大使命，特于二十日午前九时始，假市公署会议室，开催市公私立初等学校长会议。出席人员计二十五名，准时开会。首先举行国民仪礼后，有内田副市长、矶田总务科长之训示，继有王行政科长说明本年教育施政方针。（另志）更有张教育股长，对指示事项说明。（另志）以后，则为咨问

① 总计数疑有误。

事项申答，并听取事项希望，及恳谈事项。时至午后五时方始散会。

《盛京时报》，1943 年 4 月 23 日综合版 6 版，11845 号。

力期初等教育普及　当局规定防止蒙童退学方策

（1944 年）

奉天省，因一部市县初等学校在学生之退学率，最近有趋向增加一途之忧，故讲求左记退学防止策，以谋初等教育之普及彻底，与小国民炼成之完璧。其办法如下：

一、严正办理学生转学手续；

二、严重取缔学生欠席；

三、彻底实施视学，由中心学校长及主校长巡回视察，严重管理学校教师之勤务状况；

四、彻底实施学校长及教师等之访问学生家庭，紧密保持学校与学生父兄间之联系；

五、在农繁期，对学生父兄由学生实施集团的勤劳奉仕。

本年度学龄儿童之就学率，亦较去年度减少。关此对策，使各市县早日整备来年度就学期之适切措置，更使讲求左列各项：

（一）各市县学校学生收容力之增大，宜实施增筑校舍，设定临时校舍；

（二）伴随学校废置分合，对忌避就学者，讲劝诱策；

（三）对农村学校在整备寄宿舍同时建设通学路；

（四）实施教职员及学生之集团通学制；

（五）彻底实施对贫困学生免除授业科或减额办法，由此方策，以谋重大时局下确立初等教育体制之完璧。

东军民籍规则，更对州人教育。其于日本肇国精神，确立使之归一之体制。为谋州人之文教根本的刷新向上，新制定《关东州人教育令》，以局令二十日公布。该教育令为将以前之州人教育制度之受初等教育者，公学堂、普通学堂。受中等教育者，高等公学校、师范部、实业公学校之区分而统一为公学校、高等公学校（男子高等公学校、女子高等公学校）实业公学校，更分设教科为奉公、理□艺能、体联、勤劳之教科，而确立州人教言上之划有的新制度。

《盛京时报》，1944 年 4 月 22 日日刊 3 版，12203 号。

第四编

中等教育

一、中等普通教育

（一）法规章程

国民高等学校令

（1937年）

第一条　国民高等学校以涵养国民道德，修练国民精神，锻炼身体，置根基于实业教育，授与国民所必需之知识、技能，培养劳作习惯，养成堪为国民之中坚男子为目的。

第二条　省或特别市得设置国民高等学校。

省长依地方情形认为有必要时，得将关于国民高等学校之教育事务委任于县、旗、市长。

主管部大臣认为有必要时，得命省或特别市设置国民高等学校。

第三条　私人得设置国民高等学校。

第四条　省或特别市设置之国民高等学校，为公立国民高等学校。

私人设置之国民高等学校，为私立国民高等学校。

第五条　国民高等学校之设置及废止，应受主管部大臣之认可。

关于国民高等学校之设置及废止之规则，由主管部大臣定之。

第六条　公立国民高等学校之位置，由主管部大臣定之。

第七条　国民高等学校之修业年限为四年。

第八条　得入国民高等学校者，为国民优级学校毕业者或年龄满十三岁以上而依主管部大臣之所定有同等以上之学力者。

第九条　关于国民高等学校之编制及设备并学科目及其程度之规则，由主管部大臣定之。

第十条　国民高等学校应由校长依主管部大臣之所定，令学生使用文教部大臣或蒙政部大臣有著作权之教科书中，或文教部大臣或蒙政部大臣检定之教科书中，经省长或特别市长认可者。

第十一条　公立国民高等学校应征收授业费，但对于有特别事情者得减免之。

公立国民高等学校之授业费额，经主管部大臣之认可，由省长或特别市长定之。

第十二条　国民高等学校之教师，应为有主管部大臣发给之教师许可状者。但得依主管部大臣之所定，以无状者代用之。

关于国民高等学校教师许可状之规则，由主管部大臣定之。

第十三条　公立国民高等学校校长及教师之俸给、旅费及其他各种给与并其支给方法，由省长或特别市长根据主管部大臣所定之准则定之。

第十四条　关于国民高等学校校长及教师之职务及服务，并公立国民高等学校校长及教师之任用及解职规则，由主管部大臣定之。

第十五条　国民高等学校校长及教师认为在教育上有必要时，得对学生加以惩戒。

第十六条　关于国民高等学校之管理及监督在本令无规定之事项，由主管部大臣定之。

第十七条　不依本令之规定者，不得称为国民高等学校。

第十八条　本令施行上必要之规则，由主管部大臣定之。

附则

本令自康德五年一月一日施行。

本令施行之际现已受官之许可而设立之男子初级中学校及男子高级中学校，截至其现有在学学生卒业止，得依旧制存置之。

（伪）满洲帝国教育会编：《满洲帝国文教关系法规辑览》（上），1938 年。

国民高等学校规程

（1937 年）

第一章　教　　则

第一条　国民高等学校应遵守《国民高等学校令》第一条之趣旨，依初等教育之基础，特别留意左列事项而教育之。

一、应阐明建国之由来及建国精神，并使知访日宣诏之缘由，借使深刻体会日满一德一心不可分之关系，涵养忠君、爱国、孝悌、仁爱之至情，民族协和之美风，使其自觉负有为国家社会效劳之责务，并依劳作炼成爱好勤劳、尊重职业、实践躬行之精神，以期养成其为中坚国民之信念。

二、授与国民生活上适切有用之知识、技能，尤其有关于实业者更宜注重，务须以实验及劳作，使之明确了解，应用如意。至于国家之政治、产业、经济、文化等各机关，尤应注意，务使体会其构成及运营，以图教育之实际化。

三、应使身体强健而锻炼精神，以养成纯正、豁达之气度，并期情操之陶冶。

四、对于学生之指导与训练，虽在规定时间外，遇有必要时，亦应随时随地行之。

五、各学科目之教授、训练及养护，务使不至误其各自之目的及方法，而使其互相关联，互有裨益。

第二章 学科目及其程度

第二条 国民高等学校之学科目为国民道德、国语、实业、历史、地理、数学、理科、图画、体育、音乐、语学。以农业或水产为实业科目之国民高等学校，得不授语学。

第三条 国民道德科专依本令第一条第一款之趣旨，涵养其为忠良国民之信念为要旨。

教授国民道德科，应根据建国之本旨，授与道德之意义，并课授礼法之有关修养人格之事项，进及齐家之道及对社会之责务，更使涵养为国奉公之念，及关于民族协和、日满一德一心之坚固不拔之信念。

第四条 国语以使了解普通之语言、文章，学得正确自由表现其思想，并端正书写文字之能力，且培养文学上之趣味，启发智德，以资振兴国民精神为要旨。

国语于施行县制之地域内，教授日语及满语；于施行旗制之地域内，教授日语及蒙古语；于县旗并置之地域内，教授日语及依省长所定之满语或蒙古语。

教授国语以使讲读现代文为主，进及平易之古文。使作适宜实用之文章，并应课以文法之概要及习字。

第五条 实业科以使学得关于实业之适切有用之知识、技能，且依实习养成爱好勤劳之精神，炼成勤勉力行之良习，以资陶冶人格为要旨。

实业科为农业科、工业科、商业科、水产科或商船科之一。

教授农业科应由农作物、园艺、土壤、肥料、土地改良、农作物病虫害、畜产、畜产加工制造、兽医、家畜卫生、牧草及其他饲料、牧场经营、农产加工制造、柞蚕、制丝、育苗、造林、森林保护、森林利用、森林数学、森林经理、农林土木、农业气象、测量、产业组合及其他关于农业所必要之教材中选择而适宜分合课之。

工业科为机械科、电气科、土木科、建筑科、应用化学科、纺织科、工艺科或采矿冶金科之一或二以上。

教授机械科应由应用力学、水力及水力机械学、机构学、电气工学、材料强弱学、金属材料、机械工具、机械设计、机械制图、木型、铸工、锻工、机械装设、蒸气机关、暖房、内燃机关、机关车、客货车、自动车、兵器、造船、设计、制图及其他关于机械所必要之教材中选择而适宜分合课之。

教授电气科应由电磁学、直流学、交流学、电气测定、电气材料及工作法、发电及变电、送电及发电、电气通信、电气照明、电气铁、电气机械、设计、制图及其他关于电气所必要之教材中选择而适宜分合课之。

教授土木科应由应用力学、地质学、材料强弱学、测量学、土木施工学、水利、混凝工学、道路工学、桥梁工学、铁道工学、上下水道工学、河川工学、土木机械器具、设计、制图及其他关于土木所必要之教材中选择而适宜分合课之。

教授建筑科由应用力学、材料学、材料强弱学、测量学、建筑机械器具、建筑构造、建筑计划、建筑样式、建筑设备、建筑施行法、制图及其他关于建筑所必要之教材中选择而适宜分合课之。

教授应用化学科应由有机化学、无机化学、分析学、电气化学、酸碱、制药化学、油脂化学、燃料化学、纤维化学、酿造化学、食品化学、农产化学、肥料化学、染料化学、应用化学制品、窑业、制图及其他关于应用化学所必要之教材中选择而适宜分合课之。

教授纺织科应由纺织、意匠、棉毛织物、制丝、精炼漂白、染色及染料、织物结成、制品检查、图案、制图及其他关于纺织所必要之教材中选择而适宜分合课之。

教授工艺科应由材料学、原型、铸工、锻工、涂金、雕金、木工、雕刻、涂料及涂法、制版及印刷、照相、装饰、图案、制图及其他关于工艺所必要之教材中选择而适宜分合课之。

教授采矿冶金科应由地质矿物学、矿床学、采矿学、选矿、冶金、制造冶金、试金、吹管分析、火药、燃料学、测量学、矿山土木、电气工学、机械工学、矿山卫生及救急、制图及其他关于采矿冶金所必要之教材中选择而适宜分合课之。

教授商业科应由商事要项、商业经济、簿记、商品、商业作文、商业算术、商业地事、商业史、商业法规、商业图案、打字、速记、商业语及其他关于商业所必要之教材中选择而适宜分合课之。

教授水产科应由水产动物、浮游生物、水产卫生、水产化学、水产增殖、渔、水产制造、鱼类蓄养、渔获物处置及冷藏、渔船、航海及运用、水产气象、水产经营及其他关于水产所必要之教材中选择而适宜分合课之。

教授商船课应由运用术、航海术、机关术、机械制图、海上气象学大意、造船学大意、应用力学、电气学大意、海上运送大意、海上诸法规、船舶卫生及其他关于商船所必要之教材中事项选择而适宜分合课之。

第六条 历史以使知历史上重要之事迹，理解社会之变迁及文化发展之过程，尤应阐明建国之本义及日满两国之关系，鼓舞爱国心，养成其为忠良国民之信念为要旨。

教授历史应并课建国前史之概要，建国之由来及自建国讫现今之史实，及日本历史，并与我国及日本有重要关系之外国历史之概要。

第七条 地理以使理解地球及人类生活之状态，且阐明两者之关系，尤应使知我国及日本之国势，并与我国及日本有重要关系之各外国国势之概要，促进其为国民之自觉为要旨。

教授地理应阐明本国及日本之自然状态、政治、经济、产业、交通之状态及其关系，使知我国及日本之国势，更进而及于与我国及日本之政治、经济、产业、交通等有重要关系之各外国地理之概要，并课自然地理及人文地理之概要。

第八条 数学以使学得关于数量之知识，熟习计算之能力，且能应用如意，并使思考精确为要旨。

教授数学应课算术、代数及几何，遇有必要时应并课三角法之初步。

第九条　理科以授与关于天然物及自然现象之知识，使理解其对于人生之关系及其应用，并养成观察、构思及创造之能力为要旨。

教授理科应课关于主要之植物、动物及矿物之一般知识，并关于物理上及化学上之现象及定律、机械之构造及作用、元素及化合物之知识之概要。

第十条　图画以使精密观察形体及色彩，学得正确自由绘画之能力，陶冶构思、创作之能力，培养美感，以资涵养德性为要旨。

教授图画，应以写生画为主，并课考案画及几何画。

第十一条　体育以使身体各部得遂生理的发育，增进健康，且使动作机敏，而养成活泼、刚毅、坚忍、持久之精神及守规律、尚协同、重责任之习惯为要旨。

教授体育，应于教练、体操及游戏竞技之外，并课生理卫生。

第十二条　音乐以使能唱歌曲，心情高洁，用资涵养德性为要旨。

教授音乐，应授与单音唱歌及简易复音唱歌，且应并课乐典之概要。

第十三条　语学以使了解除于国语所履修之言语外之言语，即满语、蒙古语、俄语或英语等之一，学得运用之能力为要旨。

教授语学，应课发音、缀法、听法、读法及解释、说法及作文、默写、文法之概要，并习字。

第十四条　国民高等学校各学年各学科目之每周教授时数应依另表。

第十五条　校长因气候、产业、教师之事故及其他情由而认为必要时，得在一定期间内增减各学年各学科目之每周教授时数，或中止一或二以上学科目之授业。

在前项情形，各学年之各学科目如有不达其进度或超过太甚之虞时，应在其他期间内增减该学科目之每周教授时数而调整之。

依前二项之规定增减各学年各学科目之每周教授时数，或中止各学年各学科目之授业时，每周教授总时数不得超过四十二时或不足二十四时。

第十六条　校长对于各学年，得于夏季六十日以内专课实业之实习。

在前项情形，如继续二十日以上专课实习时，得给与十日以内之放假。

第三章　教　科　书

第十七条　国民高等学校关于国民道德、国语、实业、历史、地理、数学、理科、图画、音乐及语学之教授，应令使用教科书。但监督官署认为有特别情由时，或关于实业或音乐之教授校长认为无使用之必要时，不在此限。

第十八条　国民高等学校之教科书，应令使用民生部大臣有著作权者。就民生部大臣所检定之教科书，则经监督官署之认可，由校长采定之。

第十九条　关于国民高等学校之教科书，有左列各款之一之行为者，处二百元以下之罚金。

一、采用民生部大臣有著作权或民生部大臣已检定之教科书以外之书籍为国民高等学校教科书者，或使采用者。

二、明知民生部大臣有著作权之教科书或民生部大臣已检定之教科书被不法增加定价之情事，而仍采用为国民高等学校教科书者，或使采用者。

第四章 设置及废止

第二十条 欲设置国民高等学校时，应具左列事项，附具学则，受民生部大臣之认可。欲变更左列事项时亦同。

一、名称。

二、学生定员及学级编制。

三、教师定员及其担任学科目。

四、开校年、月、日。

五、校地、校舍、寄宿舍、体育场、实习地及其他一般设备（关于校地、校舍、寄宿舍、体育场及实习地，应附具图面，详载地形、地质、面积及构造并附近状况）。

六、资产、经费及维持方法（经费应记载自初年度至完成年度之款额）。

第二十一条 欲废止国民高等学校时，应具其事由、职员及学生之处置方法，并废止日期，受民生部大臣之认可。

废止国民高等学校或被命封闭时，应于三十日以内向监督官署提出学籍簿。

第二十二条 学则中应规定之事项如左。

一、关于学年、学期、休业日及式日之事项。

二、关于学科课程及每周教授时数之事项。

三、关于认定课程修了及认定毕业之事项。

四、关于学生之入学、转学、休学、退学及惩戒之事项。

五、关于授业费、入学费及其他向学生征收校费之事项。

六、关于寄宿舍之事项。

七、其他必要之事项。

第五章 学年、学期、教授日数、休业日及式日

第二十三条 国民高等学校之学年自一月一日始至十二月三十一日终。

为考查学力及其他教育上之便利起见，分学年为左之二学期。

前学期，自一月一日起至六月三十日止。

后学期，自七月一日起至十二月三十一日止。

第二十四条 每日教授终始时刻由校长定之。

第二十五条　国民高等学校之休业日如左。

一、星期日。

二、节祀日。

春节，合于阴历正月一日之阳历日。

元宵节，合于阴历正月十五日之阳历日。

春丁祀孔，合于阴历二月上丁日之阳历日。

端午节，合于阴历五月五日之阳历日。

中秋节，合于阴历八月十五日之阳历日。

秋丁祀孔，合于阴历八月上丁日之阳历日。

三、阳历一月二日、三日及十二月二十九日、三十日、三十一日。

四、合于阴历正月二日、三日及十二月末日之阳历日。

五、冬季休业日。

冬季休业日为四十日以内，但有特别事情时，经监督官署之认可，得延长之。

冬季休业日之日期，应经监督官署之认可后定之。

六、以上各款之外，监督官署所定之休业日。

第二十六条　以元旦（阳历一月一日）、万寿节（阳历二月六日）、纪元节（二月十一日）、建国节（阳历三月一日）、天长节（四月二十九日）、访日宣诏纪念日（阳历五月二日）、明治节（十一月三日）、入学日、毕业日及开校纪念日为式日。

元旦、万寿节、建国节及访日宣诏纪念日应举行左列式典。

一、校长于教师及学生之最敬礼中将御容之遮幔揭开之。

二、校长、教师及学生向御容行最敬礼，如未奉戴御容时，则向帝宫遥拜。

三、校长、教师及学生合唱国歌及日本国歌。

四、校长奉读访日回銮训民诏书。

五、校长、教师及学生合唱访日回銮训民诏书奉答之歌。

六、校长于教师及学生之最敬礼中将御容之遮幔关闭之。

七、校长根据建国之本旨及访日回銮训民诏书谨告圣旨之所在，并致适合式日之训话。

八、校长、教师及学生合唱适合式日之歌。

九、对日、满两国旗行最敬礼。

万寿节应举行左列式典。

一、校长于教师及学生之最敬礼中将御容之遮幔揭开之。

二、校长、教师及学生向御容行最敬礼，如未奉戴御容时，向帝宫遥拜。

三、校长、教师及学生合唱国歌。

四、校长奉读访日回銮训民诏书。

五、校长、教师及学生合唱访日回銮训民诏书奉答之歌。

六、校长于教师及学生之最敬礼中将御容之遮幔关闭之。

七、校长根据建国之本旨及访日回銮训民诏书谨告圣旨之所在，并致适合式日之训话。

八、校长、教师及学生合唱适合式日之歌。

九、对国旗行最敬礼。

纪元节、天长节及明治节举行左列式典：

一、校长、教师及学生合唱日本国歌及国歌。

二、校长、教师及学生向日本皇居遥拜。

三、校长奉读访日回銮训民诏书。

四、校长、教师及学生合唱访日回銮训民诏书奉答之歌。

五、校长根据访日回銮训民诏书，谨告圣旨之所在，并致适合式日之训话。

六、对日、满两国旗行最敬礼。

入学日、毕业日及开校纪念日应举行左列式典。

一、校长于教师及学生之最敬礼中将御容遮幔揭开之。

二、校长、教师及学生向御容行最敬礼，如未奉戴御容时，向帝宫遥拜。

三、校长、教师及学生合唱国歌。

四、校长奉读访日回銮训民诏书。

五、校长、教师及学生合唱访日回銮训民诏书奉答之歌。

六、校长于教师及学生之最敬礼中将御容之遮幔关闭之。

七、校长根据建国之本旨及访日回銮训民诏书谨告圣旨之所在，并致适合式日之训话。

八、校长、教师及学生合唱适合式日之歌。

九、对国旗行最敬礼。

于前各款之外，于第八款以下，校长得举行认为必要之式次。

第二十七条　遇有传染病、非常灾变及其他特别情由时，校长受监督官署之认可，得临时休业。如不及受认可时，应于临时休业之后，立即呈报监督官署。

如有前项之情由时，监督官署应命该国民高等学校休业。

在前二项情形，其学年之授业日数虽有第二十八条之规定，亦不妨减至二百二十八日以内。

第二十八条　授业日数每学年为二百二十八日以上，但因特别事情，经监督官署之认可时，不在此限。

第六章　编　　制

第二十九条　国民高等学校之学生数为四百人以内，但有特别事情时，受民生部大臣之认可，得增加之。

第三十条　学级应以同学年之学生编制之。

以工业科为实业科目之国民高等学校，应按各分科编制学级。

一学级之学生数为五十人以内，但有特别事情时，须增加十人以内。

第三十一条　体育及音乐得合并学年或学级不同之学生而教授之。

第三十二条　以工业为实业科目之国民高等学校，对于同一学年之同一学科目，得合并六十人以内之学级不同之学生而教授之。

第三十三条　有特别事情时，得设置国民高等学校之分校。

关于分校之规定，由监督官署定之。

第三十四条　国民高等学校之教师，每一学级为二人以上。须依学级数及教授时数，对于各学科目置各相当员数之教师。

第三十五条　国民高等学校之教师以教谕充之。但不得已时，其半数以内得以教导或教辅代之。

第七章　设　　备

第三十六条　国民高等学校之校地、校舍、体育场、校具、作业场、实习地、寄宿舍及其他必要之设备，须适应学校之规模及编制。

校地应选择道德上及卫生上无碍之地点。

建造物须适合其使用之目的，且于教授上、管理上及卫生上皆适宜，而又质朴坚牢者。

实习地如无特别情由，须邻接校舍，适于实习，且于管理上及卫生上皆适宜者。

第三十七条　国民高等学校应备左列表簿。

一、关系法规。

二、学校沿革志、学校一览表及视察簿。

三、学则、日志、各学科目每周教授时间表及教科书一览表。

四、学生之学籍簿、出席簿及身体检查表。

五、职员之名簿、履历书、出勤簿并担任学科目及时间表。

六、关于入学考查及学业成绩考查之表簿。

七、关于会计之账簿并图书、机械、标本及模型等之目录。

八、土地、建造物、图书、校具及其他备品之清册。

九、来往文件。

十、以上各款之外，监督官署认有必要之表簿。

前项表簿中已完结者，学籍簿应保存二十年以上，其他表簿应保存五年以上。

第八章　入学、转学、休学、退学、毕业及惩戒

第三十八条　有左列各款之一者，关于国民高等学校第一学年之入学，认为与国民优级学校毕业者有同等以上之学力。

一、高级小学校毕业者。

二、毕业于民生部大臣所指定之类似国民优级学校之教育施设者。

三、国民优级学校毕业程度学力检定合格者。

第三十九条　校长应于学年之始，依另记第六号表，作成入学学生之学籍簿。

第四十条　国民高等学校学生已退学者，如志愿再入国民高等学校时，得于考查后许可编入于教授同一实业科目之国民高等学校同一学年以下之学年。

第四十一条　国民高等学校学生得转学于教授同一实业科目之其他国民高等学校之同一学年。

志愿转学之学生，应将转学愿书呈经现在在学学校之校长提出之。

在前项情形，校长应将在学证明书、成绩表、学科课程表及意见书，附于转学愿书，送达受转学之学校。

受转学之国民高等学校如无妨碍，应许其转学。

第四十二条　校长认为有正当情由时，得许可学生一年以内之休学。

第四十三条　各学年课程修了之认定及全课程毕业之认定，应考查平素之成绩而行之。

第四十四条　校长对于未修了一学年课程之学生，不得升进其学年。

第四十五条　校长对于认为已修了各学年之课程者，应依其申请，授与修了证书。

第四十六条　校长对于认为全课程毕业者，应授与毕业证书。

第四十七条　校长对于有左列各款之一者，命其退学。

一、性行或思想不良，认为无悛改之望者。

二、学力低劣或身体虚弱，认为无成就之望者。

三、无正当之情由，继续缺席一个月以上者。

四、出席无规律者。

第四十八条　学生欲退学时，应受校长之许可。

第四十九条　对于学生之惩戒，分为训诫、谨慎、停学及除名，而谨慎、停学及除名由校长行之。

第九章　授业费

第五十条　公立国民高等学校征收之授业费，其款额每月在三元以内，经民生部大臣之认可，由监督官署定之。但无一日授业之月，则不征收授业费。

第五十一条　校长对于有特殊情形之学生，经监督官署之认可，得减免授业费。

第十章　监　　督

第五十二条　本令所称之监督官署，为省长或特别市长。

第五十三条　关于指导监督国民高等学校教师之事务，由监督官署或承其命令之官吏行之。

附则

本令自国民高等学校令施行之日施行。

以农业为实业科目之国民高等学校之各学年各学科目每周教授时数表

（第一号表）

学年＼学科目	国民道德	国语		实业		历史地理	数学	理科	图画	体育	音乐	语学	计
		满语	日语	讲义	实习								
第一学年	2	3	6	6	6	4	3	4	1	2	1	(2)	40
第二学年	2	3	6	6	6	4	3	4	1	2	1	(2)	40
第三学年	2	3	6	15	6		2	2		2		(2)	40
第四学年	2	3	6	15	6		2	2		2		(2)	40

实业之讲义及实习之时间，于有必要时，得适宜相互通融之。

实业之实习于所定时间外，亦得适宜课之。

省去语学时，应将其时间分配于数学或实业。

关于各学科目之教授时数，如难依照本表时，经监督官署之认可，于不变更各学科目之教授总时数之范围内，得更改之。

以工业为实业科目之国民高等学校之各学年各学科目每周教授时数表

（第二号表）

学年＼学科目	国民道德	国语		实业		历史地理	数学	理科	图画	体育	音乐	语学	计
		满语	日语	讲义	实业								
第一学年	2	3	6	6	5	4	4	4	1	2	1	2	40
第二学年	2	3	6	6	5	4	4	4	1	2	1	2	40
第三学年	2	3	6	15	5		3	2		2		2	40
第四学年	2	3	6	15	5		3	2		2		2	40

实业之讲义及实习之时间，于有必要时，得适宜相互通融之。

实业之实习于所定时间外，亦得适宜课之。

关于各学科目之教授时数，如难依照本表时，经监督官署之认可，于不变更各学科目之教授总时数之范围内，得更改之。

以商业为实业科目之国民高等学校之各学年各学科目每周教授时数表

（第三号表）

学科目 学年	国民道德	国语		实业		历史地理	数学	理科	图画	体育	音乐	语学	计
		满语	日语	讲义	实习								
第一学年	2	3	6	6	5	4	3	4	1	2	1	3	40
第二学年	2	3	6	6	5	4	3	4	1	2	1	3	40
第三学年	2	3	6	15	5		2			2		5	40
第四学年	2	3	6	15	5		2			2		5	40

实业之讲义及实习之时间，于有必要时，得适宜相互通融之。

实业之实习，于所定时间外，亦得适宜课之。

关于各学科目之教授时数，如难依照本表时，经监督官署之认可，于不变更各学科目之教授总时数之范围内，得更改之。

以水产为实业科目之国民高等学校之各学年各学科目每周教授时数表

（第四号表）

学科目 学年	国民道德	国语		实业		历史地理	数学	理科	图画	体育	音乐	语学	计
		满语	日语	讲义	实习								
第一学年	2	3	6	6	6	4	3	4	1	2	1	(2)	40
第二学年	2	3	6	6	6	4	3	4	1	2	1	(2)	40
第三学年	2	3	6	15	6		2	2		2		(2)	40
第四学年	2	3	6	15	6		2	2		2		(2)	40

实业之讲义及实习之时间，于有必要时，得适宜相互通融之。

实业之实习，于所定时间外，亦得适应课之。

省去语学时，应将其时间分配于数学或实业。

关于各学科目之教授时数，如难依照本表时，经监督官署之认可，于不变更各学科目之教授总时数之范围内，得更改之。

以商船为实业科目之国民高等学校之各学年各学科目每周教授时数表

（第五号表）

学科目 学年	国民道德	国语		实业		历史地理	数学	理科	图画	体育	音乐	语学	计
		满语	日语	讲义	实习								
第一学年	2	3	6	6	5	4	4	4	1	2	1	2	40
第二学年	2	3	6	6	5	4	4	4	1	2	1	2	40
第三学年	2	3	6	15	5		2			2		5	40
第四学年	2	3	6	15	5		2			2		5	40

实业之讲义及实习之时间，于有必要时，得适宜相互通融之。

实业之实习，于所定时间外，亦得适宜课之。

关于各学科目之教授时数，如难依照本表时，经监督官署之认可，于不变更各学科目之教授总时数之范围内，得更改之。

第六号表（学籍簿格式）

住所			氏名	
			年月日生	
入学年月日	入学前之经历	卒业年月日	退学年月日	退学之事由

保护者		
氏名住所	职业	与学生之关系

	学科目 ＼ 学年		第一学年	第二学年	第三学年	第四学年	其他必要事项
学业成绩	国民道德						
	国语	日语					
		满语					
		蒙古语					
		合计					
	实业						
	历史						
	地理						
	数学						
	理科						
	图画						
	体育						
	音乐						
	语学						
	总计点						
	平均点						
	操行						
	席次						
	修了年月日						
在学中之出席及缺席	授业日数						
	病气缺席						
	事故缺席						
身体之状况	发育	身长					
		体重					
		胸围					
		概评					
	荣养						
	脊柱						
	视力及屈折状态	左					
		右					
	色神						
	眼疾						
	听力						
	耳疾						
	齿牙						
	其他疾病异状						
	监察之要否						
	对本人之注意						
	备考						

（伪）满洲帝国教育会编：《满洲帝国文教关系法规辑览》（上），1938 年。

女子国民高等学校令

（1937 年）

第一条　女子国民高等学校以涵养国民道德，特别注重妇德，修练国民精神，锻炼身体，授与女子所必需之知识、技能，培养劳作习惯，养成堪为良妻贤母者为目的。

第二条　省或特别市得设置女子国民高等学校。

省长依地方情形认为有必要时，得将关于女子国民高等学校之教育事务委任于县、旗、市长。

主管部大臣认为有必要时，得命省或特别市设置女子国民高等学校。

第三条　私人得设置女子国民高等学校。

第四条　省或特别市设置之女子国民高等学校，为公立女子国民高等学校。

私人设置之女子国民高等学校，为私立女子国民高等学校。

第五条　女子国民高等学校之设置及废止，应受主管部大臣之认可。

关于女子国民高等学校之设置及废止之规则，由主管部大臣定之。

第六条　公立女子国民高等学校之位置，由主管部大臣定之。

第七条　女子国民高等学校之修业年限为四年。

第八条　得入女子国民高等学校者，为国民优级学校毕业者，或年龄满十三岁以上而依主管部大臣之所定有同等以上之学力者。

第九条　关于女子国民高等学校之编制及设备并学科目及其程度之规则，由主管部大臣定之。

第十条　女子国民高等学校应由校长依主管部大臣之所定，令学生使用文教部大臣或蒙政部大臣有著作权之教科书中，或文教部大臣或蒙政部大臣检定之教科书中，经省长或特别市长认可者。

第十一条　公立女子国民高等学校应征收授业费，但对于有特别事情者，得减免之。

公立女子国民高等学校之授业费额，经主管部大臣之认可，由省长或特别市长定之。

第十二条　女子国民高等学校之教师，应为有主管部大臣发给之教师许可状者。但得依主管部大臣之所定，以无状者代用之。

关于女子国民高等学校教师许可状之规则，由主管部大臣定之。

第十三条　公立女子国民高等学校校长及教师之俸给、旅费及其他各种给与并其支给方法，由省长或特别市长根据主管部大臣所定之准则定之。

第十四条　关于女子国民高等学校校长及教师之职务及服务，并公立女子国民高等学校校长及教师之任用及解职规则，由主管部大臣定之。

第十五条　女子国民高等学校校长及教师认为在教育上有必要时，得对学生加以惩戒。

第十六条　公立女子国民高等学校得置师道科。

师道科应以养成国民优级学校、国民学校及国民学舍之女教师为目的而施师道教育。

第十七条　师道科之修业年限为一年。

第十八条　得入师道科者，为女子国民高等学校毕业者或依主管部大臣之所定有同以上之学力者。

第十九条　对于师道科学生，依主管部大臣之所定补助学资。

师道科依主管部大臣之所定，除前项外，不妨收私费学生。

第二十条　师道科毕业者自领到毕业证书之日起，在左列期间有服务教师之义务。

一、受学资补助之毕业者，相当于其所受学资补助间二倍之期间。

二、私费毕业者，相当于其修业年限之期间。

前项之义务，得依主管部大臣之所定免除之。

第二十一条　对于师道科学生不征收授业费。

第二十二条　关于女子国民高等学校之管理及监督在本令无规定之事项，由主管部大臣定之。

第二十三条　不依本令之规定者，不得称为女子国民高等学校。

第二十四条　本令施行上必要之规则，由主管部大臣定之。

附则

本令自康德五年一月一日施行。

本令施行之际，现已受官之许可而设立之女子初级中学校及女子高级中学校，截至其现有在学学生毕业止，得依旧制存置之。

（伪）满洲帝国教育会编：《满洲帝国文教关系法规辑览》（上），1938 年。

女子国民高等学校规程

（1937 年）

第一章　教　　则

第一条　女子国民高等学校应遵守《女子国民高等学校令》第一条之趣旨，依初等教育之基础，特别留意左列事项而教育之。

一、应阐明建国之由来及建国精神，并使知访日宣诏之缘由，借使深刻体会日满一德一心不可分之关系，培养忠君、爱国、孝悌、仁爱之至情及民族协和之美风，而努力涵养妇德，以期自觉为女子之本分。

二、应授与女子实际生活上适切有用之知识、技能，尤其关于家庭生活者更宜注重，并施实务的训练，以期不徒偏于抽象的理论。

三、应使身体强健，培养温良、优雅之气度，并陶冶情操。

四、对于学生之指导与训练，虽在规定时间外，遇有必要时，亦应随时随地行之。

五、各学科目之教授、训练及养护，务使不致误其各自之目的及方法，而使其互相关联，互有裨益。

六、师道科应依女子国民高等学校所授之基础，更提高其为教师之教养。

第二章　学科目及其程度

第二条　女子国民高等学校之学科目为国民道德、国语、教育、家事、裁缝手艺、实业、历史、地理、数学、理科、图画、体育、音乐。

第三条　国民道德科专依本令第一条第一款之趣旨，涵养妇德，养成其为忠良国民之信念为要旨。

教授国民道德科，应根据建国之本义，授与道德之要领，课以礼法自有关修养人格之事项，进及对于家庭社会及国家为女子应尽之本务。尤应使体会民族协和及日满一德一心不可分之关系。

第四条　国语以使了解普通语言及文章，学得正确自由表现其思想，并端正书写文字之能力，且培养文学上之趣味，启发智德，以资振兴国民精神为要旨。

国语于施行县制之地域内，教授日语及满语；于施行旗制之地域内，教授日语及蒙古语；于县旗并置之地域内，教授日语及依省长所定之满语或蒙古语。

教授国语以使讲读现代文为主，进及平易之古文，使作适于实用之文章，并应课以文法之概要及习字。

第五条　教育以使学得关于教育之普通知识、技能，尤应使领会家庭教养子女之道为要旨。

教授教育，须授与儿童心理之概要，身体养护及智德陶冶之概要，尤应使知家庭教育，并家庭教育与学校教育及社会教育之关系。

第六条　家事以使学得整理家事上必要之知识、技能，培养崇尚勤勉、节俭、秩序、清洁及尊重公德之念为要旨。

教授家事，应特别留意使其与教育所授之事项相关联，授与关于衣食住、看护病人，育儿、卫生及家庭簿记及其他关于一家之整理及经济等项之知识，并课以实习。

第七条　裁缝手艺以使学得关于裁缝手艺适切有用之知识、技能，养成磨炼意志、节省利用之习惯为要旨。

教授裁缝，应课普通衣服之缝法、裁法、修补法。

教授手艺，应就简易之手工并刺绣、造花、袋物及编物，选择适切事项而课之。

第八条　实业科以使学得关于实业之普通知识、技能，且依实习而炼成爱好勤劳之精神与勤勉力行之良习，培养崇尚家业、协力家业之念为要旨。

教授实业科，应就农业或商业，依地方情形选择适合女子之事项而授与之，并课以实习。

第九条　历史以使知历史上重要之事迹，理解社会之变迁及文化发展之过程。尤应阐明建国之本义及日满两国之关系，鼓舞爱国心，养成其为忠良国民之信念为要旨。

教授历史，应并课建国前史之概要，建国之由来及自建国迄今之史实及日本历史，并与我国及日本有重要关系之外国历史之概要。

第十条　地理以使理解地球及人类生活之状态，且阐明两者之关系。尤应使知我国及日本之国势，并与我国及日本有重要关系之各外国国势之概要，促进其为国民之自觉为要旨。

教授地理，应阐明我国之自然状态、政治、经济、产业、交通之状态并其关系，使知国势，更进而及于我国政治、经济、产业、交通等有重要关系之各外国地理之概要，并课自然地理及人文地理之概要。

第十一条　数学以授与关于数量之知识，使熟习计算，且能应用如意，并使思考精确为要旨。

教授数学，主授算术，进而课以代数及几何之初步。

第十二条　理科以授与关于天然物及自然现象之知识，使理解其对于人生之关系及其应用，并养成观察、构思及创造之能力为要旨。

教授理科，应主授有关家庭生活之植物、动物、矿物之一般知识，并关于物理及化学知识之概要。

第十三条　图画以使精密观察形体及色彩，学得正确自由绘画之能方［力］，陶冶构思、创造之能力，培养美感，以资涵养德性为要旨。

教授图画，应以写生画为主，并课考察画及几何画。

第十四条　体育以使身体各部得遂生理的发育，增进健康，精神活泼，养成守规律、尚协同、重责任之习惯为要旨。

教授体育，应于教练体操及游戏竞技之外，并课生理卫生。

第十五条　音乐以使能唱歌曲，心情高洁，用资涵养德性为要旨。

教授音乐，应授与单音唱歌及复音唱歌，且应并课乐典之概要。

第十六条　师道科之学科目为国民道德、教育、实业、体育。

一、国民道德科应依本令第三条之趣旨，于其教授事项更加精深之程度授之，以资陶冶其为师表之人格。

二、教育应依第五条所授者为基础，授与关于初等教育之理论及方法，并学校管理之概要。课以教育实习，指导各学科目之教授法及教材研究，进及社会教育理论及方法之概要。

三、实业及体育应依第八条及第十四条之趣旨，于其教授事项更加精深之程度课之。

第十七条　女子国民高等学校各学年各学科目之每周教授时数应依另记第一号表。

第十八条　校长因气候、产业、教师之事故及其他情由，而认为有必要时，得在一定期间内增减各学年各学科目之每周教授时数，或中止一或二以上学科目之授业。

在前项情形，各学年之各学科目如有不达其进度或超过太甚之虞时，应在其他期间内增减该学科目之每周教授时数而调整之。

依前二项之规定增减各学年各学科目之每天教授时数，或中止各学年各学科目之授业时，每周教授总时数不得超过四十二时或不足二十四时。

第三章　教　科　书

第十九条　女子国民高等学校关于国民道德、国语、教育、家事、裁缝手艺、实业、历史、地理、数学、理科、图画及音乐之教授，应令使用教科书。但监督官署认为有特别情由时，或关于裁缝手艺、实业及音乐之教授，校长认为无使用之必要时，不在此限。

师道科关于国民道德、教育及实业之教授，应令使用教科书。但关于实业之教授，校长认为无使用之必要时，不在此限。

第二十条　女子国民高等学校之教科书，应令使用民生部大臣有著作权者至民生部大臣已检定之教科书，经监督官署之认可，由校长采定之。

第二十一条　关于女子国民高等学校教科书，如有左列各款之一之行为者，处二百元以下之罚金。

一、采用民生部大臣有著作权或民生部大臣已检定之教科书以外之书籍，为女子国民高等学校教科书者，或使采用者。

二、明知民生部大臣有著作权或民生部大臣已检定之教科书被不法增加定价之情事而仍采用为女子国民高等学校教科书者，或使采用者。

第四章　设置及废止

第二十二条　欲设置女子国民高等学校时，应具左列事项，附具学则，民生部大臣之认可。欲变更左列事项时亦同。

一、名称。

二、学生定员及学级编制。

三、教师定员及其担任学科目。

四、开校年、月、日。

五、校地、校舍、寄宿舍、体育场，实习地及其他一般设备（关于校舍、校地、寄宿舍、体育场及实习地应附具图面、详载地形、地质、面积及构造并附近状况）。

六、资产、经费及维持方法（经费应记载自初年度至完成年度之款额）。

第二十三条　欲废止女子国民高等学校时，应具其事由、职员及学生之处置方法并废止日期，受民生部大臣之认可。

废止女子国民高等学校或被命封闭时，应于三十日以内向监督官署提出学籍簿。

第二十四条　学则中应规定之事项如左。

一、关于学年、学期、休业日及式日之事项。

二、关于学科课程及每周教授时数之事项。

三、关于认定课程修了及认定毕业之事项。

四、关于学生之入学、转学、休学、退学及惩戒之事项。

五、关于授业费、入学费及其他向学生征收校费之事项。

六、关于学资及毕业后之服务事项（师道科）。

七、关于寄宿舍之事项。

八、其他必要之事项。

第五章　学年、学期、教授日数、休业日及式日

第二十五条　女子国民高等学校之学年自一月一日始至十二月三十一日终。

为考查学力及其他教育上之便利起见，分学年为左之二学期。

前学期，自一月一日至六月三十日止。

后学期，自七月一日起至十二月三十一日止。

第二十六条　每日教授终始时刻由校长定之。

第二十七条　女子国民高等学校之休业日如左。

一、星期日。

二、节日、祀日。

春节，合于阴历正月一日之阳历日。

元宵节，合于阴历正月十五日之阳历日。

春丁祀孔，合于阴历二月上丁日之阳历日。

端午节，合于阴历五月五日之阳历日。

中秋节，合于阴历八月十五日之阳历日。

秋丁祀孔，合于阴历八月上丁日之阳历日。

三、阳历一月二日、三日及十二月二十九日、三十日、三十一日。

四、合于阴历正月二日、三日及十二月末日之阳历日。

五、冬季休业日及夏季休业日。

冬季休业日及夏季休业日合计为五十日以内。但有特别事情时，经监督官署之认可，得延长之。

冬季休业日及夏季休业日之日期，经监督官署之认可后定之。

六、以上各款之外，监督官署所定之休业日。

第二十八条　以元旦（阳历一月一日）、万寿节（阳历二月六日）、纪元节（二月十一日）、建国节（阳历三月一日）、天长节（四月二十九日）、访日宣诏纪念日（阳历五月二日）、明治节（十一月三日）、入学日、毕业日及开校纪念日为式日。

元旦、建国节及访日宣诏纪念日应举行左列式典。

一、校长于教师及学生之最敬礼中将御容之遮幔揭开之。

二、校长、教师及学生向御容行最敬礼，如未奉戴御容时，向帝宫遥拜。

三、校长、教师及学生合唱国歌及日本国歌。

四、校长奉读访日回銮训民诏书。

五、校长、教师及学生合唱访日回銮训民诏书奉答之歌。

六、校长于教师及学生之最敬礼中将御容之遮幔关闭之。

七、校长根据建国之本旨及访日回銮训民诏书谨告圣旨之所在，并致适合式日之训话。

八、校长、教师及学生合唱适合式日之歌。

九、对日、满两国旗行最敬礼。

万寿节应举行左列式典。

一、校长于教师及学生之最敬礼中将御容之遮幔揭开之。

二、校长、教师及学生向御容行最敬礼，如未奉戴御容时，向帝宫遥拜。

三、校长、教师及学生合唱国歌。

四、校长奉读访日回銮训民诏书。

五、校长、教师及学生合唱访日回銮训民诏书奉答之歌。

六、校长于教师及学生之最敬礼中将御容之遮幔关闭之。

七、校长根据建国之本旨及访日回銮训民诏书谨告圣旨之所在，并致适合式日之训话。

八、校长、教师及学生合唱适合式日之歌。

九、对国旗行最敬礼。

纪元节、天长节及明治节举行左列式典。

一、校长、教师及学生合唱日本国歌及国歌。

二、校长、教师及学生向日本皇居遥拜。

三、校长奉读访日回銮训民诏书。

四、校长、教师及学生合唱访日回銮训民诏书奉答之歌。

五、校长根据访日回銮训民诏书，谨告圣旨之所在，并致适合式日之训话。

六、对日、满两国旗行最敬礼。

入学日、毕业日及开校纪念日应举行左列式典。

一、校长于教师及学生之最敬礼中，将御容之遮幔揭开之。

二、校长、教师及学生向御容行最敬礼，如未奉戴御容时，向帝宫遥拜。

三、校长、教师及学生合唱国歌。

四、校长奉读访日回銮训民诏书。

五、校长、教师及学生合唱访日回銮训民诏书奉答之歌。

六、校长于教师及学生之最敬礼中，将御容之遮幔关闭之。

七、校长根据建国之本旨及访日回銮训民诏书，谨告圣旨之所在，致适合式日之训话。

八、校长、教师及学生合唱适合式日之歌。

九、对国旗行最敬礼。

于前各款之外，于第八款以下，校长得举行认为必要之式典。

第二十九条　遇有传染病、非常灾变及其他特别情由时，校长受监督官署之认可，得临时休业。如不及受认可时，应于临时休业之后，立即呈报监督官署。

如有前项之情由时，监督官署应命该女子国民高等学校休业。

在前二项情形，其学年之授业日数虽有第三条之规定，亦不妨减至二百二十二日以内。

第三十条　授业日数每学年为二百二十二日以上，但因特别事情，经监督官署之认可时，不在此限。

第六章　编　制

第三十一条　女子国民高等学校之学生数为六百人以内，但有特别事情时，经民生部大臣之认可，得增加之。

第三十二条　学级应以同学年之学生编制之。

一学级之学生数为十五人以内，但有特别事情时，得增加十人以内。

第三十三条　体育及音乐得合并学年或学级不同之学生而教授之。

第三十四条　有特别事情时，得设置女子国民高等学校之分校。关于分校之规程，由监督官署定之。

第三十五条　女子国民高等学校之教师数每一学级为二人以上。须依学级数及教授时数，对于各学科目置各相当员数之教师。

第三十六条　女子国民高等学校之教师以教谕充之，但不得已时，其半数以内得以教导或教辅代之。

第七章　设　备

第三十七条　女子国民高等学校之校地、校舍、体育场、校具、作业场、实习地、寄宿舍及其他必要之设备，须适应学校之规模及编制。

校地应选择道德上及卫生上无碍之地点。

建造物须适合其使用之目的，且于教授上、管理上及卫生上皆适宜，而又质朴坚牢者。

实习地如无特别情由，须邻接校舍，适于实习，且于管理上及卫生上皆适宜者。

第三十八条　女子国民高等学校应备左列表簿。

一、关系法规。

二、学校沿革志、学校一览表及视察簿。

三、学则、日志、各学科目每周教授时间表及教科书一览表。

四、学生之学籍簿、出席簿及身体检查表。

五、职员之名簿、履历书、出勤簿并担任学科目及时间表。

六、关于入学考查及学业成绩考查之表簿。

七、关于会计之账簿并图书、机械、标本及模型等之目录。

八、土地、建造物、图书、校具及其他备品之清册。

九、来往文件。

十、以上各款之外，监督官署认有必要之表簿。

前项表簿中已完结者，学籍簿应保存二十年以上，其他表簿应保存五年以上。

第八章　入学、转学、休学、退学、毕业及惩戒

第三十九条　有左列各款之一者，关于女子国民高等学校第一学年之入学，认为与国民优级学校毕业者有同等以上之学力。

一、高级小学校毕业者。

二、毕业于民生部大臣所指定之类似国民优级学校之教育施设者。

三、国民优级学校毕业程度学力检定合格者。

第四十条　校长应于学年之始，依左记第二号表，作成入学学生之学籍簿。

第四十一条　女子国民高等学校学生已退学者，如志愿再入女子国民高等学校时，得于考查后许可，编入于同一学年以下之学年。

第四十二条　女子国民高等学校学生得转学于其他女子国民高等学校之同一学年。

志愿转学之学生，应将转学愿书呈经现在在学学校之校长提出之。

在前项情形，校长应将在学证明书、成绩表、学科课程表及意见书，附于转学愿书，送达受转学之学校。

受转学之女子国民高等学校如无妨碍，应许其转学。

第四十三条　校长认为有正当情由时，得许可学生一年以内之休学。

第四十四条　各学年课程修了之认定或全课程毕业之认定，应考查平素之成绩而行之。

第四十五条　校长对于未修了一学年课程之学生，不得升进其学年。

第四十六条　校长对于认为已修了各学年之课程者，应依其申请，授与修了证书。

第四十七条　校长对于认为全课程毕业者，应授与毕业证书。

第四十八条　校长对于有左列各款之一者得命其退学。

一、性行或思想不良，认为无悛改之望者。

二、学力低劣或身体虚弱，认为无成就之望者。

三、无正当之情由，继续缺席一个月以上者。

四、出席无规律者。

第四十九条　学生欲退学时，应受校长之许可。

第五十条　对于学生之惩戒，分为训诫、谨慎、停学及除名，而谨慎、停学及除名由校长行之。

第九章　师道科之学资及毕业后之服务

第五十一条　支给师道科学生之学资，其款额每月在四元以上十元以下，经民生部大臣之认可，由监督官署定之。欲变更学资款额时亦同。

第五十二条　校长对于因自己之事由而退学者，或受退学处分或被除名者，应受监督官署之指挥，令给费学生偿还授业公费及其在学中所支领之学资，私费学生偿还授业公费。但均得按其情形免除其全部或一部之偿还。

第五十三条　毕业者自领到毕业证书之日起一个年内，应在监督官署所指定之国民学舍、国民学校或国民优级学校履行其服务义务。

第五十四条　对于在服务义务期间内，经监督官署之认可，或民生部大臣指定之以养成教员为目的之学校或其他教育施设者，其在学中展缓服务义务之履行。

第五十五条　在服务期间内，有左列各款之一者，校长受监督官署之指挥，应令给费毕业者偿还授业公费及在学中所支领之学费，私费毕业者偿还授业公费。但均得按其情形，免除其全部或一部之偿还。

一、无正当事由而不尽服务义务时。

二、被处禁锢以上之刑而退职时。

三、因惩戒而被免职时。

四、许可状失其效力或受褫夺许可状之处分时。

第五十六条　在五十二条及第五十五条情形，授业公费之款额在年额三十六元以内，由监督官署定之。

第十章　教育实习机关

第五十七条　监督官署为供学生之实习教育起见，得指定国民优级学校、国民学校、国民学舍或国民义塾。

第十一章　授　业　费

第五十八条　公立女子国民高等学校征收之授业费，其款额每月在三元以内，经民生部大臣之认可，由监督官署定之。但无一日授业之月，则不征收授业费。

第五十九条　校长对于有特别事情之学生，经监督官署之认可，得减免其授业费。

第十二章　监　督

第六十条　本令所称之监督官署，为省长或特别市长。

第六十一条　关于指导监督女子国民高等学校教师之事务，由监督官署或承其命令之官吏行之。

附则

本令自女子国民高等学校令施行之日施行。

女子国民高等学校各学年之各学科目每周教授时数表

（第一号表）

<table>
<tr><th rowspan="2"></th><th rowspan="2">国民道德</th><th colspan="2">国语</th><th colspan="2" rowspan="2">教育</th><th colspan="2">家事</th><th rowspan="2">裁缝手艺（包手工）</th><th colspan="2">实业</th><th rowspan="2">地理历史</th><th rowspan="2">数学</th><th rowspan="2">理科</th><th rowspan="2">图画</th><th rowspan="2">体育</th><th rowspan="2">音乐</th><th rowspan="2">合计</th></tr>
<tr><th>满语</th><th>日语</th><th>讲义</th><th>实习</th><th>讲义</th><th>实习</th></tr>
<tr><td>第一学年</td><td>2</td><td>3</td><td>6</td><td colspan="2"></td><td>2</td><td>2</td><td>5</td><td colspan="2">2</td><td>4</td><td>3</td><td>4</td><td>1</td><td>2</td><td>2</td><td>38</td></tr>
<tr><td>第二学年</td><td>2</td><td>3</td><td>6</td><td colspan="2"></td><td>2</td><td>2</td><td>5</td><td colspan="2">2</td><td>4</td><td>3</td><td>4</td><td>1</td><td>2</td><td>2</td><td>38</td></tr>
<tr><td>第三学年</td><td>2</td><td>3</td><td>6</td><td colspan="2">2</td><td>3</td><td>4</td><td>8</td><td>2</td><td>3</td><td></td><td></td><td></td><td>1</td><td>2</td><td>2</td><td>38</td></tr>
<tr><td>第四学年</td><td>2</td><td>3</td><td>6</td><td colspan="2">2</td><td>3</td><td>4</td><td>8</td><td>2</td><td>3</td><td></td><td></td><td></td><td>1</td><td>2</td><td>2</td><td>38</td></tr>
<tr><td></td><td></td><td colspan="2"></td><td>讲义</td><td>实习</td><td colspan="2"></td><td></td><td colspan="2"></td><td></td><td></td><td></td><td></td><td></td><td></td><td></td></tr>
<tr><td>师道科</td><td>2</td><td colspan="2"></td><td>6</td><td>23</td><td colspan="2"></td><td></td><td>3</td><td>4</td><td></td><td></td><td></td><td></td><td></td><td>2</td><td>40</td></tr>
</table>

家事、裁缝手艺之实习，于所定时间外，亦得适宜课之。

关于各学科目之教授时数，如难依照本表时，经监督官署之认可，于不变更各学科目之教授总时数之范围内，得更改之。

第二号表（学籍簿格式）

住所			氏名	
			年月日生	
入学年月日	入学前之经历	卒业年月日	退学年月日	退学之事由

保护者		
住所氏名	职业	与学生之关系

		学科目＼学年	第一学年	第二学年	第三学年	第四学年	其他必要事项
学业成绩		国民道德					
	国语	日语					
		满语					
		蒙古语					
		合计					
		教育					
		家事					
		裁缝手艺					
		实业					
		历史					
		地理					
		数学					
		理科					
		图画					
		体育					
		音乐					
		总计点					
		平均点					
		操行					
		席次					
		修了年月日					
在学中之出席及缺席		授业日数					
		病气缺席					
		事故缺席					
身体之状况	发育	身长					
		体重					
		胸围					
		概评					
		荣养					
		脊柱					
	视力及屈折状态	左					
		右					
		色神					
		眼疾					
		听力					
		耳疾					
		齿牙					
		其他疾病异状					
		监察之要否					
		对本人之注意					
		备考					

（伪）满洲帝国教育会编：《满洲帝国文教关系法规辑览》（上），1938 年。

女子国民高等学校及国民高等学校毕业程度学力检定施行规则

（1938年）

第一条　女子国民高等学校及国民高等学校毕业程度学力检定，应于每年七月末日以前施行之。

第二条　女子国民高等学校及国民高等学校毕业程度学力检定施行时，省长或特别市长应将施行日期、地点、申请期限、试验科目、其他必要事项，在施行日期二月以前公示，同时呈报民生部大臣。

第三条　为女子国民高等学校毕业程度学力检定而施行学力试验之学科目中，国民道德、国语、教育、家事、裁缝手艺、实业、历史、地理、数学、理科、图画及音乐，依女子高等学校用教科书终了程度而行之；体育依民生部大臣所定之学校体育教授要目中女子国民高等学校之课程修了程度而行之。但自康德五年起至康德七年止，除体育及国语（日本语）外，各学科目之学力试验得依现在女子国民高等学校使用之教科书修了程度行之。

第四条　为国民高等学校毕业程度学力检定而施行学力试验之学科目中，国民道德、国语、实业、历史、地理、数学、理科、图画、音乐及语学，依国民高等学校用教科书修了程度而行之；体育依民生部大臣所指定之学校体育教授要目中关于教练、体操及生理卫生于国民高等学校之课程修了程度而行之。但自康德五年起至康德七年止，除体育及国语（日本语）外，各学科目之学力试验得依现在国民高等学校使用之教科书修了程度行之。

第五条　省长或特别市长应将女子国民高等学校及国民高等学校毕业程度学力检定合格者之姓名，于试验完了后二十日以内公示之。

第六条　省长或特别市长为关于学力试验有不正行为，而将已发给之检定合格证书或证明书使其失去效力时，应公示之。并使本人于公示之日起一月以内，应将检定合格证书或证明书返还之。

第七条　省长或特别市长于女子国民高等学校及国民高等学校毕业程度学力检定完了时，应具左记事项，呈报民生部大臣。

一、试验员职名、姓名。

二、申请者数及受验者数。

三、试验之内容及采点方法。

四、合格者之决定标准及合格者数。

五、其他必要事项。

第八条　省长或特别市长应备左记账簿。

一、女子国民高等学校毕业程度学力检定合格者名簿。

二、国民高等学校毕业程度学力检定合格者名簿。

三、女子国民高等学校毕业程度学力检定合格者成绩簿。

四、国民高等学校毕业程度学力检定合格者成绩簿。

五、女子国民高等学校毕业程度学力检定学科目合格者名簿。

六、国民高等学校毕业程度学力检定学科目合格者名簿。

第九条　省长或特别市长经民生部大臣之认可，得规定本规则施行必要之细则。

女子国民高等学校毕业程度学力检定合格者名簿

契印	发给证书番号	检定施行日期	原籍	现住所	姓名	生年月日	更换再补发事项

国民高等学校毕业程度学力检定合格者名簿

契印	发给证书番号	检定施行日期	实业科目	原籍	现住所	姓名	生年月日	更换再补发事项

女子国民高等学校（国民高等学校）毕业程度学力检定学科目合格者名簿

契印	发给证书番号	检定施行日期	合格学科目		原籍	现住所	姓名	生年月日	有效期间
			学科目	点数					

（伪）满洲帝国教育会编：《满洲帝国文教关系法规辑览》（上），1938 年。

（二）课程设置及教材

初级中学校、高级中学校及师范学校教科用图书之审定

（1935 年）

本部依就第一、二期之教科用图书编纂事业，而在小学校教科用图书中除教授书之外，其各科目所必需的教科书之编纂概已完成。因之在小学校，从康德三年度起，可使之皆得采用本部所编纂之教科书。惟有初级中学校教科用图书之编纂，仅完成其一部分，其编纂所残余之初级中学校教科用图书及其他学校应用之教科用图书，均属康德三年度以后之计划事业。

然则，此等学校现在所使用之教科用图书，概系中华民国发行者，其内容多不适宜我国国情，故痛感其使用有急速废止之必要也。因此，本部使帝国教育会编纂如左记初级中学校教科书十种十册，高级中学校及师范学校教科书十三种十九册，共二十三种二十九册之教科用图书，而本部予以审定，令各校自康德三年度起实行采用之。而将中华民国发行之现行教科用图书全命废止使用。此于康德二年十二月略见完成者。

（一）初级中学校教科书

算术教科书

代数教科书

几何教科书

生理卫生教科书

矿物教科书

物理教科书

化学教科书

农业教科书

商业教科书

女子家事教科书

（二）高级中学校及师范学校教科书

国文教科书（上册）

国文教科书（中册）

国文教科书（下册）

修身教科书（上册）

修身教科书（中册）

修身教科书（下册）

英语读本（上册）

英语读本（中册）

英语读本（下册）

英文法教科书

代数教科书

几何教科书

三角法教科书

教育学教科书

教育史教科书

学校管理法教科书

心理学教科书

论理学教科书

教学法教科书

本部虽以前列之教科书即康德二年末止本部所编完之教科书代用，他处所编纂之现行教科用图书使之完全废止，亦难以充当各校现在所必需之教科书。本部为应此急需起见，乃依照康德二年十二月二十六日训令第一二九号，而将在康德三年度内各学校采用教科书时应当准据之事为之指示，以当应付之策也。

（伪满）国务院文教部：《第三次满洲帝国文教年鉴》，1937 年 1 月。

关于国民高等学校及女子国民高等学校国语教授之件

（1937 年）

兹制定关于国民高等学校国语教授之件如左。

关于国民高等学校及女子国民高等学校国语教授之件。

省长或特别市长因地方之情形，于不得已时，暂得不拘国民高等学校规程第四条及女子国民高等学校规程第四条之规定，经民生部大臣之认可，采取左列办法。

一、得令停止满语之教授，其教授时数以增加日本语之教授时数而补充之，或令教授蒙古语、朝鲜语或俄语，以代满语。

二、得令停止蒙古语之教授，其教授时数以增加日本语之教授时数而补充之，或令教授满语或俄语，以代蒙古语。

在以上各款所令使用教科书，应由省长或特别市长就民生部大臣有著作权者或已检定者采定之。

附则

本令自康德五年一月一日施行。

（伪）满洲帝国教育会编：《满洲帝国文教关系法规辑览》（上），1938 年。

国民高等学校满语读本（第一卷）（节选）

（1938 年）

一、为学（彭端淑）

天下事，有难易乎？为之，则难者亦易矣；不为，则易者亦难矣。人之为学，有难易乎？学之，则难者亦易矣；不学，则易者亦难矣。

吾资之昏不逮人也，吾材之庸不逮人也，旦旦而学之，久而不怠焉，迄乎成，而亦不知其昏与庸也。吾资之聪倍人也，吾材之敏倍人也，屏弃而不用，其昏与庸，无以异也。然则昏庸聪敏之用，岂有常哉？

蜀之鄙有二僧，其一贫，其一富。贫者语于富者曰："吾欲之南海，何如？"富者曰："子何恃而往？"曰："吾一瓶一钵，足矣。"富者曰："吾数年来，欲买舟而下，犹未能也。子何恃而往？"越明年，贫者自南海还，以告富者，富者有惭色。西蜀之去南海，不知几千里也。僧富者不能至，而贫者至焉。人之立志，顾不如蜀鄙之僧哉。

是故聪与敏，可恃而不可恃也。自恃其聪与敏而不学，自败者也。昏与庸可限而不可限也。不自限其昏与庸，而力学不倦，自立者也。

彭端淑，字乐齐，清四川丹棱人。雍正进士，著有《白鹤堂集》。

…………

三、王道（郑孝胥）

损人利己只一念，可使举世无安土。圣人复起更无奇，去其所争得其所。人生托命于天地，相资以生义有取。智者创物终相仇，孰为苍生解愁苦。

郑孝胥，字苏戡，号太夷，福建福州人。清光绪中举于乡，曾任广西龙州边防大臣，以诗及经济知名。清亡后，隐居不复出，书法为世所重。满洲建国，任第一代国务总理兼文教部大臣。现已退官。

四、自新京与友人书

宝书足下：

遥思旧雨，正企停云。忽奉手书，不胜抃跃。辱承殷殷垂询近况，至感且愧。仆以师友之援引，聊假枝栖于京尘。幸际圣明，少效绵薄。较之伏处衡门，耳目一新，得浴近代之文化，实堪称幸。

新京自奠都以来，随国势之发展，日异而月不同。建设之速，洵足惊异。今第一期建设，五年计划，已告完成。曾于本年秋在大同公园，开会纪念。

皇帝陛下亦辱临幸，举行祝贺。王城人海，冠盖云集。此诚建国以来，所罕觏之盛事也。

新京市街，可分为新旧二区。旧区域，以新京车站为起点，有朝日通接商埠地大马路，直达南关。新区域以大同广场为中心，有新辟大同大街，北接中央通至车站，南达南岭，最为长大整洁。沿途大厦高楼，栉比鳞次。登楼而望，则碧瓦朱甍，云屯雾聚，通衢苑道，交错其间，有置身洞天福地之想焉。

市内文化设施，甚为完备。游乐之所亦多，以映画为最有趣味，设备极佳。间有著名剧团来演，亦颇倾动一时。其次则有各种竞技，如弓道、剑道各会，中央诸官厅之球类比赛等，皆高尚可观。至于商店之富丽，坊肆之豪华，胜概闲情，金迷纸醉。盖为轮蹄之所辐凑，游人之所萃集也。好天良夜，人多出游。或纳凉于公园，或驱车于郊外。春秋大祭，神社盛香火之缘。日满同欢，夜市见无遮之会。岁节佳会，高脚踏歌。此又民众熙熙共荣之象也。市中名胜，笔难尽述。足下若惠然肯来，仆当拥彗以迎，与足下作竟日游也。匆匆草此，不尽欲言。

…………

一〇、游日感言

康德元年秋，余随侍参议府参议等东渡视察。由新京启行，至大连乘乌苏里丸直达神户，转赴东京住十日。其间一度游日光山，一度游箱根山。由东京返赴京都，顺途到宇治山田，谒伊势神宫。在京都约滞一周，其间曾往奈良古都、大阪商市，参观正仓院、春日山、东大寺、东福寺、高雄山、金阁寺、西本愿寺、清水寺等。继谒桃山御陵，登宝冢山，经广岛，拜严岛神社。渡门司海峡，宿博多，睹元兵覆舟处。又经熊本、别府，再至下关，乘乌拉尔丸原路回大连，返新京。兹述感言如次。

第一，日本全国之臣民忠君思想及尊重皇室是也。余到东京见二重桥畔，日本人之向皇居遥拜者甚众。闻之人云："日本人之到东京者，莫不以遥拜皇居为要事。"每遇崇典，国民参拜天皇御影，必致最敬之礼。京都三条桥畔，有高山彦九郎跪拜皇居之铜像，令人见之起忠君之思想焉。

第二，因尊重皇室而有谒陵之习惯是也。余在东京参谒明治神宫、多摩御陵，在京都参谒桃山御陵时，皆见军人学生团体谒拜者络绎不绝。个人自由谒拜者尤众，每年不知其几千万人。

第三，神社之崇拜是也。日本以神道设教，举凡有功于国，忠君殉身之英灵，皆有神社以奉祀之。故日本有神国之名。宜其臣民莫不以以身殉国，得享公祀为荣也。

第四，保存古迹古物之特性是也。正仓院之古物，乃圣武天皇所遗留，其中唐代古物，即支那亦属稀有。皇室图书馆中，除唐人写本及宋椠之外，江户时代刻本尤多。不但保存其书卷，即收藏书卷之木箱，亦不另易装潢。宫殿建筑雕刻彩画，一仍其旧。如伊势神宫之宫殿，东照宫之唐门武士塑像，春日神社之菱形柱、蝉灯、石灯等，皆千数百年之古物。而长松古桧，相传尚有原始森林，令人不禁欣慕焉。

第五，为人民清洁与勤劳之习惯是也。日本习俗，居家无不明窗净几，人民则每日一浴。旅馆、汽船，皆有浴室。虽在旅行中，与居家无异。其清洁当推为世界第一。至于劳动之练习，莫如掷球戏。此种游戏，苟有二人即可为之。为之日久，自足以强健身体。

第六，日本语言之谦恭有礼是也。余于明治四十年留学日本，除普通交际之外，惟于买物付与价资时，商人有道谢之语。今次游日，则处处闻道谢之言。火车剪票之人，在日本虽系官吏，然剪票已毕，返授票之时，亦必道谢。其谦虚有礼，不敢傲人，尚且如是，何况普通商人。

第七，日本之交通极为便利是也。日本海路有汽船往来频繁，而陆路到处皆有火车、电车、汽车，上山有钢索电车，空中并有飞机。东京、京都、大阪等都市，交叉路口以电灯指挥行止，绝少车行冲突之险。又东京、大阪等处，地上之路途不足使用，更于地下凿隧道，通行电车、火车。

第八，园艺之发达是也。昔年园艺产物，成熟各有定时。今则东京及各大都市，青菜水果，四时无不完备。良以栽培灌溉之技术，温室之设备，冷藏之方法，皆极进步，真可谓人力胜天工矣。

要之此次游日，深感日本精神之纯粹，与夫物质之文明，洵可谓亚东最强盛之国家，最优秀之国民也。日满两国既有不可分离之关系，吾人惟有步其后尘，与之一德一心，以求共存共荣而已。

…………

一八、吉林（郑孝胥）

楼头山色漾江光，鱼麦丰饶见此乡。地秀可知兴学易，乱平应觉卜居良。欲凭礼乐移偷薄，莫遗潢池苦跳梁。他日弦歌闻百里，老夫游处定难忘。

…………

四六、东游诗草（录三）（宝熙）

谒楠正成墓

取义成仁志不刊，楠公遗骨未应寒。寂寥六百年前事，孤冢长留万众看。

裾野车中望富士山

高山天作国称尊，浑浑真形迥出群。绝顶常明太古雪，中峰不断四时云。灵光神秘人民仰，侧取横看体势分。五岳三公堪比拟，礼隆望祭溯前闻。

东　京　市

六十年来作帝京，君民一德志成城。云开甲第如鳞次，雨洗天街似砥平。挂辖驾肩看辐辏，宅中图大费经营。声明文物兹邦盛，宾主论都莫漫争。

宝熙，字瑞臣，号沈盦，清宗室正蓝旗人。光绪壬辰进士，任学部侍郎，管理内务府大臣。满洲建国后，任参议府参议，工书，嗜古文玩，著有《东游诗草》。

四七、日本风习之优点

我满洲乘日本驱逐盘踞地方恶劣军阀之际以立国，仗日本之武力以剿除胡匪，借用其人才技术以树军事、政治、交通、实业、教育等之基础，乃得有今日之隆盛。吾人对于日本，非但以感恩戴德而已足。须知日本国之所以强，民之所由富，足以凌驾世界列强者，全在其风俗习惯，具有种种之争优点，且可以为吾人所效法也。

就其个人言之，则日本人之人格，实属甚为高尚。有如日本人每见天皇陛下之御影，莫不特别致敬，途经神社，或参拜神社，必脱帽致礼。盖尊重皇室，崇拜神社，是本固有之风习。他若礼让和平、清洁劳动等习惯，虽为世界一般之美德，而日本人尤能实行之。

关于日本家庭之美德，所可称赞者尤多，而以妇德为最。日本妇人，柔顺勤劳，足以相夫教子。妇人育子自乳之，自负之，既免保姆、仆妇之繁费，且儿在母背，幼小无惊悸之忧，长大胆量尤壮，在经济上、育儿上获益至多。且酒食、洗濯、缝纫、洒扫等种种家事，在日本皆主妇之职责。故日本妇德可称世界第一。

日本社会优良之风俗亦多。以言民众之体育，则有野球、足球等种种游戏，余如普通二人掷球，每日必浴，少著防寒衣服等，皆所以锻炼身体，裨益康健者。以言礼貌，则每日清晨出门，男子净面刮脸，体貌庄重，女子梳洗整洁，喜悦温和。其乘电车，或乘合自动车者，不喧嚣，不争坐，敬老慈幼扶助废疾，其风俗之美，良堪健羡。

进而言之国家。日本国民戴万世一系之天皇，天皇御下以仁爱，人民事上以忠诚。其军人以长官命令即天皇之御命令，战阵惟有向前克敌，决无后退降敌，至不得已，则临危授命，呼天皇陛下万岁者三，遂壮烈之战死，而以尸骨凯旋，牺牲精神之大，无过于此者。官吏则奉公守法，民众遵循军警之指挥，一国之内，有如身之使臂，臂之使指，莫不听从。是以国运日隆，称雄世界。

我满洲受日本之援助成立国家，人民应了然于日本之风俗习惯，认识日本之精神道德。与日本风习日相渐摩，自不难一道同风矣。

四八、上苑观灯（理密亲王）

刻漏迟银箭，然镫灿玉京。凌空珠作树，不夜火为城。盘鸭轻秦制，蟠螭陋汉名。尧天星斗丽，长照万方明。

理密亲王，名允礽，圣祖仁皇帝第二子。

四九、君子行（古词）

君子防未然，不处嫌疑间。瓜田不纳履，李下不正冠。嫂叔不亲授，长幼不比肩。劳谦得其柄，和光甚独难。周公下白屋，吐哺不及餐。一沐三握发，后世称圣贤。

古词，乐府古词，不知作者姓名，一云汉蔡邑作。

（伪满）民生部：《国民高等学校满语读本》（第一卷），1938 年。

教科书编审方针　立足王道　参加近代新资料

（1939 年）

【新京专电】近告公布之教科书编审委员会，待北满地方视察中之副委员长、民生部田村教育司长归任，任命十名委员，即开第一回委员会，决定国定教科书根本的编审方针，而后开始编纂事务。而其主要业务，以立足于建设满洲国国策之国民道德涵养为根本方针，制定国民高等学校教科书。从来各科目每托权威者编纂，兹由编纂委员会自修之乎，编纂适合新兴满洲风土、国民也者，俾为中坚国民之指针。其内容废偏重于个人思潮从来弊病，立足建国大理想，以古文为主体，按二千五百年前之王道主义丰富参加适应之新资料，使之为满洲国独特生活之教育考虑。国语及国民道德科、满语读本插入白话文等，预定康德八年度出版。寺田编审官主席关此谈称，除去从来个人编纂之弊风，改订使为适合满洲国风之教科书，以资国民道德之涵养，改正从来之日本式教育或古文书主体教育方针，而决非简单易事。但国定教科书为新国民培养之基本，是以希望委员会慎重审议、从事编纂。

《盛京时报》，1939 年 10 月 27 日晨刊 2 版，10612 号。

教科书大改订　树立第二次五年计划

（1940 年）

民生部编审官室，为与文教十年计划相呼应，自明年度起，树立五年教科书编纂计划，全面地改订小、中两教科书为国定教科书。前者，为对处康德五年实施新学制，曾树立教科书编纂四年计划，而因编纂官室不完备，致简短时日中未能出版，至完成年度之今年度杪，渐至能出版必要册数五百九十八册之程度。而在内容，犹有未能尽合新学制教育方针、未能提高教育能力之点。是以兹复树立第二次五年计划，作全面的大改订。中等学校教科书，除工科部门一部外，全部为国定教科书，真立足新学生之趣旨，为教育之指针。从而当着手年次计划之际，扩充整备编审官室机构，并处担任出版部门之满洲图画配给会社，采取紧密联络，迈进于年次计划之完遂。自初年度康德八年起改订之教科书，大抵如此。今次改订殊值注目者，师道学校统合地理、历史两科目为地历科，盖横的动向地理与纵的动向历史，作有机的结合；博物为物理、化学、理科一科目。凡此等等，不外脱形式的教育之域，入于实践生活教育，所谓以动的教育实践之指针，为改订方针也。

男子国民高等学校

△日语读本

△土木教科书

△农业讯论

△农业要纲

△同簿记

△银行簿记

△满语读本

△理科地理

女子国民高等学校

△日语读本

△满语读本

△家事

△裁缝

△理科

△图画

师道学校

△满语读本

△理科

△地历科

同特修科

△满语读本

△图画

国民学校

△满语国民读本

△图书账

国民优级学校

△日语国民读本

△满语农业要纲

△数学

△商业要纲

△图画

《盛京时报》，1940年11月5日晨刊1版，10971号。

教科书新体制 全满各学校同一化

(1940年)

【新京专电】在满教务部曾努力于管下各学校教科书之统一，业经对于中学校及女学校一、二年用教科书，由该部所选定者，使之全满各学校使用。而此次文部省关于中学、女学校、实业学校、青年学校、高等小学校（实业科）各学年别各学科，各已选定教科书五种，以昭和十六年度使用教科用图书总目录通知而来。因之该部九日曾举开中学、女学校长会议，听取各校意见，关于全学年各学科各选定一种后，已于十二日向全满各中学及女学校长发出指令。如斯，于来年度起，中等学生及女学生等全满同采用此教科书。将来每于新学年际，对于教科书难为无问题，而能由先辈让受，并于最近所倡之纤维资源爱护之纸节约亦可达成其任务。因此在满各中学、女学校已决定于来学期一律使用云。

《盛京时报》，1940年11月14日晚刊2版，10980号。

（三）教师

关于中等教育教师之件

(1937年)

第一章 通　　则

第一条 本令所称中等教育者，系指在师道学校、国民高等学校及女子国民高等学校所施之教育而言。

第二条 关于从事中等教育之教师（以下简称为中等教育教师），除法令另有规定外，依本令。

第三条 中等教育教师分为教谕、教导及教辅。

第四条 教谕及教导在师道学校、国民高等学校及女子国民高等学校，教授其许可状内所记载之学科目。

于不能得教谕时，以教导代之。

于不能得教谕及教导时，以教辅代之。

第二章 校长及教师之资格

第五条 教谕须有中等教育教谕许可状者，教导须有中等教育教导许可状者。

第六条 关于教辅，在本令内无规定之事项，由省长或特别市长定之。

第七条　师道学校、国民高等学校、女子国民高等学校之校长须为其学校之教谕。

第三章　教师之许可

第八条　对于师道高等学校兼施师道教育之大学、高等师范学校或民生部大臣所指定之中等教育教师养成所毕业者，或中等教育教谕检定合格者，授与中等教育教谕许可状。

第九条　对于民生部大臣所指定之中等教育教师养成所毕业者，或中等教育教导检定合格者，授与中等教育教导许可状。

第十条　民生部大臣置备中等教育教师许可状登录簿，记载授与许可状者之姓名、许可状之种类及其他必要之事项。

第十一条　已受有中等教育教师许可状者，为变更其姓名，或因许可状遗失或毁损，而欲申请更换或再发给时，应具理由，提出更换愿书或再发给愿书于民生部大臣。

前项之手续费为一元。

手续费用收入印纸黏附于愿书内缴纳之。

一经缴纳之手续费，无拘有任何理由，概不退还。

第十二条　已受有中等教育教师许可状者之姓名及许可状之种类，由民生部大臣于政府公报公告之。

第十三条　年龄满二十岁以上，毕业于国民高等学校或女子国民高等学校以上之学校者，或认为有同等程度之学力者，得受中等教育教师之检定。

第十四条　有左列各款情形之一者，不得受中等教育教师之检定。

一、被处禁锢以上之刑者。

二、受破产之宣告，未经复权者。

三、因惩戒受褫夺许可状之处分，未经过三年者。

四、因惩戒受免职之处分，未经过二年者。

第十五条　欲受中等教育教师之检定者，应依另记第一号格式，缮具检定愿书，并附左列文件及三个月以内所摄之二寸半身相片，提出于民生部大臣。

一、履历书。

二、有关受验资格之学校毕业证书、学校毕业程度、学力检定合格证书、教师许可状及其他证书之誊本。

第十六条　中等教育教师检定费，每一学科目为五元。

检定费用收入印纸黏附于愿书内缴纳之。

一经收纳之检定费，无论受验与否，概不退还。

第十七条　中等教育教师检定，以学力试验、性行考查及身体检查施行之。

第十八条　有左列各款情形之一者，对于其专修之学科目或许可状所记载之学科目，得省略其中等教育教谕检定之学力试验。

一、大学或类似大学之教育施设毕业者。

二、有中等教育教导许可状，曾任中等教育教师，在职五年以上，且成绩优良，而经省长或特别市长推荐者。

三、有类似中等教育教谕许可状之外国（由民生部大臣指定之，以下仿此）教师许可状者。

四、与大学相等之外国教育施设毕业者。

第十九条　中等教育教师检定之学科目如左。

国民道德、国语、教育、实业、历史、地理、数学、理科、图画、手工、体育、音乐、家事、裁缝手艺及语学。

国语得分日语、满语及蒙古语之三部，实业分农业、园艺、畜产、林业、机械、电气、土木、建筑、应用化学、纺织、工艺、采矿冶金、商业、水产、航海及机械之十六部，理科分博物、物理及化学之三部，语学分俄语及英语之二部而申请之。在此情形，虽仅申请一学科目一部之检定，而其手续费仍视为一学科目。

第二十条　中等教育教谕检定之学力试验程度，以其所申请之学科目，在其所将任教师之学校足有教授之学力为标准；中等教育教导检定之学力试验程度，以其所申请之学科目，在其所将任教师之学校受教谕之指导而足有教授之学力为标准而行之。

第二十一条　受中等教育教师检定之学力试验者，于其试验虽未合格，而其受验科目中有成绩优良者，民生部大臣对于该学科目，得授与成绩优良证明书。

第二十二条　中等教育教师检定已合格者，更申请中等教育教师检定时，经检定委员会之审议，对于其已经合格之检定学力试验之学科目，得省略其试验。

关于已受有成绩优良证明书者，对于该学科目亦同。

第二十三条　于学力试验有不正行为者，不准其受验，并取消已发给之成绩优良证明书或检定合格证书之效力。

第二十四条　为施行中等教育教师之检定，于民生部置中等教育教师检定委员会。

第二十五条　中等教育教师检定委员会，于民生部大臣监督之下，掌管关于中等教育教师检定之事务。

第二十六条　中等教育教师检定委员会以左列职员组织之。

一、委员长。

二、常务委员若干名。

三、试验委员若干名。

第二十七条　委员长由民生部大臣就民生部高等官中派充之。

委员长承民生部大臣之命，综理会务，并将检定之结果报告民生部大臣。

委员长有事故时，由民生部大臣所指定之常务委员代理其职务。

第二十八条　常务委员由民生部大臣就民生部高等官中派充之。

常务委员承委员长之指挥，掌理关于教师检定之常务。

第二十九条　试验委员，每于施行之期，由民生部大臣派充或委嘱之。

试验委员承委员长之指挥，掌理为检定而施行之学力试验之事项。

第三十条　中等教育教辅检定委员会置书记若干名。

书记由民生部属官中派充之。

书记承委员长之指挥掌管庶务。

第三十一条　中等教育教辅检定之申请期限、各检定科目、应行试验之各学科目，并学力试验、性行考查及身体检查、施行日期及地点，由民生部大臣公告之。

第四章　校长及教师之进退

第三十二条　师道学校并公立国民高等学校及女子国民高等学校校长及教师之任用、解职及教师俸给额数之决定，其关于教谕及教导者，受民生部大臣之认可，由省长或特别市长行之；其关于教辅者，由省长或特别市长行之。

私立国民高等学校及女子国民高等学校校长及教师之采用、解职及教师俸给额之决定，应受省长或特别市长之认可。

第三十三条　师道学校并公立国民高等学校及女子国民高等学校之教谕或教导，有左列各款情形之一时，经民生部大臣之认可，省长或特别市长得命其休职。为校长之教谕，依前项之规定被命休职时，即认为退其校长之职。

一、关于刑事案件被告诉或告发时。

二、入以养成教师为目的之官公立学校或大学时，或于留学生试验合格而留学时。

三、受疮痍或罹疾病，继续缺勤至三月以上时。

四、依教育上或事务上之情由，认为有必要时。

第三十四条　关于休职之期间在前条第三款及第四款情形时，为一年以内；在第一款情形时，为其事件之连累期间；在第二款情形时，为其在学中及毕业后又三个月。

第三十五条　休职者除不从事职务及被减俸给或不领受俸给外，均与现职者同。

第三十六条　师道学校并公立国民高等学校及女子国民高等学校之教谕或教导，有左列各款情形之一时，经民生部大臣之认可，省长或特别市长得命其退职。

一、因残废、废疾及其他身体或精神不治之疾，而不堪执行职务时。

二、因受疮痍或罹疾病而不堪任其职，或因自己之事故而申请退职时。

三、因学校编制之变更或其他之事故，而发生超过定员时。

第三十七条　被命休职者于其休职期间满了时，即认为退职。

第三十八条　师道学校并公立国民高等学校及女子国民高等学校之教师，由于废校时或受禁锢以上之刑事处分时，即认定为退职。

第三十九条　师道学校并公立国民高等学校及女子国民高等学校之教师，受褫夺许可状之处分或其许可状失效力时，即认为退职。

第五章　校长及教师之职务及服务

第四十条　校长及教师应仰体访日宣诏之趣旨，遵从法规及命令，诚实服其职务。

第四十一条　校长及教师应持身廉洁，常垂师表之模范。

第四十二条　校长及教师应和衷协力，使教化之成绩显著。

校长及教师应率先学生，从事劳作。

第四十三条　校长及教师应严守学校所定之纲领及其他规则。

第四十四条　校长掌理校务，督统所属之教师。公立学校之校长，关于所属教师之进退、赏罚，得申请于监督官署。

第四十五条　教师担任教育学生且掌理其所属之事务。

第四十六条　关于公立学校校长及教师之服务，依本章规定之外，准用官吏服务规程。

第四十七条　校长应体本章规定之趣旨，制定要纲并校长及教师之服务规程，及其他规则，而受省长或特别市长之认可。

第六章　校长及教师之惩戒处分

第四十八条　校长及教师应受惩戒之情形如左。

一、违背职务上之义务，或怠惰其职务时。

二、不问执行职务时间之内外，有污损为教师者体面之行为而悖谬其本分时。

第四十九条　惩戒处分如左。

一、褫夺教师许可状。

二、免职。

三、减俸。

四、谴责。

第五十条　应行惩戒处分之事件，在连累刑事之期间，对于同一事件不得行惩戒处分。

第五十一条　第四十九条第一款之处分，由民生部大臣行之。第二款乃至第四款之处分，关于师道学校并公立国民高等学校及女子国民高等学校之校长及教师，由省长或特别市长行之；关于私立国民高等学校及女子国民高等学校之校长及教师，由省长或特别市长命设置者为之。

第五十二条　如对师道学校并公立国民高等学校及女子国民高等学校之校长及教师行惩戒处分时，应对本人交给处分书；对私立国民高等学校及女子国民高等学校之设置者命为第四十九条第二款以下之处分时，应交给处分命令书。

第五十三条　受褫夺教师许可状之处分者，自受处分之日起三年间，不得为教师及受教师检定。

第五十四条　受免职之处分者，自免职之日起二年间，不得为教师。

第五十五条　减俸为月俸三分之一以下。

减俸之期间为一月以上一年以下。

第五十六条　校长对于所属之教师认为有应付惩戒之行为时，应就其所认为适当种类之惩戒处分，检具证凭，报告该当所管官署。

第七章　公立学校校长及教师之俸给、旅费及各种给与准则

第五十七条　教谕及教导之月俸额，以左表为标准，由省长或特别市长定之。

种别	最高月俸额	最低月俸额	等级
教谕	三百一十元	七十元	十八级
教导	一百六十元	五十元	十二级

教辅之月俸额，参酌其学力及职历，以教谕或教导之月俸额为基准，由省长或特别市长定之。

有难依前项之事情时，省长或特别市长受民生部大臣之认可，得定与此不同之月俸额及等级。

关于支给特别津贴之件第一条之规定，对于中等教育教师准用之。

第五十八条　对于受最高级俸并特有功绩之教师，得渐次增俸。教谕在四百元以内，教导在二百元以内，增至省长或特别市长所定之额为止。

第五十九条　对于为校长之教谕，应给与津贴。

前项津贴之额于本俸之二成以内，由省长或特别市长定之。

第六十条　教师俸给之支给方法，依官吏俸给支给方法之例。

第六十一条　依第三十三条第一款、第三款或第四款之事由被命休职时，在其休职中得支给俸给之三分之一；依同条第二款之事由被命休职时，在其休职中得支给当时本俸之六成以内。

第六十二条　教师有左列各款情形之一者，该月份之俸给应按日数给与之。

一、因惩戒被免职时。

二、因褫夺许可状或许可状失效而失教师之职时。

第六十三条　教师在职中死亡时，得依官吏退职死亡赐金法所规定之退职赐金之例，对其遗族给与死亡给予金。

第六十四条　校长及教师因公务死亡时，得依官吏恤金法所规定遗族恤金之例，对其遗族给与遗族恤金。遗族恤金之额于恤金法第十六条所规定之恤金额之范围内，由省长或特别市长定之。

第六十五条　校长及教师因公务受疮痍或罹疾病时，得依官吏恤金法所规定之疗治恤

金或障害恤金之例，给与疗治恤金或障害恤金。

疗治恤金之额于官吏恤金法第九条所规定之恤金额之范围内，由省长或特别市长定之。

入院疗治恤金之额，参酌俸给及其他事情，准照支给委任文官或荐任文官之入院疗治恤金额之例，由省长或特别市长定之。

障害恤金之额于官吏恤金法第十三条所规定恤金额之范围内由省长或特别市长定之。

第六十六条　教谕或教导退职时，得依官吏退职死亡赐金之例，给予退职给与金。

第六十七条　对于教师，得依国内旅费规则所规定之旅费之例，给与旅费。

旅费之额，参考俸给及其他事情准照，支给委任文官或荐任文官之旅费额之例，由省长或特别市长定之。

第六十八条　对于校长及教师之勤务其成绩优良者，得给与赏金。

附则

本令自康德五年一月一日施行。

第一号格式。

印花票	教师检定愿书 原籍地 现住所 受验资格

氏　　名

年　月　日生

学校名

学科目名

教师之名称（教谕或教导）

兹拟受前记学校、学科目及教师（省略学力试验）之检定，连同文件，呈请鉴核。

谨呈

民生部大臣

康德　年　月　日

氏　　名㊞

备考：学校为师道学校、国民高等学校及女子国民高等学校中之一校或二校以上。虽志愿二校以上，亦只应缮具一份愿书；虽志愿二科目以上，亦只应缮具一份愿书。

（伪）满洲帝国教育会编：《满洲帝国文教关系法规辑览》（下），1938年。

安东省立中等学校满系教员募集

（1937 年）

一、募集人数：文、理科约六十名。

二、应募资格：1. 年龄二十五岁以上约四十岁以下；2. 须具有专门学校以上毕业之学历及同等以上之学力者。

三、试验科目：1. 身体检查；2. 学科试验（建国精神、国文地历、理科、数学、常识）；3. 口试。

四、试验地址：1. 安东（省立安东林科高级中学校）；2. 奉天（奉天省公署教育厅）。

五、试验期日：自康德四年二月六日至八日（三日间）。

六、报名手续：有志投考者须于二月五日以前将亲笔愿书［附最近相片，并用红笔书明希望受验地址及希望学科（文、理科）］、履历书及县长或学校校长所□警察署长之身份证明书，但现供职者须附有校长或所□长官之许可证书，径向安东省公署总务厅长提出可也，但毕业证明书务望于口试时携带之。

七、受验证：由二月六日午前九时起至午前十一时止于安东、奉天省公署教育厅交付。

八、采用待遇：每月给四十元以上一百六十元以下，经考核其职历学力后确定之。

九、合格者：于二月十五日在奉天、安东省公署厅舍前揭示之，同时并向本人通知。

十、决定采用者预定于二月末日前赴任。

康德四年一月十日

《盛京时报》，1937 年 1 月 30 日 13 版，9658 号。

独学力行者之机遇　实施满洲国教员检定试验

（1938 年）

【新京专电】自今年一月一日实施之新学制，与明确满洲国文教部之基本，同时确立学校教员之资格检定，及关于免许制度者，而民生部此次为独学力行之士更开登龙门之途，定行师道学校、国民高等学校、女子国民高等学校等之中等学校教师第一回资格检定试验。其要旨如次。

一、报名日期：自五月一日到六月三十日。

二、试验日期：八月上旬之预定。

三、地址：现在为教师者，在职学校；不然者，管辖其居住地省公署特别市之所在地。

《盛京时报》，1938 年 4 月 21 日号外，10081 号。

中等教师检定施行于第二国民高等校中

（1939 年）

【哈尔滨】滨江省民政厅企图刷新管内中等教育，谋教师之素质向上，此次决定断然实施优秀教员之增员。预定第二次中等教师检定试验，自二月六日起至十二日止，在哈尔滨第二国民高等学校施行。而后，于合格者中采用成绩优秀者、受验志愿者达百三十八名。

《盛京时报》，1939 年 2 月 8 日晚刊 5 版，10363 号。

中等教师检定定期在各省分别举行

（1943 年）

民生部施行第六回中等教育教师检讨及第四回职业教育教师检定，定于五月十八日起一周间，在各省公署所在地及国都分别施行。兹志其施行要纲如左。

中等教育教师

△检定科目：国民道德、国语教育、实业、历史、地理、数学、理科、图画、手工、体育、教练、音乐、家事、裁缝手艺及语学。

△受验资格：年龄满二十岁以上，国民高等或女子国民高等以上卒业者，或与此有同等程度学力者。

△提出志愿期限：二月一日至二月二十日。

职业教育教师

△检定科目：农业实习、工业实习、水产实习及商业实务。

△受验资格：年龄满十八岁以上，国民高等、女子国高或上级学校以上毕业者，或认为与此同等程度以上学力者。

△提出志愿期限：与中等教育教师同。

《盛京时报》，1943 年 1 月 15 日综合版 5 版，11753 号。

中等教师检定自五月十八日起始

（1943 年）

【承德】康德十年度省内中等教师及职业教育教师检定，决自五月十八日起亘一周时间，按左记要领，在承德实施。

中等教育教师

△检定科目：国民道德、国语教育、实业、历史、地理、数学、理科、图画、手工、体育、教练、音乐、家事、裁缝手艺、语学。

△受验资格：年龄满二十岁以上，国民高等或女子国民高等以上卒业者，或与此有同等程度学力者。

△提出愿书期限：二月一日至二十日。

职业教育教师

△检定科目：农业实习、工业实习、水产实习、商业实习。

△受验资格：年龄满十九岁以上，国民高等或女子国高及上级学校以上卒业者，或认为与此有同等程度以上学力者。

△提出志愿期限：二月一日至二十日。

《盛京时报》，1943年1月27日综合版6版，11765号。

（四）实施

参观南满中学校公学堂及第一、第二寻常小学校后之感想

（1923年）

罗振邦

三月十九日，予与省视学邵进阶先生同赴日站参观南满中学校。至时已九时。适值该校第三期试验完毕春假休息时期，故未得视查教授内容。当向校长池上先生将该校全部教科书阅开一遍。其科目如下：英文、算术、物理、化学、博物等科，均系日本文部省规定之中学校教科书。

修身。本科由校长池上先生担任。预科不谙日语，由诸桥先生担任。惟系谈话式，并无确定课本。据该校长言取材系本中国商务印书馆出版之中学校用修身教科书。

历史。由日本教员担任。其所用之教科书，第一、二年讲日本文部省规定之中学校用东洋历史。系中国、朝鲜及日本三国历史，第三年为日本史，【第】四年为世界史。亦均系日本文部省规定之中学校用教科书。

地理。亦由日本教员担任。本科第一年为中国地理，第二年为日本地理，【第】三年为世界地理，【第】四年为地理通论。亦均系日本文部省规定之中学校用教科书。

学生思想调查表（M，最多数；O，无；L，少数）

		第一年生	第二年生	第三年生
何为人生最重要者	健康	M	O	O
	衣食住	O	L	L
	道德	O	L	O
	生命	L	M	M
	名誉	L	L	M
	忠孝友悌	L	O	O
	国家	L	O	O
	孝行	L	O	O
何为至恶	贼盗	M	M	M
	悖德	O	L	L
	利己	O	O	O
	不义	L	O	O
	无道	L	O	O
	好杀	L	L	O
民国所最重者何	五伦	M	M	M
	共同	O	O	O
	名誉	L	L	O
	廉耻	L	L	O
	国家	L	L	O
	爱国	L	L	O
何为中国人之短	不知国事	M	O	L
	利己	O	O	O
	不统一	L	M	O
	保守	L	M	M
自己之长	诚实	M	M	O
	博爱	O	L	M

		第一年生	第二年生	第三年生
何为至善	博爱	M	L	L
	孝顺	M	L	O
	道德	O	O	M
	公德	O	O	O
	五伦	L	M	L
	仁义	L	L	O
民国所最恐怖者	天灾	M	L	M
	国家灭亡	M	L	O
	强国欺侮	O	O	O
	马贼	L	M	L
	国弱	L	O	L
	国乱	L	O	O
	战争	L	L	O
	无理	L	L	O
何为中国人之长	忍耐	M	L	M
	勤劳	M	M	L
	商业	O	O	L
	礼仪	L	M	O
	仁义	L	L	O
	勤俭	L	O	L
自己之长	勤俭	L	O	O
	忍耐	L	O	O
自己之短	不敏	M	M	O
	德不足	O	L	O
	不勉学	L	O	M
	无学问	L	O	O

就以上之统计考查我中华民国之青年入南满中学后，其思想上历年所生之变化颇足惹起吾人之注意。在第一年级时期之学生多系由我国小学校毕业后入南满中学二年者，故其思想上多以尽忠孝友悌、生命、名誉、孝行、健康为人生最重要者，以博爱、孝顺、五伦、仁义为至善，盗贼、不义、无道、好杀为至恶，以五伦、爱国、名誉、廉耻、国家为

我中华民国所重者，以天灾、国家灭亡、马贼、国弱、国乱、战争、无理为我中华民国所最恐怖者，以忍耐、勤劳、礼仪、仁义、勤俭为我中国人之长，以保守、不统一、不知国事为中国人之短，以诚实、勤俭、忍耐为自己之长，以不敏、不勉学、无学问为自己之短。及第二年时，（在学三年者）其思想较第一年生即大生变化，以生命、衣食住、道德、名誉为人生最重要者，是多将健康、忠孝友悌、国家、孝道等完全忘却矣；以五伦、博爱、孝顺、仁义为至善，而道德则忘却矣；以盗贼、悖德、好杀为至恶，而不义、利己、无道等不知其为至恶矣；以五伦、名誉、廉耻、国家为中华民国所最重者，而将其共同、爱国忘却矣；以马贼、天灾、国家灭亡、战争、无理为中华民国所最恐怖者，而强国欺侮、国乱、国弱不知为可怖矣；以勤劳、礼仪、忍耐、仁义为中国人之长，而商业、勤俭则不知为中国人之所长矣；以不统一、保守为中国人之短，而于不知国事、利己则不知为中国人之短矣；以诚实、博爱为自己之长，而于勤俭、忍耐诸德则忘却矣；以不敏、德不足为自己之短，而不知无学问、不勉学为自己之短矣。及至第三年时（在学四年）其思想之变化更有非吾人所能料及者，咸以生命、名誉、衣食住为人生最重要者，而完全不知健康、道德、忠孝友悌、国家、孝道为人之最重要者矣；以五伦、道德、不知公德、仁义为至善矣，以盗贼、悖德为至恶，而不知利己、博爱为至善，而无道、不义、好杀为至恶矣；以中华民国所最重者为五伦，而不复知共同、爱国、国家、名誉、廉耻为中华民国所最重者；以中华民国所最可恐怖者为天灾、马贼、国弱，而不知国家灭亡、强国欺侮、国乱、战争、无理为可恐怖矣；以忍耐为中国人之长，而不知勤劳、勤俭、礼仪、仁义为中国人之所长矣；以保守、不知国事为中国人之短，而不知利己、不统一为中国人之所短矣；以博爱为自己之长，而诚实、勤俭、忍耐等则均忘却矣；以不勉学为自己之短，而不知不敏、德不足、无学问为自己之短矣。

综上所列比较而观之，凡我国之青年入南满中学受教四年之后，国家观念及中国完全化为乌有，仅知以衣食住生命为重。此种教育如果普及于我东省后，恐几十年间吾东省之一般青年便不知中国为何物而己之为何种人矣，将来此种青年只可如印度人之充当巡捕，在世界上宁复有立足之地。吾人虽愚，若此种危险现象，当亦不禁为之惊心动魄也。但据南满中学堂堂长及其他一般日人宣言，为满铁筹款设立学校，正为中华民国培养人才，谋中日两国真正之亲善。此种伟大之博爱精神，虽耶稣复活，亦不是过。吾人实不能不为之钦佩。然何以日本诸教育家立意甚善而结果最恶，竟使受日本教育之青年忘却祖国徒知生活耶？吾人居于日本者多年，详考日本诸教育家，在其本国内所施之教育，绝非如此。是则殊为吾人所大惑不解者也。即进一步言，吾人非日本教育当局，对于日本在东省施行教育之真意，固不能妄相揣测，而遽加以文化侵略之讥评。然吾人以为即假令其居心坦白宗旨正大，而其施行之方法，究亦不免错误。兹述其方法错误之点如下。

一、教科书之采用不良

现在南满中学校所采用各教科书，多为日本中学用之课本，如数、理、博物等科，为自然科学，姑不具论；若夫历史、地理，为培养国家观念之基本教科。日本教育当局既一再宣言称在东省设立学校，系为中国培养人才，以言历史之教授，则理应使吾中国学生了解中国历代民族之发展、文化之进步、社会之变迁、政治之沿革，以中国史为体，而渐及于外国史；以言地理之教授，则亦理应使吾中国学生了解中国地理上自然之形势、政治之区划、交通之状况、商业之情形、物产之类别、民风之异同，以及国防上之险要、海港之租借等事，以中国地理为主体，而渐及于外国地理。日本教育当局，倘能如此施以教授，吾人自不难信其言行相符。今乃有大谬不然者，其所教授之历史，系采用日本文部省所规定之中学东洋历史。内容组织完全以日本为主体，年代纪元则以日本为本位，国家关系则以日本为中心，史事则又中国极简而日本极详。此等历史，使中国学生读之，自不免使彼等徒知武尊明治、日本天皇之如何英武、变法维新，日本皇国政治之如何进步，败中胜俄，日本帝国国势之如何发展，而茫然古代文明灿烂之中国矣。复次其所教授之地理，中国地理则系该校自行编印者，内容简略异常，关于中国疆域之广袤、省道之区划、形势险要、商业物产，种种要项，多付阙如。即以东三省论，惟有南满沿线各商埠县份稍加详释而已。以此等地理而教吾中国学生，自不难使彼等徒知日本所谓关东的范围内之事，日本在南满经济之如何发展，势力之如何雄厚，经营之如何完备，而不知有所谓奉天与中国矣。夫以此等教授日本学生为本位之地理、历史，而施之于中国学生，使其国家观念日益淡薄，当然为势所不免。吾人以为日本在东省之诸教育家皆系道德高尚、学识宏博之学者，久为中外所崇敬，如谓其此种教育有所容心，未免迹近轻诬；如谓其此种教育别无容心，吾人亦不敢妄为辩护。真伪不可虚饰，是非久而自明。总之，吾人惟有认其教科书采用之不良耳。

二、职教员聘用中国教育界人才过少

据池上堂长言，南满中学堂对于历史、地理等科，并非别有存心。因聘不到中国教员，故不得不采用日本中学所用教科书耳。如是，则南满中学如能由我国多聘优良教员，为授修身、地理及历史等科，则自无以前抹杀国家观念之弊矣。现在该校职教员中，只有中国学监一人，而又系汉学老先生，对于学生之训练毫无研究，除束缚学生之思想外，毫无用处。此亦抹杀国家观念之一端也。

就以上两种原因观之，南满中学堂方面，如能将历史、地理完全采用中国教科书，教员亦聘用中国史地专门人才，此外如学监、教务、训育，亦聘用中国最新之教育家为之协助办理，庶与池上堂长所谓“为中华民国培养人才”之正大宗旨，不至背道而驰。而吾国人以往之疑团，亦不涣然冰释矣。

至于公学堂方面，一切教科编制，均仿行中国。表面观之，似有已具为中国培养人才之形式。然其所聘用之教员，多非由中国师范学校毕业者，对于教育之研究经验，皆甚缺乏。而日本校长教师方面，又多方顺应中国社会上腐败之情况。一切设施，多委之于中国腐败教师，故其学校之内容，异常腐败，与二十年前中国最腐败之私塾，无大差异。且教授训练，均无一定宗旨方针于教育原理，殊属不合。故予以为公学堂如欲收得良好成绩，第一须确定教育宗旨方针，第二须聘用由中国师范学校毕业之教育人才，第三对于一切教授训育务本诸中国教育宗旨施行。如此，则不难表现日本真正亲善之心地，中国人无有抱不满之态度者矣。

关于以上各意见，予于参观后，亦曾向该校池上、坪井两校长及各校员畅言之，而彼等亦均甚表赞同。不过池上言，彼等虽有意聘用中国教育人才，诚恐不就。予以为此实日本在华施设教育未能开诚布公、表明其宗旨之所致耳。假如日本诸教育家，能有真正之诚意，表现其高尚之理想，则吾中华民国之教育家，当无有不乐于合力共作者。抑予更有言者，自欧战以后，民族自决之潮流，方挟其卷地拍天之势震动全世，凡稍有智识之民族，皆不欲甘居人下，以亡国三百余年之波兰，已欢奏其恢复河山之凯歌，以亡国百余年之印度，复高揭其不合作主义之战旗，故所谓文化政策，软化手段者，在今日悉成为愚笨之伎俩矣。

日本来华诸教育家，皆系学识高深之学者。对于世界潮流之趋势，当较吾人尤为了然，即如在南满沿路支出如许巨额之教育费，惨淡经营，为吾华设立若干之学校；并有许多教育家渡海而来，不辞辛苦，为我华教育若干之子弟，此种隆谊盛情，无人宁不感谢！但为吾人所不解者，何以入南满中学之学生竟致思想逐渐变化，毫无国家观念。而所谓培养国家观念，历史、地理等科之教科书竟采用日本文部省所规定之课本。如谓现当国际教育高唱之时，人类方有大同、和平之趋向，不应以狭隘国家主义灌输于青年脑中，然何以吾人参观日本第二寻常小学校时，竟见其训练要目，第一条即大书而特书曰“使学生领略日本所以尊严并极力涵养国民道德”，即第一小学校教员方针，第一条即首重国民精神之涵养。凡此种之矛盾现象，在日本诸教育家虽居心坦白，光明磊落，然吾人实亦不能不怀疑于其间也。吾人以为在中日两国经济上之情形言之，日本之所需要于吾华者实多，缺米则吾长江流域之米年可接济日本数百万石之不足，缺煤则吾山西埋藏之煤矿足资助日本几百年之需用，以吾国之地大物博无所不有，稍分余涵便足赡给日本全国而有余，中日两国如能为诚意的亲善，做到如日本武者小路君所谓“人与人无仇恨”之程度，则将来东瀛三岛人满为患之时，吾人正不难慷慨仗义，分吾所有，以协济同文同亲爱之日本同胞也。且吾人数千年来祖先遗传之根性，向以宽厚仁和，为举世所称许。所谓人己之见、中外之分，皆吾人脑海中之所无者也。例如，朝鲜以亡国丧家之遗民，其来吾东三省垦田种稻，到处栖居，吾人何尝存局量偏狭之见而歧视之？但吾人敢断言：无论世界若何之强国，若不察吾国之民性，垂涎吾之富有，而企图巧取豪夺，虽施以惊神泣鬼之智，终亦不过徒惹吾人反感而遭失败耳。鲁案之交涉，二十一条只［之］要求，即其前例。且吾人拥有祖先数千年来所留之文明，能同化人而不为人所同化，元清两代均为其明显之证验。以此种深固之国民性，欲取其青年如蜾蠃负螟蛉之子，朝夕而祝之曰似我，冀收其同化之效果，恐徒见其不智也。

吾人此种言论稍涉质直，日本诸教育家或不免以为逆耳之言，而生不快之感，然吾人以为今当两国力图亲善之时，举凡为两国真正亲善障碍之事实，必须尽情划除，方可达到预期之目的。予为促进中日两国真正亲善实现计，故不能不将日本在东省教育施行上根本错误之各点痛切言之，以为日本教育当局之参考。且吾人此种言论，出自真诚，更非逞自己之词锋，快一时之意气者，有所可比，尤希望热心中日亲善之日本教育当局开诚采纳，以为真正亲善之表示焉。

辽宁省教育志编纂委员会编：《辽宁教育史志资料》（第二集，下），辽宁大学出版社，1990年。

南满中学堂一览（节选）

（1935年）

第一，沿革。

一、本学堂于大正六年三月二十八日，根据本社第一二一号社告发表南满中学堂设立于奉天附属地，以四月一日开校，始行成立。

二、同月同日，委满铁本社勤务饭河道雄为署理堂长筹备一切事务。

三、本学堂分为本科、预科，此外另设医学预科。

四、同年八月，委任前长野县师范学校长内堀维文为堂长。

五、大正七年六月，在新高町建筑中之新校舍竣工，遂迁移于此。

六、大正十二年一月，内堀堂长辞职。

七、同年三月，委大分县立大分中学校长池上庄治郎继其任。

八、医学预科因南满医学堂变更学则，以大正十三年三月停办之。

九、大正十三年十一月，在旧校舍北邻，重修三层楼房告竣，遂迁移于新校舍，而从前所用之旧校舍让渡于奉天公学校。

十、昭和元年四月，本校附设补习科至昭和三年三月停办。

十一、昭和五年四月，池上堂长辞职。

十二、同年同月，委前奉天高等女学校长安藤基平继其任为堂长。

十三、昭和六年四月起始许可学生通学。

十四、昭和七年四月附设日语专修科。

第二，概况。

目的：专收满洲国学生，以施高等普通教育为宗旨。

修业年限：预科以一年为限，本科以四年为限，日语专修科以一年为限。

编制：预科一班，本科各学年有两班，日语专修科有一班，共有十班。

学生额数：预科生四十九名，本科一年生一百〇一名，二年生一百〇一名，三年生八十四名，四年生五十二名，日语专修科四十二名，一共四百二十九名。

本科教科目：修身、日语、国文、历史、地理、英语、数学、博物、物理、化学、图画、手工、音乐、体操。

入学资格：预科以满洲国高等小学校毕业者及有与斯同等以上之学力者为合格。本科一年以公学校高级毕业者为合格，日语专修科以满洲国初级高级中学毕业者为合格。

卒业生志愿：卒业生大多数皆向学心切，留学日本升入各专门学校及大学，受高等之教育。

第三，寄宿舍概况。

一、本校创立之始，以校舍之一部（旧第一宿舍）充当宿舍，收容全部学生。

二、大正九年以后学生逐渐增加，原有宿舍实不敷用外租民房一所，作为临时宿舍收容学生之一部。

三、昭和元年度第二宿舍竣工，于是始得将全部学生收容于正规之寄宿舍。

四、本堂学生向须一律寄宿由昭和六年度起始许可通学。

五、昭和七年度起将第一宿舍之自习室寝室全部迁移于第二宿舍。

六、本年度在宿舍收容学生额数如左二百七十五名。

…………

第五，各年度经费及生徒分头额。

种目 年度	经常费	临时费	总额	生徒总数	经常费一人分头额
大正六年	三三，三二二・八七	一〇〇，五六五・六〇	一三三，八七八・四七	一五二	二一九・二八
同七年	五二，二五五・七八	二七，九六〇・〇一	八〇，二一五・七九	一七六	二九一・九三
同八年	七一，一〇三・三五	一，五八七・七二	七二，六九一・〇七	二〇二	三五一・九九
同九年	九七，五九二・七四	九，三五三・二四	一〇六，九四五・九八	一八九	五一六・三六
同十年	九九，一〇九・七二	——	九九，一〇九・七二	一九〇	五二一・六三
同十一年	九一，三八六・三三	八八九・四二	九二，二七五・七五	二〇四	四四七・九七
同十二年	八一，九九三・二五	三九，二〇二・〇七	一二一，一九五・三二	二五一	三二六・六六

续表

年度\种目	经常费	临时费	总额	生徒总数	经常费一人分头额
同十三年	九六，一六六·〇五	二二九，八二八·七五	三二五，九九四·八〇	二七六	三四八·四二
同十四年	二〇八，三五九·八二	四七五·九五	一〇八，八三五·七七	三一六	三四一·三三
昭和元年	一一九，五七五·六一	二八，八三九·〇〇	一四八，四一四·六一	三三二	三六〇·一七
同二年	一〇八，八一〇·二三	——	一〇八，八一〇·二三	三四九	三一一·七七
同三年	一〇六，四四一·八七	——	一〇六，四四一·八七	三九二	三七一·五四
同四年	九九，五七八·三六	——	九九，五七八·三六	三四九	二八五·三三
同五年	九二，五九四·九七	——	九二，五九四·九七	三九四	二三二·七三
同六年	八三，一〇三·一八	——	八三，一〇三·一八	三五四	二三四·七五
同七年	七六，四七八·一一	六四九·七三	七七，一二七·八四	三一七	二二七·五一
同八年	六九，九六七·〇〇	——	六九，九六七·〇〇	三三九	二〇六·三九
同九年	七七，四四一·四八	——	七七，四四一·四八	四〇三	一九二·一九
总额	一，五六五，二七〇·七二	四三九，三五一·四九	二，〇〇四，六二二·一一	五，一八五	
平均	八六，九五九·四九	二四，二九七·三一	一一一，三六七·八九		三八六·六〇

第六，昭和十年度预算。

人件费	旅费	刊行物及备品费	消耗品费	补修费	其他	总额
五六，二四二·〇〇	七六三·〇〇	二，〇一五·〇〇	九，九三〇·〇〇	一，〇七七·〇〇	一，五七二·〇〇	七一，五九九·〇〇

第七，学科课程。

学科目学年及时数			修身	日语	国文	英语	历史	地理	数学	博物	物理化学	图书	手工	唱歌	体操	计
预科		时数	一	二〇	六		一	一	二			一	一	一	二	三六
		课程	学生须知作法人伦道德之要旨	发音会话讲读作文书取①	讲读作文习字		东洋历史	满洲地理	算术			自在书	纸细工	歌曲	体操游戏竞赛	
本科	第一学年	时数	一	六	六	七	二	二	六	二		一	一		二	三六
		课程	同上	讲读作文会话书取	同上	发音缀读讲读书取习字	东洋历史	同上	算术代数平面几何	植物动物实验		同上	木工、制图、纸细工		同上	
	第二学年	时数	一	六	四	七	二	二	六	二	二	一	一		二	三六
		课程	人伦道德之要旨	同上	讲读作文	讲读会话作文书取	日本历史同上	日本地理	代数平面几何	同上	物性热无机物	同上用器书	木工制图		同上	
	第三学年	时数	一	五	四	七	二	二	六	二	四	一			二	三六
		课程	同上	讲读会话文法作文译文	讲读文法作文	讲读会话文法作文书取	日本历史西洋历史	世界地理	同上	动物生理实验	音光电气磁气实验无机物实验	同上			同上	
	第四学年	时数	一	五	四	七	二	二	六	二	四	一			二	三六
		课程	社交礼法同上	同上	讲读文法	同上	西洋历史	地理学通论	同上及立体几何三角法	矿物谕物博物实验	运动力电气实验无机物有机物实验	同上			同上	
日语专修科		时数	一	三〇										一	二	三五
		课程	同上	同上文法										歌曲	同上	

① “书取”源于日语词汇，包含听写、默写、仿写、临摹等意思。

第八，生徒出生地方调。

地方别	生徒数
奉天省	**二九九**
内译	
沈阳县	一一九
抚顺县	一〇
海城县	二三
盖平县	二一
复县	一二
铁岭县	九
开原县	二八
辽中县	三
本溪县	五
法库县	三
新民县	六
营口县	五
梨树县	九
昌图县	九
辽阳县	二六
海龙县	二
东丰县	四
辽源县	一
清原县	一
兴京县	二
康平县	一
吉林省	**三七**
安东省	**一二**
锦州省	**一〇**
滨江省	**四**
龙江省	**二**
关东省	**四二**
中华民国	**二五**
日本	**三**
计	四二九

第九，生徒出身学校调。

学校别	生徒别	学校别	生徒别
满洲国高级小学校	一五三	水师营公学校	二
同师范附属小学校	四	旅顺师范附属公学校	三
同初级中学校	五一	貔子窝公学校	三
同高级中学校	三八	海城东语学舍	五
瓦房店公学校	五	辽阳日语学校	四
松树公学校	五	奉天同文商业学校	五
熊岳城公学校	二	铁岭日语学堂	二
盖平公学校	三	吉林同文商业学校	三
鞍山公学校	四	扶轮小学校	一
奉天公学校	四四	奉天日语学院	一
开原公学校	七	锦县日满语学校	一
四平街公学校	七	厦门公学校	一
公主岭公学校	五	中华民国小学校	四
新京公学校	三一	中华民国中学校	一
抚顺公学校	八	日本小学校	三
普兰店公学校	八	日本中学校	〇
金州公学校	一二	其他	一
大连沙河口公学校	一	计	四二九

第十，生徒年龄调。

学生 年龄	预科	一年	二年	三年	四年	日专	计
十二年	一	二	—	—	—	—	三
十三年	四	九	四	—	—	—	一七
十四年	二	一三	一〇	—	—	—	三四
十五年	八	二二	一四	四	一	—	四九
十六年	一四	二四	三六	九	三	—	八六
十七年	一〇	二二	二一	一七	四	三	七七
十八年	一	六	一二	二四	九	三	五五
十九年	—	二	三	一七	一五	二	三九
二十年	—	一	一	八	一六	一三	三九
二十一年	—	—	—	四	四	一〇	八
二十二年	—	—	—	一	—	三	四
二十三年	—	—	—	—	—	四	四
二十四年	—	—	—	—	—	四	四
计	四九	一〇一	一〇一	八四	五二	四二	四二九

第十一，入学志愿者及入学者调。

种别 年度	预科		本科第一学年		医学预科	
	受验者数	入学许可数	受验者数	入学许可数	受验者数	入学许可数
大正六年度	——	——	四七	四四	九〇	四〇
大正七年度	五六	二九	五四	四九	七四	三三
大正八年度	一〇二	三三	三七	二四	六五	二九
大正九年度	六七	三九	一五	一一	五三	二〇
大正十年度	五五	三二	二〇	一七	四四	二九
大正十一年度	一〇三	四七	三〇	一九	四二	一九
大正十二年度	一六七	九一	二五	一七	二三	一五
大正十三年度	二四九	九二	六六	三二	——	——
大正十四年度	四一七	九五	七九	三一	——	——
昭和元年度	二〇五	九四	五五	四〇	——	——
昭和二年度	二八五	一〇一	五〇	三一	——	——
昭和三年度	二五五	一〇四	八九	三五	——	——
昭和四年度	一二二	八一	七五	五六	——	——
昭和五年度	一四六	九〇	八七	五七	日语专修科	
昭和六年度	九四	六二	七七	四八	受验者数	入学许可数
昭和七年度	一八一	九二	七二	五六	七三	二七
昭和八年度	二二〇	四五	一三七	五〇	五八	三四
昭和九年度	五七六	四九	二二二	五〇	一二九	三五
昭和十年度	四九四	四九	二四九	五〇	一〇〇	四〇

第十二，半途入退学者调（昭和九年度）。

学年 生徒数	预科	一年	二年	三年	四年	日专	计
学年始在籍数	五〇	一〇三	九六	六四	四七	四三	四〇三
半途入学者数	〇	二	〇	〇	〇	〇	二
半途退学者数	三	三	五	九	二	一三	三五
学年末在籍数	四七	一〇二	九一	五五	四五	三〇	三七〇

第十三，生徒身体检查表。

年龄	十三年	十四年	十五年	十六年	十七年	十八年	十九年	二十年	二十一年	二十二年	二十三年
身长	一三八·〇	一四七·一	一四八·〇	一五七·五	一六七·〇	一六七·七	一六八·五	一七〇·二	一六八·九	一七〇·一	一七九·五
体重	三三·〇	三四·五	四〇·〇	四五·〇	五一·七	五四·三	五六·六	五八·三	五九·九	六三·一	九六·〇
胸围	六九·〇	六八·五	七一·三	七三·五	八〇·〇	八一·一	八二·八	八四·七	八五·〇	八六·〇	一〇五·〇

年龄		十三年	十四年	十五年	十六年	十七年	十八年	十九年	二十年	二十一年	二十二年	二十三年
发育概况	甲	—	一	一六	二一	四六	四三	三一	二〇	八	—	—
	乙		二	一六	二三	一八	三三	二一	九	一		
	丙		三	一〇	八	一六	一二	七	四	二		
营养	甲	—		四	三	六	一二	一二	七	四	—	—
	乙		二	一一	九	二〇	二五	一九	一四	六		
	丙		四	二七	四〇	五四	五一	二八	一二	一		
脊柱	正	—	六	四二	五二	八〇	八	五八	三三	二	—	—
	弯											

年龄			十三年	十四年	十五年	十六年	十七年	十八年	十九年	二十年	二十一年	二十二年	二十三年
视力及屈折状态	正视	两眼	—	四	二七	三三	三六	四三	三四	一八	三	—	—
		一眼		—	五	二	五	一一	六	四	—		
	近视	两眼		—	一〇	一七	三九	三四	一八	一一	七		
		一眼			五	二	五	一一	六	四	—		
神色				—	一	五	三	三					

第十四，在满日本人中学校、本学堂生徒身体发育比较表（最近二十一个年平均）。

种别＼年龄		十三年	十四年	十五年	十六年	十七年	十八年	十九年	二十年	二十一年
身长	中学校	一四〇・四	一四六・八	一五一・八	一五六・五	一五九・六	一六〇・八	一六一・〇	一六二・三	一六三・〇
	本学堂	一四二・九	一四八・六	一五四・八	一五八・四	一六五・二	一六五・六	一六六・七	一六六・五	一六六・六
体重	中学校	三四・六六	三八・三六	四二・四三	四七・八七	五一・四三	五三・五〇	五四・七二	五六・二五	五七・二一
	本学堂	三四・二九	三八・一二	四二・六六	四六・四三	五〇・二二	五二・六四	五五・五一	五六・九〇	五八・〇五
胸围	中学校	六七・二	七〇・二	七三・六	七六・八	七九・六	八一・一	八二・八	八四・一	八一・五
	本学堂	六五・〇	六八・一	七〇・七	七三・四	七五・八	七七・一	七九・〇	八〇・一	八二・八

第十五，生徒出席百分比表（昭和九年度）。

预科	一年	二年	三年	四年	本科平均	日语专修科	总平均
九八・一七	九六・八九	九六・五六	九二・七三	九五・六〇	九五・二七	九二・五四	九五・四七

第十六，生徒学资金一览（一个年份）。

学年＼种别	授业科	保证金	学友会入会费	学友会费	旅行费	教科书其他	制服制帽代	舍费	食费	杂费	沈水会费	合计金票
预科	二・〇〇	一〇・〇〇	一・〇〇	六・〇〇	——	六・〇〇	六五・〇〇	一六・五〇	六〇・〇〇	四・〇〇	一・〇〇	一八〇・五〇
一年（新）		一〇・〇〇	一・〇〇	六・〇〇	三〇・〇〇	一八・五〇	六五・〇〇	一六・五〇	六〇・〇〇	四・〇〇	一・〇〇	二一二・〇〇
一年（旧）		——	——	六・〇〇	三〇・〇〇	一八・五〇	六五・〇〇		六〇・〇〇	四・〇〇	一・〇〇	一一九・五〇
二年		——	——	六・〇〇	三〇・〇〇	一五・〇〇	——		六〇・〇〇	四・〇〇	一・〇〇	一一六・〇〇
三年		——	——	六・〇〇	三〇・〇〇	一四・〇〇	——		六〇・〇〇	四・〇〇	一・〇〇	一一五・〇〇

续表

种别 学年	授业科	保证金	学友会入会费	学友会费	旅行费	教科书其他	制服制帽代	舍费	食费	杂费	沈水会费	合计金票
四年		——	——	六·〇〇	——	一三·〇〇	——		六〇·〇〇	四·〇〇	一·〇〇	八四·〇〇
计		一〇·〇〇	一·〇〇	三〇·〇〇	九〇·〇〇	六六·五〇	六五·〇〇		三〇〇·〇〇	二〇·〇〇	五·〇〇	五八七·五〇
口语专修科		一〇·〇〇	一·〇〇	六·〇〇	——	一五·〇〇	——					三二·〇〇

…………

第十九，毕业生数。

回数人员 科别	毕业修了回数	毕业修了学生数
中学本科毕业	一七	四八一
日语专修科修了	三	七三
医学预科修了	七	一三六
合计		六九〇

第二十，毕业后的状况。

上级学校毕业者及在学者调。

学校名	毕业数	在学数	学校名	毕业数	在学数
满洲医科大学	三四	二二	高等工业	一一	五
旅顺工科大学	九	九	高等商业	四	一九
帝国大学	一二	七	铁道学校	二七	二
商科大学	三	二	陆军士官学校	一一	五
工科大学	四	三	满洲国学校	一一	九
私立大学	二	六	中国学校	二一	一一
高等师范	二	一	欧美留学	四	一
高等学校	二	一八	其他	五	六
高等农林	三	〇	计	一六五	一二一

辽宁省教育志编纂委员会编：《辽宁教育史志资料》（第二集，下），辽宁大学出版社，1990 年。

省下中等学校即将着手统制　中学省办一县一校主义

（1937 年）

奉天省公署为备文教部颁布之教育会，关于省下各教育机关之整备，尤其中等学校之统制合理化，曾进行种种研究。但此次伴同省地方费之设定，决将各县立中等学校向省移管，改为省立，置于省之直接管理下。故乘此机会决着手此等诸学校之正式的统制合理化，即为谋学校教育之内容充实起见，男子中学以采取一县一校主义为原则，顺次行废合统制，同时对此加以更科的陶冶，【主要者】为农科养成将来有为之农村中坚层；女子中学因鉴于往来之实绩，只将此于都市地设二三校。对于地方，在高级小学校之上设实习科，专施行为家庭主妇之教育方针。一面如能成功时，则于中等以上各校，配属现职日系军官，依军事教练以期国防思想之普及彻底，现正研究中。再该省拟此次为划期的试办，将于中等男女学校等往来所学之英语全废，增加日本语之教授时间以代之。

《盛京时报》，1937 年 1 月 20 日 4 版，9643 号。

吉省新政改善中　教育统制方针

（1937 年）

【吉林】本省对于各种庶政实行改善以来，成绩卓著，尤其教育机关。刻拟将中等学校之统制，使其现代化，故拟作种种之研究，在此次之地方费设定后，决将所有各县立中学校字样，改由省署方面接管。而使斯项学校充实起见，故想将男子中学校采取一县一校主义为原则，并以更科之陶冶，使农科作为主要科，以便使学生将来养成农村之智识，而备国家之实用。至于女子中学校，亦拟专施家庭主妇之教育方针，以建家庭完善之基。此外还拟将向来各校所习之英文一科，全行废止，而增加日本语学教授。以上皆为本省当局对于教育上统制改革进行之主眼云。

《盛京时报》，1937 年 1 月 28 日 11 版，9656 号。

省下中等学校军事教练实施

（1938 年）

【锦州】为发扬建国精神，养成军事学识，作国家文武兼备完全新青年，充实国防权能，增强总动员力量，锦省下中等学校生徒军事教练实施。四月七日午前十时，在省公署三阶会议室关系各中学校长，派遣军官集合，由王省长及王民生厅长、龟井学务科长、堤特务机关长、三浦中尉等出席，开催协议会。省长、民生厅长、特务机关长各有训示。龟井科长军事训练指示说明，三浦中尉军事训练计划实施案说明。午后三时于严肃里而闭会。

派遣军事教官如左：省立锦州师道学校，同第一国民高等学校、第二国民高等学校——王步兵少校；北镇国民高等学校——刘步兵中尉；黑山国民高等学校——贾步兵中尉；绥中国民高等学校——田步兵中尉；义州国民高等学校——郭步兵中尉；朝阳国民高等学校——李步兵少尉；阜新国民高等学校——赵步兵中尉。

今后生徒，经斯一番军事训练，于规律节制牺牲精神、责任观念以及爱国热忱，自当精神向上，应付非常时局，枪后热援云。

《盛京时报》，1938年4月12日号外，10072号。

入学难　应募报名学生多于定员四倍

（1939年）

【安东】安东市男子中等学校今期募集新生三百名，入学希望者一千百三十名，实达定员四倍及去年之二倍。女子中等学校百名之募集，报名百五十五名。初等学校之入学希望者，目下于各县市权衡中，于省内之治安回复同时，省民对于教育之关心显然昂扬，故有此非常入学难之模样。省当局六年度预算，要求二百五十学级之增设费。然据去年，有七千名不许可入学之儿童之点□之，恐今年亦有相当大量之不许可入学儿童焉。

《盛京时报》，1939年1月17日晨刊5版，10342号。

关东州内最初新设满人女子学校

（1939年）

关东州内，满人女子教育机关，除有初等学堂外，仅有旅顺高等公学校之师范部为满人女子教育机关。满洲事变后，满人女子向学心逐日普及。州内满人有力者间，向有创设女子学校之要望，且关东州厅当局，自大津前长官时代曾研究设立案，今回又得大藏省承认。经由议会通过，决定自四月起，在州内满人文化发祥地之金州设立。新设之满人女子学校，系州内最初之官立女学校，直辖于关东州厅下。按高等女学校令或新施以州内特殊之教育制度，现在未定中。大体仍依日本式之教育方针，第一年度暂设二学级，募集女生百名。在新筑之校舍未竣成前，以金州城内南金书院之旧迹改增建设而利用之，现正着工，以便四月新学期开校。全校职员，校长日本人，教谕四名，事务员、雇员、佣员等九名云。

《满洲教育》5卷3号，1939年3月。

公私立中学校八校学生二千五百余

（1939年）

民生部年来对于各省市之中等学校教育力图发展，借期教育阵容之强化，然自去年新学制实施后，关于国内各中等学校之学生现在人数多寡，必须详细统计，预为教育上之参考资料。曾令各省市将现有之中等学校之学生数目详为呈报，以资考核。新京特别市公署教育科当局奉令后，当即检查正式立案，由四月一日迄现在止，公布第一、第二、女子国民高等学校共二十九班，学生一千五百四十八名，私立萃文、中央、商业国民高等校共十班，学生五百二十二名，特别教育东亚学院、宏文学院共九班，学生五百二十三名，以上共四十八班，学生二千五百九十三名，业经列表呈报民生部备查云。

《盛京时报》，1939年5月24日晚刊4版，10460号。

对国民高等毕业程度者省当局举行学力检查

（1939年）

奉天省当局为对于国民高等学校及女子国民高等学校毕业程度者实施学力之检查起见，特经决定自七月二十五日起，至二十八日止，亘四日间，在奉天省立第一女子国民高等学校内举行考试。其报名开始为六月十日，报名场所为省公署民生厅国民教育科。兹于检定实施时之试验科目如左。

男子为国民道德、国语、实业、历史、地理、数学、理科、图画。

女子为国民道德、国语、教育、家事、裁缝手艺、实业、历史、地理、数学、理科、图画云。

《盛京时报》，1939年6月4日晨刊2版，10471号。

全满中学校长在京举行会议

（1939年）

【新京】昭和十四年度大使馆教务部管下全满中等学校校长会议，于十九日午前九时在教务部由全满二十五中等学校校长参集及大使馆方面教务部长以下各视学官出席之下而开会。今吉教务部长训示之后，由课长说明指示事项及以下之教咨问事项：“关于彻底赐与青少年学生敕语之御趣旨具体的方策如何”委交协议委员于零时二十分暂时休憩，及至午后，仍继对指示事项：1. 关于废止入学笔试之件；2. 关于集团勤劳之件；3. 关于协和青年团之件；4. 关于体育振兴之件；5. 关于消费节约之件等实施案件加以协议云。

《盛京时报》，1939 年 6 月 21 日晨刊 5 版，10488 号。

期教育前途发展　拟来年增设学校

（1939 年）

【齐齐哈尔】我国自新学制实施以来，对于教育之进展，日行千里，而处北满要镇之龙江省管下教育发展，亦有突飞猛进之势，因之文盲渐少，求学者日多，而旧有之学校，亦有感不足之态。其中尤以中等之学校，尤有大感不足之态。故省署侧，基于此种事实，及各县民众之要望，拟定增加中等学校，以明年度着手增加。其拟增加之学校为讷河农业国民高等学校、大赉县国民高等学校（水产科）、泰来县农业学校、开通农业学校等处云。

《盛京时报》，1939 年 9 月 2 日晨刊 5 版，10560 号。

男女国高学生施行毕业检查

（1939 年）

新京特别市公署教育科，于十五日起三日开，施行女子高等国民学校及国民高等学校毕业程度学力检查。男子在新京特别市立大和通国民优级学校，女子则在新京特别市立女子国民高等学校两处举行。每日于午前八时开始检查。但现学生年满十七岁以上者为合格。其试验科目：女子国民道德、国语（日、满语）、教育、家事、裁缝手艺、商业、历史、地理、数学（算术及代数、几何）、理科、图画；男子国民道德、国语（日、满语）、商业、（土木、历史、地理）、数学（算术、代数、几何）、理科、图画、语学（英语）。

《盛京时报》，1939 年 10 月 4 日晚刊 4 版，10591 号。

龙江省扩充学校新设中等校四处

（1939 年）

【齐齐哈尔】龙江省公署明年度学校新设扩充计划如左。

中等学校

一、农科国民高等学校新设三校

我国系以农立国，对于农业自应特别注意，乃省内中等学校十三校之中，农科仅有齐齐哈尔、洮南之两校而已。为广造农业人才计，故决于讷河、泰来、开通三处新设三校。

二、水产国民高等学校新设一校

改良原始的捞渔方法，防止滥渔，俾养鱼等生产技术之向上，在大赉新设一处，为全满最初之水产学校。

以上四校预定于明春一月一日开学，招收学生五十名，为四年制。

初等学校

本省就学儿童，对学龄儿童之比率为 39%，比建国当初之 3%，固有惊异的发达，但学校之收容力仍感不足，年年约有五万名不能就学，故决于明年度暂先增加二百十五学级，十年后即可全部收容云。

《盛京时报》，1939 年 11 月 24 日晨刊 5 版，10639 号。

为免中学生之失学起见　（牡市省立）扩充学校五年计划

（1940 年）

【牡丹江】自确立治安各县下民生之安定工作，已有显著实现。以之学生之向学，亦因而向上志望入中等学校之希望者，已逐年增加。但实际收容此项学生之学校，惟有宁安男子一校、女子一校，因此不抵收容。见省公署当局省立中学校扩充五个年计划已准，自康德七年度即开始实行，第一年度于牡丹江市设立工科国民学校，于新安镇设立农业学校之二校，于后五个年间之中，于牡丹江市将设置女子国民高等学校，于穆棱设置男子高等学校，并将对牡丹江国民高等学校及宁安国民高等学校施行校科之增设以扩充云。

《盛京时报》，1940 年 3 月 14 日 5 版，10740 号。

省下各国高学校实行军事教练　各校将配置军事教官

（1940 年）

【安东】为期高度国防国家之巩固化，必与国兵法之施行。相为呼应，省基于中央之指示，亘省下十三满鲜系省立私立国民高等学校，实施军事教练之着手研究基础之成案，近可公表。而中央当局，对于军官之各校配置，亦正拟商中。将来各校之教官配置后，向国军之圣路踏入，而施国兵法之基本教育，而期促成完美之基础云。

《盛京时报》，1940 年 11 月 10 日 4 版，10976 号。

强化学生体育精神　各校将普遍配属武官

（1941 年）

建设国防国家体制，强化学校体育阵容，亦为不容缓之要务。中央当局有鉴于非常时局下，苟欲确保人的资源，是应特别注意于体育卫生等重要行事。缘是中央当局，本年中决扩大关于体育之诸种施政，并已确定其实施方针。民生部当局准此趣旨，不独于一般体育上加以特别努力，尤其对于战时体制中全国中等学校涵养军事知识与军事教练之实践，认为有更重于其他一切之性质。因之民生部、治安部两当局，自康德六年起，对全国之特殊学校即行一部担当教练武官之配属。兹者民生部方面，为强化以上施政计划，而使全国学生个个具有非常时之体验与精神，故自今后决定提高康德八年度之全国学校之教练整备费，于十九日之全国省视学官会议席上，并详细听取各地方之武官配属情形以及需要状况。待经过详细计划，而与治安部当局协商后，于最近之期中，对全国占重要性质之中等学校，即予以武官之优先配属。随后对国内全部中等学校，即继续的施行普遍的武官配属云。

《盛京时报》，1941 年 3 月 23 日晚刊 2 版，11102 号。

为增强国防及实力　举行学生兵营生活

（1941 年）

【新京】为增强我国国防与实力而施行之国兵法，经官民一致之努力，所得效果，实称良好，佳话美谈各地业出，已散见各报。但对青年在教学子，为期其了解国兵法之要意与对兵营生活发生兴趣，实有于校内教授兵营生活常识之必要，以期其有充分之认识经验，以为将来为国守城之准备。新京市立第一国民高等学校有鉴及此，特计划于五月二十三日起至二十五日止，以该校第四年在学学生七十六名为训练之对象，而举行学生兵营生活。由该校内配属将校陆军骑兵中校张绍武氏及另外教谕二名为监督，即于五月二十三日下午二时起，举行入营式，并被服兵器受领，于二十四日开始做各个与密集之教练并步哨教育与夜间教育，二十五日举行出队式。又闻该校队此种含有意义深远之教练计划，每年皆拟继续实行云。

《盛京时报》，1941 年 3 月 29 日晨刊 4 版，11108 号。

兴安北省中学配置教练武官

（1941 年）

【海拉尔】伴随国兵法之应行，鉴及实施学校教练之必要，前已决定之各大学业经开始，今对于国民高等学校等全满三十二校，亦在配布武官中。兴安北省武官配布学校如左：海拉尔第一国民高等学校（蒙系）配布武官第十军管区司令部附陆军少校格尔克那木吉勤，海拉尔第二国民高等学校（满系）配布武官第十军管区司令部附陆军中尉林秉谦。

《盛京时报》，1941 年 5 月 19 日晨刊 3 版，11158 号。

涵养中学生勤劳精神　利用暑假协力地籍整理事业

（1941 年）

民生部为使担负将来我国重责之学生儿童，养成勤劳爱耕的精神起见，决定利用暑假，使全满各学校之教职员并学生，一律出动，实施增产农事训练，与农民一同援助军人遗族或家族并矿工方面之农家，同时并决定使全满各中等学校学生全体出动，协助地政总局之地籍票誊写事务。兹盖本诸近将公布之《土地等级设定法》而实行者，对于康德七年以前实施之地籍整理繁多之等级，皆按新法加以修正，地政总局已决定在明年三月以前完成登记集成事业。目下虽雇佣临时职员，专心整理，然终不克急连□事。是以民生部教育司已以此为中等学生之奉仕作业，对于需求协力，加以认可，决由六月上旬至七月间，令全满中等学校学生一齐出动，誊写各市县旗之土地登录簿于地籍票，而协力集计事务，以资唤起尊重勤劳之精神，及地籍事业之重要性。故其成果，各方面均极期待焉。

《盛京时报》，1941 年 5 月 28 日晨刊 2 版，11167 号。

中等学校入学考试特别重视日语 民生部拟更普及日语教育（节选）

（1941 年）

复合民族国家满洲国之指导国语日语教育，因我国改育制度之整备，着实收有成果。

…………

民生部今鉴于日语教育之重要性，决定以如次方针，期其更彻底。

一、使日语渗入学生生活中而进展其研究。

二、特以国民优级学校为重点，以日语程度高之教师强化日语教育。

三、日满两系教师不断交换教授常用语学，相互磨练。

四、怂恿教师之语学检定试验受验，并作成日语学习教师用教科书。

又今后中等学校之入学试验，亦对日语特别重视，取不解日语不能入学之方针，并以国语研究会为重要研究部门，对日语教授法加深研究，与满语调查委员会之兴亚假名并行，树立满洲独有之日语教授法云。

《盛京时报》，1941 年 7 月 4 日 7 版，11203 号。

中学生勤劳奉仕　各校担当地域决定

（1941 年）

奉天市勤劳奉仕指导委员会，十二日午前十时举开中等学校代表者商议会。关于中等学校之奉仕方法等，实行协议。按此结果，除按各学校别实行勤劳奉仕外，自八月一日起，并施以集团勤劳奉仕，已决定如左。

公立中等学校，担当万泉园之新设道路，凡三千米，在十日间，由四千人出动，奉仕新设工事，南满中学堂及其他各私立学校，则从事于国际运动场及角力场之修理清扫作业。特别教育设施机关，则从事于一心街小公园及浑河苗圃之除草，或清扫等。每日百名，凡十日间实施，又学校勤劳奉仕，当于八月二十日终了。终了后，并于八月二十二日午前八时三十分，齐集于十王亭，举行参加各学校之观阅分列式，然后向市中行进云。

《盛京时报》，1941 年 7 月 13 日综合版 7 版，11212 号。

第一次中等学校长会议研讨战时教育问题　市长亦行临席加以训示

(1942年)

【新京电】本市各公私立中等学校长会议，已于本日（十八日）午前九时三十分起，假市署大礼堂举开。盖因大东亚战争正节节进展，关于学生之教育如何能使之应对战时色彩，以为协力战争之一翼，此问题实异常重大，是以当本日举开本年度第一次中等学校长会议之际，市长与行政处长均亲临会场详加指示。而韩教育长亦以战时下教育之重点、教育之渗透、学校之经营等多方面为题详加指示之后，则为恳谈，交换各种意见。闻继中等学校长会议之后，于二十一、二十二两日间，假大经路国民学校，复举开全市小学校长会议，亦讨论战时下关系教育之各问题云。

《盛京时报》，1942年3月19日5版，11456号。

振兴地方中等教育　重行设立女子国高

(1942年)

【依兰】本县女子国高学校于康德六年实行停止以来，依兰县民一再向当局恳请，要望重行设立，以免第二代女子之失学。依兰县公署教育股长依据县民要望之热意，及屡次召集地方关系士绅恳谈之状况，呈报于省方，结果已蒙省方认许，但经费一节须由地方之补助以期增设早日实现。依兰县公署于本日前午后一时，假县公会堂，召集地方士绅开催女子国高学校增设促进委员磋商会，以研究增设促进各问题。参加人员等［有］宫县长、阎街长、梁商工会长、国高胡校长、各优级校长、兴农合作社薛理事、教育股人员以及士绅约四十余名。当经议决事项分志如左。

一、为依省方当局极度关心现有之男国高校舍破坏不堪，又兼房舍狭窄碍难增班，议决于北门外忠魂碑东侧重建房舍三十二间，以为男国高之新校舍。

二、将旧有国高校舍加以修补以作女子国高校舍之用。

三、经费募集一节，各地方士绅，皆以此举为地方百年大计、人民之幸福，均热烈赞助，并愿以自动寄附之方法，开始募集以期早日实现。

四、依兰县公署教育股长依据此次磋商会开催之经过，及人民要望热意作成议案，呈报省方，以要请积极增设云。

《盛京时报》，1942年3月29日综合版4版，11465号。

为谋中学教育之发展　开催中等学校长会议

（1942 年）

【哈尔滨】滨江省公署民生厅为谋管下中等学校教育之发展，并对于时局教育彻底认识起见，特定于明二十六日午前十时半起，在省长官房大会议室，召开省及市、县、旗公立中等学校长会议。关于会议之日程，已经决定如左。

一、国民仪礼。

二、训词（于省长、刘民生厅长）。

三、致词（后藤文教科长）。

四、指示及注意事项。

1. 关于会计事务处理之件。

2. 关于人事事务处理之件。

3. 关于教科经营之件。

4. 关于职员服务之件。

5. 关于学校全般经营之件。

五、指示及注意质疑应答。

六、协议恳谈。

《盛京时报》，1942 年 6 月 27 日晨刊 4 版，11553 号。

二、中等师范教育

（一）法规章程

师范学校卒业生暂行服务规程准则

（1937年）

关于《师范学校卒业生暂行服务规程准则》之件。

为令遵事。查教育之效果，有待于教员之力者甚大。师范学校本以养成教员为目的，乃因我国向无师范学校卒业生服务规程，以致卒业之后改途他业者颇多，殊失师范教育之意。本部鉴于师范学校之目的，为期将来师范学校卒业生咸使充任小学教员起见，兹特制定《师范学校卒业生暂行服务规程准则》，随令附发。仰各省长依据该准则厘定师范学校卒业生暂行服务规程，呈部候核施行。惟各省中已有制定施行者，如与本准则无甚出入，仍照旧施行可也。此令。

第一条　卒业生自卒业之日始，由本规程（各省师范学校卒业生暂行服务规程）施行起，在学期间之一倍期间内，须从事本管省长所指定之学校之教职。但依正当理由，经该省长许可时，得从事于他省或特别市学校之教职。

第二条　省长认卒业生有不能从事教职之事故时，得于认为必要期间内，展缓或免除其从事教职。

第三条　卒业生在服务期间，如入以养成教员为目的之学校者或文教部大臣所指定之学校者，其在学中得展缓服务义务之履行。其卒业后，依照卒业学校之法令，有服务义务时，得免除其原展缓服务之义务。

第四条　省长认卒业生在其依第一条之规定服务义务期间中，有左列各款之一者，得令其偿还在学中所支领之公费及授业费之全部或一部：

一、无正当理由不从事教职时；

二、受惩戒免职时。

第五条　前条授业费之金额于年额四十元以下之范围内，由该管省长定之。

第六条　卒业生在服务期间内残废或死亡时，免除公费及授业费之偿还。

（伪）满洲帝国教育会编：《满洲帝国文教关系法规辑览》（上），1938年。

师道学生学资支给规程

（1938 年）

省令

奉天省令第八号

兹制定师道学生学资支给规程如左。

康【德】五年二月十九日

奉天省长　葆康

师道学生学资支给规程

第一条　对于师道学校及女子国民高等学校师道科学生支给学资办法应依照本规程之所定。

第二条　对于前条之学生应支给用学资为月额国币四元。

第三条　对于有左列各款之一者在其期间中停止其学资之支给。

一、继续缺席一个月以上者。

二、休学中者。

三、受停学处分者。

限于有前项第一号及第二号之情形时，校长得参酌其情状，对其学生支给学资。

第四条　如因冬季休业日或夏季休业日超过一个月而有一日亦未授课业之月时，该月之学资不支给之。

第五条　因有特别情由，学校虽临时休业，学资亦照常支给之。

第六条　学生在月中转学之时，于一向在学之学校支给其月之学资。

第七条　中途退学或停止支给之月分之学资，按日支给。

附则

本规程自康德五年二月十九日起施行。

《满洲教育》第 4 卷第 4 号，1938 年。

地方师道训练所官制

（1938 年）

第一条　地方师道训练所属于省长之管理，于初号教育教师施以所必要之训练。

第二条　地方师道训练所共置左列职员。

所长。

教官二十四人，委任。

各地方师道训练所教官之员额，由民生部大臣定之。

第三条 所长以省之民生厅长或民政厅长充之。

所长承省长之监督，综理所务，统督所属职员。关于其进退及赏罚，呈请省长。

第四条 教官承所长之指挥，从事教育。

第五条 所长为使担任所务有必要时，得嘱托主事。

第六条 所长认为有必要时得聘请讲师。

第七条 地方师道训练所名称、设置处所、学科目、入学资格及其他本令无所规定之事项，由民生部大臣定之。

附则

本令自公布日施行。

（伪）满洲帝国教育会编：《满洲帝国文教关系法规辑览》（上），1938 年。

关于地方师道训练所开设要纲之件

（1938 年）

一、名称、设置处所、教官定员及所生收容数（康德五年度）。

名称	设置处所	教官定员	学级数	一年所生收容人数（年二期分）	
吉林地方师道训练所	吉林省 吉林市	二	二	吉林省 新京特别市 间岛省	一四四 一四 二〇
齐齐哈尔地方师道训练所	龙江省 齐齐哈尔市	一	一	龙江省 黑江省	九〇 一二
哈尔滨地方师道训练所	滨江省 哈尔滨市	一	一	滨江省	一〇〇
佳木斯地方师道训练所	三江省 佳木斯市	一	一	牡丹江省 三江省	四〇 六〇
凤城地方师道训练所	安东省 凤城街	二	二	安东省	一八〇
通化地方师道训练所	通化省 通化	一	一	通化省	一〇〇

续表

名称	设置处所	教官定员	学级数	一年所生收容人数（年二期分）	
奉天地方师道训练所	奉天省 奉天市	八	八	奉天省	八四〇
锦州地方师道训练所	锦州省 锦州市	四	四	锦州省	四一六
承德地方师道训练所	热河省 承德市	二	二	热河省	一八〇
扎兰屯地方师道训练所	兴安东省 扎兰屯	一	一	兴安东省 兴安北省	二〇 二六
王爷庙地方师道训练所	兴安南省 王爷庙	一	一	兴安南省 兴安西省	三二 三〇

备考：(1) 训练所之主管者为该所所在省之省长；(2) 由于校舍、宿舍之关系，得设置分所。

二、关于收容所生之注意事情。

1. 各县应派所生数，须由省酌各县实情，妥为决定之。

2. 因有所生之派遣各地方，初等教育教师之教授时间数势必增加，故须在各县财政可能之范围内，或补充教师，或代其他方法而缓和教师负担之过重。

3. 各县须经妥确之权衡，就认有施以再训练之资格者，得逐次派遣之。

4. 因系团体训练，其有传染性疾患者不许入所。故各县于派遣所之际，应行体格检查。

5. 对于所生应给与现职之薪俸。

三、训练期间。

训练期间以每年分二期为原则，第一期自一月一日始至六月末日终，第二期自七月一日始至十二月末日终。

但限于康德五年度第一期自三月一日始至七月末日终，第二期自八月一日始至十二月末日终。

四、编制。

1. 一学级之员数以五十名为标准，名为组，置组长。

2. 组更分为班，以十名为标准，每班置班长。

3. 所生以收容于宿舍中为原则，使营有规律且有统制之团体生活。

五、训练科目及教授总时数之标准如左，但康德五年度则以备考栏之时数为标准。

训练科目	教授总时数	备考
建国精神	二五	二二
教育事情	五〇	四〇
教材研究	一五〇	一二五
日本语	六〇〇	五〇〇

六、日课时限标准如左，但自十月至三月间迟延一时间。

日课时限表

	时	分	日　课	备　考
午前	六	○○	起　床	
	六	二○	点呼、朝礼	合同体操
	七	○○	朝　食	
	八	○○	第一时限开始	语　学
	九	三○	第一时限自习	
	一○	○○	第一时限终	
	四	○○	第四时限终	
	自四	三○	入　浴	
	至七	○○		
	六	○○	夕　食	音　乐
	一○	一○	第二时限开始	语　学
	一一	四○	第二时限自习	
	一二	一○	第二时限终	
	一二	二○	昼　食	音　乐
午　后	一	二○	第三时限开始	讲　义
	二	五○	第三时限终	
	三	○○	第四时限开始	讲义体操
	自七	二○	自　习	
	至八	五○		
	九	○○	点　呼	
	九	三○	消　灯	

七、训练课目之指导目标如左。

1. 建国精神乃使彻底理解我国建国之精神及访日宣诏之趣旨，并授以关于师道修养上必要之专项，而使知我国教育之根本意义。

2. 教育事情乃使理解我国教育之实情，授以教育学之大要，并授以新学制为中心之教育法规及关于学校经营、社会教育之事项。

3. 教材研究国民科之教材为主，并附带研究各科教授法。

4. 日本语以使之具有教授初等教育之日本语全课程之能力为目标，尤宜注重养成其基础之能力。

5. 自然科学为数学及理科。数学以提高初等教育算术科之教授能力为目标，理科以使增长关于植物、动物、矿物、自然现象及物理、化学之现象等科学的常识为目标。

6. 体操以修得建国体操及日本建国体操为主，并授以初等教育之体操教授要目之大要。

7. 内外事情系为国内事情及国外事情。国内事情乃使增加关于我国之行政、财政经济、军备治安、农村事情，其他国内事情一般之知识；国外事情以使知日本事情为主，而俾正确认识日满不可分之关系。

备考：(1) 于课外尤当实行劳作、训练、官衙见学、讲话、座谈会等事；(2) 于课外如于可能时，可授以初等教育之音乐教材。

八、关于休业日、式日，准用师道学校规程，但无冬季休业日。

九、关于所生之服务，准用关于初等教育教师之件。

十、所定课程已修了者，即授与修了证书。

（伪）满洲帝国教育会编：《满洲帝国文教关系法规辑览》（上），1938 年。

临时初等教育教师养成所规程（节选）

（1939 年）

第一条　临时初等教育教师养成所（以下单称养成所）之修业期间为六个月，但于特别有必要之情形下，参酌入学资格得延长至一年或二年。

第二条　所长为考察成绩及其他教育上之便宜，得经监督官署之认可，将修业期间分为数学年或数学期。

第三条　养成所之学科目及其每周教授时数经民生部大臣之认可，由监督官署而定。

…………

第九条　授业日数，于修业期间六个月之养成所全期间百二十日以上，其期间一年或二年之养成所，每学年二百三十日以上，但遇特别情形经监督官署认可时，不在此限。

…………

第十二条　应入养成所者，为国民高等学校三年修了者或与此同等以上之学力者，但于修业年限二年之养成所，得使国民优级学校卒业者同等以上学力者入学。

…………

第十四条　全课程之毕业认定，考查平素成绩而为之。

第十五条　对于所长认为全课程毕业者，授与毕业证书。

…………

第十九条　向学生所支给之学费，月额四元以上十元以下，经民生部大臣认可而由监督官署定之变更学资之额时。

第二十条　对图自己便宜退学者，又退学或被除名处置者，所长受监督官署之指挥，使偿还授业费及其在学中支给之学资。但按情形，得免除其全部或一部之偿还。

第二十一条　对于毕业者授与初等教育教导免许状。

第二十二条　毕业者自领得毕业证书之日，有于监督官署所指定之学校，服务二年间之义务，但修业年限二年之养成所毕业者之服务义务期间为三年。

…………

第二十五条　关于休业日、式日、学生数、编制及其他本令所规定之事项，准用师道学校之规程。

附则

本令自康德六年七月一日施行。

《盛京时报》，1939年7月1日晨刊2版，10497号。

（二）实施

为加强教授阵容　开设师道训练所

（1938年）

关于第二期建国基本工作，中央民生部为期彻底充实国民教育，已自一月一日实施新学制。又为加强教授阵容，决在新京开设中央师道训练所，并在全满主要省中心郡市，开设九处地方师道训练所。奉天市将在奉天师道学校设置第五地方师道训练所本部，并在奉天师道学校及奉天第一女子国民高等学校、四平街、海城、东丰各师道学校，设置训练所分所，自三月一日一齐开所。该训练所所长由奉天省王民生厅长就任，主事由各师道学校长就任。专任教师配属优秀之日系教官，由省下各市县所选拔派遣之现职初等教员为所生而收容之。以日本语之彻底的普及与建国主旨之完全认识为第一义，而行教育事情、教材、自然科学、内外事情等诸般之研究指导训练者也。奉天省下训练所之各分所，为奉天师道三学级，四平街海城各二学级，奉天第一女子、东丰各一学级，合计九学级。定员为四百五十名，将原定一期六个月，变更于第一年度以五个月终了云。

《盛京时报》，1938年1月15日2版，9992号。

去年度师范毕业生分配各县服务

（1938 年）

沈阳县公署，顷奉省令将康德四年度师范毕业生，分配于该县服务如左，并限各新派师范生，统于二月五日以前报到云。

奉天师范学校本科毕业生董兰等八名。

师范学校讲习科毕业生邢培岑等二十一名。

海城师范本科毕业生董桂椿等十名。

东丰师范本科毕业生关庆璋等三名。

四平街师范本科毕业生刘世昌等十三名。

奉天师范本科早年毕业者三名。

辽中初级中学附设师范讲习科毕业生范景焕等四名。

新民初级中学附设师范讲习科毕业生王德良等十九名。

铁岭初级中学附设师范讲习科毕业生傅维权等十三名。

西丰初级中学附设师范讲习科毕业生梁振东一名。

西安初级中学附设师范讲习科毕业生满健飞一名。

奉天女子师范本科毕业生任亚珠等十三名。

奉天女子师范讲习科毕业生李维珈等八名。

辽阳师范本科毕业生关惠然等二名。

《盛京时报》，1938 年 1 月 25 日 2 版，号外，10002 号。

中央师道训练所成立后　更设地方师道训练所

（1938 年）

【新京专讯】关于新学制之施行，业由本年一月一日起，在国内实施全面的努力，借便发挥新的效果，而使国家教育水准向国家需要程度迅速迈进。且为发扬旺盛之国民精神及育成忠良国民，必须先行养成强化而优秀之教授阵容，方能达到其目的。是以民生部此次于新京南岭设中央师道训练所，在全国十一个地方，设置地方师道训练所，以期加紧训练养成优秀之师资，而为我国文教核心，且具有实力之教师。

再，中央师道养成所已于二月二十一日举行开所典礼，已致本报。此不但训练满系教师，对于新采用之日系中小学校教员，亦并行之。并对县、旗、市之执行教育行政者，施以随时所需之教育，以当关于教育之综合文教训练。一方对于地方师道训练所，行中坚指导者之训练养成云。

△中央训练所之学生数及训练期间。

第一部（日系）。

视学，人数及日期未定；中等学校教员，人数二二五（五月一日起至五月中旬止）；初等学校教员，人数一五〇（五月一日起至十二月末日止）。

第二部（满系）。

视学，人数一五（二月中旬起至十二月末日止）；中等学校教员，人数二七（同上）；初等学校教员，人数六六（同上）。

△地方师道训练所名称、设置处所及生收容数：吉林地方师道训练所（设吉林省吉林市），一年所生收容数，吉林省一四四，新京特别市一四，间岛省二〇；齐齐哈尔地方师道训练所（设龙江省齐齐哈尔市），龙江省九〇，黑河省一二；哈尔滨地方师道训练所（设滨江省哈尔滨市），滨江省一〇〇；佳木斯地方师道训练所（设三江省佳木斯市），牡丹江省四〇，三江省六〇；凤城地方师道训练所（设安东省凤城街），安东省一八〇；通化地方师道训练所（设通化省通化），通化省一〇〇；奉天地方师道训练所（设奉天省奉天市），奉天省八四〇；锦州地方师道训练所（设锦州省锦州市），锦州省四一六；承德地方师道训练所（设热河省承德市），热河省一八〇；扎兰屯地方师道训练所（设兴安东省扎兰屯），兴安东省二〇，兴安北省二六。

《盛京时报》，1938 年 2 月 24 日 2 版，10027 号。

女师范生的出路　新旧时代的不同（节选）

（1938 年）

…………

时候到了目下新的阶段里，我可以庆祝了！因为一部分的师范生已经在建国伊始，从怨恨中复活了！她们的生命，也由死寂里爬出来——

一、服务者。初毕业的师范生，应由母校和教育当局援助，在母校于毕业最终考试，加以严重审查选取成绩决良者，贡献给社会去，介绍到各学校服务，以完成她们学成致用的义务。

二、升学者。教育生活不厌倦的人渐渐进步，渐渐却望求高的知识，来贡献给后进者，启迪她们，引领她们，于是师范生毕业还可以入师大，现在上日本去看看友邦的教育状况。小学教育，女子教育的中心点，学回来。改革我们过去所遣［遗］留的浮嚣教育爪痕。这是师范生升学后的使命。

三、结婚者。师范生毕业以后大多正在二十岁以上——结婚年龄，于是这一部分的师范生结婚【成】少妇。她们也不要忘了她们的所学。你们孩子家庭教育啊！哈！你是良母，你是好家庭教师，你的宝宝是一员好的国民。

四、回乡下去者。她们也许为某种原因没有做事……没有以上三种状况，如此地回到乡下去，你为尽这教育的神圣义务，可以召集乡下的小孩子、不识字的女人，成功一个不要钱的平民学校普及教育，为王道社会放一线曙光。啊！好啦！这是神圣的话，结束在此。

一九三八年之夏。

《盛京时报》，1938 年 5 月 27 日 5 版，10116 号。

适应新学制之实施　造就专门教师人才
师道学校明年度新生增额

（1938 年）

滨江省公署民生厅基于政府新学制实施以来，对于省下各县、旗、市之中初等教育积极向发展途上迈进，以适应新学制教育之发展。惟以管下各县、旗、市之初等教育教师，不但缺乏，虽既有之者，内中亦有多不合格而非师道学校毕业者。为造成专门初等学校教育教师人才计，对于省立哈尔滨师道学校，康德六年度新生招收额，决定增加至二百八十名，计本科第一学年男生一百六十名，特修科第一学年一百二十名。教育之宗旨，以留意实践躬行涵养巩固之国民精神，修得知识技能，锻炼身体，陶冶人格，养成堪任初等学校教师者为目的。同时为示奖励计，特经规定下列之优待特点。

1. 宿膳费由官方补助，每人每年七十二元。

2. 学费由推荐之县、旗、市方面补助，每人每年一百二十元。

3. 修学旅行费每人补助三十元，（特修）科乃至六十元（本科）。

4. 学费免除（其他各中等学校每月约二元）。

5. 毕业后之待遇：（1）本科卒业生初任教师给月俸三十五元乃至四十五元；（2）特修科卒业生初任教师给俸二十五元以上。

6. 毕业后可得初等教育教职或教导资格。

7. 以上之学生于卒业后三年内须服从省公署指定任务义务。

8. 住宿在本校内有宿舍之设备。

9. 纳费两个学年每人六十元（前学期缴三十元），其用途为服装费不足填补及图画、手工、音乐科等之用具材料费，以及校友会费（充作学艺部、运动部、武道部等费用），父兄会费，以及食费不足填补等。但如官方预算充实时，或再减少之。关于招收之办法，由省斟酌属下全省各县、市、旗之情形，规定额类，令饬各该县、旗、市公署，按照左列之资格，遴选优秀，向省方推荐，并一般志愿报名者。至于投考之资格、手续及考试科目，亦已规定如左。

（一）投考资格

1. 品行端正，思想健全，身体强健者。

2. 本科入学者必须初级中学卒业或同等以上之学力者，及初级中学第三学年在学者。

3. 特修科入学者必须国民优级学校卒业或有同等以上学力者，及优级第二学年在学者。

4. 本科生年龄在十八岁以下之未婚者。

（二）投考手续

1. 投考学生须将本校所定的入学愿书类填写清楚，于规定日期内，到各县、旗、市公署报名，手续完备者发给受验证，始准应试。

2. 最近六个月以内照的半身脱帽相片二寸者二枚，但内一张须贴于入学愿书。

3. 报名日期：康德五年十一月三十日截止。

4. 报名地点：所管县、市、旗公署。

5. 考试日期：自康德五年十二月五日起至七日止，亘三日间，每日由午前九时至下午三时止。

6. 考试地点：所管县、旗、市公署或指定个所。

（三）考试科目

1. 学科一：本科为国语（满语及日语）、数学（算、代、几）、史地自然（博物、物化）。

2. 特修科为国语（满语及日语）、算术常识（包含国民道德、地理、历史、自然等）。

3. 身体检查。

4. 口头试问云云。

《盛京时报》，1938 年 11 月 17 日晚刊 4 版，10286 号。

缓和教员不足　师道招生变更

（1938 年）

【哈尔滨】滨江省各县之小学校，均感教师人才不敷应用。关于教师造就学校，仅师道学校一处。入校之学生，完全由国费补助，故毕业后，对于择事就职，须先征求其前往地点。僻远县份，仍难免教员不足之苦。故滨江省当局，对于师道学生之入学，变更办法。将从前由国费补助改为由县补助，废止已往之普通考试，由各县推送优等少年，本科（国高三年卒业生），特别科（优级学校卒业生）共采取三百名，每人每年约需费一百二十元左右，毕业后，即返回原推荐之县服务。此种办法，于明年即可实行云。

《盛京时报》，1938 年 12 月 8 日晨刊 5 版，10307 号。

省下新设立两处初等教师养成所

（1939 年）

奉天省当局为养成初等教师之人才起见，特经拟定于省内之海城及四平街师道学校内，开设临时初等教师养成所。其各项之筹备，均已完全就绪，预定自三月初旬起，即将正式入所开始授课。第一期之入新生定额为一百名志愿资格，限初中毕业或同等学力者。修业期间五个月，在所待遇不收学费，每月发给公费六元，毕业后授与初等教育教导许可状，分派赴省内各市县任初等教师。报名日期为二月十日截止，地址为省公署民生厅高等教育科，考试日期二月十四日，在奉天第二女子国民高等学校内举行云。

《盛京时报》，1939 年 1 月 21 日晨刊 2 版，10346 号。

吉省力谋教师之充实　将设教员养成所

（1939 年）

【吉林】因全省教员彻底改善，教师人才颇感不足，师道学校毕业生支配上之不足与教育之发，颇有不便，现在吉林省民生厅为补充全省各学校之教师人才起见，决定设立临时教师养成所，目下具体案正在准备中。关于临时教员养成所入所者，须有初中学校毕业之资格，修业期间为六个月，在所中修学时，官家每月补助六元，终了修学后，发给教员身份免许状，将来到各处任教师时，一切免试，将来为初等教师之基本人才，额数三百名至五百名。不久既可实现，有志教师事业者，此机不可失也。

《盛京时报》，1939 年 1 月 29 日晨刊 5 版，10354 号。

三江省强化教育　广招教员百三十名

（1939 年）

【三江】三江省民生厅文教科，鉴于本省为东北重要省区，设省六载以来，凡为政务力求向上，惟关文化，以交通不便，民智落伍。惟年以来，各市县之学校，随治安恢复，渐告添设，以资教育普及。自本年度起，全省治安，已达确保，决尽全力扩设学校，关于教员人才，决采优良者，以作师表，全额添用一百三十五名，以本省教材缺乏，已函请奉天、吉林及安东、开原、哈尔滨、新京等地，代为招募，月薪由三十元至五十元，定三月一日，抵省任职云。

《盛京时报》，1939 年 2 月 15 日晨刊 5 版，10369 号。

以四十万元经费拟建筑师道校舍

（1939年）

【哈尔滨】滨江省公署民生厅高等国民教育科，鉴于省立师道学校缺欠相当之校舍，因现在与第二国民高等学校混合在一校舍，不但感觉非常窄狭，并有许多不便，对于师道学业发展上实有最大障碍。当此初等教育教师特别缺乏、不足分配之际，为扩充师道学校教育起见，经协议结果，决定以四十万元经费于本年度解冰时开始建筑大规模师道校舍，以便发展师道之教育。至于学生寄宿舍及新校舍建筑地址，现下预选为京滨线沈家王岗及正阳河两处为适宜，现下关系者正在慎重研究中，不久即可决定云云。

《盛京时报》，1939年3月8日晚刊5版，10385号。

谋教育素质向上　师道中学修期变更

（1939年）

民生部召开师道教育机关会议

【新京专电】因国民教育刷新，师道学校之整备扩充，与初等教育积极的普及彻底，俱为当前急务。民生部教育司，前往计划中之三大整备案之师道学校体系改正，及师道训练所扩充，自明年度起着手。为期此具体案推行无稍遗憾，定于十一、十二日两日，在民生部开以两问题为中心之师道教育机关会议。在全国十五师道学校长、地方师道训练处长、省视学官等五十六名出席之下，慎重审议。大体内容：中等学校三年终了者入学制改为四年制，师道学校缩短一年，使其入学率提高。本体系之改正与训练处之一元的教育，改正为四部制。盖期教员再教育无稍遗憾，而谋提高素质。

《盛京时报》，1939年11月8日晨刊2版，10623号。

市公署向师道学校推荐入校生　毕业后任为市内小学教师

（1940年）

奉天市公署为强化市教育之计划起见，对于未来之市公立各小学校之教师，决定先期实施深造，同时更依新学制之规定，特于本年起，实行奉天市师道学校入校生之推荐办法。俟各该师道生毕业后，即行正式任命为奉天市公立学校之教师。市公署为实践此计划，先期施行试验。兹经评定结果，当即正式发表，向师道学校推荐。兹志其合格者姓名如左。

师道本科二十三名：龙启瑞、陈广俊、冯翔汉、张常义、魏节、王铁麟、陈思、史载言、耿魁玉、林学恕、王树凯、李树楠、杨荣中、韩文深、张之儒、王实让、李福春、刘崇实、李瑞□、刘广祺、秦恩深、王明坤、赫吾德。

女子师道科二十名：张椿龄、毛敬业、罗文辅、戚延龄、薛桂泉、苏兰珍、臧吉平、赵淑贞、孙玉芝、于维光、王玉福、刘淑慧、宋自英、鲁菊君、张秉慧、刘佩环、金秀忱、孙秀岩、李楣、那治琳。

师道特修科二十名：王晋政、张永吉、刘成局、高仁、孙宗藩、李恒林、王宗沂、王兆吉、谭俊儒、张凤祥、李德威、苏明田、王芳明、王子弘、韩中信、康耀武、康耀先、沈守志。

《盛京时报》，1940 年 1 月 17 日晨刊 2 版，10689 号。

谋师道素质向上　民生部开讲习会

（1941 年）

【新京】为谋中等教师之素质向上，民生部特举办讲习会。因讲授之科目不同，则将分别举行四次。地历（地理、历史）讲习会乃自五月五日开始至九日止，于中央师道训练所举行，由民生部福田、木谷两编审官任讲师。受讲者则限为师道学校之地，历担任教师，各师道学校均须派遣一名。第一次数学讲习会场所与上同，乃自五月四日至十日，以师道高等学校西垣教授任讲师，由各市之公立国民高等学校数学教师共三十名参加。第二次数学讲习会，在师道高等学校举行，讲师仍为西垣氏，自五月九日开始至十四日止，参加者均系师道学校数学教师。理科讲习会于五月二十日开始至二十九日止，请师道高等学校阿部教授及民生部石岛编审官白井副教学官任讲师，场所与上同，参加讲习者系各师道学校理科教师云。

《盛京时报》，1941 年 4 月 27 日晨刊 8 版，11136 号。

铁岭、瓦房店两地开设师道学校

（1942 年）

初等教育为造成健全国民之基础，所以国家文教当局极端重视，因乃于奉天省内铁岭、瓦房店两处自本年度起新设师道学校两校。此两校之设立，前已由奉天省文教当局发表，现此两校之准备以将告竣。是以乃决定于三月二日，铁岭师道学校在奉天第一国民高等学校内，瓦房店师道学校在瓦房店康生院内，分别举行开校式。出席开校式者：民生部有祭藤事务官、王师道科长，奉天省公署方面有申民生科长、掘田文教科长。仪式竣后，自三日起即可开始授课云。

《盛京时报》，1942年3月5日晨刊3版，11441号。

明征国体涵养师道 特开师道中等学校长会议

（1943年）

奉天省公署为依据教学生一部改正及康德十年度省下各中等学校之经营，乃定于三月十七日至十九日，亘三日间，在省立奉天第二女国高讲堂，召集省内国立师道学校及省立中等学校正副校长（但无日系副校长之校可由首席日系教师代理出席）举开本年度第一回中等学校长会议。其会议事项如左。

一、日程

第一日：国民仪礼、训辞、致辞、来宾祝辞、指示事项、注意事项。

第二日：咨问事项应答、听取事项应答、质疑希望协议、恳谈事项、特别讲演。

二、咨问事项（用日、满两文应答）

将惟神之本义，便铭刻于心境之具体良法如何。

说明：欲明征国体之本义，必愈行振作国民精神者，乃于决战形势下，成为思想对策上之根本问题也。而我国建国之渊源，发于惟神之道虽已明彻，然对于中等学校学生，为使建国精神明确且使其铭记于心境者，乃基于指导者之莫大修养努力及创意工夫之周密准备为必要也。关于此点之指导具体方法，征求各校之意见如何。

三、听取事项（用日、满两文应答）

（一）各校共通事项

1. 关于教职员之炼成，拟于各校内特行经营施设之事项如何。

2. 关于各校使学生对于时局认识之深刻化，拟特行经营施设之事项如何。

3. 关于各校拟使学生之日语程度向上，特行经营施设之事项如何。

（二）师道学校

1. 关于师道学校学生之师道精神涵养上，拟特行经营施设之事项如何。

2. 对于师道学校学生教育之识见并指导能力之充实问题，拟特行经营施设之事项如何。

（三）农科系国民高等学校及同职业学校

为遂行战时农产物增产国策参加协力农科系中等学校，拟特行经营施设之事项如何。

（四）工科系国民高等学校及同职业学校

为遂行战时工矿增产国策，参加协力工科系中等学校拟特训练云。

《盛京时报》，1943 年 2 月 27 日综合版 7 版，11792 号。

三、中等职业教育

（一）法规章程

奉天省立奉天第一工科高级中学校学则

（1936年）

第一章　总　　则

第一条　宗旨：本校以养成应用之工业学识、技能为宗旨。

第二条　科别。

高中：机械科、土木科

职业：电工科、金工科、纺织科

第三条　修业年限：高中三年、职业三年。

第二章　学年、学期及假期

第四条　学年每年由一月一日始至十二月三十一日止。

第五条　学期：一学年分为二学期。

第一学期：每年自二月一日起至七月三十一日止。

第二学期：每年自八月一日起至翌年一月三十一日止。

第六条　例假：元旦、春节、万寿节、元宵节、建国日、祀孔春祭、祀关岳春祭、端午节、祀孔秋祭、祀关岳秋祭、中秋节、孔诞、年末、除夕、寒假、暑假、本校成立纪念日（十一月二十六日）。

第三章　入学、在学、休学、奖励及惩戒

第七条　入学学生须有左列资格，并依本规则第八条所定科目，经本校考试及格者为合格。

一、高中、职业，须初中、高小毕业或有同等学力者。

二、高中、职业，在十六岁、十三岁以上，二十岁、十六岁以下者。

三、思想纯正志趣坚定者。

四、身体强健不至中途辍学者。

五、有相当之保证人者。

第八条　入学考试科目如左。

一、高中：国文、外国语（日、英语）、数学（代数、几何、三角）、理化。

二、职业：国文、算术、日语。

第九条　志愿入学者须将入学志愿书、履历书及最近六个月以内之四寸半身照片，于报名时提出，并将志愿科目、姓名、籍贯、年岁及通信处书于照片背面。

第十条　投考生报名时收试验费印纸一元。

第十一条　考试规则另行订定，临时以招考简章或登报宣布之。

第十二条　各科招生于学年始行之。

第十三条　本校录取新生须于入校前将保证书及志愿书提出。

第十四条　保证人须确系本地官绅及殷实铺户，经本校认可者。

第十五条　学生保证人之住址如有变更，须即向本校声明。

第十六条　在校学生须遵守本校一切规则及临时校令。

第十七条　在校学生须一律剪光头，概不许留分发或平头。

第十八条　在校学生除严寒期外，须一律着用制服。

第十九条　学生连续缺课至十星期以上者，得命其休学一年。

第二十条　学生不得随便退学。

第二十一条　学生因故请退学者，须具退学愿书，附有家长及保证人证书，方能允许。

第二十二条　学生违犯惩罚条例（载管理细则）各项之一者得斥责之。

第二十三条　学生因犯校规被斥退者，须照赏罚细则赔偿在校一切费用。

第二十四条　斥令退学之学生，无论持何理由，不得再行收入。

第二十五条　学生成绩特别优良者，得按赏罚细则奖励之。

第二十六条　学生有不正当行为时，得按赏罚细则惩戒之。惩戒分谴责、休学、退学三种。

第四章　试验、升级、毕业

第二十七条　临时试验每月举行一次。

第二十八条　学期试验于学期终行之。

第二十九条　学年试验于学年终行之，但届毕业时得免学年试验。

第三十条　学生学期所得之平均分数在六十分以上，而有一学科或两学科不及格者，准于次学期开学前二日内到校补考一次，仍不及格者，留级或休学。其届期不到者，亦不再为补考，即令留级。凡高中学生有四学科以上及职业学生有三学科以上不及格者，均即留级。

第三十一条　试验如因重病或其他不得已之理由，经训育课准假缺席时，得行补试。

第三十二条　学年试验各学科均及格者，准予升级。

第三十三条　学生毕业时各学年总平均分数及格者给与毕业证书。

第五章　费　　用

第三十四条　学费每学期高中国币九元，职业国币三元，均于学期始缴纳之。

第三十五条　学生宿膳、书籍、服装等费，均由学生自备。

第三十六条　各科学生年、期考试时，学业成绩列前二名者，免纳下学期学费全数。

第三十七条　免学费生限期以半年为度，但次学期如仍成绩优异，得再为免费生。

第三十八条　入学时各种费用均须缴清，否则不准入学。

第三十九条　在校学生均须以简朴为重，凡关奢侈用品一概不得购用。

第六章　补　　则

第四十条　本校学生除家族或至亲住本市者，须一律住宿。如因特别理由请求通学时，须得训育主任许可。

第四十一条　本校所有校具，学生如有损毁或遗失时，得负赔偿之责。

第四十二条　毕业生除升学外，由本校荐送各工业机关及铁路等服务。

第四十三条　本规则如有不适当处，得随时修改之。

（伪）满洲帝国教育会编：《满洲帝国文教关系法规辑览》（上），1938 年。

职业学校令

（1937 年）

第一条　职业学校以涵养国民道德，授与职业之知识、技能为目的。

第二条　省、特别市、县、旗或市得设置职业学校。

主管部大臣认为有必要时对于省或特别市，省长认为有必要时对于县、旗或市，得命设置职业学校。

第三条　私人得设置职业学校。

第四条　省、特别市、县、旗或市设置之职业学校，为公立职业学校。

私人设置之职业学校，为私立职业学校。

第五条　职业学校之设置及废止，应受主管部大臣之认可。

关于职业学校之设置及废止之规则，由主管部大臣定之。

第六条 公立职业学校之位置，由主管部大臣定之。

第七条 职业学校之修业年限为二年或三年。但于特别必要时，得按学科种类、入学资格等为一年以内之伸缩。

第八条 得入职业学校者，为年龄满十三岁以上而国民学校或国民优级学校毕业者，或依主管部大臣之所定有同等以上之学力者。

第九条 关于职业学校之修业年限、编制及设备并学科目及其程度之规则，由主管部大臣定之。

第十条 职业学校校长及教师认为在教育上有必要时，得对学生加以惩戒。

第十一条 职业学校得征收授业费。

公立职业学校之授业费额，经主管部大臣之认可，由省长或特别市长定之。

第十二条 公立职业学校校长及教师之俸给、旅费及其他各种给与并其支给方法，由省长或特别市长根据主管部大臣所定之准则定之。

第十三条 关于职业学校校长及教师之职务及服务并公立职业学校校长及教师之任用及解职规则，由主管部大臣定之。

第十四条 关于职业学校之管理及监督在本令无规定之事项，由主管部大臣定之。

第十五条 不依本令之规定者，不得称为职业学校。

第十六条 本令施行上必要之规则，由主管部大臣定之。

附则

本令自康德五年一月一日施行。

（伪）满洲帝国教育会编：《满洲帝国文教关系法规辑览》（上），1938年。

职业学校规程

（1937年）

第一条 职业学校遵守职业学校令第一条之趣旨，依初等教育之基础，特别留意左列事项而教育之。

一、应阐明建国之由来及建国精神，并使知访日宣诏之缘由，借使深刻体会日满一德一心不可分之关系，涵养忠君、爱国、孝悌、仁爱之至情，民族协和之美风，使其自觉负有为国家社会效劳之责务，并依劳作炼成爱好勤劳、尊重职业、实践躬行之精神，俾期养成其为中坚国民之信念。

二、授与关于职业之知识，并可磨炼其技能。

三、应使身体得遂均齐之发达，而俾其强健，且锻炼精神，用期养成纯正豁达之气度。

四、对于学生之指导训练，虽在规定时间外，遇有必要时，亦应随时随地行之。

五、各学科目之教授、训练及养护，务使不至误其各自之目的，而使其互相关联，互有裨益。

第二条　职业学校之学科目为国民道德、职业、国语、算术、体育。

第三条　关于职业之学科目应自农业、铁道、自动车、航空、航海、电气、修理机械、家具、陶器、漆器、印刷、照相、测量、图案、制图、造园、柞蚕、养蜂、水产制造、养殖、渔、家畜、牧畜、兽医、裁缝手艺、洗染、烹饪、打字、速记、簿记、珠算、美容、理发、助产、看护、针灸按摩、演艺、语学、制丝等之中选其一或二而授之。

第四条　职业学校之普通学科目，以初等教育所教授者为基础，特使关联职业而能活用为要旨。

第五条　职业学校关于职业之学科目，以授与有关职业之一般知识，并授与足以独立经营职业之技能为要旨。

第六条　职业学校之各学科目，如于教授上毫无妨碍时，得合并学科或学级不同之学生而同时教授之。

第七条　职业学校各学年各学科目之每周教授时数，关于职业之学科目为二十五时，其他为十五时。

第八条　校长以夏季为主，于修业期间每年按六十日以内之比例，得专课以职业之实习。

在前项情形，如继续二十日以上专课实习时，得给与十日以内之放假。

第九条　欲设置职业学校时，应具左列事项，附具学则，受民生部大臣之认可。欲变更左列事项时亦同。

一、名称。

二、修业期间。

三、入学资格。

四、学科、学科目、学科课程、教科书及每周教授时数。

五、学生定员及学级编制。

六、教师定员及其担任学科目。

七、开校年月日。

八、校地、校舍、寄宿舍、体育场及实习地及其他一般设备（关于校地、校舍、寄宿舍、体育场及实习地，应附具图面，详载地形、地质、面积及构造并附近状况）。

九、资产、经费及维持方法（经费应记载自初年度至完成年度之款额）。

第十条　欲废止职业学校时，应具其事由、职员及学生之处置方法并废止日期，受民生部大臣之认可。

废止职业学校或被封闭时，应于三十日以内向监督官署提出学籍簿。

第十一条　学则中应规定之事项如左。

一、关于休业期间、学年、学期、休业日及式日之事项。

二、关于学科、学科目、学科课程及每周教授时数并教科书之事项。

三、关于授业终始时刻之事项。

四、关于课程修了及毕业之事项。

五、关于入学、退学、休学及惩戒之事项。

六、关于授业费、入学费及其他向学生征收校费之事项。

七、关于寄宿舍之事项。

八、关于其他必要之事项。

变更学则时，应立即呈报民生部大臣。

第十二条　职业学校之修业期间，为考查学力或其他教育上之便利起见，经监督官署之认可，得分为数学年或数学期。

第十三条　每日教授终始时刻由校长定之。

第十四条　遇有传染病、非常灾变或其他特别事由时，校长受监督官署之认可，得临时休业。如不及受认可时，应于临时休业后，立即呈报监督官署。

有前项之情由时，监督官署应命该职业学校休业。

在前项情形，其授业日数虽有第十八条之规定，其修业期间每一年不妨减至二百日以内。

第十五条　职业学校之休业日及式日如左。

一、星期日。

二、节祀日。

春节，合于阴历正月一日之阳历日。

元宵节，合于阴历正月十五日之阳历日。

春丁祀孔，合于阴历二月上丁日之阳历日。

端午节，合于阴历五月五日之阳历日。

中秋节，合于阴历八月十五日之阳历日。

秋丁祀孔，合于阴历八月上丁日之阳历日。

三、阳历一月二日、三日及十二月二十九日、三十日、三十一日。

四、合于阴历正月二日、三日及十二月末日之阳历日。

五、冬季休业日。

冬季休业日为四十日以内，但有特别事情时，经监督官署之认可，得延长之。

冬季休业日三日期，经监督官署之认可后定之。

六、以上各款之外，监督官署所定之休业日。

第十六条　以元旦（阳历一月一日）、万寿节（阳历二月六日）、纪元节（二月十一日)、建国节(阳历三月一日)、天长节(四月二十九日)、访日宣诏纪念日(阳历五月二日)、明治节(十一月三日)、入学日、毕业日、开校纪念日为式日。

元旦、建国节及访日宣诏纪念日应举行左列式典。

一、校长于教师及学生之最敬礼中将御容之遮幔揭开之。

二、校长、教师及学生向御容行最敬礼，如未奉戴御容时，向帝宫遥拜。

三、校长、教师及学生合唱国歌及日本国歌。

四、校长奉读访日回銮训民诏书。

五、校长、教师及学生合唱访日回銮训民诏书奉答之歌。

六、校长于教师及学生之最敬礼中将御容之遮幔关闭之。

七、校长根据建国之本旨及访日回銮训民诏书，谨告圣旨之所在，并致适合式日之训话。

八、校长、教师及学生合唱适合式日之歌。

九、对日、满两国旗行最敬礼。

万寿节应举行左列式典。

一、校长于教师及学生之最敬礼中将御容之遮幔揭开之。

二、校长、教师及学生向御容行最敬礼，如未奉戴御容时，向帝宫遥拜。

三、校长、教师及学生合唱国歌。

四、校长奉读访日回銮训民诏书。

五、校长、教师及学生合唱访日回銮训民诏书奉答之歌。

六、校长于教师及学生之最敬礼中将御容之遮幔关闭之。

七、校长根据建国之本旨及访日回銮训民诏书，谨告圣旨之所在，并致适合式日之训话。

八、校长、教师及学生合唱适合式日之歌。

九、对国旗行最敬礼。

纪元节、天长节及明治节举行左列式典。

一、校长、教师及学生合唱日本国歌及国歌。

二、校长、教师及学生向日本皇居遥拜。

三、校长奉读访日回銮训民诏书。

四、校长、教师及学生合唱访日回銮训民诏书奉答之歌。

五、校长根据访日回銮训民诏书，谨告圣旨之所在，并致适合式日之训话。

六、对日、满两国国旗行最敬礼。

入学日、毕业日及开校纪念日应举行左列式典。

一、校长于教师及学生之最敬礼中将御容之遮幔揭开之。

二、校长、教师及学生向御容行最敬礼，如未奉戴御容时，向帝宫遥拜。

三、校长、教师及学生合唱国歌。

四、校长奉读访日回銮训民诏书。

五、校长、教师及学生合唱访日回銮训民诏书奉答之歌。

六、校长于教师及学生之最敬礼中将御容之遮幔关闭之。

七、校长根据建国之本旨及访日回銮训民诏书，谨告圣旨之所在，并致适合式日之训话。

八、校长、教师及学生合唱适合式日之歌。

九、对国旗行最敬礼。

于前各款之外，于第八款以下，校长得举行认为必要之式次。

第十七条　校长因职业科目与气候或与地方产业之关系及其他地方之情形，而认为有必要时，经监督官署之认可，得临时休业。

第十八条　职业学校之授业日数，系按一年间二百日以上之比例。但因特别情形，已经监督官署认可者，不在此限。

第十九条　职业学校之学生数为四百名以内，但有特别情形时，经民生部大臣认可，得增加之。

第二十条　学级应以同学年或同学期之学生编制之。

一学级之学生数为五十人以内，但有特别情形时，得增加十人以内。

第二十一条　职业学校须依学级学生数及教授时数置相当员数之教师。

第二十二条　职业学校之校地、校舍、体育场、校具、实习场、寄宿舍及其他必要之设备，须适应学校之规模及编制。

校地应选择道德上及卫生上无碍之地点，校舍须于教授上、管理上及卫生上皆适宜，而又质朴坚牢者。

实习地如无特别情由，须邻接校舍，适于实习，且于管理上及卫生上皆适宜者。

第二十三条　职业学校应备左列表簿。

一、关系法规。

二、学校沿革志、学校一览表及视察簿。

三、学则、日志、各学年或各学期之各学科目每周教授时间表及教科书一览表。

四、学生之学籍簿、出席簿及身体检查表。

五、职员之名簿、履历书、出勤簿并担任学科目及时间表。

六、关于入学考查及学业成绩考查之表簿。

七、关于会计账簿并图书、机械、标本及模型等之目录。

八、土地、建造物、图书、校具、其他备品之清册。

九、来往文件。

十、以上各款之外，监督官署认有必要之表簿。

前项表簿中已完结者，学籍簿应保存二十年以上，其他表簿应保存五年以上。

第二十四条　关于职业学校之入学，有左列各款之一者，认为与国民学校毕业者有同等之学力。

一、初级小学校毕业者。

二、毕业于民生部大臣所指定之类似国民学校之教育施设者。

三、经国民学校毕业程度学力检定合格者。

第二十五条　有左列各款之一者，关于职业学校之入学，认为与国民优级学校毕业者有同等之学力。

一、高级小学校毕业者。

二、毕业于民生部大臣所指定之类似国民优级学校之教育施设者。

三、经国民优级学校毕业程度学力检定合格者。

第二十六条　校长应于学生入学之始，依另表作成入学学生之学籍簿。

第二十七条　职业学校学生已退学者，如志愿再入其他职业学校时，得于考查后，只限定许可编入同一学年或同一学期以下之学年或学期。

第二十八条　校长认有正当事由时，得许可学生一年以内之休学。

第二十九条　一学年或一学期课程修了之认定或全课程毕业之认定，应考查平素之成绩而行之。

第三十条　校长认为全课程毕业者，应授与毕业证书。

第三十一条　校长对于有左列各款之一者，得命其退学。

一、性行或思想不良，认为无悛改之望者。

二、学力低劣或身体虚弱，认为无成就之望者。

三、无正当之事由，继续缺席一月以上者。

四、出席无规律者。

第三十二条　学生欲退学时，应受校长之许可。

第三十三条　对于学生之惩戒，分为训诫、谨慎、停学及除名，而谨慎、停学及除名由校长行之。

第三十四条　公立职业学校征收之授业费，其款额每月在二元以内，经直辖上级官署之认可，由监督官署定之。但无一日授业之月，则不征收授业费。

第三十五条　本令所称之监督官署，其关于省或特别市设置之职业学校，为省长或特别市长；其关于县、旗或市设置之职业学校，为县长、旗长或市长。

第三十六条　职业学校之校长，须为其学校之教师。

第三十七条　公立职业学校校长及教师之任用、解职及教师俸给额之决定，其关于省或特别市设置之公立职业学校校长及教师，依公立国民高等学校校长及教师之例；其关于县、旗、市设置之公立职业学校校长及教师，依公立国民优级学校校长及教师之例。

第三十八条　私立职业学校校长及教师之采用、解职及教师俸给额之决定，依私立国民高等学校校长及教师之例。

第三十九条　对于为公立职业学校校长之教师，应支给津贴。前项津贴之额，在本俸二成以内，由监督官署定之。

第四十条　公立职业学校教师之俸给、旅费及各种给与，其关于有教师许可状者，依许可状所记载种类之教师之例；其关于无教师许可状者，参酌其学历、职历等而依监督官署之所定，照中等教育教师或初等教育教师之例。

第四十一条　公立职业学校校长及教师之职务、服务及惩戒，其关于省或特别市设置之公立职业学校之校长及教师，依公立国民高等学校校长及教师之例；其关于县、旗、市设置之公立职业学校校长及教师，依公立国民优级学校校长及教师之例。

第四十二条　私立职业学校校长及教师之职务、服务及惩戒，依私立国民高等学校校长及教师之例。

第四十三条　关于职业学校之校长及教师在本令无规定之事项，由省长或特别市长定之。

附则

本规程自职业学校令施行之日施行。

（伪）满洲帝国教育会编：《满洲帝国文教关系法规辑览》（上），1938年。

满洲工矿技术员养成所官制

（1937年）

第一条　满洲工矿技术员养成所属于民生部大臣之管理，为养成工矿业高级技术员之所。

第二条　满洲工矿技术员养成所置之新京。

第三条　满洲工矿技术员养成所置左列职员。

所长：简任。

教官：十八人，荐任或委任（但荐任不得逾十三人）。

学监：一人，荐任。

事务官：一人，荐任。

属官：二人，委任。

助手：六人，委任。

第四条　所长承民生部大臣之监督，综理所务，统督所属职员。关于其进退及赏罚，呈请民生部大臣核办。

第五条　教官承所长之命，掌教育。

第六条　学监承所长之命，掌训育。

第七条　事务官承所长之命，掌事务。

第八条　属官承上司之指挥办理事务。

第九条　助手承教官之指挥，从事授业及实验、实习之补助。

第十条　所长认为必要时，得委嘱讲师。

第十一条　关于满洲工矿技术员养成所之分科、学科目、入学资格、修学年限及其他本令无规定之事项，由民生部大臣定之。

附则

本令自康德五年一月一日施行。

（伪）满洲帝国教育会编：《满洲帝国文教关系法规辑览》（下），1938 年。

满洲工矿技术员养成所规程

（1938 年）

第一条　满洲工矿技术员养成所置采矿冶金科、电机科、应用化学科、土木科及建筑科之五分科。

第二条　满洲工矿技术员养成所之修业年限为二年。

第三条　学年自四月一日开始，至翌年三月三十一日终了。

第四条　每日教授始终之时刻，由所长定之。

第五条　所长为考查成绩及其他教育上之便宜起见，得将一学年分为数学期。

第六条　各分科之各学年之各学科目及其每周教授时数，受民生部大臣之认可，由所长定之。

第七条　所长因气候、产业、教师之事故及其他情形，于必要时，得将一定期间内各学科目之每周教授时数增减之，或中止之一或二以上学科目之授业。

在前项情形下，各分科之各学年之各学科目，如不达其进度或有超过太甚之虞时，应在其他期间内，将该学科目之每周教授时数加以增减以调整之。

依前二项之规定，增减各学科目之每周教授时数，或中止各学科目之授业时，每周教授总时数不得超过四十五时或不足三十时。

第八条　所长认为有必要时，于正规之时间外及休业日，得专课实验实习。

第九条　满洲工矿技术员养成所之休业日如左。

一、星期日。

二、节祀日。

春节：合于阴历正月一日之阳历日。

元宵节：合于阴历正月十五日之阳历日。

春丁祀孔：合于阴历二月上丁日之阳历日。

端午节：合于阴历五月五日之阳历日。

中秋节：合于阴历八月十五日之阳历日。

秋丁祀孔：合于八月上丁日之阳历日。

三、阳历一月二日、三日及十二月二十九日、三十日、三十一日。

四、合于阴历正月二日、三日及十二月末日之阳历日。

五、学期休业及学年休业。

关于日期及日数，经民生部大臣之认可后定之。

第十条　以元旦（阳历一月一日）、万寿节（阳历二月六日）、纪元节（二月十一日）、建国节（阳历三月一日）、天长节（四月二十九日）、访日宣诏纪念日（阳历五月二日）、明治节（十一月三日）、入学日、毕业日及开校纪念日为式日。

元旦、建国节及访日宣诏纪念日应举行左列式典。

一、所长于教师及学生之最敬礼中将御容之遮幔揭开之。

二、所长、教师及学生向御容行最敬礼，如未奉戴御容时，向帝宫遥拜。

三、所长、教师及学生合唱国歌及日本国歌。

四、所长奉读访日回銮训民诏书。

五、所长、教师及学生合唱访日回銮训民诏书奉答之歌。

六、所长于教师及学生之最敬礼中将御容之遮幔关闭之。

七、所长根据建国之本旨及访日回銮训民诏书，谨告圣旨之所在，并致适合式日之训话。

八、所长、教师及学生合唱适合式日之歌。

九、对日、满两国国旗行最敬礼。

万寿节应举行左列式典。

一、所长于教师及学生之最敬礼中将御容之遮幔揭开之。

二、所长、教师及学生向御容行最敬礼，如未奉戴御容时，向帝宫遥拜。

三、所长、教师及学生合唱国歌。

四、所长奉读访日回銮训民诏书。

五、所长、教师及学生合唱访日回銮训民诏书奉答之歌。

六、所长于教师及学生之最敬礼中将御容之遮幔关闭之。

七、所长根据建国之本旨及访日回銮训民诏书，谨告圣旨之所在，并致适合式日之训话。

八、所长、教师及学生合唱适合式日之歌。

九、对国旗行最敬礼。

纪元节、天长节及明治节举行左列式典。

一、所长、教师及学生合唱日本国歌及国歌。

二、所长、教师及学生向日本皇居遥拜。

三、所长奉读访日回銮训民诏书。

四、所长、教师及学生合唱访日回銮训民诏书奉答之歌。

五、所长根据访日回銮训民诏书，谨告圣旨之所在，并致适合式日之训话。

六、对日、满两国国旗行最敬礼。

入学日、毕业日及开校纪念日应举行左列式典。

一、所长于教师及学生之最敬礼中将御容之遮幔揭开之。

二、所长、教师及学生向御容行最敬礼，如未奉戴御容时，向帝宫遥拜。

三、所长、教师及学生合唱国歌。

四、所长奉读访日回銮训民诏书。

五、所长、教师及学生合唱访日回銮训民诏书奉答之歌。

六、所长于教师及学生之最敬礼中将御容之遮幔关闭之。

七、所长根据建国之本旨及访日回銮训民诏书，谨告圣旨之所在，并致适合式日之训话。

八、所长、教师及学生合唱适合式日之歌。

九、对国旗行最敬礼。

于前各款之外，于第八款以下，所长得举行认为必要之式次。

第十一条　遇有传染病、非常灾变及其他特别事情时，所长受民生部大臣之认可，得为临时休业。如不及受认可时，应在临时休业之后，立即呈报民生部大臣。

在前项之事情时，民生部大臣命其休业。

在前两项情形，其学年之授业日数，不妨减至第二十九条所规定之教授总日数。

第十二条　满洲工矿技术员养成所应备左列表簿。

一、关系法规。

二、养成所沿革志、养成所一览及视察簿。

三、学则、日志及各分科之各学年之各学科目每周教授时数、时间表并教科书一览表。

四、学生之学籍簿、出席簿及身体检查表。

五、职员之名簿、履历书、出勤簿并担当学科目及时间表。

六、关于入学考查及学业成绩考查之表簿。

七、关于会计账簿并图书、机械、标本及模型等之目录。

八、土地、建造物、图书、校具及其他备品之清册。

九、往复书类。

十、前各款之外，依法令应备之表簿或民生部大臣认有必要之表簿。

前项表簿中已完结者，学籍簿须保存二十年以上，其他表簿应保存五年以上。

第十三条　学则中应规定之事项如左。

一、关于学年、学期、休业日及式日之事项。

二、关于学科课程及每周教授时数之事项。

三、关于认定课程修了及认定毕业之事项。

四、关于学生之入学、休学、退学及惩戒事项。

五、关于寄宿舍事项。

六、其他必要之事项。

第十四条　有左列各款之一者，得入学满洲工矿技术员养成所。

一、国民高等学校卒业者。

二、修了高级中学校第一学年之男子。

三、修了高级师范学校第一学年之男子。

四、卒业于民生部大臣所指定之类似国民高等学校之教育施设者。

五、国民高等学校卒业程度学力检定合格者。

六、具有入外国高等专门程度之教育施设资格之男子。

第十五条　所长应于学年之始，依另表作成入学学生之学籍簿。

第十六条　所长认为有正当情由时，得许可学生一年以内之休学。

第十七条　各学年课程之修了或全课程毕业之认定，应考查其平素之成绩而行之。

第十八条　所长对于未修了一学年课程之学生，不得升进其学年。

第十九条　所长认为已修了各学年之课程者，应依其申请授与修了证书。

第二十条　所长认为全课程毕业者，应授与毕业证书。

第二十一条　所长对于有左列各款之一者，得命其退学。

一、性行或思想不良，认为无悛改之望者。

二、学力低劣或身体虚弱，认为无成就之望者。

三、无正当事由，继续缺席之一个月以上者。

四、出席无规律者。

第二十二条　学生欲退学时，应受所长之许可。

第二十三条　对于学生之惩戒，分为训诫、谨慎、停学及除名，而谨慎、停学及除名，由所长行之。

第二十四条　所长及教师应奉读访日回銮训民诏书之趣旨，遵从法规及命令，服其职务。

第二十五条　对于学生支给学费。

应支给学生之学资，其款额每月二十元以上三十元以内，经民生部大臣之认可，由所长定之。欲变更学资款额时亦同。

第二十六条　所长对于因自己事由而退学者，或受退学处分或被除名者，应受民生部大臣之指挥，令偿还其在学中所支给之学资。但按其情形，得免除其全部或一部之偿还。

第二十七条　学生毕业时，自其领到毕业证书之日起，遵民生部大臣指定有学资支给期间之一倍半期间内服务之义务。

第二十八条　依前条之服务义务期间内，有左列各款情形之一者时，所长受民生部大臣之指挥，令偿还其在学中所支给之学资。但按其情形，得免除其全部或一部之偿还。

一、无正当事由而不尽服务义务时。

二、被处禁锢以上之刑而退职时。

三、因惩戒而被免职时。

第二十九条　关于学年之教授总日数，休业日、休学、退学、再入学及定员并其他之编制，于法令未规定之事项，受民生部大臣之认可，由所长行之。

附则

本令自公布之日施行。

（伪）满洲帝国教育会编：《满洲帝国文教关系法规辑览》（上），1938年。

关于私立新京中央商业学校设置之件

（1938年）

六月六日该市呈第一七七号呈件均悉，所请应予照准。仰即转饬，该学校设置申请者遵守左开事项，妥为办理，件存。此令。

康德五年六月二十八日

民生部大臣　　孙其昌

计开①。

一、该学校之设置目的中“本校对满洲国青年”应改为“本校对满洲国男子青年”，明示为男子商业学校。现在在学之女学生十余名，仍旧教授所定之课程，使其毕业而后不准女生之入学。

二、以该学校本年度并至完成年度之收支预算观之，每年有编入二千余元之车马费、旅费及一千三百余元之退职积立金。反之，该学校之体育设备、卫生设备、教授用具等之诸施设甚不完备，于教育上颇为遗憾。对该学校之经理应严加监督，对其经营切勿流于营

① “计开”的意思是逐项开列。

利之途，以期勿违国民教育之本义、至诚奉公之精神。

三、关于该学校教师之充实并任免等，尤宜严加监督，且使其教育勿流为预备教育，以侧重于实学而实施适合新学制之教育。

《满洲教育》第4卷第8号，1938年。

（二）教师

临时商业教师养成所规程

（1938年）

第一条　临时商业教师养成所为对学生教授关于商业学术之理论及实验，并磨炼其品性，养成为商业教师之所。

第二条　临时商业教师养成所修业年限为一年，但所长认为有必要之学生，得将其修业年限延至一年三月。

第三条　学年自一月一日始至十二月三十一日终。

第四条　所长为考查成绩及其他教育上之便利，得将学年分为数学期。

第五条　临时商业教师养成所之学科目及其每周教授时数，受民生部大臣之认可，由所长定之。

第六条　所长因气候、产业、教师之事故其他情由，而认为有必要时，得在一定期间内增减该学科目之每周教授时数，或中止各学科目之授业。

在前项情形，各学科目之进度如有迟速显著之虞时，应在其他期间内增减该学科目之每周教授时数而调整之。

依前二项之规定，增减各学科目之每周教授时数或中止各学科目之授业时，每周教授总时数不得超过四十五时或不足三十时。

第七条　所长认为有必要时，得于规定时间外及休业日专课实验、实习。

第八条　所长以夏期为主得专课六十日以内之实验、实习。

在前项情形如继续二十日以上专课实验、实习时，得给与十日以内之放假。

第九条　遇有传染病、非常灾变及其他特别情由时，所长受民生部大臣之认可，得临时休业。如不及受认可时，应于临时休业之后，立即呈报民生部大臣。

如有前项之情由时，民生部大臣命其休业。

第十条　授业日数为二百三十日以上，但因特别情由，受民生部大臣之认可时，不在此限。

第十一条　临时商业教师养成所沿革志、一览表及视察簿。

一、关系法规。

二、临时商业教师养成所沿革志、一览表及视察簿。

三、学则、日志、各学科之学科目每周教授时间表及教科书一览表。

四、学生之学籍簿、出席簿及身体检查表。

五、职员之名簿、履历书、出勤簿并担任学科目及时间表。

六、关于入学考查及学业成绩考查之表簿。

七、关于会计之账簿并图书、机械、标本及模型等之目录。

八、图书、校具及其他备品之清册。

九、官厅来往文件。

十、以上各款之外依法令。

第十二条　所长规定学则应呈报民生部大臣。学则中应规定之事项如左。

一、关于学期、休业日及式日之事项。

二、关于学科课程及每周教授时数之事项。

三、关于认定毕业之事项。

四、关于学生入学、退学及惩戒之事项。

五、关于征收学生之校费其他费用之事项。

六、关于寄宿舍之事项。

七、其他必要之事项。

第十三条　得入本所者，须为商业科为实业科目之国民高等学校毕业者或有同等以上之学力者。

第十四条　所长应于学年之始，依另表作成入学学生之学籍簿。

第十五条　全课程毕业应考查平素之成绩而行之。

第十六条　所长对于认为全课程毕业者，应授与毕业证书。

第十七条　所长对于有左列各款之一者，得命其退学。

一、性行或思想不良，认为无悛改之望者。

二、学力低劣或身体虚弱，认为无成就之望者。

三、无正当之情由，继续缺席一个月以上者。

四、出席无规律者。

五、以上各款之外，认为不适于为教师者。

第十八条　学生欲退学时，应受所长之许可。

第十九条　对于学生之惩戒分为训诫、谨慎、停学及除名。而谨慎、停学及除名，由所长行之。

第二十条　应支给学生之学资，其款领每月在十元以上二十元以内，经民生部大臣之认可，由所长定之。欲变更其款额时亦同。

第二十一条　所长对于因自己之事由而退学者，或受退学处分及被除名者，应受民生部大臣之指挥，令其偿还授业公费及在学中所支领之学资。但得按其情形，免其全部或一部之偿还。

第二十二条　对于毕业者授与中等教育商业教导许可状。

第二十三条　毕业者自领到毕业证书之日起二年间，应在民生部大臣所指定履行其服务义务。

第二十四条　在服务期间内有左列各款情形之一者，所长受民生部大臣之指挥，令其偿还授业公费及其在学中所支领之学资。但均得按其情形，免除其全部或一部之偿还。

一、无正当事由而不尽服务义务时。

二、被处禁锢以上之刑而退职时。

三、因惩戒而被免职时。

四、许可状失其效力或受褫夺许可状之处分时。

第二十五条　在第二十一条及第二十四条情形，授业公费之款额定为年额六十元以内。

第二十六条　关于休业日、式日、学生数、编制及其他在本令无规定之事项，受民生部大臣之认可，由所长定之。

附则

本令自康德五年一月一日施行。

（伪）满洲帝国教育会编：《满洲帝国文教关系法规辑览》（上），1938 年。

临时农业教师养成所规程

（1938 年）

第一条　临时农业教师养成所对学生教授关于农业学术之理论及实验，并磨炼其品性，养成为农业教师之所。

第二条　临时农业教师养成所修业年限为一年。但就所长认为有必要之学生得将其修业年限延至一年三月。

第三条　学年自一月一日始至十二月三十一日终。

第四条　所长为考查成绩及其他教育上之便利，得将学年分为数学期。

第五条　临时农业教师养成所之学科目及其每周教授时数，受民生部大臣之认可，由所长定之。

第六条　所长因气候、产业、教师之事故及其他情由，而认为有必要时，得在一定时间内增减各学科目之每周教授时数，或中止一或二以上学科目之授业。

在前项情形，各学科目之进度，如有迟速显著之虑时，应在其他期间内增减该学科目之每周教授时数而调整之。

依前二项之规定增减各学科目之每周教授时数或中止各学科目之授业时，每周教授总数不得超过四十五时或不足三十时。

第七条　所长认为有必要时，得于规定时间外及休业日，专课实验、实习。

第八条　所长以夏期为主，得专课六十日以内之实验、实习。

在前项情形，如继续二十日以上专课实验、实习时，得给与十日以内之放假。

第九条　遇有传染病、非常灾变及其他特别情由时，所长受民生部大臣之认可，得临时休业。如来不及受认可时，应于临时休业之后，立即呈报民生部大臣。

如有前项之情由时，民生部大臣命其休业。

第十条　授业日数为二百三十日以上。但因特别情由受民生部大臣之认可时，不在此限。

第十一条　临时农业教师养成所应备左列表簿。

一、关系法规。

二、临时农业教师养成所沿革志、一览表及视察簿。

三、学则、日志、各学科之学科目每周教授时间及教科书一览表。

四、学生之学籍簿、出席籍及身体检查表。

五、职员之名簿、履历书、出勤簿并担任学科目及时间表。

六、关于入学考查及学业成绩考查之表簿。

七、关于会计之账簿并图书、机械、标本及模型等之目录。

八、图书、校具及其他备品之清册。

九、官厅来往文件。

十、以上各款之外依法令应备之表簿，或民生部大臣认为有必要之表簿。

第十二条　所长规定学则，应呈报民生部大臣。学则中应规定之事项如左。

一、关于学期修业日及式日之事项。

二、关于学科课程及每周教授时数之事项。

三、关于认定毕业之事项。

四、关于学生入学、退学及惩戒之事项。

五、关于征收学生之校费其他费用之事项。

六、关于寄宿舍之事项。

七、其他必要之事项。

第十三条　得入本所者，须为以农业科为实业科目之国民高等学校毕业，或有同等以上之学力者。

第十四条　所长应于学年之始，依另表作成入学学生之学籍簿。

第十五条　全课程毕业之认定，应考查平素之成绩而行之。

第十六条　所长对于认为全课程毕业者，应授与毕业证书。

第十七条　所长对于有左列各款之一者，得命其退学。

一、性行或思想不良，认为无悛改之望者。

二、学力低劣或身体虚弱，认为无成就之望者。

三、无正当之情由，继续缺席一个月以上者。

四、出席无规律者。

五、以上各款之外，认为不适于为教师者。

第十八条　学生欲退学时，应受所长之许可。

第十九条　对于学生之惩戒，分为训诫、谨慎、停学及除名。而谨慎、停学及除名由所长定之。

第二十条　应支给学生之学资，其款额每月在十元以上二十元以内，经民生部大臣之认可，所长定之。欲变更其款额时亦同。

第二十一条　所长对于因自己之事由而退学者或受退学处分及被除名者，应受民生部大臣之指挥，令其偿还授业公费及在学中所支领之学资。但得按其情形，免除其全部或一部之偿还。

第二十二条　对于毕业者，授与中等教育农业科教导许可状。

第二十三条　毕业者自领到毕业证书之日起二年间，应在民生部大臣所指定学校，履行其服务义务。

第二十四条　在服务期间内，有左列各款情形之一者，所长受民生部大臣之指挥，令其偿还授业公费及其在学中所支领之学资。但均得按其情形，免除其全部或一部之偿还。

一、无正当事项而不尽服务义务时。

二、被处禁锢以上之刑而退职时。

三、因惩戒而被免职时。

四、许可状失其效力或受褫夺许可状之处分时。

第二十五条　在第二十一条及第二十四条情形，授业公费之款额定为年额六十元以内。

第二十六条　关于休业日、式日、学生数、编制及其他在本令无规定之事项，受民生部大臣之认可，由所长定之。

附则

本令自康德五年一月一日施行。

（伪）满洲帝国教育会编：《满洲帝国文教关系法规辑览》（上），1938 年。

（三）实施

大连新设工业学校举行开学典礼　济济盈堂呈一时之盛

（1935 年）

新设立之大连工业学校，自本年三月二十九日州敕三十四号公布官制后，关东局即以局令十九号制定大连工业学校规则，即由关东州厅学务当局任命校长坂敬治氏，而开始招收新生，业于四月十五日，假早苗高等小学校校舍，收容百三十二名学生，举行入学式。

在报名时之人数为八百四十四名，仅收百三十二名，即机械科三十四名、土木科四十三名、建筑科二十二名、应用化学科三十三名。

因为诸般之准□关系，乃于月之二十四日上午十时，在早苗高等小学校内举行开校式。当时除竹下州厅长官及米内山学务课长等外，来宾方面，野田工大学长、田中旅顺要塞司令官、小川大连市长、满铁总裁代理、南满工专校长、商工会议所代表，其他州内各中等学校长小学校长等，约有七八十名。

△开式顺序

一、一同敬礼。

二、开会之词。

三、合唱国歌。

四、捧读敕语。

五、报告设立经过。

六、长官式词。

七、校长致词。

八、来宾祝词。

九、学生答词。

十、闭会词，一同敬礼退场。

△来宾祝词

工大学长、要塞司令官、大连市长、满铁总裁、工专校长、商工会头、州内中学校长总代、小学校长总代、满洲技术协会代表等之祝词。

正午十二时始行闭式，在屋内举行开校祝宴。祝宴席上，由竹下长官之致词，小川市长之答词云。

《盛京时报》，1935 年 6 月 1 日大连特刊 7 版，9076 号。

奉天商业学校升格　分男女二校独立

（1937 年）

关于奉天商业学校之升格问题，前年四月以来，向关东军司令官、满铁总裁、关东局总长、东洋协会满洲支部长为之陈请，然因撤销治外法权等未到实现之期。今次该校升格运动关系者，更向各当局再度陈请，促进升格。查该校之现在，为三年男女共级学生，而升格案之要旨，为左记二项。

一、甲：分离男女共学，而为各学校独立校。

乙：男子三年制改为五年制，而谋学年延长。

二、现在之奉天商业学校之经营，移管于东洋协会满洲支部。

《盛京时报》，1937 年 1 月 22 日 13 版，9650 号。

废止中等学校　设立实业学校

（1937 年）

【锦州】当产业五年计划之实施第一年度，各种产业部门总动员，将开始实行贯彻此目的之满洲国，最感不足者，为各方面之专门员技术。故于各种产业，必要技术员之养成，有与产业计划并行的进行之要。因此近将中学校全部改组为实业学校，似可绝灭中学卒业者之失业者。即全废现在之初级三年、高级三年之中学校制度，与多数地方之中学校、新设四年制之实业学校数校，使现中学生入学。前半二年，为一般基础学；后半二年，行以实业为主体之教育。设置适合于地方农工商、水产、师范等之学校。

《盛京时报》，1937 年 3 月 27 日 11 版，9708 号。

省下教育刷新计划　一村一校主义

（1937 年）

注重农村实业教育向上　教员素质增添日系

奉天省公署与奉天省教育会依据来年一月实施之新学制，企图省内教育一大刷新，节节进行计划，以充实中央所意图之农村教育与实业教育为主眼，为来年度之新方针，将必确立一村一小学校主义，并迈进于教员素质深造与日本人教员增员配置。查现在奉天省内小学校，约有八千校，一村甚至有数校存在，而今拟加以整理废合，作为一村有充实之一校。然以急激改革，难免困难，暂于村内主要部落设本校，其余小部落设分校，逐渐统合加以整理。又教员数，现下尚不足万人，八千校之中，约占八成，即为六千四百校，一校仅有教员一人。在将来必行增员，并最低限度，一村须配置日本人教员一人，以图刷新增进教育。

现在配置于奉天省内中等学校之日本人教员为一百六十人，于来年度将行增添四十人，又奉天市内，亦增员二三十人，并于来年一月，民生部将由日本内地采用小学教员三百人，此中七八十人，拟将配置于奉天省。于配置日本人教员同时，并为增高教员素质，将于奉天召集省下中、小教员，屡开谢［讲］习会，以资深造教员。

《盛京时报》，1937年12月19日2版，9970号。

新学制实施后 省内学校编成 以职业教育为中心（节选）

（1937年）

【哈尔滨】关于明年一月一日起实施之新学制，滨江省教育厅对于省立中学校之改废，着着准备中，顷闻其大体决定如左。

今次之大改革，以地方之实情为原则，确立教育方针，含有限制中学校数及防遏游民之重大意味；女子教育以家庭为中心，以努力养成良妻贤母为中心；至于都市地方则以上级学校及商业之教育为方针。对以上诸将取以划期的改革办法，一般对于满洲国重大国策之一之教育制度大跃进，各方面颇为注目云。

…………

△中学校改。

现在省立二十九校减为二十校，全部名称加以变更。

△哈尔滨两级中学校改为哈尔滨第二国民高等学校。

哈尔滨第三国民高等学校。

以上两学校均以商业为中心之中学校。

△哈尔滨工业学校改为哈尔滨第一国民高等学校。

△哈尔滨俄侨高级中学校改为哈尔滨第四国民高等学校。

以上各校以工业为中心。

△双城农业学校改为双城国民高等学校。

△呼兰初级中学校改为呼兰国民高等学校。此外如绥化、海伦、巴彦、安达等各初级中学均改为国民高等学校，以上各校当以农业为中心。

△宾县、五常、望奎两级中学校改为农业学校。

△木兰农业学校依新学制改编后，其名称仍照旧。

农业学校，均以农业为中心。

△哈尔滨师范学校改为哈尔滨师道学校。

△哈尔滨女子两级中学校改为哈尔滨女子国民高等学校，为唯一之女中学校。

△双城女子中学校改为双城实业女学校。

△巴彦女子师范改为巴彦实业女学校。

△绥化女子师范改为绥化实业女学校。

△哈尔滨俄侨家政女学院为哈尔滨俄侨实业女学校。

以上女子之家庭职业为中心，至于绥化师范学校、巴彦师范学校、阿城师范学校、哈尔滨女子师范学校等一律废止云。

《盛京时报》，1937年12月24日9版，9974号。

金州商业学校升格正规中校　认可后四月一日开校

（1940年）

【大连】年来州内满人子弟求学心非常普及，初级公学堂及普通学堂卒业生徒希望升入中等学校者亦因而逐年激增，尤以州内文化发祥地之金州求学及升学儿童较诸他处最多。同方面绅商各界应此倾向，于去年四月，依关东州书房规则，新创设金州商业学院。该后金州满人有志者间，以为同校卒业生成绩较异，既无进级于上级学校学力，而实际服务于社会时更不能与一般中等学校卒业者享受同等待遇，其他不便不利之处颇多，因故近又有以该新创之企业学院，设立为正规中等学校之运动，即充实同商业学院之内容设备，按正规学制，设定为金州商业学校。关于经费等一切，皆赖由同地方有志者寄附之。将设定为财团法人之组织，自下当局请求认可中。同校之规定收容人员七百二十名，修业期间定以四年，入学资格限于公学堂高等科卒业者，四月一日开校云。

《盛京时报》，1940年3月7日晨刊5版，10733号。

现在各地职业学校将改编为国高　一扫从前的矛盾教育

（1940年）

【新京五日电】与都市之国民高等学校一并大部分收容中农阶级子弟之各地职业学校，本来即为养成地方农村之中坚分子之目的而设者，且因现下人的资源逼迫状态，致农村方面的人的资源，均为其他之产业部门所吸收，以斯种目的养成之青年，颇有大批驰于都市面为公务员之情形。对此本质上之矛盾，自四日开始于国防会馆，施行之农村国民高等学校长及职业学校长会议，亦俄然对此提出议题讨论。以整个的职业学校的国民高等学校的改编论，即现势之职业学校，本以养成农业自家经营者为主旨，故修业年限定为二年之短期间。当此人才不足时，卒业生均跃入各官厅会社，为优禄所收买。为一扫此公务员养所之变态存在现状，遂准改编现在之职业学校而为国民高等学校，此间并设教授兽医等之特殊技术之学校。教育司当局对此趋势前已曾加以种种对策之考虑，此问题可以给与今后地方之中等教育，以甚大之变化，即对农村之中坚分子之构成上，亦付以重大关系，颇为期待。

《盛京时报》，1940 年 6 月 7 日晚刊 1 版，10824 号。

造成商业中坚人才　语学诚属各科基础　奉天商业校桂教师谈

（1941 年）

奉天商业学校基于世界商业竞争的大理想，为造成商业中坚人才，以谋改进商业。自该校成立以来，桃李成荫，各生服务各界成绩优良，颇为国人所信赖。关于该校教育情形，经教师桂耆氏谈话如次。

本校学生除商业实业、经济簿记等学科实涵养外，关于国语的练习、记事的取材等务将有益于立身书籍，或建国精神、民族协和等以及时势所趋的课题极力讲给。使各生多读多听，可以免作文和记事的思想枯窘，尽量发挥其天才，预为将来涉世之用。且本校虽然以培养商业为中心，而语学视为各科之基础，其功效如筑房之柱石然。故各生等对语学最感兴趣，奋勉谨读，非常恳切。征诸以往成绩的优良，颇为各方所期待。

《盛京时报》，1941 年 7 月 24 日晚刊 4 版，11223 号。

统一工业教育培养技术人才　民经两部协议对策

（1941 年）

辅助我国产业开发之技术员养成机关，虽有民生部管下各学校及经济部所属各特殊会社之社员技术员养成所，然两者间从无关联，各按自定计划从事，对确保从事扩充生产力人员之养成，尚无至大之成效。故民生部前会者究技术员养成之一元化。为与经济部当局恳谈，乃定于二十二日午前九时假民生部讲堂，开工业教育恳谈会。民生部由本田教育司长等关系官，经济部由石田工司长及新京工大满洲矿工技术员协会等关系者出席关于工业教育之统一问题，详加协议。又各会社之技术员养成所，此后技术员之养成，当以满系为重。呈请民生部予以协力。故依此次恳谈会，关于工业教育、民生经济两部之提携，极堪期待云。

《盛京时报》，1941 年 8 月 23 日综合版 7 版，11253 号。

第五编

高等教育

一、法规章程

师范教育令

（1934 年）

第一条　高等师范学校以养成中等学校教员为目的，师范学校以养成初等学校教员为目的。

第二条　高等师范学校及师范学校之教育宗旨，注重实践躬行，涵养德性，传习知识及技能，并锻炼身体，造就国民师表之人才。

第三条　高等师范学校及师范学校由国家设立之，设立地址由文教部大臣定之。

第四条　高等师范学校及师范学校由文教部大臣管理之。

第五条　高等师范学校及师范学校之分科、修业年限、学科目及其程度，并教科书，由文教部大臣定之。

第六条　高等师范学校及师范学校学生之学资，依文教部大臣所定，由该学校发给之。文教部大臣得将学生之一部或全部为自费生。

第七条　文教部大臣认为有必要时，得于高等师范学校及师范学校附设附属学校。

附则

本令自公布日施行。

本令施行时，现有之师范学校、师范讲习科、师范专修科等，得暂依从前之例存置之。

（伪满）国务院文教部编纂：《满洲帝国文教部第二次年鉴》，1935 年 12 月。

高等师范学校规程

（1934 年）

第一条　高等师范学校修业年限定为四年。

第二条　学年自二月一日起至翌年一月三十一日为止。

第三条　本校置男子部及女子部。

第四条　男子部学科目如左。

一、必修学科目为经学、齐家、教育、国文、实业、日语、历史、地理、数学、艺术、体育、语学。

实业分为农业、工业、商业三类，须任修其一类。

艺术分为音乐、书法、图画、手工，须任修其一。

语学分为英语、俄语及其他，须任修其一。

二、特修学科目由前款之学科目及校长认为有必要之学科目中，选择一科目精细研究之。

第五条　女子部学科目如左。

一、必修学科目为经学、齐家、教育、国文、日语、历史、地理、家事、裁缝手艺、书法、图画、音乐、体育。

二、特修学科目由前款之学科目及校长认为有必要之学科目中，选择一科目精细研究之。

第六条　男子部各学科目每周教授时间数如左。

学科目／学年	必修学科目											特修学科目	计
	经学	齐家	教育	国文	实业	日语	历史·地理	数学	艺术	体育	语学		
第一学年	3	2	2	2	10	2	2	2	1	2	2	5	35
第二学年	3	2	2	2	10	2	2	2	1	2	2	5	35
第三学年	3	2	3	2	10	2	2		1	2	2	6	35
第四学年	3	2	3	2	10	2	2		1	2	2	6	35

第七条　女子部各学科目每周教授时间数如左。

学科目／学年	必修学科目												特修学科目	计
	经学	齐家	教育	国文	日语	历史·地理	家事	裁缝手艺	书法	图画	音乐	体育		
第一学年	2	2	2	2	2	2	6	7	1	1	2	2	4	35
第二学年	2	2	2	2	2	2	6	7	1	1	2	2	4	35
第三学年	2	2	3	2	2	2	5	7	1	1	2	2	4	35
第四学年	2	2	3	2	2	2	5	7	1	1	2	2	4	35

第八条　校长得于不减少各学科目一个年总时间数之范围内，变更每周教授时间数，如遇有必要时，虽在放假期间内，亦得添授实习。

第九条　校长应令上级学生作教育实习，更于必要时，得派遣为国内产业实地研究委托生。

第十条　本校入学资格为高级中学程度学校毕业或有同等以上之学力，且品行方正，思想健全，身体强健者，由校长考试录取之。

第十一条　本校得置研究科及专修科。

第十二条　研究科入学资格为本校毕业生或有同等以上之学力者，由校长录取之。

第十三条　专修科入学资格为现任中等学校教员，由校长录取之。

第十四条　研究科及专修科之修业年限、学科目等，经文教部大臣认可后，由校长规定之。

第十五条　发给学生之官费月额在十元以上二十元以下，经文教部大臣认可后，由校长规定之。其变更时亦同。

第十六条　学生有属于左列各款之一者，校长得令其退学。

一、因患染疾病或成绩不良，无成业之希望者。

二、品行不端者。

三、思想不良者。

四、其他认为将来不适于教职者。

第十七条　在学中有因受惩戒被开除者，或因一己之故障志愿退学者，由校长承文教部大臣之指挥，追缴其授业费及在学中所领之官费。但斟酌情形得免其全部或一部。

第十八条　依前条应追缴之授业费，年额定为七十元以下。

第十九条　本令施行上必要之规则，经文教部大臣认可后，由校长规定之。

附则

本令自公布日施行。

（伪满）国务院文教部编纂：《满洲帝国文教部第二次年鉴》，1935 年 12 月。

高等师范学校官制

（1934 年）

第一条　高等师范学校置左列职员。

校　长：简任。

副校长：简任，一人。

教　授：荐任，十七人（其中二人得为简任）。

学　监：荐任，一人。

事务官：荐任，一人。

助教授：荐任或委任，十五人（荐任不得逾八人）。

属　官：委任，三人。

司　书：委任，一人。

助　手：委任，六人。

第二条　校长承文教部大臣之监督，综理校务，统督所属职员。关于其进退及赏罚，呈请文教部大臣核办。

第三条　副校长辅佐校长，校长有事故时，由副校长代理其职务。

第四条　教授及助教授承校长之命，掌学生教育事宜。

第五条　学监承校长之命，掌学生训育及舍务事宜。

第六条　事务官承校长之命，掌庶务会计事宜。

第七条　属官承上司之命，办理事务。

第八条　司书承上司之命，办理图书之整理、保管及阅览事务。

第九条　助手承上司之指挥，从事于授业及实验之辅助。

第十条　校长有必要时，得聘用讲师。

附则

本令自公布尔日施行。

（伪满）国务院文教部编纂：《满洲帝国文教部第二次年鉴》，1935 年 12 月。

高等农业学校官制

（1935 年）

第一条　高等农业学校属文教部大臣之管理，系对学生教授关于农业高等学术之理论及实际，并练磨其品性，养成为农事之有为指导人者。

第二条　高等农业学校置左列职员。

校　长：简任。

教　授：十人，荐任。

学　监：一人，荐任。

事务官：一人，荐任。

助教授：七人，荐任或委任（但荐任不得逾三人）。

属　官：二人，委任。

助　手：三人，委任。

第三条　校长承文教部大臣之监督，综理校务，统督所属职员。关于其进退及赏罚，呈请文教部大臣核办。

第四条　教授及助教授承校长之命，掌学生教育事宜。

第五条　学监承校长之命，掌学生训育及舍务事宜。

第六条　事务官承校长之命，掌庶务会计事宜。

第七条　属官承上司之指挥，办理事务。

第八条　助手承上司之指挥，从事于授业及实验实习之补助。

第九条　校长有必要时，得聘用讲师。

第十条　高等农业学校之设立地址、分科、学科目、入学资格、修业年限，由文教部大臣定之。

附则

本令自公布日施行。

（伪满）国务院文教部编纂：《满洲帝国文教部第二次年鉴》，1935 年 12 月。

大　学　令

（1937 年）

第一条　大学以修练巩固之国民精神，修得国家所必需之高等学术之理论及实际，养成国家枢要之人才为目的。

第二条　省或特别市得设置大学。

第三条　私人得设置大学。

第四条　省或特别市设置之大学为公立大学，私人设置之大学为私立大学。

第五条　大学之设置及废止，应受主管部大臣之认可。关于大学设置及废止之规则，由主管部大臣定之。

第六条　公立大学之位置，由主管部大臣定之。

第七条　大学之修业年限为三年，但依必要得为一年以内之延长。

第八条　大学得置特修科，关于特修科之规则，由主管部大臣定之。

第九条　得入大学者，为国民高等学校或女子国民高等学校毕业者，或依主管部大臣之所定有同等以上之学力者。

第十条　关于大学之修业年限、编制及设备并学科目及其程度之规则，由主管部大臣定之。

第十一条　大学应征收授业费，但对于有特别事情者，得减免之。

公立大学之授业费额，经主管部大臣之认可，由省长或特别市长定之。

第十二条　大学学长及教师认为在教育上有必要时，得对学生加以惩戒。

第十三条　大学由主管部大臣监督之。

第十四条　公立大学学长及教师之俸给、旅费及其他各种给与并其支给方法，由主管部大臣定之。

第十五条　关于大学学长及教师之职务及服务并公立大学学长及教师之任用及解职规则，由主管部大臣定之。

第十六条　关于大学之管理及监督在本令无规定之事项，由主管部大臣定之。

第十七条　不依本令之规定者，不得称为大学。

第十八条　本令施行上必要之规则，由主管部大臣定之。

附则

本令自康德五年一月一日施行。

奉天高等农业学校、新京医学校、哈尔滨高等工业学校及哈尔滨医学专门学校，自本令施行之日起，均视为大学。

（伪）满洲帝国教育会发行：《满洲教育》3卷6号，1937年6月。

公私立大学规程

（1937年）

第一条　欲设置公立或私立大学时，应具下列事项，附具学则，受民生部大臣之认可，欲变更左列事项时亦同。

一、目的。

二、名称。

三、私立大学须载明其位置。

四、修业年限。

五、学生定员、学级、教师定员、分科及其他编制。

六、学科目（如设分科须载明各分科之各学科目）。

七、开校年、月、日。

八、用地、建造物、寄宿舍、体育场、实习地及其他一般设备（关于用地、建造物、寄宿舍、体育场及实习地，应附具图面，详载地形、地质、面积及构造并附近状况）。

九、私立学校令第四条所载之资产或收入之凭证文件。

十、经费及维持方法（经费应记载自初年度至完成年度之款额）。

十一、私立大学应具设置者之履历书及财产目录。

十二、以上各款之外民生部大臣所命之事项。

第二条　私立大学应具有以其收入足以维持大学之资产。但如另有永久继续之收入者，经民生部大臣之许可者，得减其应具有之资产。

第三条　欲废止公立或私立大学时，应具其事由并职员及学生之处置方法与废止日期，受民生部大臣之认可。

废止公立或私立大学或被命封闭时，应于三十日以内将学籍簿呈递民生部大臣。

第四条　学年自一月一日始，至十二月三十一日终。

第五条　公立或私立大学为考查成绩及其他教育上之便利，得将一学年分为数学期。

第六条　每日教授终始时刻由学长定之。

第七条　各学年之各学科目（如设分科则各分科之各学年之各学科目）及其每周教授时数，受民生部大臣之认可，由学长定之。

第八条　学长因气候、产业、教师之事故及其他情由，而认为有必要时，得在一定期间内增减各学科目之每周教授时数，或中止一或二以上学科目之授业。

在前项情形，各学年之各学科目（如设分科则各分科之各学年之各学科目）如有不达其进度或超过太甚之虞时，应在其他期间内增减该学科目之每周教授时数而调整之。

依前二项之规定增减各学科目之每周教授时数或中止各学科目之授业时，每周教授总时数不得超过四十五时或不足三十时。

第九条　公立或私立大学学长认为必要时，得于规定时间外及休业日专课实验实习。

第十条　公立或私立大学之休业日如左。

一、下列节祀日。

春节，合于阴历正月一日之阳历日。

元宵节，合于阴历正月十五日之阳历日。

春丁祀孔，合于阴历二月上丁日之阳历日。

端午节，合于阴历五月五日之阳历日。

中秋节，合于阴历八月十五日之阳历日。

秋丁祀孔，合于阴历八月上丁日之阳历日。

二、阳历一月二日、三日及十二月二十九日、三十日、三十一日。

三、合于阴历正月二日、三日及十二月末日之阳历日。

四、星期日。

五、夏季休业日及冬季休业日。

夏季休业日及冬季休业日为五十日以内，但有特别事情时，经民生部大臣之认可，得延长之。

夏季休业日及冬季休业日之日期，应经民生部大臣之认可后定之。

第十一条　以元旦（阳历一月一日）、万寿节（阳历二月六日）、纪元节（二月一一日）、建国节（阳历三月一日）、天长节（四月二十九日）、访日宣诏纪念日（阳历五月二日）、明治节（十一月三日）、入学日、毕业日及开校纪念日为式日。

元旦、建国节及访日宣诏纪念日应举行左列式典。

一、学长于教师及学生之最敬礼中，将御容之遮幔揭开之。

二、学长、教师及学生向御容行最敬礼，如未奉载［戴］御容时，向帝宫遥拜。

三、学长、教师及学生合唱国歌及日本国歌。

四、学长奉读访日回銮训民诏书。

五、学长、教师及学生合唱访日回銮训民诏书奉答之歌。

六、学长于教师及学生自添最敬礼中，将御容之遮幔关闭之。

七、学长根据建国之本旨及访日回銮训民诏书，谨告圣旨之所在，并致适合式日之训话。

八、学长、教师及学生合唱适合式日之歌。

九、对日、满两国旗行最敬礼。

万寿节应举行左列式典。

一、学长于教师及学生之最敬礼中，将御容之遮幔揭开之。

二、学长、教师及学生向御容行最敬礼，如未奉戴御容时，向帝宫遥拜。

三、学长、教师及学生合唱国歌。

四、学长奉读访日回銮训民诏书。

五、学长、教师及学生合唱访日回銮训民诏书奉答之歌。

六、学长于教师及学生之最敬礼中，将御容之遮幔关闭之。

七、学长根据建国之本旨及访日回銮训民诏书，谨告圣旨之所在，并致适合式日之训话。

八、学长、教师及学生合唱适合式日之歌。

九、对国旗行最敬礼。

纪元节、天长节及明治节举行左列式典。

一、学长、教师及学生合唱日本国歌及国歌。

二、学长、教师及学生向日本皇居遥拜。

三、学长奉读访日回銮训民诏书。

四、学长、教师及学生合唱访日回銮训民诏书奉答之歌。

五、学长根据访日回銮训民诏书，谨告圣旨之所在，并致适合式日之训话。

六、对日、满两国旗行最敬礼。

入学日、毕业日及开校纪念日应举行左列式典。

一、学长于教师及学生之最敬礼中，将御容之遮幔揭开之。

二、学长、教师及学生向御容行最敬礼，如未奉载［戴］御容时，向帝宫遥拜。

三、学长、教师及学生合唱国歌。

四、学长奉读访日回銮训民诏书。

五、学长、教师及学生合唱访日回銮训民诏书奉答之歌。

六、学长于教师及学生之最敬礼中，将御容之遮幔关闭之。

七、学长根据建国之本旨及访日回銮训民诏书，谨告圣旨之所在，致适合式日之训话。

八、学长、教师及学生合唱适合式日之歌。

九、对国旗行最敬礼。

于前各款之外，于第八款以下，学长得举行认为必要之式次。

第十二条　遇有传染病、非常灾变及其他特别情由时，学长受民生部大臣之认可，得临时休业。如不及受认可时，应于临时休业之后，立即呈报民生部大臣。

如有前项之情由时，民生部大臣命其休业。

在前二项情形，其学年之授业日数不妨减少第三十九条所规定之教授总日数。

第十三条　大学之基址、用地、建造物及其他必要之设备，须适应大学之规模及编制。

基址应选择道德上及卫生上无害之地点。

建造物须适合其使用之目的，且于教授上、管理上及卫生上皆适宜，而又质朴坚牢者。

实习地如无特别情由，须邻接基址，适于实习，且于管理上及卫生上皆适宜者。

第十四条　大学应备左列表簿。

一、关系法规。

二、大学沿革志、大学一览表及视察簿。

三、学则、日志并各学科之各学年之学科目每周教授时数、时间表及教科书一览表。

四、学生之学籍簿、出席簿及身体检查表。

五、职员之名簿、履历书、出勤簿并担任学科目及时间表。

六、关于入学考查及学业成绩考查之表簿。

七、关于会计之账簿并图书、机械、标本及模型等之目录。

八、土地、建造物、图书、用具及其他备品之清册。

九、来往文件。

十、以上各款之外，依法令应备之表簿，或民生部大臣认为必要之表簿。

前项表簿中已完结者，学籍簿应保存二十年以上，其他表簿应保存五年以上。

第十五条　学则中应规定之事项如左。

一、关于学年、学期、休业日及式日之事项。

二、关于学科课程及每周教授时数之事项。

三、关于认定课程修了及认定毕业之事项。

四、关于学生之入学、休学、退学及惩戒之事项。

五、关于授业费、入学费及其他向学生征收费用之事项。

六、关于特修科之事项。

七、关于寄宿舍之事项。

八、其他必要之事项。

第十六条　有左列各款之一者，关于大学之入学，认为与国民高等学校或女子国民高等学校毕业者有同等以上之学力。

一、高级中学校第一学年修了者。

二、高级师范学校第一学年修了者。

三、履修适当民生部大臣所指定之国民高等学校或女子国民高等学校之教育课程者。

四、国民高等学校或女子国民高等学校毕业程度学力检定合格者。

五、于外国有入学于高等专门程度教育施设之资格者。

第十七条　学长应于学年之始，依另表作成入学学生之学籍簿。

第十八条　学长认为有正当情由时，得许可学生一年以内之休学。

第十九条　各学年课程修了之认定及全课程毕业之认定，应考查平素之成绩而行之。

第二十条　学长对于未修了一学年课程之学生，不得升进其学年。

第二十一条　学长对于认为已修了各学年之课程者，应依其申请授与修了证书。

第二十二条　学长对于认为全课程毕业者，应授与毕业证书。

第二十三条　学长对于有左列各款之一者，得命其退学。

一、性行或思想不良，认为无悛改之望者。

二、学力低劣或身体虚弱，认为无成就之望者。

三、无正当之情由，继续缺席一个月以上者。

四、出席无规律者。

第二十四条　学生欲退学时，应受学长之许可。

第二十五条　对于学生之惩戒，分为训诫、谨慎、停学及除名，谨慎、停学及除名由学长行之。

第二十六条　私立大学征收之授业费额于年额一百元以内，经民生部大臣之认可，由学长定之。

第二十七条　公立或私立大学须依学生数、分科、学科目等，置相当员数之教师。

专任教师须在教师定员之半数以上。

第二十八条　得为公立或私立大学之教师者如左。

一、大学或类似大学教育施设毕业者，或外国（民生部大臣指定）之高等专门学校以上之学校毕业者。

二、民生部大臣所指定者。

三、民生部大臣所认可者。

难得适当前项第一号乃至第三号时，受民生部大臣之认可，得暂时以其他代用为教师。

依第一项第三号欲受认可者，应具履历书及医师制作之健康诊断书，呈请民生部大臣。

依第二项欲受认可时，公立大学则管理者、私立大学则设立者应具本人履历书呈请民生部大臣。

民生部大臣认为必要时，于前项有时实施学术之检定。

第二十九条　公立或私立大学欲任用学长、代表者或教师时，应由管理者或设置者缮具其履历书，受民生部大臣之认可。

公立或私立大学欲解学长、代表者或教师之职时，应由管理者或设置者具其事由，受民生部大臣之认可。

第三十条　公立或私立大学学长及教师应受惩戒之情形如左。

一、违背职务上之义务，或怠惰其职务时。

二、不问执行职务时间之内外，有污辱为教师者体面之行为而悖谬其本分时。

第三十一条　惩戒处分如左。

一、免职。

二、减俸。

三、谴责。

第三十二条　应行惩戒处分之事件，在系属刑事之期间，对于同一事件不得行惩戒处分。

第三十三条　大学学长或教师之惩戒，关于公立者，由管理者行之；关于私立者，由民生部大臣命设置者为之。

第三十四条　减俸为月俸三分之一以下，减俸之期间为一月以上一年以下。

第三十五条　私立大学学长对于其大学之教师认为有应付惩戒之行为时，应就其所认为适当种类之惩戒处分，检具证凭，报告民生部大臣。

第三十六条　公立大学学长及教师之俸给、旅费及其他各种给与及其支给方法，依官立大学学长及教师之俸给、旅费及其他各种给与及其支给方法之例。

第三十七条　公立或私立大学学长及教师应仰体访日回銮训民诏书之趣旨，遵从法规及命令，诚实服其职务。

第三十八条　公立或私立大学得置特修科。

特修科之入学资格、修业年限并学科目及其每周教授时数，应经民生部大臣之认可。

第三十九条　关于学年之教授总日数、休业日、休学、退学、再入学、授业费之征收、定员及其他编制，在法令无规定之事项，受民生部大臣之认可，由学长定之。

附则

本令由康德五年一月一日施行。

（伪）满洲帝国教育会编：《满洲帝国文教关系法规辑览》（上），1938 年。

建国大学创立纲要

（1937 年）

一、目的

以培养能掌握建国精神的精髓，努力探究学术的奥义，并能亲自实践建设道义世界的有先觉的领导人才为目的。

二、创立要点

本大学为培养能显现和扩大满洲建国的世界历史意义的人才。最重要的是在下述方针下，创设独创性的大学，突破一切现成概念，广泛深入地认清亚洲的形势和未来，立足于建国精神，依照其高尚的理念，在其雄浑的构想下，树立坚实的基础。此项任务预定五年完成，尔后进一步充实，朝着长远的理想，不断地成长和向前发展。

三、组织

教育陶冶 { 前期 / 后期 } 学生

大学院：允许后期毕业生及其合格人选入学，让其从事专门的、更高深的研究科目。

研究院：由学校主要职员组成，通过共同研究，充分理解建国原理，并使其发展成长。巩固加强职员的精神团结，不断地充实其内容，成为指导学生教育的渊源。

四、修业年限

前期三年，后期三年。

大学院年限不定。

五、管辖

受国务总理大臣管理，其他各方面则由协和会协助实施。

六、各科内容

（一）前期以普通高等教育为主，特别用力学好建国精神理论、勤劳性实习、军事训练，且须将日语或满语作为必修课。

训育要求全体学员均住宿（民族共宿），使学员实际体会严格、明朗且有规律的生活和自治训练，以此锻炼身心，陶冶人格。

（二）后期，作为国家栋梁，要以必要的法政、经济、伦理、哲学、历史等为主要科目进行学习。另外，还要进行勤劳性实习和军事训练。

训育按照前期实施。

（三）大学院就各自专业进行深入的研究。

七、学生录用数及学费

康德五年度，建国大学前期第一期学生共录用一百五十名。所需学费一切由国家负担。

八、教育特征

本大学教育，以知行合一为宗旨，以培养有实践能力的人才为重点。教授同志式地、有机地团结在一起，根据建国精神，实行共同研究。

教授同学生全体人员一体化，不使智育、德育分开，用人格的品德风尚去熏陶感化人格。这样，本大学实行理论与实践相统一，将信念化成动力，培养能够建设道义世界的有先觉的领导人才。

九、创设顺序

第一期（从现在起大约一年）。

本期间为确立大学根本机构，着手办理必办事项时期。

1. 总长下设中枢机关。

2. 组成教授候补人员，团结训练。

以东京事务所为中心，广泛招募少壮有为人才，从精神上结合成一个团体，使他们尽可能快地认识现地实情，开始实施基础性的研究和训练。

以上所说教授候补人员，也包含将来专门担当训育任务的人才。

3. 开设图书馆。

尽快地在大学院内建设国立图书馆，并设法充实内容。

4. 选拔学生工作。

以第一届学生入学时期（明年五月二日）为目标，尽快地开始选拔学生，努力做好各项准备工作。

5. 开始着手建筑必要的房屋。

第二期（紧接第一期约四年）。

本期间主要为充实内容时期。

1. 开设研究院。

于新京开设研究院，以研究院长为中心逐渐巩固职员们的精神团结。在实施共同研究的同时，还应经常以内外各种思想为对象，首先应邀请皇道、儒教，其次是佛教、回教等各种代表性的一流学者讲学，或者将教授中的合适人选派往各地进行钻研修练。根据他们的各自个性和特质，让其分担教授和训育任务，并经常保持密切联系，对学生进行教育。而且应以研究院为基础，不断提高职员本身。

2. 大学机构细目。

大学机构细目是依据本创设纲要，以总长为中心，以研究院为主体而考虑立案的。

3. 同以日本为首的各国的联络研究。

经常同日本的研究所保持密切的联系。根据需要可向亚洲各地及世界各国派遣教授等，考察当地实情，共同进行必要的联络研究。

第三期，完成扩充第二期建设。

（伪满）建国大学发行：《建国大学要览》，1941 年。

建国大学令

（1938 年）

第一条 建国大学以培养能掌握建国精神之神髓，深究学术之蕴奥，并能亲身实践建设道义世界的有先觉的领导人才为目的。

第二条 建国大学受国务总理大臣领导管理。

第三条 就有关建国大学的重要事项，为了便于咨询，设立建国大学参议会。关于建国大学参议会的有关事项另行规定。

第四条 建国大学设左列职员。

总 长：特任。

副总长：特任或简任。

教 授：简任或荐任。

理事官：荐任。

副教授：荐任。

事务官：荐任。

医 官：荐任。

助 手：委任。

助 教：委任。

属 官：委任。

技 士：委任。

教授有权特任这些技术人员。

建国大学设顾问、名誉教授及讲师。

第五条 总长综合管理学务，统管监督所属职员。关于高级官员的去留，应写出详细文件报告给国务总理大臣。关于委任官，总长有权任免。

第六条 副总长辅助总长进行工作，当总长因故不在时，可代行总长职务。

第七条　教授对学生进行教育和指导。

第八条　副教授帮助教授从事授课及训育。

第九条　从教授、副教授中选出导师、副导师，担任学生的特别训育指导。

第十条　理事官及事务官受上司命令，掌握总务及会计。

第十一条　医官受上司命令，掌理医务。

第十二条　助手受教授及副教授指挥，从事教务及研究。助教受教授及副教授指挥，从事训育工作。

第十三条　属官受上司指挥，从事总务及会计。技士受上司指挥，从事技术工作。

第十四条　建国大学内设评议会，应总长的咨询，审议学务。

评议员由总长从教授中指名担任。

第十五条　建国大学分前期、后期，其修业年限各为三年。

第十六条　能升入建国大学前期的学习者，应是从国民高等学校毕业的学生或者总长承认具有同等学力的人员，经过选拔考试合格者，方可升入。

第十七条　能进入建国大学后期的学习者，应是学完前期课程者。但总长认为不适当者不受此限。毕业于有学制的大学者或总长承认有相当于大学同等以上学力的人员，权衡试验合格者，也可进入后期学习。

第十八条　建国大学设大学院。

第十九条　能升入大学院的学习者，应是从后期毕业的学生或有同等以上学力者，经总长认定为合适方可。

第二十条　建国大学设研究院。有关研究院事项另行规定。

第二十一条　建国大学学生在学习中的费用为公费。

第二十二条　从建国大学毕业的学生，有服从官吏及其他职务的义务。

第二十三条　关于建国大学编制及其他本令施行之必要事项，以命令规定。

附则

本令从公布之日起施行。

（伪满）建国大学发行：《建国大学要览》，1941 年。

新京法政大学设立要纲

（1938 年）

【新京专电】鉴于随满洲国教育机关之现状与国势之跃进的发展，法政经济部门之人的资源有整备之必要，政府乃基于以法政经济实务教育为主眼之学制设立大学，其要纲如左。

一、名称：新京法政大学。

二、设立场所：新京。

三、设立时期：康德六年度起可开学，现在进行准备。

四、入学学生之资格。

（一）于满洲（关东州）有住所者。

（二）国民高等学校卒业者，或依民生部大臣所定认为有同等以上之学力者（日本中等学校则须中学四年修业程度以上）。

五、收容人员：每学年法学部、经济学部计三百名。

六、修业年限：三个年。

七、教授要领。

（一）分法学部及经济学部二部。

（二）关法律、政治、经济之理论与实务，一并教授之。

（三）教授科目合设实务家养成之趣旨而编成之。

（四）日满国语为必需科目，露语①、英语、独语②等为选择科目。

八、教授任用方针：使专任教授担当理论的方面中铨衡之，使兼任教授担当政策方面及实务指导，由政府特殊会计及其他有学识经验者中铨衡云。

九、其他。

（一）关贷费制度另考虑之。

（二）并考虑二个年程度之特修科（夜学）。

十、司法部法学校与本学院统合之（财务职员养成所改组）。

十一、现在司法部法学校第一学年、第二学年学生（各六十名），各改编为康德六年新京法政大学法学第二学年、第三学年，其现有特典仍使保有。

十二、校舍：暂时使用充当现司法部法学校之大同学院合同厅舍。

《盛京时报》，1938 年 10 月 7 日晚刊 2 版，10247 号。

涵养法政经济部门人才　新京法政大学官制公布

（1938 年）

【新京专电】政府以我国教育机关之现状，与产业经济及其他国势之跃进，致因法政经济部门人才的资源整备之要求日甚，故决定依大学令设立以法政经济之实务教育为主眼

① “露语”源于日语词汇的旧译法，即俄语。

② “独语”源于日语词汇的旧译法，即德语。

之新京法政大学。关于其官制，已经二十日参议府会议咨询，本日公布，自来年一月一日施行。

第一条　新京法政大学属于民生部大臣之管理。

第二条　新京法政大学置左职员。

学长：简任。

教授：九人，荐任（其中二人得为简任）。

学监：一人，荐任。

事务官：一人，荐任。

助教授：十人，荐任或委任（但荐任不得逾七人）。

属官：四人，委任。

司书：一人，委任。

助手：五人，委任。

第三条　学长承民生部大臣之监督，综理学务，充督所属职员。关于其进退赏罚呈请民生部大臣核办。

第四条　教授及助教授承学长之命掌学生之教育。

第五条　学监承学长之命，掌学生之训育及舍务。

第六条　事务官承学长之命，掌庶务会计。

第七条　属官承上司之指挥办理事务。

第八条　司书承上司之指挥，办理关于图书记录之整理保存及阅览事务。

第九条　助手承上司之指挥，从事授业之补助。

第十条　学长有必要时得聘用讲师。

《盛京时报》，1938 年 12 月 28 日晚刊 4 版，10326 号。

师道高等学校规程

（1938 年）

第一条　师道高等学校置男子部及女子部。

第二条　男子部分左列八班。

第一班，养成堪为国民道德及教育之教师者。

第二班，养成堪为国语及语学之教师者。

第三班，养成堪为历史及地理之教师者。

第四班，养成堪为博物及化学之教师者。

第五班，养成堪为数学及物理之教师者。

第六班，养成堪为国语、图画及手工之教师者。

第七班，养成堪为国语及音乐之教师者。

第八班，养成堪为国语及体育之教师者。

第三条 女子部分为左列三班。

第一班，养成堪为国语及家事之教师者。

第二班，养成堪为国语及裁缝手艺之教师者。

第三班，养成堪为音乐及体育之教师者。

第四条 学年自一月一日始至十二月三十一日终。

第五条 校长为考查成绩及其他教育上之便利，得将一学年分为数学期。

第六条 各班之学科目如左。

第一班。

国民道德（实践伦理、伦理学、东洋伦理学史、西洋伦理学史、东方道德、公民生活概说、哲学概论、社会学）

教育（教育学、心理学、日本及东洋教育史、西洋教育史、伦理学、教育法、教育行政、教育演习）

历史

法制经济（法学通论、经济通论）

国语（满语讲解、满语作文、满语诵读、日语讲读、日语会话、日语作文、日语文法）

实业（农业实习）

体育（教练、体操、游戏、竞技、生理学、卫生学）

图画（自在画）

音乐（唱歌）

语学（讲读、作文、文法）

第二班。

国民道德（实践伦理、伦理学、伦理学史、东方道德、公民生活概说、哲学概论）

国语（满语讲解、满语作文、满语诵读、日语讲读、日语会话、日语作文、日语文法、日本文学及日本文学史、书道）

语学（英语讲读、英语会话、英语作文、英语文法、英语修辞学、英文学及英文学史）

教育（教育学、教育史、心理学、教育法、教育行政）

历史

法制经济（法学通论、经济通论）

实业（农事实习）

体育（教练、体操、游戏、竞技、生理学、卫生学）

图画（自在画）

音乐（唱歌）

第三班。

国民道德（实践伦理、伦理学、伦理学史、东方道德、公民生活概说、哲学概论）

历史（国史、东洋史、史学概论、西洋史、日本史、世界文化史、历史演习）

地理（一般地理学、地质学、地形学、地志、地理实习）

教育（教育学、教育史、心理学、教育法、教育行政）

法制经济（法学通论、经济通论）

国语（满语讲解、满语作文、满语诵读、日语讲读、日语会话、日语作文、日语文法）

实业（农事实习）

体育（教练、体操、游戏、竞技、生理学、卫生学）

图画（自在画）

音乐（唱歌）

语学（讲读、作文、文法）

第四班。

国民道德（实践伦理、伦理学、伦理学史、东方道德、公民生活概说、哲学概论）

博物（一般生物学、植物形态学、植物生理学、植物发生学、植物生态学、植物分类学、动物形态学、动物生理学、动物发生学、动物生态学、动物分类学、矿物学、岩石学、地质学、古生物学、地质演习）

化学（无机化学、有机化学、分析化学、物理化学）

教育（教育学、教育史、心理学、教授法、教育行政）

历史

法制经济（法学通论、经济通论）

国语（满语讲座、满语作文、满语诵读、日语讲读、日语会话、日语作文、日语文法）

实业（农事实习）

体育（教练、体操、游戏、竞技、生理学、卫生学）

图画（自在画）

音乐（唱歌）

语学（讲读、作文、文法）

第五班。

国民道德（实践伦理、伦理学、伦理学史、东方道德、公民生活概说、哲学概论）

数学（代数学、几何学、三角法、解析几何学、微分积分学）

物理（力学、音响学、热学、波动学、光学、电磁气学）

教育（教育学、教育史、心理学、教授法、教育行政）

历史

法制经济（法学通论、经济通论）

国语（满语讲解、满语作文、满语诵读、日语讲演、日语会话、日语作文、日语文法）

实业（农事实习）

体育（教练、体操、游戏、竞技、生理学、卫生学）

图画（自在画）

音乐（唱歌）

语学（讲读、作文、文法）

第六班。

国民道德（实践伦理、伦理学、伦理学史、东方道德、公民生活概说、哲学概论）

国语（满语讲解、满语作文、满语诵读、日语讲读、日语会话、日语作文、日语文法、日本文学及日本文学史、书道）

图画（绘画实习、图案、图学、美术学、东洋美术史、西洋美术史）

手工（工艺大意、手工实习）

教育（教育学、教育史、心理学、教授法、教育行政）

历史

法制经济（法学通论、经济通论）

实业（农事实习）

体育（教练、体操、游戏、竞技、生理学、卫生学）

音乐（唱歌）

语学（讲读、文法、作文）

第七班。

国民道德（实践伦理、伦理学、伦理学史、东方道德、公民生活概说、哲学概论）

国语（满语讲解、满语作文、满语诵读、日语讲读、日语会话、日语作文、日语文法、日本文学及日本文学史、书道）

音乐（唱歌、音乐通论、器乐、音乐学、和声学、作曲学）

教育（教育学、教育史、心理学、教授法、教育行政）

历史

法制经济（法学通论、经济通论）

实业（农事实习）

体育（教练、体操、游戏、竞技、生理学、卫生学）

图画（自在画）

语学（讲读、作文、文法）

第八班。

国民道德（实践伦理、伦理学、伦理学史、东方道德、公民生活概说、哲学概论）

国语（满语讲解、满语作文、满语诵读、日语讲读、日语会话、日语作文、日语文法、日本文学及日本文学史、书道）

体育（教练、体操、游戏、竞技、体育史、体育概论、体操各论、游戏及竞技各论、身体检查法、体力检查法、一般体育行政、解剖及组织学、生理及生化学、一般病理学、卫生学、微生物学、学校卫生、救急疗法）

教育（教育学、教学史、心理学、教授法、教育行政）

历史

法制经济（法学通论、经济通论）

实业（农事实习）

图画（自在画）

音乐（唱歌）

语学（讲读、作文、文法）

女子第一班。

国民道德（实践伦理、伦理学、伦理学史、东方道德、礼法、公民生活概说）

国语（满语讲解、满语作文、满语诵读、日语讲读、日语会话、日语作文、日语文法、日本文学及日本文学史、书道）

家事（一般家事、衣服、食物及营养、料理法、染色、整清、看护、育儿、家事经济、家事簿记）

教育（教育学、教育史、心理学、教授法、教育行政）

历史

作业（园艺）

体育（教练、体操、游戏、竞技、生理学、卫生学）

图画（自在画）

音乐（唱歌）

语学（讲读、作文、文法）

女子第二班。

国民道德（实践伦理、伦理学、伦理学史、东方道德、礼法、公民生活概说）

国语（满语讲解、满语作文、满语诵读、日语讲读、日语会话、日语作文、日语文法、日本文学及日本文学史、书道）

裁缝手艺（满洋裁缝手艺）

教育（教育学、教育史、心理学、教授法、教育行政）

历史

作业（园艺）

体育（教练、体操、游戏、竞技、生理学、卫生学）

图画（自在画）

音乐（唱歌）

语学（讲读、作文、文法）

女子第三班。

国民道德（实践伦理、伦理学、伦理学史、东方道德、礼法、公民生活概说）

音乐（唱歌、音乐通论、器乐、音乐学、和声学、作曲学）

体育（教练、体操、游戏、竞技、体育史、体育概论、体操各论、游戏及竞技各论、身体检查法、体力检查法、一般体育行政、解剖及组织学、生理及生化学、一般病理学、卫生学、微生物学、学校卫生、救急疗法）

教育（教育学、教育史、心理学、教授法、教育行政）

历史

国语（满语讲解、满语作文、满语诵读、日语会话、日语作文、日语文法）

作业（园艺）

图画（自在画）

语学（讲读、作文、文法）

第七条　各班各学年之各学科目每周教授时数，经民生部大臣之认可，由校长定之。

第八条　校长因气候、产业、教师之事故及其他情由，而认为有必要时，得在一定期间内增减各学科目之每周教授时数，或中止一或二以上学科目之授业。

在前项情形，各班各学年之各学科目如有不达其进度或超过太甚之虞时，应在其他期间内增减该学科目之每周教授时数而调整之。

依前二项之规定增减各学科目之每周教授时数或中止各学科目之授业时，每周教授总时数不得超过四十五时或不足三十时。

第九条　校长认为必要时，于规定时间外及休业日，得专课实验实习。

第十条　第三学年之学年内在十月以后之授业，应以教育实习充之。

第十一条　遇有传染病、非常灾变及其他特别情由时，校长受民生部大臣之认可，得临时休业；如不及受认可时，应于临时休业之后，立即呈报民生部大臣。

如有前项之情由时，民生部大臣亦得命其休业。

在前二项情形，其学年之授业日数不妨减少第三十一条所规定之教授总日数。

第十二条　师道高等学校应备左列表簿。

一、关系法规。

二、学校沿革志、学校一览表及视察簿。

三、学则、日志并各班各学年之各学科目每周教授时数、时间表及教科书一览表。

四、学生之学籍簿、出席簿及身体检查表。

五、职员之名簿、履历书、出勤簿并担任学科目及时间表。

六、关于入学考查及学业成绩考查之表簿。

七、关于会计之账簿并图书、机械、标本及模型等之目录。

八、土地、建筑物、图书、校具及其他备品之清册。

九、来往文件。

十、以上各款之外依法令应备之表簿，或民生部大臣认为必要之表簿。

第十三条　校长规定学则，应呈报民生部大臣。学则中应规定之事项如左。

一、关于学年、学期、休业日及式日之事项。

二、关于学科课程及每周教授时数之事项。

三、关于认定课程修了及认定毕业之事项。

四、关于学生之入学、休学、退学及惩戒之事项。

五、关于授业费、入学费及其他向学生征收费用之事项。

六、关于寄宿舍之事项。

七、其他必要事项。

第十四条　有左列各款情形之一者，关于师道高等学校之入学，认为与国民高等学校或女子国民高等学校毕业者有同等以上之学力。

一、高级中学校第一学年修了者。

二、高级师范学校第一学年修了者。

三、履修民生部大臣所指定之国民高等学校或女子国民高等学校相当之教育课程者。

四、国民高等学校或女子国民高等学校毕业程度学力检定合格者。

五、有入学于外国高等专门程度教育施设之资格者。

第十五条　校长应于学年之始，依另所定作成入学学生之学籍簿。

第十六条　校长认为有正当情由时，得许可学生一年以内之休学。

第十七条　各学年课程修了之认定及全课程毕业之认定，应考查平素之成绩而行之。

第十八条　校长对于未修了一学年课程之学生，不得升进其学年。

第十九条　校长对于认为已修了各学年之课程者，应依其申请授与修了证书。

第二十条　校长对于认为全课程毕业者，应授与毕业证书。

第二十一条　校长对于左列各款情形之一者，得命其退学。

一、性行或思想不良，认为无悛改之望者。

二、学力低劣或身体虚弱，认为无成就之望者。

三、无正当之情由，继续缺席一个月以上者。

四、出席无规律者。

五、以上各款之外认为不适于为教师者。

第二十二条　学生欲退学时，应受校长之许可。

第二十三条　对于学生之惩戒分为训诫、谨慎、停学及除名，而谨慎、停学及除名由校长行之。

第二十四条　应支给学生之学资每月额十元以上二十元以内，经民生部大臣之认可，由校长定之。欲变更时亦同。

第二十五条　校长对于因自己之事由而退学者，或受处分或被除名者，应受民生部大臣之指挥，令给费学生偿还授业公费及其在学中所支领之学资；私费学生则为授业公费，但按其情形，得免除其全部或一部之偿还。

第二十六条　毕业者自领到毕业证书之日起一年间，应在民生部大臣所指定之师道学校、国民高等学校或女子国民高等学校履行其服务义务。

第二十七条　在服务期间内，有左列各款情形之一者，校长应受民生部大臣之指挥，令给费毕业者偿还授业公费及其在学中所支领之学资，私费毕业者则为授业公费。但按其情形，得免除其全部或一部之偿还。

一、无正当事由而不尽服务义务时。

二、被处禁锢以上之刑而退职时。

三、因惩戒而被免职时。

四、教师许可状失其效力或受褫夺许可状之处分时。

第二十八条　在第二十五条及第二十七条情形，授业公费之额为年额六十元以内。

第二十九条　校长及教师应仰体访日回銮训民诏书之趣旨，遵从文官令第一章之规定，服其职务。

第三十条　为供学生之教育实习用之师道学校、国民高等学校或女子国民高等学校，由民生部大臣指定之。

第三十一条　关于学年之教育总日数、休业日、式日、休学、退学、再入学、学生定员及其他编制在法令无规定之事项，受民生部大臣之认可，由校长定之。

附则

本令自公布日施行。

（伪）满洲帝国教育会编：《满洲帝国文教关系法规辑览》（上），1938 年。

新京医科大学规程

（1938 年）

第一条　新京医科大学之修业年限为四年。

第二条　学年自一月一日始，至十二月三十一日终。

第三条　学长为考查成绩及其他教育上之便利，得将一学年分为数学期。

第四条　各学年之各学科目及其每周教授时数，受民生部大臣之认可，由学长定之。

第五条　学长因教师之事故及其他情由而认为有必要时，得在一定期间内增减各学科目之每周教授时数，或中止一或二以上学科目之授业。

在前项情形，各学年之各学科目如有不达其进度或超过太甚之虞时，应在其他期间内增减该学科目之每周教授时数而调整之。

依前二项之规定，增减各学科目之每周教授时数或中止各学科目之授业时，每周教授总时数不得超过四十五时或不足三十时。

第六条　学长认为必要时，得于规定时间外及休业日专课实验实习。

第七条　遇有传染病、非常灾变及其他特别情由时，学长受民生部大臣之认可，得临时休业。如不及受认可时，应于临时休业之后，立即呈报民生部大臣。

如有前项之情由时，民生部大臣亦得命其休业。

在前二项情形，其学年之授业日数不妨减少第二十四条所规定之教授总日数。

第八条　新京医科大学应备左列表簿。

一、关系法规。

二、大学沿革志、大学一览表及视察簿。

三、学则、日志并各学年之各学科目每周教授时数、时间表及教科书一览表。

四、学生之学籍簿、出席簿及身体检查表。

五、职员之名簿、履历书、出勤簿并担任学科目及时间表。

六、关于入学考查及学业成绩考查之表簿。

七、关于会计之账簿并图书、机械、标本及模型等之目录。

八、土地、建造物、图书、用具及其他备品之清册。

九、来往文件。

十、以上各款之外，依法令应备之表簿，或民生部大臣认为必要之表簿。

第九条　学长规定学则，应呈报民生部大臣。学则中应规定之事项如左。

一、关于学年、学期、休业日及式日之事项。

二、关于学科课程及每周教授时数之事项。

三、关于认定课程修了及认定毕业之事项。

四、关于学生之入学、休学、退学及惩戒之事项。

五、关于授业费、入学费及其他向学生征收费用之事项。

六、关于特修科之事项。

七、关于寄宿舍之事项。

八、其他必要之事项。

第十条 有左列各情形之一者，关于新京医科大学之入学，认为与国民高等学校或女子国民高等学校毕业者有同等以上之学力。

一、高级中学校第一学年修了者。

二、高级师范学校第一学年修了者。

三、履修民生部大臣所指定之国民高等学校或女子国民高等学校相当之教育课程者。

四、国民高等学校或女子国民高等学校毕业程度学力检定合格者。

五、有入学于外国高等专门程度教育施设之资格者。

第十一条 学长应于学年之始，依另所定作成入学学生之学籍簿。

第十二条 学长认为有正当情由时，得许可学生一年以内之休学。

第十三条 各学年课程修了之认定及全课程毕业之认定，应考查平素之成绩而行之。

第十四条 学长对于未修了一学年课程之学生，不得升进其学年。

第十五条 学长对于认为已修了各学年之课程者，应依其申请授与修了证书。

第十六条 学长对于认为全课程毕业者，应授与毕业证书。

第十七条 学长对于有下列左款情形之一者，得命其退学。

一、性行或思想不良，认为无悛改之望者。

二、学力低劣或身体虚弱，认为无成就之望者。

三、无正当之情由，继续缺席一个月以上者。

四、出席无规律者。

第十八条 学生欲退学时，应受学长之许可。

第十九条 对于学生之惩戒，分为训诫、谨慎、停学及除名，而谨慎、停学及除名由学长行之。

第二十条 新京医科大学征收之授业费为年额六十元。

第二十一条 学长对于有特殊情形之学生，经民生部大臣之认可，得减免授业费。

第二十二条 学长及教师应仰体访日回銮训民诏书之趣旨，遵从文官令第一章之规定，服其职务。

第二十三条 新京医科大学置特修科。

特修科之入学资格、修业年限并学科目及其每周教授时数，经民生部大臣之认可，由学长定之。

第二十四条 关于学年之教授总日数、休业日、式日、休学、退学、再入学、授业费之征收、学生定员及其他编制，在法令无规定之事项，受民生部大臣之认可，由学长定之。

附则

本令自公布日施行。

（伪）满洲帝国教育会编：《满洲帝国文教关系法规辑览》（上），1938年。

奉天农业大学规程

（1938 年）

第一条　奉天农业大学置农学科、林学科及兽医学科三学科。

第二条　奉天农业大学之修业年限为三年。

第三条　学年自一月一日始，至十二月三十一日终。

第四条　学长为考查成绩及其他教育上之便利，得将一学年分为数学期。

第五条　各学科各学年之各学科目及其每周教授时数，受民生部大臣之认可，由学长定之。

第六条　奉天农业大学置关于师道教育之学科目，使兼修之。

第七条　学长因气候、产业、教师之事故及其他情由而认为有必要时，得在一定期间内增减各学科目之每周教授时数，或中止一或二以上学科目之授业。

在前项情形，各学科之各学年之各学科目如有不达其进度或超过太甚之虞时，应在其他期间内增减该学科目之每周教授时数而调整之。

依前二项之规定，增减各学科目之每周教授时数，或中止各学科目之授业时，每周教授总时数不得超过四十五时或不足三十时。

第八条　学长认为必要时，得于规定时间外及休业日专课实验实习。

第九条　学长对于各学科之各学年，以夏季为主，得专课六十日以内之实验实习。

在前项情形，如继续十二日以上专课实验实习时，得给与十日以内之放假。

第十条　遇有传染病、非常灾变及其他特别情由时，学长受民生部大臣之认可，得临时休业。如不及受认可时，应于临时休业之后，立即呈报民生部大臣。

如有前项之情由时，民生部大臣亦得令其休业。

在前二项情形，其学年之授业日数不妨减少第三十二条所规定之教授总日数。

第十一条　奉天农业大学应备左列表簿。

一、关系法规。

二、大学沿革志、大学一览表及视察簿。

三、学则、日志并各学科各学年之各学科目每周教授时数、时间表及教科书一览表。

四、学生之学籍簿、出席簿及身体检查表。

五、职员之名簿、履历书、出勤簿并担任学科目及时间表。

六、关于入学考查及学业成绩考查之表簿。

七、关于会计之账簿并图书、机械、标本及模型等之目录。

八、土地、建造物、图书、用具及其他备品之清册。

九、来往文件。

十、以上各款之外，依法令应备之表簿，或民生部大臣认为必要之表簿。

第十二条　学长规定学则，应呈报民生部大臣。

学则中应规定之事项如左。

一、关于学年、学期、休业日及式日之事项。

二、关于学科课程及每周教授时数之事项。

三、关于认定课程修了及认定毕业之事项。

四、关于学生之入学、休学、退学及惩戒之事项。

五、关于授业费、入学费及其他向学生征收费用之事项。

六、关于师道教育之事项。

七、关于特修科之事项。

八、关于寄宿舍之事项。

九、其他必要之事项。

第十三条　得入学奉天农业大学者如左。

一、国民高等学校毕业者。

二、男子高级中学校第一学年修了者。

三、男子高级师范学校第一学年修了者。

四、履修民生部大臣所指定之类似国民高等学校相当之教育课程者。

五、国民高等学校毕业程度学力检定合格者。

六、有入学于外国高等专门学校程度教育施设之资格者。

第十四条　学长应于学年之始，依另所定作成入学学生之学籍簿。

第十五条　学长认为有正当情由时，得许可学生一年以内之休学。

第十六条　各学年课程修了之认定及全课程毕业之认定，应考查平素之成绩而行之。

第十七条　学长对于未修了一学年课程之学生，不得升进其学年。

第十八条　学长对于认为已修了各学年之课程者，应依其申请授与修了证书。

第十九条　学长对于认为全课程毕业者，应授与毕业证书。

第二十条　学长对于有左列各款情形之一者，得命其退学。

一、性行或思想不良，认为无悛改之望者。

二、学力低劣或身体虚弱，认为无成就之望者。

三、无正当之情由，继续缺席一个月以上者。

四、出席无规律者。

第二十一条　学生欲退学时，应受学长之许可。

第二十二条　对于学生之惩戒，分为训诫、谨慎、停学及除名，而谨慎、停学及除名由学长行之。

第二十三条　奉天农业大学征收之授业费为年额六十元。

第二十四条　学长对于有特殊情形之学生，经民生部大臣之认可，得减免授业费。

第二十五条　学长及教师应仰体访日回銮训民诏书之趣旨，遵从文官令第一章之规定，服其职务。

第二十六条　对于将来为农业教员之学生，得免除其授业费，且支给其学资。

应支给之学资额于月额十元以上二十元以内，经民生部大臣之认可，由学长定之，欲变更时亦同。

第二十七条　学长对于前条所规定之学生因自己之事由而退学者，或受退学处分或被除名者，应受民生部大臣之指挥，令其偿还授业费及其在学中所支领之学资。但得按其情形，免除其全部或一部之偿还。

第二十八条　依第二十六条之规定，被免除授业费且受学资支给之学生毕业时，自其领到毕业证书之日起，合于被免除授业费且受学资支给期间之一倍半之期间内，有服务教师之义务。

前项之服务期间不得下二年。

第二十九条　前条之毕业者，自领到毕业证书之日起一年间，应在民生部大臣所指定之师道学校、国民高等学校或女子国民高等学校履行其服务义务。

第三十条　在第二十八条所规定之服务义务期间内，有左列各款情形之一者，学长应受民生部大臣之指挥，令其偿还授业费及其在学中所支领之学资。但得按其情形，免除其全部或一部之偿还。

一、无正当事由而不尽服务义务时。

二、被处禁锢以上之刑而退职时。

三、因惩戒而被免职时。

四、教师许可状失其效力或受褫夺许可状之处分时。

第三十一条　奉天农业大学置特修科。

特修科之入学资格、修业年限并学科目及其每周教授时数，经民生部大臣之认可，由学长定之。

第三十二条　关于学年之教授总日数、休业日、式日、休学、退学、再入学、授业费之征收、学生定员及其他编制，在法令无规定之事项，受民生部大臣之认可，由学长定之。

附则

本令自公布日施行。

高等农业学校规程废止之。

（伪）满洲帝国教育会编：《满洲帝国文教关系法规辑览》（上），1938年。

哈尔滨工业大学规程

（1938 年）

第一条　哈尔滨工业大学置土木学科、建筑学科、电气学科、机械学科、应用化学科及采矿冶金学科六学科。

第二条　哈尔滨工业大学之修业年限为四年。

第三条　学年自一月一日始，至十二月三十一日终。

第四条　学长为考查成绩及其他教育上之便利，得将一学年分为数学期。

第五条　各学科各学年之各学科目及其每周教授时数，受民生部大臣之认可，由学长定之。

第六条　哈尔滨工业大学置关于师道教育之学科目，使兼修之。

第七条　学长因气候、产业、教师之事故及其他情由而认为有必要时，得在一定期间内增减各学科目之每周教授时数，或中止一或二以上学科目之授业。

在前项情形，各学科之各学年之各学科目如有不达其进度或超过太甚之虞时，应在其他期间内增减该学科目之每周教授时数而调整之。

依前二项之规定，增减各学科目之每周教授时数或中止各学科目之授业时，每周教授时数不得超过四十五时或不足三十时。

第八条　学长认为必要时，得于规定时间外及休业日专课实验实习。

第九条　学长对于各学科之各学年，以夏季为主，得专课六十日之实验实习。

在前项情形，如继续二十日以上专课实验实习时，得给与十日以内之放假。

第十条　遇有传染病、非常灾变及其他特别情由时，学长受民生部大臣之认可，得临时休业。如不及受认可时，应于临时休业之后，立即呈报民生部大臣。

如有前项之情由时，民生部大臣亦得命其休业。

在前二项情形，其学年之授业日数不妨减少第三十二条所规定之教授总日数。

第十一条　哈尔滨工业大学应备左列表簿。

一、关系法规。

二、大学沿革志、大学一览表及视察簿。

三、学则、日志并各学科各学年之各学科目每周教授时数、时间表及教科书一览表。

四、学生之学籍簿、出席簿及身体检查表。

五、职员之名簿、履历书、出勤簿并担任学科目及时间表。

六、关于入学考查及学业成绩考查之表簿。

七、关于会计之账簿并图书、机械、标本及模型等之目录。

八、土地、建造物、图书、用具及其他备品之清册。

九、来往文件。

十、以上各款之外，依法令应备之表簿，或民生部大臣认为必要之表簿。

第十二条　学长规定学则，应呈报民生部大臣。学则中应规定之事项如左。

一、关于学年、学期、休业日及式日之事项。

二、关于学科课程及每周教授时数之事项。

三、关于认定课程修了及认定毕业之事项。

四、关于学生之入学、休学、退学及惩戒之事项。

五、关于授业费、入学费及其他向学生征收费用之事项。

六、关于师道教育之事项。

七、关于特修科之事项。

八、关于寄宿舍之事项。

九、其他必要之事项。

第十三条　得入学哈尔滨工业大学者如左。

一、国民高等学校毕业者。

二、男子高级中学校第一学年修了者。

三、男子高级师范学校第一学年修了者。

四、履修民生部大臣所指定之国民高等学校相当教育之课程者。

五、国民高等学校毕业程度学力检定合格者。

六、有入学于外国高等专门学校程度教育施设之资格者。

第十四条　学长应于学年之始，依另所定作成入学学生之学籍簿。

第十五条　学长认为有正当情由时，得许可学生一年以内之休学。

第十六条　各学年课程修了之认定及全课程毕业之认定，应考查平素之成绩而行之。

第十七条　学长对于未修了一学年课程之学生，不得升进其学年。

第十八条　学长对于认为已修了各学年之课程者，应依其申请授与修了证书。

第十九条　学长对于认为全课程毕业者，应授与毕业证书。

第二十条　学长对于有左列各款情形之一者，得命其退学。

一、性行或思想不良，认为无悛改之望者。

二、学力低劣或身体虚弱，认为无成就之望者。

三、无正当之情由，继续缺席一个月以上者。

四、出席无规律者。

第二十一条　学生欲退学时，应受学长之许可。

第二十二条　对于学生之惩戒，分为训诫、谨慎、停学及除名，而谨慎、停学及除名由学长行之。

第二十三条　哈尔滨工业大学征收之授业费为年额六十元。

第二十四条　学长对于有特殊情形之学生，经民生部大臣之认可，得减免授业费。

第二十五条　学长及教师应仰体访日回銮训民诏书之趣旨，遵从文官令第一章之规定，服其职务。

第二十六条　对于将来为工业教员之学生，得免除其授业费，且支给其学资。

应支给之学资额于月额十元以上二十元以内，经民生部大臣之认可，由学长定之。欲变更时亦同。

第二十七条　学长对于前条所规定之学生因自己之事由而退学者，或受退学处分、被除名者，应受民生部大臣之指挥，令其偿还授业费及其在学中所支领之学资。但得按其情形，免除其全部或一部之偿还。

第二十八条　依第二十六条之规定，被免除授业费且受学资支给之学生毕业时，自其领到毕业证书之日起，合于被免除授业费且受学资支给期间之一倍半之期间内，有服务教师之义务。

前项之服务期间不得下二年。

第二十九条　前条之毕业者，自领到毕业证书之日起一年间，应在民生部大臣所指定之师道学校、国民高等学校或女子国民高等学校履行其服务义务。

第三十条　在第二十八条所规定之服务义务期间内，有左列各款情形之一者，学长应受民生部大臣之指挥，令其偿还授业费及其在学中所支领之学资。但得按其情形，免除其全部或一部之偿还。

一、无正当事由而不尽服务义务时。

二、被处禁锢以上之刑而退职时。

三、因惩戒而被免职时。

四、教师许可状失其效力或受褫夺许可状之处分时。

第三十一条　哈尔滨工业大学置特修科。

特修科之入学资格、修业年限并学科目及每周教授时数，经民生部大臣之认可，由学长定之。

第三十二条　关于学年之教授总日数、休业日、式日、休学、退学、再入学、授业费之征收、学生定员及其他编制，在法令无规定之事项，受民生部大臣之认可，由学长定之。

附则

本令自公布日施行。

（伪）满洲帝国教育会编：《满洲帝国文教关系法规辑览》（上），1938年。

建国大学章程

（1940 年）

第一章　通　　则

第一节　学年、学期、节祭日及休假日

第一条　学年从每年一月一日至十二月三十一日。

第二条　学年分为二学期。

第一学期从一月一日至七月三十一日。

第二学期从八月一日至十二月三十一日。

第三条　节祭日如左。

元旦，一月一日。

万寿节，二月六日。

纪元节，二月十一日。

建国祭典，三月一日。

天长节，四月二十九日。

访日宣诏纪念日，五月二日。

元神祭典，七月十五日。

创立及开学纪念日，九月二日。

入学式典。

毕业式典。

第四条　休假日。

（一）星期日。

（二）节日。

春节，相当于阴历正月初一的阳历日。

元宵节，相当于阴历正月十五日的阴［阳］历日。

春丁祀孔，相当于阴历二月上丁日之阳历日。

祈谷节，谷雨日。

端午节，相当于阴历五月五日之阳历日。

春季例祭，五月三十一日。

秋丁祀孔，相当于阴历八月上丁日之阳历日。

中秋节，相当于阴历八月十五日之阳历日。

秋季例祭，九月十九日。

尝新祭，十月十七日。

（三）相当于阴历正月初二、初三及十二月最后一日之阳历日。

（四）冬季停课及夏季停课。

冬季停课从十二月十六日起到第二年一月十五日。

夏季停课从七月十一日起到八月十五日止。

在停课期间要完成规定的特别训练或实习。

（五）临时休假由总长酌定。

第二节　入学、休学、退学、除名、复学

第五条　关于申请入学资格，按前期、后期的不同情况确定。

第六条　允许入学人员，须在指定日期内，将保证人签署的在学誓书、本人所在管区警察署长发给的居住证明书（日本人须有户籍誊本）和入学资格证明书交到学校。

第七条　可称为前条的保证人，为学生的父兄或可代替父兄履行责任者。当保证人的住所变更或改换图章时，应立即申报。因保证人死亡或其他事由，不能尽其职责时，应由其他人代替提交并签署在学誓书。

第八条　允许入学者应于指定日期登校，并按本大学指定方式进行宣誓。当登校前实施特别训练，学生到指定地点报到时，即可看作登校了。

第九条　无正当理由超过登校日期三十天者，不允许登校。对不能进行宣誓者，取消入学许可。

第十条　因病或因迫不得已的事故，超过三个月以上不能受课者，可提出学年间的休学申请。但是因病时，则需附上本大学指定的医师诊断书。

第十一条　服兵役者，在服现役或应征中，可认定为休学。

第十二条　因疾病或其他事故退学者，需交出与保证人联合签署的详细事由说明书，但因病时则需附上本大学指定的医师诊断书。

第十三条　未经总长许可，学生不得报名入其他学校学习。

第十四条　连续二次停留于原级仍不合格者，予以除名。

第十五条　总长可将没有完成学业希望的学生予以除名。

第十六条　根据第十二条规定失去学籍的学生，从失去学籍之日起，二年以内提出再次入学申请时，校方在权衡前后、左右成绩基础上，可允许该生入原学年，或者从第二学年开始起三十日以内可入同一学年学习。

第三节　考查、进级及毕业

第十七条　根据训练及学科，应随时进行考查。

第十八条　进级及毕业根据学年成绩考查规程决定。

学年成绩考查规程由总长决定。

第十九条　学生将考查规程列入自学规程中。

自学规程由总长决定。

第四节 服 制

第二十条 学生应服从本大学所规定的服制。

服制及服装规程由总长决定。

第五节 供给与赔偿

第二十一条 学生在学期间，个人所必需的被服及其他用品由学校借给，并支付粮食及其他消耗品。

第二十二条 学生在学期间受伤患病需治疗时，其费用的全部或一部分由校方支付。

第二十三条 对参加第二次选拔考试的考生及准予入学者，支付必要的考试及入学旅费。

第二十四条 根据第十二条规定退学者，有责任赔偿在学期间学校所支付费用的全部或一部分。

总长对根据第十五条予以除名的学生，可让学生赔偿在学期间学校支付费用的全部或一部分。

第二章 前期章程

第一节 入 学

第二十五条 志愿入本大学前期学习，符合左列条款之一者，意志坚定，操行良好，学业优秀，身体强健，不满二十周岁的未婚男性，均可入校学习。

（一）国民高等学校中有希望毕业的学生或毕业生以及国家认定的有同等以上学力者。

（二）根据日本国制中等学校（五年制）有毕业希望的学生和毕业生，以及国家认定的有同等以上学力者。

（三）有与前二项相符合的同等资格，经协和会推荐的人员。

符合前项第二号允许入学的学生，编入前期第二学年。有关申请入学手续及选拔方法由总长决定。

第二节 训练及学科课程

第二十六条 前期的训练及学科课程如左。

科目	精神训练	军事训练	武道训练	作业训练	精神讲话	自然科学及数学	人文科学	历史	地理	日文	汉文	第一语言学	第二语言学
预计授课时数	八〇	四三〇	二六〇	三三〇	九五	三六五	一二〇	三三〇	二二〇	三〇〇	三〇〇	五三五	二九五

第一语言学有日语、汉语，第二语言学有蒙、俄、英、法、德、意大利等语种，学习时可选修其一。

但可根据学生的常用语做适当变更。

各学年预计的总学时数如左（第一项各科目的各学年分配由总长定之）。

学年	预计授课总时数
第一学年	1 200
第二学年	1 200
第三学年	1 260

于第二学年开始，大约利用一个月时间，对从第一学年中升入的学生实施甲种分班特别教育，对新编入的学生实施乙种分班特别教育。

旧校章第一条摘录

学年 科目	第一学年	第二学年	第三学年	合计
精神训练	分别制定分配时数			
军事训练	150	160	150	460
武道训练	90	90	90	270
作业训练	120	130	120	370
精神讲话	40	40	/	80
自然科学	30	70	/	100
数学	30	50	/	80
伦理	60	/	/	60
心理	/	60	/	60
历史	50	160	80	290
地理	60	60	/	120
哲学概论	/	/	70	70
国家概论	/	/	70	70
法政概论	/	/	70	70
经济概论	/	/	70	70
文教概论	/	/	70	70
国防概论	/	/	70	70
现代思潮	/	/	70	70
日文	60	100	70	230
汉文	60	100	70	230

续表

科目 \ 学年	第一学年	第二学年	第三学年	合计
第一语言学	170	180	130	480
第二语言学	100	120	120	340
计	1 020	1 320	1 320	3 660

第一语言学包括日语、汉语。

第二语言学包括蒙语、英语、俄语、法语、德语等。学习时可任选其一。但根据学生的常用语可做适当的变更。

第三节　学级编成

第二十七条　学级于每学年开始编成，将此称为班。

班可按第一语言学及第二语言学编成二种。

第二十八条　自然科学、数学、日语、汉语、日文、汉文的授课，按第一语言学编班。其他授课，按第二语言学编班。

第三章　后期章程

第一节　升学及入学

第二十九条　学完本大学前期的学员，可升入后期学习。但是，总长认为不适当人员不受此限。

第三十条　根据学制，有大学毕业希望和大学毕业生，以及国家承认有同等以上学力，意志坚定，操行良好，学业优秀，身体特别健康，年满二十四岁以下（日本人年满二十三岁以下）的男性青年，可申请入本大学后期学习。但有特殊经历者，本大学经过权衡，可允许超龄人员学习。

关于入学申请手续及选拔方法由总长决定。

第二节　训练及学科课程

第三十一条　后期训练课程如左。

（一）精神训练。

（二）军事训练。

实施以步兵营为骨干的诸兵种联合战斗训练。学习掌握对空、对瓦斯、对机械化部队作战的战斗要领，以及骑兵分队战斗搜索的要领。

（三）武道训练。

剑道、柔道、合气武道、弓道。

（四）农事训练。

一般农耕作业、蔬菜栽培、畜产、农产加工作业。

（五）操作训练。

汽车驾驶、滑翔机操纵、练习机操纵、机械修理及装配作业。

第三十二条 后期学科课程如下。

基础学科（共同学科）。

（一）教学。

建国精神、神道及皇道、儒教、诸教概说、修养论、公务论。

（二）哲学。

哲学原论、现代思潮论、学问论。

（三）地理学。

地人论、地域论。

（四）史学。

历史理论、世界史论。

（五）国家学。

民族学、国民心理学、统计学、社会学、国家原论、国防论、民族协和论、东亚联合及国防团体论。

（六）文学。

国语及外国语、东方及西方古典文学。

（七）武学。

武道及武术论、战史、军战论、战略及战术论。

（八）实学。

农学、工学大意、医学大意。

政治学科（专门学科之一）。

（一）一般科目。

政治地理、政治史、政治思想史、政治原论、法律史、法律思想史、法律原论、法规论。

（二）综合政治论科目（以满洲国为主的东亚为对象）。

国民编成论、国民组织法论、政治制度论、地方政治论、协和政策论、外交政策论、东亚政治论。

（三）保安政治论科目（以满洲国为主的东亚为对象）。

保安政策泛论、军事法及军事政策论、刑事法及刑事政策论、警察法及警察政策论、民事法及民事政策论、商事法及商事政策论、争议解决法及争议解决政策论、涉外法及涉外政策论。

（四）厚生政治论科目（以满洲国为主的东亚为对象）。

厚生政策泛论、农村政策论、都市政策论、土地政策论、人口政策论、家族政策论、生计政策论、保健政策论、文化政策论。

（五）国际政治论科目。

外交史及国际政治史、国际政治论、国际法论。

（六）补充科目。

（共同学习经济学科及文教学科中的固定科目）。

经济学科（专门学科之二）。

（一）一般科目。

经济地理、经济史、经济思想史、经济统计论、经济原论。

（二）国民经济泛论科目（以满洲国为主的东亚为对象）。

经济组织论、经济制度论、生产论、分配论、财政论、企业经营论、计划经济论、经济国防论、东亚经济论。

（三）国民经济各论科目（以满洲国为主的东亚为对象）。

开拓论、农林论、矿工论、通运论、贸易论、配给论、金融论、汇兑论、保险论。

（四）世界经济论科目。

世界经济泛论、经济发展史。

（五）补充科目。

（共同学习政治学科及文教学科中的固定科目）。

文教学科（专门学科之三）。

（一）一般科目。

文教地理、文教史、文教原理、皇学、经学、东方哲学、西方哲学、道德论、艺术论、宗教论、语言论。

（二）国民文化论科目。

满蒙文化，日本文化，支那及西域文化，印度及西亚细亚文化，古代、中世及近世西洋文化。

（三）国民教育论科目（以满洲国为主的东亚为对象）。

教育原论、教育心理学、教育行政论、教育方法论、学校经营论。

（四）国民教化论科目（以满洲国为主的东亚为对象）。

教化原论、教化政策论、教化事业论、国民体位论、思想国防论、东亚教化论。

（五）世界文教论科目。

世界文化、国际文教交涉论。

（六）补充科目。

（共同学习政治学科及经济学科中的固定科目）。

第三节　学级编成

第三十三条　学科的授课方法是讲义、演习、自习及实习。

每学年的各学科授课方法应预先在评议会上进行审议。

第三十四条 基础学科分为两个班，让学生选择其一。

每学年各班应讲授的基础学科且应事先在评议会上进行审议。

用讲义或者演习讲授的各班学科目数，在第一学年是五单位，第二学年为四单位，第三学年为三单位。一单位的授课时数为七十小时。

第三十五条 将政治、经济、文教各学科各分为四班，让学生任选择其一。

每学年各班级应讲授的学科，事先应在评议会上进行审议。

用讲义或者演习讲授的各班学科目数，第一学年为十单位，第二学年为十一单位，第三学年为七单位。

第三十六条 关于本令施行的必要事项由总长决定。

附则

本令自公布之日起施行。

康德五年、六年、七年度入学的学生前期课程依前例实行。

第一号样式

三钱收入印纸

在学誓书

建国大学总长先生：

坚决遵守贵大学规则，一定履行在学期间一切义务，万一违背时，保证人负责一切。决心如上。

年　月　日

本人姓名

年　月　日生　印

原　籍

现住所

职　业

与学生的关系

保证人姓名　印

（伪）建国大学发行：《建国大学要览》，1941 年。

二、招　　生

高等师范学校入学手续

（1934 年）

文教部为养成师范学校、高级中学、实业学校以及初级中学教员起见，特设置高等师范学校，凡年在十八岁至三十岁间之师范学校及高级中学毕业或有同等学力者，均皆准予入学。招收额数：男子约计一百二十名，其入学修业年限定四年，学生暂定每月发给官费十二元。兹将该校入学手续及考试要项，详志于左。

甲、由学校毕业者之入学手续。学校毕业者，拟入学时，先备具入学愿书、履历书、身体检查书、身份证明书及应考费，径交出身学校校长后，由校长附添毕业证明书、学业成绩书及人物考查书，送教育厅长或教育处长，更由厅长或处长附以推荐书，转送高等师范学校校长。

乙、未由学校毕业者之入学手续。未由学校毕业者，拟入学时，先备具入学愿书、履历书、身体检查书、身份证明书及应考费，径送教育厅长、教育处长或特别市长后，由厅长、处长或市长，附以推荐书、人物考查书及学力证明书，转送高等师范学校校长。

丙、关东州内居住满人之入学手续。关东州内居住之满人，拟入学时，备具入学愿书、身体检查书、身份证明书及应考费，送交出身学校校长，由校长附以学校毕业证明书、学校成绩书、人物考查书，转送高等师范学校校长。

报名期间及报名处。

报名截止期：尽于康德元年七月三十一日送至高等师范学校；由邮送者，限有七月三十一日之消印者受理之。

报名处：文教部转高等师范学校。

考期及学科。

（一）考试种类：学科试验、问答试验、身体检查。

（二）学科试验：国文（经学在内）、日文、英文、数学、作文。

（三）考期及地点：预定自八月十五日开考三日间，考试地点另行通知报名者。

（四）身体检查：其未具有官公立病院之检查证者另行检查。

《盛京时报》，1934 年 7 月 24 日 4 版，8777 号。

高等农业学校招生简章

（1937年）

（一）招生额数

农学科约四十名。

林学科约三十名。

兽医科约三十名。

（二）应试者资格

年龄满十八岁以上满三十岁以下之满人男子，高级程度之中学校、实业学校、师范学校之毕业者及有同等学力者。但朝鲜人之居住间岛省者，亦得准此报名应试。

（三）报名手续

应备左列书类，须在康德三年十二月十日（阴历十月二十七日）以前呈交本校校长，书类完备者发给受验证。

（1）入学愿书及履历书（用本校发给之用纸详细填写）。

（2）毕业成绩证明书及性行调查书（用本校发给之用纸，经出身学校校长证明及由该校校长严封直接提交本校校长，但出身学校如系废校，应由本人取得该省教育厅长之废校证明书，连同毕业证书及愿书提交本校）。

（3）身份证明书（用本校发给之用纸，经所辖警察署长证明）。

（4）身体检查书（用本校发给之用纸，经官公立医院医师或满铁医院医师之检查调制，但无以上医师之地方，得以出身学校校医之检查调制者代之）。

（5）相片（二寸半身脱帽相片，但需最近六个月内所撮而附有台纸者，并于台纸背面亲书撮影①年月日及姓名）。

（6）报名费国币二元（购用印花贴于愿书）。

（7）现在官公署及学校服务者须添附所属长官之承认书。

注意：

（1）入学愿书及其他用纸由本校发给之。

（2）既纳之报名费任何理由概不退还。

（四）选拔方法

（1）学力检定。

（ｨ）试验检定。

试验科目：经学，日本语。

---

① “撮影”即摄影、照相、拍照。

（ロ）免试检定。

经由各省长及蒙政部总务司长之推荐者，但人员限于招生额数三分之一以内。

（2）口试。

（イ）口问笔答（简单之学力试问）。

（ロ）口问口答。

（3）身体检查。

（五）考试日期及地址

（1）考试日期及科目。

一月十二日（阴历十一月三十日）星期二。

经学，自午前十时至十一时。

日本语，自午前十一时至十二时。

日本语，自午后一时至二时。

口问笔答，自午后二时至三时。

一月十三日（阴历十二月一日）星期三。

口问口答、身体检查，自午前九时

（2）考试地址。

奉天：本校。

安东：省立安东林科高级中学校。

吉林：吉林省立吉林女子两级中学校。

哈尔滨：滨江省立哈尔滨师范学校附属小学校。

（3）受验者须知。

（イ）受验者须于受验时刻十分钟以前到场，倘或迟到不准入场受验。

（ロ）入试验场时务必携带受验证，否则不准入场受验。

（ハ）试验场内除钢笔、墨水、铅笔、小刀、橡皮以外，一切物品不准携带。

（ニ）不服从监督者之指挥及认为有不正当行为者立命退场。

（六）取录者发表

取录者姓名于康德四年一月二十日（阴历十二月八日）在本校揭榜，通知本人并在政府公报发表之。

（七）参考事项

（1）目的。

本校对于学生教授关于农业方面高等学术之理论与实际，并练磨其品性，以期养成农业有为指导者为目的。

（2）学科别。

本校除设农业学科、林学科及兽医学科为本科外，另置别科。

（3）修业年限。

本科修业年限为三年，但别科另定之。

（4）学年。

学年一月一日始十二月三十一日终。

（5）学费。

本科学生应缴纳学费如左。

前期：国币十二元

后期：国币十二元。

（6）寄宿舍。

本校有寄宿舍之设备，本校学生以一律在校寄宿为原则。

（7）学资概算表。

费目	学费	校友会		寄宿舍			旅行贮金	被服费	教科书及学用品费	计
		入会费	会费	入舍费	自营费	膳费				
第一学年	24	3	10	1	11	70	11	25	20	175
第二学年	24		10		11	70	11	15	20	161
第三学年	24		10		11	70	11	15	20	161
摘要	每年二期分纳		每年二期分纳		每月分纳（11个月）	每月分纳（10个月）	每月分纳（11个月）			

奉天满洲国立高等农业学校

电话：2—4392（事务科），2—3856（教务科），2—3855（学生科）。

注意：康德四年度起学生应缴纳学费拟改订全年六十元。

《盛京时报》，1937年1月21日5版，9649号。

建国大学招生简章

（1937年）

【新京专电】五日以敕令创设之建国大学，定康德五年五月二日开校，十日发表招生简章如左。

一、录取人员——日、鲜、台、满、蒙、俄各民族共计百五十人。

二、应考资格——日、鲜、台人中等学校四年修了者，或有同等以上学力者。满、蒙、俄人高级中学毕业，或有同等以上学力者。

三、试验期日——志愿者应有日本道府县桦太厅、朝鲜、台湾总督府、关东局驻满大使馆、满洲国、特别市、驻日满洲国大使馆、协和会推荐书，十二月中举行第一次试验，二月中举行第二次试验，结果决定合格者。

四、笔试科目。

甲：日、鲜、台人：国语、汉文、作文、地理、历史、数学、外国语。

乙：满、蒙、俄人：地理、历史、数学、日本作文。

五、试验地。

第一次试验。

甲：日、鲜、台人：札幌、仙台、东京、大阪、熊本、京城、台北、大连、新京。

乙：满、蒙、俄人：大连、奉天、新京、承德、安东、锦州、哈尔滨、齐齐哈尔、延吉、海拉尔、凌源、东京。

第一次试验合格者再于新京、东京举行第二次试验。

六、报名截止。

甲：日、鲜、台人，九月一日至十月二十日。

乙：满、蒙、俄人，八月二十日至九月底。

《盛京时报》，1937 年 8 月 12 日号外版，9844 号。

哈尔滨工业大学募集学生

（1938 年）

哈尔滨工业大学之明年度入学学生，依左记要领招考。

一、招生科目人数

土木学科约三十名，建筑学科约二十五名，电气学科约三十名，机械学科约三十名，应用化学科约二十五名，采矿冶金学科约四十名，各科含日本人学生五名。

二、投考资格

满十六岁以上二十五岁（迄本年十二月末日）以下之男子，国民高等学校卒业者（本年包含十二月卒业者），高级中学校或高等师范学校第一学年修了者，以及具有同等学力者。日本人学生限为居住满洲国内居住之中等学校卒业者。

三、报名日期

本年十月十日以前，向学长呈交志愿书、履历书、成绩证明书、健康调查书、身份保证书、写真三页、入学检定费国币二元。又试验日期，满人学生为十一月九日至十一日之三日间，日本人学生为明年一月十日至十二日之三日间，在哈尔滨、奉天二处举行。满人合格者，于十二月上旬发表；日本人合格者，于明年二月上旬发表。

（伪）满洲帝国教育会发行：《满洲教育》第 4 卷第 8 号，1938 年。

国立奉天农业大学招生简章

（1939 年）

（一）招生额数

农学科约四十名。

林学科约三十名。

兽医学科约三十名。

（二）应试者资格

（1）年龄满十七岁以上、二十五岁以下（于康德五年十二月末日）之满人男子中具有左记资格者。

①国民高等学校毕业者（预定于本年十二月末毕业者亦包含在内）。

②男子高级中学校第一学年修了者。

③男子高级师范学校第一学年修了者。

④履修民生部大臣指定之相等国民高等学校之教育课程者。

⑤国民高等学校毕业程度学力检定合格者。

⑥有入学于外国高等专门学校程度教育施设之资格者。

（2）住在满洲国内之朝鲜人中熟习满语及满文者亦得准此报名应试。

（3）日本内地人则暂时不收。

（三）报名手续

应备左列书类，须在报名截止期限以前呈交本学学长，书类完备者发给受验证。

（1）入学愿书及履历书（用本学发给之用纸详细填写）。

（2）毕业成绩证明书及性行调查书（用本学发给之用纸，经出身学校校长证明，由该校校长严封，直接提交本学学长）。

（3）身份证明书（用本学发给之用纸，经所辖警察署长证明）。

（4）身体检查书（用本学发给之用纸，经满铁医院医师或官公立医院医师之检查调制）。

（5）相片（最近三个月内所才撮之二寸半身脱帽相片，并于背面亲书撮影年、月、日及姓名）。

（6）报名费国币二元（现款或汇票）。

（7）现在官公署学校及各机关服务者，须添附所属长官之承认书。

注意：

（1）入学愿书及其他用纸由本学发给之；

（2）既纳之报名费，勿论任何理由，概不退还。

（四）报名截止

康德五年九月三十日。

（五）选拔方法

（1）学力检定。

试验科目：满文、日本语、动物及植物、数学（代数及平面几何）。

（2）身体检查。

（3）口试。

（六）考试日期

十月二十六日（星期三）。

数学，自午前十时至午前十二时。

动物植物，自午后一时至午后三时。

十月二十七日（星期四）。

满文，自午前十时至午前十二时。

日本语，自午后一时至午后三时。

十月二十八日（星期五）。

身体检查，自午前九时。

十月二十九日（星期六）。

口试，自午前九时。

（七）考试地址

本学（奉天市皇姑区塔湾）。

（八）取录者发表

取录者姓名，康德五年十二月上旬，除在本学揭榜通知本人外，并在政府公报发表之。

（九）参考事项

（1）目的：本学以修练巩固之国民精神，修得农业方面之高等学术之理论，及实际养成国家枢要之人才为目的。

（2）学科别：农学科、林学科、兽医学科。

（3）修业年限：三个年。

（4）学年：一月一日始，十二月三十一日终。

（5）授业费：每年国币六十元。

（6）学资支给：对于本学毕业后为农业教员之学生，经当局铨衡后，在学期间得免除授业费，且支给学资，但照师道高等学校学生同样待遇。

（7）服务义务：前项被免除授业费且受学资支给之学生毕业时，自其领到毕业证书之日起，合于被免除授业费且受学资支给期间之一倍半之期间内，有服务教师之义务。

（8）寄宿舍：本校学生一律须要在学内寄宿。

（9）其他详细事项请函询本学教务科可也。

（伪）满洲帝国教育会发行：《满洲教育》第 4 卷第 8 号，1938 年。

三、实　　施

国立高等师范下学期即开学

（1934 年）

文教部前为养成高等师资人才，曾拟在前东北大学校址设立高等师范学校，嗣经确定在吉林省垣设立。兹据教育界方面消息，设高等师范学校，经多日之筹备，业已就绪，决于下学期即行开学，日内当在各省招考。其招考简章，大略如左。

一、招收额数定为一百二十名。

二、入学资格：毕业于师范学校及高级中学及有同等学力者。

三、考试科目：国文（经学在内）、日文、作文、数学。

四、毕业年限为四年。

《盛京时报》，1934 年 7 月 22 日 4 版，8775 号。

农业高级学校将在奉天开设

（1934 年）

为养成农业教员及技师之目的，改组旧东北政权时代之农科高级中学校，将新设农业高级学校。前由奉天教育厅，曾向文教部申请中，现下已得认可，故近将设筹备处，着手准备开校，□测明年新学期时定能开设。现在为高等师范学校程度，将来拟升格为满洲农科大学云。

《盛京时报》，1934 年 9 月 23 日 4 版，8837 号。

大连高等女校二十日开校授课　教旨女子生活及忠孝

（1935 年）

【大连】大谷光瑞师等为缓和满洲女子求学之艰难，以财团法人之组织，计创大连高等女校等情，筹划以来，曾已请愿于当局。客月①三十一日，奉所转官厅之许可，即时着手筹备，现已招收入学生二百五十余名，就中定留二百名，准自二十日开校授课。校舍之建设地，拟借用沙河口驿前之官有地，待得认许时，即便开工建筑。刻间因急于开校，暂借用市内播磨町大连幼稚园之一部为临时校舍，以为目前之措置。首任校长为前旅顺博物馆长津田元德氏。该校教育之方针如左。

一、为救济求学之苦恼及困难之女子。

二、注重女子之忠孝，即节义、贞淑，为纯萃之日本的教育。

三、宜于满洲即大连之生活即教育，教育即生活。

《盛京时报》，1935 年 6 月 18 日 11 版，9092 号。

建国大学积极创设　明年五二开学

（1937 年）

为普及建国精神，建设真正之王道乐土，行将设立之建国大学。曾经日、满双方重要人物积极计划，已具有相当之眉目。□者关东军司令部东条参谋长以该大学创设委员长之资格定于下月十五、十六、十七三日间，始集日本学界名宿筧西、作田、平泉四博士来满列席，开催最后创立委员会，以决定建设要纲，并制定该大学令，以资遵循。预定明年五月二日之宣诏纪念日即可正式开学云。

《盛京时报》，1937 年 7 月 12 日 3 版，9813 号。

最高学府建国大学第一次举行入学式

（1938 年）

【新京专电】建国大学第一次学生入学式，择卜宣诏纪念日举行。来宾有关东军司令官代理东条参谋长、田中宪兵队司令官以下各部大臣参议、星野总务长官、野上大同学院长及其他在京各院长、各特殊会社代表等百余名临席。二日午后二时，于该校讲堂盛大举行。式序首由后藤大学理事官致开式辞，向满、日国旗致敬礼，满、日国歌合唱后张总长捧读回銮训民诏书，星野总务长官更朗读式辞，关东军司令官代理东条参谋长致训辞，星野总务长官并桥本协和会中央本部长致祝辞后，后藤大学理事官披露近卫首相及文相、陆相、外相、拓相等各相祝电，嗣由作田大学副总长致训辞。对此，大学生三村、胡两君分

① “客月”即上个月。

别致答谢辞，出席者日满关系者均各有祝辞，同三时闭式。

《盛京时报》，1938年5月3日号外版，10092号。

第一回师道学校长、官立大学长会议

（1938年）

【新京专电】第一回师道高等学校长及官立大学长会议第一日，民生部侧孙民生部大臣、宫泽次长、品川教育司长以下关系科长，学校侧樋口吉林师道高等学校长、山口新京医大学长、铃木哈尔滨工大学长、宇多奉天农大学长、广田留学生预备校长、野上技术员养成所主事等，均行出席，于十七日午前九时，在民生部会议室开会。孙民生部大臣首致训示，各校长学长报告现况后，入于议事。关于咨问事项及指示事项、质问事项，有所讨议。午后四时甫过，即散会。

十八日午前九时，校长及学长侧，关于希望事项，举行协议。

咨询事项。

一、关于日系入学办理方针之件。

二、关于入学试验施行及铨衡方法之件。

指示事项。

一、关于教职员人事编成之件。

二、关于教授要目制定之件。

三、关于学生训育之件。

关于预算编成方针之件质问。

一、关于物价腾贵下预算膨胀之件。

二、关于学生给费制度之件。

三、关于建国大学令调整之件。

《盛京时报》，1938年5月18日号外，10107号。

哈市公署创设农业大学　造就农业专门人才

（1938年）

【哈尔滨】哈尔滨市公署鉴于我满洲国本为农业立国，尤正在产业开发期中，推察农业重要处所，以哈尔滨为北满农业开发中心，虽然在开发途中仍属幼稚，查其原因系因经费不足难达预期发展，并缺乏农业相当人才。因此该署认为，欲使农业发展，必须先造就人才。且以现下情势观测，尤为不可少缓当前之急务也。故经责任方面几度研究结果，决定于明年为期，于京滨县沈家王岗建设农业大学一处，专为造就农业专门人才，为应我国家振兴农业需用。至于建设方式及将来一切办法，现下由市公署积极进行计划中云云。

《盛京时报》，1938年6月4日9版，10123号。

建国大学研究院开设与内容

(1938年)

【新京专电】满洲国政府为明征建国原理、立国大本及宪章国格，决开设最高学府建国大学研究院，现在已经立案获得成案。二十二日，提出于国务院会议可决，闻其骨子，大体如左。

一、院长统督下，除总务科、总务员会外，置基础、文教、法政、经济、综合五研究部。

二、创建所谓满洲国国学之新学问，研究日本国学问、友邦学、亚细亚大陆地理、世界情势一般，并宗教等。

三、研究员为建国大学职员、协和会干部职员、民间少壮有能人物等。

《盛京时报》，1938年8月23日晨刊2版，10203号。

奉天农业大学开学纪念典礼

(1938年)

自康德三年开设以来，养成“农业满洲”将来中坚分子有为青年之奉天农业大学，十一日上午十时于该校礼堂举行开学纪念典礼，到有学长宇田农博以次各教授，本科生二百八十九人，农业教师养成所学生五十六人，中央方面孙民生部大臣，寿恩赏局长，田村教育司长等，及奉天机关代表金省长、郑市长，近藤宪兵队长，池田部队长，松井满洲医大学长等，百二十余人。十一时典礼告毕。闭式后，来宾参观校内，又于下午一时半举开纪念运动会。

《盛京时报》，1938年9月12日晨刊2版，10223号。

新京法政大学来年开校

(1938年)

【新京专电】新学制最初之大学新京法政大学，近经国务院会议决定，且由来年度开学，施法政经济实务教育。该校正班招日本中等学校四年终了者，及满洲国民高等学校卒业者三百名，于法学经济学二学部，授课三年。更于正班外以贷费制度设二年以上之特习班（夜学）。教授除专任教授外，由政府及特殊会社之适当人物选任之。又现在司法部之法学校亦与新设之新京法政大学统合云。

《盛京时报》，1938 年 9 月 23 日晨刊 2 版，10234 号。

将在首都筹设法政大学

（1938 年）

为满洲国司法官之司法部学校，自开设以来，已阅三年。其间造就百六十名之新进司法官，而年年随一般国势之跃进，即应新时代，陆续要望司法制度之扩充。故教育司当局，先以充实人的要素为前提，拟将司法官养成机关直辖之法政大学，在新京设立。决定行明年度预算请求。而新大学实现之际，前记司法部法学校，似与新大学合并云。

（伪）满洲帝国教育会发行：《满洲教育》第 4 卷第 8 号，1938 年。

医大卒业生派往蒙疆

（1939 年）

满洲医科大学，去年来以张家口为始，向蒙疆地方各地为大陆医学开拓之战士而送以该校毕业生。本年亦近将于大同设立综合病院，送去院长以及各科医长、医员。院长决定为昭和五年该校卒业之矢野亘博士（三五），目下派博士去现地进行准备。于一方奉天急于各科医长之人选，待矢野博士归奉医集合医长、医员、看护妇，医疗机械预定六月末左右抵地。

《盛京时报》，1939 年 6 月 5 日晨刊 2 版，10472 号。

奉天商科学院七月一日开校

（1939 年）

满铁当局曾筹设奉天商科学院，今渐次得各方面之谅解，定为夜校，决定开设方针，现由满铁及市公署等作开校准备中。该学院方针，期作将来之满洲国商科大学。今年七月一日开校，收容学生额为百二十名。发起人满铁并市内各方面人员均参加。教授科目为高二程度，加以民法、商法、组织法、东洋史等，以满洲高文试验程度为目标，现在主要讲师决定如左。

经济学原论（奉天税关长平井镇夫），殖民政策（总局拓殖课长北条秀一），法律关系（法院三浦义一），东洋史（奉天图书馆长卫藤利夫）。卒业约为二年，正科以外，每土曜日招聘奉天人中之知名士，并作特别讲义云。

《盛京时报》，1939 年 6 月 7 日晨刊 3 版，10474 号。

哈国立大学不甘人后　亦组织奉公队　现正积极从事训练中

（1939 年）

当此非常时局之下，为努力跃起向新兴满洲建设途上迈进，数日前友邦大日本曾特派遣勤劳奉公渡满勤劳作业。继其后有新京国立法政大学等亦组织奉公队，实施奉公作业。而哈尔滨国立大学有鉴及此，亦不甘落人之后，现在该大学学生七十名亦特组织奉公队，现正积极从事训练中。该一行奉公队预定于七月二十五日下午十一时，由哈尔滨搭乘列车赴黑河省从事奉公作业云云。

《盛京时报》，1939 年 7 月 27 日晚刊 4 版，10523 号。

建国大学开校纪念日举行祝典及行事

（1939 年）

【新京专电】去年五月二日开校之建国大学，将开校纪念日定为九月二日，定于当日在同校由张总理、星野总务长官等出席，举行该校开校一周年纪念祝典。祝典终了后，于校庭开相扑大会、剑道大会。又九月一日于协和会馆开纪念讲演会，有如左诸讲演。

一、未定，星野总务长官。

二、吾等之世界观，作田副总长。

三、自东洋史所观之尼布楚条约之意义，稻叶教授。

四、日本本来之哲学，森教授。

《盛京时报》，1939 年 8 月 23 日晚刊 2 版，10550 号。

关东州高等学校确有设立必要　来连中大津总长谈话

（1939 年）

大津关东局总长，为欢送前驻满全权大使植田氏，十三日夜来连，十四日于埠头躬送毕，当夜下榻于大和旅馆，次日视察雨后之龙王塘水源地及其他，继又拜观御造营中之旅顺东神宫，同日晚归连。

据氏谈称：关于高等学校设立问题，必须与大藏省协商后而决定之，决非简单即可实行者，但关东州内，高等学校之设立，亦确系必要者，故决意尽力，以促其实现云云。

《盛京时报》，1939 年 9 月 21 日晚刊 4 版，10579 号

国立医科大学将在佳木斯设立

（1939 年）

【佳木斯二十日电】三江省公署，前曾拟设国立医科大学。从事种种考察中，十七日开第一回省政会议，决定以总工费一百四十八万元，七年度起以年继续事业设立。近来对于中央，终了式认可手续，兹该学设立计书大纲如左。

一、名称：佳木斯医科大学。

二、教授方针：立足建国精神，使认识医师使命。在现地养成适应之医师。

三、修业年限：四年。

四、收容预定员百六十名。内日人百二十名，其他四十名。日人以开拓医之养成为立眼。

五、修业中经费以金额官费负担为根本方针。

对于卒业者，于定方针之下，付与义务，而敷地待目下，在凤阳街市民运动场设立中之满赤病院，来年完成。先以此处为校舍，再行新设该校，八年度可告开学。

《盛京时报》，1939 年 10 月 26 日晚刊 2 版，10611 号。

哈市于明年度将设立农业医科两大学

（1939 年）

【哈尔滨】当局基于政府侧计划为养成人才及教育之普及，拟明年度在哈尔滨市新设立两个国立大学，一为农业大学，一为医科大学。关于农业大学之设立，当局正在积极进行计划中。医科大学，则已决定由现在之市立哈尔滨医科大学改称为国立医科大学，并且为养成优良齿科医术起见，将于现附属于市立医大之齿科医部亦同时改为国立医大齿科学学部云云。

《盛京时报》，1939 年 11 月 3 日晨刊 5 版，10619 号。

造就俄语人才　政府议设哈尔滨学院

（1940 年）

【新京专电】民生部教育司为养成俄语人才起见，拟于本年四月间，在哈尔滨设立国立大学哈尔滨学院，政府及各部局，协和会及特殊会社等，亦均派遣职员前往就学。至其一般入学资格，凡中等学校毕业或有同等学力，年龄三十岁以下之日满系男子均可。其特修科六十名，修业期间为一年，以俄语为主。凡被派遣入学者，予以若干津贴，又该校特修科毕业者，举行语学检定，以便各方采用。

又教育司为筹备设校事宜，特于本日在司长室举行商讨会，讨论一切云。

《盛京时报》，1940 年 1 月 18 日晚刊 2 版，10690 号。

吉林高师自来年起教科刷新

（1940 年）

期满洲国教育部门之刷新向上计，民生部将于来年对吉林师道高等学校之计，教科内容施行新体制，并扩大教师资格。目下编制具体案中，大致分文科、理科、技能科等之科制。文科：国语（外国语）、国民道德（教育）、地理、历史等，理科：数学（物理学）、物理化学（数学博物），技能科：农业、图画手工（国语）、音乐（国语）、体育（国语）。

以上括弧内者，例如，专攻数学者，亦授与物理化学之资格，教育许可状分主与副。田村教育司长理想将来中等教员不论专攻科目如何，即其他科目亦须携授，今后将向此方针实现上，慎重进行研究云。

《盛京时报》，1940 年 10 月 20 日晨刊 2 版，10956 号。

各大学及中等学校普及军事教练

（1941 年）

军管区派遣教官并借与武器

伴随国兵法之施行，与时局之进展，我国为谋振兴青年士子之尚武精神起见，自去年起，国内大学、中学已有军事教练之举。迨至本年，鉴于国兵法本格实施，学校军事训练更有急速普及之必要。民生部于此曾加以苦心研究，最近始得正式决定，计去年实施者，有大学、中学共八十七校。大学自去年起，已借与教练用武器。本年对未实施者，经此次之考虑，全国大学、中学殆皆使其普及实行。计本年度设正式军事教练者如左。

第一军管区——奉天农大，本溪湖工业实习所，奉天二高、三高、四高、六高，海城农业学校，铁岭农高，盖平开原新民等各农高。

第二军管区——新京畜大，新京师道，吉林第五高。

第四军管区——哈尔滨农大，第三国高。

第五军管区——（热河）延昌县，凌源等各国高。

第六军管区——（牡丹江延吉）延吉国高，延吉工业，林口畜产各校。

第七军管区——佳木斯医大，长发屯畜产校。

第八军管区——（安东）庄河国高，临江国高，凤城国高，岫岩国高，桓仁国高。

第九军管区——东科中旗巴彦塔拉农校，王爷师道。

第十军管区——（扎兰屯师道）扎兰屯国高，海拉尔一高、二高、三高。

以上计新添三十六校，合去年八十七校，共一百二十三校。对此由全国大学、中学约共一百三十三校看来，仅剩十校之少，以足见学校教练之完全情形。以上实行各校，皆由各所管军管区，派遣优秀军官担任教练。至于教练用武器，以各大学已于去年借与，自本年度中学校，亦全部借与武器云。

《盛京时报》，1941 年 2 月 16 日晚刊 2 版，11067 号。

大学生暑期奉仕队　关东州亦参加

（1941 年）

我国及关东州大学专门学校学生，利用暑假参加满洲建设勤劳奉仕队，在全满各地，作医疗奉仕工作及土木建筑作业。此等所谓现地班，以如次日程，开往现地。

一、哈尔滨学院，二百人，六月二十五日上午十一时五十分自哈尔滨出发。

二、满洲医大，七十人，七月五日上午七时三十七分自奉天出发。

三、建大，二百二十人，七日下午一时自新京出发。

四、哈尔滨工大，九十八人，十一日下午二时自哈尔滨出发，乘船。

五、大连工专，一百三十人，十二日下午十时半，自大连出发。

六、旅顺高工，十人，同工大十人，十三日下午十时半自旅顺出发。

七、奉天药专，三十人，十四日上午七时二十五分自奉天出发，旅顺商校与该工大合流。

八、南满工专，五十人，十五日上午九时半自大连出发。

九、法大，一百五十人，十五日下午一时自新京出发。

十、吉林师道商业，一百八十人，十六日下午一时五十分，自吉林出发（与哈尔滨医大，在哈尔滨合流）。

十一、奉天工大，一百人，十六日上午十一时二十五分自奉天出发（与哈尔滨开拓医学院三人，在哈尔滨合流）。

十二、新京工大，二百人，二十一日下午十时四十分自新京出发。

十三、旅顺师范，二百二十人，二十七日下午十时半自旅顺出发（与哈尔滨开拓医学院在哈尔滨合流）。

十四、教职员一百五十人，齐齐哈尔开拓医学院□□，自七月二十一日起，奉仕一个月。

《盛京时报》，1941年6月17日2版，11187号。

大同学院

（1944年）

创设趣旨——我国政府为造就荷负国家建设大业之青年中坚指导者，建国当初即创设大同学院，以养成资质优秀之兴亚人才。大同元年曾以教令第六十号公布决定该院直辖于总务厅，在国务总理直属下进行训练政府各部局所属之中坚官吏及协和会职员，灌输其建国精神，指导理念，陶冶其守规律、尚节度、重秩序之严正精神，俾造成国家指导者之才干，而克负担国家建设之大任，完成我国之建国理想，此乃该院创设之根本目的。

设立沿革——本院前身原为满洲事变发生当时之自治训练所。日军在柳条沟事件勃发对旧东北军发动自卫权而酿成满洲事变之重大局面后，全满各地民众在日军领导下，特声明自治自救之决心。九月二十四日更在奉天成立地方自治维持会，于南满各地推展自治运动。当时为适应此自治运动指导上之要求，十一月十日乃于奉天设立自治指导部，高揭王道乐土建设之大理想。后于十一月十日，更本此精神在奉天成立奉天省政府。大同学院即此指导部为养成灭己奉公、宣扬我建国大精神之战士而设立之“自治训练所”之后身是也。

按自治指导部于成立之际，曾于指导部条例第三条及第五条中计划设立训练所，其后机运成熟，遂于十二月十五日以指导公报第三号招募第一回训练生。是时，指导部在战火未息，地方自治维持会及临时省、县政府等均未迈入正式活动之半混乱期中，发挥政府之机能，指导自治运动，促进建国之机运，并启导人民之趋向，使民心渐臻于安定，而确立我国之基础。就此可知，指导部员之养成，乃与我建国运动有极重大之关系存在也。是时，指导部员募集之趣旨为：“奉继明治大帝之伟图，使新日本在世界上所负大使命之第一步降于此因缘殊深之满蒙地方，使斯项事业贯彻兴亚之经纶，而直达世界正义之途。指导员即此大理想之实行者，进而对处一切难局。”最初原预定募集四十名，训练四个月，后于报名者一百八十名中，仅采用二十名（日系十二，鲜系一，满系七），所长为于静远氏，学监为中野虎逸氏。大同元年一月十一日，一期生正式入所，所址为奉天城内大西门里旧同泽女子中学校校址。入所后因地方治安之不良，所员等即被派遣至各地方进行宣抚工作。迨三月一日，发布满洲建国宣言，定年号为大同，奠都长春，政府诸重要机关亦逐渐成立。其后，三月十五日，政府以教令第十号公布资政局官制，废止自治指导部后，该训练所乃改称为资政局训练所，仍以养成自治指导人员为目标，网罗日满各大学、高专卒业者，而施以严格之训练。此际校址已由奉天迁至长春南岭旧东北军炮兵第三营之新校舍。

嗣同年六月二十日，资政局复宣告废止，继其后于七月一日乃正式成立大同学院，由国务院总务厅直辖，而定为国家中坚官吏唯一之养成机构。首任院长由当年国务院总务厅长驹井德三氏兼任。自建国当时，同校设立以来，于三四年间曾造就几多挺身于国政运营之干部人员，致力于建国大业，勇［踊］跃迈进。其后，政府鉴于国力之充实进展与对处当时内外情势之要求，于康德元年更以敕令公布改革大同学院之机构，加强其内容，改由国务总理大臣直辖之，赋与大同学院长对各部局并省所属职员训练所及警察学校训育指导之统制权。除造就国家之中坚官吏外，并训练协和会、公共团体及特殊会社并其他特殊团体之中坚职员。迨康德十年，我国步入第二期建设之始，政府为练成堪以荷负第二期建设工作之人才计，更设立大同学院研究所，招收政府、协和会及特殊团体之中坚人才，加以训练，俾造成我国今后之基本干部人员。第一期生已于康德十年五月正式入所，以是关其今后之长足发展殊堪期待也。

组织——该院于创设当时直属于总务厅，院长则由总务厅长官兼任之。康德四年始由井上忠也博士任专任院长。其后更因同院职教人员方面人才济济，于是该院之组织乃见确立。至康德五年十月，政府为期国家官吏养成训练之万全，曾对该院之机构加以扩充，除由总务厅之管理移归国务总理大臣直属，并设参与制外，其训练生之范围，更扩大范围招收协和会职员及特殊团体职员，以期广泛地养成国家之中坚指导者。

该院学制之第一部为收容专门大学毕业者。大同二年曾设置第二部，收容满系中坚官吏。及至康德二年，其第一部亦开始收容日满现职官吏，其后第二部制曾行废止。依据康德七年新官制而创设第一部（专收容高等文官、采用考试或诠衡及格者，或准此之协和会及其他特殊团体职员，修业年限为一年以内）、第二部（专收高等文官登格考试及铨衡及格者，或准此之协和会及特殊团体职员，修业期间为六个月以内）、第三部（专收荐任文官勤务三年以上者或准此之协和会、特殊团体职员，修业期限为六个月以内）。

该院之机构在康德十年改组以前，分为总务、训育及统制三部。总务部管理一般企划、庶务、会计等事务。训育部管理学生之训练及指导监督事务。统制部担当政府职员养成机关之一般训育之统制及指导之计划。康德十年，政府为加强该院之机能，以敕令第三十八号修正该院官制后，乃将原有机构完全改革，而设管理部、第一炼成部、第二炼成部及训育统制部等四部。管理部掌管一般企划事项、庶务会计事项、炼成资料及图书并医务等事项。第一炼成部及第二炼成部掌管炼成之企划及实施事项。受第一炼成部之训练者亦为高等文官采用考试或诠衡及格者，及准此之协和会、公共团体与特殊会社等特殊团体之职员，炼成期间为一年以内。第二炼成部之受业者，为高等文官登格考试或铨衡及格者，及协和会、公共团体及特殊会社等其他特殊团体职员，炼成期间为六个月以内。训练统制部掌理关于职员训练机关一般训练之统制及指导之计划调查事项，职员训练机关一般训育统制及指导上必要资料之搜集与编纂事项，并统制指导之查阅事项。康德十年六月末现在该院之职员如次：院长：井上忠也；参与：星子敏雄；管理部长：原野是男；第一炼成部长：佐治成吉；第二炼成部长：小松二郎；训育统制部长：小松二郎；外教官、助教官多数。

教育——［训育纲要］（一）养成尽忠报国、协和奉公之诚。（二）涵养至醇之热情与高迈之识见。（三）炼成不挠之意志与强健之身体。（四）继承光辉传统之风尚。（五）陶冶国家指导者之品性。教育内容则为建国精神之训练、国语、日本语、满洲事情、国策以及实态调查、勤劳训练、军事、武道、全满地方调查等。

大同学院研究所——当此决战下，我国步入第二期建设之始，今后对于我国国政之运用及国防诸问题之调查研究及指导人才之炼成，实乃当前之重要课题。政府当局有鉴及此，乃基于我国第二期建设基本国策大纲高度国防国家建设之根本理念，于康德十年三月二十二日公布创设大同学院研究所及研究所官制，以炼成识见卓越、具有实力之指导人才为目的，而对国政运营及有关国防之各种问题加以基本之调查研究，俾培养我国今后发展之推进力。该研究所之构成，所长、主事以下置所员及研究员。所长由大同学院长兼任，主事由所员中任命，所员由大同学院教官、官吏等中委嘱任命，研究员则由总务厅参事官并协和会、特殊会社及其他特殊团体之职员中选拔。研究员第一期为三十名（官吏二十人，其他十人），均为荐任官。任用后经过二年以上者，或民间机关推荐者。入所后身份皆作为总务厅嘱托，大抵均在三十岁至三十五岁，在所期间为一年半以内。所员为四五名左右。此等所员及研究员入所后，除使之充分认识大战下北边镇护之重责外，并派赴日本、中国以及南方新占领地方面，实地作三四个月之调查研究，俾增广其识见，并作种种研究。本研究所员将来更预定将由武官中选拔适当人才入所。本所第一期生于康德十年四月已正式入所矣。

（伪）满洲帝国教育会编：《大满洲帝国年鉴》，1944 年创刊号。

第六编

社会教育

一、法规章程

发布体育振兴方策

（1932年）

查国家兴盛之基，在乎国民之有活动力。而体育运动既可振兴国民之精神，又能保持增进身体之健康。我满洲国肇伊始，即深致意于此，凡我官民应协力之。

体育运动行政。

（一）于各省区教育厅、新京特别市教育科、县教育局、各区体育股掌管体育事项。

（二）实行体育运动，须有适宜体育运动团体之设立及该团体之实际活动。此满洲国之所以组织体育协会，其各省、区并新京特别市设立支部，亦同样管理所属体育运动团体事宜，更应与行政机关相互联络，以谋体育运动之发达。

方针。

为期国民能力圆满发达计，乃谋体育之普及，惟兼须留意于养成其质朴刚毅之精神。

（一）以科学的研究为基础，鉴诸国民习惯、年龄、体质、职业等，而施之以体育上合理的指导及奖励。

（二）运动竞技，勿仅视为一部分学生及青年应关心之事，宜使一般国民注意及之。又女子亦应增进其健康。

（三）关于大小学生之体育运动，学校当局应与协商，并以充分之理解与同情而任其指导之责。

（四）须承认学校体育费。

（五）促进新设或改善学校运动场及体育场，同时并开放该类场所，以供民众体育运动之用。

（六）关于运动，宜置指导者予以指导。

（伪满）国务院文教部编纂：《满洲国文教年鉴》，1934年3月。

关于振兴体育指示事项

（1933年）

迩来民众对于国家之建设与体育之勃兴二者提倡颇力，而体育之健全普及尤征精进，实建设王道乐土之进程中最可引为庆幸者也。

以我国国情而论，以适当之体育运动普及于一般国民，而养成有强健身体与高洁品性之优秀民族，实国家最重要之永久事业也。

兹于各省、特区、特市根据左记要项，应地方之实情，使官民与关系者协力一致，努力实现，则体育运动之发展为意中事也。

统理事项。

（一）关于置配县体育指导者事项。

以适当之体育指导者配置于各县，掌理县内之一切体育事项。

（二）关于各种体育设备事项。以国情而论，须企图管辖区内各县学校体育之各种设备及社会体育之各种设备。

（三）关于体育调查事项。

调查管辖区内之学校体育及社会体育情况，以为体育行政上之参考。

（四）关于视察体育情况事项。

各省、特区、特市可将体育股之职员派遣至管辖区内，各县对于事业之联络及体育事业亦宜恳切详细指导之。

（五）关于学校体育及社会体育之联络事项。

将学校体育及社会体育联系一气，此实发展健全体育运动之要素。盖因行政指导、研究调查之时，须常注意及之。

（六）体育指导者会议。

组织体育指导者会议，以期统制管辖区内之体育运动。

社会体育事项。

（一）对于满洲国体育运动之现况，须采取万全之方法，努力普及体育思想。

（二）关于青年团体事项。

将青年团之中心（宗旨或目的）移置于体育运动方面，以期振兴民众之体育运动。

（三）关于民众学校之体育事项。

将体育运动普及于民众学校，同时青年团之体育运动亦假民众学校地址行之。

（四）关于地方上体育运动团体事项。

组织地方上之体育团体时，均使与体育协会联络之。

（五）关于普及体育运动事项。

1. 举行讲习会，及利用移动体育班，努力普及体育运动。

2. 指导之时，于体育运动正当之理解下，注重身体之锻炼及运动精神之发扬。

3. 关于女子运动，应先注意其身心之特征，然后采适宜之方法使之普及。

学校体育事项。

（一）关于体育研究会事项。

1. 于各省、特区、特市划分适当之范围，分别组织体育研究会。

2. 各省、特区、特市之体育研究会，由各组织之代表组织之。

（二）关于学校联合体育会事项。

于各省、特区、特市划分适当之区，举行学校联合体育会，既可普及教员与儿童之健康与健全之体育思想，又能增进管辖区内各学校之亲睦提携。

（三）关于参加比赛。该校长须酌学生之年龄、品性、学力、体育，而后许可之。

（四）关于体育运动卫生讲习会事项。

以体育专家及中央讲习员为讲师，各省、特区、特市召开体育运动卫生讲习会，以期养成指导者。

（五）关于组织体育指导班事项。

依照左文组织体育指导班。

1. 以各省、特区、特市为单位。

2. 召集体育指导者、卫生指导者，组织移动指导班，至各地讲习。于指导时，须采取适应该地状况之指导，以期全国学校体育普及向上。

3. 各地移动指导班，于交通不便之地方，须特别注重。

（六）关于参观附属地日本学校体育状况事项。

各省、特区、特市平日常派适当之教员至附属地日本学校参观体育状况，以期教师之体育思想向上。

辅助成立满洲国体育协会支部事项。

（一）关于县支部设置事项。

渐次促进体育协会县支部之成立。

（二）关于开催体育会事项。

当体育会举行时，对学校当局、青年团、民众学校须充分联络之。

（三）关于组织种目竞技委员会事项。

着手组织种目竞技委员会，以期向上。

（四）关于地方上体育团体事项。

辅助成立地方上之竞技种目体育团体，由支部统制之。

（五）关于募集赞助员事项。

根据规约，召集赞助员，以期基金之确立。

（六）关于养成选手事项。

欲提高派遣选手资格之向上，及一般民众对于体育之关心，则惟有采取良善之方法，努力养成优秀之选手。

文教部现行之体育行政属于礼教司社会教育科。学务司拟办学校体育，对该事拟设体育科，正在申请中。大同二年四月十四日，开全国体育联络会议，对于学校、社会两体育方面，互相作紧密之联络。

（伪满）国务院文教部编纂：《满洲国文教年鉴》，1934年3月。

文教部社会教育方针

（1935年）

指导原理：

一、振兴建国之精神，明征王道德治之理想；

二、使国民彻底认识国家政治；

三、助长日满两国之亲善，以确立东洋和平之宏基；

四、显扬东方文化之精粹；

五、启导自治、自强之精神，以敦睦种族；

六、昌明礼教，矫正恶俗，以善导国民之思想；

七、普及、扩充国民生活上之必要知识与技能；

八、锻炼国民体格，以养成实质刚健风气；

九、缓功图治，期达到化民成俗之使命。

教育方针：

一、振兴民众学校，对年长失学者授以道德教育之基础与国民生活必要之简易知识、技能，以期扫绝文盲，并予国家公民以基础之教养；

二、贯通满日两国语言，以资敦睦两国信义，并期文化之向上；

三、以社会教育中心机关之民众教育馆为教化民众之中枢机关；

四、选择适合民众生活上富有兴趣之题材，普及通俗讲演，以为启发民智、思想善导方法；

五、发挥图书馆、博物馆之机能，以启发德智，振兴文化；

六、振兴礼教，以维城乡之淳风美俗，并戒除荒怠恶习；

七、对孝义节烈之美德者表彰之，对国内耆老之有硕德者敬遇之；

八、增进国家公安及社会福祉之教化团体，多予指导、援助，使有服务社会、改善生活之观念；

九、凡能培养青年自立精神及健全资质之机关，竭力注重统制之；

十、唤起妇人之自觉，养成贤母资质，并进以齐家必要之智德；

十一、促进童子团之伦理运动，锻炼其身心，养成独立自尊精神，使彻底了解国家观念，以资奉公社会；

十二、养成社会教育者之中心人物，并举办对于教化切有实绩之讲习会及派遣日本留学生；

十三、制定通礼，使明伦常之道，以便挽回社会颓风；

十四、以映画并无线电教育启发下级民众之视听，使彻底了解国家观念，广其见闻，养其情操，作启蒙之运动；

十五、提倡优良娱乐机关，善导国民之趣好，以期移风易俗；

十六、谋男女合理之体育运动，使其普及、健全、发展，而乐于从事。

（伪满）国务院文教部编纂：《满洲帝国文教部第二次年鉴》，1935 年 12 月。

关于民众教育馆施设大纲之件

（1936 年）

一、民众教育馆所办之事业虽多，而对于建国宣言，即位诏书及回銮训民诏书等所宣示之我国根本精神，尤应特别尽力，以期普及培养国民坚定之信念。

二、民众教育馆之特质，须适应国民生活，而任指导教化之责，勿徒为官厅化馆员，尤应与民众共同生活，如师友之切磋琢磨。

三、民众教育馆应各秉承所辖教育行政长官之指导，尤应互相扶持，俾全国各馆之活动统一，得以十分发挥其效果。其省立各馆，对县立教育馆亦应尽联络、指导、督励之责，以资进展。

四、民众教育馆关于年中行事，须先作计划，以便施行，且应根据左列各项而办理之：

1. 讲演会、讲习会、展览会及其他简易听讲观览之施设；
2. 民众学校、图书阅览所及其他简易之识字教育施设；
3. 电影、无线电广播及一般娱乐施设；
4. 普及涵养卫生思想，并指导奖励社会体育；
5. 关于民众教育馆机关刊物之发行；
6. 关于经营民众教育馆之调查研究；
7. 其他社会教育促进上必要之事项。

（伪）满洲帝国教育会编：《满洲帝国文教关系法规辑览》（下），1938 年。

奉天省公署训令各县长关于设置农民修练所之件

（1937 年）

查我国农村疲弊之最大原因，在乎农村经济运营及组织有未恰当并农民各个亦未自觉，此乃一般舆论所公认。如欲谋农村永远之福利，于现代经济组织之中保持巩固之地步，须于农村经济加以计划并综合的整备刷新，此乃当务之急者也。农村振兴上应施设事项固属不鲜，惟其最重要者，造成农村中坚先导人物，以资领导，借收事半功倍之效。本省有鉴于此，现经制定公布农民修练所规程，拟使各县农村青年于一定期间内，晴耕雨读，彻底于建国精神，更本实践躬行，使其了解农民精神、农家经营之实际，体得物心两面之真髓，为农村中坚青年躬行实践垂范于一般民众，并使为农村振兴之先驱者。该县长亦应本此宗旨，斟酌地方情形，努力实施。再对于前项实施，为使适合地方情形，应依另纸注意事项施以恳切指导，对于达成使命，期无遗憾为要。

注意事项。

一、修练所之指导苟不得其人，实难达成所期之目的，是以对于专任主事及指导者之人选，尤应特别留意，并以专任主事为中心，办理修练所地基之选定并施设经营之计划。再，采用专任主事时，应于修练所设置前，呈请本署认可为要。

二、对于设备一切，应以各地普通农家为标准，其组织适合农民实际之生活，并使修练生自力完成，以谋经费之节俭。

三、实习地须斟酌修练生之劳动能力，予以适合普通营农程度之面积，并鉴及农家之实际生活，应使兼行相当面积之佃种。

四、修练所之修练科目要旨规定如左。

（1）营农实践。以勤劳为主义，以领悟知行合一、物心如一之精神为要旨，使经实习与体验，借以躬行实际农村生活，用期了解农业之本质与农民之精神，并为以自主自立、修身齐家、乡土开发之实践而乐计，授以恰当之实习为要。

（2）起居实践。为使学科及实习之间修得之精神实现，于日常起居计，日常秩序井然，使其寄宿生活成为农村实际生活之模仿社会生活于协同组织之下。

（3）学科。以建国精神之彻底，使其领悟我国国体之本义及农村生活之健全性为要旨，对日常生活并营农方法，授以必要之知识技能。

（4）教练。以强健身体、敏于动作、整容仪、练意志、注重坚忍刚毅之精神与规律并养成崇尚协同责任之习惯为宗旨，授以保甲训练、体操教练及其他适宜训练。

五、以确立自给自足经济为理想，以谋劳力之利用。同时，应将余剩金作为特别会计。

六、关于各县之青年教养机关，使依本令实行，一体运用为方针，是以有特殊使命之保甲青年训练所、街村吏员养成所或短期讲习会等，应于可能范围内，务须附设于本训练所办理之。

七、对于修了后之修练生，亦应时加指导，以招集、通信等方法或于农村振兴施设及其他机会，予以适当任务等，并应组织修友会，以便继续指导。

八、修练项目之时数应依左列标准规定之。

项　　目	最高时间数	最低时间数
营农实践	2 131 时	1 949 时
起居实践	其他之时间	其他之时间
学科	1 029 时（一周 21 时）	945 时
教练	100 时	100 时
计	3 260 时	2 994 时
庆祝、祭祀、公休及视察、施行	50 日	22 日

（下略）

《奉天省公署公报》第七号，1937 年 1 月 30 日。

关于民众讲习所规程实施之件

（1938 年）

第一条　民众讲习所系对失学者及一般民众授以日常生活所必需之简易知识技能，以努力于国民道德之涵养。

第二条　民众讲习所入所者开列如左。

一、普通科：学校教育施设未得入学者，或不得入学者。

二、国语（日语）科：修了普通科者或特别希望者。

三、讲习会：为一般民众希望者。

第三条　特别市、市、县、旗、街村或准此者，得单独或联合设置民众讲习所。

民众讲习所附设于学校教育施设或社会教育施设内。

第四条　欲设民众讲习所时，须具备左列事项。特别市者须受民生部大臣之认可，其他须受省长之认可，欲变更认可事项时亦同。

一、名称。

二、位置。

三、所则。

四、用地建筑物之面积及图画。

五、学级数、职员数及所生定员。

六、修业期间及其始期、终期。

七、开始年、月、日。

八、经费及维持方法。

第五条　欲废止民众讲习所时，须具备其事由、期日、财产及所生之措置方法。特别市立者须受民生部大臣之认可，其他须受省长之认可。

第六条　民众讲习所之修业期间为六个月，但因有特别之情形时，得减缩或分期。

第七条　民众讲习所设普通科、国语（日语）科之二科。但依照情形，得不设国语（日语）科。

普通科以国语、算术为基本科目，并以常识、实科为附课。

第八条　基本科目之教授时间，不得在左列限度以下。

一、普通科。

国语（满语、俄语、蒙古语）	一二〇时间
算术	八〇时间
计	二〇〇时间

二、国语（日语）科。

国语（日语）	二〇〇时间
计	二〇〇时间

第九条　民众讲习所使用之教科书，以民生部编纂或审定者。

欲使用前项以外之教科书时，事先须受民生部大臣之许可。

第十条　民众讲习所不得征收授业费。

第十一条　民众讲习所之教职员，以其附设之学校或施设之职员充任外，认为适当者得委嘱之。前项之职员得支给津贴。

第十二条　民众讲习所认为有必要时，得开催一个月以内之实科讲习。

附则

第十三条　本规程自康德五年九月六日施行。

第十四条　本规程施行以前所设立之民众讲习所，须遵照本规程为必要之调整。

民众讲习所规程实施上之注意事项。

一、关于设置。

1. 授业。

附设于学校教育施设者，须利用对于该施设本来之目的不发生障碍之时间。例如，学校之终业时间为午后四时，可由午后六时开始民众讲习所之授业。

附设于社会教育施设者，须十分利用该施设。例如，分为午前、午后、夜间之三回授业。

2. 所则。

(1) 修业期间。

(2) 休日。

(3) 入所及退所手续。

(4) 学级编制。

(5) 教科目、周教授时数及时刻。

（6）教科书。

（7）关于修业证书事项。

（8）其他重要事项。

二、关于修业期间。

1. 期间之缩减。

缩减期间时大略如左。

（1）所生之素质良好，并能于六个月以内修了所定之教科目时。

（2）规程第八条所定之教授时数，于六个月以内能修了时。

2. 期间之分割。

期间分割时大略如左。

（1）所生之生业繁闲者，继续六个月之授业不可能时。

（2）因地方的灾害及其他事故，继续授业不可能时。

三、关于教科目。

1. 普通科之国语。

普通科之国语，依照所生之民族区别，选定满语、俄语、蒙古语之一。

2. 国语使知日常生活必需之简易言语、文字及文章，并养成正确发表思想之能力为要旨。

3. 算术授以熟习日常生活上必需之数量及简易之知识，并精确其思考为要旨。

4. 常识以根据建国精神，授以社会生活上必要之知识，并能营国民正常之生活为要旨。

5. 日语以理解浅易之言语、文字及文章，并体得满日一体之精神为要旨。

6. 实科以劳作及其他养成勤劳之精神与习惯，且修得简易之技能为要旨。

四、关于教科书。

教科书暂时须使用奉天、吉林、滨江各省公署发行之教科书。

欲使用其他时，须受民生部大臣之许可。

五、关于修业证书之授与。

对于出席所定之教授时数四分之三以上，且所期之能力认为修得者，授与之。

六、关于职员。

民众讲习所之所长，为附设机关之长。

七、关于讲习会。

讲习会选适当之时期，尽力开催之。其内容大略列左。

（1）农业及其他关于职业之技术。

（2）关于地方之副技术。

八、关于既设讲习所之调整。

1. 所生之措置。

规程施行之际，现有所生之讲习所在该所学生毕业以前，须依照从前经营之，由次期起依照本规程运营之。

2. 认可。

既设之讲习所调整后呈报之。

九、关于报告。

省长认可民众讲习所之设立时，须呈报民生部大臣。

（伪）满洲帝国教育会编：《满洲帝国文教关系法规辑览》（下），1938 年。

二、教　　材

民众学校国语课本（第一册）（节选）

（1936 年）

第一课　国旗

满洲国国旗，红、蓝、白、黑、满地黄。

第二课　报名

我来报名，姓，名，年，岁，住。

第三课　入民众学校

我入民众学校，学国文，学日语，学珠算。

第四课　民众学校

民众学校，一年就毕业，识字一千多。报会看，信会写，算盘会打，日语也会说。

第五课　瞎子

不能看的人是瞎子，不识字的也算瞎子。瞎子苦，不识字的也苦。

第六课　勤之格言

一日之计在于晨，一年之计在于春，一生之计在于勤。

第七课　工读

又读书，又作工；读书时，专读书；作工时，专作工。工与读，乐无穷。

第八课　写字

学写字，先学正字，后学草字，先写大字，后写小字。笔画要清楚，行列要整齐，还要写得快。

第九课　运动

读书要紧，作工要紧，运动也要紧。整天没有运动，书读不好，工作不好，身体健康也难保。

第十课　自立

吃自己的饭，流自己的汗，我自己的事应当自己干，专好依赖人，不算是好汉。

第十一课　看报

人要生活进步，不可不广见闻，要广见闻，不可不看报。看报，可以知道各国的新闻，各界的广告，又可以得着种种的知识。

第十二课　我家

我家有六个人，人人都做事。父亲做生意，母亲管家事。姐姐学做衣，妹妹学做饭。哥哥和我做木工，从早做到晚。大家每天还读书，已经成了习惯。

第十三课　孝悌

孝是孝顺父母，悌是恭敬兄长。这两样是人生最重要的，吾人要能实行才好。

第十四课　衣服

衣服能合身，做事才方便。不必求新奇，只要常洗换。

第十五课　食物

食物要新鲜，食器要清洁。食时要有定，食量要有节。乱食要闹病，吃药苦了口。

第十六课　房屋

房屋要清洁，窗户要常开。浊气放出去，阳光放进来。

第十七课　街道

街道常修整，家家扫干净。方便往来人，预防传染病。又利己，又利人。

第十八课　种树

城市里，多种树。空气好，人健康。风景美，人清爽。种树的利益很多，人人应当提倡。

第十九课　记账

月	日	说明	收入		支出		残额		缺欠	
2	25	二月工钱	30	50			30	50		
2	26	给房钱			6	50	24	00		
2	27	买米二斗			3	60	20	40		
3	2	方家还洋	5	30			25	70		

第二十课　预算

出入款项，须有预算。入多出少，有余有剩。入少出多，必有亏空。银钱出入，务求节省。

第二十一课　家信——子寄父

父亲：

我现在民众学校读书，已经学写信，并且会说日语了。我的身体很好，请不必远念。

男　明德

月　日

第二十二课　家信——父寄子

明德我儿：

收到你的信，知道你进民众学校，读书不满一月，就学会了写信，又会说日语，我很高兴。望你有始有终，念到毕业。合家都好，勿念。

父　字

月　日

第二十三课　满洲国歌

天地内有了新满洲，新满洲便是新天地。顶天立地，无苦无忧。造成我国家，只有亲爱并无怨仇。人民三千万，人民三千万。纵加十倍，也得自由。重仁义，尚礼让，使我身修。家已齐，国已治，此外何求。近之则与世界同化，远之则与天地同流。

第二十四课　皇帝

满洲国第一世皇帝，就是以前的执政，本着顺天安民的大义，在第二次建国纪念日即位，改元康德，从此我国确立为君主国了。

第二十五课 孔子

孔子，名丘，字仲尼，生在周朝时候的鲁国。博学多能，诲人不倦。有弟子三千人。他的人格道德，为千古模范，我们应当崇拜的。

第二十六课 民众

民众，民众，品行须知重。身体要健全，性质要和平。孝父母，敬长兄，不可任意行。有职业，能谋生，心地务真诚。三千万民众，请将王道认分明。

第二十七课 时间

人生难得七十岁，少壮不过三十年。真正做事读书时，算来只有七千天。为人要把时间重，生在人间不枉然。世界第一奢侈事，算我国人用时间。公私定时皆不守，浪用光阴不值钱。光阴一去不回转，一事无成空自怜。

…………

第二十九课 存钱

有个老妈本姓田，她在高家住多年。得了工钱不乱用，每年剩下二十元。存在银行生利息，四年共有一百元。给他儿子做生意，后来生活很安全。高家太太却不然，钱一到手就用完。老来穷得无法想，还向田妈去借钱。可见贫富皆由己，不由命运不由天。

第三十课 借据

高太太借田妈银元二十元，说定月息一分半，三个月还本。写了借据如左。

立借字人高丁氏，今借到田妈名下银元二十元整，月息一分半，按月付清，以三个月为期，到期如数归还，决不延误。

此据。

高丁氏亲笔

满洲国康德三年　月　日

…………

第四十课 母教

最深厚的情，莫过于人爱人的情。最真切的爱，莫过于母爱子的爱。爱子最好的方法，是教育。最有功效的教育，是母教。孟母择邻和断织的故事，真是爱子的好模范。

第四十一课 月夜

月儿明，风儿和，哥哥抚琴弟唱歌。草场上，空气鲜，大家欢乐如登仙。琴声清，歌声高，良夜共逍遥。歌唱罢，睡眠好，明天作工要起早。

第四十二课　雷电

说什么雷公公！说什么电娘娘！阴电阳电一遇着，发出声音又发光。人畜树木都传电，误触电气必死伤。若遇打雷时，莫快跑，莫慌张，莫躲大树下，莫上高地方，莫近电线杆，莫要靠高墙。

第四十三课　租约

王东山租房，请张老五写租约如左。

立租约人王东山，今租到高雪安先生名下十字街平房，五间门窗户壁俱全，每月租洋五元整。按月付清，先交押租洋十元整，退屋之日如数收回。上漏下湿均由房东修理。

此据。

中人　罗义　押

王东山　立

康德三年三月二十四日

第四十四课　邮政信筒

有口无舌立道旁，人间信息我都详。若是挂号和快信，请送邮局交柜房。他种信件明信片，写清姓名与地方。足数邮票都贴好，一起送我口里尝。忧愁的信苦如药，欢乐的信甜如糖。许多味道尝不出，都是别离人心肠。

第四十五课　公共卫生

个人卫生和公共卫生有密切的关系。譬如，有人讲究个人卫生，不注重公共卫生，有时把污秽的东西丢在河里。旁人喝了这河的水，生了病，就难免传染到他自己。这不是害人又害己么？所以我们应当知道，个人卫生与公共卫生是一样的重要。

第四十六课　交通

人走不如兽，火车便往还。人游不如鱼，水行有轮船。人又不能飞，飞艇飞上天。人无千里眼，电报把像传。人无顺风耳，电话可交谈。交通真便利，人力胜自然。

第四十七课　公园

我们整天工作，应当有时玩玩，可以活泼身体、舒畅精神。所以大都市里都有公园，其中有花草，有树木，有池有泉，有亭子可坐，是个良好的消遣地方。

第四十八课　模范市

国家有个模范市，大小街道是公园。市中不但风景美，市政修明人安全。开门睡觉无偷盗，行路失物可取还。工厂商店如林立，大小学校遍其间。男男女女皆勤业，老老少少都康健。市民彼此无私斗，公益事情争上前。音乐美术供欣赏，人世如今有乐园。

（伪满）奉天省教育厅编：《民众学校国语课本》（第一册），1936年。

民众学校国语课本（第二册）（节选）

（1938年）

第一课　执政宣言

人类必重道德，然有种族之见，则抑人扬己，而道德薄矣。人类必重仁爱，然有国际之争，则损人利己，而仁爱薄矣。今立吾国，以道德仁爱为主，除去种族之见，国际之争，王道乐土当可见诸实事，凡我国人望共勉之。

第二课　国都

我国的都城叫做新京，俗名宽城子，位置在吉林省的西南部，为十省及兴安四省政治的中心。地居冲要，交通四达，物产丰富，商业发展，人口约二十四万八千余人。宫内府国务院各部皆在此地，现由国都建设局计划从事大规模建筑，将来的繁盛可想而知了。

第三课　教育

我国的教育，根据道德教育授以公民知识，以作成亲仁善邻之实质，谋人民生活之充裕，经济之发展，而达保境安民共存共荣之目的。现在我国各省的教育就是本着这个宗旨进行的。

…………

第十二课　满洲国天产

满洲帝国乐无涯，物产丰富信非夸。农业自来为国本，农家墙下种桑麻。主要民食高粱豆，纺纱更有好棉花。牧业之外饶林矿，沿海各地产鱼虾。牛羊种子良无匹，豢养得法利倍加。其他农产数不尽，柞蚕丝兰却堪嘉。

…………

第二十四课　介绍大同报

棠泽弟：

听说你入民众学校已经数月，我心里很高兴。我想你毕业之后，一定能够看报。但是别的日报恐未必合你的程度。现在我介绍你一种大同报，是新国家最好的报，内容很丰富，望你去订一份，看了必定满意。余再谈。

祝你进步！

兄　海峰

七月六日

…………

第四十八课　环游世界（一）

从新京驾飞艇飞渡东海向日本，到了东京市上游，樱花开遍神仙境。

从日本向东方一飞飞过太平洋，游览美京华盛顿，国会建筑极堂皇。

从美国向东游过大西洋，入欧洲先游英京伦敦市，世界第一人烟稠。

从伦敦往南飞飞到法国游巴黎，巴黎地方多名胜，建筑华美且新奇。

从巴黎转向北一飞就到瑞士国，国都是在百伦市，山明水秀称特色。

第四十九课　环游世界（二）

从瑞士往南去一飞又到意大利，罗马旧都古迹多，富有美术与文艺。

从罗马向北行飞入德国游柏林，学术工商与政治，都以柏林为中心。

从柏林向东北一直飞去到俄国，考察京城莫斯科，劳农政府新建设。

从俄国向南行飞回满洲到新京，世界名都多游到，可爱还是我京城。

从地球望火星，听说星中也有人，谁能驾着飞艇去，腾云驾雾探星辰。

第五十课　毕业

王志学入民众学校肄业，很能用功，每日上学必守时刻，虽遇风雨也不肯迟到。所以他的成绩列为甲等，校长给他的修业证书就是第一号。

修业证书

学生　　　系　　　省　　　县人，现年　　岁，在本校附设民众学校修业一年期满，成绩及格。

此证

校长

康德　年　月

（伪满）奉天省教育厅编：《民众学校国语课本》（第二册），1938年。

三、设　　施

东三省博物馆

（1931 年）

（1）沿革及概况

东三省博物馆，始于民国十五年十一月。前奉天省长莫德惠议就故宫设立，委仇玉珽为馆长，先行筹办。拟定整理房舍、征集物品两项计划，崇政殿、飞龙阁、翔凤阁、霞绮楼、日华楼、协中斋、师善斋、凤凰楼、永福宫、关雎宫、麟趾宫、衍庆宫、清宁宫、左右翊门等处统行修整油饰，并经北镇县知事王文璞赠送北镇万紫山出土辽宫古琉璃瓦一枚，怀德赵晋勋赠送成亲王石刻三十六方。又延杨令茀女士，摹绘北京故宫所藏历代帝王像九十六幅。十七年五月，举行展览，开会六日，观者达十万人以上。旋以宫殿为各军队先后借用，一切停顿。是冬，军队迁移前者。省长翟文选乃派王毓桂、李法权、冯惠民等五人，会同仇玉珽共同筹备博物馆事宜。迭经会议，先从检查清宫旧藏物品入手。息由省署聘金梁为委员长，议定筹办事项。先检库存古物，选择陈列。就崇政殿、清宁宫及永福、衍庆、关雎、麟趾各宫，分设銮驾、祭器、乐器、文苑、武备等。至十八年四月，陈列就绪。定于每星期日及纪念日，开放一次。五月，东北航空大队赠送飞机一架，陈列于大清门。张学良赠送大周张矩墓志，市政公所送陈大西大东小西各城门砖额残碑，及各方赠品诸物，均陈列于协中斋。以上陈列各物品，馆内均行标签注说，以便参观。此则博物馆之规模，粗具如此。

（2）参观人数

博物馆自开放后，规定每星期或纪念日开放一次。每届开放日，参观人极为踊跃。随时并有中外团体，请求特别参观。兹将十八年四月至十九年六月，参观人数，分别表列于左。

东三省博物馆民国十八年四月至十二月参观人数统计表

类别	普通	军人儿童学生	特别	合计
四月	3 316	1 061	1 288	5 665
五月	4 006	880	265	5 151
六月	3 905	806	131	4 842
七月	2 324	435	182	2 941

续表

类别	普通	军人儿童学生	特别	合计
八月	1 596	276	238	2 110
九月	3 208	770	140	4 118
十月	4 116	956	102	5 174
十一月	1 789	403	1 864	4 056
十二月	822	92	15	929
总计	25 082	5 679	4 225	34 986
备考	特别参观人系由各机关介绍中外要人及学校团体			

东三省博物馆民国十九年一月至六月参观人数统计表

类别	普通	军人儿童学生	特别	合计
一月	2 079	365	26	2 476
二月	6 625	832	42	7 499
三月	5 946	1 333	68	7 347
四月	4 668	729	137	5 534
五月	4 729	827	403	5 959
六月	4 262	697	92	5 010
总计	28 309	4 783	768	34 860
备考	特别参观人系由各机关介绍中外要人及学校团体			

东北文化社刊行：《东北年鉴》，1931 年。

民众学校

（1934 年）

民国所办之民众学校，系以三民主义为根据。对于一般失学之青年与成人授以识字、常识、珠算或笔算、乐歌等课程，兼授历史、地理等浅近读物，并酌量地方情形，设关于农工商业等科目，授以简易之知识、技能，俾得维持其生活。编制之法固甚善也。然溯旧军阀时代，彼等对于青年及成人之教育组织根本漠视之，既无经济之援助，又乏相当之师资。故各省所办之民众学校，虽有二十余年之历史，而民众之知识、能力仍幼稚薄弱如故也。满洲本为农业之区，当春夏秋三季节农忙之时，多数黔首方率其老稚从事南亩，胼胝之余，安有闲暇督促其子弟到校就学乎？失学过多，亦固其所。

大同元年度，调查学龄儿童，为数五十万中，就学者不足十分之一，其余十分之九俱目不识丁。然则振兴并改善民众教育，岂非文教上一重大事业乎？夫民众教育设教之宗旨，殆欲使都市及农村失学之男女青年并成人等，借庠序之教，咸能敦孝悌，睦宗族，和乡党，重人伦，勤本业，成为理想道德之公民。而复具有适应生活之智能，无一不得其所者也。是等设备、地址可利用学校或公共团体机关，即烦学校教师或当地学者勉尽义务，纠合失学之成人并儿童，趁农隙之时，按地方情形，择适合实际之科目，教以句读，详其训诂，并授以农商业上必要之知识与技能。至于女子，亦授以家政学课，而注重道德，并于体育卫生上之教育，尤应特别注意。不容始勤终怠。修业期间不必过长，每次定为四个月，修业期满给与证书。成绩优异者，则颁奖品，以示鼓励。如此，则民众教育可期其普及发展矣。本司曩曾通令全国，作民众教育调查报告。核其结果，是项建设组织几等于零。此实教育行政上莫大之缺点。我文教部有鉴于此，拟于最近之将来，重加改善，刷新其组织。未设之地，一律遍设。训练师资，筹划经费，俾民众学校得以扩充，借期民众教育得以普及也。

（伪满）国务院文教部编纂：《满洲国文教年鉴》，1934 年 3 月。

识　字　处

（1934 年）

识字运动为开通民智之根本方法。我满洲国建国已垂一年，奉、吉、黑三省及东省特别区、新京特别市，虽多实行此项运动，如设立民众学校或类似之场所，教授千字课、公民卫生等，已收若干效果，而民众大部分尚多向隅之叹。是以修业期间，普通拟定为六个月，授课二十周，以资轮流普及。

（伪满）国务院文教部编纂：《满洲国文教年鉴》，1934 年 3 月。

民众教育馆　通俗讲演所

（1934 年）

于各地方树立之教育之中心，设立教育馆或通俗讲演所。关于社会、学术、卫生等项，宜妙选民众适用之题材，无须高论，务使感觉兴趣。长此通俗讲演，讲习既久，不惟知识增进，凡道德理想胥能逐渐提高，达成公共生活之目的。此外，尚宜开设图书馆阅报室，或编行刊物，审查民众用书，调查文野风俗，改良娱乐，指导酒肆茶寮，设置公众运动场、民众问事处，应社会实际之需求，而随时加以指导之。

（伪满）国务院文教部编纂：《满洲国文教年鉴》，1934 年 3 月。

图 书 馆

（1934 年）

图书馆分为两种：一为学校图书馆，一为民众图书馆。学校图书馆为一部分人而设，系专门性质。民众图书馆为一般人而设，属普通性质。专门性质者，只需收藏丰富，不愁无人观览。而属于普通性质者，往往感觉阅者稀少。故设施民众图书馆，须适应一般民众之需求，使其联络亲近，并须引起民众之注意，力谋增加其读书之机会。此为最堪注意之要点也。我国图书馆之设置，与教育馆有关联者居多数，其内容均甚幼稚，一般民众亦不解读书之趣味。故未经设立之地，尚复不少。现在全国之中，奉天省三十三，吉林省八，黑龙江省十四，热河省一，东省特别区二，新京特别市一，总计仅五十九所。除奉天国立图书馆外，就中以吉林、黑龙江两省省立图书馆规模稍为完备，藏书均达四五万册之多。

（伪满）国务院文教部编纂：《满洲国文教年鉴》，1934 年 3 月。

博 物 馆

（1934 年）

当代文化之设施，常以博物馆与图书馆二者并重。是不仅为学术上之参考品，凡关于实业之种类，悉网罗靡遗。即可供专门学者之研充，复对于各级民众设教育于娱乐之中，不加限制，任人纵观。久而久之，民众之志趣自能逐日向上。欧、美、日本诸先进国，是类之组织，规模既完善，设置亦多。我国现仅有奉天、哈尔滨两处，殊嫌太少。现拟先设一完备之国立大博物馆，搜集东亚之贵重文化资料，广为陈列，使民众了解其乡土过去生活之状态，以启发其才智文化焉。

（伪满）国务院文教部编纂：《满洲国文教年鉴》，1934 年 3 月。

国立图书馆

（1934 年）

曩者，关东军司令部于慎重考虑之下，将奉天大南门外张学良私邸没收，充图书馆，以作永远纪念。其地基并建筑物，一切拨归省有。又自大同元年四月着手，将张氏置于东北大学萃升书院及散佚各处之沈阳清宫贵重纪录，如书籍、地图、绘画、碑版等，并散佚各处之清代重要文献图书，尽量搜集。一面捐金千五百余元，修葺该舍宇，以资庋置。旋于六月十八日行开馆式，推袁金铠为馆长，金毓绂副之，命名为国立奉天图书馆。自八月一日起，从事于书籍整理。

该旧邸规模宏壮，以之充国立图书馆，既极经济，又切实用，法至善也。该馆将来拟搜集关于满洲国之历史及地理之考古文献，随时就所搜集之文献提供各种研究之资料，阐扬我东亚之文化。是皆文教部所有之事也。同年八月，日本外务省文化事业部为辅助该馆，亦捐助一万九千元。九月一日，奉天省教育厅又将储存文溯阁之四库全书移交该馆。因系另一地点，遂名为分馆。(从前四库全书组有保存委员会。)

该馆收藏之书籍，均系开办伊始由各方面搜集而来。现集图书 98 000 册（老拓七万册在外)，整理后如左。

一、冯庸大学图书	54 种	2 950 册	大同元年	六月十八日本馆移入
二、东北大学图书　第一次	46 种	8 300 册	同	六月二十五日本馆移入
三、盛京故宫殿版图书	281 种	5 600册	大同元年	七月七日自翔凤阁移入
934 包未装订				
四、萃升书院图书	435 种	12 300 册	同	七月十日本馆移入
五、张学良官邸图书	321 种	5 465 册余		
殿版古今图书集成		5 000 册	同	七月中查点
六、东北大学图书　第二次	94 种	5 850 册	同	八月二十日本馆移入
七、文溯阁四库全书		36 318 册	同	九月接受原处保存
殿版古今图书集成		5 000 册		
八、盛京故宫满文档案	约 60 箱		同	十月五日移入
九、实录	1 500 包	约 9 000 册		
十、圣训	360 包	约 2 200 册		

将来研究事项。

1. 四库全书中之未出版书（40 余种)，拟刊行。

2. 盛京六部档案之整理研究及出版。

前项虽未调查，然为数定多。内有清政府与地方官署往复公文及其他原稿，为清史(尤其关于制度、经济）研究上极难得之史料。

3. 甲、满文老档。

有清太祖两朝之记录，全系满文。

乙、满洲实录（约一万册)。

满汉两种文，清历代之实录。

4. 攸关满蒙之文献及搜集资料，作研究报书之出版。

将来拟搜集研究满蒙文献之资料，刊行满蒙丛书，作定期刊行。

是等伟大事业，决非仓促之间所能猝办。须俟充分调查整理后，方易着手。

国立图书馆原存书籍目录

书名	册数	备考	书名	册数	备考
汉魏丛书	40		礼记授读	2	
皇清经解	360		说文古籍补	4	
春秋传说汇纂	32		春秋直解	8	
十三经注疏	160		字经	1	
论语	2		关帝圣绩图志	4	
通介堂经说	10		山东通志	117	
周易总义	6		历代名臣奏议	60	
经传考证	2		忠武侯集	12	
诗经正解	24		包存庸奏议	4	
监本四书	10		大清畿辅先哲传	22	
说文古籍补	2		南北史识小录	8	
四书补注	8		历代名臣言行录	16	石印
通鉴纪事本末	14		阙里文献考	8	
念四史约编	8		卫将军骠骑列传	10	
周书斠补	2		哀思录	3	铅印
通鉴总类	24		大清会典	6	石印
资治通鉴纲	33		七家后汉书	6	
纲鉴易知录	24		越缦堂日记	52	
万国通鉴	6		康熙政要	12	
明史纪事本末	8		马佳式族谱	5	铅印
通鉴纪事本末	62		文选考异	8	
宋史纪事本末	10		贞观政要	4	
左传纪事本末	6		东三省政略	40	
汉唐宋名臣录	12		后汉书批评	20	
群书治要	16		鲁案中日会识银	10	铅印
黄坡政书	22		浙江全省水陆记	15	
纲鉴易知录	24	石印	旧五代史	32	
通鉴辑览	32	石印	吴氏评点史记	20	

续表

书名	册数	备考	书名	册数	备考
文史通义	4	铅印	焦山志	20	两部
战国策详注	6	石印	名山县新志	3	
纲鉴易知录	16	铅印	新元史	39	铅印
徐霞客游记	12		明督抚年表	5	铅印
山右石刻	48		中俄会议参考文件	6	铅印
石刻名汇	4		苏联阴谋文件汇编	12	
周金文存	11		豫河续志	14	
陶斋吉金续录	2		绥中县志	8	
吉金录	8		锦西县志	6	
大清会典事例	293		开原县志	12	
康熙政要	20		海城县志	8	
金石目录	2		宁安县志	6	
金石录	6		澳胶志	14	
吉金所见录	4		念四史	488	
环宇访碑录补	2		清史稿	228	五局本残，一部全 131 册，一部残 97 册
粤西金石录	4		武备志	60	
金石续录	2		念四史	847	五局本
两浙金石志	12		三怡堂丛书	50	
剿平捻匪方略	321		百三名家集	100	
剿平粤匪方略	384		丹铅总录	12	
西清古鉴	24		唐诗全解笺注	6	
苏联阴谋文件汇编	11		唐诗三百首注释	8	
资治通鉴	60		楚辞	8	
剿平捻匪方略	106		五七言今体诗钞	6	
平定陕甘新疆回匪方略	73		白居易新乐府	4	
平定云南回匪方略	14		韩集笺注	4	
平定贵州苗匪方略	10		清稗类钞	48	铅印
剿平粤匪方略	135		元丰类稿	8	
梦园书画	10		陆宣公集	10	石印

续表

书名	册数	备考	书名	册数	备考
杜工部集	10		八家四云文注	16	石印
七言诗	12		涵芬楼古今文钞	95	铅印
阳明文集	23		庾子山全集	12	石印
癸巳存稿	8		骆宾王集	2	同
唐宋诗醇	24		离骚	3	同
千金方	20		骈文笺注	8	同
国朝文录	16		岳忠武王集	4	同
初唐四杰集	6		徐孝穆全集	4	同
三国志通俗演义	24		清朝骈体正宗	4	同
尤西堂杂组	6	同	金华文萃	8	同
苏魏公文集	10	同	国学用书类述	2	
读史兵略	16		百子全书	80	
悦云山房集	4		徐孝穆集	6	
诸葛武侯集	16		泉志	4	
龙文鞭影	6		古泉汇	8	
啸龛诗词稿	8	两部	阅微草堂日记	10	石印
渔洋诗集	4		墨缘汇观	4	同
总理全集	5		淮南子	4	同
说文真本	5		名人手札真迹大全	6	同
宋元以来书人姓名录	20		历代书画舫	8	同
文勤公诗集	2		郑板桥	4	同
夏燮述均	4		段氏说文解字注	13	
四书备旨	7		清仪阁题跋	6	石印
大清畿辅书征	17		陈检讨四六笺注	8	同
飞汇堂日记	8		说苑	4	同
奥古文读本	4		曹子建集	5	同
六朝文絜	4		搜神记	3	同
世说新语	6		说文	4	同
齐东野语	6		清河书画舫	12	
小仓山房诗集	10		图画宝鉴	4	
瀛奎律随	10		审视瑶函	6	

续表

书名	册数	备考	书名	册数	备考
劝诫录稿	14		山谷题跋	4	汲古阁本
秘书廿一种	20		西溪丛话	2	同
阅微草堂笔记	10		图画见闻志	3	同
太上混元道德真经	2		唐诗三百首注释	8	
辛丑消夏记	5		圣叹批左传	6	
文字蒙求庆义	5		画史汇传	15	
书画汇考	64		四铜鼓斋论画集	4	
近代碑帖大观	8		盛京故宫书画录	8	
翁松禅尺牍真迹	12		王念慈画谱	4	
南宋院画录	4		苏氏印略	4	
历代神仙通鉴	36		芥子园画谱	5	
阅石谱	8		书画鉴影	8	
续丛稿	6		岳忠武王集	4	
历代图画诗类	22		画耕偶像	4	
佩文书画谱	16		名画书法	4	
孙子集集注	4		孙子释证	5	
胡氏书画考	8		纫斋画谱	4	
阅微堂笔记	6		玉定金析辑要	15	
王氏书画苑	32		渊鉴类函	48	
清代画史	6		老学庵笔记	4	汲古阁本
训兵辑要	2	嘉庆抄本	荀子	8	古逸丛书本
五经四书	32		论语	4	殿版仿宋刊
六臣文选	32	明刊	四书	8	明刊
贞观政要	6	明成化版	明抚淳化阁帖	2	
张稷若手抄稿本风角书	2		十三经读本	100	
韩非子	8	嘉庆版干动本	春秋左传	16	
毛传郑笺	10	明刊	四书备旨	6	
御选明臣奏议	20	精写本	李忠节公奏议	8	
阳明先生文录	18	残本	十三经注	76	四部备要铅印本
念四史	72	同文印	杜工部集	12	

续表

书名	册数	备考	书名	册数	备考
汉书	32	百衲本	陶芦丛刊	66	
蕉林诗集	12		古诗钞	14	铅印两部
图书集成	5 000	殿版	古物陈列所书画目录	20	
同上	1 478	铅印	黑林今话	6	影印
四部丛刊	686	白纸残本	说文解字	4	
文献通考	100	明经厂本	历代职官表	3	
旧唐书	60	殿版	诗义会通	4	
武备经纬秘文宝	48	精抄本	烟云供养录	2	
锦绣万花谷	32	明刊	自习画谱大全	19	石印
东坡全集	32	明刊	尚友录	22	
左传	15	明亿宋刊	习苦斋画絮	12	
自警篇	12	宋真定本	古缘萃录	12	石印
国朝书画家笔录	8		虚斋名画录	20	
迟鸿轩书画录	6		珊瑚网书录	8	
吴门弟子集	6		庾子山集	6	
画禅随笔	4		易理中正论	2	
孙子选注	1		文选礼学权舆	8	读画斋本
孙子十家注	6		韵史	4	
古今诗范	4		谈氏三元地理大玄空实验	4	
广雅堂散体文	6		张忠武公哀挽录	4	铅印
古文范	4		三秋阁书画录	2	同
别下斋书画录	5		穰梨馆过眼录	16	
过云楼书画记	4		莫愁湖志	1	
庚子消夏记	4		法界安立图	2	
岳雪楼书画谱	5		大悲心陀罗尼经	4	
清仪阁藏古器物文	10		金刚经心印疏	2	
葵书	6	铅印	楞严经指掌疏	11	
掌故丛编	6	铅印	六祖经笺注	1	
北江文集	7		金刚经集注	1	
瀛奎律随	4		红豆书馆书画记	6	

续表

书名	册数	备考	书名	册数	备考
书画鉴影	8		扬州画舫录	4	
石渠随笔	4		佣卢寿言	6	三部
桐荫画谱	4		子学律梁	2	
霜荫集	2		广州画跋	1	
石琴卢诗集	8	两部	应制诗	2	
水竹村人集	4		红楼梦索隐	10	
观画百咏	2		历代画史汇传	13	
欧钵罗室书画过目考	2		金刚经	2	抄本
四部精华	30	铅印	国货展览会实录	6	铅印
篆文大观	6		江西财政纪要	6	同
芥子园画传	12		历代通俗演义	60	石印
焦山志	22				
皇清经世文编	24	铅印			
字系	9	石印			
			计 321 部 5 465 册 外拓片碑帖百余种		

（伪满）国务院文教部编纂：《满洲国文教年鉴》，1934 年 3 月。

语学讲习所

（1934 年）

语学讲习所，系为日满官吏办公敏捷，增进事物之能率，及免除隔阂起见而设。讲习科目，设满洲语、日本语二科。更分为三部：第一部，初等，为初学入门；第二部，中等，对于粗通者教以会话、时文及实用语；第三部，对于熟习语学者，教以公用语（公事语）、公事文（公文式）。每星期授业三次，每次授课一时二十分。教师由政府各部院选请长于两国语文者充之。

实况。

第一次开设，自大同元年八月一日，迄十一月三十日，四个月间。借用新京商业学校教室为讲习所。自十月后，满洲语科移于西广场小学校，日语科另设于新京公学校内，仍继续讲习，直至十一月三十日。考查出席总数占三分之二以上。成绩优秀者，日语科七十三名，满洲语科五十一名，计一百二十四名。均给与修业证书矣。

生　徒　数

讲习生数＼月别		日本语科					满洲语科				
		八月	九月	十月	十一月	计	八月	九月	十月	十一月	计
入所生		634	11	47	10	702	380	21	2	0	403
退所生		155	108	101	100	464	70	150	55	50	329
月别生徒数	第一部	265	205	162	80		169	131	75	36	
	第二部	62	45	36	30		78	38	38	30	
	第三部	52	32	30	28		62	12	11	8	
	计	379	282	288	138		310	181	124	74	

讲师：

松原梅吉	东京外语	参议府秘书局
白铭璋	京都帝大	同上
外园半十郎	满铁特等合格	监察院
张实	东京早大	同上
罔本武德	关东厅一等合格	同上
贺嗣章	东京明大	法制局
林钧宝	同上	监察院
仓罔克行	东京外语	执政府
松田庄三郎	满铁特等合格	参议府
中岛比多吉	东京外语	执政府
上野巍	同上	国务总理秘书官室
木村镇雄	东亚同文	法制局
铃木辉之	同上	中央银行
村边繁一	长崎高商	民政部
大濑户权次郎	东亚同文	同上
段宝堃	京都帝大	实业部
李仲怡	国立北京大学文科	文教部

主事：文教部社会教育科长　　古闲亮

教务主任：文教部礼教司　　日田次郎

教科书：

日本语科：

第一部（初等）奉天南满洲学堂教谕大出正笃著《新撰日本语读本》正篇、续编。

第二部（中等）大连东方文化会编《实用日语完璧》全。
第三部（高等）印刷物（公用语、公用文）。
满洲语科：
第一部（初等）秩父固太郎著《简易支那语会话篇》。
第二部（中等）李仲刚著《现代华语读本》。
第三部（高等）印刷物（公用语、公用文）。
第二回官吏语学讲习所概况报告。
一、科目及程度：两科共分三部。
第一部（初等）对于初学者，启蒙教授。
第二部（中等）稍有素养者，课以实用语。
第三部（高等）习熟该语学者，授以公用语及公用文。
二、期间及时间。
自大同二年二月至同年六月，五个月间。
满语科为月、水、金，每回午后七时起至八时半止，一点半钟。
日语科为火、木、土，同上。
三、教室。
日语科：新京公学校（满铁侧）。
满语科：新京室町小学校。
满语科：第二教室、大同自治会馆。
四、讲习科：无料。
五、教科书。
满语科：第一部，秩父固太郎著《简易支那语会话》。
第二部，李仲刚著《现代华语读本》。
第三部，讲师自作《印刷物公用语公用文》，近整理印刷手续中。
日语科：第一部，大出正笃著《新撰日本语读本》（正）。
第二部，同上（续）。
第三部，讲师自作印刷物（公用语、公用文）。
六、此期讲师聘政府各部擅长语学者充之。

担任	所属	氏名	担任	所属	氏名
日语　第三部	法制局	贺嗣章	满语　第二部	监察院	外园半十郎
第二部	实业部	段宝堃	满语　第二部	财政部	宝胁贤之介
第一部	监察院	夏尊英	满语　第一部	参议府	白铭璋
满语　第三部	监察院	刘　实	满语　第一部	文教部	获山贞一

七、讲习生：本期间授业日数总计出席达三分之一以上，讲师举行试验及按平常考查之结果，成绩认为合格，必须发给文凭者之人数列左。

	第一部终了	第二部终了	第三部终了	计
日本语	15	35	5	55
满洲语	25	29	6	60
合　计	40	64	11	115

八、将来之计划：本讲习所为充实组织起见，以为斯界将来权威上计，作种种之计划，考究奖励法，以期检定官吏之语学资格，兼促进其向上心，并图增进事务之能率。

九、其他。现准备第三回语学讲习所开设诸事项。

（伪满）国务院文教部编纂：《满洲国文教年鉴》，1934 年 3 月。

燕乐传习所

（1934 年）

自古圣贤经国之大节，皆以礼乐并重。古人观乐可以知政治之得失。语曰：移风易俗，莫善于乐。盖乐之为用，以中和之音节，使人涵泳于和平雍熙之中而不自知，以浚发其忠厚仁爱之性灵。其有关于政教风俗者，极为密切重要。满洲建国伊始，祭祀燕飨，无雅乐以调其节奏，将见桑濮惰慢之声，群起而承其乏。人心风俗，交受其害，危孰甚焉？本部有鉴于此，爰有燕乐传习所之设。惟新邦肇造，百端拮据，经费支绌，故筹措至于半年，仅得四千元的款以从事。初拟命名礼乐学校，因欲别于祀孔乐舞，乃定名燕乐传习所。兹将其简章及学生教职员学生名单分列于左。

燕乐传习所简章

一、名称：燕乐传习所。

二、所属：文教部。

三、招生：暂定学额三十名。

四、考试及期间：四月三日由上午十时起，于文教部礼教司内举行。

五、年龄及学力：初级小学毕业，由十六岁至二十岁。

六、开学日期：四月六日。

七、传习期间：三个月。

八、校址：东二道街孔子庙。

九、待遇：传习时，每月发给膳费八元，点心费二元，计国币十元。

十、所学科目：笙、鼓、管、笛、板、云、箫七种。

十一、学科别：笙四名、管八名、笛八名、箫四名、板二名、鼓二名、云二名。

十二、教授法：先教授乐谱，再学习吹打。

十三、教授时间：每日三堂。

上午八时至十时，十二时至十四时，十五时至十七时，休息时间为预习及自修。

校长　邵继云　前清和声署庶使

助教　赵连兴　前清和声署掌乐副

书记　高鸿炎

学生

俞学海　王　海　周笑梅　于哲园　段景湘　张禹田

李振文　阎长恩　周鸿飞　赵永富　安承惠　安承福

周　灏　吴济洲　王景新　董鸿礼　吴荣章　王精蓍

李凤阁　李松涛　恒　纪　李胜林　启　熙　启　然

元　成　周德奎　继　斌　金　印　文　华　崇　俊

（伪满）国务院文教部编纂：《满洲国文教年鉴》，1934 年 3 月。

新京第一讲演所

（1934 年）

地址：新京西三道街。

成立年月：民国十八年八月。

宗旨：以灌输一般民众普通知识、道德观念，并免费教育贫民子弟为宗旨。

经营主体：长春教育局教育馆。

代表者：未详。

组织内容：教师一名、事务员一名。

沿革：未详。

事业成绩：每日除讲演一二时间以灌输一般民众之普通知识、道德观念，俾养良善之国民外，并教育十二岁以上男女儿童，不收学费并供给学用物品，每日授课四时间，四个月毕业，现有男女学生一百二十名。

施设：未详。

经费：每月吉大洋一百二十余元。

（伪）满洲国中央社会事业联合会：《满洲国社会事业概要》，1934 年。

新京第二讲演所

（1934 年）

地址：新京西二道街。

成立年月：民国十八年八月。

宗旨：以灌输一般民众普通知识、道德观念，并免费教育贫民子弟为宗旨。

经营主体：长春县教育局教育馆。

代表者：未详。

组织内容：教师一名，事务员一名。

沿革：未详。

事业成绩：每日除讲演一二时间，以灌输一般民众之普通知识、道德观念，俾养成良善之国民外，并教育十二岁以上之男女儿童，不收学费并供给学用物品，每日授课四时间，四个月毕业，现有男女学生四五十名。

施设：未详。

经费：每月吉大洋一百二十余元。

（伪）满洲国中央社会事业联合会：《满洲国社会事业概要》，1934 年。

新京第三讲演所

（1934 年）

地址：新京东五马路。

成立年月：民国十八年八月。

宗旨：以灌输一般民众普通知识、道德观念，并免费教育贫民子弟为宗旨。

经营主体：长春县教育局教育馆。

代表者：未详。

组织内容：教师一名，事务员一名。

沿革：未详。

事务成绩：每日除讲演一二时间，以灌输一般民众之普通知识、道德观念，俾养成良善之国民外，并教育十二岁以上之男女儿童，不收学费，并供给学用物品，每日授课四时间，四个月毕业，现有男女学生四五十名。

施设：未详。

经费：每月吉大洋一百二十余元。

（伪）满洲国中央社会事业联合会：《满洲国社会事业概要》，1934 年。

社会教育指导员讲习会

（1935 年）

我国自建国以来四载于兹，所有致强之远图、兴邦之大计，固已多方筹划，逐渐就绪。以我国现状观之，其为燃眉之急、切肤之痛者，惟社会教育乎！本部有鉴及此，拟使社会教育指导之中心人物对于此等理论及实际彻底了解，由此可使地方社会教育确实向上，并期与全国之社会教育指导者互相联络。遂自大同二年七月一日以降，而有前后三次社会教育指导者讲习会之举办也。兹将其概况胪列于左。

一、日期及场所。

第一回，康德元年五月二十日、二十一日二日间，

奉天省锦县省立第四师范学校。

第二回，康德元年九月三日、四日二日间，

吉林省立民众教育馆。

第三回，康德元年十月十二日、十三日二日间，

龙江省立男子师范附属小学校。

二、讲习科目。

甲、社会教育理论及实际。

乙、王道国家精神之彻底。

丙、社会教育诸问题。

三、讲师。

甲、由本部派遣二名。

乙、由省选任若干名。

四、讲习员资格。

甲、省、县立民众学校校长及教员。

乙、省、县立文化机关主管员。

丙、各县社会教育主任者。

丁、社会教化团体代表者。

五、讲习员数。

各回约六十名。

六、座谈会。

（伪满）国务院文教部编纂：《满洲帝国文教部第二次年鉴》，1935 年 12 月。

国立图书馆概况

（1935 年）

沈阳事变以东北大学、冯庸大学、萃升书院等各处藏书散失颇多，城坊书摊俯拾即是。日本关东军司令部于是有筹设图书馆，以谋保存之议。时张邸闲废，崇楼高厦，变为库藏。且邸中旧有书籍为数亦不在少，乃决议以张邸为馆址。除邸藏原书外，上述三处之书，凡线装汉籍，择其完整，统为检收。奉天故宫博物馆所管书籍，以性质关系，亦令移交。计议既定，本馆遂于大同元年六月十八日开始筹办，暂定名为国立奉天图书馆。同年七月七日由关东军改隶文教部。九月一日文溯阁四库全书亦移属本馆。本馆沿革大略如斯。兹将本馆组织及新购书籍列左。

组　织

本馆职员，现在筹备期间暂置如左：

馆长（兼任）一人，视察馆务；

事务主任一人，协理馆务；

事务助理（雇员）二人，协助事务主任办理事务上一切事宜；

司书二人，分掌图书整理、搜访、编校事项；

司书助理（雇员）四人，协助司书办理图书上一切事宜；

书记一人，办理对外上一切翻译事宜；

打字员一人，专司公文函件之打印事宜；

临时嘱托一人，专司整理档案事宜；

写字生二人，临时雇用缮写书签卡片等件；

修书二人，临时雇用修补各种损坏书册等件。

藏　书

本馆藏书基本除文溯阁四库全书另有说明（参观本馆所刊文溯阁四库全书要略）外，其来源有五：

（一）张邸原书，443 种，15 684 册；

（二）东北大学原书，776 种，22 426 册；

（三）萃升书院原书，438 种，12 410 册；

（四）故宫博物馆原书，358 种，34 429 册；

（五）冯庸大学原书，65 种，3 395 册。

总计 2 080 种，88 344 册，数量不足称，而其中独成巨观者曰殿本书，合博物馆与东北大学二处原藏，不下四百种，四万五千余册（详具本馆所刊殿版书目）。除上述五处原书外，新购书千余种，约二万册，及各种寄赠书九百余种，约五千册，档册约二千册，档稿约五万件。

书　　库

本馆藏书，四库全书仍按原样藏于文溯阁之三层大楼。该处分馆有专员一人职司保管（详具本馆所刊文溯阁四库全书要略）。其他之书分室庋藏计：

（一）殿本馆部；

（二）满文书部；

（三）善本书部；

（四）档案部；

（五）普通书部。

附：暂行阅览规则

第一条　本馆除保管文溯阁四库全书、盛京故宫原存之满汉文殿版籍，及先朝历代之档稿、档册外，并竭力搜集各种古今汉籍，以供研究东洋文化者之参考。兹为便利学者起见，公开阅览。但四库全书及善本暂禁阅览。

第二条　定期闭馆日规定如左。但遇必要时得临时闭馆。

元旦：一月二日、三日。

春节：合于阴历正月初一、初二、初三、初四、初五之阳历日期。

皇帝万寿：合于阴历正月十三日之阳历日期。

元宵节：合于阴历正月十五日之阳历日期。

建国日：阳历三月一日。

祀孔春祭：合于阴历二月上丁日之阳历日期。

祀关岳春祭：合于阴历二月春分后第一戊日之阳历日期。

端午：合于阴历五月初五日之阳历日期。

祀孔秋祭：合于阴历八月上丁日之阳历日期。

祀关岳秋祭：合于阴历八月秋分后第一戊日之阳历日期。

中秋节：合于阴历八月十五日之阳历日期。

孔诞：合于阴历八月二十七日之阳历日期。

年末：阳历十二月二十九日起至三十一日止。

除夕：合于阴历腊月末日之阳历日期。

每星期日。

第三条　本馆之开闭时间规定如左。但遇有应加伸缩之必要时，得临时更改之。

自四月一日至六月三十日，午前八时开馆，午后四时闭馆。

自七月一日至八月三十一日，午前八时开馆，正午闭馆。

自九月一日至九月三十日，午前八时开馆，午后四时闭馆。

自十月一日至翌年三月三十一日，午前九时开馆，午后四时闭馆。

但每星期六均为正午闭馆。

第四条　本馆不收阅览费。

第五条　拟阅览图书者，应请领阅览许可证。

第六条　阅览者将阅览许可证交于图书出纳，系换领借书证，按照所开之书名、函数、册数、号码、分类、氏名各项详细填写，以便领取图书。

第七条　阅览者当离馆之际，必须将图书交还馆员。同时，图书出纳系应在其阅览许可证之图书返纳栏内盖印，以清手续。

第八条　拟继续一日以上阅览同一图书时，应于交还图书之际告知图书出纳员。

第九条　阅览者不得于所规定之阅览室外阅览图书。

第十条　图书阅览中，如有污损还失或毁坏等事情发生时，阅览者应以同样之图书或相当之代价予以赔偿。

第十一条　本馆所藏图书，个人不准带出馆外。

第十二条　国内官、公、私立图书馆、官公署、官公私立学校及其他各机关，如欲借览本馆图书时，得由其代表者以正式公函请求。

第十三条　借阅中之图书不得转借他人。遇必要时，本馆有在借期未满之内，随时索还之权。

第十四条　借阅图书之邮费，应归借阅者负担。

（伪满）国务院文教部编纂：《满洲帝国文教部第二次年鉴》，1935 年 12 月。

映画教育

（1935 年）

映画教育在社会教育上占极重要位置，故本部不遗余力积极提倡。良以我国民智低浅，常识缺乏，用此映画教育，匪独适合社会人心之所好，即对于增广见闻、启迪智慧、善导思想诸大端，收效之大，当亦无出其右者。自表面观之，似仅供娱乐之用而已；然实际上对于文化之贡献，殊有特殊之辅助力也。本部有鉴于此，前已组织映画班，先后巡映全国。今后仍拟继续购备优良影片，各处巡行放映，以期映画教育之普及，借收促进社会教育之效果。兹将大同二年七月一日以降，至康德二年一月末日所举办之实况胪列于左。

实施情况。

第二次：建国精神普及巡映。

举办时间：大同二年自六月十五日至七月十八日，三十四日间。

巡映地点。

奉天省：范家屯、怀德、公主岭、洮南、海龙、山城镇、清原、抚顺。

龙江省：龙江、昂昂溪、三里岗子。

北满特别区：哈尔滨、上号镇。

吉林省：吉林、磐石。

放映页数：二十四回。

观众总数：约 166 900 名。

平均每处：约 6 676 名。

讲演回数：二十三回。

听讲者总数：约 97 860 名。

平均每处：约 4 254 名。

第三次：映画巡映。

举办期间：大同二年自九月一日至九月十日，十日间。

举办地点：兴安总署蒙古甘珠尔。

放映次数：三回。

观众总数：约 6 500 名。

平均每处：约 2 160 名。

第四次：映画巡映。

举办期间：大同二年自十月一日至十一月四日，三十五日间。

举办地点。

热河省：北票、承德、北营房、兴隆镇、柴河口、围场、栾平、古北口、丰宁、平泉、隆化、凌源、朝阳、建平、赤峰。

放映次数：二十四回。

观众总数：约 33 000 名。

平均每处：约 1 400 名。

经行里数：约 3 000 里（热河省内）。

第五次：映画巡映及尊孔巡回讲演会。

举办期间：康德元年自九月一日至九月十一日，十一日间。

举办地点。

吉林省：龙井、图们、吉林、九台、桦皮厂、蛟河、敦化、延吉。

听众及观众总数：约 23 000 名。

平均每处：约 2 800 名。

第六次：建国精神普及巡映。

举办期间：康德元年自九月十三日至十月十八日，三十六日间。

举办地点。

热河省：凌源、承德、北营子、柴河口、兴隆镇、小柏树、平泉、冷镇子、峪耳崖、青隆、土门子、干沟镇、凌南。

观众总数：约 45 600 名。

平均每处：约 5 067 名。

（伪满）国务院文教部编纂：《满洲帝国文教部第二次年鉴》，1935 年 12 月。

国立博物馆

（1937 年）

国立博物馆系于康德二年六月一日开设，其地址在奉天十纬路。其陈列品乃汤玉麟尝所搜括之热河喇嘛庙所藏之乾隆时代之佛像、佛塔、服饰等物，以及热河离宫所藏之周、汉铜器，景泰蓝之香炉、花瓶，康熙年刊避暑山庄园木版画，乾隆帝亲征战图，并圆明园之铜版画，清朝诸帝之御笔。其他宋、辽、金、元时代之陶瓷器并书画，辽金鉴镜与罗雪堂氏所赠之中国历代瓦当，汉、六朝、唐之泥俑及由武进陶湘购来之魏、齐、隋、唐之墓志、石刻等。此外，陈列于别馆者有辽朝圣宗、兴宗、道宗诸帝后之契丹文及汉文之表册石刻（白塔子出土），辽时代之釉绿、黄釉、白釉之鸡冠壶类，并有每年秋季所展览之宋、元、明、清时代之刻篆、刺绣等，为当馆陈列品中之最名贵者也。兹将其陈列品之种类品数开列于左。

第一室：佛像，七点。

第二室：服饰，十六点。

第三室：佛像及佛器，八〇点。

第四室：铜器，三八点。

第五室：铜器及陶器，铜器一四点，土器一四一点。

第六室：陶瓷器，九六点。

第七室：瓷器，五八点。

第八室：景泰蓝，二六点。

第九室：文房及什器，七六点。

第十室：铜版画，一二点。

第十一室：清时代书画，二八点。

第十二室：御笔，八点。

第十三室：御笔，一六点。

第十四室：明清时代书画，一四点。

第十五室：明清时代书画，九点。

第十六室：宋元时代书画，一一点。

第十七室：宝座，一六点。

第十八室：丝绣，一七点。

第十九室：刻丝，一九点。

第二十室：明器，一一九点。

第二十一室：墓志，四六点。

第二十二室：古代遗品，八六点。

廊路：挂屏，二三点。

别室：墓志，四八点。

计：一，〇二四点。

印刷物。

国立博物馆陈列品目录。

影印宋元明清刻丝丝绣精品（丛刊第一册）。

（伪满）国务院文教部编纂：《第三次满洲帝国文教年鉴》，1937 年 1 月。

图书馆及阅报所

（1937 年）

我国图书馆现在于全国各地有六十余处，但其中之可观者，仅奉天、吉林、龙江各省立图书馆而已。此等图书馆不拘我国民众之知识程度尚在幼稚，而所藏书籍多系高级古书，缺乏近代书及通俗书，于民众教育之振兴上颇属遗憾。本部有鉴于此，正在考虑改善中。阅报所专备新报或更备通俗书及杂志等，向一般公开，于每日一定时间使其自由阅览，于识字及常识教育上收效极大。此项设施极适于众人，惟以利用者颇多，故本部将来拟设法益为普及于全国。现在设施有单独者，有附于民众教育馆者。全国总数约有五十处。

（伪满）国务院文教部编纂：《第三次满洲帝国文教年鉴》，1937 年 1 月。

青年训练所

（1937 年）

青年训练所者，系前于中央防卫地区治安维持会创设，以养成开发农村之先驱者及保甲之中坚分子为目的。自康德元年七月实施于其管下十三县一旗。然同年十二月与中央防卫地区治安维持会解散同时，将此机关移管于各有关系之奉天、吉林两省焉。

兹将其实施地址分志于左。

一、奉天省：梨树县、昌图县、辽源县、双山县。

二、吉林省：长春县、双阳县、九台县、德惠县、农安县、长岭县、乾安县、伊通县、怀德县、郭尔罗斯前旗。

以上各青年训练所之毕业生，截至康德二年十月，约有两千人，其成绩颇属良好。

此外有新京地区治安维持会，自康德二年一月以后开设新京地区保甲青年训练所，专收容管下青年训练所毕业生中之最优秀者，各选五名加以深造。本年自十月起至十二月止三个月间，开设第二回新京地区保甲青年训练所，已收良好成绩矣。

（伪满）国务院文教部编：《第三次满洲帝国文教年鉴》，1937 年 1 月。

社会教育指导者讲习会

（1937 年）

社会教育指导者讲习会，原为养成社会教育之指导人才。前已举行六次，本年又举行第七、八、九三次，业在间岛、黑河、三江三地讲习完竣。当时俱以讲习会及座谈会联合施行，期间定为二日，其成绩均甚良好。并由本部资助各省，由地方自行举办讲习会，本部每次仅派遣讲师一名或二名，以尽力于指导事宜。兹将本年内所办之讲习会列左。

一、本部主催讲习会。

第七回　间岛省——延吉

康德三年五月十三日、十四日

讲习员　三十二

第八回　黑河省——黑河

康德三年五月二十八日、二十九日

讲习员　四十五

第九回　三江省——佳木斯

康德三年六月十七日、十八日

讲习员　五十五

二、地方主催讲习会。

1. 奉天省——奉天（三日间）——四平街（二日间）——东丰（二日间）。

2. 安东省——安东（五日间）——临江（五日间）。

3. 龙江省——齐齐哈尔（二日间）——又（五日间）。

4. 吉林省——吉林（二日间）。

5. 锦州省——锦州（七日间）。

建国史编纂。建国史系将建国之经纬及建国后之国情明了记载，以传于后世。且将建国之理想，以垂诸永远者也。康德元年六月，在本部开始此等事业，现在搜集之资料为数尚多。兹列记于次。

甲、建国史编纂基准书自第一卷至第六卷 2 030 件。

乙、建国史秘录及其他资料 760 件。

丙、重要写真资料 2 000 枚。

学术印刷物。

甲、清朝实录。清朝十一代三百年间关于政治实体之一大纪录也。一部凡一千二百二十册之巨书，三百部本年十二月复写印竣。

乙、纂组英华。宋、元、明、清四代之刻丝、刺绣之原色写真版也。共七十九种，分装二巨册，附题解三册。

丙、档案整理。整理明末清初之档案而印行之，由大同元年起至本年六月末日止。档案四万四千八百四十四件，并目录六册，编成乃移入奉天国内博物馆资料室，以资阅览焉。

（伪满）民生部：《第四次满洲帝国文教年鉴》，1937 年。

四、实　　施

力谋扩充图书馆　添购大批书籍

（1934 年）

【辽中】本县图书馆自本年六月间开办以来，一班阅者，异常踊跃，惟书籍颇感不全，是其缺点。兹者县长金凤山为力谋扩充该馆计，特由行政罚款提成项下抽拨大洋三百元，派员赴省，采购大批新国家出版各书籍，陈列该馆，以供阅者博览云。

《盛京时报》，1934 年 1 月 18 日 9 版，8600 号。

扩充社会教育　增加经费计划

（1935 年）

【吉林】社会教育机关关乎人民之知识文化，有莫大之关系。吉林省立民众教育馆及省立图书馆，虽然设立有年，限于经费之不足，办理各项事务多有不便。现吉林教育厅为扩张社会文化，令吉林省立民众教育馆、省立图书馆新年度编造新预算之期，增加经费、扩充书报，刻下该两社会教育机关已经在审核预计中。

又吉林省立图书馆近日新购入之书籍，在百零七种，已经逐日公布，欢迎阅者借阅云。

《盛京时报》，1935 年 4 月 28 日 11 版，9043 号。

民众教育施设　省署制定大纲

（1936 年）

【铁岭】民众教育馆应适合国民生活，实行积极指导施设之际，尤须锐意筹划，俾期顺应民情。省公署以省立民众教育馆，负指导各县教育馆之责，自应使其有明确之认识，以便发挥其技能，而尽其本职足以为谋斯项施设之普及发达，以促进国民之教化。特制定施设大纲于昨，令知本县，依照实行如左。

一、民众教育馆所办之事业难多，而对于建国宣言、即位诏书等所宣示我国根本精神，尤应特别尽力，以期普及，培养国民坚定之信念。

二、民众教育馆特质须适宜国民生活，而任指导教化之责，勿徒为官厅化馆员，尤应与民众共同生活如师友之切磋琢磨。

三、民众教育应各秉承所辖教育行政长官之指导，尤应互相扶持，俾全国各馆之活动统一，得以充分发挥其效果。其省立各馆对县立教育馆亦应尽联络、指导、督励之责，以资进展。

四、民众教育馆关于年中行事，须先作计划，以便施行，且应根据左列各项而办理之。

甲、讲习会、讲演会、展览会，其他简易听讲观览之施设。

乙、民众学校、图书阅览所，其他之简易识字教育之施设。

丙、电影、无线电，普及涵养卫生思想并指导奖励社会体育。

丁、关于民众教育馆机关刊物之发行，经营民众教育馆之调查研究，及其他社会教育促进上必要之事项云。

《盛京时报》，1936 年 10 月 20 日 14 版，9561 号。

今年度社会教育设施　提高文化意义深远

（1937 年）

【吉林】本省教育当局为普及教化起见，对于全省社会教育异常注视，特于康德四年度将社会教育之设施拟有具体方案，准备施行。斯诚吉省之文化益趋向上矣。今将其本年度社会教育之设施访录如左。

一、教育电影

活动电影具有直观性，于教育上之价值甚大，拟于本年度借取文教部所制之教育电影，向省内各县巡回放映，用资教化民众中失学之文盲，借以宣扬王道协和之精神。关于此事有电影机之购入及技师之邀聘，预算需费五千余元。

二、社会教育之奖励

现查全省民众学校中之二学级以上者计有一百〇八校，每校拟予相当之奖励费。

（一）民众日语学校。

因期满洲国之健全发达，在乎各民族之彻底融合，而民族之融合，言语实为通情款之工具。今于日满不可分之关系上，求真正之融合，则日语学校有奖励之必要。

（二）青年教育。

各县旗市构成中坚分子与乡村振兴等要务，实以青年是赖，拟集乡村青年于县城，实施青年教育，以坚其信念，使其归乡后从事振兴乡村工作，以完成其使命。本年度先择七县行之。

（三）成人教育。

本省民众学识简陋，为启发民智求乡村之健实发达计，对成年人拟施以讲习教育。对于家庭主妇或家长及保甲长等召集至县城开讲演会或座谈会，予以指导。

（四）社会教育设施。

为应时代之需要，在社会教育应用上之无线电收音机、留声机唱片等分别购置，用为民心之慰安、情操之陶冶、思想之善导等工具。

（五）巡回文库。

各县购置图书以财政关系多感困难，兹拟由省购置应用图书，设巡回文库五箱，送往各县，每三个月一巡回。

三、优良教化团体及模范青年男女之表彰

（一）各市县旗教化团及模范青年、妇女选拔表彰之。

（二）优良教员及学生表彰之。

（三）全省五十余教化团体，如万国道德会、孔学会、各慈善会等，依其趣旨所收之实绩加以奖励。

《盛京时报》，1937 年 2 月 23 日第 11 版，9679 号。

青年训练所陶冶我国青年之身心　养成国家中坚之人才

（1937 年）

以陶冶满洲国青年之身心，养成国家之中坚人才者为目的，由军政部、民政部、蒙政部共同发表之全国青年军事教练，以协和会为中心，本年四五月顷将见诸实施。滨江省本部包括哈尔滨市、双城、青岗、海伦、绥化、密山等一市五县，分别设立青年训练所。就中哈尔滨特别市青年训练所、协和会市本部现正积极进行一切准备中，与各方面联络协议之。结果定于本年五月二日举行盛大之成立式典，所址经慎选择之结果，决定设于道里炮队街俄侨学校内。现距正式成立之期仅一个月，市本部对于各种宣传方策决定五种宣传标语，在市内冲要地点贴布，并在市内撒布各种之传单，届时举行成立式典时，定有一番盛况云。

《盛京时报》，1937 年 3 月 31 日第 7 版，9712 号。

三江县电影宣传社会教育

（1937 年）

【佳木斯】三江省教育厅，于前月派遣属官张秉贤赴新京文教部，具领新式电影机，于日前归署。据闻文教部对社会教育极为注意，为使收效敏速，不惜巨资，购制大宗新式电影机，分发各省，以资宣传教育。本省社会教育，又极幼稚，将定于六月起至十月间，在此五月间，彻底普及用此宣传影机，宣传教育，预料收效定较课本速而且宏云。

《盛京时报》，1937 年 4 月 3 日 11 版，9715 号。

平泉民众教育馆奉令讲演改善

（1937 年）

【平泉】民众教育馆奉省署训令讲演应即改善，业经规定注意讲演事项六则发下。俾便遵行，将其规定六则列左。

一、民众教育馆，在可能范围内，须每日讲演。

二、讲师于讲演前，须将讲题拟定，多阅有关讲题之参考书籍，用纸将材料录出，规定层次，逐段讲解。

三、讲演时应崇尚事实，不作沉沦，凡与本题不关重要之词句，应尽可能删除之，以免耗费时间，动摇听众注意力。

四、关于讲演用语，应以浅近通俗者，宜为民间用文语典。故亦□详加解释，务使听众能充分了解为原则。

五、讲演一事一物，必须详细彻底，使听者能具体了解，不生疑问为止。如一日未能将意义讲述完整，可分若干日继续行之。

六、关于讲述王道精神，建国意义，尤应多方譬喻，详细解释，以求尽量发挥。

此类讲题，意义深奥，应以通俗语言解释之，以求彻底，传布民间，尤应多阅关于此类参考书籍。

《盛京时报》，1937 年 4 月 19 日 3 版，9731 号。

振兴民众教育办法　造成健全国民

（1937 年）

【吉林】省署教育厅以民众学校为救济年长失学主要场所，各地方自应积极筹设，俾一般民众得受相当教养，以造成健全国民，兹特订定办理要项。

（一）康德三年度由本署拨给之民众教育振兴奖励金，各县应将支出决算表提出。

（二）本年度各县设有民众学校共若干处，其经费支给办法由县费或其他经费项下支办，须详为查报。

（三）本年度除以县费或其他经费支办之学校外，尚拟筹设若干班，应妥拟详细计划具报。

（四）设有民众教育馆县份，应于各该馆附设民众学校，最低限度招收一班，毕业后仍得继续办理，关于职教员即由各教育分别兼任，不得支薪。

（五）所有县城小学校须选适宜地址，分别附设民众学校，其主要村镇之两级小学校，亦得筹设之。

（六）关于各县民众学校经费，应以县费支办为原则，但于必时者，可由省署察酌情形，拨给民众教育振兴奖励金。

《盛京时报》，1937 年 6 月 2 日第 11 版，9774 号。

民众教育普及向上
——民众教育馆成立社会、福祉两部

（1937 年）

计划已久，期速实现。锦省民众教育馆，兹经省公署，以专任主事近藤氏为中心，对于各种施设计划案积极研究，大体决定民众教育馆置社会部、福祉部。农村振兴、青年指导、日语普及、女子授产施设、市民博物馆设置，满日不可分立，省下四百万民众国民教育行。拟定八月二十二日迄二十八日，大讲习会开催。兹将其社会、福祉两部各种施设如左记。

一、社会部

移动民众教育。

各县旗社会教育机关施设，指导援助图书馆及民众教育馆、青年训练馆及农业实习所、农村振兴委员会教化团体、民众学校及童子团。

各县旗模范农村、教化指导及援助、农村各种施设、农村振兴委员会、模范民众学校、青少年训练。

一般民众教化彻底、映画巡回、幻灯纸芝居①回送、致书派遣及实演。

巡回体育指导及体育实施、日语检定试验实施。

简易民众教育。

讲演所开设。

宣传宣抚材料选择及制作、配布，善良读物发刊，幻灯种枚纸芝居。

揭示板设置及揭示教育资料制作、配布。

---

① “幻灯纸芝居”即幻灯片剧。

巡回文库开设。

各种讲习会开设及援助，日语讲习会、社会教育指导者讲习会、民众学校、女教员讲习会同男教员讲习会、童子团指导员讲习会、体育指导者讲习会等实施。

其他，日满童心会援助，展览会、座谈会、市长远足、市民体育会。

二、福祉部

问事施设：民众问事处福祉委员会。

授产施设：女子授产、裁缝手艺讲习会、下女养成、男子授产。

图书部：图书馆、市民博物馆等。

市民俱乐部：体育馆。

《盛京时报》，1937年7月13日7版，9815号。

锦州省公署开催冬期教育讲习会

（1938年）

【锦州】锦州省公署、满洲帝国教育会联合主催，冬期教育讲习会由一月二十一日起，亘四日间之实施，省下各县旗教育股长、县视学、优良校长二百余名参加，逐日讲习行事如左记。

第一日，二十一日，午前十时，开会式盛大举行，全场肃立，向国旗行最敬礼，国歌合唱，开会之辞（省长），介绍讲师（文教科长），训示（帝国教育会长代表），摄影，省教育会长（省长）开会词，民生部学务科长（讲师）新学制制定讲演。午后一时三十分讲师同上，治外法权撤废，教育问题讲演。

第二日，二十二日，午前十时开会，讲师堤特务机关长，中国事变及满洲建国精神讲演。

第三日，二十三日，午前十时开会，省署文教科长，新学制实施注音讲演；金视学官、米田股长，教科书编纂说明。

第四日，二十四日，事务上检讨，教授法改进，文教科长迄午后三时，盛大礼闭幕终了。

《盛京时报》，1938年2月9日5版，10013号。

省署本年度决定实施综合的社会教育

（1938年）

奉天省公署，鉴于事变下第二年度之一般社会情势，对省政各般之刷新，扩充强化，会见异常之紧张。但此次为国民总动员起见，对全省一千万民众，决定实施适应新事态之综合的社会教育，目下以民生厅社会科为中心，锐意进行立案准备中，关于此实施方针，特对省民之日常经济生活，置于重点。

一、以农村部落为单位，结成以街村公所学校、警察、教化团体等为直接指导机关之农村振兴会。

二、农民修练所之扩充。

三、结成以各种教化团体结成一团之教化团体联合会。

《盛京时报》，1938年2月11日2版，10015号。

社会教化功绩者

（1938年）

市社会科详细调查所得。

三月一日建国纪念日之同时，全国一律举行之孝子、节妇、义仆、善行者表彰式消息会见前日本报，关于哈尔滨之被表彰者之详细情形，据市社会科之调查分别探录于左。

道外地灵十道街，门牌号二十九号，黑树臣，年九十岁，家族子二名，媳一名，孙五名，孙媳二名，孙女一名，曾孙女三名。略历：黑树臣是回族人，幼年从河北省天津来满居哈已八十载，置产数处，乃以满洲为家焉。光绪年间，曾任吉林陆军管带，后以回族人来满者日多，遂辞官来哈，专办回族一切公益事业，故回族人颇信仰之。氏对于回族公益事业，提倡不遗余力，于民国二年，为救济哈市回族失学子弟起见，乃集金创立回族光裕小学校。又因经费不足，氏又亲谒滨江道尹及县长，请准由回民牛羊贩卖屠宰业，抽出百分之一，作为学校经常费用，该校始能维持永久。民国十五年，哈市回族日增，氏因之创立回族俱进会，俾回民团体日趋巩固。自满洲建国，乃又创设回教协进总会，以便统率全体回民一致拥护新国家，借以促进王道之真正乐土早日实现。今氏已年届九十高龄，而其爱护国家之心及从事公益之举，一如昔日。所谓国光人瑞者，氏足以当之矣。康德元年三月一日御登极大典，参列敬老会，受赐敬老纪念章。

郑恭，年八十二岁，奉天省怀德县人，现住哈尔滨市道外东原街中和胡同十三号，家族子二名，媳二名，孙五名，孙媳二名，孙女三名，曾孙二名，曾孙女二名。略历：郑恭，字连升，奉天省怀德县人，幼年家道寒微，读书未成后竟改营商业，颇擅计然之术，不数载事业愈见起色。嗣后来哈，经营木商业及典当商业，资产之丰，盈利之厚，堪称商业巨擘。氏慷慨好施，每遇公益善举，则必尽量捐助，而尤孝友忠笃，对人接物咸以至诚，有求之者，无不慷慨应允，卒致供不应求，所有商铺皆因之而被累荒闭矣。今仅以数椽茅屋，维持生计。氏难遭遇如此，而毫无怨怒色，且常语人曰：“余虽一贫如洗，向不寻人索旧账也。”其慷慨好施由此更可见矣。氏系商人出身，但颇知孝友忠笃之义，而对于社会公益，尤乐捐助。于光绪三十三年，曾将自有房地一所施给滨江勤学所，作为宣讲堂之用，当时值价约一万元。宣统元年，施给滨江县自治会地基一段。故氏一生营商之所得，至晚年已所存无几，然未尝有怨色。孔子曰贫而无怨，氏可谓其人矣。康德元年三月一日御登极大典，参列敬老会，受赐敬老纪念章。

孔庆玺，年八十二岁，锦州省兴城县人，现住所哈尔滨市道外中五道街，门牌二十七号，大成堂院内。家族子四名，媳四名，女一名，孙十名，孙女十四名，曾孙五名。略历：孔庆玺，锦州省兴城县人也，幼读经书，兼习医术，壮年颇有儒名，而医术亦愈精进，乡里获其益者甚多。三十五岁任曲阜县五品执事官，并监修泗水书院及督理黄河工程，四十五岁来哈就医，曾自开设药店。氏生平以节俭治事，故渐有积蓄，现已年老不应接外事矣。氏于光绪二十七年来哈行医，因岐黄之术甚精，就诊者每日盈门。而氏尤慷慨好义，以救人为己任，凡患者来就医，虽深夜不倦。遇有贫困者，不但医药免费，并亲自慰问，一时无不感其救世活人之德，积功好义之行也。康德元年三月一日御登极大典，参列敬老会，受赐敬老纪念章。

《盛京时报》，1938 年 3 月 1 日 6 版，10032 号。

注重社会风教　各地调查民谣

（1938 年）

【齐齐哈尔】民谣有关社会风教，而立国精神，有基于国民精神生活之必要，社会风教及国民精神，由民谣之中可以探索其充实之资料，是以为社会行政之参考见地。中央民生部当局饬令各省转饬所属，着手调查各地民谣流行状况，限于本年四月三十日以前会集到部。龙江省公署接得部令之下已为准备，依行转饬各市县旗限期调查，以便汇报。兹将部令之调查方法及种类志之如左。

调查民谣种类。

一、流行谣曲：一般最广泛流行小曲，如茉莉花、采茶等。

二、太平歌曲：世俗之秧歌调，如春季秧歌唱曲、十二月里——拜年词等。

三、俚词：俗陋之歌，如新娘词、牧童歌等。

四、其他：此外类似民谣之词曲。

以上之曲谱、曲词或原词均为记载。

调查方法：以各省市县旗之社会教育机关职员，担负工作之责任，如民众教育馆长、图书馆长、民众讲习所教员等，须及时实行云。

《盛京时报》，1938 年 3 月 9 日 9 版，10038 号。

彻底扫除文盲　普及识字运动
农村各校附设识字处　县教育科发挥新权能

（1938 年）

满洲建国于兹六载，农村民众对于建国精神、东方道德，经民众教育普及之下，及一再宣传宣抚，已具有相当认识力。但是于识字运动，仍未能普及实践，文盲遍野，殊抱遗憾之至。是以断行树立农村文化基础，先决问题，首在扫除文盲。锦县公署教育科干部协议结果，决于全县各农村，各主、分校及国民学舍，附设识字处，俾各就近村屯民众，遇有不识之字，任便赴识字处，由各该校教员谆谆指示。久之村民人人有识字技能，于发扬建国精神，确守东方之道德，当更有深刻印象。农村文化迈进，团结起来实现新国民精神，安居王道乐土之下，远东文化协和，可以树立一元新纪录。兹将其识字处办理要项，披露于左。

▲新设理由

一、建国精神之普及彻底。

全县民众经数年教化，及宣传宣抚之结果，对于建国精神已有相当认识，但欲知识低浅者及不识字者亦能彻底了解，则识字运动之推行，诚为一种要务。

二、文盲之逐渐扫除。

据康德四年十一月调查，未受教育者，占全县人口三分之二以上，是以除学校教育亟待普及外，对于一般民众之识字运动，仍须速为提倡，庶可逐渐扫除文盲矣。

▲经营要纲

一、名称：锦县○○○村○○屯识字处。

二、设置场所：各县村立国民优级学校，国民学校之本分各校及国民学舍各附设一所。

三、职员：由校长或舍长负识字处办理之全责，每日教授事务，应由值日教员任之（分校则由各分校教员任之）。

四、经费：因附设于学校及学舍，无须经费，但偶需消耗品时应由学校或学舍消耗费项下支给之。

五、来处向学者：随时择暇解答之，来处学字者，每日学生授课终了后，教授一小时，所教文字暂根据锦州省民众发行之教科书。

六、事务：首应宣传识字之必要，并可在墙壁之外部，涂成黑板，或揭示牌，绘图附字，以引起民众问字之动机。村长、校长应斟酌各该村之经济状况而为适宜之处理。识字处，应备有登记簿，每日应将问字及学字者登记之，每月五日以前，应将前月问字、学字之状况，报告本署。

▲其他

来所问字与来所学字者，不拘人数多少，均应亲切答之教之，并希努力宣传以期来学者之日增。

对于识字处办理热心、成绩优良者，由本署酌予奖励，以资激励。与识字运动有关系之各方面，应为联络期，以进行顺利而收效宏多。

单级分校附设民众讲习所者，在该所开办期间，所有来处学字者，应并入该所，同时教授之。

《盛京时报》，1938 年 4 月 16 日 6 版，10076 号。

社会就职之男女习学日语良机　各公学堂附设讲习会

（1938 年）

满洲事变后，日满语之研究热，普及于一般，比自中国事变以来，更进一层。盖日满提携，两国国民首须融通两国语言。因故关东州厅为奖励计，曾于市内各公学堂附设日满语讲习会，业已毕业者数班。今又自本月二十五日起，至来年三月二十日间，为第一期，每周间（月火木金）四日开讲习会，希望者随意报名入学，以上是满语讲习班。一方更自同日起，附设日语讲习会，期至十月三十日止，同期每周（火水金）三日，午后七时开课，计二时间。同讲习会附设之宗旨，顺应一般日满男女有研究之热心者入学，但现在学生徒，则不得入学，希望者向各校会场询问详情，会费不取。会场分志如左（会场）。

满语讲习会：大连土佐町公学堂，大连春日小学校，大连沙河口公学堂。

日本语讲习会：大连土佐町公学堂，大连西岗子公学堂，大连沙河口公学堂。

以上入会者资格，除在校生徒外，凡社会一般从事之日满男女，皆可于二十五日前，报名于各附近之会场云。

《盛京时报》，1938 年 4 月 23 日 6 版，10083 号。

社会教育委员会匡救目前时局　一心协和立世界和平之基

（1938 年）

关东州社会教育委员会，十八日午后一时，于州会议室内，开催临时委员会，席间决议左列数项匡救时局，同时对于国民精神总动员，关东州中央实行委员会主催之经济战强调周间，与以侧面的援助，三时顷散会。

决议：吾等社会教育委员鉴于现下时局，本乎原来之使命，为努力达到国民精神总动员之成果完璧计，诸委员间一同，应以不拔之信念，以当共事。故誓必率先躬行，以为大众之范，是故持实践左列各方策，以匡救目前之时局焉。

记：

一、今次之事变为求东亚安定，日、华相提携之下以树世界和平之基础，故甚阐明帝国国是遂行之意义。

二、发扬国民之真精神，以协和一心，显现一国一家族之真姿。

三、日常生活上诸般行为，须有精忠报国实践之自觉。

《盛京时报》，1938 年 8 月 23 日大连特刊 4 版，10203 号。

吉省调查各县社会教育

（1938 年）

【吉林】省公署为对于省下社会教育设施之状况调查起见，特制定详细式样调查表，令各市县旗长遵照调查报告为要。兹将其调查各项列左。

一、农民训练所

二、民众讲习所

三、日语学校

四、图书馆（民众教育馆）

五、青少年团

六、童子团或义勇奉公队

七、体育会

八、映画教育设施

九、青年训练所

十、民众娱乐机关

十一、其他教化团体

（报告日满文各一份）

《盛京时报》，1938 年 11 月 30 日晨刊 5 版，10299 号。

社会教育设施类目预备整顿刷新

（1938 年）

【吉林】本省实行社会教育设施调查一节，已志前报。其调查之类目甚详，预备整顿刷新，兹分别访录如左。

△农民训练所。

（一）调查表。

（二）一般状况。

（三）生徒铨衡状况。

（四）教育之重点及实际状况。

（五）经理。

（六）卒业生之动向及联络关系。

（七）修练所之运用。

（八）修练所主任之意见。

（九）将来之意见。

△民众讲习所。

（一）调查表。

（二）一般状况。

（三）生徒之募集及入学状况。

（四）教育之重点及实际状况。

（五）经理。

（六）卒业生之动向。

（七）主任之意见。

△日语学校。

（一）调查表。

（二）一般状况。

（三）生徒之募集权衡及入学状况。

（四）教育之实际状况。

（五）经理。

（六）卒业生之动向及联络关系。

（七）经营者之意见。

△图书馆及民众教育馆。

（一）调查表。

（二）一般状况。

（三）经管方法。

（四）图书选定方针及现状。

（五）设备状况。

△青少年团。

（一）调查表。

（二）一般状况。

△童子团或义勇奉公队。

（一）调查表。

（二）一般状况。

△体育会。

（一）调查表。

（二）一般状况。

（三）事业内容状况。

△映画教育设施。

（一）调查表。

（二）一般状况。

（三）电影效果。

△青年训练所。

（一）调查表。

（二）一般状况。

（三）生徒铨衡募集之实际状况。

（四）卒业生与动向。

（五）对训练所运用之意见。

△民众娱乐机关详细列表。

△其他教化团体，凡涉宗教团体、国防妇人会、社会事业会等各种团体，尽数记述之。

《盛京时报》，1938 年 12 月 29 日晨刊 5 版，10327 号。

吉省民众教育馆注重社教

（1939 年）

【吉林】省立民众教育馆，康德六年度之馆务，经该馆馆长以下，召集馆务会议，决定本年度馆务重要行事，注重社会教育之发展，将重要行事编竣，呈报民生厅备案。兹将其重要行事列左。

一、民众讲习所举办，上半年两班，妇女成年班、男子青年班；下半年招两班，妇女青年班。授课场所：本馆讲演所。教师由教育馆馆员担任，经费呈请民生厅补助，教育方针根据民生部规定，日期上半年五个月，下半年四个月。

二、民众讲习会，上半年举行两次，下半年举行两次，讲师由本馆馆员，聘请专家讲之，讲家庭之常识，每周四次。听讲资格：为在民众讲习所卒业。普通常识。

三、展览会一月下旬，生活资料展览会一次；三月上旬、五月上旬，建国精神资料展览会；六月中旬举办通俗教育品展览会；十一月上旬，建国精神资料展览会；十一月上旬，图书展览会；四月下旬、九月中旬，卫生展览会，向各方面借用展览品。

四、吉市永吉开巡回电影展览会，全年八次（上半年四次，下半年四次）。

五、儿童健康比赛会四月上旬、七月中旬。

六、举办各项球类赛，篮球各县中等学校比赛，五月中旬举行，小学生桌球市立各校举行球类赛九月上旬。

七、民众讲习会联运会，地址在本馆讲习所，吉林市及永吉县学生参加。

八、购置民众讲演刊物，民众读物本年计划购四百种。

《盛京时报》，1939 年 1 月 21 日晨刊 4 版，10346 号。

达成社会教育方针　振兴地方文化

（1939 年）

【吉林】社会教育之发展如何，有关于地方人民之教育殊深。吉林省公署康德六年度基于中央强化地方社会教育方针，对于图书馆、民众教育馆事业之振兴，与职员素质向上须由主管官不断的努力，以达振兴地方文化，特令各市县旗长依左开关于地方文化机关职员之素质向上要进行之。

一、召开地方文化机关职员之讲习会及会议，以谋职员之知识向上，关于经营图书馆、博物馆、教育馆等之技术亦须善为指导。

二、文化机关之职员组织地域别或机关别之研究会，使之充分研究该机关等经营方法，并使之得相互交换意见之机会。

三、适当考虑文化机关职员之待遇，力求避免该职员等之移动。

《盛京时报》，1939 年 3 月 26 日晨刊 5 版，10402 号。

救济失学　各县民众教育馆均开课　省公署分配免费教科书

（1939 年）

奉天省公署为救济省内各县之失学者起见，特对于各县当局，饬令实施普及民众讲习所及民众教育馆，以期从事于失学住民之训练，已致本报。兹对于此次普及设置结果，其成绩异常优良。迄本月初旬止各县分别设立者，已达相当之数目，志愿入所就学者，约达八万余众。省当局为令该等就读计，已经拟定自来月起始，饬令一同，开始授课。省侧对就学希望者，为免除该等之负担，特于最近以三千元之经费，购得多数之民众教科书，预定于日内即将正式向各县分配，饬令免费分发于众生云。

《盛京时报》，1939 年 5 月 15 日晨刊第 2 版，10451 号。

满人青年教化运动计划建设精神道场　州厅计划具体案中

（1939 年）

关东州厅当局，此次对于州内满人之教化运动，行将出以积极的手段，即以内务部之地方课、学务课等为中心，树立教化指导方针，刻正进行研究中，待得到具体案同时，即将逐次实行。

其第一着手者，以满人教化中坚分子之满洲青年之精神道场。青年道场之建设为主要，此项青年道场，以十七岁至三十岁之州内满人，于一定期间内，收容于青年道场，施以精神教育、公民学及其他教化科目，使满人青年，自发的关心向学，同时对时局认识，更复期其昂扬云。

《盛京时报》，1939 年 6 月 17 日晚刊 4 版，10484 号。

在沈阳图书馆内设立公立民众教育馆

（1939 年）

奉天市当局，以一般未受教育之民众或知识浅陋之民众，对于国家与公共设施，向不关心，而于非常时局与市政发展，尤乏充分认识。兹为对此等民众灌输知识并使认清国家与人民之关系，而宣达政情，国民精神作兴，改善民众生活，与振兴地方起见，特暂借沈阳图书馆设立奉天市公立民众教育馆。馆内设备一切简易而又可启迪民智之图书与近代化之教育工具，举办各种讲习会以指导民众，尤其对于妇女作日常心身生活上之必要事项讲习，以期他日臻于家齐之域云。

《盛京时报》，1939 年 6 月 28 日晨刊 2 版，10494 号。

学生福音
教育馆民众讲习所大量招收新生

（1939 年）

【吉林】省当局目下对于初等教育之普及、社会教育之发展，积极提倡增设吉林省立民众教育馆，附设民众讲习所。现为普及社会教育及民众讲习所班次增加，特出招生广告，继续收纳男女年龄老少之民众生，一切书籍笔墨完全官给。市内失学之男女，此机不可失也。随时随收，不定日期。此番民众生之普及收纳，为向来所未有云。

《盛京时报》，1939 年 9 月 3 日晨刊 3 版，10561 号。

民众教育设施　设讲习所及夏季大学

（1940 年）

关于一般民众教育，已愈增其重要性。奉天市社会教育股，为期遂行毫无遗憾，讲求各种对策，而于本年五月中，为期对儿童失学者研究对策，曾在大南国民学校及小北国民学校开设短期（五个月）民众讲习所，目下每夜对一般入所之青少年，讲习国语、算术、珠算、国民道德、音乐等。一方道德会奉天总分会，亦在奉天大西关作同样之设施，更在城内十处计划开设。一方更着眼无线电推进民众教育，设有组织的定期的讲座，呼吁于民众，目下关于具体策，节节考究，此等实现，颇可期待。而以本夏为期，决设夏季大学讲座。该讲座先开设以日系市民为主之讲座，七月二十五日至二十八日，在医大讲堂开讲，讲师决定为《日本精神与大陆政策》大用周明，《统制经济》笠信太郎，《民族问题》白柳秀湖氏。继续以满系市民为主，亦开设同样之夏季大学，现在准备中。社会教育之活动，刻有渐次活泼之势云。

《盛京时报》，1940 年 7 月 7 日 2 版，10853 号。

社会教育之改善问题（节选）

（1940 年）

罗庆山

引言

社会者人群也，教育者文化之父母也。社会人群之最高理想与努力，莫不归功于教育者也。社会教育乃别于家庭及学校教育而言，个人不才，不谙教育，谨就所知，约略言之，以管窥豹，更不敢一概而论也。

一、社会教育之意义

1. 社会。

社，说文："地主也，从示土。"白虎通曰："人非土不立，封土立社示有土也。"

会，集韵：“合也，聚也。徒合曰，洪范‘会其有极’，疏会谓集会。”礼乐记：“竹声滥滥以立会，会以集乘。”

社会，英文 society 谓多数人集合为一体而互有生活持久关系者，即个人间之精神结合共同体也。质言之，即有团体、有组织、有疆界、有若干共同之生活关系之人群也，乃包括人类间一切经常相互关系之系统，集合精神与物质两方面之生活。而以经济相互持久之关系为基础者也。故所谓社会者，乃群居之民有其所同守之约束，有其所同蕲之境界；非如萍若而合，系若而散；无公例之达义，无同求之幸福者，所可同日而语也。

…………

3. 社会教育。

社会教育：对个人教育而言，谓教育之目的以社会文化为主体，而不以个人为主体者，实即化导社会之教育行为也。

人为诸民众资质之向上计，以社会全体为客体，使影响及于社会全体之教育也。详言之，将教育事业之范围扩大，使之民众化、普遍化。借家庭及学校以外之各种教育有机化，应用种种之手段，在社会之实际生活中，不问男女老幼、富贵贫贱，凡属教育上未成熟之人，皆一一教化之，以其增高社会民众之教育程度，使社会之发展进步上受良好之影响者，是即社会教育也。

二、社会教育之主体及客体

1. 社会教育之主体。

社会教育主体及客体，皆不同于学校之教育也，学校教育之主体为教师，社会教育之主体为社会全体。社会教育之主体无年龄资格之限制，亦无个人团体之拘执。而其责任在于国家及地方政府，须有整个统一之计划，施行于一定区域内。

2. 社会教育之客体。

凡在教育上未经成熟之人，无论男女老幼，不拘贫富贵贱，皆为社会教育之客体。因其本质适其环境，更必须由道德、学术、政治、实业、艺术、体育等各方面之教育，以启发一般社会人群智识故也。

三、社会教育之目的

社会教育之目的，不专以直接开发个人之资质向上为主旨，而以增高一般社会民众之教育程度，使社会进步上、发展上受有良好之影响也。换言之，即谋求个人终身最高之志趣，更谋求社会人类最高之幸福也。

四、社会教育之方法

社会教育之方法，不取强制之手段，而要求民众之自然享受；不采机械之教育法，而思养成民众自学之风气。故注重通俗化、常识化、社会化，不限于时间之长短，不限于空间之小大。

五、社会教育之机关

社会教育之机关有四。

1. 社会教育之行政机关，如教育厅局之社会教育科。

2. 社会教育之经营机关，如国家或地方之政府。

3. 社会教育之实施机关，如公共之图书馆。

4. 社会教育之发展机关，如社会教育研究所。

六、社会教育之种类

1. 一般之社会教育——灌输民众之普通知识技能。

（1）增进民众知识者，如民众教育馆、民众图书馆、民众学校、民众博物馆、民众美术馆、民众日报、民众宣讲所。

（2）提倡民众娱乐者，如民众剧场、民众电影院、民众公园、民众茶社、民众娱乐场、民众说书场。

（3）改良社会风俗者，如公共礼堂、消费合作社、崇俭会。

（4）健全民众体魄者，如民众体育场、民众国术馆、民众游泳池、禁酒会、禁烟会。

2. 职业的社会教育——培植民众之专门知识技能。

（1）农民教育，如农民众教育馆、农民图书馆俱乐部、农事研究会、农事指导所、农事讲演会、农事试验场、农产展览会。

（2）工人教育，如职工教育馆、实验工厂、改良工艺指导所、工人俱乐部、工业传习所。

（3）商民教育，如商业补习学校、商业图书馆、商事研究会、商业出版物。

3. 特殊的社会教育——补救民众之特殊知识技能。

（1）残废教育，如疯人院、残废院、盲哑学校。

（2）感化教育，如感化院、反省院。

（3）救济教育，如孤儿院、苦儿院。

七、社会教育之急务

1. 劳动教育所以锻炼身体者也，如劳作运动、造林运动、保甲运动、卫生运动。

2. 新民教育所以训练思想者也，如识字班、青年团、少年团、妇女会、防共会、灭党团。

3. 生产教育所以开发产业者也，如农村运动、造林运动、合作运动。

八、社会教育之宣传

社会活动，急宜扩大宣传，以引起民众之注意与实施。故应揭示社会教育，加以改善，分周实行。

1. 新民周——阐扬新民主义之真义，树立民众高尚道德之基础。

2. 科学周——介绍科学常识，引起民众对于科学之兴趣与认识。

3. 健康周——提倡卫生，健强身体，使民众知保健之重点，而努力健康之运动。

…………

5. 建设周——推广劳作之利益与急需，打消民众好逸恶劳之心理而从事宗教上之各种建设。

6. 家政周——介绍家政常识，及保育婴儿方法，使妇女界深悉家政急应改良之重要。

7. 节约周——推阐物力之维艰，生产之不易，使民众崇尚节俭，尽力储蓄工作以备不时之需。

8. 祛邪周——阐明邪说党共之误谬，使民众一致趋除妄念，洗刷迷信，共建王道乐土。

9. 兴亚周——发挥东方文化道德，建兴大亚细亚主义，使民众奋起直追，奠定邦基，实现世界大同。

10. 娱乐周——革除不良之娱乐，使民众知高尚娱乐之重要。以陶冶性灵，恢复固有文化道德，增加乐趣，而度人类和平优美之生活。

九、社会教育之改革

国家之兴衰，一视国民之文野；国民之文野，一视教育之得失。教育之道，即含有训民以德、长养其体、启迪其智之意。故中庸谓："好学近乎智，力行近乎仁，知耻近乎勇。"所谓智仁勇三者天下之达德，实即教育上所日日研求之智德体三育也。三育不兴，国必灭亡。三育之兴，端在教育。家庭教育责任由父母之提撕教养，戚友之熏陶鼓励。学校教育权在官府之推行，私人之创设。而社会教育则导源是家庭及学校。欲社会之开明启圣，须加强二者之实施，未有家庭教育不良、学校教育落伍，而其社会能繁荣滋长、文化灿烂者。故改善社教，殊为重要。推研究改善之道，不外二端。

一由本而及末——彻底改造家庭学校之基本教育，徒以兹事体大，未易骤观实效，兹不相提并论。

一由流以溯源——由社会现状之积弊，着手实施。以救文丧道弊之窘迫，以济破家亡国之危难。兹简要言之，社会之弊病为何？亦不外二端。

1. 精神颓废……在正人心……革心之道要在恢复固有文化，增习四书五经，以对治党共之邪说，以振兴旧有之精神，恢复固有道德，整理家族制度，重礼义、明廉耻、移孝作忠以事其长上，移身作顺以敬其国人，已立立人，已达达人。要在上者倡行，以身作则；在下者仿效，自必奉行惟谨，以重建我国数千年来之精神文明而为之一体。

2. 物质缺乏……在充实力……国之本在家，家之本在身，身之健全，要在去浮务实，必有职业。用其所长排除敷衍，肃清反串，良以今日之社会工作人士，学非所用，用非所长，以至不求实学，而干实事，无识无学，滥施其用，人存幸进之心，此社会事业之所以日衰，国家大本之所以日坏也。为今之计，学必专修，用必专长，放弃人情，惟求实际，去迷信，求真理。凡属国民，率皆于固有之文化道德予以彻底之服膺。运用我国之精神文明外，更急需发扬科学，建设物质文明而为之用。

是则精神物质体用兼备，救颓起废而人心正，增缺补乏而实力充。若是则服官任职，取其才德，干事就业用其技能，一扫社会积习，一新民众陋俗，前而由流溯源改善社会之教育，继而由本及末振兴家庭及学校之文明，则从事改良社会之各种教育，推行社会教育之当前急务，以及宣传社会教育之各种运动而逐渐实施之，为不可缓也。

十、结论

综上所述，仅为社会教育之一端，未免人云亦云，殊不足以阐扬此中之精义。至于改善云云，尤觉其简陋耳！徒为塞责，以充篇幅。

《盛京时报》，1940 年 7 月 4 日晚刊 4 版，10850 号；7 月 11 日 7 版，10857 号。

为谋教育普及民众讲习所扩充

（1940 年）

【西丰】本县已往之民众学校，改为民众讲习所后，未见若何设添，反有缩减之势，原因不外一般之认识不清，未能了解社会教育之趣旨所致。今后拟加以扩充，各街村长立于教育第一线，务须与学校打成一片，取紧密之联络，协力办理而增设，以期民众教育之普及云。

《盛京时报》，1940 年 9 月 29 日晨刊 4 版，10936 号。

新京社会教育今年极为发展

（1940 年）

新京社会教育，也是循国策而迈进，除了保健社会事业等等，有专人负责办理外，并在教育科下，设立礼教股，担当宗教和文化部门。而文化部门则以设立民众讲习所，为开导民众知识为当务之急。现下新京市内公私立民众讲习所，不过十余处，成立于本年三月，于七月末行第一次毕业式。其入学无论老年中年之男女讲习者，各所均有相当之踊跃，颇予社会上一种良好影响，而予善意之批评，因此社教之发展亦由是而振起矣。将来拟强化此读书识字运动，俾全市文盲都有机会来参加听讲，知识逐渐增长，以为建设满洲乐土之一员，同时可减少因不识字而来的罪恶。至其主旨，则希于常识方面，使其逐渐丰富。例如，普通之商人道德，工人、农人各安其分，无业游民之训导，并启示早完课税、当兵义务、勤劳奉公等，皆授以相当教育，使其明了建国精神之彻底，个人之责任之所以。因之于都市在可能范围内，施以教养并重之方针，不但陶冶其精神，而养成相当之技能；于农村方面，则利用农暇时间，务使尽量有参加识字之机会，以期达到人人明理，安居乐业之大理想。

此外再拟于现有图书馆外，增加巡回文库，或放演教育电影片，按时讲演等，以资推广社会教育。惟政府措施如此，尤望民众协力打成一片，庶敢事半功倍之效。

近来各教化团体，如道德总会、红十字会、理善会、佛教会、慈善会等各社会法团，都有学校或幼稚园之设施，以殊堪为新京教育庆贺，抑尤有进者，该教化团体，如能注入宗教时间减少，改成普通教育，则尤为企盼不止也。

总之，社会教育之振兴，灭绝文盲，不仅为新京一市之荣，其消长兴衰则与全国有莫大之关系。

《盛京时报》，1940 年 10 月 10 日 5 版，10947 号。

强化社会教育　扩张民众讲习所

（1940 年）

【西丰】县长袁庆泽氏对于县政兴革事宜不遗余力，又特别注意社会教育。兹为普及民众讲习所之设置特于日前饬令各街村长务于康德八年度，以村为单位，每村至少须设置民众讲习所一处。其或诱导有方，增添学级者，由县方定于褒奖，其未设立者应即着手办理，克期成立具报云。

《盛京时报》，1940 年 12 月 8 日晨刊 8 版，11004 号。

民众识字讲习班于昨日正式开课

（1941 年）

【新京】民生部当局为强化国民知识向上起见，每年举行之“识字运动周”道德总会。根据该部之趣旨，曾于客岁十月间招收一般不识字之妇女以及幼童儿，共计五十余名，每日授与日常生活简易之文字。由午前十时起至午后四时，由上月二日该会之讲堂，被长春县公署壮丁检查所借用。该征兵检查于五日结束，以是该会于六日午前正式开课云。

《盛京时报》，1941年3月7日晚刊4版，11086号。

扫除文盲　吉省对社教文化机关详细调查办理状况

（1941年）

【吉林】社会教育之向上，关于人民知识尤为重要，吉林省当局为使社会教育发展，特向所属各市县旗长调查，民众讲习所之状况，民众教育馆七年度之状况，对于地方、对于社会事业及图书馆及民众教育馆有功绩者，详细调查呈报，期达地方文化之向上，扫除文盲。

一、文化机关七年度之状况。

（一）名称；（二）所在地；（三）代表者；（四）沿革；（五）组织；（六）职员数及事务担当；（七）设施状况；（八）占用土地面积；（九）七年度预算支配方法及其来源；（十）资产额；（十一）藏书保管方法及事业状况；（十二）将来计划及希望事项。

二、民众讲习所七年度状况。

（一）名称；（二）所在地；（三）开设年月；（四）附设机关名；（五）所长名；（六）教职员氏名经历及担当事务；（七）修业期间及开所期日；（八）每周各科教授时数；（九）土地面积建筑物及其他重要设施；（十）经费支配方法；（十一）就学状况；（十二）学级及修毕时期学生性别职业；（十三）八年度计划及希望事项。

三、民众教育馆七年度状况调查。

（一）开馆日数；（二）藏书册数；（三）书报阅览所；（四）总人数；（五）问事人数；（六）民众讲习所普通科日语科；（七）讲习会；（八）映画会；（九）体育场；（十）讲演会；（十一）展览会（其他）。

四、图书馆事业并民众教育馆事业功劳者调查呈报于□□当时图书馆。教育馆从事：（一）对事业有功劳者；（二）现在职务功劳显著者；（三）旧满铁侧图书馆移让我国图书馆员；（四）建国转职功劳显著者。

《盛京时报》，1941年4月10日晨刊4版，11119号。

增强国民体质　我国将设体专学校

（1941年）

为设立满洲国体育专门学校，日本体育专门学校特遣该校总务理事米山卯吉氏来满，探询满洲国侧意向，已于二十三日到新京，即与民生部、协和会等各关系当事者接洽后，于二十七日归国矣。我满洲国之体育专门学校设立，乃建国以来之悬案，终因资金、资材等关系未能实现。对该氏之提议，表明有完全赞同之意。关于其具体的设立计划，俟米山总务理事归国研究检讨后，于七八月顷再携具体案来满，其大体方针因时在物资不足之际不能急速设立，故日期未定。设立地址，或借用新京南岭协和会义勇奉公队宿舍，此意见已一致。关于其用地，经武藤市公署建设局长视察结果，略决定为南岭。我满洲国之国民体育，日增其重要性，本校设立后，对全国民之体位向上补益甚大，殊堪期待也。

《盛京时报》，1941 年 5 月 1 日晚刊 2 版，11140 号。

提倡社会体育　本年将开指导者讲习会

（1941 年）

民生部于编纂适于现在社会体育运动之社会体育教范之前，首先于十月开举社会体育担当者指导讲习会，更以协和会义勇奉公队，开拓青年义勇队。大同学院统括下之全国训练所为核心，着手新社会体育态形之实践，复以教范之编纂为契机，将设定社会体育态形国民奖健地，及设置国民体育场。故社会体育态形之树立，颇为各方面期待云。

《盛京时报》，1941 年 5 月 13 日晚刊 2 版，11152 号。

不识字者福音　民众教育讲习所筹备就绪将开学

（1941 年）

【通化】县当局期普及社会教育须首由街村民众着手，业规定办法。饬街村一励进行，街公所学务系员回占英，逐日奔走筹备民众教育讲习所之设置，已规定三处就绪：一、通化街清真国民学校；二、肇新国民学校；三、循理国民学校。并督励街村长，劝诱住民无论成年及儿童，无力求学者，皆可免费入学，书籍供给。每日下午三时至五时为上课时间，限定六个月卒业。成绩优良者，发给奖品及奖金云。

《盛京时报》，1941 年 7 月 20 日晨刊 3 版，11219 号。

谋彻底扫除文盲　举办识字运动

（1941 年）

【通化】东边道过去乃文化落伍之僻地，自康德四年间通化设省，经军官民一体协力经营下，始达成现在明朗之生产省。惟教育一端，虽经当局极力斡旋，谨青年学童就学者，成绩日见跃进，既成年者尚有目不识丁为数颇多。协和会县本部、青年团县统监部侧欲洗涤此种重要污点计，双方携手，以全县各村□为中心主办识学运动。关于诸种行事，该双方积极筹划中，以俟筹划就绪，实施识字运动，闻□期中央统监部文化部长姜兴氏，或能来通视察实绩云。

《盛京时报》，1941 年 12 月 4 日晨刊 6 版，11354 号。

第七编

留学教育

一、法 规 章 程

留学生章程

（1936 年）

第一章 通 则

第一条 凡欲做留学生者，需具有左记各号的资格。

一、思想坚定、性格良善、身体强健者。

二、高级中学校或与此同等程度以上的学校毕业者，或在当年即将毕业者，可由主管部大臣认为有同等以上学力者。

三、在满洲国内（包括关东州）居住三年以上者。

第二条 凡要做留学生者，需连同留学生认可申请表（第一号表式）及左记文件，经管辖其居住地的省长或特别市长向文教部大臣或蒙政部大臣提出。但居住在关东州内者，可直接向文教部大臣提出。

一、履历书（第二号表式）。

二、毕业证书或可能毕业证明书（第三号表式）。

三、学业成绩证明书（第四号表式）。

四、由居住地的县长、旗长、特别市长、市长，住在关东州内者要由日本国警察署长所发的身份调查书（第五号表式）。

五、留学志愿书（第六号表式）。

六、在申请前三个月内的免冠四寸照片三张（背面自己书写拍照年、月、日及姓名）。

第三条 留学申请书中所要求的保证人，须具备左列资格。

一、正保证人是留学生的家长。但作为家长者，是其亲族中的年长者。

二、副保证人是与留学生同住一省，特别市或关东州内的在职官员或交纳国税十元以上者。

第四条 申请做留学生者，需经过文教部大臣或蒙政部大臣所指示的地方进行日本语考试。但自费留学生中，已在日本的中等学校或留学生预备校的各科毕业生可以免试。

留学费用供给困难而需政府付给留学补助费者，除接受前项日本语考试外，要接受左记考试和身体检查。

一、笔试。

国民道德（国民精神）。

国文（解释、作文）。

数学（代数、几何）。

前记各科外，还有文教部大臣或蒙政部大臣根据情况所指定科目。

二、口试。

第五条 前记的考试日期，由文教部大臣或蒙政部大臣在政府公报中公布。

第六条 文教部大臣或蒙政部大臣对第四条的考试合格者或已学习完日本的中等学校或文教部设立的留学生预备校的课程而毕业者，授与留学许可证。

第七条 留学生退学、转学或转科者，要向文教部大臣或蒙政部大臣递交附有所在学校校长的意见书，并连署保证人的意见的申请书，并取得许可。

第八条 文教部大臣或蒙政部大臣已根据第六条发给许可后，如因第九条规定取消其留学许可，或根据第十八条停止发给其留学补助费者，都在政府公报中公布。

第九条 有左列各种情况者，文教部大臣或蒙政部大臣可取消其留学许可。

一、转学或转科而违反第七条规定者。

二、由于学习成绩不良而留级或超过原定修业年限者。

三、因身体虚弱无完成学业可能者。

四、有不良行为者。

第十条 由留日学生向文教部大臣或蒙政部大臣提出的文件，须经过驻日大使馆。

第十一条 留日学生到达留学地后，应迅速向驻日大使馆提交留学许可证，以发给入学介绍信。

第十二条 对满洲医科大学、旅顺工科大学和南满工业专门学校的留学生亦适用本命令。

第二章 补助费留学生

第十三条 补助费留学生接受根据另表所列留学费。但对已接受特别市、县、旗、市、其他自治团体或日本国外务省文化事业部的补助者，按其接受程度减少补助费额。相当于前项例外规定而接受学费补助费者，需要向文教部大臣或蒙政部大臣报告。

第十四条 文教部大臣或蒙政部大臣可指定补助费留学生的留学地、入学学校、学科及留学年限。

第十五条 由已在文教部大臣或蒙政部大臣所指定的学校入学之月开始发给留学补助费，到其毕业或退学之月停止。但对自费留学生而要成为补助费留学生者，则由其成为补助费留学生之月开始。入学时应立即向文教部大臣或蒙政部大臣提出留学补助费付给申请书（第七号表式）。

递交前项申请书时，应附有所在学校校长的在学证明书（明记入学年、月、日）及申请前三个月内的免冠四寸照片二张（背面自己写好拍照年、月、日及姓名）。

第十六条 补助费留学生需休学一年以上者，要向文教部大臣或蒙政部大臣提出附有所在学校校长的意见书的休学理由书，并得到许可。在前项休学期间停发留学补助费。

第十七条　补助费留学生除因病而外，需要缺席一个月以上者，需得到文教部大臣或蒙政部大臣的许可。

未得到前项许可而缺席达一个月者，停止发给其缺席期间的留学补助费。

第十八条　有左列各种情况之一者，文教部大臣或蒙政部大臣可停止发给其留学补助费。

一、在转学或转科时，违反第七条规定者。

二、在补助学费中，违反第十三条第二项规定者。

三、无正当理由或未得到前条第一项许可，而连续缺席达二个月以上者。

第十九条　补助费留学生毕业后要就业者，须事先得到文教部大臣或蒙政部大臣的认可。

补助费留学生由毕业之日起，到相当于其留学年限的二分之一的时间内，有义务从事文教部大臣或蒙政部大臣所特定的职务。

第二十条　补助费留学生受到第九条及第十八条的处分或者违反前条者，应返还其已接受的留学生补助费的全部或一部。

附则

本令于公布之日起实行。

废止康德三年文教部令第一号文教部留学生章程。

（伪）满洲帝国文教部学务司：《满洲帝国学事要览》，1936 年。

奉天省长公署训令颁发《暂行自费留学规程》

（1936 年）

为令知事。查我满洲帝国对于高等专门教育尚未有完备之设施，幸友邦日本所有教育异常完善，而科学之渊深尤足为我国之模范。故文教部为养育人才起见，每年以国费选送多数留学生，俾期造就有成，归国致用。本省有见于此，为贯彻上述目的计，制定暂行自费留学规程。除分行外，合亟抄发规程，仰即遵照办理。此令。

暂行自费留学规程

一、宗旨。自费留学者，限意志坚强、学行优秀、志愿学习切于国家需要之学科而回国从事于教育或其他于国家有益之事业者。

二、资格。限由国内官、公立或文教部立案之高级中学程度以上学校毕业者。

三、出国手续。第一步——志愿自费留学者，须按照左列办法“请领证明书”。请求发给自费留学证明书者，应提出左列书类，以供审查。

1. 志愿书。要记明志愿留学之校名、所在地、学习学科、留学年限，回国后志愿从事教育之事业。

2. 履历书。要记明生辰、年岁、户主、姓名、现住所、学历及经历。

3. 原籍证明书。要记明原籍所隶之市县、区村，由主管市长或县长签名，盖用官印证明之。

4. 保荐书。由省立学校毕业者，要原校校长之保荐书，由市县立或文教部立案之私立学校毕业者，要市长及参与官或县长及参事官连署之保荐书。

发保荐书时，在省立学校应由校长、副校长，在市县应由市长、参事官或县长、参事官，对志愿留学者，按左列各事加以考核。

（1）对建国精神之认识。

（2）操行学业之成绩。

（3）志愿学习学科及志愿之理由（学校或市县当局对其志愿学科得为合理之改正或指定）。

（4）学成归国后志愿从事之事业。

（5）留学期间学资之准备。

（6）身体健康状态。

（7）日本语之程度。

经过前项考核认为合格者，发给保荐书，否则得不发给。

5. 证明文件。第二项内所定学校之毕业证书。

6. 相片。最近四寸半身免冠相片二枚。

第二步——前列各项书类提出本厅，经审核无异后，再由本厅对志愿者施以人物考查及口头试问（试问事项与第一步考核标准大致相同），认为合格后，发给自费留学证明书。

四、国外手续。学生到留学国后，应赴满洲国大使馆学务处登记。

五、留学期间，应受大使馆之指导监督，并于入学、卒业或中途辍学、修学、退学时，务须经由大使馆学务处通知本署。

附注：出国手续项内所定之一、二、三、四各书类用纸，限用本厅印制者。

（下略）

《奉天省公署公报》第 28 号，1936 年。

关于留学生之件

（1936 年）

第一条　本令所称留学生者，系指除承官署之命而留学者外，留学于外国学校之学生而言。

第二条　欲为留学生者，应依文教部大臣或蒙政部大臣之所定，受其留学之认可。

第三条　文教部大臣或蒙政部大臣为令学习国家需要之学术、技艺，得对于留学生支给留学补助费。

第四条　文教部大臣或蒙政部大臣遇留学生有不当行为或至无成业之希望时，得撤销第二条之认可或命其归国。

第五条　留学于日本国内学校之留学生，由驻扎日本帝国特命全权大使监督之。

附则

本令自公布尔日施行。

本令施行之际现留学于外国学校之学生，自本令施行之日起三月内，应受第二条之认可。

（伪）满洲帝国教育会编：《满洲帝国文教关系法规辑览》（下），1938 年。

奉天省公署训令奉天市长、各县长关于文教部留学生预备校招生考试事

（1937 年）

为令遵事。案奉文教部训令第五三号关于标题之件，附招募学生及施行试验要纲，饬遵照办理，等因奉此，合令该市、县就管内用适当方法公告，俾志愿投考者知照为要。此令。

附要纲一份。

文教部留学生预备学校在奉天招生要纲

第一，招募学生。

一、趣旨：留学生预备校以对于欲留学日本国者施行日本语及其他留学所必需教育为目的。

二、募集人员：二百名（男子）。

三、修业期间：六个月（仅限于康德四年度）。

四、应募资格：高级中学校程度以上之学校卒业者，或有同等以上之学力者。

五、应募手续：缮具入学志愿书（别表书式），并附左列文件，限于六月十日前呈送省公署教育厅。

（一）最终学校长证明之卒业证明书（别表书式）。

（二）最终学校长证明之学业成绩证明书及人物考查书（别表书式）。

（三）四寸相片二张。

第二，施行试验。

一、试验地：奉天第一工科高级中学校（奉天市大西关）。

二、试验科目：（一）国民道德、日本语、数学（代数、几何）；（二）口试、身体检查。

三、试验日期：六月十四日、十五日。

试验日期时间照左表施行。

六月十四日	午前九时—十一时	十一时十分—十二时十分	午后一时—三时
	日　本　语	国　民　道　德	数　　学
六月十五日	午前九时—十二时	午后一时—四时	
	口　　试	身　体　检　查	

四、成绩发表：合格者由校长分别通知。

第三，其他。

一、特典：修了留学生预备校之课程者，免受自费留学生试验。

二、校址：新京北大街四四号。

三、在学中各种费用概算：（一）授业费每月二元；（二）寄宿舍费每月约十二元；（三）文具杂费若干元。

别记如有疑点，向省公署教育厅询问可也。

（别表格式略）

《奉天省公署公报》第 29 号，1937 年。

留学生规程

（1937 年）

修正康德四年一月文教部令第一号、蒙政部令第六号、四年九月民生部令第十二号。

兹制定留学生规程如左。

第一章　通　　则

第一条　欲为留学生者，须为思想坚实，身体强健，而合于左列各款之一之满洲国人。

一、国民高等学校及女子国民高等学校程度以上之教育施设毕业者或于该年度有毕业希望者。

二、国民高等学校或女子国民高等学校毕业程度学力检定合格者。

三、在日本国居住者之家族。

四、前列各款之外，民生部大臣认为有特别事情者。

第二条　欲为留学生者，应缮具留学生认可呈请书（第一号表格式），并附左列文件，呈经管辖住所地之省长或特别市长转呈民生部大臣，但其合于前条第三款者，应经由驻日满洲国大使馆，其在关东州内居住者，应径呈民生部大臣。

一、履历书（第二号表格式）。

二、毕业证明书或毕业预定证明书（第三号表格式）。

三、学业成绩证明书（第四号表格式）。

四、住所地县长、旗长、特别市长、市长、在日本居住者驻日满洲国大使、在关东州内居住者日本国警察署长之身份调查书（第五号表格式）。

五、留学誓约书（第六号表格式）。

六、在呈请前三个月内，摄照脱帽四寸相片三张（背面自书摄影年月日及姓名）。

第三条　留学誓约书内署名之保证人，以具有左列资格者为限。

一、正保证人为留学生之家长。但本人为家长时，亲族中之年长者。

二、副保证人与留学生在同一省、特别市或关东州内居住之现在官吏，或纳国税十元以上者。

第四条　民生部大臣对于留学生认可试验合格者，或毕业于其所指定之留学生预备教育施设者，发给留学认可证。

第五条　欲受留学生认可试验者，应缴纳受验手续费二元。

前项之手续费应以收入印纸缴纳之；但住在满洲国以外之地者或其家族，不妨缴纳现金。

第六条　留学生认可试验为笔试、口试及身体检查；但合于第一条第三款及第四款者，为口试及身体检查。

笔试就左列科目施行之。

一、国民道德。

二、国语（日语及满语或日语及蒙古语之解释作文）。

三、数学（代数及几何）。

前列各款之外，民生部大臣每届指定之科目。

第七条　留学生认可试验日期及地点，由民生部大臣于政府公报公告之。

第八条　留学生之留学地、应入之教育施设、学习学科及留学年限，由民生部大臣指定之。

受前项之指定后，不能于民生部大臣所指定期间内办竣入学手续时，则留学认可证失其效力。

第九条　留学生拟退学、转校或转科时，应缮具保证人连署之愿书，并附在学之教育施设代表者之意见书，呈请民生部大臣许可。

第十条　有左列各款情形之一者，民生部大臣得取消其留学之认可。

一、关于转校或转科违背第九条之规定者。

二、因学业成绩不良，被留原级或超过所定之修业年限者。

三、身体虚弱，无学成之希望者。

四、有悖留学生之本分或玷辱留学生体面之行为者。

五、前列各款之外，有违背本令之规定者。

第十一条　留日学生呈民生部大臣之文书，应经驻日大使馆转递。

第十二条　留日学生到达留学地后，应速将留学认可证呈送驻日大使馆，请求发给入学介绍书。

第十三条　对于在满洲国内（包括关东州）之外国教育施设留学之学生，以在其高等专门以上之教育施设留学者为限适用本令。

第二章　留学补助费

第十四条　民生部大臣就发给留学认可证者之中，对于认可试验或留学中之成绩特别优秀而家境贫困者，支给留学补助费。

第十五条　对于留学于日本国之教育施设者之留学补助费额，依照另表之规定。但留学补助费额决定后，由本国内之自治团体或民间团体或日本国政府，自治团体或民间团体受学资之补给时，按其所受限度，减其留学补助费额。

由本国内之自治团体或民间团体或日本国政府、自治团体或民间团体受学资之补给时，应立即报告民生部大臣。

第十六条　留学补助费之支给，以入民生部大臣所指定之教育施设之月为始，至其毕业或退学之月为止。

受支给留学补助费之决定者，于入前项之教育施设后，应立即缮具留学补助费支给请求书（第七号表格式），呈民生部大臣。

前项请求书应附其在学之教育施设代表者发给之在学证明书（注明入学年、月、日），并在请求前三个月内所摄之脱帽四寸相片二张（背面自书摄影年、月、日及姓名）。

第十七条　受留学补助费之支给者欲休学时，应先缮具休学理由书，并附其在学之教育施设代表者之意见书，呈请民生部大臣许可。

第十八条　受留学补助费之支给者除疾病外，欲继续为一个月以上之缺席时，应先呈请民生部大臣许可。

第十九条　受留学补助费之支给者休学时，或违背前条之规定而继续缺席达一个月以上时，其休学期间内或超过一个月之缺席期间内，不支给留学补助费。

第二十条　有左列各款情形之一者，中止支给留学补助费。

一、关于转校或转科违背第九条之规定者。

二、违背第十五条第二项之规定者。

三、违背第十七条或第十八条之规定者。

第二十一条　民生部大臣对于受留学补助费支给之留学生毕业后，得命其从事特定之职务。

受前项之命令者毕业后合于其受补助费支给期间，负有从事职务之义务。

第二十二条　对于受第十条或第二十条之处分者，或不履行前条之义务者，得令缴还其已领留学补助费之全部或一部。

附则

本令自公布之日施行。

本令施行之际，现已受官之认可而留学者，其现所支领之留学补助费额，如在另表之额以上时，不拘第十五条之规定，仍照其现所支领之额发给留学补助费。

（康德三年九月二十一日文教部令第三号、蒙政部令第八号）

另表。

区分	留学补助费月额		
	甲地方	乙地方	丙地方
大学本科	55 元以下	50 元以下	30 元以下
专门学校并大学附属专门部	45 元以下	40 元以下	20 元以下
高等学校特设高等科大学预科及预备科	40 元以下	35 元以下	20 元以下
特设预科	35 元以下	30 元以下	

备考：甲地方系指东京、大阪、京都、横滨及神户而言，乙地方系指甲地方以外日本国内而言，丙地方系指满洲而言。限于在甲乙地方留学之理、医、工、农及家政等科，学生每月得各增给补助费五元。

第一号表格式。

<table>
<tr><td colspan="4">留学生认可申请书</td></tr>
<tr><td colspan="4">为呈请事，籍生拟按照左开各项前往留学，理合检同应具文件，呈请鉴核、认可，实为德便。
谨呈
民生部大臣○○○
呈请者　姓名（印）</td></tr>
<tr><td colspan="4">康德　年　月　日</td></tr>
<tr><td>志愿留学地</td><td colspan="3"></td></tr>
<tr><td>志愿留学学校</td><td colspan="3"></td></tr>
<tr><td>志愿研究学科</td><td colspan="3"></td></tr>
<tr><td>姓　名</td><td></td><td>生　辰</td><td>年　月　日生　岁</td></tr>
<tr><td>住　所</td><td colspan="3"></td></tr>
<tr><td>通　信　处</td><td colspan="3"></td></tr>
<tr><td>受　验　地</td><td>受附月日</td><td>受验番号</td><td>相片贴在下栏</td></tr>
</table>

第二号表格式。

履	历	书
姓　　名		生辰　年　　月　日生 年龄　　　　岁
家长姓名		与家长关系
		家长之职业
住　　所		
学历及事历		
年　月　日		
年　月　日		
年　月　日		
年　月　日		
年　月　日		
年　月　日		
年　月　日		
年　月　日		
年　月　日		
		姓名　　印 康德　年　月　日

第三号表格式。

证　　明　　书
住所 姓名 年　月　日生 毕　业
上者　　　年　　月　　日于本校毕业（有毕业希望）此证
康德　年　月　日
学校校长　　　　印

注意：不用之字可抹消之。

第四号表格式。

<table>
<tr><td colspan="12">学业成绩证明书
姓名
年　月　日生</td></tr>
<tr><td rowspan="4">最近三个年成绩表</td><td>学科目
学年</td><td></td><td></td><td></td><td></td><td></td><td></td><td>总分数</td><td>平均</td><td>总员</td><td>席次</td></tr>
<tr><td>第　学年</td><td></td><td></td><td></td><td></td><td></td><td></td><td></td><td></td><td></td><td></td></tr>
<tr><td>第　学年</td><td></td><td></td><td></td><td></td><td></td><td></td><td></td><td></td><td></td><td></td></tr>
<tr><td>第　学年</td><td></td><td></td><td></td><td></td><td></td><td></td><td></td><td></td><td></td><td></td></tr>
<tr><td>人物考查</td><td colspan="11"></td></tr>
<tr><td colspan="12">以上证明无讹　　学校长　（印）
康德　年　月　日</td></tr>
</table>

第五号表格式。

<table>
<tr><td colspan="6">身　份　调　查　书</td></tr>
<tr><td>原籍</td><td colspan="3"></td><td>家长姓名</td><td></td></tr>
<tr><td>住所</td><td colspan="3"></td><td>家长之职业</td><td></td></tr>
<tr><td>姓名</td><td></td><td>生　辰</td><td>年　月　日生</td><td>家族人数</td><td></td></tr>
<tr><td>职业</td><td></td><td>与家长之关系</td><td></td><td>家长之学资负担能力</td><td>月额国币　元</td></tr>
<tr><td>略历</td><td colspan="2"></td><td>家长之财产概要</td><td colspan="2">一动产　国币　元
一不动产　国币　元
计国币　元</td></tr>
<tr><td>赏罚</td><td colspan="2"></td><td>特记事项</td><td colspan="2"></td></tr>
<tr><td colspan="6">右列事项调查无讹此证
康德　年　月　日
证明官公署长印</td></tr>
</table>

第六号表格式。

留 学 誓 约 书

籍生　　拟留学　　　　，曾蒙认可，兹经保证人连署誓约，严守左列事项不渝。

一、遵守留学生规程。

二、遵守留学学校之校规，不玷辱留学生身份。

三、关于留学一切，不累及本国并留学国。

原籍

现住所

留学志愿者　　姓名　　（印）

年　月　日生

原籍

现住所

职业

与本人关系

正保证人　　姓名　　（印）

年　　月　　日生

原籍

现住所

职业

与本人关系

副保证人　　姓名　　（印）

年　　月　　日生

康德　年　月　日

民生部大臣○○○

第七号表格式。

留学补助费支给请求书

为呈请事，籍生　　于　　年　　月　　日入　　　　　　　　学校　　　科　　　部，第　　　学年，理合检同该校校长之在学证明书及相片两张，呈请鉴核，支给留学补助费，实为德便。

谨呈

民生部大臣○○○

附呈

在学证明书一份、相片两张

科

学校　　部第　　学年

姓名　　（印）

康德　年　月　日

（伪）满洲帝国教育会编：《满洲帝国文教关系法规辑览》（下），1938 年。

留学生须知

（1937 年）

留日学生应自觉为国家将来之中坚分子，而具有日满一体关键之本分，进而履行关于留学生之各种规定，敦品行，重体面，精励于身心之修练、学术之钻研，以勿负国家之期望。

其一 修学手续

第一，介绍入学。

一、凡受留学认可者，当到达留学地后，应立即缮具呈请发给入学介绍书文（第一号表格式），并附留学认可证及相片二张（最近摄照之四寸相片，背面自书姓名、生年月日及留学认可证号数），呈送驻日大使馆（东京市麻布区樱田町五〇番地），请予发给本人所希望入学学校之入学介绍书。

二、入学介绍书必须附具入学愿书。

第二，留日学生证明书。

一、受留学认可者，于入学后应立即缮具呈请发给留日学生证明书文（第二号表格式），并附在学证明书，呈送大使馆，以便领受留日学生证明书。

二、留日学生证明书必须时常携带身旁。

第三，留学生登录。

一、凡发给留日学生证明书之学生，由大使馆登录之。

二、大使馆对于已经登录之留学生，给与留学中种种方便。

第四，休学、缺席、退学、转校或转科。

一、留学生因疾病或其他事故，拟休学三个月以上时，应从速缮具休学呈报书（第三号表格式），并附学校长意见书，呈送大使馆。但其系疾病者，应附医师之诊断书。

二、留学生因疾病或其他事故，拟继续缺席一个月以上时，应从速缮具缺席呈报书（第三号表格式），呈送大使馆。但其系疾病者，与前项同。

三、留学生拟退学、转校或转科时，应从速备具保证人连署之呈请书（第四号表格式），呈送大使馆，请求许可。

第五，试验。

一、留学生必须受在学学校所定之试验。

二、留学生于学年试验完毕，成绩发表后，应立即将学校成绩证明书呈送大使馆。

第六，就职之斡旋。

留学生欲向政府请求斡旋就职时，须于其毕业前缮具愿书（第五号表格式），并附履历书（第六号表格式）、家族调查书（第七号表格式）、有毕业希望之证明书、毕业成绩证明书及相片二张（最近摄照四寸相片，背面自书姓名、生年月日），呈送大使馆。

第七，毕业登录。

一、留学生毕业时，应于三个月以内，将毕业证明书并附学业成绩证明书及相片两张（最近摄照四寸相片，背面自书姓名及生年月日），呈送大使馆，请予毕业登录。

二、凡未经毕业登录者，政府对于其就职等事，不予以任何便利。

其二　监　督

第一，留日学生会。

一、驻日大使令留日学生全体组织留日学生会而监督之。

二、留日学生会以使学生体会实践建国精神，自律自肃，切磋琢磨，互相提携，达成在日本国留学之目的为宗旨。

其规定另定之。

三、留日学生必须为留日学生会员，关于其所属之组，须负连带责任。

第二，身份。

一、留学生如改姓、改名或关于其他身份上有所变更时，须立即缮具变更呈报书（第八号表格式），呈送大使馆。

二、向大使馆呈送关于身份之文书时，须于姓名外载明次章。

三、补助费留学生拟从事有报酬之职务时，须受大使馆之许可。

第三，住所。

一、留学生到达留学地后，应立即缮具住所呈报书（第九号表格式），呈送大使馆。

二、留学生变更住所时，应立即缮具住所变更呈报书（第九号表格式），呈送大使馆。

三、凡归省转地疗养入院，或一星期以上之旅行时，应立即将其目的地及期间呈报大使馆，不得迟缓。

四、大使馆认为有必要时，得指定留学生之住所。

第四，服装。

一、留学生于赴校或参列公开之场所时，必须穿制服，戴制帽。

二、穿便服时务以质朴为主，不可流为轻佻奢华之留学生。

第五，集会结社。

留学生关于集会结社等，除遵守留学国之法规外，并须遵照左列各项。

一、留学生拟集会时，或拟出席其他集会时，须受大使馆之许可（第十号表格式）。

二、留学生拟组织团体，或拟加入团体时，须受大使馆之许可（第十一号表格式）。

三、留学生拟发行杂志或其他印刷物时，或拟发布之时，须受大使馆之许可（第十二号表格式）。

四、以特定之目的，拟向留学生中求署名时，或拟募款时，须受大使馆之许可（第十三号表格式）。

其三　惩　　戒

第一，留学生违背关于留学生各种法规及本须知，或有不正当行为时，按其情况惩戒之。

第二，惩戒之种类如左。

一、谴责。

驻日特命全权大使行之。

二、停发或取消补助费。

文教部大臣或蒙政部大臣行之。

三、取消留学认可。

文教部大臣或蒙政部大臣行之。

四、勒令归国。

文教部大臣或蒙政部大臣行之。

第一号表格式。

呈请发给入学介绍书文

为呈请事，籍生拟按左开各项入校求学，理合检同留学生认可证及相片二张，呈请鉴核，发给入学介绍书，实为德便。

谨呈

驻日满洲国大使馆

呈请者　姓名　印

年　月　日

志愿学校部科名			
姓名		生　辰	年　月　日生
本籍地			
卒业学校			
现住所			

第二号表格式。

呈请发给留日学生证明书文

为呈请事，籍生现已入左记学校，理合检同在学证明书，呈请鉴核于登录留日学生，发给留日学生证明书，实为德便。

谨呈

驻日满洲国大使馆

现住所

学校　科　年

姓名　印

年　月　日

第三号表格式。

<table>
<tr><td colspan="2">

休学（缺席）呈报书

　　为呈报事，籍生依左记理由，拟行休学（缺席），理合检同必要文件，呈报备查。
　　谨呈
驻日满洲国大使馆
学校　　科　　年
姓名　　印
年　　月　　日
</td></tr>
<tr><td>休学（缺席）理由</td><td></td></tr>
<tr><td>期间</td><td></td></tr>
</table>

注意：本呈报书须经由留日学生会会长或分会长。

第四号表格式。

<table>
<tr><td colspan="2">

转校（转科）呈请书

　　为呈请事，籍生依左记理由拟行转校（转科），理合经保证人连署呈请，鉴核准予转校（转科），实为德便。
　　谨呈
驻日满洲国大使馆
原　籍
现住所
学　校　　科　　年
姓　名　　印
年　　月　　日　　生
原　籍
现住所
正保证人　　姓名　　印
年　　月　　日　　生
原　籍
现住所
副保证人　　姓名　　印
年　　月　　日　　生　　　　年　　月　　日
</td></tr>
<tr><td>转校（转科）理由</td><td></td></tr>
<tr><td>拟转校之学校、学科名</td><td></td></tr>
<tr><td>或拟转科之科目</td><td></td></tr>
</table>

注意：本呈请书须经由留日学生会会长或分会长。

第五号表格式。

愿　书

姓名

生　年　月　日

籍生愿依照另纸求职，理合检同必要文件，呈请鉴核，代为斡旋，实为德便。

谨呈

驻日满洲国大使馆

姓名　　　　印

年　月　日

第六号表格式。

履　历　书

原　籍　　　　家长　　　　某男

现住所　　　　　　　　　　姓名

生　　年　　月　日

学历

事历

赏罚

其他

一、信仰

二、运动

三、兴趣

四、语学

五、特殊技能

以上证明无讹

年　月　日　　姓名　　印

一、希望就职部局及方面

二、希望就职地方

第七号表格式。

家庭调查书

原籍

现住所　　家长　　某男

姓名

生　　年　　月　　日

有扶养义务之家族

与本人之关系	与家长之关系	姓名	生　　年　月　日

其他家族

与本人之关系	与家长之关系	姓名	生　　年　月　日

以上证明无讹

年　月　日　　姓名　　印

第八号表格式。

身份变更呈报书

为呈报事，籍生身份变更如左，理合具文，呈报备查。

谨呈

驻日满洲国大使馆

年　　月　　日

学校　　科　　年

身份变更：　　姓名　　印

（次章）

注意：本呈报书须经由留日学生会会长或分会长于十日以内提出。

第九号表格式。

住所（变更）呈报书

为呈报事，籍生住所已定（住所已变更）如左，理合呈报备查。

谨呈

驻日满洲国大使馆

年　　月　　日

学校　　科　　年

姓名　　印

注：本呈报书须经由留日学生会会长或分会长于十日以内提出。

第十号表格式。

呈请许可集会（或出席集会）文

为呈请事，籍生拟依照左开各项集会（或出席集会），理合具文，呈请鉴核许可，实为德便。

谨呈

驻日满洲国大使馆

年　月　日

学校　科

姓名　印

集会日时	
集会地址	
集会目的	
集会内容	
集会责任者之住址及姓名	

注意：①本许可呈请书须经由留日学生会会长；②东京以外之地方须受支部长或分会长之许可。

第十一号表格式。

呈请许可组织（加入）团体文

为呈请事，籍生拟依照左开各项组织（加入）团体，理合具文，呈请鉴核许可，实为德便。

谨呈

驻日满洲国大使馆

年　月　日

学校　科

姓名　印

团体名称	
团体目的	
团体内容	
代表者之住址及姓名	
事务所地址	

注意：本许呈请书须经由留日学生会会长或分会长。

第十二号表格式。

呈请许可发行（发布）印刷物文

为呈请事，籍生拟发行（发布）印刷物，理合具文，呈请鉴核许可，实为德便。

谨呈

驻日满洲国大使馆

年　月　日

学校　科

责任者　姓名　印

发行或发布目的	
内容	
发行人或发布人、责任者住址姓名	
发行或发布部数	
发行或发布范围	
发行或发布所需要费用	

注意：本许可呈请书须经由留日学生会会长或分会长。

第十三号表格式。

呈请许可署名醵金文

为呈请事，籍生拟按照左开各项向留学生中求署名醵金，理合具文，呈请鉴核许可。

谨呈

驻日满洲国大使馆

年　月　日

学校　科

代表者　姓名　印

目的	
事由	
款数	
用途	
代表责任 者三名之 姓名押印	姓名　印 姓名　印 姓名　印

注意：本呈请书须经由留日学生会会长或分会长。

（伪）满洲帝国教育会编：《满洲帝国文教关系法规辑览》（下），1938 年。

留学生预备校规程

（1938 年）

兹制定留学生预备校规程如左。

第一条　欲入学于留学生预备校者，须为思想坚实，身体强健，而合于左列各款之一之满洲国人。

一、国民高等学校及女子国民高等学校程度以上之教育施设毕业者，或于该年度有毕业希望者。

二、国民高等学校或女子国民高等学校毕业程度学力检定合格者。

三、前列各款之外，民生部大臣认为有特别事情者。

第二条　留学生预备校之修业年限为一年。

第三条　学年自一月一日始至十二月三十一日终。

第四条　留学生预备校之学科目如左：国民道德、日语、数学、英语、物理化学或地理历史及训练。

前项各学科目之每周教授时数，经民生部大臣之认可，由校长定之。

第五条　校长因教师之事故及其他之情由，认为有必要时，得增减一定期间中各学科目之每周教授时数，或中止一或二以上之学科目之授业。

增减前项之各学科目之每周教授时数或中止各学科目之授业时，每周教授总时数，不得超过四十二时或不足二十四时。

第六条　留学生预备校之休业日如左。

一、日曜日。

二、节祀日。

春节：合于阴历正月一日之阳历日。

元宵节：合于阴历正月十五日之阳历日。

春丁祀孔：合于阴历二月上丁之阳历日。

端午节：合于阴历五月五日之阳历日。

中秋节：合于阴历八月十五日之阳历日。

秋丁祀孔：合于阴历八月上丁之阳历日。

三、阳历一月二日、三日及十二月二十九日、三十日、三十一日。

四、合于阴历正月二日、三日及十二月末日之阳历日。

五、前列各款外，民生部大臣所定之休业日。

第七条　元旦（阳历一月一日）、万寿节（阳历二月六日）、纪元节（阳历二月十一日），建国节（阳历三月一日）、天长节（阳历四月二十九日）、访日宣诏纪念日（阳历五月二日）、明治节（阳历十一月三日）、入学日、卒业日及开校纪念日为式日。

第八条　遇有传染病、非常灾变及其他特别情由时，校长受民生部大臣之认可，得临时休业。如不受认可时，应于临时休业之后，立即呈报民生部大臣。

如有前项之情由时，民生部大臣亦得命其休业。

在前二项情形，其授业日数不妨减小第二十二条所规定之教授总日数。

第九条　应准许入学于留学生预备校者，应施行试验而定之。入学试验为笔记试验、口答试问及身体检查。

笔记试验依左列科目行之。

一、国民道德。

二、国语（日语及满语或日语及蒙古语之解释作文）。

三、数学（代数及几何）。

四、前列各款之外，经民生部大臣之认可，校长指定之科目。

受民生部大臣所指定之留学生认可试验，而特希望入学于留学生预备校者，校长得不拘第一项之规定，斟酌其试验成绩，许可入学。

第十条　校长认为所定之全课程毕业者，应授与毕业证书。

第十一条　民生部大臣对于留学生预备校毕业者，发给留学认可证。

第十二条　留学生预备校应备左列表簿。

一、关系法规。

二、学校沿革志、学校一览表及视察簿。

三、学则、日志、各学科目每周教授时间及教科书一览表。

四、学生之学籍簿、出席簿及身体检查表。

五、职员之名簿、履历书、出勤簿并担任学科目及时间表。

六、关于入学考查及学业成绩考查之表簿。

七、关于会计之账簿并图书、机械、标本及模型等之目录。

八、土地、建造物、图书、校具及其他备品之清册。

九、来往文件。

十、前列各款之外，依法令应备之表簿，或民生部大臣认为必要之表簿。

前项表簿中已完结者，学籍簿保存二十年以上，其他表簿应保存五年以上。

第十三条　校长规定学则，应呈报民生部大臣。

学则中应规定之事项如左。

一、关于学年、学期、休业日及式日之事项。

二、关于学科课程及每周教授时数之事项。

三、关于认定毕业之事项。

四、关于学生之入学、休学、退学及惩戒之事项。

五、关于授业费、入学费及其他向学生征收校费之事项。

六、关于寄宿舍之事项。

七、其他必要事项。

第十四条　校长对于有左列各款情形之一者，得命其退学。

一、性行或思想不良，认为无悛改之望者。

二、学力低劣或身体虚弱，认为无成就之望者。

三、无正当之事由，继续缺席一个月以上者。

四、出席无规律者。

第十五条　校长认为有正当情由时，得许可学生六个月以内之休学。

第十六条　学生欲退学时，应受校长之许可。

第十七条　校长及教师认为教育上有必要时，对于学生得加惩戒。

对于学生所加之惩戒为训诫、谨慎、停学及除名。谨慎、停学及除名，由校长行之。

第十八条　于留学生预备校征收之入学费为一元。

第十九条　于留学生预备校征收之授业费年额为二十四元。

第二十条　校长对于有特别情由之学生，经民生部大臣认可，得减免授业费。

第二十一条　学生除有特别情由者外，一律使其入寄宿舍。

第二十二条　关于教授总日数、各学科目之教授总时数、休业日、式日、入学、退学、入学费及授业费之征收，并学生定员、编制及其他于法令无规定之事项，受民生部大臣之认可，由校长定之。

附则

本令自公布日施行。

（伪）满洲帝国教育会编：《满洲帝国文教关系法规辑览》（下），1938 年。

留学生认可考试委员会规程

（1938 年）

兹制定留学生认可考试委员会规程如左。

第一条　留学生认可考试委员会属于民生部大臣之监督，掌管关于留学生认可考试之事项。

第二条　留学生认可考试委员会以委员长及委员若干人组织之。

民生部大臣认为有必要时，或置临时委员。

第三条　委员长以民生部教育司长充之。委员长综理会务，为会议之议长。委员长有事故时，由委员长指名之委员一人代理其职务。

第四条　委员就国务院总务厅人事处，并民生部及其所管官署之职员中，由民生部大臣委嘱或任命之。临时委员就有学识经验者中，由民生部大臣委嘱之。

第五条　委员会置干事若干人。干事就民生部职员中，由民生部大臣任命之。干事承委员长之命，掌委员会之常务。

附则

本令自公布日施行。

（伪）满洲帝国教育会编：《满洲帝国文教关系法规辑览》（下），1938年。

留学生派遣及处理方针

（1938年）

民生部教育司长　皆川丰治

一、留学生派遣方针

当康德四年五月二日，访日宣诏纪念之佳辰，公布我国之新学制以来，我满洲帝国文教之大本。依此宣示教育之体系，依此确立基于建国精神实现民族协和与王道乐土之理想为其基础工作之国民教育，力图普及与彻底，为增进国富与涵养民力之实业高等教育，亦谋促进与强化，更为养成国家枢要人才之大学教育，亦期扩充与整备国民高等及大学教育均一致开始其光辉灿烂之进展。此虽在跃进途上之我满洲帝国所应为者而为树立我国文教百年大计起见，实不胜同庆之至也。

探察我帝国建国之由来，与友邦日本帝国有一德一心不可分离之关系，恰如训民诏书之所宣示。因此政府当局自建国之初，即对于我国青少年之留学日本者，予以莫大便利与指导，或发给补助费以奖励其修学努力，造成为将来国家有用之人才，且为满日两帝国精神永远结合之中坚分子。因其有如此之重大使命，纵使将来国内教育施设，扩充整备，完成以后，每年仍然继续向日本国派遣一定额数之留学生，此乃我国政府始终一贯不渝之方针也。

是以派遣留学生之根本趣旨不仅限于学习或采取友邦文物制度之所长，以补救我国之短。换言之，即非所谓文明或文化之移植者也，乃在于使纯真活泼之青少年学子，于最小限度在友邦日本国土居住三年以上，体验其气候风土、风俗人情，与日本青少年学子互相切磋琢磨，实际体认日本固有之精神，彼此提携，造成将来满日两帝国不可动摇之结合分子。是以留学生之第一要件，不仅以学力优秀、身体强健为满足，更必须为我帝国建国精神之彻底理会者，且为满日一德一心之热烈实践者，是为至要。

二、留学生认可制度

（一）留学生处理过程

自大同二年三月以来，继续派遣留日学生以至今日，而于康德二年二月在驻日满洲国大使馆附设学务处以为留学生之指导监督机关，但留学生逐年激增，其指导监督在国策上实属紧要，故依据康德三年九月公布之敕令《关于留学生之件》，于同年同月公布施行文教部令《留学生规程》，无论其为补助费或自费生，均一律按照认可制度而行派遣，更废止从来之监督机关学务处。自康德四年三月日本国驻在外交官官制改正后，留学生之指导监督，则由驻日待命全权大使掌理之，以图指导之彻底与监督之强化。

更为谋留学生指导监督之彻底起见，基于以前制定公布之敕令部令，留学生规程之精神为一般修学指针之《留日学生须知》，于康德四年二月以文教部及驻日大使馆共同训令公布施行。同时使驻日大使馆参事官兼任文教部（现民生部）理事官，俾与民生部教育司密切联络以及于今日。

（二）留学生认可考试

留学生认可考试，乃基于留学生规程以民生部大臣训令，每年于国内数处设置试验场施行一次，对于关东州及日本内地之居住者，或在学于中等学校而希望。

留学于上级学校之学生，特于该地设置试验场，留学生认可制度之重点，从来仅对补助费留学生施行选拔试验，如无相当优秀之学力，则不派为留学生。然对于一般自费留学生，向无任何学力之检定，学力及资力程度不论如何，均任其自由，留学如此放任，其结果甚堪忧虑。本部有鉴于此，今则无补助费自费之别，对于希望留学者，均严行考试其学力，慎重调查其出身及学资负担能力，综合判断之结果。如学力优秀，身体强健，且彻底体得建国精神者，方认可为留学生。负担学资有能力者，为自费留学生。负担学资困难者，按其入学学校之种类，发给留学必要之补助费，以期留学之机会均等及达成教育英才之目的。

留学生认可考试分为笔记试验、口头试问及身体检查。笔记试验之必需科目为国民道德、国语（日语及满语或日语及蒙古语之解释作文）及数学（代数、几何），以外民生部大臣临时定之指选择科目（例如，对于文科系统为地理或历史，对于理科系统为物理、化学或博物等）。口头试问以人物考查为重，亦依口述观察其发表学力之程度。身体检查则对于身体发育之状态、疾病之有无以及对于其希望之履修学科、于修学上有无障碍等，均施以严密之检查。

再者，留学生认可考试，虽专为对于希望学于日本国之高等学校或专门学校以上之教育施设者而实施之，然对于希望入学于旅顺工科大学、南满洲工业专门学校、大连高等商业学校及满洲医科大学者，亦应受同样认可试验，故希望入学此等学校者特别注意为要。

三、学席设置制度

（一）学席设置要旨

凡留学生基于留学生认可制度合格，其严正之考试而领得民生部大臣所发给留学认可证者，则各赴其留学地，并为入学其指定学校，由驻日满洲国大使馆领受入学介绍书，以办其入学手续。然满洲国政府，欲使留学生入学之日本诸学校，日本学生之志愿入学者，亦为数颇多，故不得不受严格之入学试验。因此留学生极感入学困难，致有变更其指定学校而不得已入于满洲国政府所不希望之学校留学之效果，亦恐薄弱。于兹，故得日本国文部省及其他关系各机关谅解与协力，对于今后派遣之留学生，应严重选拔素质优秀者。同时更要求于满洲国政府所希望之高等学校、高等工业学校、高等农林学校、高等师范学校及大学等，每年设置一定人员之学席，使派遣之留学生得入于所指定之学校，以期达成派遣留学生之目的。

然对于派遣于旅顺工科大学、南满洲工业专门学校、大连高等商业学校及满洲医科大学等处理之留学生，乃在范围外，故此等留学生，应将民生部大臣所发给之留学生认可证附加一切入学手续书类，一并提出于指定学校，而受该校规定之入学试验为要。

（二）入学试验

学席设置绝非对于留学生无试验许可入学之谓，乃为欲使留学生入学于国家认为必要而适当之学席设置学校，先使学生受其学校所规定之入学试验，再按其成绩之优劣，能与日本人学生为伍而修学者，编入为本科生。否则使之入学于特设预备科或后文所述之留学生预备校，更施以严重之补充教育及训练。凡为留学生者，必须留意此点，务以优秀之成绩能合格于所指定学校之入学试验为要。

（三）学席经费

学席设置学校乃顺应满洲国政府之希望，收容留学生而教育之，故其所需之施设经费，应另加考虑。兹按其每年经费之总额，由日满两国政府折半补给，所有从来由日本国外务省文化事业部给与留学生之补助费，则归于满洲国民生部继续办理之。将来留学生之补助费，仅限于满洲国民生部一处发给之。

四、留学生之预备教育

留学生虽为合格于每年施行之认可试验而派遣者，而为选拔有留学于日本国高等专门学校以上之资格，故其选定标准比较为高，能合格于认可试验者，仅限于少数之优秀者。对于其他大多数从前高级中学校或依新学制国民高等学校程度之毕业生而志愿留学者，如无学力之补充及留学生之人格的团体的训练之实施，则其留学之实效恐难期待。因此于康德五年三月十日以敕令第三十二号公布《留学生预备校官制》，专为对于留学生志愿者施以前述之教育与训练。

五、对于留学生之指导监督

（一）留学生指导之六大精神

对于留学生指导监督上可谓为金科玉律之六大要纲如左所述，因极其简明自无解说之必要。

1. 养成国家的精神。

2. 养成日满一体观。

3. 涵养民族协和之精神。

4. 涵养牺牲奉公之精神。

5. 涵养团体的精神。

6. 涵养勤劳精神。

（二）驻日满洲国大使馆

关于认可及派遣留学生之事项，系属于民生部大臣之主管，已如前述。然对于已留学于日本国之学生，关于其修学之指导与监督，实际上由民生部大臣行使其权限，与现地极属不当，故以敕令（关于留学生之件）在日本国学校留学之留学生，由驻日满洲国特命全权大使实行监督。

（三）留日学生会

关于驻日满洲国大使指导监督留学生之具体的办法，使全体留学生组织留日学生会，于其在学之各学校设置分会，使学生体得实践建国精神，依自律自肃、切磋琢磨、共助提携，以图达成留学日本之目的。而大使自为学生会之会长委托留学生留学学校之学生主事或教职员为分会长，于学校当局取密切之联络以指导留学生。

再者，财团法人满洲国留日学生会馆（东京市小石川区小石川一番地）为留日学生会之本部，该部备有指导监督留学生必要之各种设备及实行诸般事业。是以留学生务须遵从该会馆之实际指导，并望利用其设备以达成修学之目的为要。

六、对留学毕业生就职介绍

我国建国为日本虽浅，但跃进又加跃进，是以各界需用必要之人才颇属紧急，政府选拔派遣留学生，亦不外鉴于如此之实情。故对于留学毕业生不问其为补助费生或自费生，亦不问其希望官职与在实业界服务，均一律由国务院总务厅人事处制定，以调整人才之需给。是以凡在毕业时期之留学生务须注意此点，遵照本国政府或驻日大使馆之指示，谨慎行动，以期万无违谬为要。

《盛京时报》，1938年8月10日晨刊1版，10190号；8月11日晚刊1版，10191号。

留学生预备学校官制

（1938 年）

第一条 留学生预备校属于民生部大臣之管理，对于欲留学于外国之教育施设者，施以留学必要之预备教育。

第二条 留学生预备校置左列职员。

校长：荐任。

教官：六人，委任。

第三条 校长承民生部大臣之监督，综理校务，统督所属职员。

第四条 教官承校长之指挥，从事学生教育。

第五条 校长得就教官中选派学监，特令担任学生之训育指导。

第六条 校长认为有必要时，得聘用讲师。

第七条 留学生预备校之设置处所、修业年限、学科目、入学资格及其他于本令无所规定之事项，由民生部大臣定之。

附则

本令自公布日施行。

（伪）满洲帝国教育会编：《满洲帝国文教关系法规辑览》（上），1938 年。

民生部为补救失学子弟 规定中国留学生办法

（1942 年）

奉天省公署民生厅文教科，为补救失学子弟，而有希往中华民国留学者，经民生部规定办法，由五月开始报名，五月三十日截止，六月十、十一两日，分别于新京、奉天、北京三地考试，其要项如左。

一、应试资格：居留于中华民国之满洲国人子弟，及满洲国内居住者，于中华民国有近者，合于左列各款之一，且思想坚实，身体强健，成绩优秀之满二十五岁以下者。

1. 国民高等学校、女子国民高等学校毕业者。

2. 旧制高级中学校、女子高级学校毕业者。

3. 国民高等学校或女子国民高等学校毕业程度学力检定及格者。

4. 国民优级学校毕业者。

5. 国民优级学校毕业程度学力检定及格者。

二、认可人员：若干名。

三、报名手续。

1. 学校毕业者：须检同左开书类，呈请出身学校长推荐。

（甲）留学生认可呈请书（第一号格式）。

（乙）履历书（第二号格式）。

（丙）留学誓约书（第三号格式）。

（丁）民籍誊本。

（戊）留学中身份须有负责之家族，或亲戚，且于中华民国内居住者证明书（须该地所管警察署发给之）。

（己）半身脱帽四寸相片三张（呈请前三个月以内所照，背面须写姓名、生年月日）。

（庚）受验手数料①二元（满洲国内居住者以满洲帝国印花税票，中华民国及关东州居住者以现金缴纳之）。

出身学校长，须检同前列书类、添附学业成绩证明（第四号格式）出身学校长推荐书（第五号格式），以挂号信向民生部教育司长提出之。

但由中华民国内志愿者检同如有同样书类向北京满洲国大使馆提出之。

2. 检定合格者时：须检同左开书类，由本人直接以挂号信，向民生部教育司长，但由中华民国内志愿者向北京满洲国大使馆提出之。

（甲）留学生认可呈请书（第一号格式）。

（乙）履历书（第二号格式）。

（丙）留学誓约书（第三号格式）。

（丁）检定试验及格证明书誊本。

（戊）民籍誊本。

（己）留学中身份，须有负责之家族或亲戚，且于中华民国内居住证明书（须该地所管警察署发给之）。

（庚）半身脱帽四寸相片三张（呈请前三个月以内所照，背面须写姓名、生年月日）。

（辛）受验手数料二元（满洲国内居住者以满洲帝国印花税票，中华民国及关东州居住者以现金缴纳之）。

四、愿书收接期间：自康德九年五月一日，至康德九年五月三十日。

五、选拔方法：书类铨衡后，对于合格者，施行学科试验，口头试验选拔。

六、试验日期及试验科目。

1. 依第一项一、二、三各款之资格者。

六月九日（火），国语（满语）、国语（日语）。

十日（水），数学（代数及几何）、历史（东洋史）。

---

① “手数料”源于日语词汇，大意是手续费。

十一日（木），口头试问及身体检查。

2. 依第一项第四、五各款之资格者。

六月十日（水），国民科（满语、日语）、算术。

十一日（木），口头试问及身体检查。

七、试验地：新京、奉天、北京。

八、合格者发表：康德九年六月下旬，通知本人并登载政府公报。

九、注意事项。

1. 能受认可留学者，为左列指定学校中，以受验第一项，第一、二、三各款之资格者，为高级二年，第一项第四、五各款之资格者，为初级一年，如受验校不及格时，得以归国，不许可受指定学校以外之试验。未经留学认可之留学者，概不认可之，即使受到入学许可而在学者亦得命其归国。

计开：

（1）公立中等学校（北京）

① 体育专科学校

② 师范学校

③ 第一中学校

④ 第二中学校

⑤ 第三中学校

⑥ 第四中学校

⑦ 第五中学校

⑧ 第六中学校

⑨ 第七中学校

⑩ 第一女子中学校

⑪ 第二女子中学校

⑫ 第三女子中学校

⑬ 北京高级中学校

⑭ 高级工业职业学校

⑮ 高级商业职业学校

⑯ 北京女子职业学校

⑰ 第一职业补习学校

⑱ 第二职业补习学校

⑲ 第三职业补习学校

（2）私立中等学校（北京）

① 大同中学

② 山东中学

③ 中国学院附属中学

④ 北方中学

⑤ 平民中学

⑥ 弘达中学

⑦ 进德中学

⑧ 明德初级中学

⑨ 大中中学

⑩ 志成中学

2. 受验票对于书类铨衡及格者向本人邮送之。

3. 提出书类不完全者及经过所定收接期间概不受理。

4. 提出书类及受验手数料概不返还。

5. 对于认可留学生依□兑管理法之□款特别考虑之。

6. 居留于中华民国之志愿者可向北京市中南海驻华满洲国北京大使馆询问一切。

《盛京时报》，1942年5月20日综合版5版，11516号。

二、实　　施

南满中学生留日　中央准予补助金

（1932年）

奉天南满中学堂此次毕业生总数三十五名之中，有二十五名希望留学日本各学校，其余十名，因家庭关系，毕业后拟向各方面就职。其希望留学日本者之中，有十名自费，十五名官费。学校方面拟请求满洲国政府出资供给官费生，一面再求日本政府外务省支给补助费，决定先由满洲国政府对于官费生，每人每年支给六百元，如有不足时，再由外务省补助，现正运动中云。

《盛京时报》，1932年12月6日4版，8214号。

选拔学生派往欧美各国留学

（1934年）

教育厅定二月初预试

文教部为谋造就相当之专门人才，已由该部通饬各省，着手遴选国内专门学生若干，以备东渡求学，已在本报，兹该部除募集留日学生外，更行选拔其他留学生。此次预定派遣留学国名及人数志左。

（一）英、法、德、美等国，每国三名；日本国内专门学校，一百二十名，中学五十名。旅顺工科及南满医大，并国内南满工专、哈尔滨工业大学，学校人数未定。

（二）学科试验为国语解释、国语作文、算学、日本语、英语。

《盛京时报》，1934年1月13日4版，8595号。

教厅遵令办理考试留学生

（1934年）

【吉林】省公署奉文教部令为广育人才振兴教育，兹施行招考第二次国外留学生，随令颁到考试办法等因。兹事已由主管教育厅方面办理，将此次招考国外留学生办法，访录于左，以告留心志望深造之青年。

▲试验日期：定于大同三年二月五、六、七三天。

▲试验地点：吉林省公署教育厅，此外奉、黑、热三省教育厅，及北满特别区长官公署、新京特别市公署，分地考试，择优录取。

▲试验科目：（一）学科试验即国语解释、国语作文、数学（志愿留学中等学校等考算术四则，其他考代数、几何）、日语（志愿留学欧美者免试）；（二）体格检查；（三）口试。

▲投考手续：投考等需备具下列书类于试验前后由各该校长送呈。其自愿投考者，于所在地之一官厅呈报文教部。

（甲）书类提出之官厅：吉、奉、黑、热四省教育厅，北满特区长官公署，新京特别市公署。

（乙）所提出之书类：（一）愿书（填明志愿国学校学科）；（二）履历书；（三）学业成绩证明书；（四）原籍证明书；（五）身体检查书；（六）照片（四寸半身脱帽）。

▲取录名额：（一）日本国内大学及高等专门各学一百二十名；（二）日本国中等学校二十名；（三）英、美、德、法每国三名，合计十二名；（四）国内各校即满洲医大、旅顺工大、协满工专、哈尔滨工大，共五十名。总计二百零二名。

▲学费特典：凡于此项试验合格，而又考入志愿或指定之学校者，分别予以补助，但在体学与成绩不良、品行恶劣者，免予支给。

（甲）留学日本者：（一）大都市之部，如东京、京都、大阪、横滨、神户等处大学，每月六十元，专门学校五十元，高等学校、大学预科及预备部月宿四十五元，特设预科、特设高等及东亚高等预备学校，月给四十元，中等学校月给二十五元；（二）地方之部，大学月给五十五元，专门学校给四十五元，高等学校及大学预科月支四十元，特设预科三十五元，中等学校二十元，但在理工医农等科肄业者每月增加五元。

（乙）留学欧美者：（一）英美每月支三百五十元；（二）德法各月支三百元。

（丙）留学国内者：（一）本科及研究月支三十元；（二）预科及专门部月支二十元。

《盛京时报》，1934 年 1 月 16 日 9 版，8598 号。

满洲国留日学生　学校学籍设置问题

（1938 年）

【新京专电】为解决满洲国留学生日本侧学校学籍设置问题，日前渡日中之唐大学教育科长，二十日归任，氏于东京滞在中，关于学籍设置，曾与文部省有所种种折中。结果为满洲国留学生计，明年度起，于专门学校以上学校设定席位，指定五十校，明年度学籍设置数，亦决定为约二百名云。

《盛京时报》，1938年10月22日晨刊2版，10261号。

留学生考试认可　市公署学校通知报名

（1939年）

【锦州】为养成大学及专门工商业人才，特于康德七年度，留学生考试认可。市署业已奉到明令，于昨日通知全市各学校。具有相当资格者期前报名，便届期与试。限定资格：国民高等学校及旧制高级中学校毕业者，须将毕业证书及证明文件提出，至十月十七日以前截止。先由省署试验合格，再经中央政府试验择优良生徒，送入友邦各大学及其他专门学校深造。市内具有前记资格毕业生，尽速报名与试，勿失良机云。

《盛京时报》，1939年9月26日晨刊5版，10584号。

留学生制度再检讨　整饬预备教育

（1940年）

归国学力多劣　谋提高素质

关于留日学生之派遣成绩，就去年五月经总务厅考查科所施行之归国者学力试验观之，颇使人寒心。故民生部立即再检讨留学制度，而于本年度开始对该制度大加修正，使留学方法一元化。同时将从来之留日学生认可试验，与入学留学生预备校试验分别办理。认可试验仅对在满教务部管下之中等学校就学者施行，而毕业于满系学校，思为留学生者，限定使皆毕业于预备校，以谋派遣生之质的向上。惟今年度毕业生之成绩，依然有对三年留学生之价值，不得不抱疑念之可忧虑实情。尤其日语学力之向上，为日本侧学校当局所要望者，故民生部关于留学生问题，重行考虑中，同时并刷新整理预备校之教育内容，不但对日语，且亘基础学全部，谋其强化。

《盛京时报》，1940年11月26日1版，10992号。

对于留华学生树立监督指导机构

（1941年）

民生部关于留华学生之处理对策，曾策定考研留华学生处理要纲案。七月二日提出国务院会议可决，是以可及的迅速实施此要纲。鉴于向中华民国自由留学学生多数学生指导监督之紧要性，对今后拟留学中华民国者，适用康德四年敕令第一百四十三号关于留学生之件，并树立指导机构，以期其监督上万无遗憾。兹志要纲大要如左。

留学生处理要纲案要领。

一、拟留学中华民国者，准据康德四年敕令第一百四十三号关于留学生之件，须经民生部大臣认可，凡未经认可者，严重取缔其留学。

二、留学之认可，原则上限于居住中华民国之满洲国人子弟及有特殊事情者。

三、拟行留学者在中华民国居留者，须经在华学校机关；在国内居住者，须经市、县、旗长及省长或新京特别市长详述欲留学之事由，呈请于民生部大臣。

四、民生部大臣在有前项请求者时，限于认为有正当事由之场合，则许可之。

五、留学之学校，为中学校以上，且事先与中华民国关系机关协力，指定应留学之学校。

六、对于留学生之现地指导监督机关，由在奉外交机关担当之，是以增加其职员。

七、对于许可留学生之学资汇款，定其限度，许可简易之手续。

八、对于留学生之给费贷费，原则无之。

措置。

一、关于现在驻中华民国留学生者，调查左列事项。

（甲）在籍学校学生及学生氏名。

（乙）身份及学资金程度。

（丙）留学理由。

二、基于前项调查，关于现在留学者，考虑左列措置。

（甲）在我国有民生者，由本要纲视为民生部大臣之认可。

（乙）关于特别者，考虑基本要领向指定学校转校、向国内学校编入、向日本留学等。

（丙）可及的谋增设国内中等学校，同时考虑日本高等专门学校留学生数之增加。

（丁）据本要纲，留学之统制，自中华民国本年度新学年始期实施。

（戊）现行留学生规定，加以所要改正。

《盛京时报》，1941 年 7 月 4 日综合版 2 版，11203 号。

留日学生考试要纲　民生部已决定

（1941 年）

留日学生考试施行要纲，刻经民生部决定如左。

一、应试资格：适于左列各项之一，且思想坚实，身体强健，成绩优秀，满二十五岁

（康德九年三月末现在）以下之满洲国人（未婚者）。

（一）国立留学生预备校卒业者。

（二）旧制高级中学校、女子高级中学校卒业者（中华民国高级中学校卒业生亦包含在内）。

（三）根据日本国法令认为有考入专门学校及高等学校、大学预科之资格者（满洲国学制改编前如旧南满中学堂、光明中学校毕业者及有毕业之希望者）。

二、认可人员：男子文理科计约五十名，女子文理科计约二十五名。

三、受理愿书期间：自康德八年九月十日至十月十日。

四、选拔方法。

（一）笔记考试、口头考试及身体检查，同时并参考毕业学校之学业成绩、品行等，然后选拔之。

（二）笔记考试为左列各科。男子：日语（解释及作文）、数学（代数、几何），以上通为共通科目；其后入理科者更须考物理、化学，入文科者更须考英语（解释及英译）、日本历史。女子：日语（解释及作文）、数学（代数）、日本历史，文理科共通行之。

五、考试日期：十月二十一日，日语、数学；二十二日，物理或日本历史、化学或英语；二十三日，口头试问及身体检查。

六、试验地：新京、奉天、东京（限于居住在日本国内者）。

七、合格者发表：十一月中旬通知本人，并由政府公告之，再志愿手续、注意事项及其他详细事项，可贴三分邮票，向民生部教育司专门教育科函索即得。

《盛京时报》，1941 年 9 月 6 日综合版 7 版，11267 号。

留学生制度再强化

（1943 年）

关于我国留学生之刷新强化，文教部循依亲邦日本之文部省、大东亚省等关系机关积极指导方策，对现行留学制度中心之青年期留学，再加检讨，且已将置重点于少年期留学之根本方针决定，近日正式树立要纲。即留学生之派遣，拟谋以留学亲邦为第一目标，留学生体制之完璧。归国后，指导运用之万全。故依国家要纲，养成优秀人才，其骨干如左。

一、留学大别少年期、青年期、成人期三期，更将已往之青年中心改为少年中心制，成人留学置重点于教官留学。

二、少年期留学，废止之特别认可制。

三、青年期留学之高等专门学校入学数目减少，更充实预备校之内容，置重点于理科系统。

四、卒业后应力行诱导以发扬留学成果，达成奉公目的，此要纲明年度将正式实施。实现后，已往各问题，自将迎刃而解矣。

《盛京时报》，1943年9月1日日刊3版，11975号。

置重点于中等学校　留日学生认可考试要纲决定

（1943年）

关于康德十一年留日学生之派遣，文教部将从来专门学校中心主义，移于中等学校重点主义为根本方针，以实施留日学生之考试。九月一日将明年度高等专门学校以上之留日学生认可考试要纲决定如左。

又中等学校留日考试要纲近日亦将决定发表。

一、应募资格。

思想坚实，身体强健，成绩优秀及未婚、康德十一年三月十五日现在满二十五岁以下之满洲国人。

二、志愿手续。

留学生认可申请履历书，书民籍誊本，卒业证明书，学校成绩证明书，最终学校长推荐书，留学誓约书，半身脱帽二寸相片三张，此为国内者。如中华民国居住志愿者，向文教部学务司长，日本居住志愿者向满洲国驻日大使馆以挂号信提出。

国内满洲医大、旅顺工大、大连高商及南满工专留学希望者，以当该学校入学试验可代替留日考试，前记手续当该学长提出。

三、愿书受理期间。

自康德十年九月二日至康德十年十月五日。

四、选拔方法。

男子：日语（解释、作文）、数学（代数及几何）、物象（物理及化学，理科系统志愿者）、日本语及英文（文科系统志愿者）。

女子：日语、代数之笔记、试验并口头试问，及身体检查、学校成绩，加以斟酌选拔。

五、试验日期。

十月一三日：日语、数学。

十月一四日：物象或日本语、英语。

十月一五日：口头试问。

六、试验地：新京、奉天、东京（但限于日本居住者）。

七、合格者发表：康德十年十一月中旬。

八、认可人员：男子文理科合计约四十五名，女子同约十五名，又详细以邮票六分邮向文教部，用纸及其他随即邮下。

《盛京时报》，1943 年 9 月 2 日日刊 3 版，11976 号。

募集中学留日生

（1943 年）

【新京】文教部近已决定康德十一年度向日本中等学校之留学生募集要领，明示将从来以青年留学为主之留学重点今后渐次向少年留学移行之当局意向，募集要领如左。

派遣学校种别	修业年限	派遣校人员
1. 中学校	四年	约五十五名
2. 工业学校	三年	约八名
工业学校	四年	约二名
工业学校	五年	约十名
3. 农学校	三年	约五名（蒙系）
4. 高等女学校	四年	约二十名
		计约一百名

△应募资格：限思想坚实，身体强健，见［且］学业成绩经各学年在三分之一以内，适当于左记项目之满洲国人（满系及蒙系）。

一、向中学校、高等女学校之派遣留学生，限为康德十年十月一日现在之满十五岁以下国民优级学校卒业者或将近卒业者。

二、对工业学校之派遣留学生，向三年制工业学校者，康德十年十月一日现在之满十七岁以下工科国民高等学校第二学年修了者或即将修了者；向四年制五年制工业学校者，限康德十年十月一日现在之满十五岁以下国民优级学校卒业者或即将卒业者。

三、向农学校之派遣留学生，限康德十年十月一日现在之满十七岁以下农科国民高等学校第二学年修了者或有修了希望者，蒙系留学志愿者可提出所定之留学认可申请用纸。

△ 报名手续：留学志愿者，可向文教部学务司专门教育科请求所定之留学认可申请用纸（或制作同意样式之用纸），一一填写后在康德十年十月十五日以前，务提出于出身学校长或在学学校长，受其推荐其书类计。

《盛京时报》，1943 年 9 月 5 日日刊 3 版，11979 号。

留日学生试验今日在旅顺高公举行

（1943 年）

【大连】州内好学青年之登龙术，本年度日本留学生推荐试验，定自十二日起四日间，在旅顺高等公学校执行，州厅学务课对受验者，以左记“试验心得”促其注意。

试验开始时刻，每日自午前三十分起，受验者至迟在九时到试验场，听监督者之指挥。又受验者各交予受验票，试验当日务必携行，到试验场放在自己桌上。若不带此受验票，勿论有何理由，亦绝对不准考试。务加注意受验者之服装，限于洋服或制服。又受验者在试验开始时刻前不到，或在试验途中擅自退场时，即认为未具有受验之意志，而取消其受验。又受验中有不正行为时，即时令其退场。受验者各位要努力冷静，十二分发挥自己能力，切勿有何不正行为。

《盛京时报》，1943 年 10 月 13 日晚刊 2 版，12015 号。

第八编

教育团体及其活动

一、“满洲帝国协和会”

（一）章程规定

满洲帝国协和会

（1932年）

一九三二年（民国二十一年）七月二十五日，在国务院正式成立。其前身为事变前之自治指导部。满洲国成立，自治指导部人员之一半出任政府要职，一半在野组织此会。故协和会与满洲国政府，表里一体。

组织——有中央本部、首都本部、省本部、县（旗、市）本部。县、旗、市本部，直接指导并统制管辖区内之分会活动，省本部为县、旗、市本部之统制机关，首都本部，鉴于新京特别市之重要而特设，中央本部为最高统制机关。所有政府各部之官吏、军人、特殊公司及银行员等，大多数均网罗于分会之内。中央本部长之左，置中央本部委员会，分企划部、总务部、实践部、辅导部、审查室等。会长代表全会，拥戴国务总理大臣。又有理事会，为会长之咨问机关。联合协议会，为协和会之思想、教化、政治之实施机关。联合协议会，分全国协议会、省联合协议会、县旗市联合协议会等。一九四〇年六月末止，业成立县本部一一四处，旗本部一五处，市本部七处，地区本部十四处，合计一五〇处，分会三千五百余个，有会员一百六十七万余名。

首脑部人员——一九四〇年六月一日调查如次。

名誉顾问：日本全权大使、关东军司令官梅津美治郎。

会长：国务总理大臣张景惠。

中央本部长：参议院副议长桥本虎之助。

中央本部副部长：前交通实业部大臣丁鉴修。

企划局长：松本侠。

总务部长：皆川丰治。

实践部长：曲秉善。

辅导部长：恒吉秀雄。

工作方针概要——（一）民族协和之具体实现，与日满关系不可分之强化。（二）扩充物质上经济上之基础，以完成战时动员体制。（三）赶速确立少年团、青年团、协和义勇奉公队等体系，以扩充战时动员之人的组织。

张鹤立著：《满洲国之现阶段》，南京中央书报发行所，1940 年 12 月。

满洲帝国协和会章程

（1936 年）

第一章　名　　称

第一条　本会称为满洲帝国协和会。

第二章　宗　　旨

第二条　本会与政府成表里一体，以期达成建国理想并创造道义世界为宗旨。

第三章　会　　员

第三条　本会以满洲帝国人民及欲达成本会之目的者组织之。

会员规则另定之。

第四章　会长副会长顾问及理事（康三，第十二号改正）

第四条　本会置会长副会长顾问及理事（康三，第十二号本条中改正）。

第五条　本会推戴国务总理大臣为会长，副会长及理事由会长任命之。顾问由会长委嘱之（康三，第十二号本条中改正）。

第六条　会长统括代表本会。副会长辅佐会长，会长遇有事故时代理之，理事组织理事会承应会长咨问。

第五章　中 央 机 关

第七条　中央本部设于新京置左列役员。

中央本部长一名。

中央本部委员若干名。

参与若干名。

中央本部得置副本部长一名。

第八条　中央本部长由会长任命之。

第九条　中央本部长总理事务。副本部长辅佐中央本部长，中央本部长有事故时代理之。

第十条　中央本部委员依中央本部长推荐由会长任命之。

第十一条　中央本部委员会以中央本部委员组织之，由中央本部长为主宰审议重要会务。中央本部委员置干事若干名，干事由中央本部长任命之，或委嘱之，承委员长之指挥执掌事务（康四，第八号本条中改正）。

第十二条　左列各事项须经中央本部委员会决议。

一、关于改变纲领及章程事项。

二、关于制定改废重要规则事项。

三、关于预算决算事项。

四、关于全国联合协议会重要事项。

第十三条　参与由会长任命之。

第十四条　参与应中央本部长咨问。

第十五条　参与关于重要会务得向中央本部长申具意见。

第六章　地方机关

第十六条　省设省本部新京置首都本部。

第十七条　省本部及首都本部直属中央本部。

第十八条　关于省本部及首都本部规则另定之。

第十九条　县（旗）设县（旗）本部省公署所在地及其他特定都市置都市本部。

第二十条　县（旗）本部及都市本部直属省本部。

第二十一条　关于县（旗）本部及都市本部规则另定之。

第二十二条　首都本部、县（旗）本部及都市本部得各设支部。

第七章　分　会

第二十三条　本会以分会为组织单位。

第二十四条　分会隶属首都本部、县（旗）本部、都市本部或其支部。

第二十五条　分会得设班制。

第二十六条　分会规则另定之。

第八章　联合协议会

第二十七条　本会置联合协议会。

第二十八条　联合协议会分为全国联合协议会、省联合协议会、县（旗、市）联合协议会及支部联合协议会。

第二十九条　关于联合协议会规则另定之。

第九章　会　　计

第三十条　本会经费以会费、国库补助金、事业收益等充之。

第三十一条　本会会计年度依据历年度。

第三十二条　关于本会会计规则另定之。

附则

本章程自康德三年七月二十一日施行之。

附则

本令自康德三年十一月十一日施行之。

附则

本令自康德四年四月一日施行之。

附则

本令自康德五年二月八日施行之。

（伪）满洲帝国教育会编：《满洲帝国文教关系法规辑览》（下），1938 年。

满洲帝国协和会之根本精神

（1936 年）

一、满洲帝国政治之特质

满洲帝国之政治，在乎不效民主主义的议会政治之颦，不陷专制政治之弊，实现民族协和、真正民意、官民一途之独创的王道政治为其特质。

二、协和会设立之意义

协和会与满洲建国俱生俱长，定为国家机构之团体，而护持建国精神于无穷。训练国民，实现其理想之惟一无二思想的、教化的、政治的、实践组织体也。实践而无所偏，结合而无所私。

三、满洲国政府于协和会之关系

建国精神之真髓，实协和会之所应体得之惟一绝对之信念。

建国精神之政治的发动实现，须依据满洲国政府，而其思想的、教化的、政治的实践，则须依据协和会。由此，可期民意之畅达也。

是故须知协和会非政府之从属机关，亦非对立机关，乃政府之精神的母体也。政府为构成于建国精神即协和会精神以上之机关，而其官吏应为协和会精神最高热烈之体得者也。

真正之协和会员，或入政府或在野，而指导政治经济，善导思想以建国精神完成全国民之动员时，则王道政治之实现，始可期待也。

昭和十一年九月十八日。

关东军司令官

植田谦吉

（伪）满洲帝国教育会编：《满洲帝国文教关系法规辑览》（下），1938 年。

协和会奉天市本部结成各教育分会

（1938 年）

协和会奉天市本部，为谋教育之发展及新学制之实行，对于奉市之教育分会，刷新机构，除结成奉天市农业大学分会外，对原有之教育分会，亦行改革，计对日鲜之学校组成第一教育分会，省立学校组成第二分会，市立学校组成第三分会，已结成，以便关系事务方面敏捷，而资得收圆满效果，其各分会役员氏名如左。

- 奉天市农业大学分会：一、正会长宇田一；二、副会长中原济。
- 第一教育分会：一、正会长寺田喜治郎；二、副会长本多笃、涩野多贺次。
- 第二教育分会：一、正会长稻贺襄；二、副会长侯德锡。
- 第三教育分会：一、正会长小田献四郎；二、副会长高锡禹。

《盛京时报》，1938 年 5 月 31 日 2 版，10120 号。

（二）活动

附设平民学校　收纳失学儿童　大经路协和会之善举

（1938 年）

本市自建国以来，人口日见增加，小国民之制造，亦有加速度之情势，于是首感拥挤者，即为各小学校。在三二年前，经市公署统一全市各小学校，改为市立以后，乃极力设法扩充，添设学校，增加班数，以期尽量容纳学龄儿童。无如市内学龄儿童，日增月益，并无止境，而学校有数，学龄儿童仍多失学者，已达受教之年，依然嬉游于家庭，甚非普及教育、提高国民程度之道。近者协和会大经路分会，以管内各处失学儿童，每日于市衢之内，成群游戏，坐令良好光阴虚度，未免可惜，乃决定于该分会内设一平民学校，凡属大经路区域内失学儿童，不分贫富一律免费准其入学，以期补救市内学荒于万一，并定于四月一日开学，故该处附近一带儿童不久即可解决其入学难云。

《盛京时报》，1938 年 3 月 29 日 6 版，10058 号。

为教育青少年义勇队　决设立青年学校

（1939 年）

【新京专电】满洲开拓青少年义勇队之建设状况，乘上报道之今日，竟痛感从速设施此等义勇队员之文化设施，体操、教育、智育等训练之必要。各关系当局有鉴及此，曾进行研究，采用于日本之青年学校制度，而加以开拓义勇队之特殊事情，大体已得成案，已向植田全权大使申请设立许可中。迩来业已领到许可，而决定设立青年学校矣。

至其设立之学校数，为从前之训练所所在地嫩江、宁安、勃利、铁骊、孙吴、哈尔滨、昌图七地区，此外对本年新开设小训练所，甲种十地区，乙种六地区，大训练所（对店）一地区，特别训练（一面坡）一地区，目下亦申请设立中。

《盛京时报》，1939 年 4 月 18 日晨刊 2 版，10425 号。

协和青少年团及青训所添设中央地方训练所

（1940 年）

【新京专电】协和青少年团及青年训练所，自康德四年末创立以来，今年已至第四年度。其间，全国的规模概行竣事，而基于协和会本年度方针，断行改正青少年运动之会务、机构等，在各省本部，以班别组织青少年运动。兹于八日起四日开，在中央本部，召集此等责任者之班长，开全国各省青少年班长会议。该会议当席中，对于协和青少年运动要纲有所指示，兹志其大要内容如左。

一、刷新中央机能，与干部训练所之运营相呼应，确立指导精神，把握巩固信念，同时并明示运动基准及要领。

二、综合各班部之指导机能，新在新京南领设青少年团中央干部训练所，在呼兰县南满洲训所，中央本部置爱路学校关系者凡二百名。北满训练所收容研究青少年团者五十名，南满训练所收容满系干部百五十名。谋练达德能，以期指导者之配置万全。

《盛京时报》，1940 年 4 月 12 日晨刊 2 版，10768 号。

齐市协和会地区本部实施青年实务训练

（1940 年）

【齐齐哈尔】基于康德七年度之第一期训练计划，而实施青年塾及青年团之运营实践训练之协和会。齐齐哈尔地区本部，特为采用青年团组织对本市青年会国民，施以准备以青训之训练内容，基以基本之训练，置重点于实务训练，及国民训练，而完成青年团之训练目的。至其训练之方法，定以通学之制度，实施集合训练。对各青年，定于每晨六时半集合，而于每日午后七时解散，共实施两周间，其期间于七月二日至十五日止，完成第一期，其后依次实施，实施场所，假齐市青年训练所行之。爰将其训练方法及内容，兹笔录如左。

训练方法。

一、团体共同行动之实践。

二、研究会、座谈会、演讲会等之举开。

三、青年训练教本及协和青年等之讲演。

训练之内容。

甲、青训关系。

一、协和基本训练。

二、乡土自卫观念及国防意义之涵养。

三、相互扶助的公共的劳动、奉公精神之涵养。

乙、生活关系。

一、识字运动。

二、日常生活之规律化，恶习惯之改正。

三、趋于健全之民众生活娱乐。

四、卫生思想之普及得防疫运动。

五、对公共施设品之爱护。

六、其他国民常识。

丙、国民训练。

一、团体训练之实施。

二、军事教练，并特别注重于乡土防卫，得防空训练。

三、武道，建国杖。

《盛京时报》，1940 年 7 月 11 日晨刊 4 版，10857 号。

锻炼建国推进力　彻底青少年团训练
对各训练所决加整备刷新

（1941 年）

炼成满洲国建设新推进力之协和青少年团之再出发，于中央统监部之一元的指导统制，以阳春四月为期，迈出高度国防国家完成之第一步。而国民组织所谓邻组中，为青少年部强力浮上社会构成部面之青少年团，不但宜延长其学校教育，且应付小国民之环境，而施以锻炼国政、翼赞建国理念与实行力之一贯的国民训练。

因此与日系青年学校之义务的措置实施相关联之满系青年训练所内容刷新，乃燃眉之问题。故决定将从来之训练所体系，加以高度之整备充实，使达到地方青少年团之指导者养成机关，谋其刷新改喜。与此同时，谋干部训练所之扩充整备，而充实既设之新京、奉天，一方于北满与蒙地，设置同训练所两处，以确立指导者之养成体系。

至于对此干部训练所，在满教务部管下之关系小学校教员，亦行入所，而受青少年团训练之再教育。

《盛京时报》，1941 年 3 月 16 日晨刊 2 版，11095 号。

学校青少年团指导者在奉野营训练实记

（1941 年）

由本月十五日起，于奉天市之圣地北陵陵域，在炎热之下，继续猛训练之在满国民学校青少年团指导者训练。对此实有前往见学之必要。因十八日午后，遂与由中央来奉视察之榊原中央统监部训练部长，一访一片碧绿之训练地，时忽忆及清朝二代之太宗文皇帝，乍见北陵陵内老松苍郁，其内继续训练之学校教员，凡四十六名，及加茂在满国民学校生徒十二名，因连日实施训练，故面颊均被日光晒黑，时向吾方觊觎。

今战局已蔓延欧亚二洲，世界将呈一大转机。大局非常明确，大有非创造新历史之阶段不可之势。而当其深刻化或发展之时，实有对青少年施以强力体制之必要，况青少年训练，尤须加以强力之指导。由于此种见地，方始实施指导者之野营天幕训练者也。彼等每日午前六时起床，凡五十八名之团员，均一齐呼吸晨间新鲜之空气，然后向日满国旗敬礼，由心衷默祷对英灵将士感谢之念，后即进早餐，早餐毕则开始一日之日课。

此次学校青少年团指导者责任之确立训练，盖在脱出以往之颓萎，而振发精神，实行有规律之训练，无论集合炊爨，均严守时刻。一日大体之课程，不外分为建国体操、学科、特技训练、特殊训练等项，严行彻底建国精神，及野营生活之实际训练，且并不与以分毫之余暇，为一种猛训练。一日之日课终了后，及午后六时即进可喜之晚餐，分班而食（第一期为七班）。午后七时则开始日间反省恳谈会，少顷即为自由时间。虽值炎夏，而一入夜亦稍感凉意，犹如置身天幕村，令人生一种异常之情绪，神情怡然。及十时点名后，四下草木丛生，实不免蚊虫之袭也，及此一日之训练乃终。第一班训练系于十九日午后二时解团，第二、三、四各团亦预定陆续实行焉。

《盛京时报》，1941 年 7 月 20 日综合版 7 版，11219 号。

协和青少年团动员大会志要

（1941 年）

【西丰】县青少年团统监部召开之青少年动员大会，业按预定七、八、九三日开之日程，顺序进行，兹撮记其中重要事迹如次。

一、团旗授与式：按结成个个之青少年团分别授与团旗以资识别。

二、表彰式：选择青少年团之成绩优秀者予以表彰状。

三、分列式：市街行进完了于电报局门前举行各团分列式。

四、交欢会：由各青少年团表演话剧。

五、映画会：在公园内映演风潮剧片。

六、锻炼大会：由各团员在公园体育场举行各项竞技。

七、提灯会：各青少年团在街内提灯游行。

总括三日内之各项行事，除感觉热闹与兴奋外，不但参加者异常紧张，精神昂扬，即一般观光者，亦均欣羡与热烈，足数强化国防之意识，已渗透民间云。

《盛京时报》，1941 年 10 月 11 日综合版 6 版，11301 号。

彻底青少年团员训练　统监部制定活动要纲

（1941 年）

协和青少年团统监部之九年度活动要纲，与中央本部之基本指示，同于十日之省事务长及统监部，统监部主事会议中指示，其内容如次。

中央本部基本指示。

第一，团员中，尤以行动队员之行动训练与体力之锻磨，须加努力，务须确立团之迅速的动员体制。

第二，使日常不断之干部训练旺盛，图指导者及干部先辈意识统一，确立严格之行动律。

第三，努力指导机构之整备强化，使各关系方面之总力的结集、发挥更加完全。

统监部九年度活动要纲。

第一，实践目标。

一、时局教育之彻底与实践力之强化。

二、展开各种活动，确立动员体势。

三、指导机构之整备与关系指导力之综合发挥。

第二，实践要领。

一、时局教育彻底与实践力之强化。

（甲）时局教育之彻底。

（子）指导者及干部之时局教育，特别重视，图先达者意识之统一。故刷新中央及地方干部之训练内容，并强化日常不断之实践的训练。

（丑）现地统监部对于青年工作员及行动队员特殊队员练成之，使之能相当一般团员之时局教育。同时对一般职员，完成一般职员用教范内容之时局教育，刷新青训之训练内容。

（寅）中央编纂发行指导者用一般团员用之时局教范。

（乙）行动规范之确立。

（子）中央指示简明直截之行动规范。

（丑）对各级统监部职员及团指导者干部及青训生，向卒业生行动队员、特殊队员严格实施之。

（寅）现地统监部对全组职员努力励行。

（丙）体力之练成。

（子）中央选完小数基本的体育种目，并指示之。

（丑）现地统监部以本种目对青练生及行动队员特殊队员实施之，使之达一般标准以上。同时可能的广泛对一般团员励行。

（丁）特技之练成。

（子）中央作成指示建国杖、音乐、通信、航空、乘马、操军、救急、野营、防卫等特技训练要目。

（丑）现地统监部依本要目，对团干部青训生及行动队员特殊队员实施。

二、展开实践活动以确立动员体势。

（甲）防卫活动。

防卫活动之在农村，作匪团部落袭击及对降下部队演练，在铁道防卫都市，以防空防护为主目标，训练之使适合实战。

（乙）勤劳运动。

（子）国防部落防卫设施之建设，矿业农产之增产，搜货配给，展开劳动力供出，工作协力，集中其主旨，适宜展开各种报国运动。

（丑）勤劳运动以行动队及特殊队为基干，可能的应对一般团员实施，编成最小限度之部队常置之。

（丙）宣传实化工作。

（子）中央强化弘报机能，与现地统监部紧密联系，期本工作实施之万全，同时发刊弘报。

（丑）现地统监部常注意民心之动向，尤于时局之推移，各种国家施策实施及重要事件发生时，须确立精密具体的把握民心动向之组织。

（丁）识字运动。

（子）中央作制指导者用识字教本，示识字进展之基准。

（丑）现地统监部依本规准，对文盲团员，指导之使达初级基准，对未组织青年，于可能的广范围，展开本运动。

三、指导机构之整备与关系指导力之综合发挥。

（甲）指导机构之整备强化。

（子）各级统监部图参事会议之运营，更整备强化，同时与协和会本部之关系紧密化，使指导力综合强化。

（丑）各级统监部于主要都市，以学校及重要工场为指向点，发挥其固有之指导力。

（寅）训旗统监部之重点，务以地域指导为主，期青县及青年工作员、行动队员、特殊队员之活用万全。

（乙）青少年团虽以既设团之充实为主眼，以可能的迅速，全国的结成之，使团之训练活动，以其社会的性格为基调，以行动队及特殊队活动之影响，图渐次活泼化。

（丙）女子青年团，在主要都市，对学校职场之团训练活动倾注主力，在县旗，努力地域干部之训练。

（丁）中央设置重点统监部，现地统监部考虑状况，设置各种各一团之指定团。

（戊）青年团中坚团员练成大会，在中央开会，努力训练成果之综合的实践发挥，团动员体势确立之促进。

（己）纪念建国十周年之建设团青年塾及青少年会馆运动更须强化。

《盛京时报》，1941 年 12 月 12 日综合版 7 版，11362 号。

涵养学生劳动精神　扩大勤劳奉仕运动

（1942 年）

省方制定动员要纲定期实施

大东亚战争勃发后，协和青少年团运动之使命，显然日益重大，同时国家方面亦希望向国土防卫、勤劳报国两大目标迈进。于是奉天省文教当局，乃决定将既往学校青少年勤劳奉仕运动，加以扩大。举全奉天省青少年之总力，向大东亚圣战完遂途上迈进，而制定勤劳动员实施要纲，男女青年团自康德九年七月中实施，前后亘二十日间，男女少年团自康德九年七月中亘十日间实施。其勤劳奉仕之主要目标与编成方法，决定如下。

勤劳奉仕之主要目标。

一、国防诸施设之建设。

1. 军事协力（马粮献纳、干燥野菜等）。

2. 防空壕。

3. 其他。

二、农产物之增产。

1. 除草。

2. 病虫害之驱除。

3. 播种。

4. 收获。

三、矿工产物之增产。

四、一般土木事业。

1. 国、市、县道路之补修建筑。

2. 不毛沼泽地之改良。

3. 河川改修。

4. 耕作地之排水。

5. 荒芜地之开拓。

6. 堤防构筑。

7. 畔水池之新设。

五、植林事业。

建国十周年纪念林之植林。

六、其他。

1. 公园运动场之补修。

2. 步行道路之建设。

勤劳奉仕队之编成。

一、学校勤劳奉仕队之编成基准如左。

1. 团员十名为一分队。

2. 一学级为一小队。

3. 一学年为一中队。

4. 全学年为一大队。

二、干部编成之原则如左。

1. 分队值队长一名。

2. 大队长以团干部为适例者。

三、大队内设置大队东部以执行其业务。

《盛京时报》，1942 年 3 月 31 日综合版 5 版，11467 号。

二、“奉天省教育会”

奉天省教育会宣言文

（1933年）

我满洲新国造建已有年余，虽历经劫难，迭遭挫折，卒以三千万民众之协力一致，友邦大日本帝国之援助指导，得以内外修明，成绩昭著，国基日益巩固，国运日益隆昌，而世界诸列强对我之认识程度亦日见增高，诚堪同庆。

惟是建国伊始，百端待举，而尤以提倡教育为当务之急。故遵守往古之道德，发挥孔孟之仁义，努力发展我国固有之文化，以谋产业之开拓，民智之启迪，教育之普及，踊跃猛进，以养成伟大有用之人物者，皆我辈应尽之天职也。吾等有见及此，故于客岁十月十五日组织奉天省教育会创立委员会，刊发奉天省教育会暂行章程，规定职员进行会务细则，完全脱出旧日之桎梏，成一倡行新国使命之机关，征求各县教育会之同意，努力于总会开幕之准备，勤勤恳恳，苦心孤诣。卒于创立委员会一周年之期间，达到目的构成。今日大会之开幕，兼之祥臻瑞集，时和岁丰，教育人士同深忭庆。吾等宜本建国之精神，与二万同寅携手合作，养成六十万学子尽成有用之人才，以冀不负千五百万父老之厚望，以建设王道新国，竭尽鄙诚，共谋邦基巩固。同志勉乎哉，披肝沥胆，谨此宣言。

《奉天教育》第1卷第9号，1933年12月。

奉天省教育会章程草案

（1933年）

第一章　总　　则

第一条　本会由奉天全省从事教育人员组织而成，定名为奉天省教育会。

第二条　本会以研究教育事项、辅助教育行政、力图教育发展为宗旨。

第三条　本会总事务所设于奉天省城，分会设于各市县。

第二章　会　　务

第四条　本会事务共分三部，如左。

甲、总务部处理关于会务一般事项。

乙、学校教育部处理关于学校事项。

丙、社会教育部处理关于社会教育及家庭教育事项。

第五条　本会议决事件或经由本会公布施行，或建议于官厅。

第六条　本会得处理官厅委托事项。

第七条　本会与各省、区、市、县及其他教育机关互相联络，以图进行。

第八条　编印教育上有益之图书及杂志。

第九条　开各种学术研究、讲演、讲习、游艺及成绩展览等会。

第十条　调查各地方教育方法及经济设备等状况。

第十一条　遇关于教育上之改良或新发明，得设法赞助施行之。

第十二条　营谋教育上公益之事项。

第三章　会　　员

第十三条　会员入会之资格：甲、普通会员，以现任各市县分会会员充之；乙、特别会员，以现任教育厅视学、股长、科员充之；丙、名誉会员，凡本省教育名流及教育厅科长或有特殊关系于本会者得聘为本会名誉会员。

第十四条　会费：甲、普通会员年纳会费一元，由各该分会征收之；乙、特别会员、视学、股长年纳会费五元，科员二元，由本会征收之；丙、名誉会员随意捐助；丁、各市县分会所收全会费应提百分之十为本会会费，限于每年四月底缴齐。

第四章　组　　织

第十五条　本会设名誉会长一人。

第十六条　本会于开总会时推戴教育长官为名誉会长。

第十七条　本会设理事若干人，由教育厅各科长充之。

第十八条　本会设常务理事一人，任指导监督会务之责，由理事互选之。

第十九条　本会职员如左。

甲、会长一人。

乙、副会长一人。

丙、干事若干人。

丁、常务干事若干人。

戊、评议员若干人。

第二十条　本会会务员如左。

甲、总务部部长一人、总务部副部长一人、文牍股主任一人、会计股主任一人、庶务股主任一人、编辑股主任一人、书记员若干人。

乙、学校教育部部长一人、学校教育部副部长一人。

丙、社会教育部部长一人、社会教育部副部长一人。

第五章　职　　务

第二十一条　本会职员职务如左。

甲、会长职务依左列之规定。

1. 代表全体会员处理一切会务。

2. 有召集干事会、评议员会、总会及其他重要会议之权。

3. 定开会时期及议事日程。

4. 有维持会场秩序之责。

5. 有延聘干事及各部部长之权。

6. 得支配各项会议及议决后应执行之事件。

乙、副会长职务依左列之规定：副会长得辅助会长处理一切会务，会长缺席时得代行其一切职权。

丙、干事职务：辅助会长以谋一切重要事务之进行。

丁、常务干事职务。

1. 辅助会长以谋一切事务之进行。

2. 有受会长之命作本会会则之起草及改正之责。

3. 遇定期及临时干事会议有出席之义务。

4. 有受会长之命辅助定期总会及临时总会一切事务之责。

5. 有受会长之命襄助本会预算及决算之责。

6. 有办理本会选举事务之责。

7. 有受会长之命襄助关于本会之一般事务之责。

8. 干事有特别规定时宜遵守干事会之规程。

戊、评议员职务依左列之规定。

1. 评议员由各分会长及省立中小学校长、各文化机关首领和教育官厅认可之各私立学校代表若干名充任之。

2. 评议员受会长之命代表参议本会事务。

3. 评议员受会长之命负有本会之定期评议员会及临时评议员会出席之义务。

4. 评议员如遇有疾病或发生特别事故不能参与本会之定期及临时评议员会时，由所属分会干事出席代理之。

5. 评议员如有特别规定时宜遵守评议员会之规程。

第二十二条　本会会务员职务如左。

甲、各部长职务如左。

1. 各部发生事件时得由部长召集各部干事会。

2. 各部部长有保荐本部主任请会长委任之权。

3. 各部干部会所议事项及其结果须报告会长。

4. 各部遇有互相关联之事项得由各部长同时召开干事会，但开全体干事会由会长召集之。

5. 各部对于各市县教育事项有不明确时，得随时函告各市、县分会调查报告之。

乙、各部副部长职务如左：副部长得辅助部长处理一切事务，部长缺席时得代行其一切职权。

丙、文牍股主任职务如左。

1. 文牍股主任得遵总务部长之命，处理文牍之一切事务。

2. 文牍股主任如有特别规定时，得遵守文牍股服务之规程。

丁、会计股主任职务如左。

1. 会计股主任得遵总务部长之命，处理会计股之一切事务。

2. 会计股主任如有特别规定时，得遵守会计股服务之规程。

戊、庶务股主任职务如左。

1. 庶务股主任得遵总务部长之命，处理庶务股之一切事务。

2. 庶务股主任如有特别规定时，得遵守庶务股服务之规程。

己、编辑股主任职务如左。

1. 编辑股主任得遵总务部长之命，处理编辑股之一切事务。

2. 编辑股主任如有特别规定时，得遵守编辑股服务之规程。

庚、书记员缮写文牍会计、庶务、编辑各股之一切文件。

第二十三条　本会会员职务如左。

1. 会员对于各项教育有意见时得随时提出议案。

2. 讨论议案时得各持己见详细研究，其当场并无异词或不到场者议决后不得再生异议。

3. 对于会内事务得随时辅助并稽查之。

第六章　会　　议

第二十四条　本会会议分总会、干事会、评议员会三种。

第二十五条　总会规程如左。

1. 总会招集本省全体会员开会时为总会。

2. 总会分定期总会及临时总会。

3. 总会以会长名义召开之。

4. 定期总会每年一次于四月举行，其会期以五日以内为限，届时发生重要事件或议案不能议决时得临时延期。

5. 临时总会无定期，如发生重要事件会长认有开会必要时得随时召集之。

6. 会长得在开总会前先召开干事会协议决定其会期、会场、会议事项、会员姓名、所需经费及其他必要事项，并必在开会前一月呈请教育厅长认可方可行之。

7. 总会闭会时会长得在二周间内将开会情形呈报教育厅长。

8. 会员出席总会时其旅费由各分会酌量支给之。

9. 总会之事项如左：推戴名誉会长、敦聘理事、发表宣言及决议文、发表本会会章、发表会章改正事项、报告会务及决算、发表预算、协议咨询案、发表年度行事、协议重要事项、发表会员之研究事项。

第二十六条　干事会规程如左。

1. 干事会以本会干事及会长、副会长组织之。

2. 干事会归本会会长统辖之。

3. 干事会每月定期开会二次（一号及十五号），但遇有重要事件可召开临时会议。

4. 干事会之事项如左：关于本会会章起草事项，关于本会会章改正事项，关于本会之预算及决算事项，关于评议员会及总会之一切事项，关于本会选举事项，关于其他重要事项。

第二十七条　评议员会规程如左。

1. 评议员会以本会全体评议员及本会理事、干事、各部长、副部长组织之。

2. 评议员会归本会会长统辖之。

3. 评议员会分为定期评议员会及临时评议员会二种。

4. 评议员会在开定期及临时总会前举行，但其期间由会长定之。

5. 出席本会之评议员其旅费由各分会酌量支给之。

6. 评议员会之事项如左：审议本会之章程草案及决定，审议本会之章程改正事项及决定，审议本会之预算及决定，审议本会之决算及决定，审议本会年中行事及决定，关于总会一切准备事项，处理关于本会其他重要事项。

第七章　正、副会长选举及任期

第二十八条　凡奉天省内现在各评议员及干事均有选举正、副会长之权。

第二十九条　凡奉天省内现在各评议员及干事均有被选举为正、副会长之权。

第三十条　正、副会长选举法另定之。

第三十一条　会长、副会长任期均为三年，期满另选，但当选者得连任之。

第八章　经　费

第三十二条　本会经费分左列各项。

1. 基本资产（房田租附）。

2. 辅助金。

3. 特别会金。

4. 各分会应缴之会金。

第三十三条　本会岁出入之款目每月布告一次，其总结期限以总会为准。

第九章　附　　则

第三十四条　各分会须依本会章程组织之，呈报本会备案。

第三十五条　本章程自呈准本省最高行政长官公署后施行之。

第三十六条　本章程在中央教育会法未公布以前为有效期间。

第三十七条　本章程施行后有应增改之处得于开总会时修正之，但于实施发生障碍时，亦可由临时会或干事会暂为解决变通。

《奉天教育》第1卷第9号，1933年12月。

奉天省教育会新计划决刷新省下教育

（1937年）

拟改组为社团法人起草改组案　决定自明年一月起启其新面目

奉天省教育会，依据满洲帝国教育会之方针，悉心努力刷新振兴省下教育界，为备今后大事活动计，拟改组为社团法人。曾调查所有财产及其他诸般准备，近已完毕，拟定本月中旬开职员会，除明年度预算及事业计划案外，审议该改组案，决定后即办理正规手续。该会所有财产，约达四十万元，无求政府补助之必要，一万一千名会员，亦不受过重之负担，为全满最充实之教育会。定自明年一月起，启其新面目云。

《盛京时报》，1937年12月10日2版号外，9961号。

三、“满洲帝国教育会”

（一）章程规定

满洲帝国教育会

（1934年）

满洲帝国教育会，乃自康德元年六月二十三日，推戴文教部大臣郑孝胥阁下为会长而诞生者。康德五年九月十二日组织为财团法人。现在会长为文教部大臣，副会长为文教部次长，理事长由学务司长充任，理事、监事、评议员等则网罗中央及地方之文教关系上有识练达之士使充任之。会务于常务理事主宰之下，置四十余名职员担当运营之。于新京特别市、各省置分会，各市、县、旗置支会，分别委嘱省长，省次长及市、县、旗长，副市、县长为分会长、副分会长或支会长与副支会长。本会之会员分名誉会员、赞助会员、特别会员（教育行政关系者）及普通会员（学校教职员）四种，现会员总数约达五万名。

本会以企图教育之进步、改善及文教关系者相互之亲睦向上为目的。为期达成此目的，而运营中之事业概述如下。

1. 贷与奖学资金，以免除贫困优良子弟之入学难。

2. 对教科书之配给，必须经过会机构，以期调节需给之圆滑。

3. 对于学生服、学用品担当配给，以缓和学习上之困难。

4. 举开讲习会、讲演会，对教师再训练，而努力于民众教化。

5. 轮流放映电影，开催展览会，以资促进文化。

6. 举办视察旅行，以敦睦会员之间感情，而广见闻。

7. 发行日、满文版机关杂志《建国教育》，配布与全会员，以期促进会员素质向上，而图相互疏通意志。

8. 对初等学校学生刊行杂志《满洲学童》，及夏冬休假学习帖，以图助长初等教育。

9. 其他关于资助教育之参考用书，出版约达数百种以上。

10. 联络其他外国教育会，与国内文化团体协力，表彰教育功劳者等。会之事业运营实属繁多。

关于此种事业之预算，逐年显著增加，亦十足象征会务之跃进，反映会务之发展焉。

（伪满）国务院文教部编纂：《满洲国文教年鉴》，1934年3月。

满洲帝国教育会定章

(1934 年)

第一章　总　　则

第一条　本会定名为满洲教育会。

第二条　本会以另纸资产目录而成立为财团法人。

第三条　本会以谋教育之进步、改善，及文教关系者之互相亲睦向上为目的。

第四条　本会为达到前条目的，施行下列事业。

一、关于教育事项之调查及研究。

二、关于教育杂志及图书之刊行。

三、关于教育之社会的指导。

四、关于教育会议、讲演会、讲习会等之开催。

五、介绍教育事业及与教育团体为国际的联络。

六、与各种文化事业团体协力。

七、表彰教育上有功劳者。

八、其他为达本会目的之必要事业。

第五条　本会于各省及特别市设省、特别市教育会为分会，各省教育会于各市、县、旗设市、县、旗教育会为支会。

第六条　本会主事务所设于新京特别市，分事务所设于分会所在地之各省及特别市。

第二章　役员、顾问、评议员及职员

第七条　本会置左列役员。

会长一名。

副会长一名。

理事长一名。

理事若干名。

监事若干名。

第八条　会长推戴民生部大臣。会长总理会务，代表本会。

第九条　副会长委嘱民生部次长之职者。副会长辅佐会长，会长有事故时，代理其职务。

第十条　理事长委嘱在民生部教育司长之职者。理事长掌理会务。

第十一条　理事由会长委嘱之。理事辅佐理事长处理会务，理事长有事故时，由会长指名之理事代理其职务。

第十二条　监事由会长委嘱之。监事监察本会之业务。

第十三条　理事之任期为三年，监事之任期为二年。但无妨连任。

第十四条　本会得置顾问及评议员各若干名。顾问经评议员会决议，会长推荐之。评议员就下列者，会长委嘱之。

一、国立学校长。

二、国立文化机关长。

三、各省及特别市教育会正副会长。

四、会长特别委嘱者。

五、会员中由省、特别市教育会长推荐者。

评议员之任期为三年，无妨连任。但于会长特别指定官公职而任其职者，委嘱场合不适用之。

第十五条　本会置主事一名，由会长任命之。主事承会长之命，从事会务。主事得出席理事会及评议员会陈述意见。

第三章　理事会、评议员会及总集会

第十六条　理事会以理事长及理事构成之，理事长为议长，理事会由理事长召集之。

监事指示会议之目的而为请求时，理事长须召集理事会。

第十七条　理事会除特定场合外，非理事三分之一以上出席，不得开会议。

理事会之议事，以出席者之过半数表决之。可否同数时，由议长表决之。

第十八条　下列事项须付议于理事会。

一、本定章之变更。

二、本会规则之作成及改废。

三、收支预算之确定及决算之认定。

四、关于不动产及重要财产事项。

五、关于事业行事等计划事项。

六、其他重要事项。

第十九条　评议员会以评议员构成之，会长为议长。评议员会会长认为必要时召集之。评议员会应会长之咨询，并得建议重要会务。

第二十条　会长认为必要时，得召集役员、顾问、评议员、职员及会员之总集会。

第四章　会　员

第二十一条　赞同本会之目的，而翼赞其事业者及文教关系者为会员。

会员分为下列三种。

名誉会员：有学识德望者及有功劳于本会者，依评议员会之决议，会长推荐者。

特别荐员：教育行政关系者。

普通会员：学校教职员文化机关员。

第五章　资产及会计

第二十二条　本会以于本会成立日之资产及下列各号之财产为基本财产。

特别指定目的之寄附金。

于理事会议决编入之财产。

第二十三条　基本财产非得理事三分之二以上之同意，受民生部大臣之认可，不得处分。

第二十四条　本会经费以下列者充之。

一、由基本财产所生之收入。

二、非第二十二条第一号之寄附金。

三、政府之补助金。

四、随其他事业之收入。

第二十五条　各分会及支会供其用途，得定特定财产。

分会及支会于前项财产得为使用、收益、处分。但关于处分，须预受会长之许可。

第二十六条　本会之会计年度，每年始于一月一日，终于十二月三十一日。

第二十七条　本会得理事三分之二以上之同意，得设特别会计。

第六章　杂　　则

第二十八条　关于本定章施行之规则及其他必要之规定，得理事半数以上同意而定之。

第二十九条　欲变更本定章时，须理事三分之二以上之同意，受民生部大臣之许可。

（康德元年六月二十三日制定，康德五年八月三十一日改正）

（伪）满洲帝国教育会编：《满洲帝国文教关系法规辑览》（下），1938 年。

（二）活动

满洲帝国教育会二十三日举行创立总会

（1934 年）

【新京专讯】曩于第一次满洲帝国教育会，筹备委员会议所议决之满洲帝国教育会创立总会，将于二十三日午前十时，始在文教部会议室，由奉天、吉林、黑龙江、热河各省教育会，代表北满教育会，并哈尔滨新京各特别市教育会，代表二十五名出席，举行当日之总会。程序大略如左。

一、开会之词。

二、推举议长。

三、报告筹备委员会之经过。

四、审议章程。

五、选举议员。

六、会长致词。

七、朗读宣言及报告事业概要。

八、来宾祝词。

九、启读祝电。

十、散会之词。

《盛京时报》，1934年6月18日2版，8741号。

热省成立帝国教育会

（1935年）

【承德】县公署奉令组织满洲帝国教育会承德支会于昨日（七日）午前十时，在教育局举行成立会，并选举正副会长及常务理事等。当时县长因事缺席，到会教育局王局长及全市县立各高初小学校长教职员等五十余人。首由王局长致开会词，次由白校长说明选举办法，当即用不记名联名投票选举法，选举教育局长王兆荣氏为正会长，白元良及白凤麟二人为副会长，刘全明、胡之颖等五人为常务理事。经全体决议通过，继开成立会，由会长致词、长官训词、来宾演说、会长答词。完毕于午后三时，撮影散会云。

《盛京时报》，1935年4月16日7版，9031号。

省市县教育会改组机构革新事项决定定名为满洲帝国教育会

（1937年）

奉天省教育厅当局，为振兴教育计，对于管下各市县之教育会，拟行改组，无教育会设置之县，应即着手成立，定名为满洲帝国教育会，正会长由市县长担当，副会长由县参事官担当。昨已令知各市县遵照机构革新注意事项着手进行，其注意事项及行事概要如下。

▲奉天省各市县教育会机构革新注意事项。

一、市县教育会须速谋新教育会之成立。

二、机构革新前之一切事务，须由现任教育会职员或教育局关系者负责筹备之，至机构革新后之新计划事业，须由新任职员办理之。

三、旧教育会之一切规则，自教育会规则厘定日起，即行废止之。

四、市县教育会之各种行事，务求普及全境，切勿偏施于一隅。

五、市县教育会机构革新后，会内之状况，必须呈报。

▲奉天省市县教育会行事概要。

一、建国精神发扬事项。

二、学校教育改进事项。

三、社会教育改进事项。

四、家庭教育改进事项。

五、印刷物刊行事项。

六、统计调查事项。

七、奖励表彰事项。

八、救济事项。

九、市县教育会基金募集事项。

十、其他事项。

《盛京时报》，1937 年 4 月 18 日 4 版，9730 号。

省教育分会组成访日教育视察团

（1938 年）

【哈尔滨】满洲帝国教育会滨江省公署分会为随同新学制教育发展，并增进管下各县学校教职员常识，以期借镜友邦教育助成我国教育向上，故特由该分会主办访日视察团。凡属下各县中心小学校长或教育会员均行参加，共计约十五名。由省公署民生厅国民教育科中村股长引导，定于本月二十五日由哈市出发，预定七月十六日返哈，往复预定二十四日间。视察地点计京都、名古屋、安城、东京、横须贺、上野支部、山田、二见浦、奈良、凑町、大阪、神户、别府、小仓八幡、门司、下关等处，往复均途经朝鲜云云。

《盛京时报》，1938 年 6 月 11 日 6 版，10130 号。

满洲帝国教育会开初次干事会

（1940 年）

【新京专电】分部内机辅为事业部、出版部、庶务部三部而积极整备活动体制之满洲帝国教育会于十八日午后七时，在中银俱乐部开协议新年度事业计划之初次干事会。决议省、县、市、旗各教育会指导助长，研究论文之悬赏募集、讲习会开会、殉职殉难职员之殉职志编纂等新事业，以期于新年度更有深一层之飞跃。如斯，该教育会之活动颇值非常期待。

《盛京时报》，1940 年 1 月 20 日晚刊 2 版，10692 号。

四、“南满洲铁道株式会社”

南满洲铁道会社（节选）

（1932 年）

第一章　南满洲铁道会社之成立

一八九四年（光绪二十年）朝鲜东学党起事，党魁崔时亨称兵全罗道，势甚嚣张，朝鲜无力平定，乃向吾国求救。清庭［廷］派兵东援，同时日本亦进兵朝鲜。但吾国发兵未及旬日，据报乱事已平（吾国于五月初一日发兵，乱事于初十日平定）。吾方正拟撤兵，日方则有进无退。六月二十一日，日使大岛圭介竟敢率兵侵入朝鲜王宫，虏王李熙，以大院君主政，流闵泳骏等于恶岛。盖日人以朝鲜请兵吾国，皆闵妃所为，恶其党执政闵泳骏，故有此举。此时清庭［廷］议士皆主对日宣战，枢臣翁同龢主战尤力，惟李鸿章犹豫不决，及驻朝总办袁世凯返国，多方怂恿，详述非战不可之理由，鸿章之意始决，中日之战遂以开始。

中日开战以后，日本一战而破吾国海军于黄海，再战而败吾国陆军于牙山，清庭［廷］迭接警报，知事不可为，乃命李鸿章赴日议和，与日本内阁总理伊藤博文及外交总长陆奥宗光相议于马关。再四磋商，结果缔结《马关条约》十一款，除认朝鲜为独立自主国，割台湾及澎湖列岛，并赔款三万万七千万元外，且让辽东半岛于日本。此为日本侵略东省之第一声。《马关条约》甫经签字，国人闻讯，认为丧失过巨，力争改约。而俄、日、德三国亦以日本独占东省，深滋不平，出而干涉。俄国竟调集兵舰，威胁日本归还辽岛。日以新战之余，无力抗俄，遂忍气吞声，放弃东省之特权，此即所谓“三国干涉还辽事件”，亦即此后日俄战争之远因。

中日战后，两国邦交虽已恢复，彼此之间反感益深。一八九六年（光绪二十二年），李鸿章以“联络西洋，牵制东洋”之政策，力谋与欧美各国携手，结果订中俄密约。“前门拒虎，后门进狼”，俄国之势力遂侵入远东，经营中东铁道，据有旅顺、大连。一九〇〇年（光绪二十六年），吾国有义和团之变，俄国乘机占我东省，事后抗不撤兵，意将封锁东省门户，据为己有。美以俄为违反门户开放之旨，倡言不可，未得结果。英日两国亦先后提出抗议，俄国非独置之不理，而且变本加厉，又于鸭绿江沿岸，托言保护伐木公司，派兵侵入朝鲜。一九〇二年（光绪二十八年），英日同盟成立，日本认俄国势力在东省之发展，绝对与日本不相容；又以同盟关系，可借英势以牵制俄国之行动，遂于一九〇四年（光绪三十年），毅然对俄宣战。当时吾国亦出通牒，宣告中立，划辽河以东为交战区，其西为中立地。盖辽河以东俄国驻兵不退，实逼处此，无可奈何也。战争结果，日胜俄败。于是，美大总统罗斯福以人类幸福终止战争为由，出面调停，并介绍两国全权会商于朴资茅斯。日方全权为外交总长小村及驻美大使高平，俄方全权为微德爵士及前驻日公使罗栓氏。双方屡经拆卫，遂于一九〇五年（光绪三十一年）八月二十三日订定《朴资茅斯条约》。俄国在我东省所有之权利，一概转让于日本。

该约第六条云："俄国以中国政府之承认，将长春（宽城子）旅顺间之铁路及其支线，并同地方附属一切权利、特权及财产与其所有一切经营之煤矿，无条件让与日本。"

所谓自长春至旅顺间之铁路，即今日之所谓南满铁路也。

上述《朴资茅斯条约》签字之后，日本遂向吾政府请求承认日本由《朴资茅斯条约》所得俄国在东省之权利。一九〇五年（光绪三十一年）十一月二十六日，清庭［廷］派奕劻、瞿鸿玑与日本小村氏，按照《朴资茅斯条约》，缔结《中日满洲善后协约》；且于附约中允将安东、奉天间之日本军用铁路，仍由日本政府继续经营，改为专运各国商工货物铁路；并规定："自此路改良竣工之日起（除日本运兵归国十二个月不计外，以二年为改良竣工之期），以十五年为限——即至一九二三年止，届期双方选请他国评价人一名，妥定该铁路各物件价格，售与中国。至该铁路改良办法，由日本承办人与中国特派员妥实商议，所有办理该路事务，中国政府援照东清铁路条约，派员查察经理。"

《朴资茅斯条约》签订，日本在名义上取得俄国在我东省之权利。《中日满洲善后协约》告成，日本在事实上取得清庭［廷］承认其在我东省之权利。要而言之，自此以后，凡俄国前在东省所占之一切权利，包括旅顺、大连及其附近领地、领水的租借权，以及一条由长春至旅顺之南满铁路，均于此时转移于日，而日本侵我东北之基础，遂由此确定。

日本侵略吾东北之基础，既已确定，乃进而谋组织南满洲铁道会社，从事侵略政策之实施。一九〇六年（光绪三十二年）六月七日，日政府以"敕令"第四百十三号公布满铁会社组织法，采官商合办制。七月十三日，设筹备委员会，委员八十名，以儿玉大将为委员长。甫及旬日（七月二十四日），该氏逝世；遂由寺内大将继任委员长之职，努力进行，不遗余力。八月一日，外交、财政及邮务三部总长，以"秘铁"十四号，命令该委员会，其重要内容如次。

第一条　该社（指满铁会社而言，下同）应依据明治三十八年（一九〇五年）十二月二十二日调印之关于满洲善后事宜之《中日条约》附属协约，经营左记铁路之运输事业。

一、大连长春间铁路。

二、南关岭旅顺间铁路。

三、大房身柳树屯间铁路。

四、大石桥营口间铁路。

五、烟台烟台煤矿间铁路。

六、苏家屯抚顺间铁路。

七、奉天安东县间铁路。

第二条　前条所载铁路，限自公司营业开始之日起，算满三年以内，改筑为四英尺八英寸半之轨宽；其大连长春间铁路之中，大连苏家屯间应改为复线。

第三条　该社于沿路主要车站，应筹设旅客住宿、饮食及储藏货物必需各项设备，在路线到达港湾地点，建筑水陆运输联络上必需各项设备。

第四条　该社为谋铁路上之便益，得附带经营左开事业。

一、矿业，尤应注重抚顺及烟台之煤矿。

二、水运业。

三、电气业。

四、堆栈业。

五、铁路附属地之土地及房产事业。

六、其他得政府许可之事业。

第五条　该社承政府（日本）之认可，应在满铁及其附带事业用地内，实行土木、教育、卫生等必要设施。

第六条　为应付前条经费，该社承政府之认可，得向铁路及附带事业用地内居民征收手续费及其他必要费用。

…………

该筹备委员会秉承上项命令，厘定《会社规程》，于同年十月八日经日本邮务部长之认可。九月十日，开始招股。十月五日，第一次招股告终。十一月一日，邮务部发给证书，准予设立；二十六日开创立总会，二十七日在东京设立本社，筹备委员会之任务终了；十二月七日，登记手续完毕，准备开始营业。至一九〇七年（光绪三十三年）三月二十五日，以“敕令”第二二号改设本社于大连，将东京本社改为分社，同时开始营业。

第二章　南满洲铁道会社之组织

第一节　满铁会社之内部结构

南满洲铁道会社，顾名思义，为一股份有限公司；股东责任以股票票面全额为限度。本社设于大连，分社设于东京，资本为日币四万万四千万元。股票分下列七种：一股票、五股票、十股票、五十股票、一百股票、一千股票及一万股票。每股百元，概为记名式，票面载明社名、登记年月日、资本总额、每股金额、招募次数、缴纳金额及号码，并由社长签名盖章为证。该社虽许中日两国政府及两国人民充当股东，但日政府坐认半数，计二百二十万股。根据“一股一票”之规定，日方可以任意操纵；其许吾国政府及人民为该社之股东，实非股东，乃傀儡耳。该社干部设社长一人，副社长一人，理事四人以上，监事三人至五人。社长、副社长之任期为五年，由日本政府任命之；理事任期四年，于执有五十股以上股东中，由日本政府任命之；监事三年，由股东中于股东大会选任之。社长代表会社，总理业务；副社长及理事，则辅助社长，分掌业务；监事则负监督社务之责。此外，并有监理官之设。满铁会社之监理官，由日本政府任命之，无论何时得监查该社之设施，检查其金库、账簿及各项案卷文件；认为必要时，且得命该社报告营业上各项计算及状况。

该社会计年度始自四月一日，终于次年三月三十一日，每年六月为该社之股东大会会期，决定股息之分派及其他各种重要事项。每营业年度股东利息，不达已缴股款六厘时，对日本政府之官股，可以不给利息，盖所谓保息六厘是也。

第二节　满铁会社之外部监督

满铁会社为日本侵略我东北之机关，绝非普通商业团体，故其组织，除一般公司应有之监事外，尚有外部之监督官厅。该社成立之初，其受直接监督者，为日本驻我辽东半岛之长官，即所谓“关东都督”；其受间接监督者，则为日本之邮务部长。其受邮务总长监督之范围，极其广泛。例如：（一）事业计划，（二）预算决算，（三）分配股息，（四）变更章程，以及（五）政府补助金，（六）公司债与（七）营业会计等，皆包含在内。惟独关于外交事务，则受日本外交部长之指使。

一九〇八年（光绪三十四年）十二月，满铁会社之间接监督机关，改为日本内阁总理。此后迭有变更，兹图示其经过于左：

一九〇八年　内阁总理——铁道院——关东都督——满铁会社

一九一一年　内阁总理——拓殖局——关东都督——满铁会社

一九一三年五月　内阁总理{拓殖局（铁道以外事务）
铁道院（铁道事务）}关东都督——满铁会社

一九一三年六月　内阁总理——铁道院——关东都督——满铁会社

一九一七年　内阁总理——拓殖局——关东都督——满铁会社

一九一九年　内阁总理——拓殖局——关东长官——满铁会社

一九二〇年　内阁总理（铁道及航路以外事业）——拓殖局
铁道部长（铁道及航路事业）
外交部长（关于外交事项）}关东长官——满铁会社

降至民国十六年（一九二七年），日本政友会总裁田中义一执政。为实行其所谓“满蒙积极政策”起见，特设拓务部，名为掌管台湾、朝鲜等殖民地事宜，实则为侵略我东北之大本营。田中自兼拓务部长，发号施令，满铁会社受其监督。及民政党继起组阁，对于日本国内之所谓“施政方针”，固不无改变，但对我东北之政策，则一仍旧贯。

第三节　满铁会社之职制

满铁会社之职制，在其开始营业时，本社分设五部。部之下，各置若干课，由理事会统率指挥之。此即所谓“部制度”是。一九〇七年（光绪三十三年）时之情形如左。

本社

总务部：庶务课、会计课、用度课、监查课、土木课。

调查部。

运输部：营业课、运转课、建设课、港务课、工作课。

矿业部：地质课、贩卖课。

地方部：庶务课、卫生课。

一九〇八年（光绪三十四年），该社改正职制，废部改课，由各课长直接管理各课事务，理事负监督、指挥之责，并与各课长合议进行。此即所谓“合议制度”是。当时满铁本社共设（一）庶务，（二）调查，（三）会计，（四）用度，（五）事务，（六）运输，（七）矿业及（八）地方八课。降至民国三年（一九一四年），又废合议制度，而于各课、所之上，设置部、局，由干部分负各部局之事务，冠以总裁，统揽全社。此即所谓“部局制度”是。当时之情形如下。

满铁本社

总务部：事务局——庶务课、调查课。

交涉局——第一课、第二课。

技术局——保线课、土木课、建筑课。

运输部：营业课、运转课。

计理部：会计课、用度课。

矿业部：矿务课、贩卖课。

地方部：地方课、卫生课。

民国十一年（一九二二年）时，该社又采用所谓“社员部长制”与“干部合议制”，规定事务之分配如左。

满铁本社

社长室：文书课、外事课、人事课、社会课、调查课、交通课、建筑课、秘书课。

运输部：庶务课、旅客课、货物课、运转课、线路课、机械课。

地方部：庶务课、土木课、学务课、卫生课、农务课。

兴业部：矿务课、商工课、贩卖课。

经理部：主计课、会计课、用度课。

魏承先：《满铁事业的暴露》，上海中华书局，1932年1月。

文教部与满铁召开满日教育联络会

（1933年）

【大连】满铁学务课，与满洲国文教部定于六月十三日，开催满日第二次教育联络协议会。满洲国文教部学务司长上村哲弥氏为出席该会议，于十二日午前八时，乘列车来连，当时投宿于大和旅馆中。开此次之会议，关系满日两国间之教育改善及其联络等项。是以满洲国侧出席者，除上村氏外，更有奉天教育次长韦焕章氏，同厅平坪总务课长，外尚有属员等五六名。满洲国侧出席者，有中西地方部长，有贺学务课长，以及其他学务关系者。关于会议之题目，尚在准备中云。

《盛京时报》，1933年6月15日7版，8392号。

满铁组织教育调查会改善满日教育

（1933年）

【大连】满铁地方部，在本年二月开催日本人学校长会议时，曾以中西地方部长为会首，组织一临时教育调查会。在满洲事变以后，须改革在满洲之日本人教育。该会之组织宗旨及计划如下。

一、由在满日本人之教育上言，可借谋日本人久住于满洲之根本方针。

二、与满洲人之亲善关系，比诸旧东北时代，更须亲切一层。举满日融合之实际，而确立教育之方针。

以上记二大目标而组织之，分男女中小四专门委员，以各委员担负之部门，而重行审议。刻间诸专门委员之问答案已行决定，而地方部学务课，以各委员之问答案总括之，定于最近再开调查会。其第一回总委员会，期或在七月中旬，同时决定最后之要案，林总裁亦准出席。该会对于今后之满洲，及日本全部教育施行以改革，故此案满日教育界，对之颇极期待。完成后，日本教育固有根本的改善，而满人教育实与从来之旧军阀时代，脱却一切之恶习，蒸蒸向上云。

《盛京时报》，1933年6月27日7版，8404号。

满铁招请顾主　借介日本文化

（1933年）

满铁当局，对于洲内满铁沿线之满日商民，凡经长平运输货物，及大付货主等，向有招待之举，以酬顾主之雅意。相沿成例，招待期约在夏枯之闲散期，其招待之标准，凡年间经由满铁运输五万元以上，或三万元以上者，皆认为大付货主。此等大付货主往年被招待者约在五十七名之多。先期发以招待状，邀其来连，刻间又值定例之招待期，且恰值满洲博览会开会，故借此佳机，定日期于八月十七八之二日间，邀其来连，借对满人有力者，介以日本之文化，兼使彻底满日之亲善。故本年之招待，较诸往年用意较深。据闻刻已发出之招待状，有如左记额数。

泰山线九名，沈海线十名，吉长吉敦线十名，四洮线十名。

洮昂齐克洮索线十名，呼海线五名，吉海线三名。

开本于招待，除以观赏满博外，并计划种种优待云。

《盛京时报》，1933 年 8 月 7 日 4 版，8445 号。

五、“满洲国体育协会”

满洲国体育协会

（1934 年）

创设之趣旨。

满洲国民众体育之现况，现仍未见合理之发达。较诸先进国，如民间有健全之体育运动统制机关，尚付阙如。处此现象之下，若待民间有自治统制体育运动团体之施设，其结果必适得其反，且有阻碍健全民众体育之发展。故特由政府设立统制机关，定名为满洲国体育协会，专任管理国内体育团体之联络与夫设计各项运动事业之进展。兹将该会规程列后，备资参考焉。

规约。

第一章 名 称

第一条 本会定名为满洲国体育协会。

第二章 宗 旨

第二条 本会以谋国民之体育健全发达与普及，并振兴国民精神，实现民族融合，以及联络统制体育运动团体为宗旨。

第三章 事 业

第三条 本会为达到前列之宗旨，实施左列事项。

一、关于运动竞技事项，应受政府之咨询，或向政府及其他公私机关提出意见。

二、向国际竞技大会（万国国际竞技大会、极东选手大会及其他）派遣满洲国代表选手。

三、举办全满洲国各种竞技选手大会。

四、聘请外国选手。

五、举办满洲融合大运动会。

六、举办建国纪念大运动会。

七、关于休养安慰之计划及其实施。

八、关于体育运动诸设备之计划及其实施。

九、养成体育指导者。

十、关于体育事实之研究调查及其参考资料之搜索。

十一、举办讲习会及讲演会。

十二、发行关于体育刊物。

十三、设置体育保健协议所。

十四、关于其他重要体育事宜。

第四章　组　　织

第四条　本会之组织如左。

一、本会设于文教部，统辖各省及特别区、新京特别市之运动联合团体与各种联盟团体。

二、于各省、特别区及新京特别市设分会，以资统辖或联络各该省、区、市、县之体育团体及各种运动团体。

第五章　职　　员

第五条　本会置左列之职员。

名誉总裁一名。

总裁一名。

名誉顾问若干名。

会长一名。

副会长一名。

理事若干名。

常务理事二名。

监事若干名。

委员若干名。

主事二名。

第六条　公举执政为名誉总裁。

公举满洲国国务总理为总裁。

名誉顾问由总裁任命之。

公举文教部总长为会长。

公举文教部次长为副会长。

理事由文教部司长，各省、特区教育厅长，特别市长及理事会推荐之，惟须于政府行政人员及满洲体育界有声望者中选任之。

监事由会长选任之。

委员由会长任命之。

主事由会长任命之。

为进行本会之宗旨，认为有必要时，得置嘱托。

第七条　本会职员之职务如左。

一、总裁代表本会。

二、会长掌管本会一切事务，及召集理事会时为当然主席。

三、副会长补助会长办理事务，会长因事缺席时，由副会长代理其职务。

四、理事参加本会之重要协议。

五、常务理事遵照理事会决议事项而管掌本会之常务。

六、监事监察本会之财产及事务进行。

七、委员专任本会体育运动之实际方面事项。

八、主事于会长指挥之下掌管本会事务。

第八条　经理事会选出之理事及监事，其任期定为二年。

第六章　职　员　会

第九条　理事会每年定开例会一次，但会长认为必要时得临时召集之。

第十条　理事得委任其权限与代理人列席于理事会。

第十一条　理事会讨论事项如左。

一、预算及决算。

二、事业之计划。

三、其他重要事项。

第十二条　理事会之议案，经出席人数半数以上赞成者，认为通过，但遇二数相等之争论时，得由议长表决之。

第七章　经　　费

第十三条　本会之经费，以政府补助金或事业收入费及捐款等充之。

第十四条　本会之会计年度，每年由四月一日起至翌年三月三十一日止。

第十五条　于会计年度终了，如有余款时，须移之翌年度。

第十六条　本会经理事会之决议，得置特别会计。

第八章　规约之更改

第十七条　本规约非经全体理事半数以上之同意并总裁之裁可，不得任意更改之。

第九章　细　　则

第十八条　关于本规约之施行细则，得由理事会另定之。

(伪满）国务院文教部编纂：《满洲国文教年鉴》，1934 年 3 月。

满洲国体育协会分会规程

(1934 年)

第一条　分会执行左列事务。

一　与体育协会总会取联络性质。

二　联络并统制该管区内体育运动团体。

三　辅助该管区内体育运动团体之事务。

四　举办并后援各种运动体育会。

五　关于体育之设备及其管理。

六　关于体育运动之指导及其奖励。

七　派遣代表选手。

八　振兴关于其他体育运动。

第二条　分会置左列职员。

分会长一名。

副会长一名。

理事若干名。

常务理事二名。

第三条　分会长推戴该管省长、特区长官及新京特别市长。

副会长选任教育厅长。

理事由省教育厅总务科长、社会教育科长、学务科长任之。

其他由分会长委派之。

第四条　委嘱理事之任期定为二年，但得连任。

第五条　分会长掌管分会一切事务。

副分会长辅助分会长办理事务，遇分会长另有事故时，得由副分会长代理之。

理事应分会长之咨询及协议会务。

常务理事办理理事会及该会议决事项。

赞同本会之宗旨，每年度纳银十二元以上，或一次交纳百元以上之维推费者，为本会之赞助员。

(伪满）国务院文教部编纂：《满洲国文教年鉴》，1934 年 3 月。

六、“满洲国童子团”

满洲国童子团组织纲要

（1934年）

第一条　满洲国童子团，以锻炼少年之心身，谨守人类之良知，并涵养爱国奉公之精神为目的。

第二条　凡男子由十一岁至十八岁者得入童子团。

第三条　凡欲设立童子团时，应具明左列各项，呈请该省、区教育厅长或新京特别市长核准。

名称。

地址。

创立年月日。

主事及指导员之姓名、资格。

童子团员数。

经费及维持方法。

规则。

第四条　凡欲撤销童子团时，应具明理由，呈请该省、区教育厅长或新京特别市长核准。

第五条　童子团主事掌管团务；指导员奉主事之指挥，担任训练事宜。

第六条　童子团之宣誓及规律、标语规定如左。

誓词。

余誓遵执政宣言之精神，谨守天赋人类之良知，实行满洲国童子团之规律。

一、畏天命，畏大人，畏圣人之言。

二、随时随地尽力扶助人类。

三、力求自己德、智、体三育之健全。

规律。

一、童子团厉行忠孝节义。

二、童子团以公明、正大、廉洁为生命。

三、童子团不求自己利益，专为国家人类谋幸福。

四、童子团相互间为兄弟，对众人为朋友。

五、童子团亲切为怀，爱护动植物。

六、童子团信赖长上，服从命令。

七、童子团心存快乐思想，遇事不畏困难。

八、童子团恪守谦恭礼仪。

九、童子团注重勤俭质朴，凡事操劳锻炼。

十、童子团思想、言语、行为务须克己纯正。

标语。

亲亲而仁民，仁民而爱物。

智仁勇，天下之达德也。

凡事预则立，不预则废。

（伪满）国务院文教部编纂：《满洲国文教年鉴》，1934 年 3 月。

满洲国童子团联盟规约

（1934 年）

第一条　本联盟定名为满洲国童子团联盟。

第二条　本联盟以经由政府认可之童子团组织之。

第三条　本联盟本满洲国童子团组织纲要，以实地指导训练为目的。

第四条　为达到本联盟目的，实行左列事项。

辅助各团之指导及其联络统制。

关于教育指导之研究调查。

养成指导者。

开讲习会、讲演会等。

发刊图书杂志。

其他必要事项。

第五条　本联盟置本部于国务院文教部内。

第六条　本联盟置左列职员。

总裁一名。

总长一名。

副总长一名。

理事长一名。

理事若干名。

监事三名。

顾问若干名。

主事若干名。

奉戴溥杰阁下为总裁。

推戴文教部长为总长、文教部次长为副总长。

理事长得理事会之推荐，由总长委任之。

理事由文教部各司长、社会教育科长、各省区教育厅长或新京特别市长及被总会推选者任之。

监事及顾问，总长委嘱之。

主事由理事长任命之。

理事及监事之任期为三年，但再被选得连任之。

第七条　本联盟职员之掌管事项如左。

总裁代表本会。

总长总辖本会一切事务。

副总长遇总长有事故缺席时，代理其职权。

顾问遇有关本会重要事项时，应总长之咨询。

理事长补助总长掌管本会事务。

理事参加本会之重要协议及掌管本会事务。

监事管理本会事业。

主事辅佐理事长办理本联盟事务中之事务。

第八条　理事会每年一次，由总长召集之，但总长认为有必要时，得临时召集。

第九条　理事会应议之事项列左。

预算及决算，制定改良规程及教范，事业计划，其他重要事项。

第十条　总会由加盟各团之代表者一名组织之，三年开会一次，由总长召集之。但总长认为有必要时，得临时召集之。

第十一条　总会之议案，经出席人数半数以上赞成者，认为通过；但可与否同人数时，由议长表决之。

第十二条　于各省及特别市、区内置地方委员若干名，由总长委嘱之。地方委员担任省、市内童子团教育之普及、发达及教育指导上之联络研究。

第十三条　本联盟之经费以补助金、捐款及其他项充当之。

第十四条　本规约非经总会之承认，不得任意更改之。

第十五条　本规约之组则另定之。

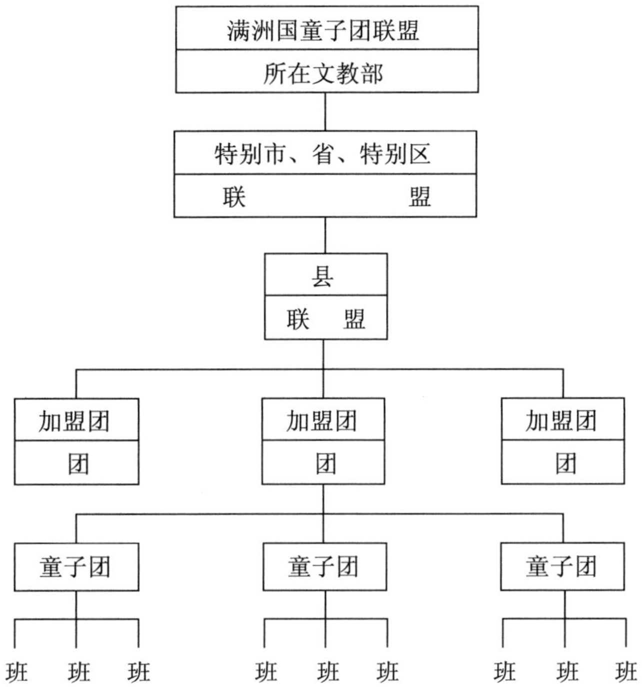

童子团组织图

（伪满）国务院文教部编纂：《满洲国文教年鉴》，1934 年 3 月。

童子团组织讲习会

（1934 年）

【东丰】县公警教育局长张乐山，自任职以来，力图振作，靡早靡夕，谋教育全能之发展为注重童子团训练，因此请县拨款，责成县立一中童子团指导员张玉良，在本届寒假期间假县立日语校教室，组织童子团讲习会。该员奉令后，立召集县立各校童子团指导员共同研究。计参加者，为县立一中男女师，讲二、四、五、八小，及省立五师附小童子团。此次各校童子团指导员，在此休假期间，得此进益，诚张局长热心提倡之力也。现该指导员正如期竣事，而资结束云。

《盛京时报》，1934 年 2 月 9 日 9 版，8621 号。

第九编

教育统计报告

一、初等教育统计

全国初等教育统计表

（1933 年）

省区市别			学校数	学生数	毕业生数	教职员数	全年经费	职教员月薪			一年学费		学校资产数
								最高	最低	平均	每一人	总计	
奉天省	公	男	6 413	288 433	274 773	9 517							
		女	156	58 147	47 182	824							
		计	6 569	346 580	321 955	10 341	3 359 023	—	—	—	—	1 043 243	5 813 549
	私	男	249	16 221	31 393	503							
		女	43	4 100	1 559	141							
		计	292	20 321	32 952	644	197 571	—	—	—	—	86 536	449 982
	计	男	6 662	304 654	306 166	10 020							
		女	199	62 247	48 741	965							
		计	6 861	366 901	354 907	10 985	3 556 594	—	—	—	—	1 129 779	6 263 531
吉林省	公	男	680	50 707	?	1 789							
		女	37	13 422	?	169							
		计	717	64 129	?	1 958	784 565	—	—	—	—	14 748	897 777
	私	男	30	1 914	?	61							
		女	2	461	?	12							
		计	32	2 375	?	73	65 960	—	—	—	—	455	70 289
	计	男	710	52 621	?	1 850							
		女	39	13 883	?	181							
		计	749	66 504	?	2 031	850 525	—	—	—	—	15 203	868 066
黑龙江省	公	男	415	25 037	29 961	1 049							
		女	91	7 923	5 709	296							
		计	506	32 960	35 670	1 345	853 039	—	—	—	—	?	313 841

续表

省区市别		事项	学校数	学生数	毕业生数	教职员数	全年经费	职教员月薪			一年学费		学校资产数
								最高	最低	平均	每一人	总计	
黑龙江省	私	男	151	4 168	55	218							
		女	5	1 114	7	31							
		计	156	5 282	62	249	81 755	—	—	—	—	?	52 512
	计	男	566	29 205	30 016	1 267							
		女	96	9 037	5 716	327							
		计	662	38 242	35 732	1 594	934 794	—	—	—	—	?	366 353
热河省	公	男	636	20 450	4 520	1 264							
		女	41	1 820	414	60							
		计	677	22 270	4 934	1 324	203 702	60	5	15	—	?	?
	私	男	89	2 868	300	213							
		女	4	211	74	9							
		计	93	3 079	374	222	24 508	—	—	—	—	?	?
	计	男	725	23 318	4 820	1 477							
		女	45	2 031	488	69							
		计	770	25 349	5 308	1 546	228 210	—	—	—	—	?	?
东省特别区	公	男	?	?	?	?							
		女	?	?	?	?							
		计	63	15 437	?	667	?	—	—	—	—	?	?
	私	男	?	?	?	?							
		女	?	?	?	?							
		计	?	?	?	?	?	—	—	—	—	?	?
	计	男	?	?	?	?							
		女	?	?	?	?							
		计	63	15 437	?	667	?	—	—	—	—	?	?
新京特别市	公	男	18	2 446	2 747	63							
		女	—	865	700	9							
		计	18	3 311	3 447	72	43 993	44	34	39	—	?	54 000

续表

省区市别			学校数	学生数	毕业生数	教职员数	全年经费	职教员月薪			一年学费		学校资产数
								最高	最低	平均	每一人	总计	
新京特别市	私	男	4	510	1 336	13							
		女	—	95	109	5							
		计	4	605	1 445	18	11 400	160	10	61	—	?	65 000
	计	男	22	2 956	4 083	76							
		女	—	960	809	14							
		计	22	3 916	4 892	90	55 393	—	—	—	—	?	119 000
兴安省	公	男	28	1 860	?	77							
		女	1	147	?	3							
		计	29	2 007	?	80	?	—	—	—	—	?	?
	私	男	?	?	?	?							
		女	?	?	?	?							
		计	?	?	?	?	?	—	—	—	—	?	?
	计	男	28	1 860	?	77							
		女	1	147	?	3							
		计	29	2 007	?	80	?	—	—	—	—	?	?
合计	公	男	(8 190)	(388 933)	312 005	(13 759)							
		女	(326)	(82 324)	54 005	(1 361)							
		计	8 579	476 694	366 010	15 787	5 244 322	—	—	—	—	1 057 991	7 079 167
	私	男	523	25 681	33 084	1 008							
		女	54	5 981	1 749	198							
		计	577	31 662	34 833	1 206	381 194	—	—	—	—	36 991	637 783
	计	男	(8 713)	(414 614)	345 089	(14 767)							
		女	380	(88 305)	55 754	1 559							
		计	6 156	508 356	400 843	69 913	5 625 516	—	—	—	—	1 094 982	7 716 950

备考：东省特别区因无男女别，只记其总计。又私立小学校之统计未接报告，故不记载，有括号者为除东省特别区之外总数。

（伪满）国务院文教部编纂：《满洲国文教年鉴》，1934 年 3 月。

全国初级小学统计表

（1933 年）

省区市别			学校数	学生数	毕业生数	教职员数	全年经费	职教员月薪 最高	职教员月薪 最低	职教员月薪 平均	一年学费 每一人	一年学费 总计	学校资产数
奉天省	公	男	5 861	229 256	203 040	7 147							
		女	99	41 445	27 009	406							
		计	5 960	270 701	230 049	7 553	2 156 083	—	—	—	—	721 492	3 873 607
	私	男	196	11 099	11 261	279							
		女	36	2 928	1 383	80							
		计	232	14 027	12 644	359	102 817	—	—	—	—	64 284	265 253
	计	男	6 057	240 355	214 301	7 426							
		女	135	44 373	28 392	486							
		计	6 192	284 728	242 693	7 912	2 258 900	—	—	—	—	785 776	4 138 860
吉林省	公	男	564	30 038	?	956							
		女	14	6 984	?	72							
		计	578	37 022	?	1 028	346 273	—	—	—	—	14 053	226 206
	私	男	24	926	?	29							
		女	—	156	?	2							
		计	24	1 082	?	31	6 034	—	—	—	—	455	18 409
	计	男	588	30 964	?	985							
		女	14	7 140	?	74							
		计	602	38 104	?	1 059	352 307	—	—	—	—	14 508	244 616
黑龙江省	公	男	307	12 125	20 136	430							
		女	49	2 757	2 705	96							
		计	356	14 882	22 841	526	304 504	—	—	—	—	976	125 057
	私	男	139	3 523	40	178							
		女	3	574	—	14							
		计	142	4 097	40	192	52 077	—	—	—	—	3 570	6 512
	计	男	446	15 648	20 176	608							
		女	52	3 331	2 705	110							
		计	498	18 979	22 881	718	356 581	—	—	—	—	4 546	131 569

续表

省区市别			学校数	学生数	毕业生数	教职员数	全年经费	职教员月薪			一年学费		学校资产数
								最高	最低	平均	每一人	总计	
热河省	公	男	598	17 318	3 913	1 023							
		女	33	1 206	356	31							
		计	631	18 524	4 269	1 054	109 674	30	5	10	—	?	?
	私	男	81	2 306	209	155							
		女	3	192	55	4							
		计	84	2 498	264	159	13 593	—	—	—	—	?	?
	计	男	679	19 624	4 122	1 178							
		女	36	1 398	411	35							
		计	715	21 022	4 533	1 213	123 267	—	—	—	—	?	?
东省特别区	公	男	—	—	—	—							
		女	—	—	—	—							
		计	—	—	—	—	—	—	—	—		—	—
	私	男	—	—	—	—							
		女	—	—	—	—							
		计	—	—	—	—	—			—		—	—
	计	男	—	—	—	—							
		女	—	—	—	—							
		计	—	—	—	—	—	—	—	—	—	—	—
新京特别市	公	男	17	2 040	2 455	53							
		女	—	799	664	8							
		计	17	2 839	3 119	61	37 166	42	34	38	—	?	34 000
	私	男	?	?	?	?							
		女	?	?	?	?							
		计	?	?	?	?	?	—	—	—	—	?	?
	计	男	17	2 040	2 455	53							
		女	—	799	664	8							
		计	17	2 839	3 119	61	37 166	—	—	—	—	?	34 000
兴安省	公	男	23	1 144	?	50							
		女	—	—	—	—							
		计	23	1 444	?	50	—	—	—	—	—	?	?

续表

省区市别			学校数	学生数	毕业生数	教职员数	全年经费	职教员月薪			一年学费		学校资产数
								最高	最低	平均	每一人	总计	
兴安省	私	男	—	—	—	—							
		女	—	—	—	—							
		计	—	—	—	—	—	—	—	—	—	—	—
	计	男	23	1 144	?	50							
		女	—	—	—	—							
		计	23	1 144	?	50	—	—	—	—	—	?	?
合计	公	男	7 370	291 921	229 544	9 659							
		女	195	53 191	30 734	613							
		计	7 565	345 112	260 278	10 272	2 953 700	—	—	—	—	736 521	4 258 870
	私	男	440	17 854	11 510	641							
		女	42	3 850	1 438	100							
		计	482	21 704	12 948	741	174 521	—	—	—	—	68 309	290 174
	计	男	7 810	309 775	241 054	10 300							
		女	237	57 041	32 172	713							
		计	8 047	366 816	273 226	11 013	3 128 221	—	—	—	—	804 830	4 549 044

（伪满）国务院文教部编纂：《满洲国文教年鉴》，1934 年 3 月。

全国高级小学统计表

（1933 年）

省区市别			学校数	学生数	毕业生数	教职员数	全年经费	职教员月薪			一年学费		学校资产数
								最高	最低	平均	每一人	总计	
奉天省	公	男	321	17 677	26 735	930							
		女	25	2 918	10 582	109							
		计	346	20 595	37 317	1 039	585 075	—	—	—	—	88 664	869 752
	私	男	31	1 864	8 087	110							
		女	3	234	28	28							
		计	34	2 098	8 115	138	35 612	—	—	—	—	8 954	78 002

续表

省区市别			学校数	学生数	毕业生数	教职员数	全年经费	职教员月薪			一年学费		学校资产数
								最高	最低	平均	每一人	总计	
奉天省	计	男	352	19 541	34 822	1 040							
		女	28	3 152	10 610	137							
		计	380	22 693	45 432	1 177	620 687	—	—	—	—	97 618	947 754
吉林省	公	男	6	571	?	28							
		女	2	85	?	2							
		计	8	656	?	30	26 059	—	—	—	—	695	20 931
	私	男	—	—	—	—							
		女	—	—	—	—							
		计	—	—	—	—	—	—	—			—	—
	计	男	6	571	?	28							
		女	2	85	?	2							
		计	8	656	?	30	26 059			—	—	695	20 931
黑龙江省	公	男	85	8 211	3 252	398							
		女	38	4 181	1 700	156							
		计	123	12 392	4 952	554	342 267	—	—	—	—	908	165 660
	私	男	10	205	—	20							
		女	1	76	—	2							
		计	11	281	—	22	2 440	—	—	—	—	—	—
	计	男	95	8 416	3 252	418							
		女	39	4 257	1 700	158							
		计	134	12 673	4 952	576	344 707	—	—	—	—	908	165 660
热河省	公	男	12	336	58	51							
		女	3	54	17	7							
		计	15	390	75	58	20 839	60	10	23	—	?	?
	私	男	1	36	—	2							
		女	1	19	19	5							
		计	2	55	19	7	2 079	—	—	—	—	?	?
	计	男	13	372	58	53							
		女	4	73	36	12							
		计	17	445	94	65	22 918	—	—	—	—	?	?

续表

省区市别			学校数	学生数	毕业生数	教职员数	全年经费	职教员月薪			一年学费		学校资产数
								最高	最低	平均	每一人	总计	
东省特别区	公	男	—	—	—	—							
		女	—	—	—	—							
		计	—	—	—	—	—	—	—	—	—	—	—
	私	男	—	—	—	—							
		女	—	—	—	—							
		计	—	—	—	—	—	—	—	—	—	—	—
	计	男	—	—	—	—							
		女	—	—	—	—							
		计	—	—	—	—	—	—	—	—	—	—	—
新京特别市	公	男	—	—	—	—							
		女	—	—	—	—							
		计	—	—	—	—	—	—	—	—	—	—	—
	私	男	—	—	—	—							
		女	—	—	—	—							
		计	—	—	—	—	—	—	—	—	—	—	—
	计	男	—	—	—	—							
		女	—	—	—	—							
		计	—	—	—	—	—	—	—	—	—	—	—
兴安省	公	男	—	—	—	—							
		女	—	—	—	—							
		计	—	—	—	—	—	—	—	—	—	—	—
	私	男	—	—	—	—							
		女	—	—	—	—							
		计	—	—	—	—	—	—	—	—	—	—	—
	计	男	—	—	—	—							
		女	—	—	—	—							
		计	—	—	—	—	—	—	—	—	—	—	—

续表

省区市别			学校数	学生数	毕业生数	教职员数	全年经费	职教员月薪 最高	职教员月薪 最低	职教员月薪 平均	一年学费 每一人	一年学费 总计	学校资产数
合计	公	男	424	26 795	30 045	1 407							
		女	68	7 238	12 299	274							
		计	492	34 033	42 344	1 681	974 240	—	—	—	—	90 267	1 056 343
	私	男	42	2 105	8 087	132							
		女	5	329	47	35							
		计	47	2 434	8 134	167	40 131	—	—	—	—	8 954	78 002
	计	男	466	28 900	38 132	1 539							
		女	73	7 567	12 346	309							
		计	539	36 467	50 478	1 848	1 014 371	—	—	—	—	99 221	1 134 345

（伪满）国务院文教部编纂：《满洲国文教年鉴》，1934 年 3 月。

全国完全小学统计表

（1933 年）

省区市别			学校数	学生数	毕业生数	教职员数	全年经费	职教员月薪 最高	职教员月薪 最低	职教员月薪 平均	一年学费 每一人	一年学费 总计	学校资产数
奉天省	公	男	215	41 294	44 812	1 436							
		女	27	13 532	8 715	292							
		计	242	54 826	53 527	1 728	611 274	—	—	—	—	232 225	1 065 006
	私	男	21	3 203	12 008	113							
		女	3	898	122	29							
		计	24	4 101	12 130	142	57 134	—	—	—	—	13 298	95 727
	计	男	236	44 497	56 820	1 549							
		女	30	14 430	8 837	321							
		计	266	58 927	65 657	1 870	668 408	—	—	—	—	245 523	1 160 733

续表

事项 省区市别			学校数	学生数	毕业生数	教职员数	全年经费	职教员月薪			一年学费		学校资产数
								最高	最低	平均	每一人	总计	
吉林省	公	男	110	20 098	?	805							
		女	21	6 353	?	95							
		计	131	26 451	?	900	412 233	—	—	—	—	?	650 640
	私	男	6	988	?	32							
		女	2	305	?	10							
		计	8	1 293	?	42	13 883	—	—	—	—	?	51 880
	计	男	116	21 086	?	837							
		女	23	6 658	?	105							
		计	139	27 744	?	942	426 116	—	—	—	—	?	702 520
黑龙江省	公	男	23	4 682	6 539	221							
		女	3	956	986	42							
		计	26	5 638	7 525	263	194 202	—	—	—	—	?	23 124
	私	男	2	440	15	20							
		女	1	464	7	15							
		计	3	904	22	35	27 238	—	—	—	—	?	46 000
	计	男	25	5 122	6 554	241							
		女	4	1 420	993	57							
		计	29	6 542	7 547	298	221 440	—	—	—	—	?	69 124
热河省	公	男	26	2 796	549	190							
		女	5	560	41	22							
		计	31	3 356	590	212	73 189	36	12	10	—	?	?
	私	男	7	526	91	56							
		女	—	—	—	—							
		计	7	526	91	56	8 836	—	—	—	—	?	?
	计	男	33	3 322	640	246							
		女	5	560	41	22							
		计	38	3 882	681	268	82 025	—	—	—	—	?	?

续表

事项 省区市别			学校数	学生数	毕业生数	教职员数	全年经费	职教员月薪			一年学费		学校资产数
								最高	最低	平均	每一人	总计	
东省特别区	公	男	?	?	—	?							
		女	?	?	—	?							
		计	61	15 316	—	662	?	—	—	—	—	?	?
	私	男	—	—	—	—							
		女	—	—	—	—							
		计	—	—	—	—	—	—	—	—	—	—	—
	计	男	?	?	—	?							
		女	?	?	—	?							
		计	61	15 316	—	662	?	—	—	—	—	?	?
新京特别市	公	男	1	406	292	10							
		女	—	66	36	1							
		计	1	472	328	11	6 827	44	34	39	—	?	20 000
	私	男	2	472	1 309	13							
		女	—	38	74	1							
		计	2	510	1 383	14	8 000	160	34	97	—	?	60 000
	计	男	3	878	1 601	23							
		女	—	104	110	2							
		计	3	982	1 711	25	14 827	—	—	—	—	?	80 000
兴安省	公	男	5	716	?	27							
		女	1	147	?	3							
		计	6	863	?	30	?	—	—	—	—	?	?
	私	男	—	—	—	—							
		女	—	—	—	—							
		计	—	—	—	—	—	—	—	—	—	—	—
	计	男	5	716	?	27							
		女	1	147	?	3							
		计	6	863	?	30	?	—	—	—	—	?	?

续表

省区市别 \ 事项			学校数	学生数	毕业生数	教职员数	全年经费	职教员月薪			一年学费		学校资产数
								最高	最低	平均	每一人	总计	
合计	公	男	(380)	(69 992)	52 192	(2 689)							
		女	(57)	(21 614)	9 778	(455)							
		计	498	106 922	61 970	3 806	1 297 725	—	—	—	—	232 225	1 758 770
	私	男	38	5 629	13 423	234							
		女	6	1 705	203	55							
		计	44	7 334	13 626	289	115 091	—	—	—	—	13 298	253 607
	计	男	(418)	(75 621)	65 615	(2 923)							
		女	(63)	(23 319)	9 981	(510)							
		计	542	114 256	75 596	4 095	1 412 816	—	—	—	—	245 523	2 012 377

备考：东省特别区因无男女之别，只记其总计。有括号者为除东省特别区之外总数。

（伪满）国务院文教部编纂：《满洲国文教年鉴》，1934 年 3 月。

小学校教职员数

（1934 年）

种别 \ 省区市别		吉林	龙江	黑河	三江	滨江	间岛	安东	奉天	锦州	热河	新京特别市	哈尔滨特别市	北满特别区	兴安	总计
省区立	初	27	33			3	1	2	45	6				160	8	285
	高	9	17				1	2	28	3	4			636	5	705
市县立	初	1 468	640	59	203	1 014	168	457	1 460	313	503	86	94		107	6 569
	高	288	270	17	61	528	42	266	873	232	152	42	21		86	2 878
区村立	初		160					1 179	6 340	2 573	1 182				18	11 452
	高		35					88	545	80	19					767
私立	初	106	152	3	17		55	99	312	149	35	18	31	35	3	1 015
	高	24	59		5		3	36	98	25	6	6	9	34		305

续表

种别 \ 省区市别		吉林	龙江	黑河	三江	滨江	间岛	安东	奉天	锦州	热河	新京特别市	哈尔滨特别市	北满特别区	兴安	总计
外人立	初	7	8				55	21	50	7	11					159
	高	1	6				23	18	26	3	2					79
其他	初				30					1	10					41
	高										10					10
合计	初	1 608	993	62	250	1 014	279	1 758	8 207	3 049	1 741	104	125	195	136	19 521
	高	322	387	17	66	528	69	410	1 570	343	193	48	30	670	91	4 744
	计	1 930	1 380	79	316	1 542	248	2 168	9 777	3 392	1 934	152	155	865	227	24 265

（伪满）国务院文教部编纂：《满洲帝国文教部第二次年鉴》，1935 年 12 月。

小学校数

（1934 年）

种别 \ 级别 \ 省区市别		吉林	龙江	黑河	三江	滨江	间岛	安东	奉天	锦州	热河	新京特别市	哈尔滨特别市	北满特别区	兴安
省区立	初					1			1					19	2
	高	4	5			111	1	1	4	1	1			52	1
市县立	初	642	208	40	86	459	35	56	122	16	328	13	35		69
	高	91	77	11	21	139	22	105	226	81	43	8	6		16
区村立	初		116		2			929	4 935	2 305	502		7		18
	高		11					31	253	41	4	5	38		
私立	初	44	65	1	5		16	25	127	62	11		9	24	2
	高	8	11		2		1	13	42	11	3		47	15	
外人立	初	2	2				5	6	4	3	6				
	高		3				8	6	12	2	2				
其他	初				1					32	12				
	高										1				

续表

种别	级别	吉林	龙江	黑河	三江	滨江	间岛	安东	奉天	锦州	热河	新京特别市	哈尔滨特别市	北满特别区	兴安
计	初	688	391	41	94	459	56	1 016	5 189	2 418	859	13	51	43	91
	高	103	107	11	23	140	32	156	537	136	54	13	91	67	17
合计		791	498	52	117	599	88	1 172	5 726	2 554	913	26	142	110	108

（伪满）国务院文教部编纂：《满洲帝国文教部第二次年鉴》，1935 年 12 月。

小学校一览

（1934 年）

省区市别	学校数			学生数					教职员数				
	初级	高级	计	初级		高级		计	初级		高级		计
				男	女	男	女		男	女	男	女	
吉林省	688	103	791	46 056	13 168	4 643	1 350	65 217	1 477	131	293	29	1 930
龙江省	391	107	498	25 525	8 545	2 708	888	37 666	797	196	326	61	1 380
黑河省	41	11	52	1 671	468	146	60	2 345	58	4	15	2	79
三江省	94	23	117	8 405	2 103	669	148	11 325	208	42	57	9	316
滨江省	459	140	599	35 593	12 165	11 879	1 817	61 454	840	174	445	83	1 542
间岛省	56	32	88	8 326	3 295	944	375	12 940	244	135	66	3	348
安东省	1 016	156	1 172	56 020	8 728	5 994	976	71 718	1 605	153	387	23	2 168
奉天省	5 189	537	5 726	262 510	72 743	28 435	8 201	371 889	7 436	771	1 462	108	9 777

续表

省区市别	学校数			学生数					教职员数				
	初级	高级	计	初级		高级		计	初级		高级		计
				男	女	男	女		男	女	男	女	
锦州省	2 418	136	2 554	101 864	17 502	6 472	1 198	127 036	2 845	204	316	27	3 392
热河省	859	54	913	26 204	2 207	1 571	261	30 243	1 683	58	172	21	1 934
新京特别市	13	13	26	3 130	1 707	842	386	6 065	79	25	40	8	152
哈尔滨特别市	51	91	142	3 180	1 237	482	246	5 145	97	28	22	8	155
北满特别区	43	67	110	10 886	6 113	2 722	1 448	21 169	116	79	522	148	865
兴安省	91	17	108	5 289	984	426	49	6 748	135	1	81	10	227
计	11 409	1 487	12 896	594 659	150 965	67 933	17 403	830 960	17 620	1 901	4 204	540	24 265

（伪满）国务院文教部编纂：《满洲帝国文教部第二次年鉴》，1935年12月。

小学校生徒数

（1934年）

种别 \ 省区市别		吉林	龙江	黑河	三江	滨江	间岛	安东	奉天	锦州	热河	新京特别市	哈尔滨特别市	北满特别区	兴安	总计
省区立	初	711	1 189			80	29	90	2 010	174				15 634	154	20 101
	高	347	333			90	28	40	792	80	46			3 487	24	5 267
市县立	初	55 037	23 336	2 074	9 720	47 678	6 691	18 224	59 699	13 162	13 174	4 106	3 201		5 295	261 397
	高	5 315	2 467	206	770	13 606	681	4 969	19 237	5 258	1 467	1 030	494		451	55 951

续表

种别 \ 省区市别		吉林	龙江	黑河	三江	滨江	间岛	安东	奉天	锦州	热河	新京特别市	哈尔滨特别市	北满特别区	兴安	总计
区村立	初		3 773		79			39 976	257 718	100 227	14 112				746	416 631
	高		121					1 137	14 045	1 673	174					17 150
私立	初	3 272	5 243	65	632		2 058	5 327	14 179	4 673	473	731	1 216	1 395	78	39 342
	高	282	617		47		30	614	1 952	63	92	198	234	683		5 362
外人立	初	144	529					2 843	1 131	1 647	202	362				6 858
	高	49	58					580	210	610	46	45				1 598
其他	初				77					928	290					1 295
	高										8					8
计	初	59 224	34 070	2 139	10 508	47 758	11 621	64 748	335 253	119 366	28 411	4 837	4 417	16 999	6 273	745 624
	高	5 993	3 596	206	817	13 696	1 319	6 970	36 636	7 670	1 832	1 228	728	4 170	475	85 336
合计		65 217	37 666	2 345	11 325	61 454	12 940	71 718	371 889	127 036	30 243	6 065	5 145	31 169	6 748	830 960

（伪满）国务院文教部编纂：《满洲帝国文教部第二次年鉴》，1935 年 12 月。

小学校一览表

（1936 年）

设立主体 \ 项目	学校数				学级数			教师数	学生数			经费			
	初级	高级	两级	计	初级	高级	计		初级	高级	计	经费	每一校	每一学生	每一学级
省(特市)及县旗市立	2 456	90	966	3512	7 550	1 934	9 484	11 169	355 078	66 697	421 775	6 113 146	—	—	—
区立	415	41	192	648	980	311	1291	1535	42 317	9 696	52 013	546 170	—	—	—
村立	8 839	—	201	9 040	11 107	255	11 362	11 902	473 535	10 013	483 548	5 153 303	—	—	—
私立	334	3	139	474	961	219	1 180	1 471	48 208	6 899	55 107	—	—	—	—
计	12 044	134	1 496	13 674	20 598	2 719	23 317	26 077	919 186	93 305	1 012 491	11 812 619	—	—	—
备考	一、经费栏有未报告的，故本金额不是全额。进而每一学校、每一年级有多少名学生的平均数不详。 二、私立学校经费未有报告。														

（伪满）民生部教育司：《满洲帝国学事要览》，1937 年。

初等学校一览表

（1940 年）

项目 省、特别市	学校数					学级数		
	国民义塾	国民学舍	国民学校	国民优级学校	计	国民义塾	国民学舍	国民学校
新京特别市	2	—	64	15	81	4	—	306
吉林省	344	893	812	269	2 318	344	993	2 151
龙江省	—	—	722	96	818	—	—	1 431
北安省	226	190	672	82	1 170	226	190	1 362
黑河省	—	81	17	12	110	—	87	67
三江省	—	—	444	82	526	—	—	1 073
东安河	—	—	156	32	188	—	—	324
牡丹江省	—	78	412	81	571	—	78	902
滨江省	161	415	945	167	1 688	164	416	2 438
间岛省	—	2	323	118	443	—	2	995
通化省	—	163	270	102	535	—	182	824
安东省	7	70	891	95	1 063	8	70	1 978
奉天省	128	191	3 965	696	4 980	141	213	9 687
锦州省	268	115	1 919	202	2 504	268	116	3 922
热河省	475	913	575	106	2 069	476	940	1 146
兴安西省	162	30	79	18	289	163	35	188
兴安南省	—	139	202	40	381	—	141	442
兴安东省	—	—	89	13	102	—	—	156
兴安北省	10	6	44	12	72	17	7	99
计	1 783	3 286	12 601	2 238	19 908	1 811	3 470	29 491

项目 省、特别市	学校数		教师数	学级数				
	国民优级学校	计		国民义塾	国民学舍	国民学校	国民优级学舍	计
新京特别市	60	370	458	305	—	17 428	3 258	20 991
吉林省	558	4 046	4 607	10 357	53 830	122 222	25 148	211 557
龙江省	244	1 675	2 007	3 860	—	66 887	10 527	81 274
北安省	218	1 996	2 149	7 935	7 969	62 117	9 028	81 049

续表

项目 省、特别市	学校数		教师数	学级数				
	国民优级学校	计		国民义塾	国民学舍	国民学校	国民优级学舍	计
黑河省	22	176	184	—	2 853	2 307	745	5 905
三江省	165	1 238	1 599	—	—	54 752	6 149	60 901
东安省	47	371	482	—	—	24 091	2 218	26 309
牡丹江省	156	1 136	882	—	2 784	37 109	7 420	74 313
滨江省	478	3 496	4 138	2 752	22 064	114 073	21 017	168 906
间岛省	267	1 264	1 331	—	68	54 508	15 753	70 329
通化省	180	1 186	1 336	—	7 820	41 950	7 757	57 527
安东省	231	2 287	2 428	303	3 197	103 496	15 860	122 857
奉天省	1 496	2 537	13 821	5 696	12 159	523 772	8 240	624 867
锦州省	478	4 785	5 756	6 199	4 884	193 892	24 470	229 445
热河省	278	2 840	2 890	9 215	38 803	46 306	9 784	104 108
兴安西省	27	413	473	4 061	1 268	8 605	814	14 748
兴安南省	69	652	724	1 114	3 501	18 085	2 943	25 643
兴安东省	26	182	223	—	—	6 987	865	7 852
兴安北省	25	148	160	148	194	3 587	625	4 554
计	5 026	39 798	45 648	60 945	161 394	1 502 175	247 621	1 972 135

（伪满）民生部教育司：《满洲帝国学事要览》，1941年。

初等学校一览表（一）

（1942年）

项目 省、特别市	学校数					学级数		
	国民义塾	国民学舍	国民学校	国民优级学校	计	国民义塾	国民学舍	国民学校
新京特别市	—	—	59	18	77	—	—	711
吉林省	872	124	1 465	349	2 810	874	149	3 949
龙江省	54	—	778	129	952	55	—	1 484
北安省	101	—	1 155	95	1 351	101	—	1 751
黑河省	—	74	35	13	122	—	77	110

续表

项目 省、特别市	学校数					学级数		
	国民义塾	国民学舍	国民学校	国民优级学校	计	国民义塾	国民学舍	国民学校
三江省	294	86	310	81	571	294	93	1 226
东安省	—	30	561	125	716	—	30	1 157
牡丹江省	—	52	310	73	415	—	32	754
滨江省	260	76	1 362	197	1 885	260	76	3 108
间岛省	9	11	307	162	489	9	15	991
通化省	—	106	401	131	638	—	111	1 215
安东省	—	2	919	148	1 071	2	2	2 164
四平省	4	—	1 341	192	1 537	5	—	2 938
奉天省	61	75	3 344	568	4 049	76	82	7 405
锦州省	89	5	2 891	221	2 409	89	5	4 088
热河省	6	885	594	125	1 610	6	920	1 430

项目 省、特别市	学级数		教师数	学生数				
	国民优级学校	计		国民义塾	国民学舍	国民学校	国民优级学校	计
新京特别市	91	802	626	—	—	23 097	6 010	29 107
吉林省	735	5 167	5 588	33 275	7 241	173 278	36 915	249 709
龙江省	310	1 949	2 174	1 525	—	71 367	12 470	85 359
北安省	256	2 108	2 125	4 985	—	76 010	11 261	92 256
黑河省	25	212	200	—	2 079	3 664	697	6 440
三江省	171	1 784	1 468	10 706	3 864	48 337	7 780	70 689
东安省	229	1 416	1 033	—	601	32 055	5 497	38 153
牡丹江省	152	938	1 018	—	1 665	32 971	8 029	42 605
滨江省	566	4 010	4 674	9 234	3 841	148 210	24 995	186 280
间岛省	347	1 362	1 794	298	784	57 943	20 520	79 545
通化省	272	1 598	1 770	—	4 919	48 873	11 127	64 919
安东省	394	2 562	2 932	80	95	108 401	21 020	129 596
四平省	512	3 455	4 089	382	—	142 113	24 149	166 644
奉天省	1 228	8 791	10 938	4 528	4 636	435 406	8 453	522 428
锦州省	577	4 759	5 851	3 222	2 991	194 735	31 641	232 589
热河省	313	2 669	2 801	377	31 596	56 079	11 308	99 360

（伪满）民生部教育司：《满洲帝国学事要览》，1942 年。

初等学校一览表（二）

（1942年）

省、特别市 \ 事项	学校数				
	国民义塾	国民学舍	国民学校	国民优级学校	计
兴安西省	13	24	155	36	228
兴安南省	—	215	303	66	584
兴安东省	—	—	107	16	123
兴安北省	—	14	63	16	93
计	1 765	1 760	15 660	2 755	21 940

学级数					教师数
国民义塾	国民学舍	国民学校	国民优级学校	计	
14	26	311	64	415	403
—	256	682	124	1 062	957
—	—	188	30	218	311
—	15	179	25	219	198
1 785	1 889	35 041	6 491	45 206	50 985

学生数				
国民义塾	国民学舍	国民学校	国民优级学校	计
362	1 081	12 050	2 304	15 797
—	3 715	27 449	4 453	35 617
—	—	7 961	942	8 903
—	353	4 772	745	5 870
68 904	68 861	703 708	318 321	2 159 864

（伪满）国务院文教部：《满洲帝国学事要览》，1943年。

二、中等教育统计

（一）中等普通教育统计

全国中等教育统计表

（1933年）

省区市别			学校数	学生数	毕业生数	教职员数	全年经费	职教员月薪			一年学费		学校资产数
								最高	最低	平均	每一人	总计	
奉天省	公	男	103	10 972	9 944	810							
		女	53	2 940	2 742	76							
		计	156	13 912	12 686	886	1 056 344	—	—	—	—	77 355	1 423 611
	私	男	7	916	615	67							
		女	3	172	—	7							
		计	10	1 088	615	74	53 740	—	—	—	—	8 085	149 525
	计	男	110	11 888	10 559	877							
		女	56	3 112	2 742	83							
		计	116	15 000	13 301	960	1 110 084	—	—	—	—	85 440	1 573 136
吉林省	公	男	13	1 189	?	134							
		女	4	210	?	5							
		计	17	1 399	?	139	111 334	—	—	—	—	4 798	160 265
	私	男	—	—	—	—							
		女	—	—	—	—							
		计	—	—	—	—	—	—	—	—	—	—	—
	计	男	13	1 189	?	134							
		女	4	210	?	5							
		计	17	1 399	?	139	111 334	—	—	—	—	4 798	160 265

续表

省区市别			学校数	学生数	毕业生数	教职员数	全年经费	职教员月薪			一年学费		学校资产数
								最高	最低	平均	每一人	总计	
黑龙江省	公	男	56	1 557	1 191	193							
		女	8	528	397	26							
		计	64	2 085	1 588	219	424 514	—	—	—	—	?	29 493
	私	男	1	278	—	25							
		女	1	110	—	4							
		计	2	388	—	29	47 560	—	—	—	—	?	46 500
	计	男	57	1 835	1 191	218							
		女	9	638	397	30							
		计	66	2 473	1 588	248	472 074	—	—	—	—	?	75 993
热河省	公	男	11	599	1 106	113							
		女	2	57	12	3							
		计	13	656	1 118	116	69 225	160	13	25	—	?	?
	私	男	1	29	4	16							
		女	1	36	—	3							
		计	2	65	4	19	8 090	—	—	—	—	?	?
	计	男	12	628	1 110	129							
		女	3	93	12	6							
		计	15	721	1 122	135	77 315	—	—	—	—	?	?
东省特别区	公	男	6	1 597	?	?							
		女	2	509	?	?							
		计	8	2 106	?	213	—	—	—	—	—	?	?
	私	男	—	—	—	—							
		女	—	—	—	—							
		计	—	—	—	—	—	—	—	—	—	?	?
	计	男	6	1 597	?	?							
		女	2	509	?	?							
		计	8	2 106	?	213	—	—	—	—	—	?	?

续表

省区市别			学校数	学生数	毕业生数	教职员数	全年经费	职教员月薪			一年学费		学校资产数
								最高	最低	平均	每一人	总计	
新京特别市	公	男	—	—	—	—							
		女	—	—	—	—							
		计	—	—	—	—	—	—	—	—	—	—	—
	私	男	4	11	28	3							
		女	—	33	144	6							
		计	4	44	172	9	3 510	50	20	35	15	660	7 200
	计	男	4	11	28	3							
		女	—	33	144	6							
		计	4	44	172	9	3 510					660	7 200
兴安省	公	男	2	220	?	24							
		女	—	—	—	—							
		计	2	220	?	24	4 800	—	—	—	—	?	?
	私	男	—	—	—	—							
		女	—	—	—	—							
		计	—	—	—	—	—	—	—	—	—	—	—
	计	男	2	220	?	24							
		女	—	—	—	—							
		计	2	220	?	24	4 800	—	—	—	—	?	?
合计	公	男	191	16 134	12 241	(1 274)							
		女	69	4 244	3 151	(110)							
		计	260	20 378	15 392	1 597	1 666 217	—	—	—	—	82 153	1 613 369
	私	男	13	1 234	647	111							
		女	5	351	144	20							
		计	18	1 585	791	131	112 900	—	—	—	—	8 745	203 225
	计	男	204	17 368	12 888	(1 385)							
		女	74	4 595	3 295	(130)							
		计	278	21 963	16 193	1 728	1 779 117	—	—	—	—	90 898	1 816 594

备考：东省特别区私立中学校之统计未接报告，故不记载。有括号者为除东省特别区外之总数。

（伪满）国务院文教部编纂：《满洲国文教年鉴》，1934 年 3 月。

全国初级中学统计表

（1933 年）

省区市别			学校数	学生数	毕业生数	教职员数	全年经费	职教员月薪			一年学费		学校资产数
								最高	最低	平均	每一人	总计	
奉天省	公	男	46	5 887	4 386	394							
		女	19	1 373	730	27							
		计	65	5 260	5 116	421	531 947	—	—	—	—	60 135	861 653
	私	男	7	916	617	67							
		女	2	117	—	5							
		计	9	1 033	617	72	48 700	—	—	—	—	8 085	148 510
	计	男	53	6 803	5 001	461							
		女	21	1 490	730	32							
		计	74	8 293	5 731	493	580 647	—	—	—	—	68 220	1 010 163
吉林省	公	男	11	1 104	?	117							
		女	3	170	?	4							
		计	14	1 274	?	121	92 120	—	—	—	—	4 798	160 065
	私	男	—	—	—	—							
		女	—	—	—	—							
		计	—	—	—	—	—	—	—	—	—	—	—
	计	男	11	1 104	?	117							
		女	3	170	?	4							
		计	14	1 274	?	121	92 120	—	—	—	—	4 798	160 065
黑龙江省	公	男	7	512	374	55							
		女	—	—	—	—							
		计	7	512	374	55	123 980	—	—	—	—	—	22 612
	私	男	1	278	—	25							
		女	1	110	—	4							
		计	2	388	—	29	47 560	—	—	—	—	—	46 500
	计	男	8	790	374	80							
		女	1	110	—	4							
		计	9	900	374	84	171 540	—	—	—	—	—	69 112

续表

省区市别			学校数	学生数	毕业生数	教职员数	全年经费	职教员月薪			一年学费		学校资产数
								最高	最低	平均	每一人	总计	
热河省	公	男	4	250	713	43							
		女	—	—	—	—							
		计	4	250	713	43	34 204	160	26	79	—	?	?
	私	男	1	29	4	11							
		女	—	—	—	—							
		计	1	29	4	11	4 700	—	—	—	—	?	?
	计	男	5	279	717	54							
		女	—	—	—	—							
		计	5	279	717	54	38 904	—	—	—	—	?	?
东省特别区	公	男	2	148	—	24							
		女	—	—	—	—							
		计	2	148	—	24	?	—	—	—	—	?	?
	私	男	—	—	—	—							
		女	—	—	—	—							
		计	—	—	—	—	—	—	—	—	—	—	—
	计	男	2	148	—	24							
		女	—	—	—	—							
		计	2	148	—	24	?	—	—	—	—	?	?
新京特别市	公	男	—	—	—	—							
		女	—	—	—	—							
		计	—	—	—	—	—	—	—	—	—	—	—
	私	男	—	—	—	—							
		女	—	—	—	—							
		计	—	—	—	—	—	—	—	—	—	—	—
	计	男	—	—	—	—							
		女	—	—	—	—							
		计	—	—	—	—	—	—	—	—	—	—	—

续表

省区市别			学校数	学生数	毕业生数	教职员数	全年经费	职教员月薪			一年学费		学校资产数
								最高	最低	平均	每一人	总计	
兴安省	公	男	—	—	—	—							
		女	—	—	—	—							
		计	—	—	—	—	—	—	—	—	—	—	—
	私	男	—	—	—	—							
		女	—	—	—	—							
		计	—	—	—	—	—	—	—	—	—	—	—
	计	男	—	—	—	—							
		女	—	—	—	—							
		计	—	—	—	—	—	—	—	—	—	—	—
合计	公	男	70	7 901	5 473	633							
		女	22	1 543	730	31							
		计	92	9 444	6 203	664	782 251	—	—	—	—	64 933	1 044 330
	私	男	9	1 223	619	103							
		女	3	227	—	9							
		计	12	1 450	619	112	100 960	—	—	—	—	8 085	595 010
	计	男	79	9 124	6 092	736							
		女	25	1 770	730	40							
		计	104	10 894	6 822	776	883 211	—	—	—	—	73 018	1 639 340

备考：东省特别区因无私立中等学校之统计表，故不记载。

（伪满）国务院文教部编纂：《满洲国文教年鉴》，1934 年 3 月。

全国高级中学统计表

（1933年）

省区市别			学校数	学生数	毕业生数	职教员数	全年经费	职教员月薪			一年学费		学校资产数
								最高	最低	平均	每一人	总计	
奉天省	公	男	3	389	379	30							
		女	—	—	—	—							
		计	3	389	379	30	38 444	—	—	—	—	5 572	23 673
	私	男	—	—	—	—							
		女	—	—	—	—							
		计	—	—	—	—	—	—	—	—	—	—	—
	计	男	3	389	379	—							
		女	—	—	—	—							
		计	3	389	379	—	38 444	—	—	—	—	5 572	23 673
吉林省	公	男	—	—	—	—							
		女	—	—	—	—							
		计	—	—	—	—	—	—	—	—	—	—	—
	私	男	—	—	—	—							
		女	—	—	—	—							
		计	—	—	—	—	—	—	—	—	—	—	—
	计	男	—	—	—	—							
		女	—	—	—	—							
		计	—	—	—	—	—	—	—	—	—	—	—
黑龙江省	公	男	1	185	—	15							
		女	—	—	—	—							
		计	1	185	—	15	39 695	—	—	—	—	?	?
	私	男	—	—	—	—							
		女	—	—	—	—							
		计	—	—	—	—	—	—	—	—	—	—	—
	计	男	1	185	—	15							
		女	—	—	—	—							
		计	1	185	—	15	39 695	—	—	—	—	?	?

续表

省区市别		事项	学校数	学生数	毕业生数	职教员数	全年经费	职教员月薪			一年学费		学校资产数
								最高	最低	平均	每一人	总计	
热河省	公	男	—	—	—	—							
		女	—	—	—	—							
		计	—	—	—	—	—	—	—	—	—	—	—
	私	男	—	—	—	—							
		女	—	—	—	—							
		计	—	—	—	—	—	—	—	—	—	—	—
	计	男	—	—	—	—							
		女	—	—	—	—							
		计	—	—	—	—	—	—	—	—	—	—	—
东省特别区	公	男	—	—	—	—							
		女	—	—	—	—							
		计	—	—	—	—	—	—	—	—	—	—	—
	私	男	—	—	—	—							
		女	—	—	—	—							
		计	—	—	—	—	—	—	—	—	—	—	—
	计	男	—	—	—	—							
		女	—	—	—	—							
		计	—	—	—	—	—	—	—	—	—	—	—
新京特别市	公	男	—	—	—	—							
		女	—	—	—	—							
		计	—	—	—	—	—	—	—	—	—	—	—
	私	男	—	—	—	—							
		女	—	—	—	—							
		计	—	—	—	—	—	—	—	—	—	—	—
	计	男	—	—	—	—							
		女	—	—	—	—							
		计	—	—	—	—	—	—	—	—	—	—	—
兴安省	公	男	—	—	—	—							
		女	—	—	—	—							
		计	—	—	—	—	—	—	—	—	—	—	—

续表

省区市别			学校数	学生数	毕业生数	教职员数	全年经费	职教员月薪 最高	职教员月薪 最低	职教员月薪 平均	一年学费 每一人	一年学费 总计	学校资产数
兴安省	私	男	—	—	—	—							
		女	—	—	—	—							
		计	—	—	—	—	—	—	—	—	—	—	—
	计	男	—	—	—	—							
		女	—	—	—	—							
		计	—	—	—	—	—	—	—	—	—	—	—
合计	公	男	3	574	379	45							
		女	—	—	—	—							
		计	3	574	379	45	78 139	—	—	—	—	5 572	23 673
	私	男	—	—	—	—							
		女	—	—	—	—							
		计	—	—	—	—	—	—	—	—	—	—	—
	计	男	3	574	379	45							
		女	—	—	—	—							
		计	3	574	379	45	78 139	—	—	—	—	5 572	23 673

（伪满）国务院文教部编纂：《满洲国文教年鉴》，1934 年 3 月。

全国完全中学统计表

（1933 年）

省区市别			学校数	学生数	毕业生数	教职员数	全年经费	职教员月薪 最高	职教员月薪 最低	职教员月薪 平均	一年学费 每一人	一年学费 总计	学校资产数
奉天省	公	男	2	1 226	1 857	37							
		女	—	—	—	—							
		计	2	1 226	1 857	37	51 151	—	—	—	—	9 808	5 400
	私	男	—	—	—	—							
		女	—	—	—	—							
		计	—	—	—	—	—	—	—	—	—	—	—

续表

省区市		别	学校数	学生数	毕业生数	教职员数	全年经费	职教员月薪			一年学费		学校资产数
								最高	最低	平均	每一人	总计	
奉天省	计	男	2	1 226	1 857	37							
		女	—	—	—	—							
		计	2	1 226	1 857	37	51 151	—	—	—	—	9 808	5 400
吉林省	公	男	—	—	—	—							
		女	—	—	—	—							
		计	—	—	—	—	—	—	—	—	—	—	—
	私	男	—	—	—	—							
		女	—	—	—	—							
		计	—	—	—	—	—	—	—	—	—	—	—
	计	男	—	—	—	—							
		女	—	—	—	—							
		计	—	—	—	—	—	—	—	—	—	—	—
黑龙江省	公	男	1	240	742	19							
		女	—	—	—	—							
		计	1	240	742	19	36 083	—	—	—	—	?	?
	私	男	—	—	—	—							
		女	—	—	—	—							
		计	—	—	—	—	—	—	—	—	—	—	—
	计	男	1	240	742	19							
		女	—	—	—	—							
		计	1	240	742	19	36 083	—	—	—	—	?	?
热河省	公	男	—	—	—	—							
		女	—	—	—	—							
		计	—	—	—	—	—	—	—	—	—	—	—
	私	男	—	—	—	—							
		女	—	—	—	—							
		计	—	—	—	—	—	—	—	—	—	—	—
	计	男	—	—	—	—							
		女	—	—	—	—							
		计	—	—	—	—	—	—	—	—	—	—	—

续表

省区市别			学校数	学生数	毕业生数	教职员数	全年经费	职教员月薪			一年学费		学校资产数
								最高	最低	平均	每一人	总计	
东省特别区	公	男	2	886	—	?							
		女	2	509	—	?							
		计	4	1 395	—	129	—	—	—	—	—	?	?
	私	男	—	—	—	—							
		女	—	—	—	—							
		计	—	—	—	—	—	—	—	—	—	—	—
	计	男	2	886	—	?							
		女	2	509	—	?							
		计	4	1 395	—	129	—	—	—	—	—	?	?
新京特别市	公	男	—	—	—	—							
		女	—	—	—	—							
		计	—	—	—	—	—	—	—	—	—	—	—
	私	男	—	—	—	—							
		女	—	—	—	—							
		计	—	—	—	—	—	—	—	—	—	—	—
	计	男	—	—	—	—							
		女	—	—	—	—							
		计	—	—	—	—	—	—	—	—	—	—	—
兴安省	公	男	—	—	—	—							
		女	—	—	—	—							
		计	—	—	—	—	—	—	—	—	—	—	—
	私	男	—	—	—	—							
		女	—	—	—	—							
		计	—	—	—	—	—	—	—	—	—	—	—
	计	男	—	—	—	—							
		女	—	—	—	—							
		计	—	—	—	—	—	—	—	—	—	—	—
合计	公	男	4	2 352	2 599	(56)							
		女	2	509	—	(—)							
		计	6	2 861	2 599	185	87 234	—	—	—	—	9 808	5 400

续表

省区市别			学校数	学生数	毕业生数	教职员数	全年经费	职教员月薪			一年学费		学校资产数
								最高	最低	平均	每一人	总计	
合计	私	男	—	—	—	—							
		女	—	—	—	—							
		计	—	—	—	—	—	—	—	—	—	—	—
	计	男	4	2 352	2 599	(56)							
		女	2	509	—	(一)							
		计	6	2 861	2 599	185	87 234	—	—	—	—	9 808	5 400

备考：东省特别区因未接报告男女职教员数之区别，故不记载。有括号者为除东省特别区外之总数。

（伪满）国务院文教部编纂：《满洲国文教年鉴》，1934 年 3 月。

省区立中学校

（1935 年）

省区别	吉林	吉林	吉林	吉林	龙江	龙江	滨江	滨江	滨江	奉天	奉天	奉天	奉天
校名	吉林两级中学校	吉林初级中学校	长春初级中学校	吉林女子两级中学校	齐齐哈尔两级中学校	齐齐哈尔日语专修学校	绥化初级中学校	双城初级中学校	哈尔滨初级中学校	奉天第一初级中学校	奉天第二初级中学校	奉天第三初级中学校	奉天女子初级中学校
修业年限	高三 初三	初三	初三	高三 初三	高三 初三	高三	初三	初三	初三	初三	初三	初三	初三
学级数	10	5	8	12	6	5	4	6	4	12	12	8	9
教员数	19	15	12	23	16	10	7	12	7	24	24	15	19
学生数	279	195	333	470	201	252	164	225	221	625	588	443	456
校址	吉林新开门里	吉林北大街	新京西二道街	吉林新开门里	本市西郊外	本市东花园路北	绥化县城	双城县城	哈尔滨地段街	奉天大东关鲍觉寺胡同	奉天大东关兴化里	奉天小河沿	奉天市小西边门外一经路
校长名	邹海瀛	牧野铁弥	张寿昌	蔺弘如	王宸章	于敬修	胡溉群	吴连云	李鼎彝	李阴伦	唐全福	于廉	刘宗基
备考													

省区别	奉天	热河	新京特别市	北满特别区	北满特别区	北满特别区	北满特别区	北满特别区	北满特别区	北满特别区	计
校名	奉天高级中学校	承德初级中学校	新京女子中学校	哈尔滨第一两级中学校	哈尔滨第二两级中学校	安达初级中学校	宽城子两级中学校	哈尔滨第一两级女子中学校	哈尔滨第二两级女子中学校	哈尔滨俄侨高级中学校	
修业年限	高三	初三	初三	高三 初三	高三 初三	初三	高三 初三	高三 初三	高三 初三	高三	23①
学级数	5	5	3	10	10	4	4	10	7	3	162
教员数	10	14	7	21	21	8	10	21	19	15	349
学生数	192	114	130	452	545	172	175	467	354	128	7 181
校址	奉天市大北门里	承德西大街	市内西四道街西首路南	哈尔滨道里水道街	哈尔滨许公路	安达站	宽城子	哈尔滨南岗	哈尔滨马家沟	哈尔滨道里	
校长名	曲灿文	王永烈	王恩庆	宋庆堂	张佩瑶	姜延训	卢绍镛	李镇东	孔焕书	阿那斯塔西边夫	
备考											

（伪满）国务院文教部编纂：《满洲帝国文教部第二次年鉴》，1935 年 12 月。

县立中学校

（1935 年）

省区别	吉林	吉林	吉林	吉林	吉林	吉林	吉林	吉林	龙江	龙江	龙江	龙江	黑河	三江
县别	农安	长岭	伊通	磐石	榆树	扶余	扶余	怀德	克山	克山	洮安	洮南	瑷珲	桦川
校名	初级中学校	初级中学校	初级中学校	初级中学校	初级中学校	初级中学校	女子初级中学校	初级中学校	林泉街初级中学校	贞静街女子初级中学校	富源路初级中学校	洮南初级中学校	初级中学校	佳木斯初级中学校
修业年限	初三	初三	初三	初三	初三	初三	初三	初三	初三	初三	初三	初三	初三	初三
学级数	3	1	2	3	4	4	1	4	3	1	2	5	1	3

① 原文“修业年限”计为“23”，以下同类情况不再做注。

续表

省区别	吉林	吉林	吉林	吉林	吉林	吉林	吉林	吉林	龙江	龙江	龙江	龙江	黑河	三江
县别	农安	长岭	伊通	磐石	榆树	扶余	扶余	怀德	克山	克山	洮安	洮南	瑷珲	桦川
教员数	8	2	7	7	9	12	2	7	6	2	7	8	3	7
学生数	79	46	110	75	150	222	40	169	110	30	77	191	79	110
校址	县城北门外	县城	县城	县城	县城	县城	县城	县城	县城林泉街	县城贞静街	县城富源路	县城顺城	县城	市内县署后身
校长名	邢士义	戴仲三	郭毓桐	中尔庸	于健芹	张英华	杨继邦	李祝华	赵元凯	王化臣	张世宸	贾成章	臧英志	卢国士
备考														初中二级、附设师讲科一级

省区别	三江	三江	滨江	滨江	滨江	滨江	滨江	滨江	滨江	滨江	间岛	间岛	安东	安东	安东
县别	依兰	富锦	呼兰	望奎	巴彦	双城	宁安	宁安	五常	宾县	珲春	安图	安东	安东	安东
校名	依兰初级中学校	富锦初级中学校	初级中学校	初级中学校	初级中学校	初级中学校	两级中学校	初级中学校	初级中学校	初级中学校	初级中学校	城相初级中学校	东边商科附设初级中学校	初级中学校	女子初级中学校
修业年限	初三	初三	初三	初三	初三	初三	高三初三	初三	初三	初三	初三	初三	初三	初三	初三
学级数	4	3	4	2	3	3	3	3	2	3	3	1	4	3	3
教员数	9	8	7	5	7	9	4	4	6	8	5	2	7	7	7
学生数	128	97	172	86	89	91	70	80	70	89	106	21	277	162	218
校址	县城东	县城东大街路北	县城东两翼厅旧址	县城东五道街	县城东向阳街	县城同印街	县城西江沿	县城前马路	县城	县城西关	首善堡成里	县城南门里	安东市自新街	安东市元宝山	安东市天后宫街
校长名	薛增福	张进思	沈鸿亮	刘廷曦	孔庆尧	韩树栋	陈作新	陈作新	吕世达	谭喜	何廉惠	孙楚珩	王楫澄	秦有德	陶德盛
备考							高中一级初中一级				校长义务职				

省区别	安东	安东	安东	安东	安东	安东	安东	安东	安东	安东	安东	安东	安东	安东
县别	庄河	庄河	岫岩	岫岩	凤城	宽甸	桓仁	通化	通化	辑安	临江	临江	抚松	长白
校名	两级中学校	大孤山初级中学校	初级中学校	女子中初级学校	初级中学校	初级中学校	初级中学校	初级中学校	女子初级中学校	初级中学校	临江初级中学校	八道江初级中学校	初级中学校	初级中学校
修业年限	高三初三	高三初三	高三初三	高三初三	高三初三	高三初三	高三初三	高三初三	高三初三	高三初三	初三	初三	初三	初三
学级数	7	3	3	1	4	3	3	4	1	3	2	1	5	3
教员数	12	6	7	7	6	7	6	9	3	7	5	3	8	5
学生数	265	148	153	32	213	101	94	182	34	80	78	32	220	86
校址	县城上制	大孤山	县城大宁寺旧址	县城西街	县城文庙街	县城东门里	县城南关	县城东江沿	县城东江沿	县城会泉街	县城临辑门里	八道镇街	县城南门里	县城化街
校长名	宋良忱	徐成章	关英华	赵书绅	李云霖	丛树春	李德恒	马清川	杨培武	尹传家	孙培昌	郭书元	史春泰	王士俊
备考	高二级初五级												该校计初中二级、附小三级	

省区别	奉天	奉天	奉天	奉天	奉天	奉天	奉天	奉天	奉天	奉天	奉天	奉天	奉天	奉天
县别	沈阳	沈阳	沈阳	沈阳	沈阳	沈阳	抚顺	抚顺	本溪	辽阳	辽阳	辽阳	辽阳	辽中
校名	大东关初级中学校	蔡台子初级中学校	东台初级中学校	沙岭堡初级中学校	红菱堡初级中学校	桃仙屯初级中学校	千金寨初级中学校	抚顺初级中学校	本溪初级中学校	辽阳两级中学校	税课司初级中学校	马神庙初级中学校	刘二堡初级中学校	辽中初级中学校
修业年限	初三	初三	初三	初三	初三	初三	初三	初三	初三	高三初三	初三	初三	初三	初三
学级数	4	1	1	2	1	1	3	4	3	10	5	3	2	4
教员数	8	3	3	4	3	3	3	9	6	22	10	9	4	8
学生数	195	39	52	120	24	19	61	200	158	410	294	182	44	235
校址	奉天市大东关银元局胡同	奉天市村中街	第一区东台村中街	第五区沙岭堡村中街	第四区红菱堡村中街	第三区桃仙屯中街	千金寨	县城北关	太子河沿	县城刚家胡同	县城税课司胡同	县城高丽门里马神庙址	第七区刘二堡	县城大东门里
校长名	李桂元	张今城	赵赓霖	胡常兴	焦万选	王振声	周德新	陈吉清	李如翔	孙尔昌	魏振伦	王春桂	钟麟	马绍援
备考														

省区别	奉天	奉天	奉天	奉天	奉天	奉天	奉天	奉天	奉天	奉天	奉天	奉天	奉天	奉天
县别	海城	海城	盖平	盖平	盖平	复县	复县	新民	新民	铁岭	铁岭	法库	法库	康平
校名	海城初级中学校	海城女子初级中学校	盖平初级中学校	熊岳初级中学校	盖平女子初级中学校	旧城高级中学校	旧城初级中学校	新民初级中学校	新民女子初级中学校	铁岭初级中学校	铁岭女子初级中学校	法库初级三初中学校	法库女子初级中学校	康平初级中学校
修业年限	初三	初三	初三	初三	初三	高三	初三	初三	初三	初三	初三	初三	初三	初三
学级数	7	4	6	3	2	3	3	4	1	8	3	6	1	2
教员数	14	9	13	6	4	12	6	8	3	12	7	11	3	4
学生数	340	159	308	167	73	119	173	236	70	521	203	226	36	72
校址	县城东南玉皇山前	县城花园胡同	县城西关董家沟	熊岳城里	县城东鹿胡同	旧治城内	旧治城内	县城南街	县城大街	县城南关果子园	县城南门里	县城西大街	县城东街	县城东南隅
校长名	梁希文	李尚林	李景章	李生纯	沈襄卿	汪兆璠	张辅庭	刘贵德	柳荣春	郑禄	周纯仁	杨荣久	彭锡嘏	李宜春
备考														

省区别	奉天	奉天	奉天	奉天	奉天	奉天	奉天	奉天	奉天	奉天	奉天	奉天	奉天	奉天
县别	康平	梨树	梨树	昌图	昌图	开原	开原	西丰	西丰	西安	西安	东丰	东丰	海龙
校名	康平女子初级中学校	梨树初级中学校	梨树女子初级中学校	昌图初级中学校	八面城初级中学校	开原两级中学校	开原女子初级中学校	西丰初级中学校	西丰女子初级中学校	西安初级中学校	西安女子初级中学校	东关初级中学校	城里女子初级中学校	海龙初级中学校
修业年限	初三	初三	初三	初三	初三	高三 初三	初三	初三	初三	初三	初三	初三	初三	初三
学级数	1	7	2	5	2	11	4	7	2	6	2	7	2	3
教员数	2	16	6	10	5	21	10	14	4	12	6	15	5	8
学生数	27	317	100	274	163	524	242	333	55	234	60	237	67	112
校址	县城前教育局后院	县城南门里	县城南门里	县城南街	第九区八面城	县城文庙胡同	县城塔子胡同	县城县公署前	县城大十字街	县城永安东街	县城东吉地街	县城东南关	县城城里	县城东门里
校长名	宋克贤	张云赞	贾永兴	徐宗绩	刘兴民	霍云阁	杨树东	朱成德	宋肇殷	刘德润	管廷翰	王兴凯	王鹏程	张延龄
备考														

省区别	奉天	奉天	奉天	奉天	奉天	奉天	奉天	锦州	锦州	锦州	锦州	锦州	锦州	锦州
县别	海龙	海龙	清原	兴京	兴京	柳河	柳河	锦县	朝阳	彰武	彰武	锦县	北镇	北镇
校名	山城镇初级中学校	海龙女子初级中学校	清原初级中学校	新宾堡初级中学校	新宾堡女子初级中学校	柳河初级中学校	柳河女子初级中学校	锦县初级中学校	朝阳初级中学校	彰武初级中学校	彰武女子初级中学校	锦县女子初级中学校	北镇初级中学校	北镇女子初级中学校
修业年限	初三	初三	初三	初三	初三	初三	初三	初三	初三	初三	初三	初三	初三	初三
学级数	3	2	2	2	1	2	1	6	3	2	1	3	4	2
教员数	5	5	4	4	2	4	3	12		5	2		7	2
学生数	111	40	63	52	28	65	25	433	105	88	31	158	219	78
校址	山城镇	县城南门里	县城县街	县城河南	县城河北	县城东街	县城北街	县城察院西胡同	县城监狱公署院内	县城县署东院	县城县署西院	县城县署后胡同	县城大南门里	县城文庙后院
校长名	段文成	时万选	那洪绪	图联芳	王振东	田作新	尤广滋	刘炳麟	王九成	马书麟	陈玉莲	许庚云	刘关锐	郭汉墀
备考														

省区别	锦州	锦州	锦州	锦州	锦州	锦州	锦州	锦州	锦州	锦州	锦州	热河	
县别	黑山	黑山	台安	盘山	绥中	绥中	绥中	兴城	兴城	锦西	义县	赤峰	计
校名	黑山初级中学校	黑山女子初级中学校	台安初级中学校	盘山初级中学校	绥中初级中学校	前所初级中学校	绥中女子初级中学校	柳城初级中学校	旗仓女子初级中学校	连山初级中学校	东关初级中学校	赤峰初级中学校	
修业年限	初三	初三	初三	初三	初三	初三	初三	初三	初三	初三	初三	初三	111
学级数	5	1	2	1	3	3	2	3	1	1	4	2	343
教员数	11	2	2	3	6	7	2	8	3	3	8	9	736
学生数	252	30	78	60	149	91	54	149	47	67	209	88	14 948
校址	县城后街	县城后街	县城南门里	县城县署大街路南	县城城隍庙院内	绥中县前所城内	县城鼓楼前胡同	县城柳城书院旧址	县城隍庙胡同旗仓旧址	连山车站	东关路北	县街	
校长名	孙尚海	李雨霖	耿锡纯	马为龙	高凤文	李润滋	路联达	王玉峰	潘玉琦	范长森	王及时	庞秀山	
备考													

（伪满）国务院文教部编纂：《满洲帝国文教部第二次年鉴》，1935 年 12 月。

私立中学校

（1935 年）

省区别	吉林	吉林	龙江	龙江	龙江	间岛	间岛	间岛	间岛	间岛	间岛	间岛
县别	吉林市	永吉	齐齐哈尔市	齐齐哈尔	拜泉	延吉	延吉	延吉	延吉	延吉	延吉	延吉
校名	毓文中学校	文光中学校	龙江初级中学校	龙江女子初级中学校	拜泉育英初级中学校	光明学院中学部	光明高等女子学校	实践女学校	思真中学校	明信高等女学校	大成中学校	东兴中学校
修业年限	高三初三	初三	初三	初三	初三	中学五	中学四	本三补一	中学四	中学四	中学四	中学四
学级数	9	5	6	3	1	5	4	4	5	4	7	5
教员数	15	9	17	15	2	12	15	6	11	10	9	7
学生数	547	203	291	136	50	229	203	158	224	103	456	250
校址	临江门里	昌邑屯	天主堂院内	天主堂对过	育英街	龙井村	龙井村	龙井村	龙井村	龙井村	龙井村	龙井村
校长名	李光汉	惠彰德	刘雅斋	杨小亭	娄永明	安部恒亮	工腾重雄	郑士斌	曾恩惠	白戴勋	朴戴厦	林启学
备考						光明会经营	光明会经营		加拿大宣教部经营	加拿大宣教部经营	朝鲜人经营	朝鲜人经营

省区别	奉天	奉天	奉天	奉天	奉天	奉天	奉天	奉天	奉天	奉天	奉天	奉天
县别	新民	新民	法库	梨树	开原	奉天市	奉天市	奉天市	辽阳	辽阳	辽阳	营口
校名	文会初级中学校	崇实女子初级中学校	崇德初级中学校	常氏初级中学校	文光女子中学校	文会高级中学校	坤光女学校	文华初级中学校	第一民立初级中学校	第二民立初级中学校	文德初级中学校	培真书院
修业年限	初三	初三	初三	初三	初三	高三	高三初三	初三	初三	初三	初三	初三
学级数	4	3	3	1	9	4	16	5	4	2	3	3
教员数	9	6	6	5	9	10	27	8	13	5	6	9
学生数	230	86	111	46	131	150	405	241	246	105	102	207
校址	县城南街	县城南街	县城东北街	第八区刘家馆子	城内东南隅	商埠地一经路	大东关小河沿北上坎	大东边门外德化街	县城西二道沟	县城文庙街	县城东五道街	埠内永世街
校长名	莫尔敦	杜锡恩	尚景运	刘万选	王日钦	米德峻	廉爱邻	武师德	孙文焕	崔广生	明柏安	廖国恩
备考	基督教会	基督教会	基督教会		基督教会						基督教会	基督教会

省区别	锦州	锦州	锦州	锦州	锦州	新京特别区	新京特别区	北满特别区	北满特别区	北满特别区	北满特别区	北满特别区
县别	锦县	锦县	锦县	北镇	朝阳	朝阳						
校名	凌川初级中学校	育贤初级中学校	成德女子初级中学校	崇一初级中学校	指南初级中学校	新京工学院	萃文女子中学校	多斯多也夫斯基中学校	俄侨中学校	阿克沙阔夫女子中学校	阿克沙阔夫成年中学校	卜什金中学校
修业年限	初三	初三	初三	初三	初三	本二预一	初三	小学四中学三	小学四中学三	小学四中学三	小学四中学三	小学四中学三
学级数	4	4	3	3	3	7	3	10	10	10	3	10
教员数	10	8	6	4	9	38	6	男 26 女 7	男 25 女 12	男 17 女 20	男 8 女 3	男 15 女 5
学生数	191	213	112	121	33	423	110	男 170 女 177	男 162 女 150	女 160	男 13 女 4	男 40 女 11
校址	西关兴隆街	东门外	东门里路北	东门里	第三区松树咀子	新京公学校内	西五马路中间路北	南岗义州街	南岗花园街	南岗吉林街	南岗吉林街	马家沟巴陵街
校长名	高俊	史梦符	陶世俊	冯士敦	穆忠义	原口忠次郎	史延书	傅罗洛夫	海阁	阿克沙阔夫司卡牙	阿克沙阔夫司卡牙	诺司阔夫
备考							长老会主办附设小学、幼稚园		青年会			

省区别	北满特别区	北满特别区	北满特别区	北满特别区	北满特别区	北满特别区	北满特别区	北满特别区	北满特别区	
县别										计
校名	得力足里中学校	英文专科学校	天主堂女子中学校	海拉尔俄侨私立中学校	博克图俄侨私立中学校	一面坡俄侨私立中学校	绥芬河俄侨私立中学校	阿德文齐斯特教会私立中学校	俄侨结聂罗佐瓦私立中学校	
修业年限	小学四中学三	小学四中学三	小学四中学三	小学四中学三	小学四中学三	小学四中学三	小学四中学三	小学四中学三	小学四中学三	45
学级数	10	7	7	10	8	10	7	6	10	260
教员数	男 25 女 9	男 6 女 8	男 7 女 1	男 10 女 4	男 6 女 3	男 8 女 2	男 10 女 1	男 6 女 2	男 13 女 10	591
学生数	男 48 女 40	男 26 女 66	女 207	男 45 女 20	男 40 女 11	男 50 女 26	男 51 女 8	男 30 女 27	男 120 女 56	7 781

续表

省区别	北满特别区	北满特别区	北满特别区	北满特别区	北满特别区	北满特别区	北满特别区	北满特别区	北满特别区	
校址	马家沟国课街	南岗花园街	南岗齐齐哈尔街	海拉尔	博克图	一面坡	绥芬河	南岗部龙江	道里南市街	
校长名	得力足里	海阁	马立牙神母	列瓦石果	阔铺铁夫	司塔力果夫	鲁金	布拉日尼阔夫	奥希波夫	
备考										

（伪满）国务院文教部编纂：《满洲帝国文教部第二次年鉴》，1935 年 12 月。

全国中等学校一览表

（1936 年）

种别	设立别	男女学校别	学校数	学级数	教员数			事务员数			学生数	入学志愿者数	入学者数
					日系	满系	计	日系	满系	计			
师范学校	省立	男子	19	104	49	200	249	10	23	33	4 326	2 818	1 308
		女子	9	44	16	99	115	3	15	18	1 960	1 431	754
		小计	28	148	65	299	364	13	38	51	6 078	4 249	2 062
	县立	女子	1	1	—	4	4	—	—	—	43	—	—
		小计	1	1	—	4	4	—	—	—	43	—	—
	私立	女子	1	3	—	9	9	—	—	—	109	42	35
		小计	1	3	—	9	9	—	—	—	109	42	35
	计		30	152	65	312	377	13	38	51	6 230	4 291	2 097
中学校	省市立	男子	93	499	149	917	1 066	15	104	119	24 122	17 779	8 942
		女子	39	152	31	298	329	3	37	40	6 389	3 939	2 541
		小计	132	651	180	1 215	1 395	18	141	159	30 511	21 718	11 483
	县立	女子	1	1	—	3	3	—	1	1	20	—	—
		小计	1	1	—	3	3	—	1	1	20	—	—
	私立	男子	37	216	41	394	435	—	21	21	7 706	5 668	2 947
		女子	10	35	9	89	98	—	5	5	1 429	1 228	639
		小计	47	251	50	483	533	—	26	26	9 135	6 896	3 586
	计		180	903	230	1 701	1 931	18	168	186	39 666	28 614	15 069

续表

种别	设立别	男女学校别	学校数	学级数	教员数			事务员数			学生数	入学志愿者数	入学者数
					日系	满系	计	日系	满系	计			
实业学校	省立	男子	30	136	56	242	298	14	65	79	5 222	5 362	2 078
		女子	9	18	6	46	52	1	9	10	517	259	199
		小计	39	154	62	288	350	15	74	89	5 739	5 621	2 277
	县立	男子	1	1	2	2	4	—	—	—	35	75	35
		小计	1	1	2	2	4	—	—	—	35	75	35
	私立	男子	10	65	12	154	166	—	4	4	1 341	1 006	374
		女子	2	12	4	37	41	—	1	1	243	107	49
		小计	12	77	16	191	207	—	5	5	1 584	1 113	423
	计		52	232	80	481	561	15	79	94	7 358	6 809	2 735
总计			263	1 287	375	2 494	2 869	46	285	331	53 254	39 714	19 901

（伪满）民生部教育司：《满洲帝国学事要览》，1937 年。

国民高等学校一览表

（1938 年）

	学校数	学级数	教师数	学生数
新京特市	3	25	51	1 169
吉林	8	36	100	1 704
龙江	7	34	73	1 646
三江	3	13	26	595
牡丹江	1	3	6	152
滨江	10	71	157	2 805
间岛	5	39	71	2 275
通化	2	7	9	341
安东	7	19	89	1 771
奉天	36	136	299	6 204
锦州	11	65	146	3 029
热河	4	16	47	760
兴安西	1	1	5	37
兴安南	1	7	16	328
兴安东	1	2	3	103
兴安北	1	2	5	63
计	100	476	1103	22 982

备考：学生数包括旧制中学校学生。

（伪满）民生部教育司：《满洲帝国学事要览》，1938 年。

女子国民高等学校一览表

（1938年）

	学校数	学级数	教师数	学生数
新京特市	2	10	21	482
吉林	1	12	40	508
龙江	3	18	43	711
三江	1	1	—	47
牡丹江	1	3	7	127
滨江	1	16	35	800
间岛	3	12	28	504
安东	2	4	22	398
奉天	15	97	215	4 208
锦州	1	9	22	387
热河	1	3	9	125
计	31	185	442	8 297

备考：学生数包括旧制女子中学校学生。

（伪满）民生部教育司：《满洲帝国学事要览》，1938年。

国民高等学校一览表

（1939年）

	新京特市	吉林	龙江	北安	三江	牡丹江	滨江	间岛	通化
学校数	3	9	5	4	3	1	12	6	2
学级数	27	52	31	19	14	4	69	41	10
教师数	51	137	81	55	35	9	212	80	28
学生数	1 461	2 635	1 528	944	597	210	3 426	2 351	418
	安东	奉天	锦州	热河	兴安西	兴安南	兴安东	兴安北	计
学校数	10	39	10	4	2	1	1	3	114

续表

	安东	奉天	锦州	热河	兴安西	兴安南	兴安东	兴安北	计
学级数	57	295	63	18	3	7	3	10	723
教师数	165	721	139	49	13	19	10	23	1 827
学生数	2 711	14 555	1 116	799	140	360	172	282	35 705

（伪满）民生部教育司：《满洲帝国学事要览》，1940 年。

中等教育统计表

（1940 年）

省别	公私别	国民高等学校											
		农业科					工业科					商业科	
		学校数	学级数	教职员数	学生数	经费	学校数	学级数	教职员数	学生数	经费	学校数	学级数
新京特别市	公立	1	2	7	93	110 539	1	10	36	519	465 049	1	16
	私立											2	9
吉林省	公立	7	30	89	145	221 666	2	9	26	463	48 940	2	17
	私立											1	4
龙江省	公立	3	18	41	883	150 000	2	7	13	343	30 000	1	7
	私立											1	4
北安省	公立	5	26	58	1 295	146 854							
	私立												
黑河省	公立	1	3	11	101	79 987							
	私立												
三江省	公立	3	14	46	707	120 310							
	私立												
东安河	公立	1	2	7	103	234 899							
	私立												
牡丹江省	公立	1	5	12	279	32 000	1	2	5	100	30 000		
	私立												

续表

省别	公私别	国民高等学校											
		农业科					工业科					商业科	
		学校数	学级数	教职员数	学生数	经费	学校数	学级数	教职员数	学生数	经费	学校数	学级数
滨江省	公立	9	42	128	2 133	280 464	2	14	21	340	65 824	2	26
	私立											2	10
间岛省	公立	2	11	24	525	229 967						1	9
	私立	1	4	18	853	36 389	1	4	14	434	39 370		
通化省	公立	2	8	29	457	64 345	2	6	18	225	214 446		
	私立												
安东省	公立	6	40	92	1 986	465 359	1	6	16	289	94 265	2	13
	私立	1	4	10	289	13 508						1	6
奉天省	公立	20	161	412	8 079	796 955	6	35	103	1 702	276 621	8	88
	私立	1	4	10	222	19 615	2	18	24	232	33 758	6	30
锦州省	公立	7	49	129	2 403	183 882	1	6	17	307	36 212	1	10
	私立	1	4	7	168	6 820						1	4
热河省	公立	5	16	61	690	22 808						1	7
	私立												
兴安西省	公立	2	5	26	245	50 049							
	私立												
兴安南省	公立	1	7	24	344	28 412							
	私立	1	2	9	62	27 948							
兴安东省	公立	1	4	11	156	62 600							
	私立												
兴安北省	公立	2	8	16	218	57 000						1	4
	私立												
合计	公立	79	451	1 223	23 182	3 528 136	17	95	255	4 289	1 261 357	20	197
	私立	5	18	54	1 594	104 280	3	12	38	666	73 128	14	67
	计	84	469	1 277	23 776	3 632 416	20	107	293	4 955	1 334 485	34	264

续表

省别	公私别	国民高等学校												
		商业科			水产科					计				
		教职员数	学生数	经费	学校数	学级数	教职员数	学生数	经费	学校数	学级数	教职员数	学生数
新京特别市	公立	39	856	74 541						3	28	82	1 468
	私立	34	805	61 709						2	9	34	805
吉林省	公立	36	897	72 243						11	56	151	2 845
	私立	9	300	16 600						1	4	9	200
龙江省	公立	11	328	18 000	1	1	2	58	30 000	6	33	67	1 612
	私立	13	164	24 650						1	4	13	·164
北安省	公立									5	26	58	1 295
	私立												
黑河省	公立									1	3	11	101
	私立												
三江省	公立									3	14	46	707
	私立												
东安省	公立									1	2	7	103
	私立												
牡丹江省	公立									2	7	17	379
	私立												
滨江省	公立	57	1 322	186 619						13	82	206	3 785
	私立	38	623	87 751						2	10	38	623
间岛省	公立	15	528	17 999						3	20	39	1 063
	私立									2	8	32	1 287
通化省	公立									4	14	47	682
	私立												
安东省	公立	38	763	73 392						9	59	146	3 038
	私立	9	99	25 289						2	10	19	388
奉天省	公立	219	4 676	403 378		4	25	190	48 537	35	288	758	14 648
	私立	80	1 578	170 251						9	42	114	2 032

续表

省别	公私别	国民高等学校											
		商业科			水产科					计			
		教职员数	学生数	经费	学校数	学级数	教职员数	学生数	经费	学校数	学级数	教职员数	学生数
锦州省	公立	22	459	43 446						9	65	168	3 169
	私立		164	9 264						2	8	15	332
热河省	公立	26	349	34 525						6	23	87	1 039
	私立												
兴安西省	公立									2	5	26	245
	私立												
兴安南省	公立									1	7	24	344
	私立									1	2	9	62
兴安东省	公立									1	4	11	156
	私立												
兴安北省	公立	12	140	24 000						3	12	28	358
	私立												
合计	公立	474	318	948 143						118	748	1 979	37 037
	私立	191	633	385 514	2	5	27	248	78 537	22	97	283	5 893
	计	665	951	1 333 657	2	5	27	248	78 537	140	845	2 262	43 930

省别	公私别	计	女子国民高等学校合计①									
		经费	学校数	学级数	教职员数	学生数	经费	学校数	学级数	教职员数	学生数	经费
新京特别市	公立	650 129	1	10	22	519	47 480	4	38	104	1 987	697 609
	私立	61 709	1	5	9	148	10 307	3	14	42	989	72 016
吉林省	公立	342 849	1	15	34	783	66 712	12	71	185	3 628	409 561
	私立	6 600						1	4	9	200	6 600
龙江省	公立	228 000	3	15	39	813	85 000	9	48	106	2 425	321 000
	私立	24 650						1	4	13	164	24 050
北安省	公立	146 185	3	9	25	492	69 867	8	35	83	1 787	216 721
	私立											

① 此表原文如此，以下同类情况不再做注。

续表

省别	公私别	计	女子国民高等学校合计									
		经费	学校数	学级数	教职员数	学生数	经费	学校数	学级数	教职员数	学生数	经费
黑河省	公立	79 987						1	3	11	101	79 987
	私立											
三江省	公立	120 310	1	4	12	186	32 064	4	18	58	893	152 347
	私立											
东安省	公立	234 899						1	2	7	103	224 899
	私立											
牡丹江省	公立	62 000	1	3	7	142	20 434	3	10	24	521	82 434
	私立											
滨江省	公立	532 907	3	19	53	1 066	126 903	16	101	259	4 851	659 809
	私立	87 751	1	6	26	288	28 694	3	16	64	911	116 445
间岛省	公立	247 966	2	8	24	424	51 422	5	28	63	1 487	299 288
	私立	75 759	1	4	11	179	20 652	3	12	43	1 466	96 411
通化省	公立	278 791	1	4	13	170	20 624	5	18	60	852	299 415
	私立											
安东省	公立	633 016	4	18	45	809	97 021	13	77	191	3 847	730 037
	私立	38 797	1	4	8	200	10 492	3	14	27	588	49 295
奉天省	公立	1 525 531	15	82	230	4 223	413 791	50	370	988	18 871	1 939 322
	私立	223 624	5	20	44	767	55 560	14	62	158	2 799	279 184
锦州省	公立	263 540	3	13	36	672	80 839	12	78	204	3 841	344 379
	私立	16 084						2	8	15	332	16 084
热河省	公立	247 333	1	3	10	126	22 888	7	26	97	1 165	270 221
	私立											
兴安西省	公立	50 049						2	4	26	245	50 049
	私立											
兴安南省	公立	28 412						1	7	24	344	28 412
	私立	27 948						1	2	9	62	27 948
兴安东省	公立	62 600						1	4	11	156	62 600
	私立											

续表

省别	公私别	计	女子国民高等学校合计									
		经费	学校数	学级数	教职员数	学生数	经费	学校数	学级数	教职员数	学生数	经费
兴安北省	公立	81 000						3	12	28	358	81 000
	私立											
合计	公立	5 816 173	39	201	550	10 425	1 135 044	157	951	2 529	47 462	6 951 217
	私立	562 922	9	31	98	1 618	125 711	31	136	381	7 511	688 630
	计	6 379 095	48	242	648	12 043	1 260 755	188	1 087	2 910	54 937	7 639 853

（伪满）民生部教育司：《满洲帝国学事要览》，1941 年。

（二）中等师范教育统计

全国师范学校统计表

（1933 年）

省区市别			学校数	学生数	毕业生数	教职员数	全年经费	职教员月薪			一年学费		学校资产数
								最高	最低	平均	每一人	总计	
奉天省	公	男	39	2 648	2 435	271							
		女	27	1 302	1 602	36							
		计	66	3 950	4 037	307	272 611	—	—	—	—	—	434 918
	私	男	—	—	—	—							
		女	1	55	—	2							
		计	1	55	—	2	5 040	—	—	—	—	—	1 015
	计	男	39	2 648	2 435	271							
		女	28	1 357	1 602	38							
		计	67	4 005	4 037	309	277 651	—	—	—	—	—	435 933
吉林省	公	男	1	18	?	8							
		女	1	40	?	1							
		计	2	58	?	9	1 294	—	—	—	—	—	200
	私	男	—	—	—	—							
		女	—	—	—	—							
		计	—	—	—	—	—	—	—	—	—	—	—

续表

省区市别			学校数	学生数	毕业生数	教职员数	全年经费	职教员月薪			一年学费		学校资产数
								最高	最低	平均	每一人	总计	
吉林省	计	男	1	18	?	8							
		女	1	40	?	1							
		计	2	58	?	9	1 294	—	—	—	—	—	200
黑龙江省	公	男	5	414	60	79							
		女	8	528	397	26							
		计	13	942	457	105	176 293	—	—	—	—	—	6 881
	私	男	—	—	—	—							
		女	—	—	—	—							
		计	—	—	—	—	—	—	—	—	—	—	—
	计	男	5	414	60	79							
		女	8	528	397	26							
		计	13	942	457	105	176 293	—	—	—	—	—	6 881
热河省	公	男	7	349	393	70							
		女	2	57	12	3							
		计	9	406	405	73	35 021	160	13	42	—	—	?
	私	男	—	—	—	5							
		女	1	36	—	3							
		计	1	36	—	8	3 390	—	—	—	—	—	?
	计	男	7	349	393	75							
		女	3	93	12	6							
		计	10	442	405	81	38 411	—	—	—	—	—	?
东省特别区	公	男	—	—	—	—							
		女	—	—	—	—							
		计	—	—	—	—	—	—	—	—	—	—	—
	私	男	—	—	—	—							
		女	—	—	—	—							
		计	—	—	—	—	—	—	—	—	—	—	—
	计	男	—	—	—	—							
		女	—	—	—	—							
		计	—	—	—	—	—	—	—	—	—	—	—

续表

省区市别			学校数	学生数	毕业生数	教职员数	全年经费	职教员月薪			一年学费		学校资产数
								最高	最低	平均	每一人	总计	
新京特别市	公	男	—	—	—	—							
		女	—	—	—	—							
		计	—	—	—	—	—	—	—	—	—	—	—
	私	男	—	—	—	—							
		女	—	—	—	—							
		计	—	—	—	—	—	—	—	—	—	—	—
	计	男	—	—	—	—							
		女	—	—	—	—							
		计	—	—	—	—	—	—	—	—	—	—	—
兴安省	公	男	1	120	—	12							
		女	—	—	—	—							
		计	1	120	—	12	2 400	—	—	—	—	—	?
	私	男	—	—	—	—							
		女	—	—	—	—							
		计	—	—	—	—	—	—	—	—	—	—	—
	计	男	1	120	—	12							
		女	—	—	—	—							
		计	1	120	—	12	2 400	—	—	—	—	—	?
合计	公	男	52	3 549	2 888	440							
		女	38	1 927	2 011	66							
		计	90	5 476	4 899	506	487 619	—	—	—	—	—	441 999
	私	男	—	—	—	5							
		女	2	91	—	5							
		计	2	91	—	10	8 430	—	—	—	—	—	1 015
	计	男	52	3 549	2 888	445							
		女	40	2 018	2 011	71							
		计	92	5 567	4 899	516	496 049	—	—	—	—	—	443 014

备考：东省特别区虽有师范专科学校，因记入专门学校统计表，故兹省略。

（伪满）国务院文教部编纂：《满洲国文教年鉴》，1934年3月。

全国各省区立师范学校校数、学级数及学生数一览表

（1935 年）

省区别	奉天省	安东省	锦州省	热河省	吉林省	间岛省	滨江省	龙江省	三江省	北满特别区	计
学校数	6	2	1	2	3	1	2	2	1	1	21
学级数	36	11	6	9	21	2	6	8	2	6	107
学生数	1 685	391	278	185	744	66	187	177	68	177	3 958

（伪满）国务院文教部编纂：《满洲帝国文教部第二次年鉴》，1935 年 12 月。

省区立师范学校

（1935 年）

省区别	吉林	吉林	吉林	龙江	龙江	三江	滨江	滨江	间岛	安东	安东	奉天	奉天
校名	吉林师范学校	长春师范学校	吉林女子师范学校	齐齐哈尔师范学校	齐齐哈尔女子师范学校	依兰师范学校	阿城师范学校	宁安师范学校	延吉师范学校	凤城师范学校	通化师范学校	奉天师范学校	东丰师范学校
修业年限	高三	高三	高三 初三	高三 初三	高三 初三	高三 初三	高三 初三	高三 初三	初三	高三	高三	初三 高三	初三 高三
学级数	10	5	10	7	8	2	7	6	6	7	4	10	8
教员数	16	11	21	17	18	4	12	13	12	13	9	21	16
学生数	364	154	370	224	308	82	281	162	187	243	144	466	23
校址	吉林东局子	新京二道街	吉林新开门里	本市西郊外	本市女校胡同	县城	县城	县城	延吉市北山	县文庙街	县南坝壕外	奉天市小河沿	东丰县城北门里
校长名	赵恭福	张寿昌	于化鲲	李延盛	王德纯	刘绪宗	金鼎铭	徐鸿泽	杜惟一	张乃曾	马翼北	陈国庆	姜希尚
备考						五月一日师范二学级、初中二学级					教员数内讲师一名		

续表

省区别	奉天	奉天	奉天	奉天	锦州	热河	热河	北满特别区	北满特别区	兴安西省	兴安北省	兴安南省	计
校名	海城师范学校	辽源师范学校	四平街师范学校	奉天女子师范学校	锦州师范学校	承德师范学校	承德女子师范学校	哈尔滨师范学校	哈尔滨师范专科学校专修学校	兴安第一师范学校	蒙旗公立师范学校	兴安学院	25
修业年限	高三	高三 初三	高三	高三 初三	高三	高三	初三	高四	高四	高三 初三	高三 初三	五年中等	
学级数	7	6	4	13	6	6	3		2	31	31		
教员数	15	12	9	26	10	16	10	14		9	12		332
学生数	355	269	179	746	279	132	29	111	66	143	153		5 536
校址	海城县东南玉皇山前	辽源县城西街龙王庙胡同	四平街	奉天市大东门里南顺城街	县城内大人府胡同	承德南营子三条胡同	承德西大街	哈尔滨道里水道街	哈尔滨道里水道街	奉天大南关	齐齐哈尔西大桥	三爷庙	
校长名	杨春逢	李国凤	林利仁	侯德锡	关锡廉	赵怀璧	夏玉清	林鹏	林鹏	喀萨巴塔尔	阿成嘎		
备考	外有助教一人										开校准备中		

（伪满）国务院文教部编纂：《满洲帝国文教部第二次年鉴》，1935年12月。

县立师范学校

（1935年）

省区别	吉林	吉林	龙江	龙江	龙江	龙江	黑河	黑河	滨江	滨江	滨江	滨江	滨江
县别	怀德	怀德	洮南	洮南	开通	突泉	瑷珲	瑷珲	呼兰	绥化	绥化	望奎	巴彦
校名	师范讲习所	女子师范讲习所	洮南师范讲习科	洮南女子师范讲习科	开通师范讲习科	突泉师中学校	瑷珲初级师范学校	瑷珲女子师范学校	呼兰女子师范学校	绥化初级师范学校	绥化女子师范学校	望奎女子师范讲习所	巴彦师范学校
修业年限	初三	初三	初三	初三	初三	初三	初三	初三	初三	初三	初三	初三	初三
学级数	2	1	1	1	1	1	1	1	1	2	3	1	1
教员数	6	4	4	4	4	3	4	3	2	9	8	2	2

续表

省区别	吉林	吉林	龙江	龙江	龙江	龙江	黑河	黑河	滨江	滨江	滨江	滨江	滨江
学生数	62	34	62	50	30	48	28	26	60	107	112	25	40
校址	县城	县城	城内顺城街	城内一纬街	城内县署街	城内	省城	省城	县城府前街	县城教育街	县城圣庙街	县城维新街	县城向阳街
校长名	李祝华	李祝华	贾成章	李玉珍	彭锡寿	张文焕	吴哲生	张淑芝	李敷文	张克慎	萧子衡	秦进箴	孔庆尧
备考													

省区别	滨江	滨江	滨江	滨江	滨江	滨江	间岛	安东	安东	安东	安东	安东	安东
县别	巴彦	海伦	海伦	肇东	木兰	宾县	珲春	安东	安东	庄河	庄河	岫岩	岫岩
校名	巴彦女子师范学校	初中及附设乡村师范科	女子师范讲习科	肇东师范讲习所	木兰初级师范学校	宾县女子师范讲习所	珲春初中附设女子师范学校	安东师范讲习科	安东女子师范讲习科	庄河师范学校	庄河女子师范学校	岫岩师范学校	岫岩女子师范学校
修业年限	初三	初三	初三	初三	初三	初三	初三	初三	初三	初三	初三	高三	高三
学级数	1	4	2	1	1	1	1	1	1	3	2	2	2
教员数	2	14	4	4	2	4	3	4	4	6	4	3	4
学生数	36	146	65	56	52	31	29	28	60	100	40	101	48
校址	县城县署街	县城西南隅	县城天横二道街	县城本字街	县城永平街	县城区东关	首善堡城里	元宝山	天后宫街	县城上街		县城大宁书院旧址	县城西街
校长名	邓振镛	尤崇汤	李致和	吴殿乡	李沛如	冯希异	何廉惠	秦有德	陶德盛	宋良忱	林贵家	关英华	赵书纬
备考		中学部三级、师范部一级								新师师讲、师简各一级	师讲初级、一级	原有新师一级，本年暑假毕业，今年春提前续招一级，以符春季始业之规定	原有新师一级，本年暑假毕业，今年春提前续招一级，以符春季始业之规定

续表

省区别	安东	安东	安东	安东	安东	安东	安东	安东	安东	奉天	奉天	奉天	奉天
县别	凤城	宽甸	桓仁	桓仁	通化	通化	辑安	辑安	临江	抚顺	本溪	辽阳	辽阳
校名	凤城女子师范讲习科	宽甸师范讲习科	桓仁师范讲习科	桓仁女子师范讲习科	通化师范讲习科	通化女子师范讲习科	辑安师范讲习科	辑安女子师范讲习科	临江师范讲习科	千金寨女子师范讲习科	本溪师范讲习科	辽阳师范学校	辽阳女子师范学校
修业年限	初三	初三	初三	初三	初三	初三	初三	初三	初三	初三	初三	高三	高三 初三
学级数	2	1	1	1	1	1	2	1	1	1	3	4	7
教员数	4	3	3	3	2	2	4	2	3	4	7	8	15
学生数	120	32	36	28	37	33	35	21	30	43	125	218	445
校址	县城七圣祠街	县城东门里	县城南关	县城城里	县城东江沿	县城东门里	县城会泉街	县城会泉街	县城临辑门里	千金寨	太子河沿	县城刚家胡同	县城东二道街尉署胡同
校长名	孙晓林	丛树春	李德恒	宋国昌	马清川	杨培武	尹传家	尹传家	孙培昌	周德新	李如翔	孙尔昌	徐维熙
备考													

省区别	奉天	奉天	奉天	奉天	奉天	奉天	奉天	奉天	奉天	奉天	奉天	奉天	奉天
县别	辽中	辽中	海城	营口	营口	盖平	盖平	复县	复县	新民	新民	铁岭	铁岭
校名	辽中师范讲习科	辽中女子师范讲习科	海城师范学校	营口师范学校	营口女子师范学校	盖平师范讲习科	盖平女子师范讲习科	旧城师范讲习科	旧城女子师范讲习科	新民师范讲习科	新民女子师范讲习科	铁岭师范学校	铁岭女子师范学校
修业年限	初三	初三	高三 初三	高三 初三	高三 初三	初三	初三	初三	初三	初三	初三	高三	高三
学级数	2	1	2	6	5	2	1	2	1	3	2	4	3
教员数	4	3	4	13	10	5	3	5	4	8	7	9	6
学生数	115	50	75	297	161	70	47	73	42	162	86	245	120
校址	县城大东门里	县城南门里	县城东南玉皇山前	埠内楞岩寺街	埠内双庙子东街	县城西董家沟	县城东鹿胡同	旧城西街	旧城东南	县城南街	县城大街	县城东关果子园	县城南门里
校长名	马绍援	陈中立	梁希文	曲连魁	王殿甲	李景章	沈襄卿	张辅庭	张辅庭	刘贵德	柳荣春	郑禄	周纯仁
备考													

续表

省区别	奉天	奉天	奉天	奉天	奉天	奉天	奉天	奉天	奉天	奉天	奉天	奉天	奉天
县别	辽源	双山	梨树	昌图	昌图	开原	开原	西丰	西丰	西丰	西安	西安	海龙
校名	县城女子师范讲习科	县城师范讲习科	梨树女子师范讲习科	昌图师范学校	昌图女子师范学校	开原师范学校	开原女子师范学校	西丰师范学校	西丰女子师范学校	女子师范讲习科	西安师范学校	西安女子师范学校	海龙师范讲习科
修业年限	初三	初三	初三	高三	高三 初三	高三	高三	高三	高三	初三	高三	高三	初三
学级数	1	1	1	2	3	3	1	3	1	2	4	1	1
教员数	4	3	3	5	6	10	4	8	3	4	10	3	4
学生数	37	60	35	113	194	151	61	83	22	38	144	24	31
校址	县城富贵街	县城北大街	县城南门里	县城南街	县城东街	县城文庙胡同	县城塔子胡同	县城县署前	县城大什字街	县城大什字街	县城永安东街	县城吉地街	县城东门里
校长名	马春山	于耀漳	贾永兴	徐宗绩	姜延翰	霍云阁	杨树东	朱成德	宋肇殷	宋肇殷	刹德润	管延翰	张延龄
备考													

省区别	奉天	奉天	奉天	奉天	锦州	锦州	锦州	锦州	锦州	锦州	锦州	锦州	锦州	锦州	热河	热河	热河	热河	计
县别	海龙	清源	兴京	兴京	锦县	锦县	阜新	彰武	黑山	台安	绥中	义县	义县	朝阳	建平	围场	滦平	宁城	
校名	海龙女子师范讲习科	清源师范讲习科	新宾堡师范讲习科	新宾堡女子师范讲习科	锦县师范学校	锦县女子师范学校	阜新师范讲习科	彰武师范讲习科	黑山师范讲习科	台安师范讲习科	绥中师范讲习科	东关师范讲习科	大佛寺女子师范讲习科	朝阳师范讲习科	建平乡村师范学校	围场乡村师范学校	滦平乡村师范学校	宁城师范讲习所	83①
修业年限	初三	初三	初三	初三	高三 初三	高三	初三	初三	初三	初三	初三	初三	初三	初三	初三	初三	初三	初三	
学级数		1	1	1	2	2	2	1	1	1	1	3	2	1	1	1	1	1	
教员数	4	2	4	4	8	13	4	2	2	2	2	7	5	10	5	4	3	8	412
学生数	12	31	34	38	137	76	49	37	55	60	62	108	107	20	23	40	33	47	6 183
校址	县城南门里	县城县街	县街	县街	县城察院西胡同	县城县署后	县城东街	县城县署东院	县城内后街	县城南门里	县城城隍庙院内	县城东关路北	县城大佛寺	朝阳监狱公署院	县街	县街	县街	县街	
校长名	时万选	那洪绪	图联芳	王振东	刘炳麟	许庚云	何培基	马书麟	孙尚海	耿锡纯	高凤文	王及时	李德润	王九成	白延桂	王润泽	关陆善	李文敷	
备考																			

（伪满）国务院文教部编纂：《满洲帝国文教部第二次年鉴》，1935 年 12 月。

① 此处计“83”即校数计为“83”，以下同类情况不再做注。

私立师范学校

（1935 年）

省区别	龙江	间岛	锦州	计
县别	拜泉	延吉	朝阳	
校名	育英女子师范讲习所	光明学院师范部	凤仪女子师范讲习科	3
修业年限	初三		初三	
学级数	1	1	2	
教员数	2	5	5	12
学生数	30	20	74	124
校址	育英街	龙井村	县城西门外	
校长名	李咏春	片仓景二	王国华	
备考		中学五年卒业后一年间		

（伪满）国务院文教部编纂：《满洲帝国文教部第二次年鉴》，1935 年 12 月。

师道学校一览表

（1938 年）

	吉林	龙江	三江	牡丹江	滨江	间岛	通化	安东	奉天	锦州	热河	兴安东	计
学校数	1	1	1	1	1	1	1	1	4	1	1	1	15
学级数	4	7	4	5	9	7	3	5	30	8	6	2	90
教师数	23	13	8	12	18	11	5	8	69	21	17	7	212
学生数	184	312	142	249	391	242	165	218	1 364	322	256	56	3 901

（伪满）民生部教育司：《满洲帝国学事要览》，1938 年。

师道学校一览表

（1940 年）

<table>
<tr><th colspan="2">学校名（分科）</th><th>学年别</th><th>学级数</th><th>学生数</th><th>完成学级数</th><th>学生总数</th><th>教职员数</th><th>备考</th></tr>
<tr><td rowspan="2">吉林师道学校</td><td>本　科</td><td>2</td><td>3</td><td>255</td><td>4</td><td rowspan="2">470</td><td rowspan="2">31</td><td rowspan="32"></td></tr>
<tr><td>特修科</td><td>3</td><td>1</td><td>215</td><td>6</td></tr>
<tr><td rowspan="2">齐齐哈尔
师道学校</td><td>本　科</td><td>3</td><td>4</td><td>282</td><td>6</td><td rowspan="2">377</td><td rowspan="2">29</td></tr>
<tr><td>特修科</td><td>1</td><td>1</td><td>95</td><td>4</td></tr>
<tr><td rowspan="2">北安师道学校</td><td>本　科</td><td>1</td><td>1</td><td>50</td><td>2</td><td rowspan="2">194</td><td rowspan="2">20</td></tr>
<tr><td>特修科</td><td>3</td><td></td><td>144</td><td>6</td></tr>
<tr><td rowspan="2">佳木斯
师道学校</td><td>本　科</td><td>1</td><td>1</td><td>54</td><td>2</td><td rowspan="2">285</td><td rowspan="2">19</td></tr>
<tr><td>特修科</td><td>3</td><td>2</td><td>231</td><td>6</td></tr>
<tr><td rowspan="2">牡丹江
师道学校</td><td>本　科</td><td>1</td><td>1</td><td>67</td><td>2</td><td rowspan="2">236</td><td rowspan="2">18</td></tr>
<tr><td>特修科</td><td>2</td><td>1</td><td>169</td><td>4</td></tr>
<tr><td rowspan="2">哈尔滨
师道学校</td><td>本　科</td><td>3</td><td>3</td><td>260</td><td>6</td><td rowspan="2">554</td><td rowspan="2">39</td></tr>
<tr><td>特修科</td><td>4</td><td>3</td><td>294</td><td>8</td></tr>
<tr><td rowspan="2">延吉
师道学校</td><td>本　科</td><td>1</td><td>1</td><td>84</td><td>2</td><td rowspan="2">293</td><td rowspan="2">10</td></tr>
<tr><td>特修科</td><td>2</td><td>2</td><td>209</td><td>4</td></tr>
<tr><td rowspan="2">通化
师道学校</td><td>本　科</td><td>1</td><td>1</td><td>80</td><td>2</td><td rowspan="2">247</td><td rowspan="2">19</td></tr>
<tr><td>特修科</td><td>2</td><td>2</td><td>167</td><td>4</td></tr>
<tr><td rowspan="2">凤城
师道学校</td><td>本科</td><td>1</td><td>2</td><td>113</td><td>2</td><td rowspan="2">314</td><td rowspan="2">24</td></tr>
<tr><td>特修科</td><td>3</td><td>1</td><td>201</td><td>6</td></tr>
<tr><td rowspan="2">奉天
师道学校</td><td>本　科</td><td>4</td><td>4</td><td>392</td><td>8</td><td rowspan="2">567</td><td rowspan="2">41</td></tr>
<tr><td>特修科</td><td>2</td><td>2</td><td>165</td><td>8</td></tr>
<tr><td rowspan="2">海城
师道学校</td><td>本　科</td><td>4</td><td>4</td><td>335</td><td>8</td><td rowspan="2">530</td><td rowspan="2">37</td></tr>
<tr><td>特修科</td><td>2</td><td>2</td><td>195</td><td>10</td></tr>
<tr><td rowspan="2">四平街
师道学校</td><td>本　科</td><td>3</td><td>3</td><td>276</td><td>4</td><td rowspan="2">437</td><td rowspan="2">25</td></tr>
<tr><td>特修科</td><td>2</td><td>1</td><td>161</td><td>4</td></tr>
<tr><td rowspan="2">东丰
师道学校</td><td>本　科</td><td>3</td><td>3</td><td>276</td><td>4</td><td rowspan="2">420</td><td rowspan="2">23</td></tr>
<tr><td>特修科</td><td>2</td><td>1</td><td>144</td><td>4</td></tr>
<tr><td rowspan="2">锦州
师道学校</td><td>本　科</td><td>2</td><td>4</td><td>208</td><td>4</td><td rowspan="2">442</td><td rowspan="2">36</td></tr>
<tr><td>特修科</td><td>3</td><td>2</td><td>235</td><td>6</td></tr>
<tr><td rowspan="2">承德
师道学校</td><td>本　科</td><td>1</td><td>2</td><td>102</td><td>2</td><td rowspan="2">504</td><td rowspan="2">30</td></tr>
<tr><td>特修科</td><td>5</td><td>4</td><td>240</td><td>10</td></tr>
<tr><td rowspan="2">扎兰屯
师道学校</td><td>本　科</td><td>1</td><td>1</td><td>73</td><td>2</td><td rowspan="2">206</td><td rowspan="2">16</td></tr>
<tr><td>特修科</td><td>1</td><td>2</td><td>133</td><td>2</td></tr>
<tr><td rowspan="2">计</td><td>本　科</td><td>30</td><td>37</td><td>2 907</td><td>64</td><td rowspan="2">6 067</td><td rowspan="2">426</td><td rowspan="2"></td></tr>
<tr><td>特修科</td><td>40</td><td>28</td><td>3 160</td><td>90</td></tr>
<tr><td colspan="9">由康德八年度起增设新京师道学校、王爷庙师道学校</td></tr>
</table>

（伪满）民生部教育司：《满洲帝国学事要览》，1941 年。

师道学校一览表

（1943 年）

所管省（特别市）别			新京特别市	吉林省	龙江省	北安省	东满总省	东满总省	东满总省	滨江省	滨江省	通化省	安东省
学校名			新京师道学校	吉林师道学校	齐齐哈尔师道学校	北安师道学校	佳木斯师道学校	牡丹江师道学校	间岛师道学校	哈尔滨师道学校	肇东师道学校	通化师道学校	安东师道学校
本科	第一部	一年	1	2	2	2	1	1	1	1	1	1	1
		二年											
		三年											
		四年											
	第二部		1	1	1	1			1	2		1	1
特务科训练部	一年		1	4	4	3	3	2	2	5	1	2	3
	二年		1	4	3	3	3	4	3	6		3	3
				3	3	1	1	1	1	4		1	3
计			4	14	13	10	8	8	8	18	2	8	11
学生数			204	528	519	439	315	433	365	798	107	320	425
教师数			7	23	18	18	13	15	15	31	3	11	17

所管省（特别市）别			奉天省	奉天省	奉天省	奉天省	四平省	四平省	锦州省	热河省	兴安总省	兴安总省	计
学校名			奉天师道学校	铁岭师道学校	海城师道学校	瓦房店师道学校	四平师道学校	东兴师道学校	锦州师道学校	承德师道学校	王爷庙师道学校	扎兰屯师道学校	二十一校
本科	第一部	一年	2	1	1	1	1	1	2	1		1	25
		二年											
		三年											
		四年											
	第二部		2	1	1	1	1	1	2	1		1	20
特务科训练部	一年		5	2	5	1	4	3	5	6	2	2	63
	二年		5	2	5	2	4	4	4	6	2	2	69
			5		3		2	2	4	4	1	1	40
计			19	6	15	5	12	11	17	18	5	7	217
学生数			701	228	597	211	516	426	710	617	181	153	8 682
教师数			33	11	27	10	24	22	28	26	12	10	374

（伪满）国务院文教部：《满洲帝国学事要览》，1943 年。

（三）中等职业教育统计

全国职业学校统计表

（1933 年）

省区市别 \ 事项			学校数	学生数	毕业生数	教职员数	全年经费	职教员月薪			一年学费		学校资产数
								最高	最低	平均	每一人	总计	
奉天省	公	男	13	822	887	78							
		女	7	265	410	13							
		计	20	1 087	1 297	91	162 191	—	—	—	—	1 840	97 967
	私	男	—	—	—	—							
		女	—	—	—	—							
		计	—	—	—	—	—	—	—	—	—	—	—
	计	男	13	822	887	78							
		女	7	265	410	13							
		计	20	1 087	1 297	91	162 191	—	—	—	—	1 840	97 967
吉林省	公	男	1	67	?	9							
		女	—	—	?	—							
		计	1	67	?	9	17 920	—	—	—	—	?	?
	私	男	—	—	—	—							
		女	—	—	—	—							
		计	—	—	—	—	—	—	—	—	—	—	—
	计	男	1	67	?	9							
		女	—	—	?	—							
		计	1	67	?	9	17 920	—	—	—	—	?	?

续表

省区市别			学校数	学生数	毕业生数	教职员数	全年经费	职教员月薪			一年学费		学校资产数
								最高	最低	平均	每一人	总计	
黑龙江省	公	男	2	206	15	25							
		女	—	—	—	—							
		计	2	206	15	25	48 463	—	—	—	—	?	?
	私	男	—	—	—	—							
		女	—	—	—	—							
		计	—	—	—	—	—	—	—	—	—	—	—
	计	男	2	206	15	25							
		女	—	—	—	—							
		计	2	206	15	25	48 463	—	—	—	—	?	?
热河省	公	男	—	—	—	—							
		女	—	—	—	—							
		计	—	—	—	—	—	—	—	—	—	—	—
	私	男	—	—	—	—							
		女	—	—	—	—							
		计	—	—	—	—	—	—	—	—	—	—	—
	计	男	—	—	—	—							
		女	—	—	—	—							
		计	—	—	—	—	—	—	—	—	—	—	—
东省特别区	公	男	2	563	?	60							
		女	—	—	—	—							
		计	2	563	?	60	—	—	—	—	—	?	?
	私	男	—	—	—	—							
		女	—	—	—	—							
		计	—	—	—	—	—	—	—	—	—	—	—
	计	男	2	563	?	60							
		女	—	—	—	—							
		计	2	563	?	60	—	—	—	—	—	—	—

续表

省区市别			学校数	学生数	毕业生数	教职员数	全年经费	职教员月薪			一年学费		学校资产数
								最高	最低	平均	每一人	总计	
新京特别市	公	男	—	—	—	—							
		女	—	—	—	—							
		计	—	—	—	—	—	—	—	—	—	—	—
	私	男	4	11	28	3							
		女	—	33	144	6							
		计	4	44	172	9	3 510	50	20	35	15	660	7 200
	计	男	4	11	28	3							
		女	—	33	144	6							
		计	4	44	172	9	3 510	—	—	—	—	660	7 200
兴安省	公	男	1	100	?	12							
		女	—	—	?	—							
		计	1	100	?	12	2 400	—	—	—	—	?	?
	私	男	—	—	—	—							
		女	—	—	—	—							
		计	—	—	—	—	—	—	—	—	—	—	—
	计	男	1	100	?	12							
		女	—	—	?	—							
		计	1	100	?	12	2 400	—	—	—	—	?	?
合计	公	男	19	1 758	902	184							
		女	7	265	410	13							
		计	26	2 023	1 312	197	230 974	—	—	—	—	1 840	97 967
	私	男	4	11	28	3							
		女	—	33	144	6							
		计	4	44	172	9	3 510	—	—	—	—	660	7 200
	计	男	23	1 769	930	187							
		女	7	298	554	19							
		计	30	2 067	1 484	206	234 484	—	—	—	—	2 500	105 167

（伪满）国务院文教部编纂：《满洲国文教年鉴》，1934 年 3 月。

省区立实业学校

（1935 年）

省区别	吉林	龙江	龙江	间岛	安东	奉天	奉天	奉天	奉天	奉天	奉天	北满特别区	北满特别区	北满特别区	计
校名	吉林工科两级中学校	齐齐哈尔工业学校	齐齐哈尔农业学校	延吉工科中学校	安东林科高级中学校	奉天第一工科高级中学校	奉天第二工科高级中学校	奉天商科高级中学校	奉天农科高级中学校	营口水产高级中学校	奉天女子职业学校	哈尔滨工业学校	哈尔滨工业学校附设职业学校	哈尔滨第一两级中学校附设职业学校	14
修业年限	高三初三	初四	初四	初三	高职三	高初职三	高初职三	高职三	高职三	高职三	初三	高三	初三	初三	
学级数	11	4	4	2	6	14	13	11	9	5	10	3	1	1	94
教员数	17	10	11	4	12	27	27	22	19	12	19	9			189
学生数	259	140	109	19	204	481	427	414	274	188	400	88	57	36	3 096
校址	吉林德胜门外	本市西郊外	本市西郊外	延吉县北山	元宝山前	奉天市大西关旧省议会左侧	奉天市大关小河沿北上坎	奉天市大南关下头	奉天市北陵御花园前	营口双庙子	奉天市大南关大什字街	哈尔滨南岗	哈尔滨南岗	哈尔滨南岗道里水道街	
校长名	周翔举	宋炳麟	张炳权	吴云鹏	秦有德	孙永芳	吴廷芝	傅振玉	高鸿威	赵诚恕	韩振藩	王致勋	王致勋	宋庆堂	
备考					高中三级、职业三级				外有助教二人						

（伪满）国务院文教部编纂：《满洲帝国文教部第二次年鉴》，1935 年 12 月。

县立实业学校

（1935 年）

省区别	龙江	龙江	安东	安东	安东	安东	安东	安东	奉天	奉天	奉天	奉天	奉天	奉天	奉天	奉天	计
县别	安广	洮南	安东	安东	庄河	凤城	宽甸	桓仁	抚顺	本溪	海城	营口	盖平	康平	昌图	开原	
校名	安广农科职业学校	洮南女子职业学校	东边商科高级中学校	东边商科附设职业学校	县校	凤城职业初级中学校	宽甸职业初级中学校	桓仁职业初级中学校	抚西女子职业学校	本溪女子职业学校	海城农科职业学校	营口商科高级中学校	盖平职业初级中学校	康平农科职业学校	昌图农科初级中学校	开原职业学校	16
修业年限	初三	初三	高三	初三	初三	初三	初三	初三	初三	初三	初三	高三 初三	初三	初三	初三	初三	
学级数	1	3	3	3	3	3	2	2	1	1	1	6	4	1	2	3	39
教员数	4	6	7	5	4	6	5	6	3	3	2	14	9	2	5	11	92
学生数	43	126	95	121	87	79	36	60	32	40	45	329	134	56	163	114	1 560
校址	县城西北隅	县城五纬路	安东市自新街	安东市自新街	县城南头	县城兴凤街	县城东街路北	县城东关	县城	县城北大堡	县城玉皇山前	埠内三义庙街	县城南关	县城东南隅	县城西北隅	县城文庙胡同	
校长名	彭守纪	兑金堂	王楫澄	王楫澄	孙俊清	左秀海	吴凤宸	吕庆临	庄光中	杨遇泰	梁希文	杨文林	叶建中	李宜春	卢云峰	霍云阁	
备考					农科一级、农科速成一级												

（伪满）国务院文教部编纂：《满洲帝国文教部第二次年鉴》，1935 年 12 月。

私立实业学校调查表

（1935 年）

省区别	吉林	奉天	北满特别区	北满特别区	北满特别区	北满特别区	计
县别	吉林市	奉天市	哈尔滨市	哈尔滨市	哈尔滨市	哈尔滨市	
校名	助产学校	医科专门学校	阿克沙阔夫私立实业中学校	俄侨私立第一商业学校	光华实业中学校	第一实业中学校	6
修业年限	高三	高三	初三	初三	初三	初三	
学级数	5	6	10	6	6	10	43
教员数	2	30	男 17 女 14	男 23 女 7	男 13 女 6	男 18 女 7	137
学生数	74	110	男 51	男 141 女 87	男 45 女 26	男 128 女 34	696
校址	三道码头	大东关小河沿	南岗吉林街	道里商务街	道里田地街	南岗海关街	
校长名	孙鸿钧	申克林	阿克沙阔夫司卡牙	木哈切夫	十车尔巴阔夫	别俩也夫	
备考							

（伪满）国务院文教部编纂：《满洲帝国文教部第二次年鉴》，1935 年 12 月。

职业学校一览表

（1938 年）

	吉林	龙江	黑河	滨江	间岛	通化	安东	奉天	锦州	热河	兴安西	兴安南	兴安东	计
学校数	4	5	2	13	1	8	6	23	10	2	1	2	2	79
学级数	9	11	5	40	5	21	15	47	32	4	1	5	3	198
教师数	28	29	11	99	8	40	46	112	76	10	4	15	3	481
学生数	516	492	157	1 521	256	799	741	1 950	1 288	174	20	199	36	8 149

（伪满）民生部教育司：《满洲帝国学事要览》，1938 年。

职业学校一览表

（1939 年）

	新京特市	吉林	龙江	北安	黑河	三江	滨江	间岛	通化	安东	奉天	锦州	热河	兴安西	兴安南	兴安东	计
学校数	1	9	3	1	1	1	4	2	5	1	14	5	3	1	1	2	54
学级数	7	18	7	2	2	1	8	9	10	2	55	10	5	2	2	4	144
教师数	13	50	21	6	8	2	25	18	38	12	130	40	15	4	9	7	398
学生数	460	966	349	92	72	35	380	455	462	107	2 302	459	136	41	99	100	6 515

（伪满）民生部教育司：《满洲帝国学事要览》，1940 年。

女子职业学校一览表

（1939 年）

	吉林	龙江	北安	黑河	滨江	间岛	安东	奉天	锦州	兴安南	计
学校数	2	2	1	1	6	1	2	14	4	2	35
学级数	3	5	2	2	14	2	4	39	8	5	84
教师数	14	17	9	7	38	5	18	100	23	16	247
学生数	129	236	76	49	497	79	175	1 433	354	196	3 224

（伪满）民生部教育司：《满洲帝国学事要览》，1940 年。

职业教育统计

（1940 年）

省别	公私别	男子职业学校									
		农业科					工业科				
		学校数	学级数	教职员数	学生数	经费	学校数	学级数	教职员数	学生数	经费
新京特别市	公立	—									
	私立	—									

续表

省别	公私别	男子职业学校									
		农业科					工业科				
		学校数	学级数	教职员数	学生数	经费	学校数	学级数	教职员数	学生数	经费
吉林省	公立	7	12	48	667	12 049					
	私立	—									
龙江省	公立	5	7	21	401	50 000					
	私立	—									
北安省	公立	1	2	4	97	25 984					
	私立	—									
黑河省	公立	—									
	私立	—									
三江省	公立	2	3	10	137	35 199					
	私立	—									
东安省	公立	1	1	9	54	142 688					
	私立	—									
牡丹江省	公立	1	1	8	50	16 000					
	私立										
滨江省	公立	4	12	27	274	67 918					
	私立										
间岛省	公立						1	6	11	256	53 905
	私立	1	6	8	333	29 167					
通化省	公立	3	6	25	308	45 770	1	2	7	94	9 888
	私立										
安东省	公立										
	私立										
奉天省	公立	4	8	30	365	48 573	1	9	21	256	80 107
	私立						1	4	8	180	7 800
锦州省	公立	4	8	32	387	50 883					
	私立										
热河省	公立	2	3	15	112	58 631	1	2	8	80	21 745
	私立	—	—	—	—	—	—	—	1	—	—

续表

省别	公私别	男子职业学校									
		农业科					工业科				
		学校数	学级数	教职员数	学生数	经费	学校数	学级数	教职员数	学生数	经费
兴安西省	公立	1	3	3	61	16 536	—	—	—	—	—
	私立	—	—	—	—	—	—	—	—	1	—
兴安南省	公立	3	5	24	240	70 598	—	—	—	—	—
	私立	—	—	—	—	—	—	—	—	—	—
兴安东省	公立	2	4	20	89	40 532	—	—	—	—	—
	私立	—	—	—	—	—	—	—	—	—	—
兴安北省	公立	—	—	—	—	—	—	—	—	—	—
	私立	—	—	—	—	—	—	—	—	—	—
合计	公立	40	75	276	3 242	789 808	4	19	47	686	165 645
	私立	1	6	8	333	29 167	1	4	8	180	7 900
	计	41	81	284	3 575	818 975	5	23	55	866	173 545

省别	公私别	男子职业学校									
		商业科					计				
		学校数	学级数	教职员数	学生数	经费	学校数	学级数	教职员数	学生数	经费
新京特别市	公立										
	私立										
吉林省	公立	2	7	36	897	32 000	9	19	84	1 564	152 496
	私立							—	—	—	—
龙江省	公立						5	7	21	401	50 000
	私立							—	—	—	—
北安省	公立						1	2	4	97	25 984
	私立							—	—	—	—
黑河省	公立							—	—	—	—
	私立							—	—	—	—
三江省	公立						2	3	10	173	35 199
	私立						—	—	—	—	—

续表

省别	公私别	男子职业学校									
		商业科					计				
		学校数	学级数	教职员数	学生数	经费	学校数	学级数	教职员数	学生数	经费
东安省	公立						1	1	9	54	142 688
	私立						—	—	—	—	—
牡丹江省	公立						1	1	8	50	16 000
	私立						—				
滨江省	公立						4	12	27	274	67 918
	私立	2	6	38	632	32 260	2	6	38	632	32 260
间岛省	公立						1	6	2	256	53 905
	私立						1	6	8	333	29 167
通化省	公立						4	8	32	402	55 658
	私立						—				
安东省	公立						—				
	私立						—				
奉天省	公立	4	12	24		58 262	9	29	75	1 006	186 943
	私立	1	6	11		17 100	2	10	19	497	25 000
锦州省	公立						4	8	33	387	50 883
	私立						—				
热河省	公立	—	—	—	—	—	3	5	23	192	80 376
	私立	—	—	—	—	—	—	—	—	—	—
兴安西省	公立	—	—	—	—	—	1	3	3	61	16 536
	私立	—	—	—	—	—	—	—	—	—	—
兴安南省	公立	—	—	—	—	—	3	5	24	240	70 598
	私立	—	—	—	—	—	—	—	—	—	—
兴安东省	公立	—	—	—	—	—	2	4	20	89	40 532
	私立	—	—	—	—	—	—	—	—	—	—
兴安北省	公立	—	—	—	—	—	—	—	—	—	—
	私立	—	—	—	—	—	—	—	—	—	—
合计	公立	6	19	60	1 343	90 262	50	113	383	5 270	1 045 715
	私立	3	12	49	949	49 360	5	22	65	1 462	86 427
	计	9	31	109	3 291	129 622	55	135	448	6 732	1 132 142

省别	公私别	女子职业学校									
		学校数	学级数	教职员数	学生数	经费	学校数	学级数	教职员数	学生数	经费
新京特别市	公立										
	私立										
吉林省	公立	—	—	—			9	19	84	1 564	152 496
	私立	1	2	8	100	10 327	1		8	100	10 327
龙江省	公立	—	—	—	—		5	7	21	401	50 000
	私立	1	2	8	112	12 000	1	2	8	112	12 000
北安省	公立	1	2	6	95		2	4	10	129	102 080
	私立	—	—	—	—		—				
黑河省	公立	1	2	8	43		1	2	8	43	18 038
	私立	—	—	—	—		—				
三江省	公立	1	1	5	40		5	4	15	177	47 443
	私立	—	—	—	—		—				
东安省	公立	—	—	—	—		1	1	9	54	142 688
	私立	—	—	—	—		—				
牡丹江省	公立	—	—	—	—	—	1	1	8	50	16 000
	私立										
滨江省	公立	4	7	26	292	45 973	8	19	53	566	12 891
	私立	—	—	—	—	—	2	6	38	632	32 260
间岛省	公立	—	—	—	—	—	1	6	2	256	53 909
	私立	—	—	—	—	—	1	6	8	333	29 167
通化省	公立	—	—	—	—	—	4	8	32	402	55 658
	私立										
安东省	公立										
	私立										
奉天省	公立	8	16	51	694	87 108	17	45	126	1 760	274 050
	私立	1	2	17	62	7 997	3	12	36	559	32 997
锦州省	公立	3	5	21	218	27 344	7	13	53	605	78 227
	私立	1	2	6	92	2 510	1	2	6	92	3 510

续表

省别	公私别	女子职业学校									
		学校数	学级数	教职员数	学生数	经费	学校数	学级数	教职员数	学生数	经费
热河省	公立	—	—	—	—	—	3	5	23	192	80 376
	私立	—	—	—	—	—	—	—	—	—	—
兴安西省	公立	—	—	—	—	—	1	3	3	61	16 536
	私立	—	—	—	—	—	—	—	—	—	—
兴安南省	公立	2	5	19	240	58 452	5	10	4	480	129 050
	私立	—	—	—	—	—	—	—	—	—	—
兴安东省	公立	—	—	—	—	—	2	4	20	89	40 532
	私立	—	—	—	—	—	—	—	—	—	—
兴安北省	公立	—	—	—	—	—	—	—	—	—	—
	私立	—	—	—	—	—	—	—	—	—	—
合计	公立	20	38	136	1 622	323 254	70	151	519	6 892	1 368 969
	私立	4	8	39	366	33 834	9	30	104	1 828	120 261
	计	24	46	175	1 988	257 088	79	181	623	8 720	1 489 230

（伪满）民生部教育司：《满洲帝国学事要览》，1941 年。

职业教育一览表（一）

（1942 年）

省别	公私别	农业科					工业科				
		学校数	学级数	教职员数	学生数	经费	学校数	学级数	教职员数	学生数	经费
新京特别市	公立	—	—	—	—	—	—	—	—	—	—
	私立	—	—	—	—	—	1	7	14	475	17 860
吉林省	公立	6	14	14	652	192 429	—	—	—	—	—
	私立	1	2	6	52	7 000	—	—	—	—	—
龙江省	公立	1	2	6	120	15 858	—	—	—	—	—
	私立	—	—	—	—	—	—	—	—	—	—

续表

省别	公私别	农业科					工业科				
		学校数	学级数	教职员数	学生数	经费	学校数	学级数	教职员数	学生数	经费
北安省	公立	—	—	—	—	—	—	—	—	—	—
	私立	—	—	—	—	—	—	—	—	—	—
黑河省	公立	—	—	—	—	—	—	—	—	—	—
	私立	—	—	—	—	—	—	—	—	—	—
三江省	公立	2	6	20	238	79 997	—	—	—	—	—
	私立	—	—	—	—	—	—	—	—	—	—
东安省	公立	1	3	16	159	28 022	—	—	—	—	—
	私立	—	—	—	—	—	—	—	—	—	—
牡丹江省	公立	1	2	6	115	15 802	—	—	—	—	—
	私立	—	—	—	—	—	—	—	—	—	—

省别	公私别	商业科					计				
		学校数	学级数	教职员数	学生数	经费	学校数	学级数	教职员数	学生数	经费
新京特别市	公立										
	私立	2	15	40	810	67 486	3	22	54	1 305	85 346
吉林省	公立	2	9	22	502	54 157	8	23	66	1 154	246 586
	私立	3	12	29	773	83 276	4	14	35	825	90 278
龙江省	公立	—	—	—	—	—	1	2	6	120	15 858
	私立	—	—	—	—	—	—	—	—	—	—
北安省	公立	—	—	—	—	—	—	—	—	—	—
	私立	—	—	—	—	—	—	—	—	—	—
黑河省	公立	—	—	—	—	—	—	—	—	—	—
	私立	—	—	—	—	—	—	—	—	—	—
三江省	公立	—	—	—	—	—	2	6	20	238	79 997
	私立	—	—	—	—	—	—	—	—	—	—
东安省	公立	—	—	—	—	—	1	3	16	159	28 022
	私立	—	—	—	—	—	—	—	—	—	—
牡丹江省	公立	—	—	—	—	—	1	2	6	115	15 802
	私立	—	—	—	—	—	—	—	—	—	—

省别	公私别	女子职业					合计				
		学校数	学级数	教职员数	学生数	经费	学校数	学级数	教职员数	学生数	经费
新京特别市	公立										
	私立	1	3	22	94	114 524	4	25	76	1 899	199 870
吉林省	公立	—	—	—	—	—	8	23	66	1 154	246 586
	私立	1	2	7	101	11 496	5	16	42	976	101 774
龙江省	公立	—	—	—	—	—	1	2	6	120	15 858
	私立	—	—	—	—	—	—	—	—	—	—
北安省	公立	—	—	—	—	—	—	—	—	—	—
	私立	—	—	—	—	—	—	—	—	—	—
黑河省	公立	—	—	—	—	—	—	—	—	—	—
	私立	—	—	—	—	—	—	—	—	—	—
三江省	公立	1	2	7	86	123 401	3	8	27	324	203 398
	私立	—	—	—	—	—	—	—	—	—	—
东安省	公立	—	—	—	—	—	1	3	16	159	28 022
	私立	—	—	—	—	—	—	—	—	—	—
牡丹江省	公立	—	—	—	—	—	1	2	6	115	15 802
	私立	—	—	—	—	—	—	—	—	—	—

（伪满）文教部：《满洲帝国学事要览》，1943 年。

职业教育一览表（二）

（1942 年）

省别	公私别	农业科					工业科				
		学校数	学级数	教职员数	学生数	经费	学校数	学级数	教职员数	学生数	经费
滨江省	公立	2	5	14	304	30 725	—	—	—	—	—
	私立	—	—	—	—	—	—	—	—	—	—
间岛省	公立	—	—	—	—	—	1	12	25	537	70 722
	私立	1	6	11	350	47 435	—	—	—	—	—

续表

省别	公私别	农业科					工业科				
		学校数	学级数	教职员数	学生数	经费	学校数	学级数	教职员数	学生数	经费
通化省	公立	3	5	10	243	38 480	—	—	—	—	—
	私立	—	—	—	—	—	—	—	—	—	—
安东省	公立	—	—	—	—	—	—	—	—	—	—
	私立	—	—	—	—	—	—	—	—	—	—
四平省	公立	2	4	14	216	38 779	—	—	—	—	—
	私立	—	—	—	—	—	—	—	—	—	—
奉天省	公立	—	—	—	—	—	1	9	21	319	73 795
	私立	—	—	—	—	—	1	3	10	180	15 180
锦州省	公立	4	8	27	397	46 878	—	—	—	—	—
	私立	—	—	—	—	—	—	—	—	—	—
热河省	公立	—	—	—	—	—	—	—	—	—	—
	私立	—	—	—	—	—	—	—	—	—	—

省别	公私别	商业科					计				
		学校数	学级数	教职员数	学生数	经费	学校数	学级数	教职员数	学生数	经费
滨江省	公立	1	4	10	285	22 538	3	11	24	589	53 269
	私立	1	7	25	518	43 452	1	7	25	518	43 152
间岛省	公立	—	—	—	—	—	1	12	25	537	70 722
	私立	—	—	—	—	—	1	6	11	350	47 425
通化省	公立	—	—	—	—	—	2	5	10	243	38 480
	私立	—	—	—	—	—	—	—	—	—	—
安东省	公立	—	—	—	—	—	—	—	—	—	—
	私立	—	—	—	—	—	—	—	—	—	—
四平省	公立	—	—	—	—	—	2	4	14	26	38 779
	私立	—	—	—	—	—	—	—	—	—	—

续表

省别	公私别	商业科					计				
		学校数	学级数	教职员数	学生数	经费	学校数	学级数	教职员数	学生数	经费
奉天省	公立	4	12	35	598	69 139	5	21	56	917	142 934
	私立	1	11	18	704	56 337	2	14	28	884	69 517
锦州省	公立	—	—	—	—	—	4	8	27	397	46 378
	私立	—	—	—	—	—	—	—	—	—	—
热河省	公立	—	—	—	—	—	—	—	—	—	—
	私立	—	—	—	—	—	—	—	—	—	—

省别	公私别	女子职业					合计				
		学校数	学级数	教职员数	学生数	经费	学校数	学级数	教职员数	学生数	经费
滨江省	公立	3	6	17	260	29 952	6	17	41	849	83 215
	私立	—	—	—	—	—	1	7	25	518	43 452
间岛省	公立	—	—	—	—	—	1	12	25	537	70 722
	私立	—	—	—	—	—	1	6	11	350	47 425
通化省	公立	—	—	—	—	—	2	5	10	243	38 480
	私立	—	—	—	—	—	—	—	—	—	—
安东省	公立	—	—	—	—	—	—	—	—	—	—
	私立	—	—	—	—	—	—	—	—	—	—
四平省	公立	2	4	20	182	18 590	4	8	34	398	54 369
	私立	—	—	—	—	—	—	—	—	—	—
奉天省	公立	3	6	23	307	52 170	8	27	79	1 218	195 054
	私立	1	3	15	101	27 742	3	17	43	985	92 289
锦州省	公立	1	2	6	99	10 339	4	10	33	496	57 217
	私立	1	2	5	100	5 500	1	2	5	100	5 500
热河省	公立	—	—	—	—	—	—	—	—	—	—
	私立	—	—	—	—	—	—	—	—	—	—

（伪满）国务院文教部：《满洲帝国学事要览》，1943 年。

职业教育一览表（三）

（1942 年）

省别	公私别	农业科					工业科				
		学校数	学级数	教职员数	学生数	经费	学校数	学级数	教职员数	学生数	经费
兴安西省	公立	1	3	9	55	14 892	—	—	—	—	—
	私立	—	—	—	—	—	—	—	—	—	—
兴安南省	公立	1	3	7	129	25 433	—	—	—	—	—
	私立	1	3	9	132	105 740	—	—	—	—	—
兴安东省	公立	2	3	14	128	49 736	—	—	—	—	—
	私立	—	—	—	—	—	—	—	—	—	—
兴安北省	公立	—	—	—	—	—	—	—	—	—	—
	私立	—	—	—	—	—	—	—	—	—	—
计	公立	25	58	187	2 756	576 631	2	21	46	856	44 519
	私立	3	11	26	534	160 165	2	10	24	675	33 040
合计		28	69	213	3 290	736 796	4	31	70	1 531	177 557

省别	公私别	商业科					计				
		学校数	学级数	教职员数	学生数	经费	学校数	学级数	教职员数	学生数	经费
兴安西省	公立	—	—	—	—	—	1	3	9	55	14 492
	私立	—	—	—	—	—	—	—	—	—	—
兴安南省	公立	—	—	—	—	—	1	3	7	129	25 433
	私立	—	—	—	—	—	1	3	9	132	105 740
兴安东省	公立	—	—	—	—	—	2	3	14	128	49 736
	私立	—	—	—	—	—	—	—	—	—	—
兴安北省	公立	—	—	—	—	—	—	—	—	—	—
	私立	—	—	—	—	—	—	—	—	—	—
计	公立	7	27	67	1 385	145 834	34	106	300	4 997	266 982
	私立	7	45	112	2 805	248 553	12	66	162	4 014	441 756
合计		14	72	179	4 190	394 387	46	172	462	9 011	1 380 740

省别	公私别	女子职业					合计				
		学校数	学级数	教职员数	学生数	经费	学校数	学级数	教职员数	学生数	经费
兴安西省	公立	—	—	—	—	—	1	3	9	55	14 492
	私立	—	—	—	—	—	—	—	—	—	—
兴安南省	公立	—	—	—	—	—	1	3	7	179	25 433
	私立	—	—	—	—	—	1	3	9	132	105 740
兴安东省	公立	—	—	—	—	—	2	3	14	128	49 736
	私立	—	—	—	—	—	—	—	—	—	—
兴安北省	公立	—	—	—	—	—	—	—	—	—	—
	私立	—	—	—	—	—	—	—	—	—	—
计	公立	10	20	73	928	234 402	44	126	375	5 925	1 101 384
	私立	4	10	49	396	154 292	16	76	211	4 410	596 050
合计		14	30	122	1 324	388 694	60	202	584	10 335	1 699 434

（伪满）国务院文教部：《满洲帝国学事要览》，1943 年。

三、高等教育统计

国立专门学校

（1935 年）

学校名	所在地	设立者	学校长	入学资格	修业年限	学生数	教职员数	授业料	康德二年度预算额	许可认定月日	备考
高等师范学校	吉林市外八百垄	文教部	马冠标	高级中学卒业	四年	233	42		159 865	康德元年九月二十日	
高等农业学校	奉天省沈阳县塔湾	文教部		高级中学卒业	三年					康德元年九月二十日	
哈尔滨法学院	哈尔滨南冈松花江街	北满特别区	李斐清	俄中及高中卒业	四年	俄 142，满 138	17	俄 30.00，满 48.00	17 000		
俄文师范专修科学校	哈尔滨南冈龙江街	北满特别区	扎木才夫	俄侨中学卒业	四年	80	16	30.00	17 966		
吉林国立医院附属医学校	吉林市	民政部	宫城贞雄	高级中学卒业	四年	93	20	30.00	26 306		
司法部法学校	新京南岭	司法部	古田正武	一部甲高中卒业，一部乙专门卒业，二部现职判签事	甲三年，乙二年，二部六个月	413	23		73 076	康德元年一月十六日	
奉天兽医养成所	奉天市	实业部	辻信次	高级中学卒业，日本农学校卒业	前期二年，后期一年	52	23		26 937	大同二年一月十六日	
农林技术员养成所	公主岭	实业部	松岛鉴	高中卒业程度	一年	27			29 102	康德二年十一月	

（伪满）国务院文教部编纂：《满洲帝国文教部第二次年鉴》，1935 年 12 月。

私立专门学校

（1935 年）

学校名	所在地	设立者	学校长	入学资格	修业年限	学生数	教职员数	授业料	康德二年度预算额	许可认定月日
奉天医科专门学校	奉天省沈阳县小河沿	英国基督教会	安乐克	预科初中卒业，正科预科及高中卒业	医院实习一年，本科四年，预科二年	预科 22，本科 68	29	62.00	90 228	大同元年七月十三日认定
圣乌拉基米尔专门学校	哈尔滨道里水道街	米列其	米列其	俄侨中学卒业	四年	97	18	一二年 180.00，三四年 200.00	38 220	康德元年八月廿八日许可，神学部及东洋学部ハ未报告
哈尔滨工业大学校	哈尔滨南冈公司街	董事会	王字清	预科俄中及初级中学卒业，本科预科及高中卒业	预科，俄二年，满三年，本科四年	预科 114，本科 302	34	预科 100.00，本科 200.00	280 410	大同元年七月十三日认定，私立学校ニ依ル未报告
哈尔滨医学专门学校	哈尔滨道里东警察街	董事会	阎德润	高级中学卒业	四年	105	25	40.00	32 120	大同元年七月十三日认定，同上
北满高等工业学校	哈尔滨南冈花园街	施章年	海阁	俄侨中学卒业	四・五—五年	102	20	265.00	29 550	大同元年十月十六日许可
镜泊学园	滨江省宁安县	山田悌一、大林一之	筑紫熊七	日本中等学校卒业	二年	170	14			大同元年十月三十一日许可

（伪满）国务院文教部编纂：《满洲帝国文教部第二次年鉴》，1935 年 12 月。

高等专门学校一览

（1936 年）

设立别	学校名	所在地	学校长	设立许可认定月日	备考
国立	高等师范学校	吉林市外八百垄	樋口光雄	康德元年九月二十日设立	
同	高等农业学校	奉天市外塔湾	宇田一	康德二年七月十一日设立	
省立	滨江省立哈尔滨法学院	哈尔滨特别市道里中央大街	赵贵		
同	滨江省立俄文师范专科学校	同	克衣杂宜车夫		
私立	奉天医科专门学校	奉天市小河沿	安乐克	大同元年七月十三日设立认定	
同	哈尔滨高等工业学校	哈尔滨特别市南岗公司街	王宇清	同	
私立	哈尔滨医学专门学校	哈尔滨特别市南岗大道街	阎德润	同	
同	圣乌拉吉米尔专门学校	哈尔滨特别市南岗车站街	米列其	康德元年八月二十八日设立许可	
同	哈尔滨私立俄侨第一齿科学校	哈尔滨南岗义州街	阿尔诺里德		
同	哈尔滨私立俄侨第二齿科学校	哈尔滨道里石头道街	葛拉策		

（伪满）民生部编纂：《第四次满洲帝国文教年鉴》，1937 年。

满洲帝国高等教育施设一览表（一）

（1938 年）

设立别	校名	学长校长院长或所长	所在地	沿革	学科	修业年限
官立	奉天农业大学	宇田一	奉天靖安区塔湾	康德二年七月创设高等农业学校，康德五年一月依大学令改为大学	农林、兽医	3
官立	哈尔滨工业大学	铃木正雄	哈尔滨南岗公司街	康德四年五月创设哈尔滨高等工业学校，康德五年一月依大学令改为大学	土木、建筑、电气、应化、机械、采冶	4
官立	新京医科大学	山口清治	新京兴安大路	康德四年五月收归直辖，康德五年一月依大学令改为大学		4
私立	哈尔滨医科大学	阎德润	哈尔滨南岗大直街	大同六年七月设立认定，康德五年一月依大学令改为大学		4
私立	满洲国北满学院	清水三三	哈尔滨道里商务街	康德五年三月四日由俄侨学院改称	商业部、工业部	3、4
私立	哈尔滨齿科医学院	クラーツヱコンスタンチン オットオヴイチ①	哈尔滨道里石头道街119号	康德五年八月依民生部指令三七五号实行认可		3
私立	奉天药剂师养成所	山下泰藏	奉天青叶町	康德四年十二月设立许可，认作类似大学特别教育施设		3
私立	奉天医科专门学校	安乐克	奉天小河沿	大同二年七月设立认定		4

（伪满）民生部教育司：《满洲帝国学事要览》，1938 年。

① 此处原文为日文。

满洲帝国高等教育施设一览表（二）

（1938年）

	学级数	教职员数					学生数					本年度岁出预算		备考
		定员	现在员				定员	现在员						
			日	满	其他	计		日	满	其他	计	经常	临时	
奉天农业大学	9	67	15	29	1	45	300		281	8	289	255 684	120 000	
哈尔滨工业大学	20	91	34	22	19	75	270	28	266	47	341	234 473	200 000	学生定员数别科生77名在外
新京医科大学	11	26	15	5		20	400		271	11	282	83 282	20 000	因教授多由市立医院医生兼任，故职员数较少
哈尔滨医科大学	4		23	10		33			224	16	240	81 100		补助费53 000元
满洲国北满学院	11		8	1	39	48			4	242	246	45 702		补助费54 899元
哈尔滨齿科医学院	3	15	1	6	8	15	150			150	150	10 183		限于本学院八月末所揭示数字
奉天药剂师养成所	3		27	1		28		27	216		233	83 750		补助费20 000元
奉天医科专门学校	7		3	19	17	39			134		134	166 991		现在改办大学手续中

（伪满）民生部教育司：《满洲帝国学事要览》，1941年。

高等教育施设一览表

（1939年）

设立别	官立	官立	官立	官立	官立	官立	官立	私立	私立	私立	私立	私立	私立
学校名	新京法政大学	国立大学哈尔滨学院	奉天农业大学	哈尔滨工业大学	国立大学新京工矿技术院	国立大学奉天工矿技术院	新京医科大学	哈尔滨医科大学	奉天医科专门学校	满洲国北满学院	哈尔滨医科大学附设牙科医学院	奉天药剂师养成所	奉天商科学院
学长校长、院长或所长	简井雪郎	三毛一夫	宇田一	铃木正雄	武村清	冢本玄门	山口清治	植树秀一	安乐克	清水三三	植村秀一	山下泰藏	松下丰三
所在地	新京特别市南岭	哈尔滨市马家沟	奉天市皇姑区塔湾	哈尔滨市南岗公司街	新京特别市南岭及城稷路	奉天市大西门内	新京特别市兴安大路	哈尔滨市南岗大直街	奉天市小河沿	哈尔滨道里商务街	哈尔滨道里石头道街	奉天青药町	奉天满洲医科大学校内
学科别	法学部、经济学部		农学科、林学科、兽医学科	土木建筑、电气机械、采矿冶金、应用化学	采矿冶金、电气、机械、应用化学、土木建筑	采矿冶金、电气机械、应用化学				商学科、工学科			
修业年限	特修科2，本科3	4	3	4	预科1，本科3	同上	4	4	4	4，3	3	3	2

（伪满）民生部教育司：《满洲帝国学事要览》，1940年。

高等教育施设一览表

（1940 年）

设立别		国立	国立	国立	国立	官立	官立
学校名		奉天农业大学	新京畜产兽医大学	哈尔滨农业大学	哈尔滨工业大学	新京工业大学	奉天工业大学
学长校长、院长或所长		宇田一	新美倌太	香村岱三	铃木正雄	竹村清	冢本玄门
所在地		奉天市皇姑屯区塔湾	新京特别市宽城子	哈尔滨市马家沟	哈尔滨市南岗	新京特别市南岭	奉天市铁西区
学科别		农学科、林学科、兽医学科、土木学特科		农学科、兽医学科		采矿冶金、应用化学、电气机械、土木建筑	采矿冶金、电气机械、应用化学
修业年限		本 3，特 1	3	3	4	预 1，本 3	预 1，本 3
教职员数	日	33	20	11	60	67	44
	满	10	2	2	25	20	18
	其他				7		
	计	46	22	13	92	87	62
学生数	日		30		127	516	216
	满	343	61	67	478	284	71
	其他					12	
	计	343	91	67		812	287

设立别	官立	官立	官立	官立	官立	官立
学校名	新京医科大学	哈尔滨医科大学	佳木斯医科大学	新京法政大学	国立大学哈尔滨学院	哈尔滨开拓医学院
学长校长、院长或所长	山口清治	植村秀一	寺野义信	田所耕耘	手冢省三	植村秀一
所在地	新京特别市南岭	哈尔滨市南岗	佳木斯市	新京特别市南岭	哈尔滨市南岗	哈尔滨市南岗
学科别		医学部、齿科医学部		法学部、经济学部		
修业年限	4	医 4，齿 3	4	本 3，特 1	4	2

续表

设立别		官立	官立	官立	官立	官立	官立
教职员数	日	30	43	10	42	31	3
	满	3	9	1	7	3	
	其他		1			7	
	计	33	53	11	49	41	3
学生数	日	75	112		225	346	19
	满	213	372	79	637	50	
	其他		13				
	计	288	497	79	862	296	19

设立别		官立	官立	官立	官立	官立	官立
学校名		齐齐哈尔开拓医学院	龙井开拓医学院	满洲国北满学院	盛京医科大学	奉天商科学院	奉天药剂师养成所
学长校长、院长或所长		三神正藏	正井保良	清水三三	贝德森	松本丰三	山下三之助
所在地		齐齐哈尔市	龙井街	哈尔滨市义州街	奉天市小河沿	奉天市富士町	奉天市潘阳区
学科别				工学部、商学部			
修业年限		2	2	工　4，商　3	4	3	3
教职员数	日	3	3	10	3	26	34
	满			2	20		1
	其他			18	19		
	计	3	3	30	42	26	35
学生数	日	15	33		108	246	34
	满			9		26	173
	其他			169		1	
	计	15	33	178	108	273	207

（伪满）民生部教育司：《满洲帝国学事要览》，1941 年。

四、留学教育统计

本部补助留日学生统计表

（1934年）

学校别		东京工业大学	神户商业大学	东京商科大学	早稻田大学	北海道帝大	东京帝大	日本女子大学	庆应义塾	东京农业大学	明治大学	法政大学	专修大学	慈惠院医大	京都帝大	九州帝大	第一高等学校	第二高等学校	第三高等学校
科别	文科		1	6	8			6	3		7	3	3		2		10		1
	理科	11				2	2			2				1		1	8	1	2
性别	男	11	1	6	8	2	2		3	2	6	3	3	1	2	1	18	1	3
	女							6			1								
省别	奉天	8	1	6	7	2	1	4	3	2	6	3	3	1			13	1	2
	吉林	1					1	1			1				2	1	4		1
	龙江	2						1									1		
	热河				1														
	兴安																		

学校别		第六高等学校	第八高等学校	东京高等师范	广岛高等师范	奈良女子高等师范	神户高等工业	仙台高等工业	名古屋高等工业	山口高等商业	长崎高等商业	东京女子医专	东京美术学校	明治专门学校	东京铁道教习所	玉川学园	成城中学校	成城学校	计35校
科别	文科			20	9	1				19	5					27	1	8	140
	理科	1	5		6		2	4	3			5	1	4	4				65
性别	男	1	5	20	15		2	4	3	19	5		1	4	4	27	1	8	192
	女					1						5							13
省别	奉天		4	13	4	1	2	4	3	8	2	3	1	1	2	4	1		116
	吉林		1	3	5					4	1	2		3		7			29
	龙江	1		4	6					7	2				2	2			27
	热河															9		7	17
	兴安															5		1	6
备考																			

（伪满）国务院文教部编纂：《满洲帝国文教部第二次年鉴》，1935年12月。

本部补助留欧美学生统计表

（1934 年）

学校别		德国撒克逊	计 1 校
科别	文科		
	理科	矿科	1
性别	男	1	1
	女		
省别	吉林	1	1
备考			

（伪满）国务院文教部编纂：《满洲帝国文教部第二次年鉴》，1935 年 12 月。

国内外国人经营学校留学生统计表

（1934 年）

学校别		满洲医科大学	旅顺工科大学	哈尔滨工科大学	南满洲工业专门	计 4 校
科别	医科	51				51
	工科		26	22	2	50
	理科					
性别	男	50	26	22	2	100
	女	1				1
省别	奉天	43	26		1	70
	吉林	7		22		29
	黑龙江	1			1	2
备考						

（伪满）国务院文教部编纂：《满洲帝国文教部第二次年鉴》，1935 年 12 月。

本部派遣教员留学生统计表

（1934 年）

学校别		东京工业大学	东京帝国大学	熊本高等工业	东京高等工艺	共立女子职业	东京高等师范	广岛高等师范	玉川学园	日本女子大学	计 9 校
科别	文科					1	7	7	5	1	21
	理科	6	5	4	1						16

续表

学校别		东京工业大学	东京帝国大学	熊本高等工业	东京高等工艺	共立女子职业	东京高等师范	广岛高等师范	玉川学园	日本女子大学	计9校
性别	男	6	5	4	1		7	7	5		35
	女					1				1	2
省区别	奉天	2	4	2	1	1	3	2	1		16
	吉林	1		1			1	1	2	1	7
	龙江	1	1				1	2			5
	热河							1	1		2
	兴安			1			1	1			3
	北满特区	2					1		1		4
备考											

（伪满）国务院文教部编纂：《满洲帝国文教部第二次年鉴》，1935年12月。

补助留学生学校别（日本内地部分）

（1935年）

留学学校	东京帝国大学	东京商科大学	早稻田大学	庆应大学	日本大学	明治大学	专修大学	法政大学	慈惠会医科大学	东京农业大学
学生数	1	10	12	4	1	9	3	3	2	5
留学学校	日本女子大学	京都帝国大学	九州帝国大学	大阪帝国大学	北海道帝国大学	神户商业大学	京城帝国大学	第一高等学校	第三高等学校	成城高等学校
学生数	7	6	3	1	4	1	1	26	2	1
留学学校	东京高等师范学校	广岛高等师范学校	奈良女子高等师范学校	东京工业大学	名古屋高等工业学校	神户高等工业学校	仙台高等工业学校	熊本高等工业学校	武藏高等工科学校（私立）	东京高等工业学校（私立）
学生数	26	18	2	17	2	2	1	1	2	7
留学学校	明治专门学校（官立）	东京物理学校（私立）	东京高等农业学校（官立）	山口高等商业学校（官立）	长崎高等商业学校（官立）	福岛高等商业学校（官立）	东京女子医学专门学校（私立）	昭和医学专门学校（私立）	帝国女子专门学校（私立）	东京美术学校（官立）
学生数	3	1	1	26	6	1	5	1	1	1

续表

留学学校	武藏野音乐学校（私立）	东京铁道教习所（官立）	东京高等兽医学校（私立）	京城药学专门学校（私立）	东京府立第六中学校	成城中学校	日本中学校	锦城中学校	玉川中学校	东京高等女学校
学生数	1	10	1	1	2	3	1	3	1	1
留学学校	浪速中学校	广岛高师附属中学校	栃木县立师范学校	香川县立木田农业学校	成城学校	大分县立日田林工学校	合计			
学生数	3	1	1	1	1	4	265			

（伪满）国务院文教部编纂：《满洲帝国文教部第二次年鉴》，1935 年 12 月。

留学生经费

（1935 年）

省（特市）别	国内留学	外国留学		计
		日本	欧美	
奉天省	9 660	36 570		46 230
吉林省	4 020	11 460	1 200	16 680
滨江省	480	930		1 410
龙江省	240	8 280		8 520
锦州省	240	630		870
安东省	120	810		930
黑河省		270		270
热河省		2 520		2 520
新京特别市	240	1 110		1 350
关东州	720	1 590		2 310
计	15 720	64 170	1 200	81 090

（伪满）国务院文教部编纂：《第三次满洲帝国文教年鉴》，1937 年 1 月。

派遣赴日教员留学生数并经费

（1935年）

省（特区）别	学生数	补助费
奉天省	6	760
吉林省	4	440
龙江省	3	360
滨江省	3	380
锦州省	4	600
热河省	2	300
安东省	4	460
间岛省	1	240
北满特别区	3	380
计	30	3 920

（伪满）国务院文教部编纂：《第三次满洲帝国文教年鉴》，1937年1月。

五、“关东州”和满铁沿线中国人教育统计

自大正十三年度至昭和六年度八年间
“关东州”内中国学龄儿童就学情况

（1932年）

地方别	男女别	大正十三年度					大正十四年度				
	项别	学龄相当者	就学者	就学步合	户数	人口	学龄相当者	就学者	就学步合	户数	人口
旅顺管内	男	9 112	3 932	41.05	—	—	9 108	3 810	41.83	—	—
	女	8 941	763	8.53	—	—	8 686	711	8.19	—	—
	计	18 053	4 595	25.45	15 583	105 843	17 794	4 521	25.41	16 126	106 723
大连管内	男	6 368	3 578	36.14	—	—	8 052	4 230	52.53	—	—
	女	3 542	961	25.00	—	—	6 125	1 084	17.70	—	—
	计	9 910	4 539	45.77	29 037	180 792	14 177	5 314	37.55	32 439	199 466
金州管内	男	9 541	2 942	30.84	—	—	8 557	3 070	35.88	—	—
	女	9 050	461	5.19	—	—	8 042	577	7.17	—	—
	计	18 591	3 403	18.30	14 324	95 838	16 599	3 647	21.97	14 818	97 748
普兰店管内	男	13 602	7 984	58.10	—	—	10 776	5 918	54.92	—	—
	女	10 525	1 645	15.62	—	—	10 271	1 311	12.76	—	—
	计	24 127	9 629	39.91	16 786	127 617	21 047	7 229	34.35	17 028	131 247
貔子窝管内	男	9 111	3 397	37.66	—	—	10 331	3 940	38.14	—	—
	女	8 406	497	5.91	—	—	8 642	694	8.03	—	—
	计	17 672	3 894	22.15	17 296	128 038	18 973	4 634	24.42	17 802	130 805
合计	男	47 789	21 733	45.48	—	—	46 824	20 968	44.78	—	—
	女	40 464	4 327	10.69	—	—	41 766	4 377	10.48	—	—
	计	98 253	26 060	29.53	93 026	638 133	88 590	25 345	28.61	98 213	665 989

续表

地方别	男女别	昭和元年度 学龄相当者	昭和元年度 就学者	昭和元年度 就学步合	昭和元年度 户数	昭和元年度 人口	昭和二年度 学龄相当者	昭和二年度 就学者	昭和二年度 就学步合	昭和二年度 户数	昭和二年度 人口
旅顺管内	男	9 050	4 137	45.71	—	—	9 185	4 066	44.39	—	—
	女	8 820	992	11.25	—	—	8 937	996	11.14	—	—
	计	17 870	5 129	28.70	16 213	107 942	18 095	5 062	27.97	16 456	110 162
大连管内	男	8 949	4 088	45.63	—	—	12 233	5 528	45.19	—	—
	女	7 699	1 554	20.18	—	—	10 608	2 200	20.74	—	—
	计	16 684	5 642	33.89	33 481	203 852	22 841	7 728	33.84	36 861	222 460
金州管内	男	9 299	3 064	32.95	—	—	9 111	3 259	35.78	—	—
	女	8 744	555	6.35	—	—	8 671	628	7.24	—	—
	计	18 043	3 619	20.06	15 145	99 920	17 782	3 887	21.84	15 362	103 119
普兰店管内	男	11 215	4 445	39.63	—	—	12 366	4 979	40.26	—	—
	女	10 180	1 077	10.58	—	—	10 963	1 257	11.46	—	—
	计	21 395	5 522	25.81	17 351	133 091	23 329	6 236	26.73	17 638	135 574
貔子窝管内	男	10 654	4 181	39.24	—	—	11 320	4 320	38.16	—	—
	女	9 177	840	9.15	—	—	10 642	1 029	9.67	—	—
	计	19 831	5 021	25.32	18 206	132 887	21 962	5 349	24.36	18 347	135 660
合计	男	49 167	19 915	40.50	—	—	54 188	22 152	40.88	—	—
	女	44 620	5 018	11.25	—	—	49 821	610	12.46	—	—
	计	93 787	24 933	26.58	100 336	677 692	104 009	28 262	27.17	104 664	706 975

地方别	男女别	昭和三年度 学龄相当者	昭和三年度 就学者	昭和三年度 就学步合	昭和三年度 户数	昭和三年度 人口	昭和四年度 学龄相当者	昭和四年度 就学者	昭和四年度 就学步合	昭和四年度 户数	昭和四年度 人口
旅顺管内	男	9 225	4 323	46.86	—	—	9 806	4 564	46.54	—	—
	女	9 109	1 178	12.93	—	—	9 950	1 209	12.15	—	—
	计	18 334	5 501	30.01	16 963	113 512	19 756	5 773	29.72	17 447	116 939
大连管内	男	12 310	5 802	47.13	—	—	14 593	6 560	44.95	—	—
	女	10 659	2 060	19.33	—	—	12 570	2 878	22.90	—	—
	计	22 969	7 862	34.23	39 079	237 110	27 163	9 438	34.74	43 734	265 199

续表

地方别	男女别	昭和三年度 学龄相当者	就学者	就学步合	户数	人口	昭和四年度 学龄相当者	就学者	就学步合	户数	人口
金州管内	男	8 582	3 645	42.47	—	—	10 110	3 561	35.22	—	—
	女	7 735	813	10.51	—	—	9 491	894	9.42	—	—
	计	16 317	4 458	27.32	15 691	106 837	19 601	4 455	22.73	16 154	110 522
普兰店管内	男	11 700	4 735	40.47	—	—	12 112	4 550	37.56	—	—
	女	10 717	1 307	12.20	—	—	11 825	1 314	11.11	—	—
	计	22 417	5 723	25.53	18 166	139 139	23 937	5 864	24.50	18 838	142 481
貔子窝管内	男	11 936	4 011	33.60	—	—	11 971	4 618	39.41	—	—
	女	1 669	902	7.73	—	—	11 410	945	8.28	—	—
	计	23 605	4 913	20.81	18 579	137 113	23 381	5 563	23.79	19 098	139 159
合计	男	53 753	22 516	41.89	—	—	58 592	23 853	40.71	—	—
	女	49 889	6 260	12.55	—	—	55 246	7 240	13.11	—	—
	计	103 642	28 776	27.76	108 478	733 711	113 838	31 093	27.31	115 262	774 300

地方别	男女别	昭和五年度 学龄相当者	就学者	就学步合	户数	人口	昭和六年度 学龄相当者	就学者	就学步合	户数	人口
旅顺管内	男	10 103	4 577	45.30	—	—	10 264	5 046	49.16	—	69 843
	女	9 984	1 306	13.07	—	—	9 962	1 466	14.71	—	58 071
	计	20 087	5 883	29.18	18 320	122 855	20 226	6 512	32.19	18 393	127 914
大连管内	男	15 447	7 376	47.75	—	—	15 632	7 250	46.38	—	187 916
	女	13 353	3 200	23.97	—	—	13 877	3 252	23.48	—	93 859
	计	28 800	10 576	36.72	49 952	294 699	29 509	10 502	35.59	47 906	281 775
金州管内	男	9 996	3 478	34.79	—	—	10 542	3 884	36.84	—	61 438
	女	9 418	1 054	11.19	—	—	10 000	1 253	12.53	—	54 717
	计	19 414	4 532	23.34	16 918	114 207	20 542	5 137	25.01	17 285	126 155
普兰店管内	男	12 676	5 008	39.51	—	—	13 043	5 253	40.27	—	79 230
	女	12 179	1 426	11.71	—	—	12 633	1 450	11.48	—	72 082
	计	24 855	6 434	25.87	19 659	147 843	25 676	6 703	26.11	20 257	151 312

续表

地方别 \ 男女别 \ 项别 \ 年度别		昭和五年度					昭和六年度				
		学龄相当者	就学者	就学步合	户数	人口	学龄相当者	就学者	就学步合	户数	人口
貔子窝管内	男	12 969	4 323	33.33	—	—	13 513	4 759	35.48	—	76 200
	女	12 211	979	8.02	—	—	13 593	1 015	7.47	—	66 758
	计	25 180	5 302	21.09	19 180	140 930	27 106	5 810	21.43	19 040	142 958
合计	男	61 191	24 762	40.47	—	—	62 994	26 228	41.64	—	474 627
	女	57 145	7 965	13.94	—	—	60 065	8 436	14.04	—	345 487
	计	118 336	32 727	27.66	124 029	820 534	123 059	34 604	28.17	122 881	820 114

《关东厅学事统计书》，1932 年；辽宁省教育志编纂委员会编：《辽宁教育史志资料》（第三集，下），辽宁大学出版社，1990 年。

自大正十三年度至昭和六年度八年间满铁沿线中国学龄儿童就学情况

（1932 年）

地方别 \ 男女别 \ 项别 \ 年度别		大正十三年度					大正十四年度				
		学龄相当者	就学者	就学步合	户数	人口	学龄相当者	就学者	就学步合	户数	人口
瓦房店管内	男	369	232	62.87	—	—	440	412	93.64	—	—
	女	37	5	13.51	—	—	44	16	36.36	—	—
	计	406	237	58.37	1 171	6 120	484	428	88.43	1 022	5 795
大石桥管内	男	67	48	71.64	—	—	42	35	33.33	—	—
	女	51	16	31.37	—	—	67	3	4.48	—	—
	计	118	64	54.24	245	1 631	109	38	34.86	215	1 445
鞍山管内	男	161	133	82.61	—	—	202	177	86.62	—	—
	女	71	28	39.44	—	—	106	62	58.49	—	—
	计	232	161	69.40	963	5 589	308	239	77.60	1 124	5 747
奉天管内	男	227	156	68.72	—	—	378	179	47.35	—	—
	女	85	43	50.59	—	—	269	36	15.39	—	—
	计	312	199	63.78	1 797	11 938	647	215	33.23	2 124	14 080

续表

地方别	男女别	大正十三年度 学龄相当者	大正十三年度 就学者	大正十三年度 就学步合	大正十三年度 户数	大正十三年度 人口	大正十四年度 学龄相当者	大正十四年度 就学者	大正十四年度 就学步合	大正十四年度 户数	大正十四年度 人口
开原管内	男	291	198	68.04	—	—	268	268	100.00	—	—
	女	119	47	39.50	—	—	75	75	100.00	—	—
	计	410	245	59.76	1 650	14 012	343	343	100.00	1 598	14 403
四平街管内	男	415	206	49.64	—	—	339	176	51.92	—	—
	女	260	52	20.00	—	—	245	49	20.00	—	—
	计	675	258	38.22	1 513	9 924	584	225	38.53	2 513	10 140
新京管内	男	479	375	78.29	—	—	450	320	71.11	—	—
	女	396	52	13.13	—	—	407	42	10.32	—	—
	计	875	427	48.80	2 108	16 123	857	362	42.78	23 090	18 170
公主岭管内	男	506	144	28.46	—	—	52	37	71.15	—	—
	女	335	44	13.13	—	—	44	24	54.55	—	—
	计	841	188	22.35	1 423	9 444	96	61	63.54	838	5 946
安东管内	男	—	—	—	—	—	—	—	—	—	—
	女	—	—	—	—	—	—	—	—	—	—
	计	—	—	—	—	—	—	—	—	—	—
抚顺管内	男	664	222	33.43	—	—	620	248	40.00	—	—
	女	561	64	11.41	—	—	425	80	18.82	—	—
	计	1 225	286	23.35	5 034	45 908	1 045	328	31.39	3 389	42 041
铁岭管内	男	—	—	—	—	—	—	—	—	—	—
	女	—	—	—	—	—	—	—	—	—	—
	计	—	—	—	—	—	—	—	—	—	—
合　计	男	3 079	1 714	55.67	—	—	2 791	1 852	66.36	—	—
	女	1 915	351	18.33	—	—	1 682	387	23.01	—	—
	计	4 994	2 065	41.35	15 904	120 689	4 473	2 239	50.05	16 810	117 767

续表

地方别	男女别	昭和元年度 学龄相当者	就学者	就学步合	户数	人口	昭和二年度 学龄相当者	就学者	就学步合	户数	人口
瓦房店管内	男	412	368	70.09	—	—	519	471	90.51	—	—
	女	59	6	10.17	—	—	72	10	17.24	—	—
	计	471	374	40.13	1 389	7 557	591	481	53.88	1 347	7 692
大石桥管内	男	142	74	52.11	—	—	122	65	53.28	—	—
	女	133	5	3.76	—	—	110	5	4.55	—	—
	计	275	79	27.93	211	1 433	232	70	30.17	217	1 377
鞍山管内	男	420	116	27.62	—	—	399	113	28.32	—	—
	女	262	49	18.70	—	—	252	33	15.08	—	—
	计	682	165	24.19	1 241	7 917	651	146	22.43	1 267	7 345
奉天管内	男	441	257	86.67	—	—	584	291	49.83	—	—
	女	383	70	50.00	—	—	388	63	16.24	—	—
	计	827	327	70.37	2 210	14 484	972	354	31.42	2 297	15 186
开原管内	男	660	258	43.00	—	—	617	276	44.66	—	—
	女	564	117	20.73	—	—	544	128	23.10	—	—
	计	1 224	375	31.87	1 812	15 036	1 171	404	34.47	1 907	16 510
四平街管内	男	580	207	35.68	—	—	606	240	37.95	—	—
	女	462	38	9.00	—	—	551	66	13.17	—	—
	计	1 042	245	22.34	1 643	10 938	1 157	306	27.07	1 357	8 856
新京管内	男	498	287	57.63	—	—	559	324	51.27	—	—
	女	518	54	10.42	—	—	113	40	35.40	—	—
	计	1 016	341	34.03	3 038	22 377	672	364	48.86	3 309	24 712
公主岭管内	男	263	92	34.98	—	—	322	135	41.92	—	—
	女	230	37	16.09	—	—	246	47	19.10	—	—
	计	493	129	25.54	1 819	12 728	568	182	32.04	1 542	10 797
安东管内	男	2 530	333	13.16	—	—	2 837	366	12.90	—	—
	女	1 800	162	9.00	—	—	2 068	169	8.12	—	—
	计	4 330	495	11.08	7 591	35 330	4 905	535	10.91	8 252	27 506

续表

地方别	男女别	昭和元年度 学龄相当者	就学者	就学步合	户数	人口	昭和二年度 学龄相当者	就学者	就学步合	户数	人口
抚顺管内	男	458	195	42.38	—	—	601	257	42.67	—	—
	女	379	51	13.46	—	—	379	53	13.98	—	—
	计	837	246	27.92	4 396	48 405	980	310	31.63	4 568	50 086
铁岭管内	男	1	1	100.00	—	—	5	5	100.00	—	—
	女	1	1	100.00	—	—	3	3	100.00	—	—
	计	2	2	100.00	399	2 560	8	8	100.00	416	2 788
合　计	男	6 408	2 188	51.21	—	—	7 171	2 543	35.46	—	—
	女	4 791	590	23.76	—	—	4 736	617	15.14	—	—
	计	11 199	2 778	37.49	25 754	177 765	11 907	3 160	25.30	24 479	172 855

地方别	男女别	昭和三年度 学龄相当者	就学者	就学步合	户数	人口	昭和四年度 学龄相当者	就学者	就学步合	户数	人口
瓦房店管内	男	443	400	90.29	—	—	518	445	85.91	—	—
	女	69	14	20.30	—	—	82	17	26.15	—	—
	计	512	414	80.76	1 375	7 965	600	462	77.00	1 440	8 619
大石桥管内	男	139	88	63.31	—	—	129	74	60.47	—	—
	女	116	20	17.24	—	—	122	16	13.11	—	—
	计	255	108	42.35	215	1 351	251	90	35.86	213	1 337
鞍山管内	男	382	101	26.44	—	—	315	110	34.92	—	—
	女	286	33	11.55	—	—	289	37	12.80	—	—
	计	668	134	20.06	1 387	8 438	604	147	24.34	1 484	10 195
奉天管内	男	600	331	55.17	—	—	211	211	100.00	—	—
	女	600	121	20.17	—	—	78	78	100.00	—	—
	计	1200	452	37.67	2 800	18 951	289	289	100.00	3 110	19 891
开原管内	男	714	322	45.09	—	—	555	133	23.96	—	—
	女	640	138	21.56	—	—	577	25	4.33	—	—
	计	1354	460	33.97	2 061	17 229	1 132	158	13.96	2 097	15 978

续表

地方别	男女别	昭和三年度（项别/年度别）					昭和四年度				
		学龄相当者	就学者	就学步合	户数	人口	学龄相当者	就学者	就学步合	户数	人口
四平街管内	男	518	212	40.93	—	—	621	169	27.21	—	—
	女	404	72	17.82	—	—	495	52	10.46	—	—
	计	922	284	30.80	1 381	9 182	1 116	221	19.80	1 436	9 462
新京管内	男	640	326	50.94	—	—	593	379	63.91	—	—
	女	263	47	17.87	—	—	599	82	13.70	—	—
	计	903	373	41.30	3 565	26 369	1 192	461	38.68	3 794	27 631
公主岭管内	男	378	124	32.80	—	—	451	164	36.36	—	—
	女	381	59	15.49	—	—	426	61	14.32	—	—
	计	759	183	24.11	1 593	10 853	877	225	26.66	1 711	11 192
安东管内	男	2 406	578	24.02	—	—	2 228	546	24.51	—	—
	女	2 157	283	13.12	—	—	1 189	251	21.11	—	—
	计	4 563	861	18.57	8 719	41 061	3 417	797	23.32	9 099	42 901
抚顺管内	男	657	313	47.64	—	—	996	326	32.73	—	—
	女	437	47	10.76	—	—	775	65	8.39	—	—
	计	1 094	360	32.97	5 925	55 399	1 771	391	22.08	6 103	54 752
铁岭管内	男	—	—	—	—	—	—	—	—	—	—
	女	—	—	—	—	—	—	—	—	—	—
	计	—	—	—	—	—	—	—	—	—	—
合计	男	6 877	2 795	40.64	—	—	6 617	2 557	49.00	—	—
	女	5 353	834	15.58	—	—	4 632	684	22.44	—	—
	计	12 230	3 629	29.67	29 021	196 798	11 249	3 241	38.07	30 490	201 958

地方别	男女别	昭和五年度（项别/年度别）					昭和六年度				
		学龄相当者	就学者	就学步合	户数	人口	学龄相当者	就学者	就学步合	户数	人口
瓦房店管内	男	614	338	63.19	—	—	631	426	67.51	—	—
	女	334	28	8.39	—	—	366	68	18.33	—	—
	计	948	416	43.88	1 503	8 465	997	494	49.55	1 415	7 890
大石桥管内	男	211	171	81.04	—	—	219	161	73.52	—	—
	女	128	27	21.09	—	—	150	37	24.67	—	—
	计	339	198	58.41	211	1 307	369	198	53.66	213	1 201

续表

地方别	男女别	昭和五年度 学龄相当者	昭和五年度 就学者	昭和五年度 就学步合	昭和五年度 户数	昭和五年度 人口	昭和六年度 学龄相当者	昭和六年度 就学者	昭和六年度 就学步合	昭和六年度 户数	昭和六年度 人口
鞍山管内	男	253	129	50.99	—	—	267	205	76.78	—	—
	女	241	58	24.06	—	—	273	74	27.11	—	—
	计	494	187	37.85	1 467	9 119	540	279	51.67	1 532	9 606
奉天管内	男	635	355	55.91	—	—	356	334	93.82	—	—
	女	611	131	21.44	—	—	167	147	88.02	—	—
	计	1 246	486	39.00	3 284	21 183	523	481	91.97	2 611	16 388
开原管内	男	561	172	30.66	—	—	724	437	60.36	—	—
	女	587	57	9.71	—	—	382	164	42.93	—	—
	计	1 148	229	19.95	2 139	15 285	1 106	601	54.34	2 062	14 084
四平街管内	男	622	204	32.80	—	—	616	184	29.92	—	—
	女	523	64	12.24	—	—	535	46	8.60	—	—
	计	1 145	268	23.40	2 054	12 804	1 151	230	19.98	1 950	12 218
新京管内	男	681	423	62.11	—	—	490	367	74.00	—	—
	女	683	125	18.31	—	—	126	110	87.30	—	—
	计	1 364	548	40.51	3 758	22 062	616	477	77.44	3 056	19 932
公主岭管内	男	468	173	36.97	—	—	490	203	41.43	—	—
	女	415	72	17.35	—	—	452	72	15.93	—	—
	计	883	245	27.75	1 765	11 015	942	275	29.19	1 068	9 579
安东管内	男	3 235	647	20.00	—	—	2 557	510	10.95	—	—
	女	2 561	256	10.00	—	—	2 281	212	9.29	—	—
	计	5 796	903	15.56	9 290	44 605	4 838	722	14.92	9 289	44 092
抚顺管内	男	828	346	41.79	—	—	2 140	632	29.53	—	—
	女	613	69	11.26	—	—	1 671	205	12.27	—	—
	计	1 441	415	28.80	8 029	57 159	3 811	837	21.96	7 341	49 384
铁岭管内	男				—	—				—	—
	女				—	—				—	—
	计									499	3 318
合　计	男	8 108	3 008	99.76	—	—	8 491	3 460	40.84	—	—
	女	6 696	887	79.57	—	—	6 404	1 136	17.74	—	—
	计	14 804	3 895	37.10	33 500	203 004	1 4895	4 596	30.86	31 663	192 014

《关东厅学事统计书》，1932 年；辽宁省教育志编纂委员会编：《辽宁教育史志资料》（第三集，下），辽宁大学出版社，1990 年。

"关东州"、满铁沿线中国人初等学校及中等学校校数、学级数、学生数

（1932年）

年度别 \ 项 \ 学校别		普通学堂			公学堂（校）			商业学堂		
		学校数	学级数	儿童数	学校数	学级数	儿童数	学校数	学级数	生徒数
关东州	大正十二年度	107	429	19 014	10	126	5 346	1	3	63
	同　十三年度	107	434	18 688	10	137	5 572	1	3	71
	同　十四年度	107	436	18 540	10	144	6 026	1	3	80
	昭和元年度	108	451	18 990	10	151	6 994	1	3	67
	同　二年度	109	460	20 560	10	159	7 634	1	3	77
	同　三年度	109	477	21 734	10	165	8 136	1	3	84
	同　四年度	110	495	22 788	10	175	8 767	1	3	80
	同　五年度	110	516	24 682	11	185	9 228	1	3	78
	同　六年度	112	594	26 619	11	190	9 630	1	3	78
	同　七年度	112	561	26 031	11	192	9 868	1	3	83
满铁沿线	大正十二年度	—	—	—	11	57	2 485	—	—	—
	同　十三年度	—	—	—	11	63	2 681	—	—	—
	同　十四年度	—	—	—	11	63	2 776	—	—	—
	昭和元年度	—	—	—	11	69	2 938	—	—	—
	同　二年度	—	—	—	11	67	3 082	—	—	—
	同　三年度	—	—	—	11	67	3 088	—	—	—
	同　四年度	—	—	—	11	66	3 019	—	—	—
	同　五年度	—	—	—	11	70	3 232	—	—	—
	同　六年度	—	—	—	11	71	3 033	—	—	—
	同　七年度	—	—	—	11	73	3 592	—	—	—

年度别 \ 项 \ 学校别		农业学堂			师范学堂			中学校（堂）		
		学校数	学级数	生徒数	学校数	学级数	生徒数	学校数	学级数	生徒数
关东州	大正十二年度	1	2	47	1	7	178	1	3	69
	同　十三年度	1	3	72	1	7	186	1	5	121
	同　十四年度	1	3	86	1	8	201	1	7	161
	昭和元年度	1	3	85	1	9	205	1	7	162

续表

年度　项别　学校别		农业学堂			师范学堂			中学校（堂）		
		学校数	学级数	生徒数	学校数	学级数	生徒数	学校数	学级数	生徒数
关东州	同　二年度	1	3	79	1	8	204	1	7	156
	同　三年度	1	3	79	1	9	203	1	7	189
	同　四年度	1	3	85	1	9	159	1	7	195
	同　五年度	1	3	89	1	9	192	1	7	243
	同　六年度	1	3	106	1	9	186	1	7	223
	同　七年度	1	3	126	1	9	133	1	7	253
满铁沿线	大正十二年度	—	—	—	—	—	—	1	8	246
	同　十三年度	—	—	—	—	—	—	1	7	267
	同　十四年度	—	—	—	—	—	—	1	8	292
	昭和元年度	—	—	—	—	—	—	1	10	302
	同　二年度	—	—	—	—	—	—	1	10	345
	同　三年度	—	—	—	—	—	—	1	9	392
	同　四年度	—	—	—	—	—	—	1	9	349
	同　五年度	—	—	—	—	—	—	1	9	394
	同　六年度	—	—	—	—	—	—	1	9	354
	同　七年度	—	—	—	—	—	—	1	9	317

《关东厅学事统计书》，1932 年；辽宁省教育志编纂委员会编：《辽宁教育史志资料》（第三集，下），辽宁大学出版社，1990 年。

"关东州"、满铁沿线中国人初等学校及中等学校学生中途退学数

（1932 年）

年度　项别　学校别		普通学堂		公学堂（校）		商业学堂	
		入　学	退　学	入　学	退　学	入　学	退　学
关东州	大正十二年度	1 390	2 009	708	1 600	63	6
	同　十三年度	1 224	2 335	646	1 609	1	5
	同　十四年度	1 002	2 209	674	1 559	9	30
	昭和元年度	998	1 976	741	1 467	—	6
	同　二年度	1 181	2 405	621	1 697	—	1

续表

年度 \ 项别 \ 学校别		普通学堂 入学	普通学堂 退学	公学堂（校） 入学	公学堂（校） 退学	商业学堂 入学	商业学堂 退学
关东州	同　三年度	922	2 514	490	1 513	—	5
	同　四年度	866	2 852	505	1 875	—	6
	同　五年度	1 200	3 101	436	1 846	—	6
	同　六年度	930	3 723	370	2 064	—	1
	计	9 713	23 124	5 191	15 230	73	60
满铁沿线	大正十二年度	—	—	301	810	—	—
	同　十三年度	—	—	313	897	—	—
	同　十四年度	—	—	620	858	—	—
	昭和元年度	—	—	233	909	—	—
	同　二年度	—	—	258	913	—	—
	同　三年度	—	—	212	857	—	—
	同　四年度	—	—	280	784	—	—
	同　五年度	—	—	320	793	—	—
	同　六年度	—	—	289	910	—	—
	计	—	—	2 826	7 731	—	—

年度 \ 项别 \ 学校别		农业学堂 入学	农业学堂 退学	师范学堂 入学	师范学堂 退学	中学校（堂） 入学	中学校（堂） 退学
关东州	大正十二年度	—	4	—	6	—	—
	同　十三年度	—	2	—	6	4	38
	同　十四年度	—	2	—	2	14	64
	昭和元年度	—	11	—	—	1	42
	同　二年度	—	7	—	5	—	48
	同　三年度	—	7	—	5	2	44
	同　四年度	—	9	—	23	5	38
	同　五年度	—	7	—	9	4	70
	同　六年度	—	5	—	—	9	68
	计	—	54	—	56	39	412

续表

年度 \ 项别 \ 学校别		农业学堂		师范堂（校）		中学校（堂）	
		入学	退学	入学	退学	入学	退学
满铁沿线	大正十二年度	—	—	—	—	8	72
	同　十三年度	—	—	—	—	5	54
	同　十四年度	—	—	—	—	5	56
	昭和元年度	—	—	—	—	11	47
	同　二年度	—	—	—	—	16	65
	同　三年度	—	—	—	—	5	146
	同　四年度	—	—	—	—	8	67
	同　五年度	—	—	—	—	3	64
	同　六年度	—	—	—	—	2	258
	计	—	—	—	—	63	729

《关东厅学事统计书》，1932 年；辽宁省教育志编纂委员会编：《辽宁教育史志资料》（第三集，下），辽宁大学出版社，1990 年。

“关东州”、满铁沿线中国人初等学校及中等学校毕业生数

（1932 年）

年度 \ 学校别		普通学堂	公学堂（校）				商业学堂	农业学堂	师范学堂			中学校（堂）
			初等	高等	补习	计			本科、补习科	养成科	计	
关东州	大正十二年度	3 127	346	589	93	1 028	16	—	52	20	72	—
	同　十三年度	2 982	450	582	187	1 219	16	14	80	20	100	—
	同　十四年度	3 193	448	602	178	1 228	22	25	67	29	96	11
	昭和元年度	3 044	523	606	165	1 294	12	24	38	19	57	13
	同　二年度	3 089	685	772	156	1 613	20	25	77	18	95	10
	同　三年度	3 516	814	971	204	1 989	27	22	50	20	70	10
	同　四年度	3 747	850	1 043	155	2 048	26	23	47	20	67	7
	同　五年度	4 031	880	1 168	177	2 225	24	26	38	23	61	7
	同　六年度	4 068	895	1 223	221	2 339	24	24	34	20	54	19
	计	30 797	5 891	7 556	1 536	14 983	187	183	483	189	672	77

续表

学校别 年度		普通学堂	公学堂（校）				商业学堂	农业学堂	师范学堂			中学校(堂)
			初等	高等	补习	计			本科、补习科	养成科	计	
满铁沿线	大正十二年度	—	226	168	—	394	—	—	—	—	—	—
	同　十三年度	—	226	157	—	383	—	—	—	—	—	24
	同　十四年度	—	184	173	—	357	—	—	—	—	—	19
	昭和元年度	—	283	189	—	472	—	—	—	—	—	17
	同　二年度	—	344	217	—	561	—	—	—	—	—	45
	同　三年度	—	311	197	—	508	—	—	—	—	—	41
	同　四年度	—	278	218	—	496	—	—	—	—	—	41
	同　五年度	—	379	212	—	591	—	—	—	—	—	46
	同　六年度	—	444	210	—	654	—	—	—	—	—	39
	计	—	2 675	1 741	—	4 416	—	—	—	—	—	289

《关东厅学事统计书》，1932 年；辽宁省教育志编纂委员会编：《辽宁教育史志资料》（第三集，下），辽宁大学出版社，1990 年。